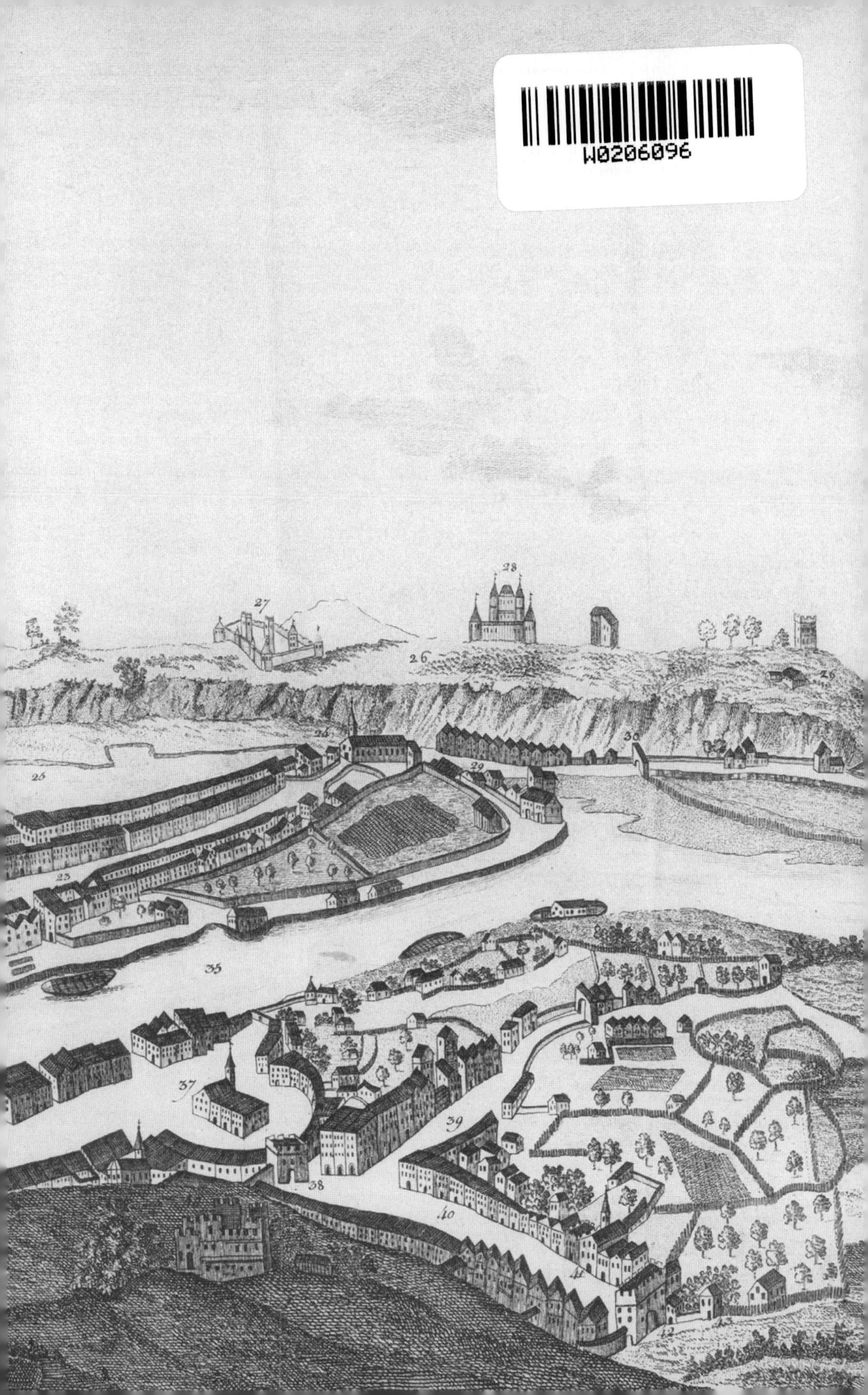

27
28
26
29
30
24
25
23
35
37
38
39
40
41
42
43

Der Wolfgang ist fett und wohlauf

KURT PALM

Der Wolfgang ist fett und wohlauf

Essen und trinken mit Wolfgang Amadé Mozart

Löcker

Gedruckt mit freundlicher Unterstützung durch das Bundeskanzleramt, Staatssekretariat für Kunst und Medien; die Landesdirektion Oberösterreich, Institut für Kulturförderung; und die Kulturabteilung der Stadt Wien.

NƎIMOZART 2006

Ein Projekt in Kooperation mit WIENER MOZARTJAHR 2006

Gestaltung: Karin Plattner
Herstellung: Novographic, Wien
ISBN 3-85409-424-8

Inhaltsverzeichnis

Danke, Ingmar Bergman

Daß es in Salzburg ein Mozart-Kino gibt, ist nicht weiter verwunderlich. Daß mir aber ausgerechnet in diesem Kino Mozart zum ersten Mal als Komponist begegnete, ist doch wohl eher ungewöhnlich. Und das kam so:

Von 1975–1981 studierte ich an der Universität Salzburg Germanistik und Publizistik. Da ich den Großteil meiner Studienzeit im Lokal der Kommunistischen Partei Österreichs und in diversen Gasthäusern an der Peripherie Salzburgs verbrachte, nahm ich Mozart damals höchstens als Wirtschaftsfaktor oder als Namensgeber für eine Schokoladekugel wahr, aber nicht als Schöpfer so bedeutender Werke wie »Das Butterbrot« oder »Die Gans von Kairo«. Auf meiner Bildungslandkarte war Mozart ein ebenso weißer Fleck wie beispielsweise Albert Einstein, dessen Relativitätstheorie mir genauso wenig sagte wie Mozarts Opern oder Sinfonien.

Dann kam der Spätsommer 1977 und in erwähntem Mozart-Kino wurde der Film »Die Zauberflöte« von Ingmar Bergman gezeigt. Für mich als Bergman-Fan stand es außer Frage, daß ich diesen Film sehen mußte, schließlich hätte ich mir auch Bergmans Verfilmung des Stockholmer Telefonbuchs angesehen. Zwar war mir nicht ganz klar, weshalb er ausgerechnet eine Mozartoper verfilmte – noch dazu eine, die 135 Minuten dauerte –, aber die Neugier war größer als die Skepsis und im Notfall hätte ich ja in der Pause gehen können.

Was soll ich sagen? Als die ersten Takte der Ouvertüre erklangen und die Kamera Sven Nykvists über die Gesichter des erwartungsfrohen Publikums schwenkte, war ich wie elektrisiert und am Ende dieses Films hatte ich das Gefühl, wirklich etwas Neues entdeckt zu haben.

Wenig später schenkte mir mein Bruder eine Schallplattenaufnahme der »Zauberflöte«, die ich dann monatelang, sehr zum Leidwesen meiner Wohngemeinschaftsgenossen, Nacht für Nacht abspielte und mich dabei regelmäßig betrank. Die optimale Menge für diese Oper war ein Doppelliter Rotwein, der damals S 48,– kostete und exakt bis zur Vernichtung der Königin der Nacht samt ihrem Anhang reichte. Beim Finale war ich üblicherweise bereits so rauschig, daß ich gar nicht anders konnte, als sehr laut und sehr falsch mitzusingen, was insofern günstig war, als ich dadurch das Klopfen meiner Nachbarn nicht hörte.

Nachdem ich die »Zauberflöte« auswendig konnte, kaufte ich mir als nächstes eine Aufnahme von »Don Giovanni«, wobei ich diese Platte in Moskau erwarb und deshalb bis heute nicht weiß, welches Orchester hier eigentlich spielt und wie die Damen und Herren heißen, die da so wunderschön singen.

Allerdings verstand ich trotz mangelnder Italienischkenntnisse Worte wie »vino«, »cioccolata« oder »fagiano« und stellte mir vor, wie Giovanni an der Festtafel sitzt und sich seinen Fasan schmecken läßt, während Leporello fleißig Wein nachschenkt. Daß es sich dabei um »exzellenten Marzemino« handelt, fand ich erst später heraus.

Irgendwann begann ich dann, mich für Mozarts Biographie zu interessieren und unsystematisch Material über ihn zu sammeln. Eine der Kisten trug die Aufschrift »Mozart – Essen & trinken« und als diese voll war, ordnete ich das Material und schrieb dieses Buch.

Mehr ist dazu eigentlich nicht zu sagen, außer vielleicht noch, daß ich ein vehementer Verfechter einer »mozartfröhlichen« Wissenschaft bin, die vom Grundsatz ausgeht, daß Mozart nicht nur der »Ducheße arschbömerl und der fürstin riechzumtreck« gehört, sondern auch dem »bauernkerl, der sich nicht scheuet vor meinen angesicht zu scheissen und zu Prunzen«.

Beſtgeber H: W.A. Mozart anno 1777
ach, da gehtman druber naus. ſo ich bitte.
guten appetit zum ſchmaus.

»Einer andern Milch solle Mein kind auch nicht hineinschlucken«

Als Anna Maria Mozart am 27. Januar 1756 in der Getreidegasse Nr. 9 in Salzburg ihr siebentes Kind zur Welt brachte, war sie bereits 35 Jahre alt. Von den sechs zwischen 1748 und 1754 geborenen Kindern lebte zu diesem Zeitpunkt nur noch die Tochter Nannerl und es ist anzunehmen, daß der Wunsch nach einem männlichen Nachkommen der Grund für diese späte Geburt war.

Daß sämtliche sieben Kinder des Ehepaars Anna Maria und Leopold Mozart zu Hause geboren wurden, versteht sich von selbst. Wie damals üblich, war bei den Geburten eine Hebamme anwesend, da Ärzte üblicherweise nur dann gerufen wurden, wenn Mutter oder Kind bereits verstorben waren.

Der Name der Hebamme, die bei der Entbindung am 27. Januar 1756 half, ist nicht bekannt, sehr wohl sind wir aber aufgrund eines Briefes Leopold Mozarts über einige Details dieser Geburt informiert. Am 9. Februar 1756 schreibt er an seinen Verleger Johann Jakob Lotter nach Augsburg: »übrigens benachrichtige, daß den 27 Januarii abends um 8 uhr die meinige mit einem Buben zwar glücklich entbunden worden. die *Nachgeburt* aber hat man ihr wegnehmen müssen. Sie war folglich erstaunlich schwach. Itzt aber | : Gott sey dank : | befinden sich kind und Mutter gut. Sie empfehlt sich beyderseyts. der Bub heißt *Joannes Chrisostomus, Wolfgang, Gottlieb.*« Anna Maria Mozart war durch die Geburt also offenbar so geschwächt, daß die Plazenta nur mithilfe der Hebamme entfernt werden konnte.

Da Leopold Mozart aus eigener Erfahrung wußte, daß Kinder täglich »wegsterben« konnten, war seine Haltung in dieser Frage pragmatisch. Einmal schreibt er: »Man muß ein Kind nur als ein geliehenes Gut betrachten und sich zum voraus immer auf dessen Verlust vorbereiten, indem ein Kind sehr viele Lebensgefahren zu überstehen hat: die Geburt ist schon der halbe weeg zum Todt.«

Verständlich wird diese Sicht der Dinge, wenn man weiß, daß in der Stadt Salzburg die Kindersterblichkeit im Zeitraum 1751–1760 bei 60 % lag. Zum Vergleich: 1860 betrug die Kindersterblichkeit in Österreich 28 %, heute liegt sie bei 0,5 %.

Im 18. Jahrhundert war der Tod eines Kleinkindes die Regel und nicht die Ausnahme. Vor diesem Hintergrund ist es auch nicht weiter erstaunlich, daß zum Beispiel Wolfgang Mozart über den frühen Tod seiner Kinder kaum ein Wort verlor. Wie wenig das Leben eines Säuglings bedeutete, mag folgende Episode verdeutlichen: Als Mozart Ende Juli 1783 mit seiner Frau Constanze zu einer viermonatigen Besuchsreise nach Salzburg aufbrach, wurde deren sechs Wochen alter Sohn Raimund Leopold bei einer Ziehmutter in der Vorstadt Neustift in Pflege gegeben. Einige Wochen später, am 19. August, starb das Kind an »Gedärmfrais«, ohne daß die Eltern darüber infomiert worden wären. Mozart und seine Frau haben erst nach ihrer Rückkehr Ende November vom Tod ihres Kindes erfahren, das heißt, daß es weder die Ziehmutter für nötig befunden hatte, den Eltern den Tod Raimund Leopolds mitzuteilen, noch, daß diese sich während ihrer Abwesenheit um das Schicksal des Kindes gekümmert hätten. Erst am 10. Dezember 1783 kommentierte Mozart in einem Brief an seinen Vater den Tod Raimund Leopolds beiläufig mit den Worten: »Wegen den armen dicken fetten und lieben Büberl ist uns beyden recht leid.« Vier der sechs Kinder, die Constanze während ihrer Ehe mit Mozart zur Welt brachte, starben im Alter zwischen einem Tag und sechs Monaten, nur Carl Thomas und Franz Xaver überlebten das Kindesalter.

Im Zusammenhang mit der Geburt Raimund Leopolds am 17. Juni 1783 kam es in der Wohnung Mozarts am Judenplatz in Wien zu einer Auseinandersetzung, bei der es um die Frage der Ernährung des Säuglings ging. Mozart schreibt an seinen Vater:

»Auf das Milchfieber habe ich Sorge! – denn sie hat ziemliche Brüste! – Nun hat das Kind wieder meinen Willen, und doch mit meinem Willen eine Säug=Amme bekommen! – Meine Frau sie seye es im Stande oder nicht, sollte niemalen ihr kind stillen das war immer mein fester Vorsaz! – allein, einer andern Milch solle Mein kind auch nicht hineinschlucken! – sondern bey Wasser, wie meine Schwester und ich, will ich es aufziehen. – allein – die Hebamme, meine Schwiegermutter, und die meisten leute hier haben mich ordentlich gebeten ich sollte das nicht thun, nur aus dieser ursache weil hier die meisten kinder beym Wasser darauf gehen, indemm die leute hier nicht damit umgehen können – das hat mich nun bewegt – nachzugeben – denn – ich möchte mir nicht gerne einen Vorwurf machen lassen.«

Mozarts Haltung ist aus zweierlei Gründen merkwürdig: Erstens wußte man in der zweiten Hälfte des 18. Jahrhunderts längst, daß ein mit Muttermilch gestilltes Kind eine wesentlich höhere Lebenserwartung hatte als eines, das mit Kuh-, Schafs- oder Ziegenmilch aufgezogen wurde, und zweitens haben Nannerl und Wolfgang mit Sicherheit nicht nur Wasser bekommen, sondern in erster Linie Hafer- und Gerstenschleim. Außerdem schreibt ja Mozart selbst, daß »die meisten Kinder beym Wasser darauf gehen«. Richtig ist allerdings, daß viele Frauen aus Angst vor dem »Milchfieber« ihre Kinder Ammen übergaben, weil sie befürchteten, sie würden durch das Stillen das fälschlicherweise als »Milchfieber« bezeichnete Kindbettfieber übertragen.

Ob Wolfgang und Nannerl von ihrer Mutter oder einer Amme gestillt wurden, wissen wir nicht, sehr wohl wissen wir aber, daß es im Haushalt der Familie in der Getreidegasse ein »Kindsmensch« gab. Neben dem »Kindsmensch« war noch eine Dienstmagd angestellt, die vornehmlich für die Küche zuständig war. Die »2 Ehehalten«, womit Dienstboten gemeint sind, erwähnte Leopold Mozart viele Jahre später in einem Brief an seinen Sohn.

Eine der Mägde hieß »Nandl« und taucht in mehreren Jugendbriefen Wolfgangs auf. Die Köchin war wahrscheinlich jene

Person, die von Leopold Mozart einmal als »alte Köchin Salome« bezeichnet wird und vermutlich auch die Namensgeberin für die Puppe »Salome Musch«, mit der Wolfgang und Nannerl als Kinder spielten.

Da Dienstboten keine geregelten Arbeitszeiten hatten, sondern rund um die Uhr zur Verfügung stehen mußten, ist anzunehmen, daß Magd und Köchin im Haushalt der Familie lebten. Platz war ja genug vorhanden, da die Wohnung mit ca. 120 m^2 einigermaßen geräumig war und aus Küche, Kabinett, Wohn-, Schlaf- und Arbeitszimmer bestand.

Was den Aufgabenbereich der Dienstboten betrifft, so war die Köchin nicht nur für das Führen der Küche zuständig, sondern auch für den Einkauf und die Vorratshaltung, das heißt, daß sie auch des Lesens und Schreibens kundig sein sollte. Das »Kindsmensch« wiederum war für die Betreuung der Kinder verantwortlich, mußte aber auch im Haushalt mithelfen.

Versorgunsgtechnisch lag die Wohnung der Familie Mozart im Hagenauerhaus in der Getreidegasse äußerst günstig. Die Fleischbänke zum Beispiel befanden sich nur wenige Gehminuten entfernt am linken Salzachufer »auf dem Griese«, wo »jeder Metzger nebst der Feilbank auch seine eigene Schlachtbank und einen eigenen Brunnen gegen einen jährlichen Zins erhielt«, wie es in Lorenz Hübners »Beschreibung der hochfürstlich=erzbischöflichen Haupt= und Residenzstadt Salzburg« heißt. An anderer Stelle schreibt Hübner, daß die Anlage später erweitert wurde, und zwar um die sogenannte »rothe Bank für die Landmetzger, und einige Strafbänke, wo schlechteres Fleisch unter dem Satzpreise verkauft werden muß«. Neben insgesamt 19 Metzgern gab es in der Stadt Salzburg zur Mozartzeit auch noch drei »Kuttelwascher oder Sudelköche«.

Fische konnte man bei der sogenannten »Einsetze« am Stadtbrunnenhaus mittwochs, freitags und samstags kaufen, wobei diese Fischbehälter vom Almkanal mit Wasser versorgt wurden. Über diese »Einsetze« lesen wir in Lorenz Hübners »Beschreibung der hochfůrstlich=erzbischôflichen Haupt= und Residenzstadt Salzburg«: »Ein in jedem Betrachte vortreffliches Werk, dessen hydraulische Maschine sehr einfach, und zugleich von vorzůglich guter Wirkung ist. Es wird von dem durch den Mônchberg und dem Bůrgerspitale herein geleiteten Wasser der Albe in Bewegung gesetzt. An gewissen Tagen des Jahres sieht man einen Springbrunnen, der aus dieser Brunnstube emporsteigt, und die Gewalt des Triebwerkes bezeugt.«

Wenn Leopold Mozart einmal schreibt, daß er keine Fische bekäme, »weil in der Einsätz kein Wasser ist«, dann heißt das, daß gerade die »Almabkehr« vorgenommen wurde, in deren Verlauf der Almkanal zu Reinigungszwecken – auch heute noch – für einige Tage trocken gelegt wird. Vom Almkanal wurden auch sämtliche Brunnen der Stadt mit Wasser versorgt, wobei die Familie Mozart ihr Wasser entweder vom großen Brunnen auf dem Marktplatz (heute Alter Markt) oder von einem kleineren Brunnen, der sich auf der Rückseite des Hagenauerhauses auf dem heutigen Universitätsplatz befand, holte.

Obwohl zur Mozartzeit die öffentlichen Brunnen, die von der Stadt erhalten wurden, für jedermann frei zugänglich waren, war es ratsam, mit Wasser sparsam umzugehen. Man sollte nicht vergessen, daß im Falle der Familie Mozart die Dienstboten das Wasser in schweren Holzkübeln drei Stockwerke hochschleppen mußten und daß dieses Wasser zum Kochen, Abwaschen und Putzen ebenso diente, wie zur Körperpflege. Das Schmutzwasser wurde von der Küche aus durch einen im Fensterbrett befindlichen Ausguß entsorgt, der direkt in die Dachrinne führte. Neben dem Wasser hatten die Dienstboten auch täglich das Holz zum Kochen bzw. Heizen von der ebenerdig gelegenen Holzlage nach oben zu tragen.

Die Toilette in der Getreidegasse war selbstverständlich kein Wasserklosett, sondern ein Plumpsklo, das hofseitig im Zwischengeschoß am Gang lag. Von der Toilette aus gelangten die Fäkalien direkt in die Senkgrube im Kellergeschoß. In den Senkgruben sammelten sich aber nicht nur Fäkalien, sondern auch Abfälle, wie etwa Speisereste, zerbrochenes Geschirr etc. Da diese Senkgruben nur ein- bis zweimal jährlich ausgeräumt wurden, kann man sich vorstellen, welcher Gestank gerade in der heißen Jahreszeit in der Stadt geherrscht haben muß.

Als Leopold Mozart 1764 in Paris zum ersten Mal eine Wassertoilette sah, war er natürlich fasziniert von dieser neuartigen Erfindung. An seinen Vermieter Lorenz Hagenauer schrieb er: »Haben sie einmahl etwas von einem englischen S: V: Abtritte gehöret? – – das findet man hier fast in allen Hôtels. Auf beyden Seyten sind wasserpippen, die man nach der Execution umdrähen kann; eine Macht das wasser Abwerts die andere das Wasser, *das auch warm seyn kann,* aufwerts spritzen. Ich weis nicht wie ich es ihnen mit höflichen und anständigen Worten mehr erklären kann, das übrige müssen sie sich einbilden, oder mich seiner Zeit fragen. Diese Cabinette sind übrigens die allerschönsten, die man sich vorstellen kann.«

Die Abkürzung »S: V:« steht für »salva venia«, also »mit Verlaub«.

Nach diesem kurzen Parisabstecher kehren wir wieder zurück in die Getreidegasse. Wenn die Familie Mozart Brot brauchte, kaufte sie dieses auf dem Brotmarkt beim Ritzerbogen, »wohin die außer der Stadt wohnenden Schwarzbåcker das sogenannte schwarze Brod wŏchentlich dreymahl an Diens=Donners=Samstagen zu bringen haben, das sie hier auch grŏßtentheils von den Wågen herab zu verkaufen pflegen«. Wie wir bei Lorenz Hübner weiters erfahren, gab es damals in Salzburg 19 Weißbäcker und fünf Müller, die zugleich Schwarzbäcker waren.

In unmittelbarer Umgebung der Mozartwohnung befanden sich auch zahlreiche Gaststätten, wie etwa der »Seilerwirt«, das »Mödlhammerbräu«, das »Sternbräu« oder das »Hirschenwirtshaus« in der Getreidegasse, das »Höllbräu« und das »Moserbräuhaus« in der Judengasse, der »Saulenzl« in der Goldgasse, der Gasthof »Zum Schiff« am Residenzplatz oder das Wirtshaus »Zum

Schwarzen Elefanten« in der Pfarrgasse (heute Sigmund-Haffnergasse). Die Zahl der Gasthäuser in Salzburg war beträchtlich und in der Korrespondenz der Familie Mozart werden nicht weniger als 27 Gasthäuser namentlich erwähnt. Einige dieser Wirte betätigten sich auch als »Traiteure«, das heißt, daß sie Speisen und Getränke nach Hause lieferten; ein Angebot, von dem die Familie Mozart kaum Gebrauch machte, da Leopold Mozart auf ökonomische Haushaltsführung besonderen Wert legte.

Bei den Mozarts wurde meist zu Hause gekocht und auch wenn nichts über die Ausstattung ihrer Küche bekannt ist, wird diese über ähnliche Gerätschaften und Utensilien verfügt haben, wie sie beispielsweise im »Wienerischen bewährten Kochbuch« aufgelistet sind:

»Suppentöpfe, Sossieten, flache Teller, tiefe Suppenteller, durchgebrochene Dessertteller, Fruchtkörb, Fruchtschüsseln, Senftbüchsen, Konfektblätter, Bouillonschallen, ovale Schüsseln, und runde mit Glocken versehene groß und kleine, wie auch Brattenschüsseln, Sallatieren, Salzfässer, Serviteur oder Plat de menage, Zuckerkörbchen, Eyerbecher, Butterbüchsen, Punschtopf, Kasterollen, Mödeln, Lauchkessel, Kühlwandel, Mörser, Kindskochpfandeln, Einsiedbecken, Gfrierbüchsen, Waagen, Koffeemaschine, Pastettenschüsseln, Reibeisen, Krapfenradeln, Salzdeseln, Zimmenter, Trichter, Spritzkrapfenmodel, Tortenraif, Wandeln, Nudelreitel, Krapfenausstecher, Feuerzeug, Kochlöffeln, Straumlöffel, Feuerhund, Brattspieße, Feuerzangen, Rost= und Brattpfannen, Schaumlöffel, Kuchelmesser, Schneidmesser, Fleischgabeln, Kuchelleuchter, Dreyfüß, Bratlbratter, Herdschaufeln, Pfannen, Tortenpfanne, Messerstreicher, Hackmesser, Spicknadeln, Holzhackeln, Fleischhacken, Speiskasten, Mehldeseln, Geschirrstellen, Wasserbehälter, Speisbretter, Walker, Chokoladesprudler, Hackstock, Transchierteller, Brügelkrapfenholz, Mehlthrugen, Mehlschaufel, Bäncke, Nudelbretter, Kochlöffeln, Gewürzschachtel, Koffeemühl, Blasebalk, Waschtrog, Mistbütel, Abwaschschaffel, Häfen, Reinen, Schüsseln, grosse und kleine Teller, Hafendeck,

Butterwandel, Suppenschallen, Essigplůtzer, Gugelhupfbåck, Weidling, Wasserkrug, Handlavor, Deckelkorb, Partwisch, Handtůcher, Abwischfetzen, Kucheltůcher, Markfackeln etc.«

Ob sich der kleine Wolfgang für die Vorgänge in der Küche interessierte, wissen wir nicht, seine Schwester Nannerl schreibt aber einmal, daß er sich »ohne Erlaubniß seiner Eltern nicht das mindeste zu essen traute«. Überhaupt scheint Mozart als Kind sehr folgsam gewesen zu sein, was möglicherweise auch mit einem stark ausgeprägten Liebesbedürfnis zusammenhing. Sein Freund aus Kindertagen, der Hoftrompeter Johann Andreas Schachtner, bestätigte nach Mozarts Tod jedenfalls in einem Brief an Nannerl dieses Persönlichkeitsmerkmal: »Ich ward ihm daher, weil ich, wie Sie wissen, mich mit ihm abgab, so äusserst lieb, daß er mich oft zehnmal an einem Tage fragte, ob ich ihn lieb hätte und wenn ich es zuweilen, auch nur zum Spasse verneinte, stunden ihm gleich die hellichten zähren im Auge, so zärtlich und so wohlwollend war sein gutes Herzchen.«

»Zähren« ist ein altertümlicher Ausdruck für Tränen, der bereits im 18. Jahrhundert kaum mehr gebräuchlich war.

Im selben Brief berichtet Schachtner weiters, daß Mozart äußerst wißbegierig gewesen sei: »Was man ihm immer zu lernen gab, dem hieng er so ganz an, daß er alles Übrige, auch so gar die Musik, auf die Seite setzte, z. B. als er Rechnen lernte, war Tisch, Sessel, Wände, ia sogar der Fußboden voll Ziffer mit der Kreide überschrieben.« An Mozarts »Liebe zur Rechenkunst und zur Algeber« erinnerte sich seine Witwe Constanze noch im August 1799 in einem Brief an den Verlag Breitkopf & Härtel.

Trotz der Tatsache, daß es in Salzburg Schulen gab, wurde Wolfgang nicht nur in der Rechenkunst von seinem Vater unterrichtet, sondern auch in allen anderen Fächern. Mozart hat also zeit seines Lebens nie eine Schule besucht. Neben der Funktion eines Lehrers übte Leopold Mozart später auch noch die Funktion eines Arztes, Managers, Reiseführers und – soweit das überhaupt möglich war – »väterlichen Freundes« aus.

Ob Mozart als Säugling ein »Fatschenkind« war, ist nicht bekannt. Man könnte im Zusammenhang mit dieser Fragestellung allerdings die gewagte These aufstellen, daß das »Fatschen« einer der Gründe war, weshalb Mozart nicht größer als 1 m 50 wurde. In ihren Erinnerungen an Wolfgang hob Nannerl ja dessen Kleinwüchsigkeit ausdrücklich hervor, wenn sie schreibt: »Er war klein, hager, bleich von Farbe, und ganz leeer von aller Prätenzion in der Physiognomie und Körper. ausser der Musick war und blieb er fast immer e i n K i n d.«

Im Katalog »Salzburg zur Zeit der Mozart« lesen wir über das »Fatschen«: »Die Kleinkinder wurden bis zur gänzlichen Unbeweglichkeit mit Wickelbändern eingewickelt, ›gefatscht‹ und in Steckkissen regelrecht ›verwahrt‹. Begann das Kind zu krabbeln, wurde es so schnell als möglich ans Gängelband genommen, um ihm einen aufrechten Gang beizubringen, und es vom Status eines sich auf allen Vieren fortbewegenden Tieres zu entwöhnen. Die Gängelbänder waren breite Bänder, die am Kleid des Kindes an der Schulter befestigt waren, wodurch es von einem Erwachsenen gehalten werden konnte, um das selbständige Gehen zu erlernen, ein ›Fallhut‹, eine Art Sturzhelm aus dicken Wülsten, bewahrte den Kopf vor Verletzungen beim Stürzen und vor Tischecken und Möbelkanten.«

Der Vorgang des Wickelns war oft so kompliziert, daß es bis zu zwei Stunden dauern konnte, ehe das Kind angezogen war.

In Mozarts einzig erhaltenem Theaterstück, dem Fragment »Die Liebes=Probe«, bezeichnet der Protagonist Wurstl die Zwergin, die sich als Geliebte seines Herrn Leander ausgibt, auch einmal als »Fatschenkind«. Wurstl will damit sagen, daß Rosaura, so heißt die vornehme Dame, tatsächlich sehr, sehr klein ist.

Allgemein wäre zu Salzburg noch anzumerken, daß die Stadt zur Mozartzeit etwa 16.000 Einwohner hatte und fürsterzbischöfliche Haupt- und Residenzstadt war. Mozart hatte zwei Fürsterzbischöfe als Dienstherren: Siegmund Schrattenbach bis

1771 und Hieronymus Colloredo ab 1772. Unter Colloredo, der dieses Amt bis 1803 ausübte, diente Mozart bis 1781.

Was Mozarts Nationalität betrifft, so war er kein Österreicher, wie immer wieder fälschlich behauptet wird, sondern Salzburger. Das Fürsterzbistum Salzburg war innerhalb des Heiligen Römischen Reiches ein selbständiges Land mit Grenzen gegen Oberösterreich, Bayern, die Steiermark, Kärnten, Tirol und das Stift Berchtesgaden. Es verfügte nicht nur über eine eigene Gerichtsbarkeit, sondern seit 996 auch über die Münzhoheit. Darüberhinaus war das Fürsterzbistum im Besitz des »Mauthregals«, das dem Land die Einhebung von Mauten und Zöllen gestattete, ein Recht, von dem es ausgiebig Gebrauch machte. Selbstverständlich bekannte sich das Fürsterzbistum in seiner Verfassung ausdrücklich »zur katholischen christlichen Kirche, ob es gleich nicht immer von ketzerischen Ansteckungen frey geblieben ist«, wie es bei Lorenz Hübner heißt.

An oberster Stelle des streng hierarchisch organisierten Staatswesens stand der »heil. R. R. Fürst und Erzbischof«, gefolgt vom »hochfürstlichen Hofstaat«. Am untersten Ende der in elf Klassen eingeteilten Gesellschaft standen die Bauern.

Leopold und Wolfgang Mozart gehörten als Mitglieder der Hofmusik zwar formell dem zweiten Stand an, waren aber als weisungsgebundene Hofbedienstete nichts anderes als Kammerdiener. Dieser Umstand war es auch, der Wolfgang Mozart zeit seines Lebens arg zu schaffen machte und letztendlich auch zum Bruch mit seinem Dienstherren Fürsterzbischof Colloredo führte.

»Unordentlich Essen und Trincken Wind und Regen ohngeacht«

Am 18. September 1762 brach die Familie Mozart zu ihrer ersten großen Reise nach Wien auf. Ziel dieser Reise war es, Wolfgang und Nannerl am Kaiserhof und beim Wiener Adel einzuführen. Begleitet wurde die Familie von Richard Estlinger, dem die Funktion eines Faktotums zukam.

Für ihre Wienreise wählte die Familie Mozart den Wasserweg, der auf der Donau von Passau über Linz nach Wien führte. Welches Verkehrsmittel die Mozarts für den ersten Teil der Strecke benützten, ist nicht bekannt, wahrscheinlich reisten sie aber bereits von Salzburg mit einem Ordinarischiff auf der Salzach und dem Inn nach Passau, wo sie am späten Nachmittag des 20. September 1762 eintrafen.

Über Passau schreibt der Reiseschriftsteller Johann Kaspar Riesbeck, ein Zeitgenosse Mozarts: »Passau ist eine arme, meistenteils schlecht gebaute Stadt, den um die Residenz des Fürsten und gegen die Donau zu gelegenen Teil ausgenommen, der wirklich schön ist. Sie lebt bloß von dem kleinen Hof, dessen Einkünfte sich auf ohngefähr 220.000 Gulden belaufen sollen, und von den Domherren, deren Pfründen unter die fettesten in Deutschland gerechnet werden.«

Offenbar hatten die Mozarts vor, nur kurz in Passau zu bleiben, mußten ihren Aufenthalt aber auf sechs Tage ausdehnen, da Fürstbischof Joseph Maria Graf Thun-Hohenstein ein Konzert Wolfgangs immer wieder verschob. Obwohl Wolfgang für seinen Auftritt als Honorar »einen ganzen Dukaten« erhielt, ärgerte sich sein Vater, daß sie wegen der verspäteten Abfahrt aus Passau in Linz Auftritte absagen mußten und dadurch 80 Gulden (fl.) verloren. Ob es zwischen Thun-Hohenstein und Leopold Mozart aus diesem Grund zu Meinungsverschiedenheiten gekommen war, ist nicht bekannt, aber aus der kryptischen Formulierung, daß sie alle beten würden, »daß unser Erzbischof lang lebt«, geht hervor, daß Leopold den Passauer Bischof nicht besonders schätzte. Dieser scheint damals den Salzburger Bischofsstuhl angestrebt zu haben, weshalb Leopold hoffte, daß Siegmund Schrattenbach noch lange leben möge. Die Causa erledigte sich allerdings von selbst, da Thun-Hohenstein bereits im darauffolgenden Jahr starb.

Nachdem Wolfgang sein Konzert gegeben hatte, konnte die Familie Mozart am frühen Morgen des 26. September die Weiterreise nach Linz antreten, wo sie am selben Tag um 17 Uhr eintraf. Wenn Leopold schreibt, daß sie gemeinsam »mit dem Dommh: Graf *Herberstein* von Passau abgegangen« seien, ist unklar, ob sie mit einem Privatschiff oder dem Ordinarischiff unterwegs waren. Zwischen Regensburg und Wien verkehrte zwar seit 1696 wöchentlich ein Ordinarischiff, allerdings erscheint für ein solches Schiff eine Reisedauer von nur elf Stunden für die 100 km lange Strecke von Passau nach Linz fast zu kurz bemessen. Außerdem muß man berücksichtigen, daß die Stromgeschwindigkeit zwischen Passau und Linz damals höchstens 8 km/h betrug und die Passagiere bei Engelhartszell auch noch eine zeitraubende Zollkontrolle über sich ergehen lassen mußten.

Johann Kaspar Riesbeck, der 1780 ebenfalls mit dem »ordinären Wochenschiff« von Passau nach Wien reiste, schreibt über seine diesbezüglichen Erfahrungen: »Zu Engelhartszell wurden wir visitiert. Alles geschah in der besten Ordnung und mit ziemlich viel Gelindigkeit. Man hatte einen ganzen Tag mit dem Plombieren der Waren unseres Schiffes zu tun.« Diese Zeitspanne erscheint realistisch, wenn man bedenkt, daß ein Ordinarischiff ein Tragvermögen von 140–200 Tonnen hatte.

Aufschlußreich sind auch Riesbecks Schilderungen über die Reisegesellschaft, mit der er unterwegs war: »Sie bestand aus einem Schwarm Handwerksburschen, die mit dem Rudern ihre Fracht bezahlen, und aus einer Menge Bauerndirnen, die zu Wien als

Mägde unterkommen wollen. Einige derselben waren sichtbarlich in gesegneten Leibsumständen und schienen ihre Heimat verlassen zu haben, um in dem Spital zu Wien mit geringerer Schande, auf Kosten des Kaisers, entbunden zu werden.«

Wie Johann Kaspar Riesbecks Schiff, legte auch das Schiff der Familie Mozart in Linz bei der sogenannten »Schiffländ« neben der Hauptbrücke an, wo Wolfgang am 26. September 1762 zum ersten Mal österreichischen Boden betrat.

Bei der Hauptbrücke fanden auch die Paßkontrollen statt, aber nachdem sich die Familie Mozart in Begleitung des allseits bekannten Passauer Domherren Graf Herberstein befand und wohl auch mit entsprechenden Empfehlungsschreiben des Salzburger Fürsterzbischofs ausgestattet war, wird man in ihrem Fall von schikanösen Kontrollen abgesehen haben. Daß diese durchaus lange dauern konnten, wissen wir wiederum von Riesbeck, der in seinem Reisebuch über seine Ankunft in Linz berichtet: »Die Art, wie man die hier ankommenden Fremden behandelt, entspricht nicht dem sanften, menschenfreundlichen Ton, den sonst die österreichische Regierung annimmt. Man eskortierte uns wie Gefangene aus dem Schiff zur Hauptwache, und ich mußte über eine halbe Stunde in der stinkenden Stube stehen, bis der Offizier mit der Miene eines Inquisitors die Kundschaften der Handwerksburschen durchschaut hatte und es ihm endlich beliebte, meinen Paß zu besichtigen.«

Als »Kundschaften« bezeichnete man die Führungszeugnisse für wandernde Handwerksburschen, die diese an der Grenze und bei ihrer künftigen Arbeitsstelle vorzuweisen hatten.

Ein Ereignis auf dieser Reise muß sich damals tief in Mozarts Gedächtnis eingeprägt haben, denn noch 23 Jahre nach ihrem ersten Aufenthalt in Linz berichtete Leopold seiner Tochter Nannerl von dem »alten Bettlman, den dein Bruder hat sehen ins Wasser fallen«. Leopold hielt sich zum Zeitpunkt dieses Berichts, es war der 30. April 1785, gerade in Linz auf, wo am darauffolgenden Tag Graf Herberstein als Bischof inthronisiert wurde. Bei dieser Gelegenheit kam es zu einem Treffen zwischen den beiden und man sprach über »vieles von unserer bekanntschaft, auch wie wir mit ihm von Passau auf der Donau nach Lintz gefahren sind«.

Ob es in Linz mehr Bettler gab als in Salzburg, läßt sich nicht genau sagen. Wenn man allerdings weiß, daß 1727 die Zahl der Unterstützungsbedürftigen im Land ob der Enns bei einer Einwohnerzahl von 410.000 mit 26.000 angegeben wurde, ist es sehr wahrscheinlich, daß Bettler auch noch 1762 die Straßen und Plätze von Linz bevölkerten, soferne sie nicht von den Behörden vertrieben wurden.

Als die Familie Mozart zum ersten Mal Linz besuchte, hatte die Stadt, inklusive der Vororte, etwa 16.000 Einwohner, war also genauso groß wie Salzburg. Im Unterschied zu Salzburg gab es in Linz allerdings keinen fürstlichen Hof, was ihr noch lange den Ruf einer Provinzstadt einbringen sollte.

Diesen Eindruck hatte jedenfalls auch der englische Musikforscher Charles Burney, der über einen Kurzaufenthalt in Linz am 28. August 1772 berichtete: »Es war Markttag, aber nur von elenden Kleinigkeiten. An Eßwaren fand man nichts, vielleicht weil's ein Freitag war, als Brot, gemeinen Käse, schlechte Äpfel,

Birnen und Pflaumen; von anderen Waren nichts als Taffelittenkrämerei, Spielzeug, Gebetbücher und grobe Holzschnitte von Heiligen und Jungfrauen. In der ganzen Stadt sah ich keinen guten Kramladen, ob sie gleich viele hübsche Häuser von Ansehen hat.«

Aber nicht alle Besucher empfanden Linz so trostlos wie Burney, und der Berliner Buchhändler Christoph Friedrich Nicolai schreibt sogar, daß viele Besucher nur wegen der »Schönheit der Linzerinnen« hierher kämen. Nicolai fährt fort: »Man erzählte mir in Wien selbst, und auch an anderen Orten, daß Gastwirthe, Gastwirthinnen, und andere Leute zuweilen deshalb besondere Reisen von Wien nach Passau und Linz thun.«

Auch Johann Kaspar Riesbecks Eindruck von Linz war ein durchaus positiver, wie dem Bericht über seinen Besuch im Jahr 1780 zu entnehmen ist: »Die Stadt ist sehr schön und fast durchaus von Steinen erbaut. Unter den 12.000 Einwohnern, die sie ohngefährt enthält, herrscht so viel Industrie, Geselligkeit und Wohlstand, daß mir die Erinnerung der bayrischen Städte im Abstich mit dieser anekelt. Es gibt hier einige sehr beträchtliche Manufakturen, und die Handlung der Stadt ist sehr ausgebreitet. Der ziemlich zahlreiche und gutgesittete Adel, die Offiziers der hier einquartierten Truppen und einige Professoren bieten die besten Gesellschaften dar. Die Stadt ist ganz offen, und das Ländliche ist nach meinem Geschmack so schön mit dem Städtischen vermischt, daß ich hier meine beständige Hütte aufschlagen würde, wenn mir mein irrender Rittergeist Ruhe gestattete.«

Bei der Einwohnerzahl hat sich Riesbeck allerdings geirrt, denn laut Volkszählung von 1784 lebten damals 16.223 Personen in Linz, eine Zahl, die in in etwa jener von 1762 entsprochen haben dürfte.

Für Leopold Mozart, der den Auftritt seiner Kinder in Wien generalstabsmäßig vorbereitete, fungierte Linz als Ort, in dem die Generalprobe stattfinden sollte. Der positive Eindruck, den die erste Linzreise bei der Familie Mozart hinterließ, hing aber nicht nur mit dem großen Erfolg zusammen, den die Mozartkinder bei ihren Auftritten in Linz hatten, sondern auch mit der freundlichen Aufnahme, die sie im Gasthof »Zur Dreifaltigkeit« am Hofberg (heute Hofgasse 11) fanden. Aus Linz schreibt Leopold Mozart an Lorenz Hagenauer nach Salzburg: »Wir wohnen bei einem gewissen *Kiener.* Wir sind sehr wohl bedienet. Es sind 2 Jungfern, die nach dem Tode ihrer Eltern die Wirtschaft fortführen, und die meine Kinder so lieben, daß sie uns alles thun, was nur immer in ihren Kräften ist.«

Die Familie Mozart logierte also innerhalb des abgeschlossenen Stadtplatzes, den man von der Donauseite durch das sogenannte »Wassertor« betrat, und hatte von ihrem Quartier nur ein paar Minuten bis zum Rathaus zu gehen, wo am 1. Oktober 1762 Mozarts erstes öffentliches Konzert überhaupt stattfand. Die Linzer »Generalprobe« verlief jedenfalls zur vollsten Zufriedenheit aller Beteiligten, und Leopold berichtet stolz, daß seine Kinder, »sonderheitlich der Bub, alles in Verwunderung« setzten. Weiters heißt es in seinem Brief: »H: Graf *Herberstein* ist nach Wien, und wird zum voraus einen grossen Lermen dahin bringen. Und gestern ist der H: *Graf v. Schlick* allhiesiger LandsHauptmann sammt seiner Frau nach Wien abgegangen. Beyde waren ungemein gnädig mit uns; Sie sagten, daß wir, sobald wir nach Wien kommen, gleich zu ihnen kommen sollen; daß sie mit dem H: Grafen Durazo unterdessen sprechen, und überhaupts unsere Ankunft in Wien bekannt machen werden. Allem Ansehen nach soll die Sach recht gut gehen.«

»Die Sach« ging bekanntlich tatsächlich gut und die Mozartkinder wurden in Wien bereits ungeduldig erwartet.

Obwohl sich die Belastungen für den knapp 7-jährigen Wolfgang in Linz noch in Grenzen hielten, machte sich bereits hier seine schwache Konstitution bemerkbar. Leopold Mozart schreibt in diesem Zusammenhang an Hagenauer: »Wir hatten auf der Reise beständig Regen und viel Wind. der Wolfgangl hatte schon in Lintz einen Catharr, und aller Unordnung, frühen aufstehen, unordentlich Essen und Trincken Wind und Regen ohngeacht blieb er gott Lob, gesund.«

Aber »Wolfgangl« ließ sich von diesem Katarrh seine Laune nicht verderben und Leopold berichtet, daß »der Bub mit allen Leuten, sonderheits mit den Offizieren so vertraulich ist, als wenn er sie schon seine Lebenszeit hindurch gekannt hätte«. Überhaupt waren beide Kinder lustig »und überall so, als wären sie zu Hause«.

Leider schweigt sich Leopold darüber aus, was seine Familie und der sie begleitende Richard Estlinger in Linz gegessen haben, aber wäre es angesichts der besonderen Aufmerksamkeit, die die beiden Kiener-Schwestern ihren Gästen aus Salzburg entgegenbrachten, nicht naheliegend, daß sie diese mit einer Spezialität aus der lokalen Küche, zum Beispiel einer Linzer Torte, überraschten?

Diese Mehlspeise hatte 1762, als sich die Familie Mozart in Linz aufhielt, längst ihren fixen Platz in den Kochbüchern und auch in Conrad Haggers »Saltzburgischem Koch=Buch« von 1718 wird eine »Schůssel=Dorten aus dem guten und sůßen Lintzer=Taig« erwähnt. Das erste handschriftliche Rezept für »Lintzer Dortten« stammt übrigens aus dem Jahr 1696.

Während bei Hagger die Linzer Torte nur einmal Erwähnung findet, werden im »Nutzlichen Koch=Buch« von 1740 bereits drei, und in der 1794 erschienenen Ausgabe des »Wienerischen bewåhrten Kochbuchs« sogar sechs verschiedene Rezepte für diese Torte angeführt. Neben der Linzertorte »abgetriben«, »gebrôselt«, »geringelt«, »gerůhrt« und der »Linzertorte mit Zimmet« findet sich in letztgenanntem Kochbuch auch das folgende Rezept für »Linzertorte mit Mandeln«:

»Treibe 1 Pfund Butter in einen Weidling recht pflaumig ab, hernach verrůhre recht gut 1 Pfund geschwållte und fein gestossene Mandeln und 4 Eyerdôtter, jeden gut verrůhret; alsdann růhre ein Pfund gesiebten Zucker, 1 Quintel gestossene Gewůrznagerl, eine halbe getriebene Muskatnuß, 1 halb Loth fein gestossenen

Zimmet, von einer ganzen Limonie klein geschnittene Schåller darein, zuletzt verrůhre recht gut 1 Pfund Mehl, alsdann thue die Hälfte von Taig auf ein mit Butter beschmirtes Tortenblattel, und streiche ihn mit ein Messer auseinander, alsdann streiche Salsen, was für eine ist, darauf, schmiere einen Reif mit Butter, mache ihn um das Blattel herum, von den ůbrigen Taig mache ein gestangeltes Gitter darauf, back sie 5 Viertelstund in der Tortenpfanne, alsdann mache ein weisses und rothes Eis darůber, streue fein geschnittene Pistazien darauf, und laß nochmal in der Tortenpfanne trocknen.«

»Ein Weidling« ist eine größere Schüssel; »geschwållte Mandeln« sind eingeweichte und geschälte Mandeln; »1 Quintel« entspricht 4,4 g oder ¼ Loth; mit »Gewůrznagerl« sind Gewürznelken gemeint; »1 halb Loth« entspricht 8,8 g und »Salsen« ist eine Bezeichnung für Obstmarmelade.

Ob sich Mozart während seines ersten Aufenthalts in Linz tatsächlich eine Linzer Torte schmecken ließ, wissen wir nicht, sehr wohl wissen wir aber, daß die Familie Mozart am Montag, den 4. Oktober 1762, um halb fünf am Nachmittag die Stadt mit der »Wasser=ordinaire« verließ und noch am selben Tag »bey finsterer Nacht um halb 8 Uhr« in Mauthausen eintraf, wo sie auch übernachtete. Die nächste Station mit Übernachtung war Stein bei Krems, jener Ort, in dem Mozarts Großmutter mütterlicherseits geboren worden war; von dort fuhr man am Mittwoch, den 6. Oktober, früh morgens weiter nach Wien, wo man um drei Uhr nachmittags eintraf.

Die Entfernung auf der Donau zwischen Linz und Wien wurde damals mit 28 deutschen Meilen – das sind 233 km – angegeben, was bedeutet, daß das Schiff, mit dem die Familie Mozart unterwegs war, pro Tag etwa 100 km zurücklegte.

Bei der von Leopold erwähnten »Wasser=ordinaire« kann es sich eigentlich nur um eine sogenannte »Ulmer Schachtel« gehandelt haben, jenem »Ulmer-Ordinari-Schiff« mit einer Länge von 23–30 Meter, das seit dem Ende des 17. Jahrhunderts zur Personenbeförderung auf der Donau eingesetzt wurde. Die »Ulmer Schachteln«, auch »Schwabenplätten« genannt, waren so konstruiert, daß sie die Strecke Regensburg–Preßburg nur einmal zurücklegten und am jeweiligen Zielort von sogenannten »Plättenschindern« erworben wurden, die die Fahrzeuge zerlegten und als Nutzholz verkauften. Das war auch der Grund, weshalb diese Schiffe sehr einfach gebaut waren.

Christoph Friedrich Nicolai beschreibt ein solches Schiff folgendermaßen: »Es ist kaum glaublich, mit wie wenigem ein solches Donauschiff instand gesetzt wird. Die Bretter des Verdecks sind bloß übereinander gelegt, darüber eine Leiste der Länge nach genagelt. Außer den wenigen Nägeln, womit über die Seitenwände Leisten genagelt sind, ist alles von Holz, sogar die Klinken, welche die Türen schließen. Dieses Verdeck oder Zimmer steht in der Mitte des Schiffes.«

Nicolai, der die Reise mit einem solchen Ordinarischiff 1781 unternahm, berichtet weiters: »Die Schiffe, welche auf der Donau gehen, sind nicht von der Gestalt wie diejenigen, womit der Rhein und andere Flüsse befahren werden. Die Donau ist ein reißender Fluß, er hat an vielen Orten mitten im Fahrwasser spitze Stücke von Felsen und sehr viele bergige Ufer. Man kann daher weder den Strom herunter noch herauf Segel brauchen, welche die geschicktesten Schiffer nie gesehen haben. Ist das gewählte Schiff nicht im gehörigen Zustande, zumal da man die Schiffe auf der Donau so leicht zu bauen pflegt, oder ist der Schiffer in seiner Kunst nicht recht erfahren, verzagt, grob, so hat man eine unangenehme Fahrt oder man kann gar verunglücken. Wenige Wochen, ehe ich nach Regensburg kam, war auf dem Inn unweit Passau ein Wallfahrtsschiff geborsten und 134 Menschen waren ertrunken.«

Einen weiteren Bericht über eine Reise mit dem Ordinarischiff von Passau nach Wien finden wir in Johann Kaspar Riesbecks »Briefen eines reisenden Franzosen über Deutschland«, in denen es heißt: »Unser Schiff war nach dem Riß der Arche Noahs gebaut, ohne Fenster, durchaus verdeckt, und Menschen, Waren, Tiere und Ungeziefer ohne Unterschied durcheinander eingepackt. Was eine Art von Kajüte vorstellen sollte, war der Vorderteil. Eine hohe Lage Zuckerkisten bildeten die hintere Wand, und auf einer Seite war eine kleine Öffnung angebracht, die man ein Fenster nannte, wodurch man aber kaum sehen konnte, daß es Tag war. Mitten in dem Schiff, der Länge nach, war zur Seite auf dem Verdeck eine andre Öffnung gemacht, aber nicht, um eine Taube nach einem Ölzweig ausfliegen zu lassen. – Man mußte über das ziemlich abgängige und bei einem Regen sehr schlüpfrige Verdecke mit etwas Lebensgefahr in diese Öffnung hinabsteigen, um seine Notdurft zu verrichten. Da diese Kloake keinen Ausfluß hatte und auch kein Schiffsjunge da war, sie zu reinigen, so kannst du dir leicht vorstellen, daß das ganze Schiff immerfort mit balsamischen Düften angefüllt war, besonders da es ungewöhnlich viel Leute hatte.«

Nicht vergessen sollte man, daß es im 18. Jahrhundert auf der Strecke zwischen Passau und Wien zahlreiche gefährliche Stellen zu überwinden galt und es alleine auf oberösterreichischem Gebiet folgende gefährlichen Abschnitte gab: »Da war der Wasserschwall an der Mündung des Rannabaches, das Felsenkachlet oberhalb Oberranna, das Kleinereck bei Brandstatt, der Fall beim Fallnerstein, der Schwall bei Niederwallsee, der Katzenstein unter Saxendorf, der Saurüssel bei Ardagger, das Greiner Felsegg und der Greiner Schwall und unterhalb Grein der argberüchtigte, fast unüberschiffbare Struden und Wirbel.«

Von den legendenumwobenen Strudel und Wirbel bei Grein hatte auch Leopold Mozart gehört, der dann aber während der Reise feststellte, daß man »aus dem Strudl und Wirbl mehr macht, als an der sache selbst ist«.

Dieser Befund Leopold Mozarts aus dem Jahr 1762 deckt sich mit den Beobachtungen, die Riesbeck fast zwanzig Jahre später an dieser gefürchteten Stelle machte und die er wie folgt zusammenfaßte: »Zu Ulm, Augsburg, München, Regensburg, Passau und Linz hörte ich so viel von einem Strudel und Wirbel, die man auf der Donau mit großer Gefahr passieren müßte, daß ich dir und der Nannette durch die Beschreibung dieser Gefährlichkeiten, die ich bestehen wollte, nicht wenig Schrecken einzujagen gedachte. Ihr könnt aber ruhig sein, liebe Kinder, wenn ich auch noch hundertmal diese Skylla und Charybdis befahren müßte. Beide Plätze sind nicht so gefährlich, als es einige Gegenden in der Mosel, Maas, Rhône, Loire, im Rhein und in mehrern Flüssen von Europa sind, die demungeachtet stark befahren werden.

Verschiedene Nebenumstände erhalten den Ruf des Schrekkens dieser beiden Plätze. (...) Das meiste aber tun hiebei die Schiffleute. Sie bringen die Gefahr mit dem Frachtlohn in Anschlag, und wenn man an den berüchtigten Plätzen vorüber ist, so geht der Steuermann mit offenem Hut im Schiffe herum und sammelt von den Passagiers ein Trinkgeld ein, daß er sie glücklich durch die Gefahr gebracht. Es ist ihnen also daran gelegen, den Strudel und Wirbel in ihrem Kredit zu erhalten. Der Eigentümer des Schiffes, als er sah, daß ich keinen Glauben an das Gespenst hatte, gestand mir im Vertrauen, daß er sich seit den zwanzig Jahren, durch welche er nun die Donau befahren habe, keines Unglücks zu erinnern wisse, das auf diesen verschrienen Orten vorgefallen wäre.«

Hier scheint Riesbeck die Gefahren allerdings zu sehr herunterzuspielen, denn wenn Strudel und Wirbel tatsächlich so ungefährlich gewesen wären, hätte man zwischen 1777 und 1792 nicht Felsabsprengungen im Struden unterhalb von Grein vorgenommen und sich auch später die aufwendige und gefährliche Sprengung des Haussteins ersparen können.

Tatsache ist, daß die Familie Mozart bei ihrer einzigen Schiffsfahrt nach Wien mit keinerlei größeren Problemen zu kämpfen hatte und ihr Ziel am Nachmittag des 6. Oktober 1762 wohlbehalten erreichte. Bemerkenswert ist allerdings, daß es an diesem Tag bereits schneite und die Mozarts »so gar ein bischen Schnee auf den Dächern« sahen.

Die näheren Umstände ihrer Ankunft in Wien waren ganz nach dem Geschmack Leopolds, der offenbar keine Gelegenheit versäumte, sein »Wunderkind« der staunenden Öffentlichkeit zu präsentieren. Als das Schiff bei der Mautstelle am »Schanzl«, in unmittelbarer Nähe der heutigen Schwedenbrücke, anlegte, schickte er zwecks »musikalischer Bestechung« des Zöllners seinen Sohn voraus und erreichte tatsächlich, daß sie ohne Kontrolle durchgelassen wurden. An Hagenauer schreibt er nicht ohne Stolz: »Eins muß ich sonderheitl: anmerken, daß wir bey der schantzlmauth ganz geschwind sind abgefertiget und von der Hauptmauth gänzlich dispensirt worden. daran war auch unser H: Woferl schuld: dann er machte alsogleich seine Vertraulichkeit mit dem H: Mautner, zeigte ihm das Clavier, machte seine Einladung, spielte ihm auf dem geigerl ein Menuet, und hiemit waren wir expediert. der Mautner bath sich mit der grösten Höflichkeit die Erlaubniß aus uns besuchen zu därffen, und notirte sich zu diesem Ende unser quartier.«

Nicht vergessen sollte man, daß der knapp 7-jährige Wolfgang zum Zeitpunkt seines improvisierten »Konzerts« eine mehrtägige, anstrengende Reise hinter sich hatte und immer noch unter den Folgen des »Catharrs« litt, der durch den Regen und den kalten Wind auf dem Schiff sicher nicht besser geworden war.

Der knapp dreimonatige Aufenthalt in Wien wurde für »Meister Woferl« (nicht »Wolferl«!) und seine Schwester Nannerl jedenfalls zu einem triumphalen Erfolg und legte den Grundstein für die weitere, steil nach oben verlaufende Karriere der beiden Kinder, von der am Ende allerdings nur Wolfgang profitieren sollte. Nach seinen Auftritten in München, Passau, Linz und Wien war er bereit für neue Herausforderungen, die er während der dreieinhalb Jahre dauernden Tournee durch Westeuropa dann auch bravourös meisterte.

Diese Reise absolvierte die Familie in jenem Reisewagen, den Leopold Mozart zu Weihnachten 1762 in Preßburg, der damaligen Hauptstadt Ungarns, gekauft hatte. Mit diesem Wagen kehrten die Mozarts am 31. Dezember nach Salzburg zurück, da eine Rückfahrt mit dem Schiff nicht in Frage kam. Erstens wurde die Personenschiffahrt auf der Donau am Katharinentag (25. November) eingestellt und zweitens hätte ein »Gegenzug« stromaufwärts viel zu lange gedauert. Mit einer sogenannten »Hohenau« konnten lediglich 20–30 km pro Tag zurückgelegt werden, wodurch eine Fahrt von Wien nach Linz, je nach Witterung und Zustand der Treppelwege, 14–25 Tage dauerte. Es ist daher begreiflich, daß die Gegenfahrt von Reisenden kaum benützt wurde und in erster

Linie dem Gütertransport diente. Solche Züge, die aus mehreren Schiffen bestanden, hatten eine Länge von bis zu 500 Meter und wurden von 40–60 Pferden gezogen. Bei einem »Gegenzug« waren außerdem bis zu 60 Mann beschäftigt.

Angesichts des reichhaltigen Angebots in Wien überlegte Leopold Mozart jedoch einmal, verschiedene größere Einkäufe zu tätigen und die erworbenen Waren mit einer solchen »Hohenau« nach Salzburg transportieren zu lassen. Am 6. November 1762 schreibt er an Lorenz Hagenauer: »ich könnte hier so einen schönen Schreibkasten kaufen, den ich um einen gar leichten Preiß haben könnte, wenn ich ihn nur mit einer Hochenau nach Salzburg bringen könnte. Es würde ja nicht viel kosten? – – sie glauben nicht, was für schöne Kästen hier gearbeitet werden, und gar nicht theuer: wie auch Tischl, Sessel etc und dergleichen, Tausendmahl wünsch ich mir dergleichen Sachen in Salzburg zu haben.«

Ob Leopold die beschriebenen Waren tatsächlich gekauft hat, wissen wir nicht, erwähnt wurden sie von ihm jedenfalls nicht mehr. Leider versäumte Leopold auch, jene Speisen aufzulisten, die ihnen bei den zahllosen Einladungen in den adeligen Häusern Wiens serviert wurden. Diese müssen allerdings ziemlich beeindruckend gewesen sein, da er brieflich ankündigte, bei ihrer Rückkunft »der Fr: Hagenauerin die *Speiß Liste* zu recitiren«.

»Dann Nichts als Suppen oder Binadl«

Die erste Speise, die in der mehr als 1.200 Briefe umfassenden Korrespondenz der Familie Mozart erwähnt wird, ist eine Suppe, die sich im 18. Jahrhundert großer Beliebtheit erfreute. Bei dieser von Leopold Mozart als »Binadl« bezeichneten Speise, handelt es sich um die als »Panadel« bekannte Brotsuppe, deren Name sich aus dem französischen »panade« ableitet, in dem wiederum das lateinische Wort »panis« für Brot enthalten ist.

Diese Brotsuppe war Teil der Schonkost, die der knapp 7-jährige Wolfgang Ende Oktober 1762 in Wien zu sich nehmen mußte, nachdem er an einer schmerzhaften Knotenrose erkrankt war und zehn Tage lang das Bett hüten mußte. Der behandelnde Arzt, Dr. Johann Anton von Bernhard, verordnete neben »Binadl« auch noch »durchpresten Gerstenschleim, zu zeiten einen Hueflattich Thee, ein wenig Milch darein gegossen«, wie Mozarts Vater am 30. Oktober 1762 an Lorenz Hagenauer nach Salzburg schrieb. Aus diesem Brief erfahren wir weiters, daß Wolfgang vor dem Schlafengehen »ein kleines Glasl Milch von gestossenen Melaun Kernen, und ein gar wenig Magsaamen« verabreicht wurde.

Bei den »Melaun Kernen« handelt es sich um Melonenkerne, mit »Magsaamen« sind Mohnsamen gemeint.

Für Leopold kam die Krankheit seines Sohnes zu einem denkbar ungünstigen Zeitpunkt, da er nach dem erfolgreichen Konzert, das seine Kinder am 13. Oktober vor der Kaiserin in Schönbrunn gegeben hatten, zahlreiche bereits fixierte Auftritte vor Adeligen in Wien wieder absagen mußte. Entsprechend übel gelaunt teilte Leopold seinem Freund Hagenauer dann auch mit, daß ihm »diese Begebenheit« einen Verlust von mindestens 50 Dukaten eingebracht habe. 50 Dukaten, also 225 fl., waren eine stattliche

Summe, wenn man bedenkt, daß ein von Leopold ins Auge gefaßter »schöner langer Fuchs Pelz« 30 fl. kostete. Für das Konzert am Kaiserhof erhielten Nannerl und Wolfgang übrigens 450 fl., ein Betrag, mit dem eine bürgerliche Familie in Wien ein ganzes Jahr leben konnte.

Vielleicht auch, um den finanziellen Ausfall wettzumachen, beteiligte sich die Familie Mozart an der »Wiener Lotterie«, bei der für fünf Nummern 20 Kreuzer (Kr.) zu bezahlen waren. Bei dieser Lotterie handelte es sich um das Genuesische Zahlenlotto, bei dem der Spieler aus einer Zahlenreihe von 1 bis 90 eine oder höchstens fünf Nummern auswählt und unter Einsatz einer bestimmten Mindestsumme darauf wettet, daß diese Nummern gezogen werden. Wenn Leopold schreibt, daß »H: Estlinger einen Ambo mit 4 f. errathen hat«, dann heißt das, daß für das Erraten von zwei richtigen Zahlen vier Gulden ausbezahlt wurden. Da vier Gulden 240 Kreuzer waren, bekam Estlinger also für den richtig erratenen Ambo das 12-fache seines Einsatzes ausbezahlt. Er scheint allerdings der einzige aus ihrer Gruppe gewesen zu sein, der bei der Lotterie etwas gewonnen hatte.

Wie in Wien, grassierte damals auch in Salzburg das Lottofieber und aus zeitgenössischen Quellen weiß man, daß die Spielwut Ausmaße annahm, die ein ausdrückliches Verbot von Hazardspielen zur Folge hatte. In der 1793 erschienenen »Beschreibung der hochfu̍rstlich=erzbischo̍flichen Haupt= und Residenzstadt Salzburg« schreibt Lorenz Hübner zu diesem Thema: »Die Hazardspiele sind ganz verbothen. Im Jahre 1787 den 22. Jånner erging eine Verordnung, welche alles Einlegen in Lotterien von Zahlen, Classen, oder wie sie immer genannt sind, und alles Colligiren fu̍r dieselben auf das Strengste verbiethen.«

Ein ähnliches Verbot wurde bereits von Colloredos Vorgänger, Fürsterzbischof Siegmund Schrattenbach, am 1. August 1771 erlassen, und zwar mit der Begründung, daß durch »die Begierde zum Lottospiel ganze Familien in Verfall gerathen«. Auch für das Land Salzburg hatte das Erzstift »eine Sittenordnung fu̍r

Öffentliche Zucht und Ehrbarkeit, eine Tanzordnung, Verordnungen wider Hazardspiele, Lotterien, Wucher und fleischliche Verbrechen« erlassen.

Viele Jahre nach der Beteiligung an der Wiener Lotterie begegnete Mozart in Lorenzo da Pontes Libretto zu »Così fan tutte« dem Genuesischen Lotto noch einmal, und zwar in der 8. Szene des 2. Aktes, in der sich Ferrando und Guglielmo über den Verlauf ihres gewagten Experiments unterhalten, in dessen Mittelpunkt ihre Freundinnen Dorabella und Fiordiligi stehen.

Ferrando:
(liettisimo)
Amico, abbiamo vinto!

Guglielmo:
Un ambo o un terno?

Ferrando:
Una cinquina, amico; Fiordiligi
È la modestia in carne.

Auf Ferrandos »sehr fröhlich« vorgetragene Mitteilung, daß sie gewonnen hätten, fragt also Guglielmo, ob es sich bei diesem Gewinn etwa um einen »Ambo« oder gar einen »Terno« handle, woraufhin Ferrando die – vermeintliche – Keuschheit Fiordiligis mit einer »cinquina« vergleicht, also jenem Glückstreffer, der im Genueser Lotto fast unmöglich ist, da in diesem Fall alle fünf gesetzten mit den fünf gezogenen Zahlen übereinstimmen müssen.

Leopold Mozart hat jedenfalls im Oktober 1762 beim Genueser Lotto in Wien nicht einmal einen Ambo gewonnen, dafür aber mit seinen hier geknüpften Kontakten einen wichtigen Grundstein für die weitere Karriere seines Sohnes gelegt. Sein Verhalten dem kranken Sohn gegenüber hinterläßt allerdings einen zwiespältigen Eindruck. Auf der einen Seite kann man Leopold sicherlich nicht vorwerfen, daß er sich um seinen Sohn nicht aufopferungsvoll gekümmert hätte; auf der anderen Seite wird aber bereits in dieser Phase die Absicht erkennbar, das ungewöhnliche Talent des Kindes gewinnbringend zu verwerten, ohne auf die schwächliche Konstitution des Jungen allzuviel Rücksicht zu nehmen.

Daß die Reiseanstrengungen und die zahlreichen Auftritte in Wien ihre Spuren hinterließen, ist angesichts des strapaziösen Programms, das die Mozartkinder zu absolvieren hatten, nicht weiter verwunderlich. An bestimmten Tagen war die Nachfrage nach Wolfgang und Nannerl so groß, daß sie drei Konzerte hintereinander geben mußten. »Einmal sind wir um halbe 3. Uhr an ein Ort gefahren, da waren wir bis drey viertl auf vier Uhr«, schreibt Leopold und fügt hinzu: »von dort ließ uns der Graf Hardek mit seinem Wagen hollen, und zu einer Dame in vollen Gallopp führen, wo wir bis halbe 6 Uhr blieben. Von da ließ uns der Graf Kaunitz abhollen, bey dem wir bis gegen 9. Uhr waren.«

Bemerkenswert ist in diesem Zusammenhang Graf Karl von Zinzendorfs Eintragung in sein Tagebuch vom 17. Oktober 1762, wo er über einen dieser Auftritte der Mozartkinder berichtet und Wolfgang als »pauvre petit«, also »armen Kleinen«, bezeichnet. Möglicherweise bezieht sich diese Charakterisierung auf die bekanntermaßen fragile Erscheinung des Kindes, wenngleich Zinzendorf die Virtuosität der Mozartkinder besonders hervorhebt. Über Wolfgang schreibt er: »c'est un Enfant Spirituel, vif, charmant« und über Nannerls meisterhaftes Spiel notiert er: »sa Soeur joue en maitre, et il lui applaudit.«

Die Knotenrose, die von Leopold fälschlicherweise als »Scharlach=Ausschlag« diagnostiziert wurde, war wahrscheinlich eine Folge der ungeheuren Anstrengungen, denen Wolfgang ausgesetzt war. Als belesener medizinischer Laie hätte sein Vater eigentlich dafür Sorge tragen müssen, daß die Krankheit in jedem Fall ausgeheilt wird, wollte er keine bleibenden Schäden für das Kind riskieren.

Neben den Hausmitteln »Schwarz Pulver und Margrafen

Pulver« – beides schweißtreibende Mittel, die ihren fixen Platz in Leopold Mozarts Reiseapotheke hatten – wurde Wolfgang auch mit der eingangs erwähnten Schonkost behandelt. Da die Familie seit Mitte Oktober im Haus Johannes Heinrich Ditschers »in Fierberggaßl ohnweit der hohen Bruken im Tischler=Hause im ersten Stock« wohnte, wurde das Essen wahrscheinlich in der Küche ihrer Quartiergeber zubereitet. Zumindest legt die Beschreibung ihrer Wohnsituation den Schluß nahe, daß die Mozarts über keine eigene Küche verfügten.

Die Besorgung der einzelnen Zutaten für Wolfgangs Schonkost war sicherlich problemlos, da sich in der Umgebung ihrer Wohnung genügend Märkte und Geschäfte befanden, wo man Lebensmittel einkaufen konnte. Für die Panadelsuppe benötigte man beispielsweise Semmeln, Butter, Rindsuppe, Eier und Schmalz. Mit diesen Zutaten hätte man »aufgeloffenes Panadl« zubereiten können, wie es im »Wienerischen bewaͤhrten Kochbuch« angeführt ist:

»Schneid harte Semmel duͤnn in ein Haͤferl, leg ein Stuͤckel Butter dazu, gewuͤrz es ein wenig, gieß eine siedende Rindsuppe daran, daß es daruͤber ausgeht, deck es geschwind zu, laß es ein wenig stehen, bis die Semmel weich wird, zerspridle es mit einen Kochloͤffel, auch 3 oder 4 Eyer darunter, laß in einem Reindel ein Schmalz heiß werden, schuͤtt es darein, unten und oben Glut, mach es schoͤn ramlicht. Fuͤr eine Person nimm 1 Ey.«

»Schoͤn ramlicht« heißt, daß die Suppe cremig sein sollte.

Daß Panadelsuppe von Leopold Mozart auch viele Jahre später noch als Krankenkost verabreicht wurde, geht aus einem Brief hervor, den er am 3. November 1785 an seine Tochter nach St. Gilgen schrieb. Damals lebte in seinem Haushalt in Salzburg Nannerls kleiner Sohn Leopoldl, um den sich nicht nur Leopold, sondern auch dessen Dienstboten Tresel und Nandl kümmerten. Am 3. November berichtete also Leopold, daß »der Leopoldl« fast gestorben wäre und er »das Kind mit aufgeschwolnem Gesicht, geschlosenen Mund und Augen, blau, wie ein erhenkter ohne mindestem Lebenszeichen erstickt fand, ihm das Maul mit vielen Gewalt aufmachte und so lange hineinblies bis es anfieng die Augen zu öffnen und athem zu hohlen; die Tresel war auch schon in der Positur in Hintern zu blasen.« Glücklicherweise erholte sich das Kind und Leopold verabreichte seinem Enkelsohn »etliche Coffé=Löferl voll Binnadl«. Allerdings dürfte dem Kleinen diese Suppe nicht besonders geschmeckt haben, da Leopold berichtet, »daß er die Bannadl nicht essen will«. Anzunehmen ist, daß »die Bannadl« in diesem Fall als einfache Weißbrotsuppe zubereitet wurde.

Eine Spielart der Panadelsuppe mit Schwarzbrot und »Erbsen=Bruͤh« findet sich im »Nutzlichen Koch=Buch«, in dem auch noch das folgende Rezept für eine »Boͤhmische Suppen« abgedruckt ist:

»Erstlich siede die Erbsen schoͤn weich, hernach durchgetriben, so vil man Suppen brauchet, nimm auch schoͤne klein=gesottene Gersten darein, abgeruͤhrt, gewurtzt mit Muscatnus und Saffran, gesaltzen, und ein wenig Butter daran, lasse es einen Sud aufthun, angericht uͤber gebaͤhte Schnitten.«

Aufgrund der Verwendung von so exquisiten Gewürzen wie Muskatnuß und Safran dürfte diese Suppe nicht für den Alltag bestimmt gewesen sein. Muskatnuß zum Beispiel war im 18. Jahrhundert ein ausgesprochenes Modegewürz und dementsprechend teuer. Aber auch Safran gehörte zu jenen Gewürzen, für die man tief in die Tasche greifen mußte, weshalb in allen Kochbüchern ausdrücklich darauf hingewiesen wird, daß »Safran nur in geringer Menge zu der fast fertigen Speise gegeben werden darf«, wie es in Katharina Pratos »Süddeutscher Küche« heißt. Der Name dieses Gewürzes leitet sich übrigens aus dem arabischen »za'farān« für »Krokus« ab.

Zur Mozartzeit war Safran zwar auch noch relativ teuer, für Leopolds und Nannerls Haushalte aber durchaus erschwinglich. Am 10. Dezember 1784 fragte der Vater die Tochter, ob er ihr ein kleines »present=Schachterl Saffran« nach St. Gilgen schicken solle und ein Jahr später ließ er Nannerl neuerlich »einen Saffran« zukommen, für den er ihr lediglich 10 Kr. verrechnete, was einem Gegenwert von vier Zitronen oder zehn Eiern entsprach. Da der Safran in der gesamten Korrespondenz der Familie Mozart nur zweimal erwähnt wird, können wir davon ausgehen, daß er in deren Küche eine eher untergeordnete Rolle spielte.

Möglicherweise zeichnete sich hier bereits eine Tendenz ab, die Robert Habs und Leopold Rosner für das gesamte 19. Jahrhundert beobachteten und die sich im sukzessiven Verschwinden des Safrans äußerte. Im »Appetitlexikon« schreiben Habs und Rosner: »Das 19. Jahrhundert hat den Safran seines aufdringlichen Geruchs wegen schon vor langem in die Bauernküche verwiesen und auch hier verliert er beständig an Terrain. In der französischen und norddeutschen Küche ist er bereits vollständig fremd geworden, und auch in Österreich, Süddeutschland und der Schweiz kommt er auf der guten Tafel nicht vor.«

Nutzliches
Koch-Buch /

Oder:

Kurtzer Unterricht /

In welchem

Unterschiedene Speisen

Gut zu zubereiten beschri-
ben seynd.

Erstlich zu Wienn in kleinern Form gedruckt,

Anjetzo aber /

Da vil der Kocherey Verständige,
dises Buch wegen ihrer gut- und sicher-
gestelten Einrichtung sattsam approbiret ha-
ben, auf vilfältiges Ersuchen in disem Form
wiederum neu zum Druck befördert.

STEYR /

Verlegt durch Johann Adam Holtzmayr seel.
Wittib und Erben, 1740.

»Eine Suppe, einen guten Rhein Salmen und Butter«

Als die Familie Mozart am 9. Juni 1763 zu ihrer großen, dreieinhalb Jahre dauernden Westeuropa-Tournee aufbrach, war Wolfgang gerade einmal siebeneinhalb Jahre alt. Ziel dieser Reise war es, die beiden »Wunderkinder« Wolfgang und Nannerl an renommierten europäischen Höfen vorzustellen – und mit ihnen Geld zu verdienen. Besonders für die Kinder war diese Reise mit ungeheuren Strapazen verbunden, nicht zuletzt deshalb, weil sie sich ständig auf neue Eß- und Trinkgewohnheiten einstellen mußten. Daß die Mozarts in dieser Beziehung alle Höhen und Tiefen durchmachten, versteht sich angesichts der Größe dieses Unternehmens von selbst.

In den ersten Berichten, die Leopold Mozart an seinen Freund und Quartiergeber Lorenz Hagenauer nach Salzburg schickte, schwärmte er noch von der guten Verpflegung. So schreibt er über einen Zwischenaufenthalt in Salzig am Rhein: »Ich bekam das beste Zimmer, eine Suppe, einen guten Rhein Salmen und Butter, wein hatte ich genug selbst bey mir, sonst hätten wir schlechten Wein trincken müssen.« Um auf der Reise nicht auf »schlechten Wein« angewiesen zu sein, besorgte sich Leopold Mozart sicherheitshalber noch »6 Boutellien des besten Hochheimer Rhein weins«.

Drei Wochen später hatte sich der Ton bereits merklich geändert und über einen aufgrund eines Radbruchs notwendig gewordenen Aufenthalt in einem Gasthaus auf der Strecke zwischen Lüttich und Brüssel schreibt Leopold am 3. Oktober 1763: »allein der Ort war schlecht, in einem Wirthshause wo nur fuhrleute füttern, saßen wir auf Holländisch auf ströhenen Sesseln zum Caminfeuer, wo ein kessel an einer langen kette hieng, in welchem fleisch, Rüben etc. und allerhand beysammen en compagnie sieden muste. da bekamen wir ein klein elendes Tischchen hin, und aus dem großen Kessel wurde uns Suppe und fleisch angerichtet, und eine Bouttellie Rother Champagner gereichet, dabey aber kein Wort Teutsch, sondern pur Wallonisch, das ist, schlecht französisch gesprochen. Die Thüre war beständig offen, darum hatten wir sehr oft die Ehre, daß uns die Schweine einen Besuch abstatteten und um uns herum gruntzten. Sie könen sich nichts natürlicher vorstellen, als wenn sie sich unsere Mittags Tafel, als ein gemahltes Holländer=Stück vorstellen.«

Das schlechte Essen war aber nur eines von mehreren Problemen, die sich im Laufe der Reise als große Hindernisse entpuppten. Vor allem das allgemeine Geldchaos bereitete selbst einem erfahrenen Organisator wie Leopold Mozart häufig Kopfzerbrechen und seine Briefe sind voll von Klagen über sich ständig ändernde Wechselkurse und andere pekuniäre Unannehmlichkeiten. Um eine Vorstellung von den damaligen Zuständen auf diesem Gebiet zu bekommen, empfiehlt es sich, den folgenden Brief vom November 1763 ganz genau zu lesen. Darin schreibt Leopold Mozart an Lorenz Hagenauer: »In Coblenz und dem ganzen Trierischen hatten wir eine andere Geld=Rechnung zu lernen. Denn da hörte unsere Reichsmüntze auf, und man muste sich auf die Petermänncher, und auf sogenannten schweren und leichten Kreutzer verstehen. In Cölln und Bonn galt dieß alles nichts, und da fiengen die *Stüber* und die fettmännchen an. In Aachen kamen die Aachner *Stüber Busch* und *Mark:* und im grossen die Reichsthaler und *Pattacons,* auch die Schillinge etc in Lüttich kamen die *Sous* dazu. Und hier ist alles wieder nichts; sondern man muß andere *Sous,* die *Escalins,* die *Brabanter Gulden,* und *plaquèts,* die Stück deren eins 3. Escalins und ½ gilt etc, kennen lernen etc. Es ist nicht zu sagen, was man bald hier bald dort am Geld verliert. Und so bald man von hier weg über Valenciennes kömmt, so ist abermal die Geld Änderung; wo nichts als nur Louisd'or, Feder Thaler, und französische sous zu gebrauchen sind: so daß ich ietzt manchmal nicht gewust habe, wie ich meine Ausgaben notiren soll.«

Vor diesem Hintergrund versteht man auch, weshalb in den Briefen der Familie Mozart nicht weniger als 65 verschiedene Geldsorten erwähnt werden, mit denen sie im Laufe ihrer zahlreichen Reisen zu tun hatte. Im 18. Jahrhundert glich der Großteil Europas einem politischen Fleckerlteppich und Leopolds Klagen werden nachvollziehbar, wenn man weiß, daß beispielsweise das Gebiet des heutigen Schwabenlandes in 93 verschiedene Fürstentümer, Grafschaften, Prälaturen usw. zerfiel.

Der Geldverlust infolge undurchsichtiger Wechselkurse war aber nur einer der Gründe, weshalb die Ausgaben der Familie im Zeitraum 9. Juni bis 26. September 1763 die unglaubliche Summe von 1.068 fl. ausmachten. Ein anderer Grund waren die hohen Übernachtungskosten, da die Mozarts nur in den besten Hotels abstiegen. In München zum Beispiel wohnte man vom 12. bis 22. Juni im vornehmen Hotel »Zum goldenen Hirschen« und mußte dafür die stolze Summe von 47 fl. 58 Kr. hinblättern. Doppelt soviel, nämlich 95 fl., hatte die Familie in Augsburg zu bezahlen, wo sie für 14 Tage in der Nobelherberge »Zu den drei Mohren« wohnte. Dieser Betrag war fast dreimal so hoch wie Leopold Mozarts Monatsgehalt am Salzburger Hof.

Daß trotz eigenen Reisewagens auch die Fahrten von einem Ort zum anderen oft mehr Geld verschlangen als vorgesehen, mußte Leopold zu seinem Leidwesen immer wieder zur Kenntnis nehmen. Zum besseren Verständnis des folgenden Berichts, den er am 8. Dezember an Hagenauer nach Salzburg schickte, sei angemerkt, daß auf der Strecke Brüssel–Paris insgesamt 34 Poststationen zu passieren waren. Im konkreten Fall benötigte die Familie für die etwa 300 km lange Strecke vier Tage, was einer täglichen Wegstrecke von 75 km entspricht. Leopold Mozart schreibt: »Der Weg von Brüssel bis Paris kostet erstaunlich geld. Von Brüssel bis Valenciennes sind die Posten Brabantisch und wird iedes Pferd à 3. Escalin oder 45 kr: teutschen Gelds bezahlet: Hingegen sind alle Posten nicht viel über 2. Stunden lang. So bald man nach

Valenciennes kommt muß man 6. Pferd nehmen; da hilft nichts dafür: hingegen Zahlt man für das Pferd 25. Sols, das ist einen Livres und 5. Sols, etwa 30 kr: teutschen Gelds. Dafür bekommt man 2. Postknechte, die bey jeder Post besondere Personen vorstellen, weil jeder nach seinem belieben gekleidet ist: bald glaubte ich es wären ein paar Mausfallträger, bald ein paar Spitzbuben aus einer Nach Comoedie, bald ein paar welsche Eseltreiber, bald aber ein paar verlaufene peruquiers, oder entlassene und Herren=loose laquayen oder gar Cammerdiener, machmahl aber ein paar abgedanckte Feldwebels; anbey aber lauter grosse wohlgewachsene Leute, die nicht anders fahren, als wenn wir die Reichs Armée wären, und von einem Chor Preussen verfolgt würden.«

Nach dieser beschwerlichen Reise mußte die Familie in Paris rasch die Erfahrung machen, daß man als Fremder besonders beim Essen und Trinken vorsichtig sein mußte, wollte man nicht gleich am ersten Tag Durchfall bekommen, ein Schicksal, das die Mozarts prompt ereilte. »Das abscheulichste hier ist das trinckwasser«, schreibt Leopold, das »aus der Seine I : so abscheulich aussieht : I geholt wird.« Reines Brunnenwasser wurde nur von Wasserträgern, »die das Privilegium haben, und etwas an den König bezahlen müssen«, auf der Straße verkauft. Leopold wich in dieser Situation auf Wein aus und bezifferte sein tägliches Quantum mit zwei Bouteillen.

Wenngleich sich die Reise im Hinblick auf die Vermarktung der Kinder bis zu diesem Zeitpunkt durchaus bezahlt gemacht hatte, waren die Eindrücke, die sich der Familie Mozart in Paris boten, teilweise niederschmetternd. Leopold berichtet von verstümmelten, blinden, lahmen und »halb verfaulten« Bettlern, die vor den Kirchen herumlägen, »oder es liegt einer auf der strasse dem die schweine als ein Kind eine Hand weggefressen haben, ein anderer der als ein Kind I : da der nährvatter und die seinigen im Felde bey der Arbeit waren : I in das Camin=feuer umgefallen und sich einen halben arm weggebrannt hat etc: und eine Menge solcher Leute, die ich aus Eckl im Vorbeygehen nicht anschaue.«

Auch, daß Wolfgang und Nannerl in Paris (wahrscheinlich) und in Lyon (sicher) Zeugen öffentlicher Hinrichtungen wurden, muß tiefe Spuren im Bewußtsein der beiden Kinder hinterlassen haben.

Über ein anderes Phänomen, das am 1. April 1764 über Paris zu beobachten war, berichtete Leopold Mozart ebenfalls ausführlich, nämlich über die Sonnenfinsternis, die an diesem Tage stattfand und die ganze Stadt in Aufregung versetzte. Leopold schreibt, daß bereits 14 Tage vor diesem Ereignis »die Gläserer in Paris alle alte Trümmer von zerbrochenen Gläsern zusammengesucht haben, und theils in form eines Octav-blätls, theils wie es der Glasscherbe gab, solche blau, oder vielmehr schwarz anlauffen ließen«. Verwundert zeigte er sich auch über den weit verbreiteten »pöbelhaften Aberglauben, daß diese Finsterniß so schwer seyn werde, daß ein Pest in der Folge zu beförchten seye«. Kein Wunder, daß er seinen Bericht über die Sonnenfinsternis mit der hämischen Bemerkung schloß, daß »die Glaserer ihre Gläser nicht umsonst gemacht, aber die Käuffer ihr Geld umsonst ausgegeben haben: *Es war ein starckes Regenwetter;* und dennoch war es nicht finsterer, als wie es etwa ist, wenn es anfängt Abend zu werden«.

»5975. Bierschäncken, 207. gasthöfe, 8659. Brandweinschencken«

In kulinarischer Hinsicht gänzlich neue Erfahrungen machte die Familie Mozart in London, wo sie am 23. April 1764 eintraf und bereits drei Tage später von König Georg III. und dessen Gemahlin Sophie Charlotte zum Essen und die Kinder zum Musizieren eingeladen wurden. »Allein die Gnade, mit welcher so wohl S:^{e} Majestätt der König als Königin uns begegnet ist unbeschreiblich«, berichtet Leopold und fügt stolz hinzu, daß die Königin seinen Sohn mit »Master Wolfgang« anspreche.

Überhaupt schienen sich die Mozarts in London rundum wohl zu fühlen und auch für die in London angebotenen Speisen und Getränke fand Leopold nur Worte des Lobes. Am 28. Mai schreibt er an Hagenauer: »Die Speisen sind ungemein nahrhaft, Substantios und kräftig; das Rindfleisch, Kalbfleisch und Lammfleisch besser und schöner als man es in der Welt finden kann (...), das Bier, deren man verschiedene Gattungen haben kann ist ganz erstaunlich starck und gut. Hingegen ist der Wein, weil das Bier ein Land-productum ist, unbeschreiblich theuer. Eben so ist es mit dem Coffée, welcher über 4. teutsche Gulden das kleine Pfund zu stehen kommt. (...) Der Theé Kessel ist den ganzen Tag auf dem Feuer, und bey Besuch werden die Leute mit Theé und Butter Brod bedient: daß ist; man bringt fein aufgeschnittenes und mit Butter bestrichenes Brod.«

Die Stadt London mit ihren zahllosen Märkten muß auf Leopold Mozart eine große Faszination ausgeübt haben, anders wäre es nicht zu erklären, daß er an Lorenz Hagenauer seitenlange Briefe mit dutzenden Zahlen über den Handelsplatz London schickte. In einem dieser Briefe schreibt er zum Beispiel: »Hier sind mehr denn 1072. Bäcker; 1515. Metzger; 1411. Käse Krämmer;

159. Fischhändler. *NB:* Obwohlen man hier die Fisch nur für Pracht und Delicatesse isset, die, obwohl man mit dem Meer umzingelt ist, abscheulich theuer sind. 217. Geflügelhändler; 171. Breustätte; 551. Coffeéhäuser, *NB:* obwohl ich nur erst in einem einmahl gewesen bin. 447. Weinhäuser. *NB:* ohne die Weinhändler so Boutiquen haben. 5975. Bierschäncken, 207. gasthöfe, 8659. Brandweinschencken. *NB:* Brandwein und Bier ist des Volkes Element.«

In dieser Tonart geht es seitenweise weiter und selbstverständlich wird Hagenauer auch darüber informiert, daß »10533. Tonnen oder 21. Millionen 6. hundert und 60. tausend Pfund Käse eingeführert werden«.

Auf ihrer Reise von London nach Salzburg machte die Familie Mozart für einen Monat Zwischenstation in Lyon, von wo es nicht nur etwas über Hinrichtungen zu berichten gab, sondern auch über den ausgezeichneten Wein. Am 16. August 1766 schreibt Leopold an Hagenauer: »Ich habe nicht unterlassen ihre und der ihrigen Gesundheit aus einem – – – nein, aus mehr Gläsern Burgunder zu drincken; denn sie wissen, daß ich ein grimmiger Sauffer bin. O wie oft wünschte ich denienigen Wein, dem man uns zum überfluße antrug, nach Salzburg in den Keller eines guten Freundes wünschen zu können. Auf das wenigste habe ich nun den Brunnen selbst in Augenschein genommen, woraus man den guten Burgunder Wein schöpfet, und kommt uns ein Lust an einen zu drincken, so kostet es nichts, als einen kleinen Brief, so ist er da! Ich hätte fast lust ein Vässel so 240. Boutellien hält zu bestellen.«

Nach einem einmonatigen Aufenthalt in der Schweiz reiste die Familie Mozart schließlich über Deutschland zurück nach Salzburg, wo sie am 29. November 1766 eintraf. Die dreieinhalb Jahre dauernde Reise hatte Leopold Mozart 20.000 fl. gekostet, ein Betrag, der 50 mal so hoch war wie die jährliche Besoldung, die er von Fürsterzbischof Schrattenbach erhielt. Allerdings verstand es Leopold, sowohl die an zahlreichen Höfen erhaltenen wertvollen Geschenke, als auch andere auf der Reise erworbenen

Gegenstände in Salzburg vorteilhaft zu veräußern, wodurch die Westeuropa-Tournee nicht nur Ruhm und Ehre brachte, sondern auch finanziellen Gewinn.

Daß dieses gewagte Unternehmen der Familie Mozart in Salzburg einiges Aufsehen erregte, versteht sich von selbst. Am Tag ihrer Ankunft notierte zum Beispiel Pater Beda Hübner in sein Tagebuch: »Man sagt sehr stark, diese Mozartische Familie werde wiederum nicht lang allhier verbleiben, sondern in bälde gar das ganze Scandinavien, und das ganze Russland, und vielleicht gar in das China reisen, welches noch eine weit größere Reise, ein höheres Unternehmen wäre.«

Für Wolfgang Mozart brachte diese Reise eine grundlegende Erkenntnis, die er viele Jahre später in einem Brief an seinen Vater zusammenfaßte: »Ein Mensch von mittelmässigen Talent bleibt immer mittelmässig, er mag reisen oder nicht – aber ein Mensch von superieuren Talent | : welches ich mir selbst, ohne gottlos zu seyn, nicht absprechen kan : | wird – schlecht, wenn er immer in den nemlichen ort bleibt.«

»Zu den drei Sauköpfen«

Namen von Gasthöfen und Hotels, in denen die Familie Mozart während ihrer Westeuropa-Reise logierte:

»Zum goldenen Stern »
»Zum goldenen Hirschen«
»Zu den drei Mohren«
»Zum goldenen Rad«
»Zum goldenen Waldhorn«
»Zum Riesen«
»Zum roten Haus«
»Zu den drei Königen«
»Zum Prinzen Friedrich«
»Zum Schwan«
»Zum König von England«
»Zu den drei Sauköpfen«
»Zum goldenen Löwen«
»Zum weißen Roß«
»Zur Lilie«
»Zu den drei Reichskronen«
»Zum goldenen Karpfen«
»Zum Englischen Gruß«
»Zum Heiligen Geist«
»Zum goldenen Drachen«
»Zum schwarzen Adler«
»Zum wilden Mann«
»Hôtel d'Angleterre«
»Hôtel de Beauvais«
»Au Cormier«
»The white Bear«

»Hôtel à St. Catherine«
»Hôtel St. Sebastian«
»Nieuwe Stadsherberg«
»Hôtel La Ville de Paris«
»Zum goldenen Vlies«
»Hôtel Plaets Royal«
»Hôtel de la Balance«
»Zum Falken«
»Zum Schwert«
»Zur Krone«
»Zum goldenen Stern«
»Zum goldenen Hirschen«

»Eingemachtes Kalbfleisch zum Mittagsmahl genohmen«

Der Mozartforscher Joseph Heinz Eibl hat einmal ausgerechnet, daß Mozarts Lebenszeit 13.097 Tage betrug und er davon 3.720 Tage auf Reisen war. Dieses Zahlenverhältnis belegt auf eindrucksvolle Weise die große Rolle, die das Reisen in Mozarts Leben spielte. Reisen bedeutet Bewegung und da Mozart in der Kutsche groß geworden ist, muß die an den Kutschenfenstern vorbeiziehende Landschaft eines der prägenden Erlebnisse seiner Kindheit und Jugend gewesen sein.

In diesem Zusammenhang ist ein Aspekt interessant, auf den viele Jahre nach Mozarts Tod dessen Schwägerin Sophie Haibel hinwies, nämlich, daß Mozart auch im Alltag ständig in Bewegung war. In ihren Erinnerungen, die in der Mozart-Biographie Georg Nikolaus Nissens abgedruckt sind, heißt es dazu: »Selbst wenn er sich in der Frühe die Hände wusch, ging er dabey im Zimmer auf und ab, blieb nie ruhig stehen, schlug dabey eine Ferse an die andere und war immer nachdenkend. Bey Tische nahm er oft eine Ecke einer Serviette, drehte sie fest zusammen, fuhr sich damit unter der Nase herum und schien in seinem Nachdenken Nichts davon zu wissen, und öfters machte er dabey eine Grimasse mit dem Munde. (...) Auch sonst war er immer in Bewegung mit Händen und Füssen, spielte immer mit Etwas, z. B. mit seinem Chapeau, Taschen, Uhrband, Tischen, Stühlen gleichsam Clavier.«

Wenngleich Sophie Haibel ihre Eindrücke erst 34 Jahre nach Mozarts Tod niederschrieb und einige ihrer Schilderungen frei erfunden sind, deckt sich dieser Bericht mit zahlreichen Passagen in Mozarts Briefen. Auch darin begegnen wir oft einem Menschen, der sehr stark auf sich selbst konzentriert ist und seine Umwelt nur wahrnimmt, wenn sie direkt auf ihn einwirkt. Dieses Persönlichkeitsmerkmal erklärt wahrscheinlich auch, weshalb in Mozarts Leben die Natur eine so untergeordnete Rolle spielte.

So gesehen hat auch jener Passus in der von Nissen verfaßten Biographie, in dem es um Mozarts angeblich so inniges Verhältnis zur Natur geht, eher etwas mit dem Wunschdenken des Autors als mit der Realität zu tun. Allerdings verrät bereits der Stil, daß Nissen hier keine authentische Geschichte erzählt, sondern auf das Phrasenrepertoire seiner Zeit zurückgreift, die der Mythenbildung um Mozart sehr entgegenkam. Nissen schreibt: »Die Schönheit der Natur im Sommer war für sein tief fühlendes Herz ein entzückender Genuss; er verschaffte sich ihn, wenn er konnte, und miethete daher fast alle Jahre ein Gärtchen in der Vorstadt, wo er den Sommer über zuzubringen pflegte.«

Bedenkt man, daß Mozart jahrelang auf Reisen war und er während dieser Reisen hunderte Briefe schrieb, so überrascht es zunächst einmal, daß sich darin nur selten Naturbeschreibungen oder Landschaftsschilderungen finden. Beim Lesen dieser Briefe hat man das Gefühl, daß Mozart die Dynamik des Vorwärtskommens mehr interessierte, als das schriftliche Festhalten optischer Eindrücke. Symptomatisch in diesem Zusammenhang ist jener Brief vom 14. Dezember 1769, den der knapp 14-Jährige am Beginn seiner Italienreise aus Wörgl schrieb: »Allerliebste mama. Mein herz ist völig entzücket, aus lauter vergnügen, weil mir auf dieser reise so lustig ist, weil es so warm ist in den wagen, und weil unser gutscher ein galanter kerl ist, welcher, wen es der weg ein bischen zuläst, so geschwind fahrt. die reis-beschreibung wird mein papa der mama schon erckläret haben.«

Genaugenommen handelt es sich bei diesen Zeilen nicht um einen Brief, sondern um ein Postskriptum Wolfgangs, das sich am Ende von Leopold Mozarts Brief an dessen Frau findet. Auch die Reisenotizen stammen fast zur Gänze von Mozarts Vater, obwohl als Protokollführer eigentlich Wolfgang vorgesehen war, der aber bereits nach wenigen Tagen die Lust an dieser Arbeit verloren hatte.

Während Leopold Mozart also eifrig seine Eindrücke niederschrieb und Frau und Tochter ausführlich über den Verlauf der Reise informierte, hatte Wolfgang die größte Freude daran, sich über seine Erlebnisse in erster Linie lustig zu machen. So schreibt er über eine Aufführung der Oper »Demetrio« in Mantua: »primo ballerino. gut. prima Ballerina: gut, und man sagt, sie seye gar kein hund nicht, ich aber habe sie zwahr in der nähe nicht gesehen, die übrigen aber wie alle andern. Ein Crudescer ist da gewesen, der gut springt, aber nicht so schreibt wie ich: wie die säu brunzen.« Über einen anderen »Crudescer«, also einen Grotesktänzer, den er in Johann Adolf Hasses Oper »La Clemenza di Tito« in Cremona sah, berichtet er, daß dieser »bey einem ieden sprung einen streichen hat lassen«. Unterzeichnet ist diese Mitteilung mit der Formel:

»Wolfgang de Mozart
Edler von hochenthal
freünd des zahlhausens.«

Damals begann Mozart, seine Briefe mit Phantasienamen zu unterzeichnen. Zwei Wochen nach dem oben erwähnten Brief fügte er einem Schreiben seines Vaters als Postskriptum hinzu: »Wen man die Sau nennt so kommt sie gerent: ich bin wohlauf got lob und danck, und kan kaum die stunde erwarten, eine antwort zu sehen, ich küsse der mama die hand, und meiner schwester schikke ich ein bladernades busel, und bleibe der nehmliche .... aber wer? ... der nehmliche hanswurst, Wolfgang in Teütschland Amadeo in italien De Mozartini.« Wenig später ging Mozart dann dazu über, sich auch offiziell Wolfgango Amadeo zu nennen. Erst ab 1777 nannte er sich Amadé bzw. Amadè, je nach Lust und Laune.

Wenn Mozart einmal, was ohnehin selten genug vorkam, tatsächlich von einer Sehenswürdigkeit berichtete, dann behielt er auch hier seinen selbstironischen Ton bei. Nachdem er am 11. April 1770 gemeinsam mit dem Vater in Rom den Petersplatz und eine Messe im Dom besucht hatte, schrieb er an »die mama und die nanerl«: »iezt hab ich Just den hl: petrus mit den schlissel-

samt den hl: paulus mit den schwerdt und samt den hl: lucas mit meiner schwester ec: ec: abgezeichnet, ich hab die ehr gehabt den hl: petrus seinen fus zu sanct pietro zu küssen, und weil ich das unglück habe so klein zu seyn, so hat man mich dan als den nehmlichen alten fechsen

Wolfgang Mozart
hinauf gehebt.«

Und nachdem er den Vesuv – von unten – gesehen hatte, schrieb er an seine Schwester »auf Soisburgarisch«: »Heunt raucht der Vesuvius starck, poz bliz und ka nent aini. haid homma gfresn beym H: Doll, des is a deutscha Compositeur, und a brawa mo. (...) wia sand got lob gsund, da Voda und i.« Übersetzt heißt das in etwa: »Heute raucht der Vesuv stark, Potz Blitz und kein Ende hinein. Heute haben wir bei Herrn Doll gefressen, das ist ein deutscher Komponist und ein braver Mann. (...) Wir sind gottlob gesund, der Vater und ich.« Am Ende dieses Briefes schickt Mozart seiner Mutter dann noch schnell einen »handschus«, also einen Handkuß.

Ob sich Mozart einundzwanzig Jahre später an den rauchenden Vesuv erinnerte, als er mit der Komposition seiner Oper »La clemenza di Tito« beschäftigt war, ist schwer zu sagen. In der 4. Szene des 1. Aktes kommt Titus jedenfalls auf den Ausbruch des Vesuv zu sprechen und bei Caterino Mazzolà, den Librettisten der Oper, heißt es:

Titus:
Udite: oltre l'usato
terribile il Vesuvo ardenti fiumi
dalle fauci eruttò.

So höret: schrecklich wie niemals
brach kürzlich der Vesuv aus, und wahre Ströme
flossen aus seinem Schlund.

Dieser Ausbruch zerstörte Pompeji am 24. August 79 und 1691 Jahre später verbanden Vater und Sohn Mozart ihren Ausflug zu diesem Vulkan mit einer Besichtigung der versunkenen Stadt sowie weiterer Sehenswürdigkeiten in der näheren Umgebung. Als Reiseführer diente Leopold Mozart das Buch »Neueste Reisen durch Teutschland, Boͤhmen, Ungarn, die Schweiz, Italien und Lothringen« von Johann Georg Keyssler, einem populären Werk, das Leopold stets bei sich trug.

Aber gleichgültig, ob es sich um den Vesuv, die Ausgrabungen von Pompeji und Herculaneum oder um »die unterirdische Grotten der Sybilla cumana« handelte, fand es Mozart nicht der Mühe wert, an Mutter oder Schwester auch nur ein Wort über seine Reiseeindrücke zu schreiben. Während Leopold Mozart vom Vesuv einen Lavastein als Souvenir mit nach Salzburg nahm und Kupferstiche verschiedener Ansichten von Landschaften und Gebäuden kaufte, beschränkte sich Wolfgang auf einige lapidare Mitteilungen über sein allgemeines Befinden. Aus Neapel schreibt er am 16. Juni 1770: »Ich bin auch noch lebendig, und bin beständig lustieg wie allzeit, und reise gern: nun bin ich auf dem Merditeranischen meere auch gefahren. ich kusse der mama die hand, und die nanerl küsse ich zu 1000mahl, und bin
1770 der sohn stefel und der bruder hans.«

Mozart konnte es sich auch hier nicht verkneifen, einen kleinen fäkalkomischen Scherz anzubringen, indem er in das »mediterranische Meer« kurzerhand ein italienisches »merda« – für »Scheißdreck« – hineinschmuggelte.

Das Wort »Scheißdreck« führt uns direkt zu den kulinarischen Erfahrungen, die Leopold und Wolfgang Mozart während ihrer Italienreise machten, und die naturgemäß sehr unterschiedlich waren.

Bereits am Tag ihrer Abreise, es war der 13. Dezember 1769, speisten die beiden in Kaitl bei Reichenhall in einem Wirtshaus: »Um 1 uhr sind wir im Kalterl angelangt«, schreibt Leopold an seine Frau, »und haben unter einem ganz grausammen gestank ein eingemachtes Kalbfleisch zum Mittagsmahl genohmen; dazu tranken wir ein paar Trunck gutes Bier, dann der wein war ein Laxiertrankl.«

Da der Wein also offenbar so schlecht war, daß er höchstens als Abführmittel zu gebrauchen war, trank Leopold stattdessen Bier zu seinem Kalbfleisch. Fraglich ist allerdings, ob die Formulierung »tranken wir ein paar Trunck gutes Bier« bedeutet, daß auch Wolfgang Bier bekam, denn immerhin war er damals noch keine vierzehn Jahre alt und Leopold Mozart hat stets darauf geachtet, daß sein Sohn nicht zu früh mit Alkohol in Kontakt kam.

Kalbfleisch in seinen verschiedenen Varianten zählte wegen seiner Zartheit und Bekömmlichkeit auch zur Mozartzeit zu den »vornehmen« Gerichten, weshalb es überrascht, daß die Mozarts in Kaitl an einem Wochentag – der 13. Dezember 1769 war ein Mittwoch – Kalbfleisch serviert bekamen. Aber vielleicht war ja noch etwas Fleisch vom Sonntag übriggeblieben, das die Wirtsleute während der Woche ihren Gästen dann als »eingemachtes Kalbfleisch« vorsetzten. Nach welchem Rezept im Gasthaus in Kaitl dieses Essen zubereitet wurde, wissen wir nicht, aber im »Wienerischen bewåhrten Kochbuch« findet sich für »Kålbernes Eingemachtes« das folgende Rezept:

»Dieses Fleisch wird ůbersotten in Wasser, und gesalzen, daß scho̊n weiß bleibet. Richte es dann in eine Rein, gieß gute Rindsuppe daran, auch Wein, Petersilwurzen långlicht geschnitten, laß sieden und eingebrennt, gut gewůrzt und angericht.«

Für eingemachtes Kalbfleisch wird im allgemeinen die Kalbsschulter verwendet, wobei es sich empfiehlt, das Fleisch vorher würfelig zu schneiden.

Wenn es um Kalbfleisch ging, wurden sogar die Autoren des »Appetitlexikons«, Robert Habs und Leopold Rosner, zu Poeten, die beim Anblick eines Kalbsnierenbratens dichteten: »Angesichts dieser pompösen und dabei soliden Schönheit fängt der stumpfeste Appetit Feuer, fühlt die genußentfremdetste Zunge ein menschliches Rühren und löst sich der herbste Schmerz in sanftes, aus Hoffnung und Wehmut gepaartes Sehnen, so daß ein besseres Gericht für betrübte Erben, gebeugte junge Witwen und schmerzgebrochene Freunde gar nicht denkbar ist.«

Über das »eingemachte Kalbfleisch« schweigen sich Habs und Rosner leider aus.

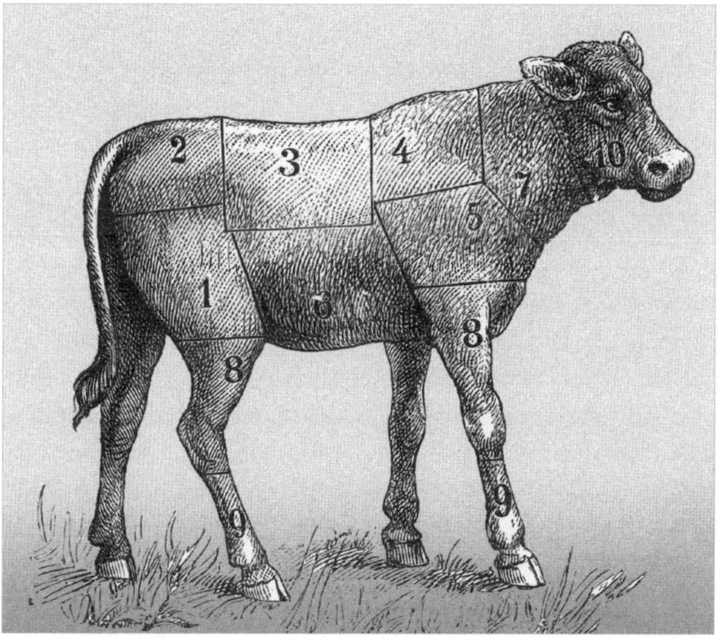

Conrad Hagger hingegen erwähnt in seinem »Saltzburgischen Koch=Buch« nicht nur das eingemachte Kalbfleisch, sondern auch noch 178 andere Rezepte »Vom Kalb / beschrieben vom Kopff biß auf die Fůß«.

Daß bei der Familie Mozart in Salzburg Kalbfleisch auf den Tisch kam, versteht sich von selbst.

Aus Leopold Mozarts Korrespondenz mit seiner Tochter wissen wir außerdem, daß er sich auch noch in den letzten Jahren seines Lebens eingemachtes Kalbfleisch ins Tanzmeisterhaus bringen ließ. So schreibt er am 19. November 1784 an Nannerl: »Das gewöhnliche was mir holen lasse, ist zu mittag die Suppe mit einer

Bratwurst, denn Kraut, zu Zeiten mit einer Leberwurst, etwa ein Lüngerl oder Kreß, oder Kälberfüße oder eingemachtes, – wovon ich vom letztern sonderht: mir das meiste auf die Nacht aufbehalte, wo mir da die Tresel von der Suppe theils von meinen Rindfleisch, theils vom Wirth, ein Reiss oder Gerste, die mir selbst gekaufft habe, siedet, denn vom Wirthshause sinds ganz ohn auschlies mit Essig versäurt.«

Tresel war bei den Mozarts als Köchin angestellt und arbeitete auch nach dem Tod von Anna Maria Mozart weiterhin bei Leopold im Haushalt.

Mit »Kreß« ist das Gekröse gemeint, also das Netz und die kleinen, krausen Gedärme von Kälbern und Lämmern. In Katharina Pratos »Süddeutscher Küche« findet sich das folgende Rezept für »Gekröse, sauer gedünstet«:

»Gekröse wäscht man mehrmals mit frischem Wasser, bestreut es mit Salz und Mehl, reibt es damit ab, wäscht es wieder und kocht es in gesalzenem Wasser. Dann schneidet man das Gekröse zu Stückchen, gibt diese mit Suppe, einigen Limonenscheiben ohne Kerne, Zwiebel, gelben Rüben, einem Lorbeerblatt, Thymian, Majoran, Salz, Pfeffer und etwas Butter in eine Kasserolle und kocht sie auf jäher Hitze, damit die Brühe sich kurz einsiedet. Beim Anrichten seiht man die Brühe über das Gekröse und bestreut dieses mit feingeschnittenen Kapern und feingeschnittener Petersilie.«

Mit einem Kalbsfuß garniert würde sich dieses Gericht auch als Festmahl eignen, zu dem als Begleitmusik Leopold Mozarts Sinfonia in D »Die Bauernhochzeit« hervorragend passen würde.

Kehren wir an dieser Stelle wieder zurück nach Italien und werfen einen weiteren Blick auf die Speisekarte von Vater und Sohn Mozart. Nachdem sie also am 13. Dezember 1769 in Kaitl zu Mittag gegessen hatten, fuhren sie weiter nach Lofer, wo sie um sieben Uhr am Abend eintrafen. Obwohl Leopold und Wolfgang im tiefsten Winter reisten und »erstaunlich viel schnee« lag, wie

Leopold notierte, schafften sie am ersten Tag ihrer Reise immerhin knapp 50 km. In Lofer wohnten sie bei einem Bekannten mit dem schönen Namen Johann Chrysostomus Wenzel von Helmreichen zu Brunfeld und Leopold lobte ausdrücklich das schöne Zimmer und das gute Bett, das man für sie vorbereitet hatte. Am nächsten Tag trank Leopold zum Frühstück »Caccalotte und der Wolfg: ass eine gute Suppe«.

»Caccalotte« war, wir werden darauf später noch zurückkommen, Leopold Mozarts Scherzbezeichnung für Schokolade.

Daß Wolfgang zum Frühstück Suppe aß, entsprach durchaus den damaligen Gepflogenheiten, da erst ab Mitte des 18. Jahrhunderts die Frühstückssuppe in bürgerlichen Haushalten langsam von Kaffee und Gebäck abgelöst wurde. Üblicherweise war die morgendliche Suppe süß, wobei in erster Linie Milchrahm- oder Mandelsuppen serviert wurden. Einen Tag, nachdem Wolfgang die Frühstückssuppe gegessen hatte, bittet er in einem italienisch geschriebenen Postskriptum seine »Carißima sorella«, seinem Freund Schiedenhofen auszurichten, daß es, im Gegensatz zu Salzburg, hier nicht üblich sei, Zucker in die Suppe zu werfen. Offenbar erlaubte sich Schiedenhofen zu Hause des öfteren den Spaß, in Wolfgangs Suppe Zucker hineinzuwerfen.

Auch wenn das alles sehr entspannt klingt und Mozart immer wieder darauf hinweist, wie lustig und fröhlich er sei, sollte man nicht vergessen, daß die Reise nach Italien ausschließlich berufliche Gründe hatte und keine Vergnügungstour war.

Leopold Mozart ging es bei diesem Vorhaben darum, seinen Sohn in einem der wichtigsten Musikländer der damaligen Zeit als Ausnahmeerscheinung zu präsentieren und erhoffte sich gerade von Wolfgangs Jugend entsprechende Vorteile. Bereits am 11. Mai 1768 hatte er nach den Enttäuschungen in Wien an seinen Freund Lorenz Hagenauer geschrieben, daß die Reise nach Italien nicht mehr verschoben werden könne, weil sonst »der Wolfg: in die Jahre und denjenigen Wachsthum kommt, die seinen Verdiensten die Verwunderung entziehen«. Das war auch der Grund, weshalb Nannerl, die mit ihren 17 Jahren das Alter des Wunderkindes bereits überschritten hatte, nicht nach Italien mitgenommen wurde. Der Pragmatiker und kühle Rechner wußte, daß Nannerls Zeit als Publikumsmagnet abgelaufen war, auch wenn ihr Klavierspiel besser war als das ihres Bruders. Allerdings hatte Leopold dreieinhalb Jahre zuvor durchaus noch Hoffnungen in seine Tochter gesetzt, wie einem Brief aus Lyon vom 16. August 1766 an Lorenz Hagenauer zu entnehmen ist. Darin heißt es: »ist nicht ietzt noch die Zeit, wo die Jugend der Kinder alles in Verwunderung setzet?« Und einige Tage später fügte er hinzu: »jeder augenblick, den ich verliehre, ist auf ewig verloren.«

In seinen Italienplänen unterstützt wurde Leopold Mozart von seinem Dienstherrn Fürsterzbischof Siegmund Schrattenbach, der Vater und Sohn für den Zeitraum ihrer Reise nicht nur beurlaubte, sondern ihnen auch noch 120 Dukaten zum Geschenk machte. Darüberhinaus wurde Wolfgang zum unbesoldeten 3. Konzertmeister der Hofkapelle ernannt, damit er im Ausland einen entsprechenden Titel vorweisen konnte.

Im Gegensatz zu den großen Reisen nach Wien, Paris und London wurden die Mozarts dieses Mal nicht von einem angestellten Diener begleitet, sondern von einem »Lehnbedienten«. Außerdem reisten sie nicht im eigenen Wagen, sondern in gemieteten Fuhrwerken mit wechselnden Kutschern.

Die Italienreise verlief zunächst weitgehend nach Plan und in seiner Funktion als Manager gelang es Leopold tatsächlich, seinen Sohn als »Wunderkind« zu präsentieren und dessen Konzerten die Aura des Besonderen zu verleihen. Vater und Sohn wurden von einer »Nobleße« zur nächsten gereicht und wo immer Mozart auftauchte, wurde er enthusiastisch begrüßt. Über ein improvisiertes Orgelkonzert in der Kirche von Rovereto schreibt Leopold: »obwohl es nur 6 bis 8 Hauptpersonen gewust haben, daß wir dahin kommen werden; so fanden wir doch ganz Roveredo in der Kirche versammelt, und musten eigens Starke kerl voraus gehen, um uns den Weg auf das Chor zu bahnen: wo wir dann eine halbe viertlstunde zu thun hatten, um an die Orgel zu kommen, weil ieder der nächste seyn wollte.«

Ähnlich erging es Mozart in Verona, wo sich in der Kirche St. Tomaso derart viele Leute eingefunden hatten, daß er gezwungen war, die Kirche durch das Kloster zu betreten, wo ihm die Padres den Weg zur Orgel freimachen mußten. Nicht ohne Stolz schreibt Leopold an seine Frau: »da es vorbey war, war der Lermen noch gröser, denn ieder wollte den kleinen Organisten sehen.«

Entsprechend positiv fiel auch das mediale Echo aus und Leopold konstatierte mit Genugtuung, daß sich »die Poeten« in den Zeitungen vor Begeisterung geradezu überschlugen. Als »Poeten« bezeichnete er die Journalisten deshalb, weil diese es mit der Wahrheit nicht so genau nahmen und aus dem 14-jährigen unbesoldeten 3. Konzertmeister einen wirklichen Kapellmeister »von noch nicht 13 Jahren« machten. Leopolds lapidarer Kommentar dazu: »Allein, du weist wie es geht, die Zeitungsschreiber schreiben, wie es ihnen einfällt, und was ihnen einfällt.« Der Korrektheit halber sollte man allerdings anmerken, daß es auch Leopold Mozart mit dem Alter seiner Kinder nicht immer so genau nahm. In einer von ihm verfaßten Annonce, die am 4. Juni 1764 im »Public Advertiser« in London erschien, kündigte er ein Konzert Nannerls und Wolfgangs mit folgenden Worten an: »For the Benefit of Miss MOZART of Eleven, and Master MOZART of Seven Years of Age, Prodigies of Nature.« Tatsächlich war Nannerl damals bereits dreizehn Jahre alt und Wolfgang acht Jahre und vier Monate.

Zurück zu Mozarts Aufenthalt in Norditalien, wo er und sein Vater ein äußerst anstrengendes Besuchsprogramm abzuwickeln hatten, da jeder Adelige, der etwas auf sich hielt, die beiden einlud; Leopold zählt in seinen Briefen dutzende Angehörige der »Nobleße« auf, bei denen sie zu Mittag oder zu Abend speisten. Da der Januar 1770 in Norditalien ungewöhnlich kalt war, hielt sich die Freude über diese Einladungen freilich in Grenzen und Leopold schreibt einmal: »Nun haben wir aber 8 Täge fast starke kälte. und stelle dir vor; aller Orten wo wir speisen, im Speisezimmer weder Caminn noch Ofen. Man bekommt abscheuliche schwarz=blaue=rothe hände. Ich wollte lieber in einem Keller Essen.«

Wolfgang ließ sich aber von solchen Widrigkeiten die Laune nicht verderben und informierte seine Schwester in einem Mischmasch aus Italienisch und Deutsch über Sängerinnen und Sänger mit »una leiffige gurgel« und »una schnoffelte voce, che canta sempre um ein vierteil zu tardi«. In diesen Briefen gibt sich Mozart als Kindskopf zu erkennen, der sich über alles und jeden lustig macht, über seine Tätigkeit als Komponist oder seine Auftritte als Musiker allerdings kaum ein Wort verliert. Beim Lesen seiner Aufzeichnungen hat man das Gefühl, daß für ihn das Komponieren und Konzertieren etwas Selbstverständliches war, über das es schlicht und einfach nichts zu berichten gab.

Während Leopold Mozart zumindest fallweise erwähnt, daß Wolfgang die eine oder andere Arie, ein Streichquartett oder eine Fuge komponierte, interessierte sich »Signore Wolfgango Amadeo Mozart«, wie er auf den diversen Programmzetteln genannt wurde, in erster Linie für Banalitäten und Nebensächlichkeiten. Im selben Brief, in dem Leopold Mozart einige Auftritte bei Angehörigen des hohen Adels ankündigt, freut sich Mozart in einer Nachschrift an seine Schwester »von arsch weg«, daß sie »so erschröglich lustig« sei und bittet sie, »der urscherl mit den kalten arsch« auszurichten, daß er ihr die Lieder sehr wohl zurückgegeben habe. Ob es sich bei dem »kindsmensch« Urscherl tatsächlich um eine Kindsmagd im Hause Mozart handelte oder ob hier Wolfgang einfach drauflos phantasierte, ist nicht bekannt. Möglich wäre allerdings, daß diese »Urscherl« ident ist mit der von Leopold Mozart 1784 erwähnten »Köchin Ursula mit dem kalten Loch«. Am Ende des Postskriptums schreibt Wolfgang schließlich: »addio, kinder, lebts wohl, der Mama küsse ich Tausend mahl die hände, und dir, schikke ich hundert busserln oder schmazerl auf dain wunderbarres pferdengesicht.«

Mozart schien das Leben in Italien zu genießen und in seinen

Briefen weist er immer wieder darauf hin, wieviel Spaß ihm das Reisen mache. Auch Leopold Mozart bestätigte in seiner Korrespondenz, daß es seinem Sohn gut gehe, er gesund sei und besonders auf seine Ernährung achte. Am 17. Februar 1770 schreibt er aus Mailand an seine Frau: »wenn man seine Gesundheit nicht durch Unordnung und überflüssiges fressen und Sauffen etc: verderbt, auch sonst keinen innerlichen Natursfehler hat, so ist nichts zu besorgen. wir sind aller Orten in der Hand Gottes. Mit Essen und Trinken wird sich der Wolfg: nicht verderben. Du weist, daß er sich selbst mässiget; und ich kann dich versichern, daß ich ihn noch niemals so achtsamm auf seine Gesundheit gesehen als in diesem Lande. alles was ihm nicht gut scheinet lässt er stehen, und er isset manchen Tagen gar wenig; und befindet sich fett und wohl auf und den ganzen Tag Lustig und fröhlich.«

Daß Wolfgang damals tatsächlich »fett« war, ist eher unwahrscheinlich, zumal er ja auch als Vierzehnjähriger unverhältnismäßig klein und dünn gewesen sein muß. In seinen Briefen aus Italien kommen er und sein Vater des öfteren auf diesen Umstand zu sprechen, wobei bei Wolfgang nicht selten ein bedauernder Unterton mitschwingt. Die Assoziation mag zwar etwas gewagt sein, aber vielleicht war diese Zartheit auch das Erbteil seines Familiennamens, in dem sich ja das Wort »zart« verbirgt. Einige Jahre später wird dann Mozart schon selbstbewußter mit diesem »Makel« umgehen und einen Brief an die Baronin von Waldstätten mit der Formel unterzeichnen: »Mozart magnus, corpore parvus«, also in etwa: »Mozart der Große, an Körpergröße klein.«

Der Vollständigkeit halber sei hier angemerkt, daß Wolfgang auf dem Besetzungszettel des am 1. September 1761 in Salzburg aufgeführten Schuldramas »Sigismundus Hungariae Rex« als »Wolfgangus Mozhart« bezeichnet wird. Es war dies das erste Mal, daß sein Name gedruckt erschien und man könnte ja bei anderer Gelegenheit einmal darüber spekulieren, ob sich ein Wolfgang »Moz-hart« anders entwickelt hätte als ein Wolfgang »Mo-zart«.

»Du bist auf die kostbarsten feigen, Mellonen, und Pfersig eingeladen«

Da Mozarts – und nicht Mozharts – Aufenthalt in Mailand 1770 mit dem Beginn der Fastenzeit zusammenfiel, erwarteten er und sein Vater, daß man sich hier an die »Römischen Gebräuche« halten würde. Zu seiner Überraschung mußte Leopold aber feststellen, daß man es in Mailand mit den kirchlichen Vorschriften nicht so genau nahm und selbst Angehörige der Geistlichkeit das Fastengebot schlicht ignorierten. An seine Frau schrieb er: »Es lauffen aber am Ascher Mittwoche und Donnerstage alle Geistl: aus den Klöstern zu ihren bekannten in die Statt und laden sich zum fleischessen ein.«

Im Zuge ihrer Italienreise sollten die Mozarts noch zahlreiche Geistliche kennenlernen, deren Appetit sie – Fastenzeit hin oder her – immer wieder in Staunen versetzte. Aus Bologna zum Beispiel schickte Wolfgang seiner Schwester einen Bericht über die Eß- und Trinkgewohnheiten eines Dominikaners, die ihn fasziniert haben mußten. Mozart schreibt: »er nimt Zum frühstück oft Eine taßa ciocalata, gleich darauf ein guts glas starcken spanischen wein, und ich habe selbsten die ehre gehabt mit diesen heiligen zu speisen, welcher praf wein und auf die lezt ein ganzes glas voll starcken wein bey der tafel getruncken hat, zwei gutte schnitz melooni, sperschig, biern, 5 schallen Caffé, ein ganzes deller voll Vögeln, zwey volle deller von milch mit lemonie.« Wir halten also fest, daß besagter Dominikaner zum Frühstück folgende Mahlzeit zu sich nahm: Eine Tasse Schokolade, mehrere Gläser Wein, zwei Spalten Melonen, Pfirsiche, Birnen, fünf Schalen Kaffee, einen Teller voll Vögel und zwei Teller mit Milch und Zitrone.

Daß gewisse Angehörige des Priesterstandes immer schon einen großen Magen hatten, wissen wir spätestens seit Papst

Sergius II., über den Anno Domini 844 berichtet wird: »Es war ungeheuerlich, welche Essensmengen dieser Papst vertilgen und wieviel Wein er in sich hineinschütten konnte. Bei einer einzigen Mahlzeit hatte er einmal fünf Forellen, zwei Brathähnchen, ein Dutzend Fleischpasteten und eine Rehkeule verschlungen. Nach dieser Freßorgie war er am nächsten Tag dermaßen aufgebläht und vollgestopft zur Morgenmesse erschienen, daß er zum Entsetzen der versammelten Glaubensgemeinschaft die geheiligte Hostie auf den Altar erbrach.«

Überhaupt zeichnete sich die hohe Geistlichkeit vor allem im Mittelalter durch wahre Freß- und Sauforgien aus, die heute unglaublich erscheinen. Ein aufschlußreiches Dokument in diesem Zusammenhang ist das Reisetagebuch Paolo Santoninos, der den Bischof von Caorle, Pietro Carlo, von 1485–1487 auf dessen Reisen nach Osttirol, Südkärnten und in die Provinz Saunien begleitete. Da nur ein Teil dieser Aufzeichnungen offiziellen Angelegenheiten gewidmet ist und Santonino ein genauer Beobachter war, wissen wir zum Beispiel, was der Bischof und seine Begleiter am 28. Mai 1487 in Gonobitz, das im heutigen Slowenien liegt, zu Mittag gegessen haben. Eingeladen wurde die Gesellschaft von Burghauptmann Friedrich Hollenecker, der seinen Gästen das folgende elfgängige Menü servieren ließ:

»Als erstes Gericht wurde den Mahlgenossen aufgetragen süßer Rahm über einen Haufen Nudel gegossen und dick gezuckert. Dieses Gericht war wahrhaftig süß und lieblich. Zweitens ein gemästeter Kapaun und mehrere Hühner, gedünstet und in ihrem Safte angerichtet. Drittens kamen die lange erwarteten und besonders während der Fasttage im Rohitscher Tale sehr vermißten Forellen. Wenn sie auch schön anzuschauen sind, zum Essen waren sie uns noch lieber. Viertens klein geschnittenes Kraut mit einem Stücke Speck. Von diesem Gange haben wir uns fast alle enthalten, um dem Koche auch etwas zu lassen. Fünftens Ziegenbraten, begleitet von drei und mehr Hühnern. Sechstens marschierten auf andere große Fische, in Suppe angerichtet. Die Leute nannten sie Karpfen, sie sind von gutem Geschmacke, aber nicht so wie Karpfen in unserem Italien. Siebentens Stücke von Ziegenfleisch in safrangelber Suppe schwimmend. Achtens Appetitbissen aus gestoßenem Krebsenfleisch, in Butter herausgebacken mit Zwiebel, Eingesottenem und Gewürzen versetzt. Von dieser Speise, die uns neu war, ist nichts übrig geblieben. Wir haben uns ans Sprichwort gehalten, das besagt: alles Neue gefällt. An neunter Stelle ist aufgetragen worden ein anderes Fleischgericht, das ich für Fleisch in Blutsuppe halte und das sonst ›Fleisch in der Dunkelheit‹ heißt. Zehntens gab es Pfannkuchen mit Salbei und mehrere Pilze, die man beim ersten Anblick für echte Waldschwämme hätte halten können, aber sie haben sich bald als hausgemacht erwiesen und waren von bestem Geschmacke. Von ihnen ist keiner übriggeblieben, der den anderen die unheilvolle Aufnahme hätte melden können. Elftens wurde aufgetragen Gerste in fetter Suppe gekocht, ferner leichtes und weißes Brot. Mehrere Sorten Wein wurden geboten, in vorzüglicher Güte und wohl harmonierend mit den würdigen Gängen. Ich habe nichts mehr hinzuzufügen.«

Am Abend desselben Tages war die Gesellschaft im Hause eines anderen Gastgebers neuerlich zum Essen eingeladen, wo es »viele verschiedene Gänge, und zwar Leckerbissen« gab, wie Santonino zufrieden notierte.

Eine kurze Anmerkung zu Santoninos Bedauern über die »während der Fasttage im Rohitscher Tale sehr vermißten Forellen«. Weshalb während dieser Fasttage keine Forellen serviert wurden, ist nicht nachvollziehbar, da die Kirche den Verzehr von Fisch an Fasttagen ja ausdrücklich erlaubt. Man sollte nicht vergessen, daß der mittelalterliche Kirchenkalender an die 130 Fasttage kannte und daß aus diesem Grunde die hohe Geistlichkeit schon früh nach Auswegen aus der eintönigen Fastenküche gesucht hat. Die Lösung des Problems fand man, indem sämtliche Tiere, die am oder im Wasser lebten, kurzerhand den Fischen zugeordnet wurden. Das erklärt auch, weshalb zum Beispiel im »Linzer Kochbuch« von 1805 unter dem Stichwort »Fische« Rezepte für »Biber in einer Soß«, »Fischotter in der Pastete«, »Gebackene Schildkroͤte« oder »Heißabgesottene Froͤsch« angeführt werden. Und selbst in Katharina Pratos »Süddeutscher Küche« von 1858 wird neben dem Fischotter, dem Biber und der Schildkröte auch noch der Fischreiher zu den »Fischen und Fastentieren« gezählt.

Bemerkenswert sind auch jene Speisen, die im »Wienerischen bewaͤhrten Kochbuch« an Fasttagen empfohlen werden: Neben den üblichen Suppen- und Fischgerichten finden sich da »Gebratene Rohrhuͤhner«, »Rogenkraut mit Froͤsch und Schnecken«, »Biberbrattwuͤrst«, »Schildkrotten in der Limoniesoß« und »Lerchensalat«.

Nach diesem kurzen Abstecher in die Küche der hohen Geistlichkeit kehren wir zurück zu Leopold und Wolfgang Mozart, die sich immer noch in Italien aufhalten, und zwar in Bologna, genauer gesagt, auf dem Landgut »Alla Croce del Biacco« des Markgrafen Gian Luca Pallavicini-Centurioni. Hier verbringen Vater und Sohn die Zeit vom 10. August bis 1. Oktober 1770 und lassen es sich gut gehen. Leopold kuriert seine Fußverletzung aus, über die noch zu berichten sein wird, während Wolfgang mit der Komposition der Rezitative zur Oper »Mitridate, Rè di Ponto« beginnt und sich auf die Aufnahmeprüfung in der Accademia Filarmonica in Bologna vorbereitet.

In den Briefen an seine Frau lobt Leopold seine Gastgeber in den höchsten Tönen und bereits am zweiten Tag ihres Aufenthalts schreibt er: »es wird unnötig seyn dir eine Beschreibung von der herrlichkeit zu machen, mit der wir bedient sind. die zimmer und better kannst du dir einbilden, die Leinlacher sind feiner als manches Edelmans Hemder etc: alles ist vom Silber, so gar das Nachtgeschirr.«

Mit »Leinlacher« sind Leinenlaken, also Leintücher, gemeint.

Selbstverständlich wurden Leopold und Wolfgang auch bestens bewirtet und Leopold lädt in einem Brief seine Frau spaßeshalber einmal »auf die kostbarsten feigen, Mellonen, und Pfersig« ein. Wie sein Sohn, ist auch Leopold »höchst vergnügt« und zehn

Tage später schildert er schließlich seine erste Begegnung mit einer Wassermelone: »Abends, etwa 2 stund vor Tische, essen wir eine gewisse frucht, die niemahls, als in Gemälden, gesehen habe, und die einen Geschmack wie Cuccummern hat. Es ist eine runde grosse frucht mit einer grienen schaale wenn es von einander und in viele stücke verschnitten wird, so sieht es sehr gut aus, denn es ist blassroth, namlich das innere oder der kern. man nennt diese frucht *angurie,* auch Cuccummern oder Kirbes, aber das sind die guten und nicht die wilden Kirbes. mann isst sie mit Zucker und Zimmet.« Neben Wassermelonen haben Leopold und Wolfgang also noch Gurken, die mundartlich Kukumern genannt werden, und Kürbis gegessen.

Leopolds Bemerkung, er habe in Italien zum ersten Mal in seinem Leben eine Wassermelone in natura gesehen, ist insofern merkwürdig, als diese Frucht in Österreich und Deutschland spätestens seit dem Mittelalter bekannt war und auch in diversen Kochbüchern Erwähnung findet. Auch im Hinblick darauf, daß Mozarts Vater ein weitgereister Mann war und halb Europa gesehen hat, überrascht es doch ein wenig, daß er ausgerechnet in Bologna das erste Mal mit einer Melone Bekanntschaft gemacht haben will. Aber vielleicht sind ihm die Melonen auf den Märkten in Paris, London oder Amsterdam schlicht und einfach nicht aufgefallen.

Wenn Leopold Mozart schreibt, daß man auf dem Landgut des Grafen Pallavicini-Centurioni die Melone mit Zucker und Zimt esse, so entspricht das durchaus dem damaligen Zeitgeschmack. Allerdings gab es auch Stimmen, die den Verzehr von Melonen mit Zucker als gastronomische Todsünde betrachteten. Eugen von Vaerst beispielsweise vertrat die Ansicht, »daß Pfeffer, nicht Zukker« zur Melone gegessen werden solle, und im »Wienerischen bewåhrten Kochbuch« findet sich gar ein Rezept für »Melonen in Essig«. Conrad Hagger wiederum empfiehlt neben den gezuckerten »Melonen roher zu geben« auch »Melonen in Schmaltz gebakken«, die folgendermaßen zubereitet werden:

»Melonen gescheelt / zu Blåttlein geschnitten / eingemeelbt / und aus Schmaltz gebacken / gibs trucken mit Zucker und Lemoni=Safft bestreut.«

Mit »eingemeelbt« meint Hagger, daß man die Melonen in Mehl wälzen soll.

»Und nichts als 4 gebrathne Kalte Händl im Wagen«

Ein entspannter Aufenthalt wie der auf dem Landgut »Alla Croce del Biacco« gehörte während der Italienreise nicht zum Alltag Leopold und Wolfgang Mozarts. Bedenkt man, daß die beiden auf ihrer Reise etwa 4.000 Kilometer zurücklegten, so kann man ermessen, welche Strapazen sie auf sich genommen haben müssen, um ihr jeweiliges Ziel zu erreichen. Da die Reise im Winter begann und nach fünfzehn Monaten im Frühjahr endete, hatten Vater und Sohn auf ihrer Tour nicht nur mit den jahreszeitlich bedingten Problemen zu kämpfen, sondern auch mit den üblichen Schwierigkeiten, die Fahrten in Pferdekutschen so mit sich brachten. Entsprechend häufig sind Leopolds Klagen über klirrende Kälte, glühende Hitze, sintflutartige Regenfälle und tosende Stürme, die ihnen immer wieder zu schaffen machten.

Nach dem Kälteeinbruch im Januar 1770 mußte Leopold in Modena für fünf Dukaten zwei Fußsäcke kaufen, weil sie sonst in der Kutsche erfroren wären. Obwohl die Fußsäcke »von Grauen duch, mit wolfspeltz gefüttert, und mit schönen schnüren und quasten versehen« waren, waren fünf Dukaten ein stolzer Preis. Zum Vergleich: Im »Pelegrino di S. Marco«, dem Nobelhotel von Bologna, kostete eine Nacht einen Dukaten und ein Vetturino, also ein privater Fuhrwerksbesitzer, verlangte pro Tag und Person für seine Dienste ebenfalls einen Dukaten.

Nach dem kalten Winter folgte ein regenreicher Frühling und als sie am 6. April 1770 Florenz Richtung Rom verließen, wurden sie von »abscheulichsten Regen, und kalten Winden« begleitet. An seine Frau schreibt Leopold: »Von diser abscheulichen Reise will ich dir keine lange Beschreibung machen, stelle dir nur ein meistens ungebautes Land vor, und die abscheulichsten

Wirtshauser, Unflath, nichts zu Essen als zum glück da und dort Eyer und Broccoli.«

Der Broccoli, der sich als »Pompejanischer Kohl« bereits bei den Römern großer Beliebtheit erfreute, steht in Italien auch heute noch in hohem Ansehen und wird ähnlich wie der Spargel zubereitet. Hier ein Rezept, das diesem Umstand Rechnung trägt und »Prokoli auf wålsche Art« heißt:

»Putze die Prockerln sauber, und ziehe die Haut bey den Stångeln herab, daß die Rosen ganz bleibt, hernach laß sie in einem Hafen schôn weich sieden, gieb Salz dazu; wenn sie gesotten sind, lasse sie abseihen, schmiere eine Schůssel mit Butter, richte die Prockerl zierlich darauf, mache eine gute Buttersoß darůber, und laß sie nochmal aufsieden.«

Auf welche Art der Broccoli zubereitet wurde, den die Mozarts gegessen haben, wissen wir nicht, sehr wohl wissen wir aber über die näheren Umstände ihrer Ankunft in Rom am 11. April 1770 Bescheid. Allerdings muß man die folgende Passage zweimal lesen, um zu verstehen, was Leopold seiner Frau eigentlich mitteilen wollte: »Wir sind unter Blitz und Donner um Mittagszeit angelanget, und das Wetter eine gute Stunde ausser Rom so, wie man die grossen Herrn mit abfeurung des schweren Geschützes, uns mit Krachen und Blitzen empfangen, und nach Rom begleitet hat.«

Für die 220 km lange Strecke von Florenz nach Rom benötigten Leopold und Wolfgang fünf Tage, heute legt ein Schnellzug diese Entfernung in 1 h 36 min. zurück.

Auf ihrem Weg zur Sixtinischen Kapelle wurden sie zu allem Überfluß auch noch »von einem so entsetzlichen Platzregen überfallen, daß unsere Mäntl noch niemals so getauft worden, als dieses mahl«.

Unkomplizierter verlief dann die Reise von Rom nach Neapel, wo Leopold und Wolfgang am Abend des 14. Mai 1770 eintrafen. Mit 400.000 Einwohnern zählte Neapel in der zweiten Hälfte des 18. Jahrhunderts zu den größten Städten Europas und so angetan Leopold Mozart von Florenz war, so wenig Gefallen fand er an

Neapel. An seine Frau schreibt er am 9. Juni: »die Unfläterey, die Menge der Bettler, das abscheuliche volk, ja das gottlose volk, die schlechte Erziehung der Kinder, die unglaubliche ausgelassenheit so gar in den Kirchen macht, daß man auch das gute mit ruhigerem gemüthe verlässt.« Leopold überlistete aber die unschöne Wirklichkeit, indem er seiner Frau versprach, die Sehenswürdigkeiten der Stadt »in vielen schönen Kupferstichen« nach Salzburg mitzubringen. Positiv registrierte Leopold allerdings die »beständige Abwechslung der früchte, kräuter und Blumen, die von Wochen zu Wochen hier zu sehen ist«.

Wolfgang berührte das alles nur am Rande, denn für ihn waren Rom und Neapel in erster Linie »zwey schlafstätte«. Er betätigte sich weiterhin als Schöpfer höchst origineller Wortkompositionen, wie etwa dieser wunderbaren Paraphrase auf das Wort »tun«, die er wenige Tage nach seiner Ankunft in Neapel an Nannerl schickte: »an H. von schidenhofen meine grausaume empfehlung, tralaliera, tralaliera, und sage ihm, er sol den Repetiter menuet auf den Clavier spiellen lernen, damit er ihm nicht vergessen *thuet,* er soll bald dar zu *thuen,* damit er mir die freüd *thuet* machen, das ich ihm einmahl *thue* accompagnieren. an alle andre gutte freund und freündinen *thue* meine empfehlungen machen, und *thue* gesund leben, und *thue* nit sterben, damit du mir noch kanst einen brief *thuen,* und ich hernach dir noch einen *thuen,* und dan *thuen* wir immer so vort, bis wir was hinaus *thuen,* aber doch bin ich der, der will *thuen* bis es sich endlich nimmer *thuen* läst, inzwischen will ich *thuen* bleiben.

Wolfgang Mozart.«

Auch wenn es auf den ersten Blick nicht sichtbar ist, verbirgt sich hinter dem Spiel mit dem Wort »thuen« auch ein fäkalkomischer Scherz, der mit dem Doppelsinn des Wortes »tun« – »facere« und »cacare« – also »machen« und »kacken«, zusammenhängt. Dieses »Lied vom Tun« war in süddeutschen Mönchskreisen sehr beliebt und ist auch in einer Salzburger Liederhandschrift aus dem Jahr 1777 belegt.

Mit seinen Spintisierereien wollte Mozart möglicherweise auch ein bißchen davon ablenken, daß seine Karriere in Neapel etwas ins Stocken geraten war und der König wenig Interesse an seiner Arbeit zeigte.

An seine Schwester schrieb er in diesem Zusammenhang: »das theater ist schön, der könig ist grob neapolitanisch auferzohen, und steht in der opera allkeizt auf einen schämerl, damit er ein bissel grösser als die königin scheint, die königin ist schön und höflich, indem sie mich gewis sechsmahl in molo (das ist eine spazierfahrt) auf das freundlichste gegrüsset hat.«

Der von Mozart erwähnte König war der erst 19-jährige Ferdinand IV. von Spanien-Bourbon, der seit zwei Jahren mit Maria Karoline, einer Tochter Maria Theresias, verheiratet war.

Sosehr sich Leopold auch um eine Audienz beim König bemühte, am Ende verließen er und sein Sohn Neapel, ohne von Ferdinand IV. empfangen worden zu sein. Hatten ihnen auf ihrer bisherigen Italienreise die zahlreichen Empfehlungsschreiben stets gute Dienste erwiesen, zeigte dieses Mal das entsprechende Schreiben von Baron Saint-Odile an Giuseppe Bonecchi, den Sekretär des kaiserlichen Gesandten in Neapel, nicht die erhoffte Wirkung. Ungeklärt ist bis heute, weshalb die Audienz beim König nicht zustandekam, zumal die Königin den beiden Salzburgern »allezeit mit ganz besonderer freundlichkeit« begegnete, wie Leopold am 5. Juni an seine Frau schrieb. Vielleicht war der sich abzeichnende Mißerfolg des Aufenthalts in Neapel auch einer der Gründe, weshalb Leopold in dieser Stadt einige Tage lang »den schwindl« hatte.

Über einen kuriosen Nebeneffekt der Reise nach Neapel berichtet Leopold einige Zeit später: »es ist ganz etwas seltsammes für Neapl, daß die Hize noch nicht stärker ist. dessen ungeacht werden wir zimmlich schwarz nach Hause kommen, dann die Luft bringt es mit sich, und wenn die Sonne sich sehen lässt, merket man es alsobald, daß man in Neapl ist. du weist ja, daß der Wolfg: sich immer wünschet Brounet zu seyn.«

Braun gebrannt traten also Vater und Sohn nach einem sechswöchigen Aufenthalt in Neapel am 25. Juni 1770 die Rückreise nach Rom an. Da Leopold sich und seinem Sohn die anstrengende Reise mit einem Vetturino, also einem Lohnkutscher, nicht mehr antun wollte, gab er sich als »Haushofmeister des Kays: Gesandten aus«, um auf diese Weise zu schnellen Postpferden zu kommen. Der Coup gelang tatsächlich, und Leopold und Wolfgang legten die Strecke von Neapel nach Rom in unglaublichen 27 Stunden zurück.

Ob sich Mozart viele Jahre später, als er »Così fan tutte« komponierte, an seinen Aufenthalt in Neapel erinnerte, wissen wir nicht. Das abstrakte Neapel, das den Schauplatz dieser Oper bildet, unterscheidet sich allerdings maßgeblich von der pulsierenden Stadt, die der 14-Jährige im Sommer 1770 kennengelernt hatte.

Die Strapazen, die Leopold und Wolfgang bei ihrer Rückreise auf sich nehmen mußten, waren jedenfalls enorm und entsprechend ernüchternd fiel der Bericht Leopolds an seine Frau aus. Am 27. Juni schreibt er aus Rom: »Weil wir nun in diesen 27 St: unserer Reise nur 2 Stund geschlafen, und nichts als 4 gebrathne Kalte Händl im Wagen mit einem Stück Brod verzehrt, so kannst du dir unsern Hunger, durst und schlaf leicht vorstellen.«

Die Stichworte »gebratenes Huhn« und »Neapel« führen uns direkt zu Sophia Loren, die in Neapel das »Pollo alla diavola« kennenlernte, das sie in ihrem Kochbuch »Komm, iß mit mir« in den höchsten Tönen lobt. Laut Sophia Loren benötigt man für »Pollo alla diavola« folgende Zutaten:

1 Brathuhn (ca. 1,5 kg); 1 Bund Salbei; 1 Bund Rosmarin; 1 Zitrone; 2 Knoblauchzehen; 2–4 scharfe Peperoncini; Olivenöl; Salz.

»Das ausgenommene Huhn mit kaltem Wasser waschen und mit Küchenpapier abtrocknen. Die Kräuter und die Peperoncini grob hacken, den Knoblauch zerdrücken und gemeinsam mit dem Zitronensaft und dem Öl vermischen. Das Huhn salzen, mit der Kräutermischung ordentlich einreiben und mindestens zwei Stunden an einen kühlen Ort stellen. Am besten schmeckt dieses Huhn, wenn man es über glühender Holzkohle grillt. Aber natürlich kann man es auch im Backofen zubereiten. In diesem Fall gibt man das Huhn mit der Brust nach unten in eine nicht zu große Kasserolle und begießt es mit 2–3 Eßlöffeln Schweineschmalz. Wem das zu rustikal ist, der kann ersatzweise auch Öl und etwas Butter verwenden. Bei 200 ° wird das Huhn ca. 45 Minuten lang gebraten, wobei es mehrmals gewendet und begossen wird. Jedes Zugeben von Wasser während des Bratvorgangs ist zu vermeiden.«

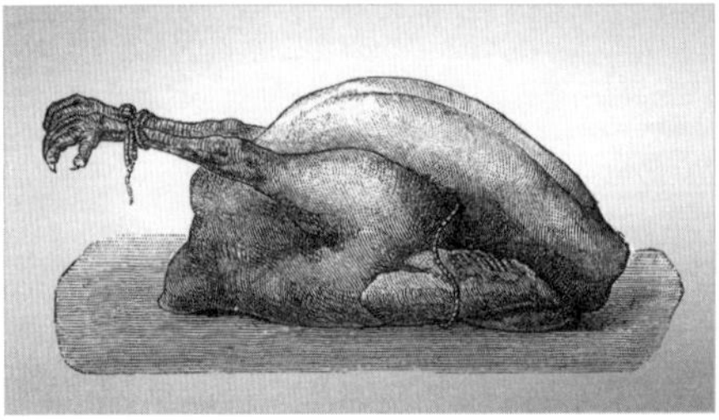

Die kalten gebratenen Hühner, mit denen die Mozarts auf ihrer Reise vorlieb nehmen mußten, werden wahrscheinlich nicht so gut geschmeckt haben, wie dieses »Pollo alla diavola«, allerdings war das Essen nicht das einzige Problem, mit dem Leopold und Wolfgang auf ihrem Weg von Neapel nach Rom zu kämpfen hatten. Kurz vor Rom wurde Leopold nämlich bei einem Unfall am Bein schwer verletzt und brauchte ein paar Wochen, um sich von dieser Verletzung zu erholen. Seiner Frau berichtete er von diesem Unfall erst, als es ihm bereits wieder etwas besser ging.

Zum besseren Verständnis der folgenden Briefpassage sei angemerkt, daß es sich bei der von Leopold erwähnten »Sedia« um ein zweirädriges Wägelchen mit halbem Verdeck handelt, auf dem lediglich zwei Personen und zwei Koffer Platz haben. Der Sedia vorgespannt waren zwei Pferde, von denen eines den Wagen zog und auf dem anderen der Vetturino, also der Fuhrmann, saß. Man kann sich also vorstellen, daß diese Reise für Leopold und Wolfgang alles andere als bequem gewesen sein muß.

Am 30. Juni 1770 schreibt Leopold über den dramatischen

Vorfall: »du weist daß 2 Pferd und ein Postillion 3 Bestien sind. auf der Letzten Post vor Rom schlug der Postillion das Pferd, welches zwischen den Stangen gehet, und folglich die Sedia auf dem Rüggen trägt. das Pferd stieg in die Höhe, verwickelte sich in dem mehr als spann dieffen Sand und Staub und fiel mit gewalt nach der Seite zu boden, riss folglich den vordern theil der Sedia mit sich nieder, weil die Sedia nur 2 räder hat. Ich hielt den Wolfg: mit einer Hand zurück, damit er nicht hinausstürzte, mich riss aber der gewalt mit dem rechten fuss mit solchem gewalt an das mittere Eysen des zurückfallenden spritzleders, daß ich das halbe schinbein des rechten fusses fingerbreit aufriss.«

Leopold und Wolfgang kamen also ziemlich mitgenommen in Rom an, hatten aber das große Glück, daß sie erneut im Haus von Frau Uslenghi im Palazzo Scatizzi in der Nähe des Tibers wohnen konnten. Frau Uslenghi servierte den Reisenden bei ihrer Ankunft »lindgekochten Reiß und ein paar lindgesottne Eyer«. Wolfgang war freilich bereits so müde, daß er noch im Sitzen einschlief und »augenblicklich zu schnarchen anfieng«, wie Leopold seiner Frau berichtete: »ich legte ihn ins beth, ohne daß er nur das mindeste zeichen gab, daß er wach werden könnte, sondern er schnarchte immer fort, obwohl ich ihn zu zeiten vom sessl aufheben und wieder niedersetzen und endlich gänzlich schlaffend ins beth schleppen muste.«

Man sollte nicht vergessen, daß sich Wolfgang damals mitten in der Pubertät befand und ihm die damit verbundenen körperlichen Veränderungen gerade während dieser anstrengenden Reise einige Probleme bereiteten. Sein Vater beobachtete die Entwicklung mit einer gewissen Sorge, da er befürchten mußte, daß sein Sohn bald zu erwachsen aussehen könnte, was dem Ruf des »Wunderkindes« natürlich abträglich gewesen wäre. Wenn Leopold schreibt: »Du därfst dir ihn aber desswegen eben nicht gar so gross vorstellen, genug, daß alle glieder grösser und stärker werden«, dann spricht daraus wohl die Hoffnung, daß diese Entwicklung bald abgeschlossen sein möge. Wie wir dem Brief Leopolds weiters entnehmen, scheint damals auch der Stimmbruch seinem Sohn Probleme bereitet zu haben: »Stimme zum singen hat er itzt gar keine: diese ist völlig weg; er hat weder Diefe noch Höhe, und nicht 5 reine Töne. Dieß ist etwas, das ihn sehr verdriesst, dann er kann seine eigene Sachen nicht singen, die er doch manchmal selbst singen möchte.«

Am 5. Juli 1770 erfolgte dann Wolfgangs Ernennung zum »Ritter vom Goldenen Sporn« durch Papst Clemens XIV., eine Auszeichnung, die vor ihm beispielsweise auch Christoph Willibald Gluck erhalten hatte. Aber während Gluck auf die Bezeichnung »Ritter« oder »Cavaliere« größten Wert legte, bedeutete Mozart diese hohe Auszeichnung wenig bis gar nichts und Leopold schreibt auch, daß er immer lachen müsse, wenn sein Sohn als »Sgr: Cavaliere« angesprochen werde. Mozart selbst unterzeichnete unmittelbar nach der Verleihung dieses Ordens einen Brief an seine Schwester scherzeshalber zwar einmal mit »chevalier de Mozart«, aber später nannte er sich in direkter Bezugnahme auf diese Auszeichnung wenig respektvoll »Edler von Sauschwanz«. Da sich zum Zeitpunkt der Ordensverleihung auch der damalige Bischof von Gurk, Hieronymus Colloredo, in Rom aufhielt, ist anzunehmen, daß er bei den Feierlichkeiten im Palazzo Quirinale anwesend war. Zehn Jahre später sollte Colloredo als Fürsterzbischof von Salzburg Mozarts erbittertster Gegenspieler werden.

Am Dienstag, den 10. Juli 1770, verließen der hochdekorierte Mozart und dessen stolzer Vater Rom Richtung Bologna. Am darauffolgenden Tag machten sie um fünf Uhr früh in Civita Castellana in der Provinz Viterbo, etwa 60 km nördlich von Rom, Station, wo sie »chioccolate« tranken, bevor sie sich für einige Stunden schlafen legten. Anschließend spielte Wolfgang auf der Orgel der dortigen Domkirche und am späten Nachmittag ging die Reise weiter Richtung Norden. Aus Angst vor der Malaria verlegten die Mozarts die Fahrt mit dem Vetturino in die Nachtstunden, was allerdings mit erheblichen Nachteilen verbunden war. An seine Frau schreibt Leopold: »übrigens war dieses eine der mühesammsten Reisen die ich gemacht habe. theils wegen des wenigen und unterbrochenen schlafes, theils wegen der unglaub: menge des ungezifers der flöhe und wanzen, die auch einen ganz ermüdeten Cörper nicht schlaffen lassen, sonderheit: aber wegen meinem fuss, welcher, ob er gleich zimmlich gut war, durch die beständige Erschütterung des fahrens nicht nur wieder offen geworden, sondern unten so sehr aufgeschwollen, daß der Waden und untere theil in einer grösse war.«

Bedenkt man die riesigen Distanzen, die Mozart und sein Vater bis zu diesem Zeitpunkt in Italien bereits zurückgelegt hatten, so versteht man auch, weshalb Wolfgangs Klagen über Erschöpfungszustände gerade in dieser Phase immer häufiger wurden. Mozart versuchte zwar, seine körperlichen Probleme mit Formulierungen wie »Italien ist ein Schlafland! es schläfert einem immer!« zu überspielen, aber aus den Briefen an Schwester und Mutter geht mehr als einmal hervor, daß die Anstrengungen dieser Reise nicht spurlos an ihm vorübergegangen waren. Besonders im Herbst und Winter, als er mit der Komposition der Oper »Mitridate, Rè di Ponto« beschäftigt war, klagte er immer wieder über starke Müdigkeit. »Meine liebe Mama Ich kan nicht viell schreiben dann die finger thuen sehr weh von so viel Recitativ schreiben«, heißt es am 20. Oktober, und ein paar Tage später unterzeichnet er einen Brief an seine Schwester mit der Formulierung: »ich bin wie allzeit Dein bruder wolfgang Mozart
dessen finger von schreiben
Müdhe Müdhe Müedes
müde sind.«

Zu allem Überfluß bekam Wolfgang Mitte November auch noch Zahnschmerzen, die Leopold mit »gewöhnlichen Zähnfluß mit ein wenig geschwulst« umschrieb. Mozart wurde ja zeit seines Lebens von starken Zahnschmerzen geplagt, die offenbar nie richtig behandelt worden waren und die ihm besonders auf Reisen häufig zu schaffen machten. Bereits im April hatte er in Rom »ein wenig Zähnwehe, wie gewöhnlich auf einer seyte«.

Im Herbst und Winter 1770 machten sich aber auch bei Leopold verschiedene Krankheiten bemerkbar. In seinen Briefen klagt er unter anderem über »schmerzhaften Revmatismum«, »einen krampf im finger« und »eine fliegende Gall«. Darüberhinaus litten Wolfgang und Leopold unter dem ungewöhnlich kalten Wetter, das im Oktober eingesetzt hatte und bis zum Jahresende anhielt. Verständlich, daß sich Leopold darüber ärgerte, daß er in Mailand in einem eiskalten Zimmer schlafen mußte, noch dazu mit seinem Sohn im selben Bett. Den nicht vorhandenen Kamin im Schlafzimmer kommentierte er am 27. Oktober mit den Worten: »wenn wir nicht verfrieren, so sind wir sicher, das wir nicht stinckend werden; den wir haben Luft genug.« Mitte November berichtete er dann von »schweren Nebl« und wieder einen Monat später lesen wir in einem Brief an seine Frau: »Stelle dir also die kälte ohne öfen vor. da heist es: *o du erschröckliche kälte in diesem Warmen Lande!* doch sind nur unsere hände die am meisten leiden, denn für die füsse verwahren die filzschue und den Leib der Peltz.«

Das waren also die äußeren Bedingungen, unter denen Mozart unter größtem Zeitdruck die Oper »Mitridate, Rè di Ponto« komponierte, und es ist kein Wunder, daß er in dieser Phase – öfter als sonst – auf »die hülf gottes« hoffte. Auch bat er Schwester und Mutter immer wieder, für ihn zu beten, »daß die opera gut geht«.

Leopold Mozart war mit der Arbeit seines Sohnes »Don Amadeo« jedenfalls zufrieden und am 8. Dezember schreibt er an seine Frau: »So viel ich ohne vätterliche Partheylichkeit sagen kann, finde, daß er die opera gut, und mit viellem Geist geschrieben hat.«

Am 26. Dezember 1770 fand schließlich die erfolgreiche Uraufführung von »Mitridate, Rè di Ponto« im Teatro Regio Ducal in Mailand statt. Leopold berichtet, daß die Vorstellung sechs Stunden gedauert habe und noch länger gedauert hätte, wenn die Leute nicht zum Essen gegangen wären. In Mailand gewöhnten sich auch die Mozarts an, nach dem Besuch der Oper »um halbe 2 oder gar 2 Uhr« noch eine nächtliche Mahlzeit einzunehmen.

Mozart, der die ersten drei der insgesamt 22 Vorstellungen

vom Cembalo aus selbst dirigierte, genoß den Erfolg und »Il Sig. Cavaliere Amadeo Wolfgango Mozart«, wie er in Mailand genannt wurde, war wieder einmal ein gefragter Gast bei adeligen Gesellschaften. »Wir hätten so viele Besuche zu machen«, schreibt Leopold, »daß wir nicht wissen, wie wir zurecht kommen werden«.

»Leberknödl und Sauerkraut, so sich der Wolfg: ausgebetten«

Leopold und Wolfgang Mozart wurden aber nicht nur von italienischen Adeligen und reichen Patriziern eingeladen, sondern auch von Österreichern, die damals in großer Zahl in Mailand lebten. Da neben der Toskana auch die Lombardei von Mitgliedern des Hauses Habsburg-Lothringen regiert wurde, waren hier überdurchschnittlich viele österreichische Beamte, Diplomaten, Angehörige des hohen Adels und Kaufleute tätig, von denen einige mit den Mozarts regelmäßig verkehrten.

Graf Karl Joseph Firmian zum Beispiel, der von 1759 bis 1782 Generalgouverneur der Lombardei war, hatte als großzügiger Förderer Mozarts maßgeblichen Anteil an dessen Erfolgen in Italien. Er war ein Neffe des früheren Salzburger Fürsterzbischofs Leopold Anton Firmian und wurde unter dessen Aufsicht in Salzburg erzogen, bevor er sich in Leyden und Paris weiterbildete. Als Generalgouverneur der Lombardei gehörte Firmian zu den einflußreichsten Politikern Italiens, und Mozart gab in Firmians Palazzo Melzi nicht nur zahlreiche Konzerte, sondern war gemeinsam mit seinem Vater auch des öfteren bei ihm zum Essen eingeladen. Darüberhinaus nutzte Firmian seine weitreichenden Beziehungen, um Mozart auch in anderen Städten Italiens mit den richtigen Leuten bekanntzumachen.

Wenngleich wir nicht wissen, was Mozart und seinem Vater bei den diversen Empfängen im Palast des Grafen Firmian serviert wurde, können wir davon ausgehen, daß es sich um vorzügliche Speisen und Getränke gehandelt haben wird. Sehr wohl wissen wir aber, was am 3. Januar 1771 im Hause der Marianne d'Asti von Asteburg auf den Tisch kam, als die Mozarts dort zu Besuch waren. Leopold Mozart schreibt zwei Tage später an seine Frau:

»Am Donnerstag speisten wir bey der Madame v. Asteburg, oder ehemals Trogermariandl, die uns mit *Leberknödl und Sauerkraut, so sich der Wolfg: ausgebetten,* nebstbey aber mit anderen guten speisen darunter ein herrlicher Capaun und Fasan war, aufs prächtigste bewirthet hat.« Im selben Brief berichtet Leopold, daß sie »heute wiederum bey Sr: Excll: Graf Firmian« speisen werden.

Die aus Salzburg stammende Marianne d'Asti von Asteburg war die Tochter Leopold Trogers, des Sekretärs von Graf Karl Joseph Firmian, und in Mailand verheiratet. Leopold und Wolfgang waren aber nicht nur mehrmals bei der »Trogermariandl« zu Gast, sondern auch auf dem Landgut ihres Vaters in der Nähe von Mailand.

Leopold Troger und dessen Tochter Marianne gehörten zu jenen Personen, die die Mozarts während ihres Italienaufenthalts in jeder Beziehung tatkräftig unterstützten. So benützte Mozarts Vater die Adresse Trogers für seine Post aus Salzburg und einmal kündigte er seiner Frau an, daß man ihr »im Nahmen der Mad:e d'Aste oder Troger=Mariandl *60 ducatten* auszahlen« werde. Aus diesen Zeilen geht also hervor, daß Marianne d'Aste von Asteburg in Salzburg unter dem Namen »Trogermariandl« bekannt war.

Die eigenwillige Zusammenstellung des Menüs vom 3. Januar 1771 legt die Vermutung nahe, daß die Gastgeber hier einem speziellen Wunsch der Gäste nachgekommen waren, zumal Leopold ja darauf hinweist, daß sich Wolfgang die Leberknödel und das Sauerkraut ausdrücklich »ausgebetten« habe. Vermutlich werden die Mozarts wieder einmal Lust auf richtiges Salzburgisches Essen gehabt und die Einladung bei der gebürtigen Salzburgerin Marianne d'Aste von Asteburg genutzt haben, um sich diesen Wunsch zu erfüllen.

Bei den von Wolfgang bevorzugten Leberknödeln handelte es sich um gebackene Knödel, wie sie auch heute noch in Salzburg, im Innviertel und in Südbayern zubereitet werden. In diesem Falle werden die Knödel nicht gekocht, sondern in heißem Butterschmalz schwimmend herausgebacken und mit Sauerkraut serviert.

In Conrad Haggers »Saltzburgischem Koch=Buch« findet sich das folgende Rezept für »Leber=Knoͤdlein«, das im Grunde auch für gebackene Knödel gilt:

»Backe ein wenig Leber gantz klein mit Petersil=Kraut / und guter Feisten / dann roͤste Semmel=Broͤslein / mit kleingehacktem Zwibel in Butter / gieß ein wenig Milch oder Ram daran / daß es anziecht; dann nimm gut Meel und zugleich die Leber / nach Nothdurfft Eyer / ruͤhrs wohl unter einander / daß in rechter Dicke wird / gewuͤrtz es wohl mit Muscatnuß / wenig Pfeffer und Saltz / schlage zur Prob ein Knoͤdlein davon in siedige Suppen / so siehest du / ob der Taig zu starck / oder zu schwach ist.«

Mit »Feisten« ist Fett gemeint.

Dieses Rezept ist ein Beispiel dafür, daß sich die Kochbücher des Barock in erster Linie als Inspirationsquelle verstanden und weniger als Kochanleitung. Da die Verfasser davon ausgehen konnten, daß den Köchinnen und Köchen die Grundkenntnisse des Kochens und der Haushaltsführung bekannt waren, wurden konkrete Mengenangaben durch Begriffe wie »gut Meel« oder »nach Nothdurfft Eyer« ersetzt.

Auch das folgende Rezept für »Leber=Knoͤdl« aus dem 1740 erschienenen »Nutzlichen Koch=Buch« folgt dieser Regel:

»Nimm Kaͤlberne Leber, dise gehaͤutelt, und das Aͤderige weg, klein gehackt, bereite gewaͤickte Semmel, gute Kern=Faisten, etliche Eyer, und mache den Teig an, roͤste klein=geschnittene Zwiefel darein, oder gruͤnen Zwiefel, ein wenig gemischtes Gewuͤrtz. Zu mercken ist: dise Knoͤdel brauchen nicht vil Eyer, die Leber macht ohnedem hart.«

»Gewaͤickte Semmel« sind in Milch eingeweichte Semmeln.

Während Hagger bei seinem Rezept für »Leber=Knoͤdlein« ganz allgemein von »Leber« spricht und im »Nutzlichen Koch=Buch« Kalbsleber empfohlen wird, schlagen die Herausgeber des »Wienerischen bewaͤhrten Koch=Buchs« für die Zubereitung von Leberknödeln die Verwendung von »einem Laͤmmernen Leberl« vor.

Obwohl Leberknödel mit Sauerkraut in der Korrespondenz der Familie Mozart nur ein einziges Mal erwähnt werden, können wir aufgrund des Hinweises, daß sich Mozart diese Speise explizit gewünscht hatte, davon ausgehen, daß dieses Gericht zumindest bis 1770 zu seinen Lieblingsspeisen gehörte. Viele Jahre später taucht bei Mozart ein gewisser »Hr. von knödl« nur noch als Figur im Lustspielfragment »Die Liebes=Probe« auf.

Dem Sauerkraut wiederum begegnen wir – ebenfalls viele Jahre später – in der Küche des Witwers Leopold Mozart im Tanzmeisterhaus in Salzburg, wohin er sich des öfteren »Kraut mit einer Leberwurst« bringen ließ.

»Dieses Stück vom Fasan«

Obwohl Mozart des öfteren Fasan gegessen hat, kam dieses edle Geflügel nur zu besonderen Anlässen auf den Tisch. Da das Jagdmonopol der Grundherren und der Geistlichkeit erst 1786 durch Joseph II. aufgehoben wurde, war es für einen bürgerlichen Haushalt gar nicht so einfach, an Wildgeflügel heranzukommen. Wildspeisen blieben auch im 18. Jahrhundert größtenteils den Tafeln des Hofes, des Adels und der hohen Geistlichkeit vorbehalten.

Zur Mozartzeit wurden in Salzburg im Garten des Schlosses Kleßheim Fasane gehalten und es ist anzunehmen, daß diese Tiere dort nicht nur gejagt, sondern auch in der Hofküche verarbeitet wurden. Vielleicht kamen Leopold und Wolfgang als Hofbedienstete ja auf dies Weise bereits in Salzburg in den Genuß von Fasan. Leopolds Bericht über das Essen bei der »Trogermariandl« läßt jedenfalls darauf schließen, daß er und sein Sohn in Mailand nicht zum ersten Mal Fasan gegessen hatten.

Während in Deutschland der Fasan bereits zur Zeit Kaiser Karls des Großen (747–814) auftaucht, der ihn neben dem Pfau, dem Feldhuhn und der Taube auf seinen Gütern züchten ließ, begegnen wir dem »König des Wildgeflügels« in Österreich erst im 16. Jahrhundert in diversen Klosterküchen. Dort hat er sich allerdings rasch als Spezialität etabliert und es ist daher verständlich, daß Conrad Hagger in seiner Funktion als »Hoch=Fůrstlich=Saltzburger« Koch die Qualitäten des Fasans besonders hervorhob. Im Kapitel »Die Fasanen betreffend« schreibt er:

»Es ist der Fasan einer von den allerbesten Feder=Wildprât / oder Vôgeln; und obwohlen dieselbe in allweg denen Capaunen gleich / (und alles das / was aus den Capaunen beschrieben und gemacht wird /) das kan auch von Fasanen gemacht / zugerichtet und verkocht werden / so ist der Fasan auch kostbarer und besser am Geschmack; also werden sie meistens zum Braten / oder in die Pastete genommen / auch etwan vor eine Rarität / wann sie gar fett seyn / auf das Sauerkraut gelegt; dem es aber beliebt / der kans auch auf fünffzigerley Weiß verändern / und gantz auf die Weiß und Art / wie die Capaun beschrieben seynd.«

Mit ihrem Besuch bei Frau Asteburg am 3. Januar 1771 hatten die Mozarts, was den Fasan betrifft, Glück, da zwischen Februar und Mitte September vom Genuß von Fasan ausdrücklich abgeraten wird, weil in diesen Monaten sein Fleisch nicht besonders gut schmeckt.

Vor der Verarbeitung sollte der Fasan mehrere Tage abhängen, damit er »kaubar und verdaubar« wird, wie Habs und Rosner im »Appetitlexikon« schreiben. Die Kunst – und besondere Schwierigkeit – besteht allerdings darin, den richtigen Zeitpunkt zu erkennen, wann der Vogel genügend abgehangen ist. Habs und Rosner schreiben in diesem Zusammenhang: »Der Geschmack der Neuzeit wendet sich immer entschiedener vom fauligen Hautgoût des Wildes ab und gerade diese Abneigung gegen den Faulgeruch des Wildes sichert dem Fasan den Vorzug vor allem andern großen Federwild, weil er unter diesem dasjenige Wildbret liefert, das den wenigsten Hautgoût entwickelt.«

Auf welche Art der Fasan zubereitet wurde, den Leopold und Wolfgang Mozart bei Frau Asteburg gegessen haben, ist nicht bekannt, aber wahrscheinlich wird es sich um einen gebratenen Fasan gehandelt haben. Möglich wäre aber auch, daß den Gästen eine »Fassan=Suppen« serviert wurde, wie sie im »Nutzlichen Koch=Buch« beschrieben wird, da diese ebenfalls zu einer festlichen Tafel passen würde. Suppen dieser Art wurden im 18. Jahrhundert üblicherweise als Hauptspeise aufgetragen:

»Brate den Fassan schön gelb, lege ihn auf eine Schüssel, wann er gebraten ist, hernach nimm 40. Austern, dise ausgelöst, auch das Meer=Wasser von denen Austern aufbehalten, röste es im Butter; wann sie geröst seynd, nimm von einem Lemoni die

Schålern, klein geschnitten, auch den Saft daran getruckt, giesse ein Seitel guten Ofner=Wein, auch das Meer=Wasser von Austern daran, lasse es durcheinander sieden, gewůrtzt, und ůber den Fassan angericht, lasse es auf der Schůssel aufsieden, und gib es auf die Tafel.«

Unabhängig davon, ob die Mozarts den Fasan als Braten oder als Suppe gegessen haben, werden die Gäste sicher auch mit erstklassigem Wein bewirtet worden sein, und wer weiß, vielleicht durfte sogar der 15-jährige Wolfgang nach dem großen Erfolg mit »Mitridate« das eine oder andere Glas davon trinken.

Möglicherweise hat sich ja Mozart viele Jahre später während der Arbeit an »Don Giovanni« an diese Einladung in Mailand erinnert und deshalb seinem Librettisten Lorenzo da Ponte vorgeschlagen, im Finale des 2. Aktes beim Festessen für den toten Komtur Fasan auftischen zu lassen. In der 14. Szene serviert ja Leporello ein üppiges Mahl, von dem Giovanni gleich einmal kostet und zufrieden feststellt, daß die Tafel hervorragend sei. In diesem Augenblick wird Leporello bewußt, daß auch er einen ziemlich großen Hunger hat, als Bedienter aber an der Tafel nicht Platz nehmen darf:

Leporello:
(a parte)
Ah, che barbaro appetito!
Che bocconi da gigante!
Mi par proprio di svenir.

Leporello muß also mit ansehen, wie sein Herr »mit Riesenbissen« seinen »barbarischen Appetit« stillt, während er im Begriff ist, »in Ohnmacht zu fallen«. Offenbar wird er sich auch dieses Mal mit den Resten begnügen müssen, womit er freilich einen neuerlichen Grund hätte, sich über das schlechte Essen zu beschweren, wie er das ja bereits in seiner Auftrittsarie »Notte e giorno faticar« getan hat.

Giovanni weiß natürlich, daß Leporello hungrig ist, denkt aber nicht daran, ihn zum Essen einzuladen. Ganz im Gegenteil, es macht ihm sogar Freude, seinen Diener zu sekkieren, indem er ihn auffordert, weiter Essen aufzutragen und Wein einzuschenken. Aber nicht irgendeinen Wein, sondern einen »ausgezeichneten Marzemino«:

Giovanni:
Versa il vino.
Eccellente marzimino!

Mozarts Librettist Lorenzo da Ponte wußte auch hier, wovon er schrieb, denn der Marzemino-Wein gehörte zur Mozartzeit zu den bevorzugten Rotweinen am Kaiserhof in Wien. Heute wird die Marzemino-Traube nur noch in einem kleinen Gebiet im südlichen Trentino angebaut.

Leporello kann weder diesem Wein noch dem Fasan widerstehen und bedient sich schließlich heimlich an den Spezialitäten aus der Küche seines Herrn:

Leporello:
(mangiando e bevendo di nascosto)
Questo pezzo di fagiano
piano, piano vo' inghiottir.

Heimlich essend und trinkend erklärt er also, daß er »dieses Stück Fasan sachte, sachte hinunterschlucken« werde. Giovanni hat natürlich längst gemerkt, daß sein Diener heimlich von Fasan und Wein gekostet hat und fordert ihn auf, sich mit ihm zu unterhalten. Während Leporello einen Schnupfen vortäuscht, der ihn am Sprechen hindere, bittet ihn Giovanni, dann wenigstens für ihn zu pfeifen. Mit vollem Mund kann Leporello natürlich auch nicht pfeifen und gesteht schließlich, daß er den diversen Köstlichkeiten nicht widerstehen konnte:

Leporello:
Scusate. Sì eccellente è il vostro cuoco
che lo volli anch'io provar.

Leporello:
Verzeihung, aber Ihr Koch ist so vorzüglich,
daß auch ich einmal kosten wollte.

Giovanni ist hier ausnahmsweise einmal einer Meinung mit Leporello und lobt ebenfalls seinen Koch, »dessen Künsten keiner widerstehen könne«. Unterbrochen wird die Szene von der verzweifelten Donna Elvira, die Giovanni eine letzte Chance geben möchte und ihn auffordert, endlich seine Untaten zu bereuen. Der verspottet aber Donna Elvira nur und stimmt schließlich ein Loblied auf die Frauen und den Wein an:

Giovanni:
Vivan le femmine!
Viva il buon vino!

Am Schluß betritt der Komtur als steinerner Gast den Saal, allerdings nicht, um mit Giovanni zu speisen, sondern ihn der ewigen Verdammnis zuzuführen. Die Oper endet damit, daß sich Donna Anna eine einjährige Auszeit nimmt, Donna Elvira in ein Kloster zieht, Zerlina und Masetto nach Hause essen gehen und Leporello im Wirtshaus Ausschau nach einem neuen, besseren Herrn hält.

Nach diesem Intermezzo im Hause Don Giovannis begeben wir uns wieder nach Italien, wo Vater und Sohn Mozart immer noch alle Hände voll zu tun haben, um den zahlreichen Einladungen von Wolfgangs Bewunderern nachzukommen. Da darunter auch Einladungen aus anderen Städten sind, reisen die beiden Mitte Januar 1771 nach Turin und von dort nach Venedig, wo sie am 11. Februar eintreffen und bei dem aus Salzburg stammenden Kaufmann Johannes »Giovanni« Wider Quartier finden.

Während des Aufenthalts in Venedig stellt Leopold zum ersten Mal auch konkrete Überlegungen an, aus der Wohnung im Hagenauerhaus in der Getreidegasse auszuziehen und ein größeres Quartier zu nehmen. Am 20. Februar 1771 schreibt er an seine Frau: »du must mir also schreiben, ob wir beym Sailerwirt, beym Stern, oder beym Saulentzl einlogieren sollen. Ich glaube es wird am besten seyn ich nehme meine Wohnung im Löchl, so habe alsdann nicht weit ins Hagenauer Hauß. So, wie wir | : wie die Soldaten : | unter einander schliefen, können wir nicht mehr seyn; der Wolfgang ist nicht mehr 7 Jahre alt etc.«

Die erwähnten Gasthäuser befanden sich allesamt in unmittelbarer Nähe der Wohnung in der Getreidegasse; umgezogen ist die Familie erst im Herbst 1773.

Wie in den anderen italienischen Städten, waren Vater und Sohn Mozart auch in Venedig ständig zum Essen eingeladen und während ihres einmonatigen Aufenthalts in der Lagunenstadt zählt Leopold Mozart in seinen Briefen nicht weniger als zwei Dutzend Namen von Familien auf, deren Gäste sie waren. »Und wenn wir nirgends anders eingeladen sind«, schreibt er am 6. März nach Salzburg, »speisen wir allzeit bey H: Wieder, und er besorgt alles was wir nothwendig haben. Die Ehren, die wir bey ihm empfangen, kann dir nicht beschreiben.«

Am 12. März 1771 reisten Wolfgang und Leopold schließlich in Begleitung mehrerer Bekannter auf dem Wasserweg von Venedig nach Padua, wofür Leopold »ein eigenes Borcello« mietete. Von Chioggia fuhr man auf der Brenta bis Padua und benötigte für die knapp 30 km lange Strecke wegen der vielen Schleusen einen ganzen Tag. Aber da man »Essen und Trincken und alles nothwendige mit sich nahm« und auf dem Schiff auch kochte, stellten die Wartezeiten an den Schleusen kein wirkliches Problem dar.

In Padua bezog man für zwei Nächte eine standesgemäße Wohnung im »Palazzo des Gentiluomo Pesaro«, wie Leopold berichtet, und Wolfgang bekam hier von Don Giuseppe Ximenes de Princioi d'Aragona den Auftrag zur Komposition des Oratoriums »Betulia liberata« nach einem Text von Pietro Metastasio. Das Schicksal dieses Werkes liegt allerdings ebenso im Dunkeln wie die genauen Umstände, die ein halbes Jahr später zur Nichterfüllung des mit Venedig bereits abgeschlossenen Opernvertrages führten. Sicher ist nur, daß »Betulia liberata« zu Mozarts Lebzeiten nicht aufgeführt wurde, Constanze Mozart die Partitur aber 1792 an den König von Preußen verkaufte.

Nach Zwischenaufenthalten in Vicenza, Verona, Rovereto und Innsbruck, wo sie »unter grossen Wind, schnee und erschröcklicher kälte« ankamen, trafen Wolfgang und Leopold schließlich am Nachmittag des 28. März 1771, einem Donnerstag, in Salzburg ein. Damit endete die erste große Italienreise Mozarts nach einem Jahr, drei Monaten und fünfzehn Tagen. Aufgrund der erzielten Erfolge konnte sich Mozart berechtigte Hoffnungen auf weitere Verdienstmöglichkeiten in diesem Land machen. Einen Kompositionsauftrag hatte er ja bereits in der Tasche, nämlich den für eine neue Oper für die Karnevalssaison 1772/73 in Mailand.

»Dazu haben sie gesotene Erdäpfel«

Nach der ereignisreichen und arbeitsintensiven Zeit in Italien dürfte Wolfgangs Interesse an einem Verbleib in Salzburg eher gesunken als gestiegen sein und auch Leopold Mozart war fest entschlossen, mit seinem Sohn sobald als möglich wieder nach Italien zu reisen. Außerdem hatte sich während ihrer Abwesenheit die wirtschaftliche Lage in Salzburg aufgrund von Mißernten dramatisch verschlechtert, was unter anderem eine enorme Teuerung zur Folge hatte. Leopold, der über die Entwicklung in Salzburg von seiner Frau auf dem laufenden gehalten worden war, hatte allerdings bereits aus der Ferne die von der erzbischöflichen Verwaltung gesetzten Maßnahmen mit einer gewissen Skepsis beobachtet. So schrieb er am 27. Oktober 1770 nach Salzburg: »Eine Statt mit Bettler zu bevölkern, ist ganz was leichtes. Arbeit, und Verdienst muß man ihnen verschaffen können; dann ist die bevölkerung gut.«

Daß Leopold mit dieser Einschätzung nicht übertrieben hatte, zeigt ein Blick in die Armenstatistik der Stadt Salzburg, die zwar erst 1785 erstellt wurde, aber dennoch Rückschlüsse auf die Zustände im Jahr 1770 zuläßt. In Lorenz Hübners »Beschreibung des Erzstiftes und Reichsfürstenthums Salzburg« heißt es dazu: »Im Jahr 1785 zählte eine eigene von dem Landesfürsten zusammengesetzte Armen=Commission alle Armen der Stadt, und ihres Burgfriedens, und fand eine Summe von 1.304 Armen, worunter 174 ganz, und 460 zum Theile Arbeitsfähige; die übrigen 670 im eigentlichen Verstande Krüppel, oder dem allgemeinen Mitleiden anheimgefallene Arme waren.« Geht man davon aus, daß Anfang der 1780er Jahre die Stadt Salzburg etwa 14.000 Einwohner hatte, dann bedeutet das, daß knapp 10 % der Gesamtbevölkerung den

Armen zugerechnet wurden. Anzunehmen ist, daß in dieser Zahl auch jene Frauen und Männer enthalten sind, die im »Leprosen= oder Siechenhaus« ihr Leben fristeten.

War man bei der Volkszählung 1771 noch auf eine Einwohnerzahl von 16.123 gekommen, nennt der Reiseschriftsteller Johann Kaspar Riesbeck zwölf Jahre später nur noch eine Zahl von 14.000 Einwohnern.

Aufschlußreich in diesem Zusammenhang ist auch eine bei Lorenz Hübner abgedruckte Statistik, aus der hervorgeht, daß in der Stadt Salzburg zwischen 1701 und 1790 zwar 24.104 Geburten registriert wurden, im gleichen Zeitraum aber 30.531 Menschen starben. Auch wenn 14.908 der Toten Kinder unter 10 Jahren waren, belegen diese Zahlen anschaulich die dramatische demographische Entwicklung in Salzburg.

Wie die Statistik für das Jahr 1784 zeigt, nahm die Einwohnerzahl aber nicht nur in der Stadt Salzburg, sondern auch im gesamten Fürstentum ständig ab. 1784 standen demnach im Land Salzburg 4.873 Geburten 5.487 Sterbefälle gegenüber.

Die sinkende Einwohnerzahl läßt sich auch noch an anderen Vergleichszahlen ablesen. Aus dem »Verzeichnis des verbrauchten Schlachtviehs« in der Stadt Salzburg geht beispielsweise hervor, daß 1788 2.061 Ochsen geschlachtet wurden, während es 1791 nur noch 1.927 waren, was einem Rückgang von 6,5 % entspricht. Bei den geschlachteten Kälbern sank die Zahl sogar um 15 % von 13.435 im Jahr 1788 auf 11.407 im Jahr 1791. Ähnliches gilt auch für den von der Stadt eingekauften Bäckerweizen, von dem 1787 noch 5.325 Schaff gekauft wurden, während es 1791 nur noch 3.576 Schaff waren. Hier betrug der Rückgang unglaubliche 33 %. In Salzburg entsprach ein Schaff Weizen acht Metzen oder 400 Pfund zu je 560 g, das heißt, daß ein Schaff 224 kg waren.

Obwohl Lorenz Hübners mehrbändiges Werk über die Geschichte Salzburgs der fürsterzbischöflichen Zensur unterlag, stellte er darin sehr wohl die Frage nach den Gründen für die »abnehmende Volksmenge« und gab darauf unter anderem die folgende Antwort: »Es ist unwidersprechlich, daß die zahlreichen, sehr oft wiederhohlten Auswanderungen das Land außerordentlich geschwåchet haben. Viele Bauerngůter wurden aus Mangel hinlånglicher Ansiedlerfamilien zusammengekaufet, und also gar bald das Eigenthum einer einzigen Familie, da sie zuvor unter mehrere vertheilet waren, bey denen also auch die Erzeugungen zahlreicher gewesen seyn mußten. Die gegenwårtige Regirung suchet diesem nicht unwichtigen Hinderniß der Bevölkerung dadurch abzuhelfen, daß sie die großen Gůter zerstůcken låßt, und aus den sogenannten Zulehen Hauptlehen zu machen wůnschet, worůber bey dem hochfůrstlichen Hofrathe eine eigene Commission niedergesetzt ist.«

Bedenken sollte man in diesem Zusammenhang, daß etwa 60 % der Bevölkerung des Erzstiftes Salzburg landlose Bauern waren, deren Einkommen – ebenso wie jene der Arbeiter und Handwerker – trotz der »tåglich steigenden Preise aller Bedůrfnisse«, wie es bei Hübner heißt, über Jahre nicht angehoben wurden. Kein Wunder also, daß unter solchen Umständen immer mehr Menschen auswanderten oder verarmten.

Der Historiker Karl Ehrenfellner schreibt dazu im Ausstellungskatalog »Salzburg zur Zeit der Mozart«: »Basierend auf der Tatsache, daß faktisch alles Land und die dazugehörigen Güter im Eigentum von (Grund-)Herrn standen, war der Bauer nur Leihnehmer seines Besitzes mit Nutzungsberechtigung und Verpflichtung zu Abgaben und Diensten. (Die Zahl der Bauern mit freiem Eigentum an ihrem Besitz war weit unter 1 %.) Veränderungen im Besitz eines Bauern waren nur mit Zustimmung des Grundherrn möglich, so daß sowohl die Gutsgrößen als auch die Produktionsweise – hier wirkte die durch Jahrhunderte festgeschriebene Verpflichtung zu Naturalabgaben – wenig Veränderungen erfuhren. Bei Schilderungen der konservativen, Neuerungen schwer zugänglichen Art des Bauern darf man nicht übersehen, daß der Bauernstand durch Jahrhunderte hindurch im Korsett der Grundherrschaft eingezwängt, Neuerungen fast ausschließlich als

Verschlechterung seiner Existenz erlebt hat, denn nahezu alle Reformen vor 1800 erhöhten letztendlich seine Lasten.

Die Institution der Grundherrschaft hatte in Salzburg ihr besonderes Gepräge dadurch, daß etwa 90 % aller Liegenschaften geistlichen Grundherrn gehörten, unter denen der Erzbischof mit etwa 70 % Anteil am gesamten Liegenschaftseigentum die überragende Stellung einnahm.«

Selbstverständlich hatte Salzburg auch zur Mozartzeit die Vertreibung der rund 30.000 Protestanten unter Fürsterzbischof Leopold Anton Graf Firmian in den Jahren 1731/32 und 1733/34 noch nicht überwunden und es überrascht nicht, daß sich auch ein Reiseschriftsteller wie Johann Kaspar Riesbeck mit diesem unrühmlichen Kapitel entsprechend kritisch auseinandersetzte. In den 1783 erschienenen »Briefen eines reisenden Franzosen über Deutschland« schreibt er dazu: »Die Lücken, welche durch die bekannte Auswanderung der Protestanten vor fünfzig Jahren in der Bevölkerung und dem Anbau dieses Landes gemacht worden, sind noch lange nicht wieder ausgefüllt. Sie war das Meisterstück einer schlimmen Regierung, wo die Schwäche eines Fürsten und die eigennützige Bosheit eines Ministers im größten Glanz erschien. (...) Dieser hatte berechnet, was er für seine Person bei der Auswanderung so vieler tausend Einwohner und bei dem Verkauf so vieler Güter gewinnen könnte. Er benutzte die Schwäche seines Herrn, um sich bei dieser schönen Gelegenheit den Beutel zu spicken.«

Mit dem »Minister« ist Christian von Röll gemeint, der sich im Zuge der Vertreibung der Protestanten um etwa 50.000 Gulden bereichert hatte.

Leopold und Wolfgang Mozart wurden nach ihrer Rückkehr aus Italien am 28. März 1771 also Zeugen der Auswirkungen der krisenhaften Entwicklung in Salzburg, wobei es fraglich ist, ob sich Mozart für Probleme dieser Art überhaupt interessierte. Dokumente dazu gibt es jedenfalls nicht. Sicher ist allerdings, daß die

Familie Mozart von der enormen Teuerung direkt betroffen war, da sie nun die Waren des täglichen Bedarfs zu überhöhten Preisen kaufen mußte.

Aber natürlich hatten die beiden Mißernten von 1770 und 1771 nicht nur auf Salzburg verheerende Auswirkungen, sondern auf ganz Mitteleuropa, wo die Getreideversorgung praktisch zusammengebrochen war. Für das Erzstift Salzburg kam in dieser Situation noch erschwerend hinzu, daß es aufgrund seiner geringen Getreideproduktion keine Reserven anlegen konnte und gezwungen war, Getreide zu horrenden Preisen aus Bayern und Österreich zu importieren. In Salzburg wurden zwar »Weizen, Roggen oder Korn, Gerste und Haber« angebaut, wie Lorenz Hübner schreibt, allerdings deckten diese verhältnismäßig geringen Mengen bei weitem nicht den Eigenbedarf ab.

Waren die Preise für Getreide und Getreideprodukte immer schon starken jahreszeitlichen Schwankungen unterworfen, wirkten sich Wetterschäden, Mißernten, Transportschwierigkeiten oder kriegerische Ereignisse noch einmal negativ auf den Endpreis aus. Wie dramatisch diese Entwicklung zum Beispiel in Österreich war, zeigt ein Blick in die Marktprotokolle der Stadt Wien.

Während im Januar 1770, dem ersten Jahr der Mißernte, für Weizen pro niederösterreichischem Landmetzen – das waren 61,5 kg – noch 106,5 Kreuzer (Kr.) zu bezahlen waren, kostete dieselbe Menge im Dezember 1770 bereits 167,6 Kr. Eine ähnliche Entwicklung gab es im darauffolgenden Mißerntejahr, wo im Dezember für einen nö. Landmetzen sogar 210,7 Kr. zu bezahlen waren. Vom Januar 1770 bis zum Dezember 1771 hatten sich die Weizenpreise also verdoppelt.

Ähnliches galt für das Korn, bei dem die Preise von 78,7 Kr. pro nö. Landmetzen im Januar 1770 auf 174,6 Kr. im Dezember 1771 anstiegen. Auch beim Korn haben sich also die Preise mehr als verdoppelt. Zur Erläuterung: Der Wiener Metzen wurde 1752 aufgelassen und durch den nö. Landmetzen ersetzt.

Verglichen mit den Preisen in Salzburg war das österreichische

Getreide aber noch verhältnismäßig billig, denn während man Mitte 1771 in Wien für umgerechnet 100 kg Weizen 2 fl. 53 Kr. zu bezahlen hatte, kostete dieselbe Menge in Salzburg 12 fl. 32 Kr., also das Viereinhalbfache!

Trotz der Hungerjahre 1770–1772 hat man in Salzburg merkwürdigerweise erst 1788 mit dem Bau von zwei Getreidemagazinen am Fuße des Mönchsbergs begonnen.

In Österreich reagierte Maria Theresia auf die Hungersnot, indem sie sich massiv für den Anbau von Kartoffeln einsetzte und die skeptische Landbevölkerung darauf hinwies, daß man aus Kartoffeln Brot backen, Schnaps brennen, Vieh- und Geflügelfutter sowie Stärkemehl und Haarpuder herstellen könne. Eine ähnliche Bemühung der Kaiserin war 1767 noch am Widerstand der Bauernverbände gescheitert, die wegen der Möglichkeit der Schnapsherstellung den Kartoffelanbau verhindert hatten. Erst die Hungersnot Anfang der 1770er Jahre führte dazu, daß man sich in einigen Gebieten Österreichs ernsthaft mit dem Kartoffelanbau zu beschäftigen begann. Im großen Stil durchgesetzt hat sich die Kartoffel in Österreich aber erst gegen Ende des 18. Jahrhunderts.

In Salzburg jedenfalls wurden seitens der Behörden keine besonderen Anstrengungen unternommen, die Kartoffel als Ergänzung zum Getreide der Bevölkerung »schmackhaft« zu machen. Das geht auch aus Johann Kaspar Riesbecks Bericht über seinen Besuch in einem Tal in der Nähe des Paß Lueg hervor: »Der hiesige Bauer kann sich nicht, wie der Bergschweizer, mit Käs oder Erdäpfeln behelfen. Durchaus muß er zu seinem Fleisch, welches er bei der Mahlzeit, so fett es auch sein mag, immer noch bissenweis in zerlassenes Schmalz zu tunken pflegt, gutes Brot und Bier und Branntewein in Überfluß haben. Diese für seine natürliche Lage zu kostbare Lebensart müßte das Land zu dem ärmsten in Europa machen, wenn er diesen Aufwand nicht durch eine kluge und bewunderungswürdige Sparsamkeit in den andern Teilen seiner Wirtschaft ersetzte.«

In seinem 1796 erschienenen Buch »Das Salzburgische flache Land« schreibt Lorenz Hübner, daß hinsichtlich der Kartoffel hier erst zu Beginn der 1790er Jahre ein gewisses Umdenken einsetzte: »Erbsen und Feldbohnen gibt es allenthalben; auch seit einiger Zeit an mehreren Orten im flachen sowohl als Gebirglande Kartoffeln, zu deren Anbau die hochfürstliche Hofkammer eigens aufgemuntert hat.«

Aufschlußreich in diesem Zusammenhang ist auch ein Blick in die Kochbücher des 18. Jahrhunderts, in denen die Kartoffel entweder gar nicht vorkommt oder nur eine untergeordnete Rolle spielt. Dabei hat der Abt von Seitenstetten, Kaspar Plautz, bereits in seinem 1621 erschienenen Werk »Nova Typis Transacta Navigatio. Novi Orbis Indiae Occidentalis« auf die vielfältigen Verwendungsmöglichkeiten der Kartoffel in der Küche hingewiesen und sogar ein Rezept für die Zubereitung von Kartoffelsalat veröffentlicht: »Salat kannst du aber aus den Knollen auf folgende Weise herstellen: Nimm diese Bacaras oder Papas, reinige sie, koche sie weich und schneide sie in Scheiben, füge Öl, Essig, Pfeffer, Salz oder Zucker hinzu und koste! Oder wenn du magersüchtige Menschen oder Schwindsüchtige heilen und dick machen willst, dann reinige diese Papas und koche sie mit dem Fleisch von Kapaunen, Hennen oder Hammeln. Suppe und Brühe davon bilden eine sehr nützliche und heilsame Nahrung.«

Dieses Rezept beweist, daß man den Kartoffelsalat in Österreich bereits vor 400 Jahren kannte, ihn aber irgendwann wieder aus den Augen verloren haben muß, da er erst in den Kochbüchern des 19. Jahrhunderts wieder auftaucht.

In den seltenen Fällen, in denen die Kartoffel in Kochbüchern des 18. Jahrhunderts erwähnt wird, begegnet sie uns als »Arttofel«, »Dardoffel«, »Cartuffel« oder »Tartuffel«, von der sich übrigens die Figur des »Tartuffe« ableitet. Das Rezept für »Dardoffeln« in Conrad Haggers »Saltzburgischem Koch=Buch« von 1718 zeigt freilich, daß man mit dieser neuartigen Frucht in der Barockküche noch nicht allzuviel anzufangen wußte:

»Dardoffeln / so noch frisch von der Erden herkommen / werden sauber gewaschen / und mit einer neuen scharpffen Birsten den daran hangenden Sand aus etlich Wassern / Stuck vor Stuck / sauber abgebutzt / wann sie aber mit Wachs bekleidt / so werden sie in heiß Wasser geworffen / damit das daran hangende Wachs / sammt der Erden / sauber davon gebutzt werde / dann werden sie gleich gantzer / mit gantzen Zwibel / Någlein / und Muscat=Blůhe / gleich den Eyern in Wein gesotten / und trucken im Serviet zu Tisch gegeben / mit Lemoni / oder Pfeffer / Eßig und Ől beygesetzter.«

Mit »Någlein« sind Gewürznelken gemeint und mit »Muscat=Blůhe« Muskatblüte, also der Samenmantel der Muskatnuß.

Allerdings muß hier angemerkt werden, daß Hagger mit »Dardoffeln« auch Trüffel gemeint haben könnte, die damals in Salzburg ebenso selten waren wie Kartoffeln und in der Küche vor allem aus Repräsentationsgründen verwendet wurden.

Offensichtlich haben sich aber die Autoren des »Wienerischen bewåhrten Kochbuchs« an Haggers Rezept für »Dardoffeln« orientiert, da sich dort der folgende Hinweis für die Zubereitung von »Artoffelnbrůhe« findet: »Koche die Artoffel, und putze sie rein ab, dann thue dieselben nebst etlichen Limonieschållern in eine Rindsuppe, und laß zusammen mit etwas Muskatblůh kochen, endlich sprůdle die Brůhe mit ein paar Eyerdőtter ab.«

Interessanterweise werden in diesem Kochbuch neben »Artoffeln« auch noch »Erdåpfel« erwähnt, und zwar einmal als »Gemůse« und einmal als Bestandteil einer »Pastette«. Im Kapitel »Verschiedene Baum und Feldfrůchte frisch und lange aufzubehalten, wie auch andere Viktualien, zu erkennen ob sie gut sind, und wie selbe aufzubewahren« wird schließlich noch darauf hingewiesen, daß Erdäpfel »am besten in Sandgruben und zwar in hohen Gegenden« gelagert werden sollen. Gleichzeitig wird davor gewarnt, die Erdäpfel »bloß in einem feichten Keller aufzubewahren, weil sie der davon entstehende kalmische Geschmack bald verdåchtig macht«.

Die Familie Mozart lernte Kartoffeln auf ihrer Westeuropareise spätestens in England kennen. Aus Chelsea schreibt Leopold am 13. September 1764 an Lorenz Hagenauer über eine beliebte »zuspeisse«, die zu Lamm oder Roast Beef gegessen werde: »dazu haben sie gesotene *Erdäpfel,* oder *Bohnen,* die werden nicht zugerichtet, sonderen in einem besondern kleinen Geschirre wird zerlassne heisse Butter hingestellt, davon ieder auf die herausgenommenen Erdäpfel oder Bohnen nach belieben schüttet.«

»Wir assen ein paar Stückl Dällerfleisch«

Nachdem Mozart nicht nur für Mailand eine neue Oper schreiben sollte, sondern von Maria Theresia auch den Auftrag erhalten hatte, zu der im Oktober 1771 in Mailand stattfindenden Vermählung ihres Sohnes Ferdinand eine »Serenata teatrale« zu komponieren, reisten Vater und Sohn Mozart am 13. August ein weiteres Mal aus Salzburg Richtung Italien ab. Da der 13. August 1771 ein Mittwoch war, die »Ordinaripost nach Innsbruck, Brixen, Bozen, Trient, ganz Tyrol und Italien« aber montags und freitags abends um 8 Uhr abging, werden die Mozarts wohl wieder mit einem Lohnkutscher unterwegs gewesen sein.

Die Route nach Mailand war jedenfalls dieselbe wie im Dezember 1769 und auch dieses Mal machten die Mozarts in Kaitl Station, wo sie »stehenden Fusses ein paar Stückl *Dällerfleisch* assen und ein maas recht guten *Merzen=biers* dazu tranken«. Während es bei ihrer ersten Einkehr im Gasthaus von Kaitl am 13. Dezember 1769 »eingemachtes Kalbfleisch« gegeben hatte, mußten sie sich nun mit einem »Tellerfleisch«, also einem einfachen Rindfleischgericht mit Suppe und Wurzelwerk, zufriedengeben. Zum Trost wurde dazu aber ein gutes »Merzen=bier«, also ein im März eingebrautes Bier, serviert.

Wenn Leopold schreibt, sie hätten »ein maas« Bier getrunken, wird er damit trotz der Tatsache, daß Kaitl zu Bayern gehörte, wohl die Salzburger Maß gemeint haben. Die Bayerische Maß hatte damals ein Volumen von 1,069 Liter und stand zur Salzburger Maß in folgendem Verhältnis: »Das hiesige Viertel Bier hålt ungefähr 1½ bayrische Maß, so das 60 bayrische Maß, oder ein bayrischer Eimer beynahe 40 Salzb. Vierteln gleich sind.« Entnommen wurde diese keineswegs leicht zu lösende Rechenaufgabe Lorenz

Hübners zweitem Band der »Beschreibung der hochfürstlich=erzbischöflichen Haupt= und Residenzstadt Salzburg und ihrer Gegenden«, wobei der Vollständigkeit halber noch erwähnt sei, daß eine Wiener Maß ein Volumen von 1,415 Liter hatte.

Bei ihrer nächsten Station in Waidring in Tirol, 11 km westlich von Lofer, aßen dann Wolfgang und sein Vater eine Suppe, zu der sie »ein gar nicht übles *St: Johanser=bier*« tranken. Wieder verwendet Leopold den Plural und wieder wissen wir nicht, ob er damit sich und Wolfgang meinte oder ob sein Sohn, der mittlerweile fast 16 Jahre alt war, nach wie vor mit nichtalkoholischen Getränken Vorlieb nehmen mußte.

Über die weiteren im Verlauf ihrer Reise eingenommenen Mahlzeiten schreibt Leopold an seine Frau: »In *St: Johanns* assen wir zu nacht und den 14 speisten wir auf der Post zu *Kundl* und nachts in *Innsprugg.* den 15 mittags in *Steinach,* nachts in *brixen.* den 16 mittags in *Botzen,* nachts in *Trient.*«

Auch auf dieser Reise beschränkte sich Wolfgang in seinen Mitteilungen vornehmlich auf das Fabulieren. Dem oben zitierten Brief seines Vaters fügte er beispielsweise als Nachschrift an seine »allerliebste Schwester« hinzu: »Ich hab nicht mehr als eine halbe stund geschlaffen, dann das schlaffen nach den essen freüet mich nicht. du kanst hoffen, glauben, Meynen, der meynung seyn, in der stäten hofnung verharren, gut befinden, dir einbilden, dir vorstellen, in zuversicht leben daß wir gesund sind, aber gewiß kan ich dir nachricht geben. ich muß eilen. addio.«

Am Mittwoch, den 21. August 1771, trafen die Mozarts dann um 7 Uhr abends in Mailand ein, nachdem sie mit dem Wagen »über die grösten steiner ganz rasend hingerasselt« waren. Zu seinem Ärger mußte Leopold allerdings feststellen, daß das Libretto zu »Ascanio in Alba«, das nach Wien zur Prüfung hatte geschickt werden müssen, noch nicht wieder in Mailand eingetroffen war. Wolfgang schien das aber alles nicht zu stören, sondern er amüsierte sich in der Zwischenzeit über »die prinzessin, die neülich das geschäftige chatherl oder das = = schmeißen hatte«. Er umschrieb damit vornehm die bekannt gewordene Durchfallerkrankung der Prinzessin Maria Beatrice Ricciarda d'Este, die ja möglicherweise mit ihrer bevorstehenden Eheschließung zusammenhing.

Ende August, nachdem das Textbuch aus Wien endlich eingetroffen war, begann Wolfgang umgehend mit der Arbeit an »Ascanio in Alba«, fand aber daneben noch genügend Zeit, seiner Schwester über die vielen guten Früchte zu berichten, die er sich in Mailand schmecken ließ. Am 31. August schreibt er: »Ich hab schon anstat deiner viel gute biern und pferschig und melaunen geessen.«

Ob damals, 1771, in Salzburg Melonen und andere Südfrüchte in Glashäusern gezogen wurden, entzieht sich meiner Kenntnis, zwei Jahrzehnte später war das aber sicher der Fall, da Lorenz Hübner 1796 in seinem Buch »Das Salzburgische flache Land« schreibt: »Nur in Glashåusern gedeihen die sogenannten wålschen Frůchte, Pomeranzen, Mandeln, Feigen. Marillen und Pfirsiche sieht man auch håufig an Wånden. Artischocken und Spargel gedeihen auch im Freyen in guten Mistbetten, die Melonen hinter Glåsern, und die Ananas in Treibhåusern.«

Mitte September 1771 hatte Wolfgang dann »Ascanio in Alba« fertigkomponiert und schien sich in Mailand so wohl zu fühlen, daß er seiner Schwester mitteilte, daß er »keine lust mehr auf salzburg« habe. Mit 130.000 Einwohnern war Mailand fast zehnmal so groß wie Salzburg und bot für Mozart wesentlich bessere Arbeitsbedingungen als seine Geburtsstadt.

Nachdem Leopold eine »erschröck: verstopfung« überwunden hatte und auch Wolfgang nach einem Katarrh wieder hergestellt war, fand am 15. Oktober im Rahmen eines großen Festes die Vermählung zwischen Erzherzog Ferdinand, dem 17-jährigen Sohn Maria Theresias, und der Prinzessin Maria Beatrice Ricciarda von Modena aus dem Hause Este statt. Zwei Tage später kam es dann im Teatro Regio Ducal in Anwesenheit des frisch vermählten Paares zur Uraufführung von »Ascanio in Alba« und Leopold berichtet, daß »die Serenata des Wolfg: die opera von Haße so niedergeschlagen hat, daß ich es nicht beschreiben kann«. Leopold bezog sich damit auf die am Vortag aufgeführte Festoper »Ruggiero« von Johann Adolf Hasse nach einem Text von Pietro Metastasio.

Im Rahmen der Hochzeitsfeierlichkeiten waren Leopold und Wolfgang auch zu einer sogenannten »Cuccagna« eingeladen, in deren Verlauf ein mit Lebensmitteln ausgestatteter Tempel der Plünderung durch die Bevölkerung freigegeben wird. Dabei konnten die Zuschauer das Treiben von eigens errichteten Balkonen beobachten, von denen einer bei der »Cuccagna« am 24. Oktober 1771 einbrach. Über dieses Unglück berichtet Leopold: »Es war eine Cuccagna | : das ist eine Preisgebung vieler Esswaaren und Wein etc: so dir mündlich erklären werde : | folglich waren Balchi an dem Ort aufgemacht, damit die Leute es sehen kunten. ein dergleichen Balco ist eingebrochen, folglich sind über 50 Personen nicht nur schwer beschädigt worden, sondern viele haben sich arm und Beine, andere die Hand, andere den Fuss, andere den Rüggrad, andere ein paar Rippen etc: abgebrochen, löcher in Kopf gefallen, 2 Frauenzimmer sind gleich tod geblieben, und zwar die 2 schwestern des H: de Dominicis, welcher mit dem H: von Troger bey euch war; ein Religiös ist bald darauf gestorben; andre viele sind in der gefahr auch zu sterben.«

Wolfgang, der ebenfalls bei dieser »Cuccagna« anwesend war, erwähnte diesen Vorfall in seiner obligaten Nachschrift an Nannerl mit keinem Wort, sondern teilte ihr lediglich mit, »das in der lotterie 35. 59. 60. 61. 62. heraus komen ist, und also das wen wir die Numern gesezt hätten, gewonnen hätten, weil wir aber gar nicht gelegt haben, weder gewonnen noch verlohren, sondern die leute ausgelacht haben«. Es ist bekannt, daß Glücksspiele auf Mozart eine große Anziehungskraft ausübten und es ist durchaus denkbar, daß er sich nach Beendigung seiner anstrengenden Kompositionstätigkeit in seiner Freizeit mit Lotto und ähnlichen Spielen beschäftigte. Als begeisterter Kartenspieler hielt Mozart in Italien auch Ausschau nach neuen Spielen und einmal konnte er seiner

Schwester die erfreuliche Mitteilung machen, daß er tatsächlich ein neues Spiel entdeckt hatte, welches »Mercante in fiera« hieß, und es mit ihr spielen werde, sobald er nach Hause komme.

In der Zwischenzeit wurde Leopold wieder einmal von »einem starken Revmatismus am ganzen Leib« geplagt, ein Leiden, das ihn bis zum Ende seines Lebens begleiten sollte. Dieses Mal verordnete er sich »puren Hollerblüh=Thée«, der offenbar tatsächlich half, denn bereits ein paar Tage später konnten Leopold und Wolfgang eine Einladung von Graf Karl Joseph Firmian zum Essen annehmen. Bei dieser Gelegenheit bekam Wolfgang als Geschenk für seine Komposition eine mit Diamanten besetzte Uhr, obwohl Leopold Geld lieber gewesen wäre, denn Uhren hatte sein Sohn in den vergangenen Jahren schon mehr als genug bekommen.

Hatten die Mozarts ursprünglich geplant, am 18. November aus Mailand abzureisen, verzögerte sich dieses Vorhaben, weil die Audienz bei Erzherzog Ferdinand auf den 30. November verschoben worden war. Von diesem Empfang erhoffte sich Leopold eine fixe Anstellung für seinen Sohn, ein Ziel, das angesichts der großen Erfolge Wolfgangs durchaus realistisch war.

Freilich konnte Leopold damals nicht ahnen, daß in der Zwischenzeit hinter den Kulissen bereits fleißig gegen Wolfgang intrigiert wurde und Erzherzog Ferdinand ein viel zu großer Zauderer war, um dem Wunsch nach einer Anstellung Mozarts aus freien Stücken nachzukommen. Der Erzherzog gewährte Wolfgang und seinem Vater zwar die gewünschte Audienz, überließ die Entscheidung in dieser Angelegenheit aber seiner Mutter, deren Antwort freilich eindeutig ausfiel.

Am 12. Dezember 1771 schrieb Maria Theresia: »Sie fragen mich, ob Sie den jungen Salzburger in ihre Dienste nehmen sollen. Ich weiß nicht, als was, indem ich glaube, daß Sie keinen Kompositeur oder unnütze Leute brauchen. Wenn es Ihnen aber trotzdem Freude macht, will ich Sie nicht daran hindern. Ich sage nur, Sie sollen sich nicht mit unnützen Leuten belasten und niemals Titel an diese Art von Leuten verleihen, die, einmal in Ihren

Diensten, diese entwerten, wenn sie wie die Bettler in der Welt herumziehen. Überdies hat er eine große Familie.«

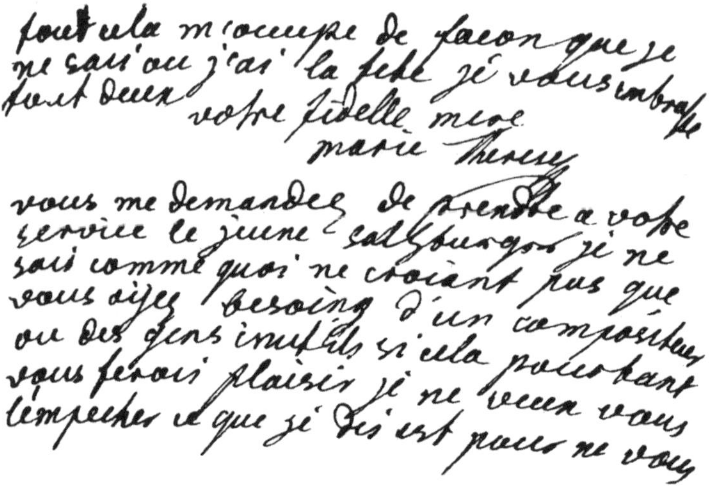
tout cela m'occupe de facon que je
ne sais ou j'ai la tete je vous embrasse
fort deux votre fidelle mere
marie therese

vous me demandez de prendre a votre
service le jeune salzbourgeois je ne
sais comme quoi ne croiant pas que
vous aijez besoing d'un compositeur
ou des gens inutils si cela pourtant
vous ferois plaisir je ne veux vous
l'empecher ce que je dis est pour ne vous

Im Original ist dieser Brief auf französisch geschrieben.

Später ernannte Erzherzog Ferdinand nicht Mozart, sondern den Geiger und Komponisten Wenzel Pichl zu seinem Musikdirektor in Mailand. Aber noch ahnten Vater und Sohn Mozart nichts von dieser Entwicklung und kehrten mit dem Vorsatz nach Salzburg zurück, sobald als möglich wieder nach Italien zu reisen. Dieses Vorhaben sollte zwar ausgeführt werden, allerdings unter anderen Vorzeichen, als von Leopold und Wolfgang geplant.

»Nachts nehmen wir einen Apfel, ein Stück brod und ein gläsl wein«

Einen Tag nach ihrer Ankunft in Salzburg starb Leopolds langjähriger Dienstherr Siegmund Schrattenbach und Wolfgang nutzte die Zeit des Interregnums, um sich geistig auf die nächste Reise nach Italien vorzubereiten. Nach der Wahl von Hieronymus Graf Colloredo zum neuen Fürsterzbischof von Salzburg am 14. März 1772 erwies auch Mozart dem neuen Landesherren seine Ehre und komponierte für ihn die Serenata dramatica »Il sogno di Scipione«, die Anfang Mai in der Residenz uraufgeführt wurde. Noch war Colloredo seinem Bediensteten Wolfgang Mozart wohl gesonnen und verfügte per Dekret vom 21. August 1772, daß dieser für seine Tätigkeit als Konzertmeister nunmehr ein Jahresgehalt von 150 fl. bekommen sollte. Um diesen Betrag hätte sich Wolfgang genau 100 Exemplare der »Violinschule« seines Vaters kaufen können, die 1772 1fl. 30 Kr. kostete. Zur Erinnerung: 1fl. waren 60 Kr.

Am Samstag, den 24. Oktober 1772, brachen dann Vater und Sohn Mozart zu ihrer nunmehr dritten – und letzten – Italienreise auf und nahmen dieselbe Route wie bei den beiden Reisen zuvor. In Bozen schrieb Wolfgang aus »lange Weile« eines von sechs Quartetten, die er während dieser Reise komponierte, und berichtete seiner Schwester: »mich hungert, mich durst, mich schläffert, ich bin faul, ich bin aber gesund.« Im »Sauloch« Bozen betätigte sich Wolfgang aber nicht nur als Komponist, sondern auch als Dichter und schrieb das folgende Sinngedicht »von einen der über botzen fuchs=teüfel wild und harb war«:

soll ich noch komen nach botzen
so schlag ich mich lieber in d'fozen.

Mit »fozen« meinte Mozart den Mund. Nach wie vor sind in Österreich ja Formulierungen wie »Halt deine Fotze« oder »Ich geb dir eine Fotze« gebräuchlich, wobei mit letzterem die Androhung einer »Watsche« oder »Detsche« – auf deutsch Ohrfeige – zum Ausdruck gebracht wird.

Am 4. November 1772 trafen Leopold und Wolfgang Mozart um die Mittagszeit in Mailand ein und bezogen in der Nähe der Familie d'Asti ein Quartier, das ihnen – von den Kopfpölstern einmal abgesehen – durchaus gefiel. Leopold schreibt am 21. November an seine Frau: »Wir haben eine weit bessere Wohnung, als wir sonst hatten, schöner, bequemmer, näher noch am Theater und folglich etwa 50 schritte von der Md^{me}: d'Aste entfernt, die uns ein paar gute Kopfküssen geliehen, da die italiänischen speckschwarden uns zu hart sind.«

Zu diesem Zeitpunkt hatte Wolfgang bereits mit der Arbeit an der Oper »Lucio Silla« begonnen und es machte ihm offensichtlich immer noch Spaß, sich in seinen Mitteilungen an Nannerl als komischen Kerl zu präsentieren. Die Notiz aus »Milano à 2771 novembr: 12 den« (Mailand, den 21. November 1772) beendete er zum Beispiel mit der Formulierung: »wohle leb, und neue mir bald was schreibes. die Teutschland vom Post ist noch nicht angekommen. Oidda. Ich sonst wie bin Mozart Wolfgang.«

Ansonsten ging alles seinen gewohnten Gang, und wie den Briefen zu entnehmen ist, fühlten sich Vater und Sohn in Mailand rundum wohl. Leopold hatte sich von den Unpässlichkeiten in Salzburg weitgehend erholt und klagte nur noch vereinzelt über Kopfweh und Schwindel. »Sonst haben wir guten appetit«, schreibt er am 28. November, »und wenn ich Esse bin ich der gesündeste Mensch. wir Essen aber täglich nur einmahl und zwar nachmittag um 2 uhr. nachts nehmen wir einen Apfel, ein Stück brod und ein gläsl wein.« Worüber er sich allerdings beschwerte, waren die hohen Preise. »Hier ist nichts wohlfeyl, man muß halt darnach leben. Wir müssen für den Kopf über Mittag 36 x^{r} gut gelt bezahlen, folglich 2 Personen 1 f 12 Current.«

Die von Leopold hier angeführten Gulden und Kreuzer hatten in Mailand natürlich keine Gültigkeit, sondern wurden zum besseren Verständnis für seine Frau in die heimische Währung umgerechnet. In Italien gab es im 18. Jahrhundert keine einheitliche Währung, da jedes Territorium seine eigenen Münzen prägte. Nur gute Sorten, wie etwa der Salzburger Taler von Erzbischof Siegmund Schrattenbach oder der Maria-Theresien-Taler, die beide der Konventionsmünze angehörten, waren auch in Italien in Umlauf. In Mailand erhielt Mozart für die Komposition von »Lucio Silla« 130 Gigliati oder 2.112 Lire, was sehr viel Geld war, wenn man bedenkt, daß ein Geiger während einer Karnevalsspielzeit für 55 Aufführungen 400 Lire bekam. Zweieinhalb Jahre zuvor hatten Wolfgang und Leopold für eine einzige Akademie im Hause des Feldmarschalls Pallavicini in Bologna gemeinsam 530 Lire erhalten. Vor diesem Hintergrund klingt das Gejammere Leopolds über die hohen Essenspreise ein bißchen merkwürdig, vor allem, wenn man weiß, daß Wolfgang in Italien bereits sehr hohe Einnahmen erzielt hatte.

Natürlich hatte Leopold während der drei Reisen nach Italien hohe Ausgaben zu bestreiten und die oft wiederholte Warnung »ja wenige, und sehr wenige sind die wissen was Reisen kostet«, hatte gewiß ihre Berechtigung, aber bei der Endabrechnung überstiegen die Einnahmen die Ausgaben bei weitem.

Acht Tage vor der Premiere von »Lucio Silla« am 26. Dezember komponierte Mozart noch rasch vier Arien für den verspätet eingetroffenen Sänger der Titelpartie, Bassano Morgnoni. In der Woche vor der Uraufführung leitete Mozart nicht nur die Proben, sondern hatte auch noch genügend Zeit, bei drei Konzerten im Hause des Grafen Firmian mitzuwirken und zahlreiche Einladungen anzunehmen.

Am Tag der Uraufführung speiste man zu Mittag im Hause der Marianne d'Asti von Asteburg und Leopold und Wolfgang waren guter Dinge, zumal die Prima Donna, Anna Lucia de Amicis, mit Mozarts Arbeit mehr als zufrieden war. Entsprechend enthusiastisch fiel auch Leopolds Vorbericht an seine Frau aus: »die de Amicis ist unsere beste freundin, singt und agiert wie ein Engl, und ist in ihrer Vergnügenheit, weil der Wolfg: sie unvergleichlich bedient hat.«

Die Uraufführung von »Lucio Silla« im Teatro Regio Ducal verlief dann allerdings nicht so, wie es sich Wolfgang und Leopold erhofft hatten. Zunächst einmal mußte der Beginn der Vorstellung um zwei Stunden verschoben werden, weil der Erzherzog an diesem Tag zu spät aufgestanden war und seine Amtsgeschäfte nicht rechtzeitig beendet hatte. Nachdem er und seine Gattin dann endlich um 20 Uhr eingetroffen waren, konnte zwar mit der Aufführung begonnen werden, allerdings stellte sich heraus, daß der Tenor der Größe des Theaters nicht gewachsen war und in seiner Nervosität seine Aktionen maßlos übertrieb. Leopold schreibt, daß es gleich zu Beginn der Oper schiene, »als wollte er der prima donna Ohrfeigen geben, und ihr die Nase mit der faust wegstossen«. Das Publikum reagierte mit Gelächter und da die de Amicis »anfangs nicht wuste wer ausgelacht wurde sang sie den ganzen ersten Abend nicht gut«.

Wie sich im weiteren Verlauf allerdings herausstellte, konnte die verpatzte Premiere den Erfolg der Oper nicht schmälern und trotz der Tatsache, daß die Aufführung samt obligater Balletteinlagen sechs Stunden dauerte, waren alle Folgeaufführungen ausverkauft.

Zu diesem Zeitpunkt hatte Leopold wegen einer Anstellung seines Sohnes bereits mit Erzherzog Leopold von Toskana Kontakt aufgenommen, nachdem klar geworden war, daß seine Bemühungen in Mailand keinen Erfolg haben würden. Allerdings schien Mozarts Vater auch vom neuen Plan nicht wirklich überzeugt zu sein, da er am 16. Januar 1773 – in Geheimschrift – an seine Frau schrieb: »wegen dem bewusten ist wenig hoffnung gott wird uns helffen.« Leopold wiederholte aber seine Absicht, für seinen Sohn außerhalb Salzburgs eine Anstellung zu finden, denn »mich reuet ein ieder Kreuzer, den wir in Salzburg ausgeben«.

Wolfgang hingegen gefiel sich weiterhin in der Rolle des komischen Kauzes und kündigte Nannerl die Aufführung einer seiner schönsten Kompositionen, der Motette »Exsultate, jubilate« (KV 165/158 a), die er für den Kastraten Venanzio Rauzzini komponiert hatte, mit den Worten an: »Ich vor habe den primo eine homo motteten machen welche müssen morgen bey Theatinern den producirt wird. seyet auf wohl ich eüch bitte. lebe wohl. addio.

mir leid ich neües meine an gutte und lebe meinen
an mama küsse ist das nichts weiß, Empfelung alle freünde
freundinen. wohl. handkus die ich dich zu und wie dein bruder
Tausenmahl bleibe allzeit getreüer Meyland.«

Die Leerstellen stehen so im Original und die Aufführung der erwähnten Motette fand am 17. Januar 1773 in der Theatinerkirche in Mailand statt.

Noch wollte Leopold seine Hoffnung auf eine Anstellung seines Sohnes in Florenz nicht ganz aufgeben und täuschte aus diesem Grund eine Erkrankung vor, um nicht sofort nach Salzburg zurückkehren zu müssen. Leopold war ja, wie sein Sohn, Mitglied der Salzburger Hofmusik und in dieser Funktion dem Obersthofmeister direkt unterstellt, der seinerseits dem Fürsterzbischof Rechenschaft schuldig war, der offenbar auf die Rückkehr seiner beiden Musiker drängte. Zur gleichen Zeit setzte sich auch Graf Firmian in Florenz noch einmal für Wolfgang ein, allerdings ohne Erfolg. Der Obersthofmeister in Salzburg war übrigens Graf Firmians Bruder, Franz Lactanz Firmian, der diese Funktion von 1732 bis zu seinem Tod 1786 ausübte.

Jetzt, wo die Mozarts in Mailand nichts mehr zu tun hatten, wurde Leopold tatsächlich krank und fühlte sich aufgrund seiner rheumatischen Beschwerden nicht einmal mehr in der Lage, an den Obersthofmeister eine »gescheide oder vernünftige zeile« wegen ihrer verspäteten Abreise zu schreiben. Seiner Frau teilte er am 13. Februar mit: »diejenigen die sich etwa in Salzb: einbilden, daß wir aus vergnügen länger hier verbleiben, die irren sich sehr, denn wir haben den grösten verdruß, daß wir unsere Masquern, die wir in Salzb: vorzustellen uns ausgedacht, nicht producieren können. bey meinem Revmatismo hätte ich den krummen teufel am natürlichsten vorstellen können.«

Mit dem »krummen teufel« spielte Leopold auf das gleichnamige Singspiel Joseph Haydns an.

Anfang März war es dann aber so weit und Wolfgang und sein Vater packten ihre Koffer, um Mailand endgültig zu verlassen. Leopold hatte resigniert und schrieb an seine Frau: »wegen der bewusten Sache ist gar nichts zu machen. mündlich werde dir alles sagen. Gott wird was anderes mit uns vorhaben.« Der Schluß seines letzten Briefes aus Italien lautet: »du kannst dir meine verwirrung nicht vorstellen in der ich wegen unserer Abreise, mich befinde; es kommt mir schwer Italien zu verlassen.«

Am 13. März 1773 trafen Leopold und Wolfgang Mozart schließlich in Salzburg ein und keiner von ihnen sollte Italien je wiedersehen.

»In der gnigl vögel gegessen«

Aus der Korrespondenz der Familie Mozart wissen wir, daß in den verschiedenen Wohnungen ihrer jeweiligen Mitglieder mehr als 20 Jahre lang Vögel als Haustiere gehalten wurden. Dabei handelte es sich sowohl um Kanarienvögel als auch um heimische Singvögel. Mozarts Briefe aus Italien lassen darauf schließen, daß es in der Wohnung in der Getreidegasse zunächst einmal einen Kanarienvogel gab. So bittet er am 19. Mai 1770 seine Schwester, ihm zu schreiben, »wie es den H: Canari geht«. In diesem Brief aus Neapel fragt er an anderer Stelle: »singt er noch? pfeift er noch? weist du warum ich auf den Canari dencke? weil in unsern vorzimmer einer ist, welcher ein gseis macht wie unsrer.«

Zweieinhalb Jahr später erwähnt Mozart in einem Brief aus Mailand neuerlich einen Kanarienvogel, wobei es sich vermutlich um dasselbe wie zuvor erwähnte Exemplar gehandelt haben wird. An Nannerl schreibt er: »meine Empfehlung an unser schöne Nandl, und an den Canari Vogel, dan diese zwey und du sind die unschuldigsten in unserm hause.«

Mit »Nandl« ist eine nicht näher bekannte Dienstmagd der Familie Mozart in ihrer Wohnung in der Getreidegasse gemeint.

Mit ihrer Vorliebe für Kanarienvögel lagen die Mozarts ganz im Trend der Zeit, war es doch im Barock nicht zuletzt aufgrund der Einflüsse Chinas und der Chinoiserien modern geworden, zu Hause exotische Vögel zu halten. Diese Modeerscheinung konstatierte auch Johann Kaspar Riesbeck, der in seinem Reisebuch dazu anmerkt: »Viele Hofdamen kennen außer dem Bette keine andere Beschäftigung, als mit ihren Papageien, Hunden und Katzen zu spielen.«

Irgendwann nach 1772 muß sich die Familie neben dem Kanarienvogel auch heimische Singvögel angeschafft haben, denn Anfang 1775 fragt Nannerl in einem Brief aus München ihre Mutter: »à propos lebet der canari, die maisen, und der Rothkropf noch, oder haben sie die vögeln verhungern lassen.«

Beim »Rothkropf« handelt es sich um ein Rotkehlchen, das im Salzkammergut noch heute als »Rotkröpfl« bezeichnet wird.

Der Rotkropf taucht auch in der 11. Strophe des von Ludwig Uhland gesammelten Volksliedes »Vogelhochzeit« auf:

Der Stieglitz mit seinem Witz,
der wollt die Braut ansingen;
der Rotkropf mit seinem Kopf,
der wär auch gerne drinnen.

Daß nicht nur Wolfgang und Nannerl eine enge Beziehung zu ihren Vögeln hatten, sondern auch Mozarts Mutter, geht aus einigen ihrer Briefe hervor. So schreibt sie am 29. September 1777 aus München an ihren Mann: »die thresel lasse ich auch schön griessen, sie soll ihr die Zeit nicht lang werden lassen bis ich wider komme, und den bimpes fleisig brunzen führen. die Vögerl las ich auch griessen.«

»Bimpes« ist die Foxterrierhündin »Pimperl«, die uns in der Korrespondenz der Familie Mozart bis zum Spätsommer 1784 unter den Namen »Miß Pimsess«, »Pimmperl«, »miss pimpes«, »Bimperl«, »bimbel« und »Pimpes« immer wieder begegnet.

Am 14. Mai 1778 schickte Mozarts Mutter »dem bimbel« aus Paris »ein busserl« und fragt: »lebt die grasmucken noch?« Das heißt also, daß die Familie neben Kanarienvögeln, Maisen und Rotkehlchen auch eine Grasmücke im Käfig hielt. Grasmücken sind besonders beliebt, weil sie gute Sänger sind.

Die Anschaffung der Vögel dürfte für die Mozarts nicht allzu schwierig gewesen sein. Heimische Singvögel konnte man bei Vogelfängern erwerben, deren Gewerbe »unter Aufsicht der Polizey« stand, wie wir Lorenz Hübners »Beschreibung der hochfuͤrstlich=erzbischoͤflichen Haupt= und Residenzstadt Salzburg« entnehmen, und Kanarienvögel kaufte man bei Händlern, die diese Vögel aus Italien importierten. In Mitteleuropa wurde ja bereits seit Beginn des 16. Jahrhunderts ein schwungvoller Handel mit Kanarienvögeln betrieben. Darüberhinaus wurden Kanarienvögel auch im gesamten Erzbistum Salzburg aufgezogen und gezüchtet.

Als Mozart in Wien lebte, schaffte er sich spätestens am 27. Mai 1784 einen Vogel an, da er an diesem Tag in sein Ausgabenbuch notierte: »Vogel Stahrl 34 Kr.« Dieser Star scheint sehr musikalisch gewesen zu sein, denn aus einem weiteren Eintrag Mozarts geht hervor, daß der Vogel das Rondo-Thema des 3. Satzes aus dem Klavierkonzert (KV 453) pfeifen konnte. Daß der Star diese Fähigkeit besaß, ist durchaus glaubhaft, zumal Stare nicht nur ein breites musikalisches Repertoire beherrschen, sondern auch dafür bekannt sind, daß sie Umweltgeräusche meisterhaft imitieren können. Möglicherweise wurde Mozart von diesem Vogel auch dazu inspiriert, in seinem im Februar 1786 entstandenen Singspiel »Der Schauspieldirektor« einer »Madame« und einem »Herrn« die Namen »Vogelsang« zu geben.

Als der Star Anfang Juni 1787 starb, widmete ihm Mozart sogar einen Nachruf, was insofern sonderbar anmutet, als wenige Tage zuvor sein Vater gestorben war, über dessen Tod er nicht ein einziges Wort der Trauer verlor. An dem Tag, an dem ihm die Mitteilung vom Tod seines Vaters überbracht wurde, schrieb er lediglich in einem Postskriptum an seinen Freund Gottfried von Jacquin: »Ich benachrichtige sie daß ich heute als ich nach haus kamm die traurige Nachricht von dem Tode meines besten Vaters bekam. – Sie können sich meine Lage vorstellen!«

Unnmittelbar danach ließ er seine Schwester in St. Gilgen wissen, daß er »unmöglich Wienn verlassen« könne, zumal »die Verlassenschaft unseres Seeligen Vatters es kaum der Mühe werth seyn würde«.

Liest man das Gedicht auf den toten Star mit dem Wissen um Mozarts gespanntes Verhältnis zu seinem Vater, wäre es durchaus möglich, daß mit dem Star auch Leopold Mozart gemeint gewesen sein könnte.

Hier ruht ein lieber Narr,
Ein Vogel Staar.
Noch in den besten Jahren
Mußt er erfahren
Des Todes bittern Schmerz.
Mir blu't das Herz,
Wenn ich daran gedenke.
O Leser! schenke
Auch du ein Thränchen ihm.
Er war nicht schlimm;
Nur war er etwas munter,
doch auch mitunter
Ein lieber loser Schalk,
Und drum kein Dalk.

Ich wett, er ist schon oben,
Um mich zu loben
Für diesen Freundschaftsdienst
Ohne Gewinnst.
Denn wie er unvermuthet
Sich hat verblutet,
Dacht er nicht an den Mann,
Der so schön reimen kann.
Den 4ten Juni 1787. Mozart.

Leopold Mozart ist allerdings nicht »verblutet«, sondern starb »an der Auszehr«, wie das »Salzburger Intelligenzblatt« am 2. Juni 1787 berichtete.

Zum Charakter von Mozarts Gedicht paßt auch jenes Werk, das er unmittelbar nach dem Tod seines Vaters komponierte und das er am 14. Juni 1787 unter dem Titel »Ein Musikalischer Spass« (KV 522) in sein »Verzeichnüss« eintrug. Dieses Stück, auch bekannt als »Dorfmusikanten-Sextett«, kann nämlich auch als musikalische Abrechnung mit seinem Vater gedeutet werden, zumal sich Mozart hier über »einen komponierenden Stümper« lustig macht, »dessen Ehrgeiz auf Herstellung einer Sinfonie geht«, wie im Köchel-Verzeichnis dazu angemerkt wird.

Nach dem Tod des Stares schaffte sich Mozart irgendwann einen Kanarienvogel an, den er sehr gerne gehabt haben muß, denn fünf Monate vor seinem Tod bedauerte er in einem Brief an seine in Baden bei Wien weilende Frau, daß er bei seinem anstehenden Besuch »weder das Klavier noch den Vogel mitnehmen« könne. Daß Mozart am 29. Januar 1791 seinem Trio den Titel »Der Kanarienvogel« gab, hing sicherlich auch mit seiner Zuneigung zu diesem Tier zusammen.

Einem Bericht von Mozarts Schwägerin Sophie Haibel zufolge, soll sich dieser Kanarienvogel bis zuletzt in Mozarts Umgebung befunden haben, wobei diese Erinnerungen erst 34 Jahre nach Mozarts Tod niedergeschrieben wurden. In Georg Nikolaus Nissens

Mozart-Biographie wird Sophie Haibel mit folgenden Worten zitiert: »Selbst in seiner schweren Krankheit sey er nie ungeduldig geworden, und zuletzt sey sein feines Gehör und Gefühl nur noch gegen den Gesang seines Lieblings, eines Kanarienvogels, der sogar aus seinem Nebenzimmer entfernt werden musste, weil er ihn zu stark angriff, empfindlich gewesen.«

In der unter amtlicher Aufsicht erstellten »Sperrs-Relation« vom Dezember 1791 wird merkwürdigerweise der Vogelkäfig nicht erwähnt, obwohl darin das Inventar von Mozarts Wohnung detailliert aufgelistet ist und sogar »1 messinges Merserl« und »1 blechener Theekanl« angeführt werden. Möglich wäre freilich, daß sich der Kanarienvogel zum Zeitpunkt der Aufnahme dieser Gegenstände in die »Sperrs-Relation« nicht mehr in der Wohnung befand und sich jemand anderer um den Vogel kümmerte.

Wie oft Mozart Vögel gegessen hat, wissen wir nicht, sehr wohl wissen wir aber, daß er zumindest einmal auf Vogeljagd gegangen ist. Und zwar am Dienstag, den 9. September 1783, als er sich gemeinsam mit seiner Frau in Salzburg aufhielt. An diesem Tag notierte Nannerl in ihr Tagebuch: »mein bruder und seine frau in münchberg einen vogl geschossen.« Mit »münchberg« ist der Mönchsberg gemeint, der zur Mozartzeit nicht nur ein beliebtes Ausflugsziel war, sondern wo auch Jagd auf Vögel und Kleinwild gemacht wurde. Über den Mönchsberg heißt es bei Lorenz Hübner: »Es sind da nicht nur die angenehmsten Spaziergånge durch kleine Wålder, Haine, Thåler, Auen, und Gebůsche; sondern das Auge hat nach allen Seiten die unvergleichlichsten Ruhepuncte.«

Unklar ist, womit Mozart auf Vogeljagd gegangen ist, da die Windbüchse, mit der er zu Hause auf die Bölzlscheiben geschossen hat, für die Jagd ungeeignet war. Wahrscheinlich wird ihm sein Vater das Jagdgewehr geliehen haben, mit dem er selbst auf Vogel- und Wildentenjagd ging.

Wie wir einem Brief Leopold Mozarts an seinen Sohn entnehmen können, wurden auf dem Mönchsberg aber nicht nur

Vögel geschossen, sondern auch gefangen. Am 1. November 1777 schreibt er in diesem Zusammenhang an Wolfgang nach Mannheim: »Giuseppe Ferlendis lief letzlich auf dem Münnichberg wohin er vöglfangen gehet, einem vogl nach, der ihm entwischen wollte, fiel über eine Wurze mit der Brust so heftig auf einen Stock, daß er lang muste liegen bleiben, bis er recht athmen und aufstehen konnte, er muste Aderlassen, und Öhl trincken, und konnte lange nicht blasen.«

Der aus Bergamo stammende Giuseppe Ferlendis war Oboist und Mitglied der Salzburger Hofkapelle, also ein Arbeitskollege Leopold Mozarts.

Welche Art von Vögel auf dem Mönchsberg gejagt wurden, ist nicht bekannt, allerdings zeigt uns ein Blick in Conrad Haggers »Saltzburgisches Koch=Buch«, daß man in der Barockzeit auch Vögel küchenmäßig verarbeitete, deren Verzehr heute, zumindest in unseren Breiten, weitgehend tabu ist. Im 3. Teil des 2. Buches, das »von allerhand einheimisch Wild=Geflůgel / wie selbiges gebutzt / und in allweg verkocht werden kann« handelt, wird das 7. Kapitel wie folgt eingeleitet:

»Von dem Feder=Wildprât / als Adler / Strauß / Trapp / Auerhahnen / mit seinen Pram=Hennen / Fasan / Hasel und RebHůnlein / Schnepffen / Nußhâher / Baumhâckel / und Grůn=Spechten / Cronabet=Vôgel / Droschel / Ambsel / Wachtel / Lerchen / Finkken / Kern=Beisser / mit allen kleinen Vôgeln insgesammt / bestehend in 66. Verânderungen der Speisen.« In diesem Kapitel findet man übrigens auch ein Rezept für »Adler in gelber Brůhe einzumachen / wann er auf der Brust zerschossen«.

Da Vögel üblicherweise nur in der Zeit von Oktober bis Januar oder Februar gejagt wurden, hat man Konservierungsmethoden entwickelt, die zumindest eine begrenzte Haltbarkeit dieser Tiere ermöglichten. Unter der Überschrift »Vôgel zu bewahren« heißt es dazu im »Wienerischen bewâhrten Kochbuch«:

»Sie werden wie gewôhnlich, sauber gebutzt, und die Gedârme herausgezogen, und an deren statt Wachholderbeeren und etwas gesalzenen Speck hinein gesteckt. Es mŭssen aber selbige recht frisch und erst gefangen worden seyn, alsdann kannst sie bratten, aber nur so viel, daß sie recht durchaus heiß werden, auch salzen, wie sonst, lasse sie wieder kalt werden, und lege es in einen steinernen Hafen auf den Boden streue aber Salz und Wachholderbeeren, auch etwas von den Beeren zwischen die Vŏgel, hierauf laß Butter zergehen, schŭtte selben auf die Vŏgel, decke sie gut zu. Wenn du sie wohl in acht nimmst, bleiben sie lange Zeit gut. Einige haben auch im Brauch, daß sie die Vŏgel anstatt den Butter mit Salz bestreuen, auch wohl Wein darauf giessen, und sie mit Steinen beschweren.«

Dieses Rezept galt natürlich nur für Kleinvögel wie etwa Drosseln und es ist anzunehmen, daß es sich bei den auf dem Mönchsberg gejagten Vögeln um solche Arten gehandelt haben wird, zumal deren Fleisch gerade durch die im Herbst bevorzugte Nahrung einen besonders würzigen Geschmack annimmt. Für diese Überlegung spricht auch, daß etwa die Wacholderdrossel in großen Mengen vorkam und aufgrund ihrer Größe zu den wenigen heimischen Singvögeln zählte, deren Bejagung sich im Hinblick auf ihre Verwertung in der Küche einigermaßen auszahlte. Und vielleicht haben Leopold und Nannerl Mozart am 27. Oktober 1783, dem Tag von Wolfgangs und Constanzes Abreise aus Salzburg, ja solche Vögel gegessen; an diesem Tag notierte Nannerl nämlich in ihr Tagebuch: »um halb 10 uhr mein bruder und schwagerin fortgereist. nachmittag papa ich, gretl, henry in der gnigl vögel gegessen.«

Mit »gretl« und »henry« sind die Geschwister Margarete und Heinrich Marchand gemeint, die bei Leopold und Nannerl im Tanzmeisterhaus wohnten und von ihnen Gesangs- und Klavierunterricht erhielten.

Sinnigerweise erwähnte Mozart einige Tage später in einem Brief an seinen Vater, daß er und Constanze in »Vögelbruck«, also Vöcklabruck, übernachtet hätten, womit er nicht nur auf seine mit Vögeln zusammenhängenden Aktivitäten in Salzburg angespielt haben dürfte, sondern auch auf seine nächtliche Beschäftigung mit seiner Frau.

Mozarts großes Interesse an Vögeln war sicherlich einer der Gründe, weshalb der Papageno in der »Zauberflöte« eine so wichtige Rolle spielt. Papageno ist die »lustige Figur«, die neben ihrer Naturverbundenheit ihre Verwandtschaft mit dem Hanswurst vor allem dort nicht leugnen kann, wo es ums Essen und Trinken geht. Bereits bei seiner ersten Begegnung mit dem weltfremden Prinzen Tamino erläutert Papageno mit entwaffnender Naivität sein Lebensprinzip.

Tamino:
Aber wie lebst du?

Papageno:
Von Essen und Trinken wie alle Menschen.

Tamino:
Wodurch erhältst du das?

Papageno:
Durch Tausch. – Ich fange für die sternflammende Königin und ihre Jungfrauen verschiedene Vögel; dafür erhalt' ich täglich Speis' und Trank von ihr.

Und wenig später, nach dem Auftritt der drei Damen, antwortet Papageno auf Taminos Frage, wer diese Damen seien:

Papageno:
Wer sie eigentlich sind, weiß ich selbst nicht. Ich weiß nur so viel, daß sie mir täglich meine Vögel abnehmen und mir dafür Wein, Zuckerbrot und süße Feigen bringen.
Papageno deutet damit bereits an, daß ihm gutes Essen und

Trinken wichtiger sind als Erkenntnisgewinn, und entsprechend entsetzt ist er, als ihm die drei Damen mitteilen, daß er aufgrund seiner Lügen ab sofort statt Wein Wasser und statt Zuckerbrot Steine bekomme. Die Vorstellung, Steine fressen zu müssen, ist für ihn schlimmer als Prinzipientreue, und so schließt er sich im Verlauf der Oper stets jenen Gruppierungen an, von denen er sich einen gut gedeckten Tisch erwarten kann. Woher das Essen kommt, ist Papageno gleichgültig, weshalb er sich im Reich der Königin der Nacht ebenso zu Hause fühlt wie in den heiligen Hallen Sarastros. Während sich im 2. Aufzug Tamino den verschiedenen Mutproben unterziehen muß, interessiert sich Papageno in erster Linie für den reich gedeckten Tisch, den die drei Knaben in ihrem Flugwerk auf die Bühne bringen. Der Höflichkeit halber fragt er seinen Begleiter zwar, ob er mit dem Essen auf ihn warten solle, beginnt aber mit der Mahlzeit, nachdem der Prinz keine Antwort gibt und auf seiner Flöte nur Trübsal bläst.

> *Papageno:*
> Blase du nur fort auf deiner Flöte, ich will meine Brocken blasen. Herr Sarastro führt eine gute Küche. Auf diese Art, ja, da will ich schon schweigen, wenn ich immer solche gute Bissen bekomme. Nun, ich will sehen, ob auch der Keller so gut bestellt ist. *(Er trinkt.)* Ha! Das ist Götterwein.

Kurz darauf bringt Papageno einen Toast auf Sarastros Koch und Kellermeister aus und kann partout nicht verstehen, weshalb der schweigsame Tamino gerade jetzt zum Aufbruch drängt.

> *Papageno:*
> Geh' du nur voraus, ich komme schon nach. *(Tamino geht fort.)* Jetzt will ich mir's erst recht wohl sein lassen. Da ich bei meinem besten Appetit bin, soll ich gehen?

Papageno ist in einem Maße auf das Essen und Trinken fixiert, daß er sogar bereit ist, eine häßliche Alte zur Frau zu nehmen, wenn er als Gegenleistung dafür mit entsprechend guten Speisen und Getränken versorgt wird. Da es sich bei der »Zauberflöte« aber – auch – um eine Märchenoper handelt, findet Papageno am Ende natürlich eine junge Papagena und alles löst sich, zumindest vordergründig, in Wohlgefallen auf.

Der Hanswurst in der Person Papagenos überstand also wieder einmal bravourös alle Gefahren, und wenn er nicht gestorben ist, sitzt er immer noch mit seiner Frau und seinen »lieben kleinen Kinderlein« bei Braten und Wein am Küchentisch und hofft inständig, daß ihn das Schicksal verschonen möge.

»Etwas von einen kalbsfus in einer schmuzigen brihe«

In den 931 Tagen, die Mozart vom 7. März 1775 bis 23. September 1777 in Salzburg verbrachte, wurde er mit seiner Lebenssituation immer unzufriedener. Den einzigen Ausweg aus seiner Misere sah der 22-Jährige in der Kündigung seiner Stellung bei Hof, und am 1. August 1777 bat er seinen Dienstgeber Fürsterzbischof Hieronymus Colloredo tatsächlich »unterthänigst um Dienstentlassung«. Colloredo akzeptierte das Gesuch und in den Morgenstunden des 22. September verließ Mozart in Begleitung seiner Mutter Salzburg mit dem Fernziel Paris.

Während Sohn und Mutter in ihrer Chaise unterwegs waren, saß Nannerl zu Hause und weinte. In ihr Tagebuch notierte sie: »Den Tag Ihrer abreiße war ich die meiste Zeit im Bett, habe mich gebrochen, und auserordentlichen Kopfweh.« Ein paar Tage später ergänzte Vater Leopold in einem Brief an Frau und Sohn: »Die Nannerl weinte ganz erstaunlich und ich mußte mir alle Mühe geben sie zu trösten. Sie klagte Kopfwehe, und grausen im Magen, endlich kam ihr ein Erbrechen und sie spieb dapfer, band ihr den kopf ein, legte sich ins beth und ließ die fenster Läden zu machen, der betrübte Pimpes lag zu ihr.«

Vorsichtig begann Leopold Mozart, seinen Sohn aus der Ferne zu instruieren und erinnerte ihn zum Beispiel daran, daß »die *Salzb: halbbatzen* weiterhin und auch schon in München nichts mehr nutz seyn werden«. Münzprobleme schienen Wolfgang freilich nicht wirklich zu interessieren, da für ihn zunächst einmal wichtig war, die neugewonnene Freiheit in vollen Zügen zu genießen. An seinen Vater schreibt er: »Ich bin immer in meinen schönsten Humor. mir ist so feder leicht ums herz seit dem ich von dieser Chicane weg bin! – – ich bin auch schon fetter.« Die

Mutter ließ sich offenbar von dieser heiteren Stimmung anstekken und bat ihren Mann, er möge sich »alle verdrüsslichkeiten aus den Sinn« schlagen, zumal es ihnen sehr gut gehe. Zur Beruhigung fügte sie hinzu: »wür führen ein charmantes leben, früh auf spath ins beth, den ganzen dag haben wür visiten, leben wie die fürsten Kinder, bis uns holt der schinder.

adio ben mio leb gesund, Reck den arsch zum mund. ich winsch eine guete nacht, scheis ins beth das Kracht, es ist schon über oas iezt kanst selber Reimen.

sch

Maria Anna Mozartin.«

Das Reimwort lautet »Schoas«, also Furz.

Leopold Mozart muß dieser Brief bereits ein erstes Unbehagen bereitet haben, denn schließlich handelte es sich bei diesem Unternehmen um eine Dienstreise und keine Vergnügungsfahrt ins Blaue. Aus diesem Grund sah sich der Vater von Beginn an veranlaßt, seinem Sohn konkrete Direktiven mit auf den Weg zu geben: »Nur bitte ich dich mein lieber Wolfgang keinen Exceß zu machen«, schreibt er am 28. September, »du bist an die gute Ordnung von Jugend auf gewohnt, und dich vor hizigem Gedränk zu hütten, dann du weist, daß du gleich erhitzet bist, und die Kälte dir lieber als die Wärme ist; Ein klarer Beweise, *daß dein Geblüth zur Hitze geneigt gleich in Wallung kommt.* Die starken Weine, und vieles Weintrincken ist dir also schädlich.« Um Wolfgang an seine Rolle als gehorsamen Sohn zu erinnern, ergänzte er: »Stelle dir nun vor, in was unglük und Betrübniß du deine liebe Mutter in einem weit entfernten Lande setzen könntest. Von mir will ich nicht einmahl eine Meldung machen.«

Mozart, der sich in München zwecks Sondierung des Terrains aufhielt, versuchte die Sorgen seines Vater zu zerstreuen und berichtete – ganz der brave Sohn – nicht nur ausführlich über seine Vorstellungsgespräche bei diversen Adeligen, sondern auch über seine gesunde Lebensführung: »für das essen dürfte ich mich nicht sorgen; dan ich wäre immer eingeladen, und wäre ich nicht eingeladen, so machte sich Albert eine freüde mich bey sich zu tisch zu haben. ich is wenig, trinck wasser, auf die lezt zur frucht ein klein glas wein.«

Mit »Albert« ist Franz Joseph Albert, der Wirt des Gasthofs »Zum schwarzen Adler« gemeint, wo Mozart und seine Mutter logierten.

Leopold Mozart gab in seinen Briefen aber nicht nur Anweisungen und Ratschläge, sondern hielt seine Frau auch über die Entwicklung im Tanzmeisterhaus auf dem laufenden, vor allem, was Nannerls neue Rolle beim Führen des Haushalts betraf. Am 6. Oktober heißt es dazu in einem Brief: »der Magd der Tresel thut es verflucht spannisch vorkommen, daß die Nannerl in der Küche immer nachsieht, und sie über die unsauberkeit alle tage ganz erschröcklich herunterbutzt. Sie laßt ihr nicht das mindeste hingehen. und wenn sie eine Lüge sagt, so sagt ihr die Nannerl den Augenblick, daß sie eine Unwahrheit gesagt habe. kurz! die tresel macht erstaunlich große Augen, denn es wird ihr rund alles in bart hineingesagt; und doch ist sie gleich darauf wieder ganz gelassen.« Drei Wochen später konnte er seiner Frau neuerlich die Mitteilung machen, daß Nannerl mit ihrer neuen Aufgabe hervorragend zurechtkomme: »Ich muß dir sagen, daß die Nannerl im Hauswesen in allem erstaunlich fleisig, arbeitsamm und aufmerksamm auf alles ist.«

Nachdem Mozarts Bemühungen um Aufträge im Sande verlaufen waren und die Adeligen in München hauptsächlich »die Achseln schupften«, wurden am 10. Oktober die Koffer gepackt. »Ich bin mit dem einpacken beschäfftiget welches mir ville miehe macht«, klagt Mozarts Mutter, »dan ich bin ganz allein darzue, der wolfgang kan mir nicht in mündigsten helfen. (...) und ich schwize das mir das wasser über das gsicht lauft for lauter bemüehung mit den einpacken, holle der Plunder das Reisen, ich meyne ich mus die füasse ins Maul schiebn vor müedigkeit.«

Mitteilungen dieser Art ließen bei Leopold die ersten Alarmglocken läuten, bestätigten sie doch seinen Verdacht, daß es

Wolfgang bei diesem Unternehmen an Ernsthaftigkeit ermangeln ließ und sich lieber herumtrieb, statt seiner Mutter beim Packen zu helfen. Außerdem wußte er, daß in der Residenzstadt München zu viele Gefahren lauerten, denen sein Sohn ohne väterlichen Schutz möglicherweise hilflos ausgesetzt war. Etwa zur gleichen Zeit, als sich Mozart in München aufhielt, besuchte auch der Reiseschriftsteller Johann Kaspar Riesbeck die Stadt und schrieb über »den Charakter der Münchner«: »Ihre Sitten sind so verdorben, als sie es in einem Gewirre von 40.000 Menschen sein müssen, die bloß vom Hofe leben und größtenteils auf Kosten desselben müßig gehn. (...) Die meisten Häuser wissen von gar keiner andern Verwendung ihres Geldes und von keinem andern Vergnügen, als welches Tisch, Keller, Spieltisch und Bette gewähren. Das Spiel hat schon viele gute Häuser hier zugrunde gerichtet.«

Aber Riesbeck hatte nicht nur über den Adel wenig Gutes zu berichten, auch sein Urteil über den »seligen Müßiggang der fetten Mönche« fiel nicht besonders schmeichelhaft aus. In seinen »Briefen eines reisenden Franzosen über Deutschland« lesen wir: »Alles begrüßt sich mit Schimpfnamen, alles wetteifert in Saufen, und überall steht neben der Kirche eine Schenke und ein Bordell. (...) Da wühlt ein Pfaff mit der Hand in einem schönen Busen, der zur Hälfte mit des Mädchens Schultertuch bedeckt ist. Dort sitzt ein schönes Kind und hält in der einen Hand den Rosenkranz und in der andern einen Priap«, womit Riesbeck auf den erigierten Penis des Fruchtbarkeitsgottes Priapos anspielt.

Mozart versuchte in seinen Briefen an den Vater natürlich weiterhin den Eindruck zu erwecken, als würde er den ganzen Tag nichts anderes tun, als Kontakte zu knüpfen. Unmittelbar nach seiner Ankunft in Augsburg berichtete er zum Beispiel über ein Treffen mit dem berühmten Klavierbauer Johann Andreas Stein: »Er führte mich hernach gleich in ein Cofféhaus, wo ich, wie ich hinein trat, glaubte, ich müste wieder zurückfallen, für gestanck und Rauch vom taback. ich muste halt in gottes Namen eine stunde aushalten. ich ließ mir auch alles gefallen; obwohlen ich in der türkey zu seyn glaubte.«

Der Vater erinnerte in dieser Phase seinen Sohn immer wieder mit Nachdruck daran, sein Ziel ja nicht aus den Augen zu verlieren, das da lautete: »Aufs *Geld einnehmen* muß alle Bemühung gehen, und aller Bedacht *aufs wenig ausgeben,* so viel es möglich ist; sonst kann man nicht mit Ehre reisen; ja sonst bleibt man gar sitzen, und setzt sich in Schulden.«

Wolfgang gingen allerdings ganz andere Gedanken durch den Kopf, hatte er doch gerade seine Cousine Maria Anna Thekla kennen – und lieben – gelernt. Wie sehr er von seinem »lieben bäsle« angetan war, zeigt ein Brief, den er am 17. Oktober an seinen Vater schrieb: »Den 17:^{ten} in der frühe schreibe und betheüre ich daß unser bäsle, schön, vernünftig, lieb, geschickt und lustig ist; und daß macht weil sie braf unter die leüte gekommen ist. sie war auch einige Zeit in München. daß ist wahr, wir zwey taugen recht zusammen; dann sie ist auch ein bischen schlimm.«

Mozart bekannte auch offen, daß er sich nur wegen dem Bäsle noch in Augsburg aufhielt, da es keine beruflichen Gründe gab, den Aufenthalt dort zu verlängern. In Augsburg boten sich Mozart kaum Arbeitsmöglichkeiten, was auch mit der wenig aufgeschlossenen Atmosphäre in dieser Stadt zusammenhing. Bei Johann Kaspar Riesbeck lesen wir über Augsburg: »Für die Kunst ist der hiesige Himmel sehr ungünstig. (...) Ein anderes Hindernis für den Kunstfleiß in diesen Gegenden ist der dumme, lächerliche Stolz des Adels. (...) Wenn nicht so ungeheure Verschwendung und so lächerliche Titelsucht unter dem großen deutschen Adel Mode wäre, wenn er mehr Geschmack an Wissenschaften und Künsten hätte, wenn er ein besseres Vergnügen als das an Pferden, prächtigen Wagen, vielen Bedienten und dergleichen kennte, wenn er etwas mehr als einen steifen Rücken, gezwungene Stellung der Füße, eine gute Art, sein Geld zu verspielen, das elende Jargon und gewisse Krankheiten aus Frankreich zu holen wüßte, so könnte er die glücklichste Klasse von Erdensöhnen sein.«

Die von Riesbeck angeprangerte Titelsucht des Adels dürfte

auch Mozart unangenehm aufgefallen sein, der über eine adelige Ansammlung bei einem Konzert in Augsburg einmal schreibt: »Es war eine menge Nobleße da, die Ducheße arschbömerl, die gräfin brunzgern, und dan die fürstin riechzumtreck, mit ihrn 2 töchter, die aber schon an die 2 Prinzen Mußbauch vom Sauschwanz verheyrathet sind.«

Auf die Nachricht von Wolfgangs Liaison mit dem Bäsle reagierte der Vater erstaunlicherweise »erfreut«, mahnte den Sohn aber auch in dieser Situation, auf das eigene Seelenheil bedacht zu sein und vor allem dem »Vatter keine Beängstigung in seiner Todesstund zu verursachen«.

Nachdem Mozart schweren Herzens beschlossen hatte, Augsburg Richtung Mannheim zu verlassen, übernahm sein Vater wieder die detaillierte Reiseplanung, vergaß dabei aber auch nicht, sogar technische Hinweise zu geben: »Eueren wagen, sonderheit: die Räder müst ihr fleisig Visitieren, und, weils selten regnet, oft nassmachen lassen«, schreibt er am 26. Oktober, und fügt warnend hinzu: »Gehet nur *nicht viel in die Nacht hinein;* lieber in der Frühe bey zeiten, und wenn ihr es vermeiden kennt, so sagt niemals in den Wirtshäusern, *wohin,* und *wann* ihr reiset: manchmal hört es ein schlechter Kerl, und macht Gebrauch davon.«

Obwohl Leopold vom »sehr traurigen und betrübten Abschied« seines Sohnes vom Bäsle gehört hatte, begrüßte er es ausdrücklich, daß Wolfgang Augsburg verließ und sich auf den Weg nach Mannheim machte. Dabei beschwor er ihn noch einmal, auf »die Mamma« aufzupassen: »Ich bekümmere mich immer ein wenig um die Mamma: und du mein lieber Wolfg: bleib bey deiner gewöhnlichen Diäte, das ist eine Hauptsache zur Gesundheit, um dieses darf ich mich bey der Mamma nicht sorgen, wenn sie sich nur warm hält.« Unterzeichnet ist dieser Brief mit »Trazom«, also dem krebsgängig geschriebenen Pseudonym für Mozart, das Wolfgang bereits am 21. August 1773 verwendet hatte.

In Mannheim betätigte sich Mozart zunächst einmal als fleißiger Briefeschreiber, wobei die Mehrzahl der Briefe an seine

Cousine in Augsburg gerichtet waren. In dieser Phase entstanden die berühmten »Bäsle«-Briefe, die nicht nur Mozarts fäkalkomische Veranlagung und analerotische Fixierung eindrucksvoll dokumentieren, sondern auch Zeugnisse seiner außerordentlichen poetischen Begabung sind.

Während also Mozart an das Bäsle ausführlichst über das Scheißen, Arschlecken und Furzen schrieb, übernahm seine Mutter die Funktion der Berichterstatterin. Aus diesen Briefen Anna Maria Mozarts an ihren Mann wissen wir zum Beispiel, daß sie und Wolfgang viel unterwegs waren. Am 13. November 1777 schreibt sie: »Vor gestern als am fest Martini haben mir bey den alten danner gespeist. und gestern bey den Jungen, bey herrn Kanawich haben wir auch schon offt gespeisset und mein Sohn gar offt, ich bin täglich bey ihnen und sie erzeügen uns ville höfflichkeit.«

Der hier erwähnte »Kanawich« ist der Mannheimer Violonist Christian Cannabich, mit dem sich Mozart angefreundet hatte und der auch in der folgenden Beichtparodie eine Rolle spielt, die Wolfgang am 14. November an seinen Vater schickte:

»Ich johannes Chrisostomus Amadeus Wolfgangus sigismundus Mozart giebe mich schuldig, daß ich vorgestern, und gestern | : auch schon öfters : | erst bey der nacht um 12 uhr nach haus gekommen bin; und daß ich von 10 uhr an bis zur benennten stund beym Canabich, in gegenwart und en Compagnie des Canabich, seiner gemahlin und dochter, *H: schazmeister, Raam,* und *Lang,* oft und – – nicht schweer, sondern ganz leichtweg gereimmet habe; und zwar lauter Sauereyen, nemmlich, vom Dreck, scheissen, und arschlecken, und zwar mit gedancken, worten und – – aber nicht mit wercken.«

Auch in dieser Parodie verwendet Mozart den Vornamen »Amadeus« ausschließlich in ironischem Zusammenhang.

Im Zuge dieser »Beichte« kommt Mozart auch auf den »heiligen *Ascenditor*« zu sprechen, den »Patron des brenn=supenCòffé, der schimmlichten Limonade, der Mandl=milch ohne mandeln, und insonderheitlich des Erd=beer gefrornen voll eys=brocken, weil er selbst ein grosser kenner und künstler in gefrornen sachen war«.

Da »Ascenditor« auf deutsch soviel wie »Steiger« heißt, ist mit dem »heiligen *Ascenditor*« niemand anderer als Anton Staiger, der Inhaber der »Staigerischen Caffetterie«, gemeint. Mozart hat dieses Kaffeehaus am Marktplatz in Salzburg des öfteren besucht, wohl auch, weil es dort einen Billardtisch gab. In seiner »Beschreibung der hochfürstlich=erzbischöflichen Haupt= und Residenzstadt Salzburg« schreibt Lorenz Hübner: »Kaffeehäuser mit Billarden sind hier zwey, im Steigerischen auf dem Marktplatze, und dem Pechtlichschen jenseits der Brücke. Man findet in diesen sowohl als in den übrigen Kaffeehäusern verschiedene Zeitungen; eine oder zwey französische auch im Steigerischen. Die hiesige Zeitung trifft man in allen ohne Ausnahme an; nur in einigen Gasthöfen fehlt sie.«

Leopold Mozart berichtet auch von Theateraufführungen in Anton Staigers Kaffeehaus. 1852 wurde die »Staigerische Caffetterie« von Carl Tomaselli erworben und heißt seither »Café Tomaselli«.

Über die Anfang 1778 erfolgte Eröffnung des von Hübner erwähnten »Pechtlichschen Kaffeehauses« informierte Leopold sogar seinen Sohn und hob in seinem Bericht ausdrücklich hervor, daß Pechtl viel Zulauf habe, »weil der guten Coffé macht«. Offenbar war Wolfgang also nicht der einzige, der am Kaffee in der »Staigerischen Caffetterie« etwas auszusetzen hatte.

Daß Staiger seinen Gästen allerdings tatsächlich verschimmelte Limonade servierte, wie von Mozart behauptet, ist eher unwahrscheinlich; wahrscheinlicher ist, daß sich Mozart über das damalige Modegetränk Limonade lustig machen wollte. Dafür spricht auch, daß er kurz zuvor für seine gute Freundin Rosalie Joly ein »Dankgedicht« verfaßte, in dem die »limonadi« ebenfalls in ironischem Zusammenhang vorkommt. Dieses Gedicht aus Mozarts »poetischem Hirnkasten« lautet:

à Mad[selle] Rosalie joli.

Ich sag dir tausend danck mein liebste Sallerl,
und trincke dir zur ehr ein ganzes schallerl,
Coffé und dann auch thée und limonadi,
und tuncke ein, ein stangerl vom Pomadi
und auch – – auweh, auweh, es schlägt iust Sex,
und wers nicht glaubt der ist – – der ist – – ein fex.
die fortsetzung folgt nächstens.

Anzunehmen ist, daß sich das Rezept, nach dem die Limonade in der »Staigerischen Caffetterie« zubereitet wurde, kaum von jenem unterschieden haben wird, das in Conrad Haggers Kochbuch zu finden ist:

»Nimm ein Bier=Glaß / oder halbe Maaß gut sauber Brunnenwasser in einen verglaßierten erdenen Hafen / oder anderes Geschirr / schneid wenigst von zwey guten safftigen Lemonien die åusserste gelbe Schelffen mit einem guten Messer um und um gantz subtil in das Wasser / dann wirff auch ein Stůck weissen Zucker / daß es darvon sůß genug wird / sammt dem Safft von denen zwey gescheelten Lemonien darein / dann laß es eine Stund / auch långer oder kůrtzer / wie du die Zeit hast / also zugedeckt stehen / und růhrs mit einem neuen Koch=Lőffel zum őftern wol untereinander / dann kosts / obs gut schmeckt / auch sůß und saur genug ist / und seihs durch ein sauberes Tuch / und gibs / jedoch wegen starcker Abkůhlung mit Maaß / an statt des Weins zu trincken.«

Als Mozart in Wien lebte, erfreute sich dieses Getränk besonders in der Sommerzeit ebenfalls großer Beliebtheit und wurde in eigenen »Limonadehütten« ausgeschenkt. In seinem Reisebuch schreibt Johann Kaspar Riesbeck: »Eins der schönsten Schauspiele für mich waren in den letzten Sommernächten die sogenannten Limonadehütten. Man schlägt auf den größten Plätzen der Stadt ein großes Zelt auf, worin zur Nachtzeit Limonade ausgeschenkt wird.«

Das von Mozart in seinem Brief vom 28. September 1782 an die Baronin von Waldstätten erwähnte Café »Milano« hatte ebenfalls das Privileg, auf der Burgbastei ein »Limonadezelt« zu errichten.

Leopold Mozart empfahl seiner Tochter Nannerl das Trinken einer »leichten Limonade« später auch als Mittel gegen »aufsteigende Hitzen«.

Die von Mozart in seinem Brief an den Vater aufgestellte Behauptung, daß in Anton Staigers Kaffeehaus die Mandelmilch »ohne mandeln« auf den Tisch kam, kann ebenfalls getrost als maßlose Übertreibung angesehen werden, denn natürlich wußte auch Mozart, daß eine Mandelmilch nur dann eine Mandelmilch ist, wenn sie aus Mandeln gemacht wird. Läßt man bei einer Mandelmilch die Mandeln weg, bleibt nichts als reines Wasser übrig, das ja zur Zubereitung von Mandelmilch benötigt wird. Auf welche Weise die Mandelmilch zur Mozartzeit hergestellt wurde, ist dem folgenden Rezept aus dem »Wienerischen bewåhrten Kochbuch« zu entnehmen:

»Schwålle 1 halb Pfund Mandeln, und 8 bittere Mandeln dazu, stosse sie recht klein, und mache mit einem Seitel Wasser eine dicke Mandelmilch, immer nur ein wenig Wasser dazu, und wieder gut gestossen, drucke es gut aus. Hernach nimm 1 Pfund ůberstossenen Zucker, gieß die durchgesiehene Mandelmilch darauf, und laß ihn kalt werden, gieb einen Geruch mit Pomeranzenblůhwasser, und fůlle ihn in ein Zuckerglas, binde es zu, und stich in das Papier Lôcher.«

Mandeln »schwållen« heißt, diese solange in heißem Wasser einzuweichen, bis sie geschält werden können.

Während die Mandelmilch vorzugsweise in der heißen Jahreszeit getrunken wurde, weil sie »kühlet und erfrischet«, erfreute sich die Milchsuppe mit Mandeln wegen ihres Nährwerts besonders als Fastensuppe großer Beliebtheit.

Das folgende Rezept für »Milch Suppen mit Mandeln« stammt aus dem von Maria Breunlich und Helga Haas herausgegebenen anonymen Kochbuch aus dem Jahr 1769, in dem bei 42 von 193 Rezepten Mandeln als Zutat angegeben werden.

»Milch Suppen mit Mandeln.

Erstlich setz eine gutte Milch zue, thue gestossene Mandel darein, und zuckers Biß Süß genug ist, Niehm ein Stickel Butter, und Ayer Dötter, sprittle es unter einander ab, schneid ein Semmel gewürflet, seichs durch ein Sieb auf die Semel, ist gutt.«

Wie beliebt die Mandel in der Küche des 18. Jahrhunderts war, zeigt auch ein Blick in Conrad Haggers »Saltzburgisches Koch=Buch«, in dem alleine 29 verschiedene Mandeltortenrezepte angegeben werden. Bei Hagger findet man zum Beispiel: »Mandel=Dorten von Schockolade«, »Mandeln mit Pisdazi«, Mandel=Dorten mit Zimmet« und »Mandel=Dorten mit Speck«.

In Haggers Kochbuch taucht auch das von Mozart in seiner Beichtparodie erwähnte »Erd=beer gefrorne« auf, hier allerdings ohne die beanstandeten »eys=brocken«. In seiner Anleitung zur Herstellung von Gefrorenem weist Hagger ausdrücklich darauf hin, daß ihn »Gefrornes zu erlernen allein 11. Gulden gekostet« habe. An Früchten, die sich für Gefrorenes besonders eignen, führt Hagger an: Johannisbeeren, Stachelbeeren, Himbeeren, Erdbeeren, Maulbeeren, Weintrauben, Marillen und Pfirsiche.

»Diese alle werden auf einerley Weiß gemacht / und zugericht wie folgt: Diese Frůcht werden mit frisch Wasser vermischt / zertruckt / die aber vor sich selbst nicht saur genug / hilfft man mit Lemoni=Safft / und dem es beliebt / gibt auch den Geruch mit dergleichen Schelffen / dann mit Zucker sůß gemacht / und durch ein Tuch / oder gar langsam durch ein Fließ=Papier gesiehen / dann gibt mans gleich also frisch oder in Eyß gekuͤhlt / zu trincken / oder macht gar ein Gefrornes daraus / man thut diese Saͤfft in die darzu gehoͤrigen blechene Buͤchsen / setzt solche bedeckt in Eyß oder Schnee / der mit viel Saltz vermischt ist / so gefriert es bald / man soll aber darbey die Buͤchsen immerzu rottlen / oder hin und wieder ruͤhren / daß es nicht zu einem Stock gefriert / dann gibt mans in die Cafèe-Schaalen auf ein Teller / sammt beygelegtem Loͤffel und Serviet.«

Die »blechene Buͤchsen« kommt also in einen zu zwei Drittel mit einem Gemisch aus gestoßenem Eis und Steinsalz gefüllten Eimer, in den die Büchse langsam »hineingedreht« wird, um auf diese Weise ein Zusammenpressen des Eises auf dem Boden zu verhindern.

Daß die Familie Mozart eine solche Büchse zur Herstellung von Gefrorenem besaß, wäre denkbar, nachdem Nannerl einmal in ihr Tagebuch schreibt, daß sie aus Anlaß ihres 32. Geburtstages von Wolfgang »mit gefrohrnen« bedient wurde.

Die Beichtparodie, aus der hier so ausführlich zitiert wird, verfaßte Mozart in Mannheim, wo es ihm nicht nur wegen seiner guten beruflichen Kontakte, sondern auch wegen einer gewissen Aloisia Weber immer besser zu gefallen schien. In dieser Situation sah sich Mozart, der eben in Begriff war, seiner Cousine Hörner aufzusetzen, merkwürdigerweise selbst als »Gehörnten«. Einen Brief an den Vater unterzeichnete er nämlich mit der Formel:

»Wolfgang Amadé Mozart
Ritter des goldenen sporns,
und so bald ich heürath, des dopelten horns,
Mittglied der grossen Accademie,
von verona, Bologna, oui mon ami!«

Kein Wunder, daß Leopold Mozart über Nachrichten dieser Art wenig erfreut war und die Zeit für gekommen hielt, den Sohn wieder einmal mit allem Nachdruck an seine beruflichen Pflichten zu erinnern. Am 24. November 1777 schreibt er: »So eine Reise ist kein Spaß, das hast du noch nicht erfahren, man muß andere wichtigere Gedanken im Kopf haben, als Narrenspossen, man muß hundert sachen vorauszusehen bemühet seyn, sonst sitzt man auf einmahl im dreck, ohne Geld, – – und wo kein Geld ist, – ist auch kein freund mehr, und wenn du hundert Lecktionen umsonst giebst, Sonaten Componierst, und alle Nächte, statt wichtigern dingen, von 10 bis 12 uhr Saureien machst. Begehre dann einen GeldCredit! – da hört aller spaß einmahl auf – und im augenblikke wird das lächerlichste Gesicht, ganz gewiß ernsthaft.«

Wolfgang reagierte auf Vorwürfe dieser Art mit Betrachtungen allgemeiner Natur, die den Vater wahrscheinlich noch wütender machten, als er ohnehin schon war. »Ich bin nicht sorgloß, ich bin nur auf alles gefast«, schreibt er am 29. November, »und kan folglich alles mit gedult erwarten, und ertragen – – wenn nur meine Ehre und mein guter Namen Mozart nicht darunter leidet. Nun weil es halt so seyn muß, so seye es. ich bitte aber in voraus sich nicht vor der zeit zu freüen, oder zu betrüben; denn es mag geschehen, was da will, so ist es gut, wenn man nur gesund ist; denn die glückseelickeit bestehet – – blos in der einbildung.«

Mozarts Mutter war in dieser Situation bemüht, ihren Mann zu beruhigen, machte aber – wohl unabsichtlich – immer wieder Bemerkungen, die Leopolds Befürchtungen nur bestätigten. So teilte sie ihm am 14. Dezember 1777 mit, daß Wolfgang häufig bei Leuten zum Essen eingeladen sei und sie ihn »offt den ganzen tag« nicht sehe. Weiters schreibt sie: »ich bin die meiste zeit allein zu haus, dan wegen der kälte und üblen wetter kan ich nicht vill ausgehen.«

Auf Berichte dieser Art reagierte der Vater natürlich mit neuerlichen Vorwürfen. »*Du sollst und must* die Mamma nicht allein triebsal blasen und andern Leuten überlassen«, heißt es am 18. Dezember, »so lang sie bey dir, und du bey ihr bist: das Zimmer mag so klein seyn als es will, so wird ein Bette für dich Platz finden.« Im selben Brief drängt der Vater den Sohn auch zur raschen Weiterreise nach Paris, stellt im gleichen Atemzug aber die

Frage, ob er dazu überhaupt in der Lage sei, da er »vom Einpacken und derley vielen auf Reisen vorkommenden Nothwendigkeiten« nicht die geringste Ahnung habe.

In dieser ohnehin bereits gereizten Stimmung machte Mozarts Mutter dann auch noch den Fehler, ihrem Mann mitzuteilen, daß »der Würths Conto« ein ziemliches Loch in die Kasse gerissen habe, und sie gezwungen waren, von einem Bekannten 150 Gulden zu leihen, weil sie »sonst den Wirth nicht bezahlen hätten können«.

Wenig begeistert war Leopold Mozart auch von dem Neujahrsgedicht, das Frau und Sohn gemeinsam für Nannerl und Rosalie Joly gedichtet hatten und in dem sich die folgenden, auf Wolfgang gemünzten, Zeilen finden:

So lang als er noch Prunzen, und wacker scheissen kan,
so lang bleibt er und d'Sallerl, und's schwesterle voran.

Noch mehr als solche Gedichte machte Leopold allerdings zu schaffen, daß sich sein Sohn in die 17-jährige Sängerin Aloisia Weber verliebt hatte und aus diesem Grund die Abreise aus Mannheim immer wieder verschob. Da Wolfgang angedeutet hatte, Aloisia Weber unter gewissen Umständen sogar heiraten zu wollen, setzte Leopold alles daran, seinen Sohn aus diesem gefährlichen »Labirinth« zu befreien. Am 5. Februar 1778 schreibt er: »Wie Blind man aber oft durch anfangs nichts zu bedeuten habende Scherze, Schmeicheleyen, Spasse etcetc: anlauffen kann, darüber sich die nach der Hand erwachende vernunft schämt, magst du vielleicht selbst schon ein wenig erfahren haben.«

Wolfgang hatte aber offenbar keine Lust, sich auf eine solche Debatte einzulassen und ließ seinen Vater wissen, daß die Heirat mit Aloisia nun doch kein Thema mehr sei: »So möchte ich nicht heyrathen; ich will meine frau glücklich machen, und nicht mein glück durch sie machen, drum will ichs auch bleiben lassen, und meine goldene freiheit genüssen, bis ich so gut stehe, daß ich weib und kinder ernähren kan.«

In der Zwischenzeit hatte Leopold allerdings erfahren, daß sein Sohn gemeinsam mit Fridolin Weber und dessen Töchtern Aloisia und Josepha eine Konzertreise in die Schweiz oder »vielleicht auch nach holland« plane.

Am 12. Februar 1778 muß Leopold Mozart stundenlang am Schreibtisch gesessen sein, da der Brief, den er an diesem Tag an seinen Sohn richtete, eine Länge von acht Druckseiten hat. Leopold zerpflückt darin jede von seinem Sohn angestellte Überlegung und schreibt beispielsweise über die geplante Konzertreise: »Dein Vorschlag | : ich kann kaum schreiben, wenn ich nur daran denke : | der Vorschlag mit dem H: Weber und *NB* 2 Töchtern herumzureisen hätte mich beynahe um meine Vernunft gebracht. Liebster Sohn! wie kannst du dich doch von so einem abscheulichen dir zugebrachten Gedanken auch nur auf eine Stunde einnehmen lassen. dein Brief ist nicht anders als wie ein Roman geschrieben.«

Seine Suada beendete Leopold Mozart schließlich mit dem Befehl: »Fort mit Dir nach Paris!« Es dauerte zwar noch einen weiteren Monat, ehe Wolfgang und seine Mutter dieser Aufforderung nachkamen, aber am 14. März machten sich die beiden endlich auf den Weg nach Paris, wo sie am Nachmittag des 23. März 1778 eintrafen.

In Paris hatte Mozart von Anfang an Schwierigkeiten, sich zurechtzufinden und die von ihm am Tag seiner Ankunft ausgegebene Losung »je nu, wo man gut zahlt, dort bin ich«, verhallte in der französischen Hauptstadt ungehört. Mozart fand sich plötzlich in der gehaßten Position des Bittstellers wieder und mußte zum Beispiel im Hause einer Duchesse »eine halbe stund in einen Eiskalten, ungeheizten, und ohne mit Camin versehenen grossen Zimmer« warten, ehe man ihn empfing.

Nach den vielen demütigenden Erfahrungen fiel sein Urteil über Paris verständlicherweise nicht besonders schmeichelhaft aus. Am 1. Mai 1778 schreibt er an seinen Vater: »wenn hier ein ort wäre, wo die leüte ohren hätten, herz zum empfinden, und nur ein wenig etwas von der Musique verstünden, und gusto hätten, so würde ich von herzen zu allen diesen sachen lachen, aber so bin ich unter lauter vieher und bestien.«

Der in Paris ansäßige Friedrich Melchior Baron von Grimm faßte die Gründe für Mozarts Erfolglosigkeit mit den Worten zusammen: »il est zu *treuherzig,* peu actif, trop aisé á attraper, trop peu occupé des moyens, qui peuvent conduire à la fortune.«

Auf deutsch heißt das: »Er ist zu *candide,* wenig aktiv, zu leicht zu fangen, zu wenig interessiert an den Mitteln, die zu Vermögen führen können.«

Aber nicht nur in beruflicher Hinsicht hatte Mozart während seines Parisaufenthalts wenig Grund zur Freude, auch seine privaten Lebensumstände waren alles andere als angenehm. Zunächst wohnten Mutter und Sohn in einem dunklen Loch, in dem sich Anna Maria Mozart wie »in arest« fühlte, weil sie den ganzen Tag die Sonne nicht sehen konnte. Kein Wunder, daß sie kurze Zeit später über »zahn wehe, Kopf, hals, und ohren schmerzen« klagte, die erst ein wenig nachließen, als sie ein neues Quartier bezogen, in dem es allerdings »gleich wohl kalt« war.

Wenig Gutes hatte Mozarts Mutter auch über das Essen in Paris zu berichten: »meine kost von trater ist auch Superb«, schreibt sie am 5. April 1778, »für 15 Sol zu mittag bekomme ich 3 speisen, erstlich eine Supen mit Krutter die ich nicht mag, 2ten ein bröckel schlechtes fleisch 3ten etwas von einen kalbsfus in einer schmuzigen brihe, oder eine stein harte leber.«

Mit »Krutter« sind vermutlich »Croutons« gemeint, also geröstetes Weißbrot, das als Suppeneinlage verwendet wird.

Der von Mozarts Mutter wohl zurecht beanstandete Kalbsfuß gehörte, wenn er gut zubereitet war, zu einer Spezialität der gehobenen Küche des 18. Jahrhunderts. Das zeigt auch ein Blick in die Archive des Stiftes Melk, aus denen hervorgeht, daß anläßlich eines eintägigen Besuchs Maria Theresias »und dero Suite« am

3. Juli 1742 in der Stiftsküche neben 587 Pfund Rindfleisch, 743 Pfund Kälbernem auch »40 Kälberfüß« verarbeitet wurden.

Ein Hinweis auf die mögliche Zubereitungsart jenes Kalbsfußes, der Anna Maria Mozart in Paris vorgesetzt wurde, findet sich in Conrad Haggers Kochbuch, in dem das folgende Rezept für »Kalbs=Fuͤß gebachen / in suͤsser Bruͤhe« abgedruckt ist:

»Wenn die Kaͤlber=Fuͤß wohl gesotten / und gleich den Fischen in Meel ausgebachen seyn; so gibs in guter suͤsser Weinbeerlein=Bruͤhe / oder Mandel / Gewuͤrtz und Wein / Lemonie und Zucker.«

Ob die schlechte Kost für Anna Maria Mozarts frühen Tod am 3. Juli 1778 mitverantwortlich war, wissen wir nicht, daß die widrigen äußeren Umstände in Paris ihr Ende aber beschleunigten, gilt als sicher.

Auf die Nachricht vom Tod seiner Frau reagierte Leopold Mozart mit einer Fehlleistung. Mitten in seinem Trauerbrief vom 13. Juli 1778 schreibt er plötzlich: »Nun gehe ich zum Mittagessen, ich werde aber appetit haben.«

»In der That warten schon Capaunen auf dich«

Im Herbst und Winter 1778 nahm das Katz- und Mausspiel zwischen Vater und Sohn Mozart immer groteskere Züge an. Während sich Wolfgang noch immer in Paris aufhielt und nicht wußte, wie es mit seiner beruflichen Laufbahn weitergehen werde, arbeitete der Vater in Salzburg an einem Plan, der die zweifache eiserne Umklammerung seines Sohnes durch ihn und den Erzbischof zum Ziel hatte. Kein Wunder also, daß unter diesen Umständen Mozart alles unternahm, um die Heimreise nach Salzburg so lange als möglich hinauszuzögern.

In dieser Phase seines Lebens erwies sich Mozart als gewiefter Taktiker, der – so hat es zumindest den Anschein – die Auseinandersetzungen mit dem Vater auch als Spiel betrachtete. Wolfgang setzte sich die Maske des Ahnungslosen auf und genoß es, den Vater auf diese Weise zur Weißglut zu treiben. Selbstverständlich war sich Mozart über seine Situation im klaren und wußte, daß es zur Heimkehr nach Salzburg de facto keine Alternative gab. Hätte es diese nämlich gegeben, so hätte Mozart mit an Sicherheit grenzender Wahrscheinlichkeit schon damals seiner Geburtsstadt für immer den Rücken gekehrt.

Als exzellenter Menschenkenner durchschaute Leopold Mozart aber sehr früh die Absichten seines Sohnes und suchte nach geeigneten Möglichkeiten, diesen gefügig zu machen. Nachdem Wolfgang die Ratschläge seines Vaters weitgehend ignoriert hatte, versuchte es dieser erneut mit der Erzeugung von Schuldgefühlen: »Wenn du meinem Rath und vätterlichen Willen nicht folgen wolltest, würde ich durch dich ein *elender verachteter Mann*«, schreibt er am 17. September 1778, nachdem er in den Monaten zuvor bereits ähnliche Überlegungen angestellt hatte. So beschwörte er am

13. Juli 1778 seinen Sohn: »liebst du mich – *wie gar nicht zweifle* – so trage Sorg für deine Gesundheit, – *an deinem Leben hängt mein Leben.*« Ein fast identer Gedanke findet sich in einem anderen Brief, in dem es heißt: »Ich weis, daß du mich nicht allein als deinen Vatter, sondern auch als deinen gewissesten und sichersten Freund liebest; daß du weist und einsiehest, daß unser Glück und Unglück, ja mein Längeres Leben, oder auch mein baldtiger Todt, nächst Gott so zu sagen in deinen Händen ist.«

Angesichts des gewaltigen Drucks, den der Vater ausübte, blieb dem Sohn gar nichts anderes übrig, als der Stadt Salzburg so lange wie möglich auszuweichen, und Mozart brachte damals tatsächlich das Kunststück zustande, seine Rückreise auf einen Zeitraum von 111 (!) Tagen auszudehnen. Und das für eine Strecke, für die man normalerweise etwa 12 Tage brauchte.

Kein Wunder, daß der Vater zu Hause tobte und nicht mehr wußte, was er noch alles unternehmen sollte, um seinen Sohn endlich zur Vernunft zu bringen. Aber Leopold drohte nicht nur, sondern er versuchte auch, Wolfgang durch Versprechungen nach Hause zu locken. So schreibt er am 17. September 1778: »alles wünscht dich hier zu sehen! der Obersthofmstr tragt dir seine Pferde an; auch der Dr: Prex sein schönes Bräundl; die Robini=Louis ihre Liebe; – – – ich meine Gesundheit – langes Leben – und alles was du deinem Vatter gutes gönnen kannst; deine Schwester ihre Schwester: freundschaft, liebe und Bedienung; die tresel die Magd alle 13 Capaunen die sie für dich gekauft hat; und der Pimperl viel 1000 Lecker. – kannst du mehr verlangen? – – in der That warten schon Capaunen auf dich, die deswegen vorgekauft worden.«

Mit dem »Obersthofmstr« ist Obersthofmeister Franz Lactanz Graf Firmian gemeint, dem die »hochfürstliche Hofmusik« unterstand, und in »die Robini=Louis« Aloisia von Robinig war der junge Wolfgang einst verliebt gewesen.

Um seinen Sohn zur Rückkehr nach Salzburg zu bewegen, zog Leopold also sämtliche Register und sprach gezielt Dinge an, die Wolfgang Freude bereiteten: er liebte Pferde; er war mit 22 Jahren in einem Alter, in dem Frauen eine immer wichtigere Rolle zu spielen begannen; er hatte zu seiner Schwester ein sehr gutes Verhältnis und mit dem Familienhund Pimperl seinen Spaß, außerdem liebte er Kapaune. Von denen hatte die Magd Tresel – angeblich – gleich 13 Stück gekauft, um Wolfgangs Ankunft gebührend feiern zu können.

Alles gute Gründe, die für eine baldige Rückkehr nach Salzburg sprachen – wenn nicht zwei Punkte gewesen wären, die das Idyll ein bißchen gestört hätten: Der eine war Leopolds etwas zu dick aufgetragenes Bekenntnis, für Wolfgang seine Gesundheit und sein Leben zu opfern, und der andere die demonstrative Nichterwähnung der beruflichen Zukunft seines Sohnes am Salzburger Hof.

Aber noch eine Bemerkung muß Mozart stutzig gemacht haben – vorausgesetzt, daß er sie überhaupt bewußt wahrgenommen hat – nämlich, daß er *»mit niemand auf der Reise«* Freundschaft schließen solle. Bei dieser im Original unterstrichenen Beschwörung wird man das Gefühl nicht los, daß der eifersüchtige Vater befürchtete, sein Sohn könnte ihm im Ausland »untreu« werden. Bereits einen Monat zuvor hatte er Wolfgang nachdrücklich daran erinnert, »daß es keinen wahren freund – *im äussersten Grade* genommen – giebt, als einen vatter«.

Leopolds Brief vom 24. September enthielt dann neuerlich einen Lockruf: »wir zehlen die täge dich zu umarmen«, schreibt er und fügt seiner freudigen Erwartung hinzu: »Das Mensch die tresel der Narr hat abermahl 6 Capaunen gekauft, und gestern hat die Nannerl ein paar wunderschöne *spitzdatzel* für dich eingehandelt.« Da Leopold genau wußte, daß Wolfgang großen Wert auf modische Kleidung legte, dachte er wohl, daß die Spitzenmanschetten in Kombination mit den Kapaunen ein weiterer Anreiz für die Heimreise seines Sohnes sein würden.

Aber Wolfgang durchschaute offenbar die wahren Absichten seines Vaters und antwortete am 15. Oktober diplomatisch: »liebster vatter! – ich versichere sie, daß wenn es mir nicht um das vergnügen wäre sie bald zu umarmen, ich gewis nicht nach Salzburg kämme. (...) denn, nur sie, liebster vatter, nur sie, können mir die bitterkeiten von Salzburg versüssen; und sie werden es auch thun; ich bin dessen versichert; doch muß ich ihnen frey gestehen, daß ich mit leichtern herzen in Salzburg anlangen würde, wenn ich nicht wüste, daß ich alda in diensten bin; – nur dieser gedanke ist mir unerträglich! – betrachten sie es selbst – setzen sie sich in meine Person; – zu Salzburg weis ich nicht wer ich bin – ich bin alles – und bisweilen auch gar nichts (...) – in jedem andern ort weis ich es.«

Leopold Mozart interpretierte diese Erklärung seines Sohnes als Gehorsamsverweigerung und reagierte erneut mit Schuldzuweisungen. »Nun hatte ich 4 Schlaflose Nächte«, schreibt er am 19. Oktober, »*– die Nächte sind gar schwer, sehr schwer, mein Sohn! Ich förchte* sie: und bin frohe wenn der tag | : aber itzt leider sehr spät : | anbricht.«

In dieser Situation verwendete Leopold immer häufiger Begriffe wie »Angst« und »Schrecken« und bezeichnete selbt die verspätete Ankunft eines Briefes als *»erschröcklichen Herzensstoss«*. Er weitete diese Bagatelle zu einer Katastrophe aus und klagte: »und in dieser unbeschreiblichen beängstigung lebe ich noch, da heut den 19ten oct: noch kein Schreiben von dir habe; Ich erwarte mit Begierde einen Brief: – und doch zittere ich, und wir alle vor dem Brief=träger, weil ich mir vor einer erschröcklichen Nachricht fürchte.«

Obwohl Leopold sämtliche Register seines Könnens zog, blieb

Wolfgang nach außen hin unbeeindruckt und begann seinen Antwortbrief mit der für den Vater niederschmetternden Nachricht, daß er »noch hier«, nämlich in Straßburg, sei. Seine ausufernden Schilderungen banaler Vorgänge reicherte er geschickt mit Ergebenheitsbezeugungen an, um schließlich mit einer Formulierung zu enden, die auf den »besten und liebsten vatter« wie ein Schlag ins Gesicht gewirkt haben muß: »Nun leben sie recht wohl – seyen sie recht Munter und aufgeräummt; dencken sie daß ihr sohn gott lob und danck frisch und gesund – und vergnügt ist, weil er seinem glück immer näher kommt.«

Während der Vater also in Salzburg vor Gram fast umkam, trieb sich sein Sohn »frisch und gesund und vergnügt« in Straßburg herum und deutete am Ende noch kryptisch an, daß er nicht Salzburg, sondern seinem »glück« näher kommen werde. Dem Vater scheint es angesichts solcher Pläne tatsächlich die Sprache verschlagen zu haben, denn nach Erhalt dieses Briefes brauchte er ganze zwei Wochen, ehe er sich von seinem Schock erholt hatte. Dazwischen traf allerdings ein weiterer Brief Wolfgangs ein, der eine neuerliche Hiobsbotschaft enthielt, nämlich, daß er vor habe, länger als geplant in Mannheim zu bleiben, wo er auf der Rückreise Station gemacht hatte. Am 12. November 1778 schreibt Wolfgang: »Nun kommt etwas; – ich kann hier *vielleicht* 40 louisd'or gewinnen! – freylich muß ich 6 wochen hier bleiben – oder längstens 2 Monath.« Mozart nannte in diesem Brief allerdings den wahren Grund für seine Entscheidung: »der Erzbischof kan mich gar nicht genug bezahlen für die sclaverey in salzbourg! wie ich sage, ich empfinde alles vergnügen wenn ich gedencke ihnen eine visite zu machen – aber lauter verdruß und angst, wenn ich mich wieder in diesen bettl-hof sehe! – Der Erzbischof darf mir gar noch nicht den grossen, wie er es gewohnt war, zu spiellen anfangen – es ist gar nicht unmöglich daß ich ihm eine Nase Drehe!«

Mozart beendete seinen Brief mit dem Stehsatz: »Adieu nun – leben sie recht wohl – geben sie achtung auf ihre mir so kostbare gesundheit.«

Spätestens nach Erhalt dieses Briefes dürfte Leopold klar geworden sein, daß er mit Argumenten nichts mehr ausrichten konnte und eine andere Taktik einschlagen mußte. Da sein Sohn die von ihm gestellten Bedingungen nicht erfüllen wollte, spielte er seinen letzten Trumpf aus, indem er Wolfgang entwertete. Die beiden Briefe vom 19. und 23. November 1778 können vor diesem Hintergrund fast als Abschiedsbriefe gelesen werden, an deren Ende der Vater den Sohn zynischerweise seinem eigenen Schicksal überließ: »ich will, wenn Gott will, noch ein paar jahre Leben, meine Schulden zahlen, – und dann magst du, wenn du lust hast, mit dem Kopf an die Mauer lauffen.« Aber zuvor mußte Leopold das Selbstwertgefühl seines Sohnes so weit untergraben, daß er wenigstens bei diesem Kampf als Sieger vom Platz ging. Den Brief vom 19. November begann er daher gleich mit einem Frontalangriff: »Ich weis in der That nicht, was ich schreiben muß«, heißt es da, »ich werde noch von Sinnen kommen, oder an einer Abzehrung sterben. Es ist ohnmöglich mich aller deiner projecten, die du seit deiner Abreise von Salzb: im kopf hattest und auch mir überschriebst zu erinnern, ohne meinen gesunden Menschenverstand darüber zu verlieren. alles lief auf Vorschläge, leere Worte, und am Ende auf *gar nichts* hinaus. (...) allein was nützt alles dieses Geschwätz. die Hauptsache ist, *daß du itzt nach Salzb: kommst.* Ich will nichts von denen *vielleicht* zu verdienenden 40 Louisd'or wissen. deine ganze Absicht gehet dahin mich zu Grunde zu richten, nur um deine in Lüften stehende Plane auszuführen.«

Das totale Versagen Mozarts wurde auch an Zahlen festgemacht und er mußte sich von seinem Vater vorrechnen lassen, daß er in 14 Monaten 863 fl. Schulden angehäuft hatte. Leopold ging aber noch einen Schritt weiter und machte Wolfgang indirekt auch für den Tod der Mutter verantwortlich. Er schreibt: »Ja ich hoffe, daß du, nachdem deine Mutter mal à propos in Paris hat sterben müssen, du dir nicht auch die Beförderung des Todes deines Vatters über dein Gewissen ziehen willst.«

Vier Tage später ließ Leopold einen weiteren Brief folgen, der neuerlich mit Vorwürfen gespickt war. »Ich bin deiner projecten müde«, heißt es da zu Beginn, »durch welche du mir die besten Plane, die ich oft hatte zu nichts gemacht; welches du nicht einsiehest, weil du nichts mit kaltem Blut und ohne Vorurtheile überlegen kannst – oder willst, – freilich oft nicht kannst, weil du dich, durch das feuer deiner Jugend, und durch die schmeichelhaften Vorschläge, die dir bald dieser bald jener macht, in einem Augenblicke hingerissen wirst, und alles für Gold ansiehest, das doch am Ende nichts als falsches Rauschgold ist. du vergissest dadurch, daß dein Vatter dein einziger bester freund ist.« In dieser Tonart geht es seitenweise weiter und am Ende ruft der Vater dem Sohn zu: »Liebster Sohn! – du kennst die Welt noch zu wenig.«

Den »liebsten Sohn« kümmerten in dieser Situation die Vorhaltungen seines Vaters wenig, dafür interessierte er sich umso mehr für gewisse Frauen. Wenn Wolfgang einmal schreibt: »wie ich Mannheim liebe, so liebt auch Mannheim mich«, dann steckt hinter dieser Gleichung wohl die Hoffnung, »Mannheim« bald durch »Aloisia Weber« ersetzen zu können. Aber neben Aloisia Weber gab es ja auch noch Maria Anna Thekla, mit der er wieder Kontakt aufgenommen hatte und an die er auf dem Weg nach München einen Brief »mit steifem Vorsatz« schrieb.

Während Wolfgang also von seinem Vater gedemütigt wurde, vereinbarte er mit seiner Cousine in München ein Treffen, von dem er sich wohl auch die Erfüllung gewisser sexueller Wünsche erhoffen durfte. Am 23. Dezember 1778 schreibt er an sein Bäsle: »wenn sie so viell freüd haben mich zu sehen wie ich ihnen, so kommen sie nach München in die werthe stadt – schauen sie daß sie vorm Neüen jahr noch drinn sind, so will ich sie dann betrachten vorn und hind – will sie überall herum führen, auch wenns nothwendig ist kristiren (...) – also kommen sie gewis, sonst ist ein schys; ich werde alsdan in eigener hoherperson ihnen Complimentiren, ihnen den arsch Petschieren, ihre hände küssen, mit der hintern büchse schiessen, ihnen Embrassiren, sie hinten und vorn kristiren, ihnen, was ich ihnen etwa alles schuldig bin, haarklein bezahlen, und einen wackeren furz lassen erschallen, und vielleicht auch etwas lassen fallen – Nun

adieu – mein Engel mein herz
ich warte auf sie mit schmerz.«

Kein Wunder, daß Mozarts Witwe Constanze an diesen Briefen wenig Gefallen fand. An den Verlag Breitkopf & Härtel schrieb sie am 28. August 1799: »die freilich geschmaklosen, aber doch sehr wizigen briefe an seine Base verdienen auch wohl eine Erwähnung, aber freilich nicht ganz gedrukt zu werden. – Ich hoffe, Sie lassen gar nichts drukken, ohne es mich vorher lesen zu lassen.«

Spätestens am 8. Januar 1779 traf dann das Bäsle tatsächlich in München ein und Mozart kündigte an diesem Tag seinem Vater an, daß ihn seine Cousine nach Salzburg begleiten werde. In dieser für ihn äußerst schwierigen Situation gab ihm die Beziehung zu seiner Cousine möglicherweise einen gewissen Halt, den er in Salzburg dringend nötig haben würde.

In seinem letzten Brief, den er vor der Abreise aus München schrieb, stellte er aber noch einmal klar, was er von den Bewohnern jener Stadt hielt, in die er nun gezwungenermaßen zurückkehren mußte: »ich schwöre ihnen bey meiner Ehre daß ich Salzburg und die ihnwonner | : ich rede von gebohrnen Salzburgern : | nicht leiden kann; – mir ist ihre sprache – ihre lebensart ganz unerträglich.«

Eine Woche später traf Mozart in Begleitung seiner Cousine dann in seiner Geburtsstadt ein und noch am selben Tag muß das von seinem Vater aufgesetzte Gesuch an den Erzbischof um Aufnahme in den Hofdienst eingereicht worden sein, da bereits am 17. Januar das Dekret über die Anstellung Mozarts als Hoforganist von Hieronymus Colloredo unterzeichnet wurde.

Mit dem Wissen um Mozarts Aversionen gegen Salzburg und den Erzbischof liest sich das Gesuch des »unterthanigsten und gehorsammsten Wolfgang Amade Mozart« wie eine Persiflage: »Euer Hochfürstlich Gnaden etc: hatten die Höchste Gnade nach dem Absterben des Cajetan Adlgassers in Höchstdero Dienste mich gnadigst anzunehmen: Bitte demnach unterthänigst als Höchstdero Hoforganisten mich gnädigst zu decretiern.«

Wenn der neuen Anstellung etwas Positives abzugewinnen war, dann der Umstand, daß Mozart nunmehr ein Jahresgehalt von 450 fl. bezog, das damit dreimal so hoch war, wie jenes, das er in seiner Funktion als zweiter Konzertmeister bezogen hatte.

An diesem Punkt stellt sich nun die Frage, was eigentlich aus den vielen Kapaunen geworden ist, die Leopold Mozart Mitte September 1778 angeschafft hatte, um die vermeintliche Rückkehr seines Sohnes entsprechend feiern zu können. Wir erinnern uns, daß Tresel am 17. September – angeblich – 13 Kapaune gekauft hatte und eine Woche später noch einmal 6. Zweifel an den 13 Kapaunen sind deshalb angebracht, weil man damit eine Mahlzeit für 80 Personen hätte zubereiten können. Geht man von einem Durchschnittsgewicht von 3 kg pro Kapaun aus, heißt das, daß Tresel insgesamt 40 kg Geflügel nach Hause hätte schleppen müssen, was reichlich absurd erscheint, da Leopold Mozart ja nicht einmal wußte, wann und ob Wolfgang überhaupt nach Hause kommen würde. Es ist vielmehr anzunehmen, daß Leopold bei der Mengenangabe maßlos übertrieben hat, um seinem Sohn zu signalisieren, daß man weder Kosten noch Mühen scheute, um ihm einen gebührenden Empfang zu bereiten. Darüberhinaus ließe sich aus der im Brief vom 24. September gemachten Bemerkung, daß Tresel abermals 6 Kapaune besorgt habe, schließen, daß die 13 Kapaune bereits verspeist worden waren. Fragt sich nur, von wem?

Unabhängig davon, wieviele Kapaune nun Tresel tatsächlich eingekauft hatte, wird sie diese bei einem Geflügelhändler auf einem der Märkte erworben haben, die dreimal wöchentlich dienstags, donnerstags und samstags stattfanden. Mit einem Preis von einem Gulden (= 60 Kreuzer) pro Stück waren Kapaune relativ teuer, verglichen etwa mit Enten, von denen das Stück 24 Kr. kostete oder Hühnern, für die 17 Kr. zu bezahlen waren.

Zum Vergleich: Ein Pfund Kalbfleisch kostete 5 Kr., das heißt, daß man für den Gegenwert eines Kapauns 12 Pfund Kalbfleisch bekommen hätte. All diese Preise beziehen sich auf das Jahr 1792. Allerdings dürften die Preise für Kapaune über einen längeren Zeitraum stabil gewesen sein, da aus den Kammeramtsrechnungen des Stifts Klosterneuburg hervorgeht, daß dort im Jahr 1710 ein Kapaun ebenfalls einen Gulden gekostet hatte.

Unter einem Kapaun versteht man einen jungen, kastrierten Hahn, der nach einer Mastzeit von etwa acht Monaten bis zu 3,5 kg auf die Waage bringt. Das Verschneiden des jungen Hahns erfolgt üblicherweise im Alter von 12 Wochen, wodurch sein Fleisch besonders mild, weiß und fett wird. Der Name »Kapaun« leitet sich vom lateinischen »capo« ab, was soviel wie »verschnittener Hahn« bedeutet.

Die große Wertschätzung, die man dem Kapaun in der Küche des 18. Jahrhunderts entgegenbrachte, belegt eindrucksvoll Conrad Haggers »Saltzburgisches Koch=Buch«, in dem nicht weniger als 52 Rezepte »von Capaunen« abgedruckt sind. Dabei weist Hagger bereits in der Kapitelüberschrift darauf hin, daß dieses Geflügel »vor alle Menschen / Gesunde und Krancke / gut und nothwendig« ist und »daß er im Geschmack den Fasanen gleiche«.

Bei Hagger findet man so ausgefallene Rezepte wie »Capaunen in der Spansau=Haut / gut und rŏsch zu braten«, »Eine gute Eyer=Gersten / oder Zerfahrnes mit weissen Capaunen Gehåck« oder »Capaunen mit Austern / oder Mŭschelein zu fŭllen / und mit Butter begossen / zu braten.«

Nichts für schwache Nerven ist allerdings Haggers Beschreibung der Tötung eines Kapauns, wobei man sich nicht der Illusion hingeben sollte, daß diese Art des Umgangs mit Tieren eine Besonderheit des 18. Jahrhunderts gewesen wäre. Bei Hagger lesen wir:

»Der Capaun wird einen Tag zuvor hergenommen / (Winters=Zeit aber kan es etlich Tåg zuvor geschehen) und gießt man demselben / wann er noch lebendig / einen wohl mit Gewůrtz angemachten Wein=Essig / oder gar guten Wein / durch einen Trachter / mit Gewalt durch den Hals hinab / und wann derselbige voll / so bindet man geschwind mit starcken Spagat den Hals zu / und hångt ihn biß den andern Tag an ein sicheres Ort in die Hôhe; Etliche nehmen auch Brandwein / unter den Eßig; des andern Tags wird der Capaun / biß an den Kopff / gleich einem andern Fasanen / trucken gerupfft / gesenget / und sauber ausgenommen / daß man daran keinen Darm zerbricht / im Falle aber dergleichen geschieht / muß er mit einem Tuch gesåubert / oder gar mit Wein / oder Eßig ausgewaschen / und ein wenig gepaitzt werden; dann wird er gespålt / und sauber gespickt / oder auch ungespickter / mit zerklopfften Speck=Blåttlein ůberlegt / auch zuvor gesaltzen / und an dem Spieß gebraten / gleich einem Fasan im besten Safft / mit Butter begossen.«

Auf welche Art die Kapaune zubereitet wurden, die Mozart gegessen hat, wissen wir nicht, anzunehmen ist aber, daß es sich, je nach Anlaß, um unterschiedliche Zubereitungsarten gehandelt haben wird. Der »herrliche Capaun«, der Vater und Sohn Mozart am 3. Januar 1771 in Mailand bei Marianne d'Asti von Asteburg serviert wurde, wird wohl anders geschmeckt haben wie jenes »Copäundl«, das bei Leopold und Nannerl am 2. November 1777 auf den Tisch kam, als man in Abwesenheit Wolfgangs dessen Namenstag feierte.

Die letzte Speise, die Mozart in seinen Briefen erwähnte, war ebenfalls ein Kapaun. Am Sonntag, den 9. Oktober 1791, schreibt er an seine Frau nach Baden: »ich habe mir mein halbes kapaunel, so mir freund Primus nachgebracht hat, herrlich schmecken lassen.«

Ein Kapaun taucht bei Mozart aber auch noch in einem anderen Zusammenhang auf, und zwar in der ihm zugeschriebenen fragmentarischen Übersetzung von »Don Giovanni«. Dort verspeist der Titelheld während des finalen Festmahls keinen Fasan, wie im italienischen Original von da Ponte angegeben, sondern ein »Kapaunerl«, an dem sich Leporello allerdings verschluckt.

Leporello hat eben das Maul voll und kann nicht reden, als er schnell hinunterschlucken will, fangt er zu husten an.

D. Juan:
Ei! was steckt Dir denn in Deiner Kehlen? –

Leporello:
Ach! ich glaube: ich hab' die Schwindsucht,
Denn ich huste lange schon! –

D. Juan:
Und da stiehlt er mir Kapaunen?
Wart' ich will den D o c t o r machen!
Geh daher, mein frommer Sohn!
Geh her! –

Leporello:
O Herr! Pardon!
Sie seind selbsten ein guter Schmecker!
Der Kapaunerl war mir zu lecker!
Wie der Herr, so auch der Diener:
Und da hab' ich ihn erwischt.

Dem feierlichen Anlaß entsprechend wird Giovannis Koch sicherlich ein ausgefallenes Gericht aufgetragen haben, möglicherweise ja »Copauner mit Austern«, wie sie im »Nutzlichen Koch=Buch« zu finden sind. Dieses Rezept ist ein Beispiel für die Variationsbreite der Barockküche und ist im übrigen relativ leicht nachzukochen. Allerdings kostet die Zubereitung dieses Gerichts heutzutage ein kleines Vermögen.

»Brate die Copauner schoͤn langsam, und oͤfter begossen, daß sie schoͤn marb werden, nimm 50. Austern, dise ausgeloͤst, das Meer=Wasser aufgehebt, nimm auch weich=gesottene Kaͤlber=Fuͤß, geschnitten in der Groͤsse, wie die Austern, bereite ein Butter in ein Reindl, laß ihn zergehen, die Austern darein, und geduͤnst, nimm klein=geribene Semmel=Broͤsel, Milchram, Lemoni=Schaͤller, Lemoni=Saft, das Meer=Wasser von Austern, die geschnittene Kaͤlber=Fuͤß, laß untereinander aufsieden, gut gewuͤrtzt, ziehe die Copauner ab, leg sie auf eine Schuͤssel, die Austern daruͤber angericht, laß wohl untereinander aufsieden, und gibs auf die Tafel.«

»Ich tranck morgens Caccalotte«

Darüber, was Wolfgang Mozart und seine Cousine während ihrer gemeinsamen Zeit in Salzburg Anfang 1779 getrieben haben, wissen wir wenig. Einiges kann man sich aufgrund der »Bäsle«-Briefe lebhaft vorstellen, anderes wird für immer im dunkeln bleiben, und das ist auch gut so.

Eine winzige Episode ist allerdings bekannt, nämlich, daß Wolfgang gemeinsam mit Cousine und Schwester Schokolade getrunken hat. Ein Jahr nach ihrem Aufenthalt in Salzburg schreibt Mozart an Maria Anna Thekla: »Neues weis ich ihnen nichts zu schreiben, als daß leider Joseph Hagenauer | : bei welchem sie, meine Schwester und ich im Erker=stübel Choccolate getrunken : | gestorben ist.«

Ignaz Joseph Hagenauer war am 9. April 1780 im Alter von 37 Jahren gestorben. Er war eines von elf Kindern des Ehepaars Lorenz und Maria Theresia Hagenauer und Mitarbeiter in der Spezereiwarenhandlung, die sich in jenem Haus in der Getreidegasse befand, in dem die Familie Mozart bis zum Herbst 1773 gewohnt hatte.

Diesem Brief Wolfgangs an sein Bäsle folgten bis Oktober 1781 noch zwei weitere, dann war die Beziehung zwischen den beiden beendet. Obwohl Mozart seine Cousine im Brief vom 9. April 1780 noch euphorisch als »liebste, beste, schönste, artigste, und liebenswürdigste« bezeichnet und seinem »Schatz« insgesamt »12345678987656095 Complimente« schickt, scheint diese eingeschnappt gewesen zu sein, denn einen Monat später war Mozart bemüht, den »um einen guten Pantofel=absatz erhöhenden Zorn« seiner Cousine »zu stillen«. Er versicherte seinem »in Harnisch gebrachten bässchen«, daß sie nach wie vor sein »Engel«

sei und dichtete für sie sogar »Eine zärtliche Ode«, die er mit der Formel »finis coronat opus, Edler v: Sauschwanz« unterzeichnete. Als »Draufgabe« malte er noch ein erotisches »Brust-Bild«, mit dem er seinem Bäsle offenbar zu verstehen geben wollte, daß er noch genau wußte, wie sie nackt aussah.

Zehn Monate später, Anfang März 1781, traf Wolfgang seine Cousine noch einmal für ein paar Tage in Augsburg, um ihr sieben Monate darauf mitzuteilen, daß in der Zwischenzeit »vielle wichtige sachen« vorgefallen waren, die einiges verändert hätten. Er verschwieg zwar in seinem Brief, daß er sich in Constanze Weber verliebt hatte, beteuerte aber, daß er dem Bäsle weiterhin freundschaftlich verbunden bleiben wolle.

Drei Jahre später erfuhr Mozart, daß seine Cousine im Februar 1784 eine uneheliche Tochter zur Welt gebracht hatte, deren Vater der Augsburger Domherr Abbé Theodor Franz Freiherr von Reibeld war. So gesehen hatte also Leopold Mozart mit seiner am 20. Oktober 1777 angestellten Vermutung Recht gehabt, daß das Bäsle »zu viel bekanntschaft mit Pfaffen« habe. Am Ende seines Briefes fügte hinzu: »Es ist schon recht, daß sie schlimm ist: aber die geistlichen Herrn sind oft noch weit schlimmer.« Verständlich, daß Mozart solche Verdächtigungen nicht kommentarlos hinnehmen wollte und seinem Vater aus Augsburg, wo er sich gerade mit seinem Bäsle vergnügte, eine entsprechende Antwort schickte: »Mein liebs bäsle, welches sich beyderseits empfehlt, ist nichts weniger als ein *Pfaffenschnitzl.* gestern hat sie sich mir zu gefallen, französisch angezogen. da ist sie um 5 p cento schöner.«

Im April 1780 gehörte diese Episode freilich längst der Vergangenheit an und ob sich Mozart damals wegen der Schokolade oder seiner Cousine an den gemeinsamen Aufenthalt im Hagenauer-Stüberl erinnerte, wissen wir natürlich nicht. Vorstellbar wäre allerdings, daß er mit dem Bild der Schokolade trinkenden Cousine besonders angenehme Erinnerungen verband, zumal Schokolade zur Mozartzeit ein Luxusgut war, dem auch erotisierende Eigenschaften zugeschrieben wurden.

Das war auch einer der Gründe, weshalb einige Kirchenleute die Schokolade verteufelten und als fastenwidriges Nahrungsmittel sogar auf den kulinarischen Index setzten. Dieses Vorhaben mißlang allerdings gründlich, zumal andere Geistliche die Auffassung vertraten, daß für Schokolade derselbe Grundsatz zu gelten habe, wie für andere Getränke auch, nämlich: »Liquidum non frangit jejunium« – »Flüssigkeit ist kein Fastenbrecher«. Kurioserweise wurden die schokoladefeindlichen Kirchenkreise in ihrem Vorhaben auch von Wissenschaftlern wie dem Wiener Arzt Johann Franz Rauch unterstützt, der 1722 in seiner Abhandlung »Von der Luft und den Nahrungsmitteln« die Schokolade für die Laster seiner Zeit mitverantwortlich machte.

Mozart und seine Schwester lernten die Schokolade spätestens in England als eine von vielen kulinarischen Spezialitäten kennen. Aus London, wo die erste Schokoladeschenke 1657 eröffnet wurde, schrieb Leopold Mozart am 13. September 1764 an Lorenz Hagenauer: »Leute nun, die kostbarer leben, deren es genug giebt, halten was den Thée morgens und abends anbelanget die nämliche Ordnung, nur das auch Coffée und choccolate, mit Zimmet gesottene Weine, Rosolie, gefrornes etc. und anderes gewis kostbares aufgesetzt wird.«

»Rosolie« ist ein Rosenschnaps und »gefrornes« Eis.

Leopold Mozarts Schreibweise »choccolate« erinnert an den Namen dieses Getränks bei den Azteken, die ihr »Kakaowasser«

»chocolatl« nannten. In seinem Herkunftsland Mexiko war »chocolatl« ein mit Chili versetzter scharfer Kühltrank, der in Europa erst angenommen wurde, als man anstelle des Paprikas Zucker als Zusatz verwendete und durch die Zugabe von kochendem statt kaltem Wasser den Charakter dieses Getränks komplett veränderte. Mit dem »chocolatl« kam auch die »Vainiglia« oder »Banillia« nach Europa, jenes Gewürz, mit dem bereits die Azteken ihr Kakaowasser aromatisierten.

Beim sichtlichen Spaß, den die Familie Mozart bei der Verwendung fäkalkomischer Ausdrücke hatte, überrascht es nicht, daß die »choccolate« vor allem ihrer Farbe wegen Anlaß für das eine oder andere Wortspiel war. So berichtet Leopold Mozart am 14. Dezember 1769 aus Wörgl, daß er »Caccalotte« getrunken habe und drei Monate später bezeichnet Wolfgang in Anlehnung daran seinen Vater als »Don Cacarella«, wobei er damit allerdings auch gemeint haben könnte, daß dieser gerade Durchfall hatte.

Daß sich die Schokolode auch im streng katholischen Fürsterzbistum Salzburg langsam durchzusetzen begann, läßt sich am Beispiel der Korrespondenz Leopolds mit Nannerl im Zeitraum September 1784 bis Mai 1787 nachvollziehen. Damals gab es in der Stadt Salzburg »4 Schokolade= und Kaffeeschenken« und auf dem »Salzburgischen flachen Land« »5 Kaffeeschenken und Schokolademacher«. Da Leopold Mozart im erwähnten Zeitraum zahlreiche Schokoladelieferungen von Salzburg nach St. Gilgen erwähnt, ist anzunehmen, daß es in Nannerls neuem Wohnort keine Schokolademacher gab.

Mit Preisen zwischen 1 fl. 15 Kr. und 3 fl. je Pfund (560 g) gehörte die Schokolade zu den teuren Waren. Zum Vergleich: ½ Liter Olivenöl aus der Provence kostete in Salzburg 48 Kr. und für ein Paar Filzschuhe waren 55 Kr. zu bezahlen.

Angesichts der besonderen Stellung, die die Schokolade einnahm, ist es nicht weiter verwunderlich, daß auch Fürsterzbischof Colloredo eine Schwäche für dieses Getränk hatte. Aus einem Brief Leopold Mozarts erfahren wir in diesem Zusammenhang: »Der

Erzb: ist von Lauffen zurück, – hatte den Tag darauf frühe ein Erbrechen bekommen; vor und nach der chocolate sich 6 mahl erbrochen, weil er etwa in Lauffen zu viel Obs unter einander gegessen.«

Nach der Geburt ihres ersten Sohnes gab Leopold der kränkelnden Nannerl immer wieder Ratschläge, was sie zur Verbesserung ihrer Gesundheit tun könne und empfahl ihr dabei auch, Schokolade zu trinken. Am 6. Oktober 1785 schreibt er: »Von Hof giebts kein Choccolate zu kaufen, das Loch ist aller Orten verrennt. dieser Choccolate à *2 f 15* X^r macht keine Hitzen da er im wasser gesotten wird: Er hitzt nur wenn man ihn, wie das Brod, stückweis ist. aigentlich hitzt nur der Choccolate der 2 f 30 X und 3 f kostet, wegen der vielen Vanillia. Und überhaupts nehme ich niemal ein ganzes Ziegerl auf einmahl. man kann iedes Ziegerl in 3 Theile abschneiden oder zertheilen, und 2 Theile auf ein portion nehmen, so hat man mit *2 Ziegerl* für 3 täge genug, das ist wirtschaftlich, folglich für die physicalische und moralische Hitze gesorgt, da es nicht so viel kostet als der Coffée, weil ein Ziegerl nicht auf 4 x 3 Pfennige kommt, und ist gesünder als der Coffée.«

Die hier erwähnten 12 Pfennig entsprachen 3 Kreuzer, abgekürzt X oder X^r, da 1 Kreuzer 4 Pfennig hatte.

Sechs Wochen später erinnerte Leopold seine Tochter daran, bei der Zugabe von Vanille vorsichtig zu sein, »weil mans, wegen dem sehr penetranten Geruch, gleich riecht. übrigens ist die Vanille für den Magen gut«. Aus medizinischen Gründen mischte man der Schokolade aber nicht nur Vanille bei, sondern auch Orangenblüten oder Mandelmilch.

Von der gesundheitsfördernden Wirkung von Schokolade war Leopold jedenfalls soweit überzeugt, daß er sich diese »Arznei« auch selbst gerne verordnete. Als ihm im Oktober 1786 wieder einmal die »Hitze im Geblüth« zu schaffen machte, begann er über einen Zeitraum von »10 oder 12 täge« um 7 Uhr seine Behandlung mit »choccolate trinken«.

Die Art und Weise, wie Nannerl und ihr Vater die Trinkschokolade zubereiteten, wird sich kaum von jener Rezeptur unterschieden haben, die im »Wienerischen bewåhrten Kochbuch« angeführt wird. Unter der Überschrift »Chokolade zu verfertigen« heißt es da:

»Auf eine halbe Milch nimm 4 Zeltel Chokolade. Schneide denselben klein, und wenn die Milch kocht, gib ihn hinein, alsdenn wenn der Chokolade gekocht hat, giesse ihn ab und sprůdle ihn gut. Einige nehmen auch von 3 Eyern das Gelbe dazu, es ist aber dabey gut Acht zu haben, daß das Weisse von den Eyern nicht mit in Chokolade kommet, daß wůrde ihn ganz verderben, daher ist es besser, du nimmst gar keine Eyer; wenn der Chokolade gut ist, ist es unnŏthig. Nun haben auch einige den Glauben, daß der Chokolade eigentlich nicht schŏn sey, wenn man sie nicht zu Schaum sprůdle, aber der Schaum ist Schaum, daß heißt ůberflůßige Luft, die in den Magen kommet, und unnŏthiger Weise Blåhungen macht. Etwas aufrůhren kannst du sie wohl, damit sich der Chokolade nicht zu Boden setze (wie wohl sie das auch nicht thun muß, wenn sie recht gemacht, und fein geschnitten ist, und mit der Milch gekocht hat); und daher mag wohl die falsche Meynung entstanden seyn, daß man darum sprůdle, um Schaum zu haben.«

Die Korrespondenz der Familie Mozart läßt darauf schließen, daß sie Schokolade nur zur Herstellung von Trinkschokolade verwendete; über die Zubereitung von »Chokoladetorten« oder »Chokoladebusserln« ist jedenfalls nichts bekannt.

Kurioserweise empfahl Theobald Marchand, ein in München lebender Freund Leopold Mozarts, diesem noch einen Tag nach dessen Tod die »Einnahme« von Schokolade. Natürlich konnte Marchand am 29. Mai 1787 in München nicht wissen, daß Leopold am Vortag in Salzburg gestorben war. In seinem »Specificum« gegen »MilzVerstoppung« schreibt Marchand: »wenn sie 2 Stunden in einem gelinden Schweiß gelegen, dann können sie ein trocknes Hemd anziehen, und eine Taße Thee, Caffé oder Chocolade nehmen.«

Im selben Jahr, in dem Mozarts Vater starb, übernahm die Schokolade eine kleine, wenn auch feine Rolle in Mozarts Oper »Don Giovanni«. In der 8. Szene des 1. Aktes setzt der Titelheld bekanntlich alles daran, mit Zerlina allein zu sein und beauftragt zu diesem Zweck seinen Diener Leporello, für die rasche Zerstreuung der Bäuerinnen und Bauern – allen voran natürlich Zerlinas Bräutigam Masetto – zu sorgen. In der deutschen Übersetzung von Maria Grazia Kölling-Bambini – was für ein Name für eine Übersetzerin – lautet diese Passage:

Giovanni:
Schnell, geh mit ihnen: führe sie
in meinen Palast: versorge sie mit
Schokolade, Kaffee, Wein und Schinken:
such alle zu unterhalten,
zeig ihnen den Garten,
die Galerie, kurzum,
(er nähert sich Zerlina und umfaßt sie)
mach, daß mein guter Masetto zufrieden ist.
Verstanden?

Leporello:
Ich habe verstanden. Gehen wir.

Während sich die Bediensteten von diesen Versprechungen überzeugen lassen und das Feld räumen, verläßt Masetto erst nach

Androhung von Gewalt die Szene. Ob er im Schloß allerdings Schokolade trinkt, ist mehr als fraglich.

In der letzten Szene des 1. Aktes wird zu Beginn des Balls bei Don Giovanni neben Kaffee, Eis und Konfekt auch Schokolade aufgetragen. Zerlina und Masetto schwant angesichts ihrer »süßen« Erfahrungen mit dem Don allerdings nichts Gutes:

Zerlina und Masetto:
Recht süß beginnt das Spiel,
doch bitter kann es enden.

Drei Jahre nach der Uraufführung von »Don Giovanni« taucht in der Oper »Così fan tutte«, deren Libretto ebenfalls von Lorenzo da Ponte stammt, die Schokolade wieder in einer kleinen Nebenrolle auf. Bei ihrem ersten Auftritt erklärt die Kammerzofe Despina am Beispiel dieses vornehmen Getränks, wie ungerecht das Leben sei, weil sich Schokolade nur reiche Leute wie Dorabella und Fiordiligi leisten können.

Despina:
(rührt die Schokolade)
Welch ein erbärmliches Leben,
Kammermädchen zu sein!
Von Morgen bis Abend,
Tut, schwitzt, arbeitet man, und dann
Von allem, was man tut, ist nichts für uns.
Eine halbe Stunde rühre ich;
Die Schokolade ist fertig, und mir bleiben
Nur die Düfte und ein leerer Mund?
Oder ist mein Mund nicht wie der ihre?
Oh, gnädige Damen,
Für Euch ist die Speise, für mich der Duft.
Zum Teufel, ich will doch probieren.
(Sie probiert.)

Schmeckt gut!
(Sie wischt sich den Mund ab.)
Es kommt jemand!
O Himmel, es sind die Damen!

Die Schokolade scheint Despina Mut zu machen und in weiterer Folge zieht sie bei dem verwirrenden Spiel um Liebe und Treue gemeinsam mit Don Alfonso die Fäden, um am Ende sogar einen klareren Blick auf die Dinge zu haben, als Dorabella und Fiordiligi. Ob das freilich alleine am Genuß der Schokolade liegt, sei dahingestellt.

»Schon fast 3 Pfund Sago gefressen«

Als Wolfgang Mozart Ende November 1780 in München während der Proben zur Uraufführung seiner Oper »Idomeneo« an einem schlimmen Katarrh erkrankte, bat er seinen Vater um medizinischen Rat. Obwohl er begonnen hatte »feigelsaft, und ein wenig Mandlöhl« zu nehmen, ging es ihm so schlecht, daß er sogar zwei Tage lang das Bett hüten mußte. Offenbar erinnerte sich Mozart in dieser Situation an ein Hausmittel, das in Salzburg bei bestimmten Krankheiten häufig verwendet wurde, und ersuchte seinen Vater »um die art, den Sago zuzurichten – für einen guten freünd«. Weshalb Mozart einen »guten freünd« vorschob, um an dieses Rezept heranzukommen, ist nicht ganz klar, aber möglicherweise wollte er seinen Vater nicht beunruhigen.

Leopold durchschaute allerdings den »guten freünd« und nutzte die Gunst der Stunde, um seinem Sohn an den folgenden Tagen gleich seitenweise Ratschläge zu geben, womit er sich kurieren solle. Nachdem er ihm bereits einen umfangreichen Diätplan und ein detailliertes Rezept für Gerstenwasser übermittelt hatte, gab er ihm noch folgende Anweisungen: »Fußwasser, *nicht zu heiß,* ist immer gut, erhält den Kopf freyer, weil es abwärts ziehet. Nur keinen Wein, und nicht kalt trinken. Die Lindgsottnen *Gelben rueben* sind auch zum Mittag= und Nachtessen unvergleichlich, auch die *suessen rueben* starkversotten oder, nach der Kuchlsprache, die *gedünnsten gelben* und *süssen rueben* sind vortrefflich, dann zu zeiten *ein paar gebrattne meschanzger Äpfel* etc: unter Tags zum Anfeuchten, die man ja nur auf den ofen legen kann oder in einen Rohr. etc. etc: Nun hast du eine halbe Apothecke, und auch einen guten Küchenzettl dazu. Doch ist bey allem das Beste, und durch das man am geschwindesten davon kommt, wenn man bey zeiten, mit wenigem den Magen beschwert, sich schlafen legt, um in gleicher Wärme, der Natur Ruhe zu lassen, wo sich dann diese den Catharr verursachende verdorbenen Säfte zertheilen, flüssig werden und leichter theils durch den Speichel theils per urinam und Seceßum ihren Ausgang nehmen.« Am Ende seines Briefes fügte er noch hinzu: »bald schlaffen gehen! dich nicht verkälten! in der frühe ein wenig dünsten! Diät! gute Nacht!«

In diesem Schreiben erweist sich Leopold Mozart einmal mehr als Anhänger der »Säftelehre«, nach der in einem gesunden Menschen die vier Körpersäfte Blut, Schleim, schwarze und gelbe Galle in ausgeglichener Mischung vorhanden sein sollten. Auch wenn er den Hinweis, Wolfgang möge die verdorbenen Säfte mittels Speichel, Urin und Stuhl aus seinem Körper ableiten, mit der ironischen Formel »ita Clarißimus Dominus Doctor Leopoldus Mozartus« unterzeichnete, handelte es sich dabei um durchaus sinnvolle Ratschläge. Da Leopold das Rezept zur Zubereitung des Sago nicht übermittelte und Wolfgang auch seinen Katarrh nicht weiter erwähnte, ist anzunehmen, daß die Mittel – sofern sie Wolfgang überhaupt angewendet hat – ihre Wirkung taten. Durch den Tod Maria Theresias und den damit verbundenen Unsicherheiten hinsichtlich der Uraufführung des »Idomeneo« hatte Wolfgang aber ohnehin andere Sorgen.

An dieser Stelle ein paar Worte zu den von Leopold Mozart erwähnten »meschanzger Äpfel«. Diese aus Böhmen stammende Sorte war im 18. Jahrhundert weit verbreitet und ein Blick in die damaligen Kochbücher zeigt, daß die Maschansker Äpfel auf vielfältige Weise verarbeitet wurden. Im »Nutzlichen Koch=Buch« findet sich zum Beispiel ein Rezept für ein »Aufgehendes Maschantzger=Åpffel=Koch« und im »Wienerischen bewåhrten Kochbuch« wird die Zubereitung einer »Marschanzgeråpfelsulz« folgendermaßen beschrieben:

»Schålle Marschanzger, lege sie in ein frisches Wasser, daß nicht schwarz werden, nimm in ein Rein oder Kasteroll halb Fingerhoch

Wasser, 1 Vierting Zucker, 1 ganze Limonieschaale, 1 Stůckel Zimmet, wenn es zum sieden anfangt, so lege die Åpfel darein, gieb aber acht, daß du die Stengel nicht abbrechest, wenn die Åpfel auf einer Seite weich sind, so kehre sie um, hab acht, daß sie nicht zerfallen, du darfst sie nicht mehr zudecken, sonst versieden sie sich, wenn sie gesotten sind, so lege sie auf eine Schůssel heraus, lege in das Kasteroll ein gutes Stůckel Zucker, laß recht dick, bis der Zucker faumet, einsieden; hernach schůtte es darůber, laß an einem kalten Ort sulzen.«

»1 Vierting« ist ¼ Pfund (140 g) und mit der Formulierung »bis der Zucker faumet« ist gemeint, »bis der Zucker schaumig wird«. Anstelle von Maschansker Äpfeln kann man natürlich jede andere Sorte von Kompottäpfeln verwenden.

Weshalb Leopold seinem Sohn das erbetene Sagorezept nicht zugesandt hat, wissen wir nicht. Möglicherweise hielt er es zur Behandlung von Wolfgangs Katarrh für nicht geeignet, vielleicht hat er es aber auch bloß vergessen. Leopold selbst war jedenfalls von der heilenden Wirkung des Sago überzeugt und in seinen Briefen finden sich zahlreiche Stellen, in denen er auf dieses Hausmittel schwört. So schreibt er am 15. Dezember 1777 an Frau und Sohn in Mannheim: »Ich nehme noch Täglich den Sago, aber itzt schon lange nur einmahl des tages, nämmlich abends etwa um halbe 6 uhr: da ich ihn vorhero über 4 wochen alle tage 2 mahl nahm.«

Im Oktober 1785 schickte er seiner Tochter Sago um 56 Kr. nach St. Gilgen und am 29. Dezember 1786 heißt es in einem Brief an sie: »Nun hab schon den Sago zu nehmen einige Täge angefangen: und heute esse ich wieder das erste mahl Fastenspeise. Ich befinde mich nicht übl; nur ist mein linker Arm, und meine linke Hand immer kälter als die rechte. Hoffe, es wird nach und nach besser werden.«

Offenbar hatte Leopold auch in den letzten Monaten seines Lebens den Glauben an die heilende Wirkung des Sago nicht verloren, denn noch am 26. Januar 1787 schrieb er an Nannerl:

»Meine Gesundheit ist, nachdem schon fast 3 Pfund *Sago* gefressen vieles besser.« Bei Leopolds schwerer Erkrankung konnte freilich auch der Sago keine Wunder mehr wirken.

Aber nicht nur Leopold Mozart, auch seine Frau war von der gesundheitsfördernden Wirkung dieses Stärkemehls überzeugt. Nachdem ihr Leopold am 2. Oktober 1777 mitgeteilt hatte, daß er »noch einen kleinen Husten, und stinkenden Auswurff« habe, bat sie ihn eindringlich, »den Sago bald, ie bälder ie besser« zu nehmen, damit er wieder zu Kräften komme. Anna Maria Mozart hielt sich damals mit ihrem Sohn gerade in München auf und aus Nannerl Mozarts »tag ordnungen« erfahren wir, daß sie am selben Tag, an dem der Brief aus München eintraf, gleich nach dem Bölzlschießen den Sago zubereitete. Am 5. Oktober 1777 notierte sie: »ich hatte auch zu thun, das pelzlschüssen, und für den papa habe ich den sago gesotten.« So konnte Leopold bereits am 6. Oktober an Frau und Sohn nach München schreiben: »die Mamma soll getröst seyn, ich befinde mich viel besser, und heute nachmittag fange den Sago zu nehmen an, der schon gemacht ist.«

Im »Appetitlexikon« von Habs und Rosner lesen wir über den Sago, daß dieser »eine Art Stärkemehl von weißer, brauner oder rötlicher Farbe ist, das namentlich in Ostindien und Australien von der Sagopalme gewonnen wird, indem man das Mark des Baumes mit Wasser behandelt und das auf diese Weise gewonnen Mehl an der Sonne trocknet«. Nach Deutschland und Österreich kam der Sago Mitte des 18. Jahrhunderts, das heißt, daß dieses Nahrungsmittel zur Mozartzeit erst seit kurzer Zeit auf dem Markt war.

Wie das folgende Rezept aus dem »Wienerischen bewåhrten Kochbuch« zeigt, glaubten auch die Verfasser dieses Kochbuchs an die gesundheitsfördernde Wirkung dieses exotischen Produkts und vielleicht ist ja der Sago im Tanzmeisterhaus nach dieser Methode zubereitet worden:

»Siede ein Pfund Rindfleisch in einen mittelmåßigen Hafen, wenn das Fleisch halbgesotten, lege ein låmernes Brůstel hinein, salze es und lege Petersil, Zwiebel, Zeller und Pury daran, laß es so lang sieden, bis alles ganz weich ist, seihe die Suppe vom Fleisch und koche den Sago darein; koche ihn wie die gerollte Gerste, es ist eine gute für Kranke anfeuchtende Suppe.«

Ein »Hafen« ist ein Topf; ein »laemernes Bruestel« ist eine Lammbrust und mit »Pury« ist Porree gemeint.

»Du sollst zu Zeiten, einen recht zusammengesottenen Gerstenschleim trinken«

Gerste in ihren verschiedenen Verwendungsformen scheint in der Küche der Familie Mozart nicht nur als Speise, sondern auch als Hausmittel eine große Rolle gespielt zu haben. Als Anhänger der »Säftelehre« hat Leopold zum Beispiel den Einsatz von Gerstenschleim immer dann empfohlen, wenn die betreffende Person unter »Trockenheit« oder »Hitze« litt.

Als Mozart Ende November 1780 in München während der Proben zu »Idomeneo« erkrankte, beschränkten sich die Ratschläge seines Vaters nicht nur auf die Behandlung der Symptome, sondern er versuchte auch, seinem Sohn die Ursachen dieser Erkrankung zu erklären. Am 4. Dezember 1780 schreibt er: »Daß dein Catharr nach der Probe ärger geworden, ist ganz natürlich, alle *Kopfnerven* werden durch das scharfe *Hören* und *Sehen* erhitzet und angespannt und diese anspannung erstrecket sich durch den Eyfer und die Aufmerksammkeit bis *auf die Brust.* man schnauft nicht ordentlich, wie gewöhnlich gleich; sondern zuzeiten verhält man den Athem, und zu zeiten athmet man geschwind und heftig hintereinander etc: das erhitzet und ermüdet die Brust, das Blut geräth in Wallung, der Catharr kann also nicht abnehmen, sondern die verstopfung wird stärker. Daß du nun veiglsaft und Mandlöhl genommen ist *recht gut* geschehen, – mit dem Schwarzen Pulver und margrafen Pulver kannst du nichts verderben.«

Veilchensaft und Mandelöl sollten reizmildernd wirken, das »Schwarze Pulver« gehörte als krampflösendes Mittel ebenso zur Standardtherapie Leopolds wie das sogenannte »margrafen Pulver«, ein Magnesiumpulver mit Rhabarber, das als Abführmittel immer wieder zum Einsatz kam. Einer von Mozarts medizinischen Grundsätzen lautete ja: »Ich will das der Arsch den Kopf Curieren soll.«

In seinen weiteren Ausführungen weist Leopold auch darauf hin, daß das wichtigste bei dieser Krankheit die richtige Ernährung sei: »Die Hauptsache ist *die dieta*«, schreibt er, »*wenig essen. Suppen* so viel du willst: aber kein Rindfleisch. ein wenig gut *zusammgesottnes lindes Kalbfleisch* oder *Lammfleisch.* – am besten gut versottnes Füngerl. recht zum Schleim *versottnen Reiß. gerstenschleim,* aber nicht den zucker, sondern *den Schleim* von der zusammengesottnen, und durch ein reines Tuch gedrückten gersten.«

Im Anschluß daran schickte Leopold noch detaillierte Anweisungen zur Herstellung des Gerstenwassers, »welches die Erhitzung auf der Brust mildert, die Brust anfeichtet, das Blut flüssig erhält, versüsset und die nothwendige natürliche gute feüchtigkeit beferdert etc:«

Ob Mozart all diese Anweisungen seines Vaters befolgte, ist eher unwahrscheinlich, denn bereits am 5. Dezember schreibt er nach Salzburg, daß er »damals« – also Ende November – einen Katarrh »hatte«. Leopolds oben zitierter Brief kann aber frühestens am 6. Dezember in München eingetroffen sein, also zu einem Zeitpunkt, als sich Mozart bereits wieder gesund fühlte.

Gerstenschleim als Mittel zur Behandlung gewisser Erkrankungen empfahl Leopold Mozart auch des öfteren seiner Tochter. Als die 34-jährige Nannerl nach der Geburt ihres ersten Kindes unter »Drucken und stecken, und der Hitze« litt, diagnostizierte der Vater »klare Zeichen der zurückgehaltenen *ordinarypost*«, also eine neuerliche Schwangerschaft. »Ordinarypost« war eine Deckbezeichnung für Menstruation und taucht in Leopolds Briefen an Nannerl wiederholt als stehender Begriff auf. Auch Maria Theresia verwendete in der Korrespondenz mit ihrer Tochter Marie Antoinette für die Menstruation Tarnbegriffe wie »Generalin« oder »Generalin Krottendorf«.

Zunächst schlug Leopold seiner Tochter vor, »am Arm eine Luftlaß von etwa 4 Untzen vorzunehmen«, also einen Aderlaß mit ⅛ Liter Blut, was sehr wenig ist, da bei einem Aderlaß üblicherweise mindestens ½ Liter Blut abgezapft wurde. Danach sollte Nannerl ein spezielles Mittel einnehmen, das sie sich nach Leopolds Anweisungen selbst zubereiten sollte. Am 4. November 1785 schreibt er: »Wenn man von der *Bibergeil nur ein kleines Messerspitzl stark herunter schabt, und solches in so viel heisse fleischbrie thut als 2 CaffeeSchallerl austragen, es bey der wärme ein wenig stehen lässt, und dann wenn dieser Spasmus kommt, davon trinkt,* so wird sich das druken setzen, wenns ein *Mutterzustand* ist.«

»Spasmus« ist ein Krampf, der im Falle Nannerls aber nichts mit einem »Mutterzustand« zu tun haben konnte, da ihr zweites Kind, Johanna Maria Anna Elisabeth, erst am 22. März 1789 geboren wurde. Diese Tochter, Jeanette genannt, starb 1805 im 17. Lebensjahr und wurde auf dem Sebastiansfriedhof in Salzburg im Grab ihres Großvaters Leopold Mozart beigesetzt. Anfang 2005 wurden ihre sterblichen Überreste gemeinsam mit jenen von Constanze Nissen und Leopold Mozart im Zuge eines äußerst zweifelhaften Unternehmes ausgegraben und auf DNA-Spuren untersucht. Diese Untersuchung sollte Aufschluß darüber geben, ob der Skelettschädel, der in einem Tresor der Internationalen Stiftung Mozarteum aufbewahrt wird, tatsächlich der Schädel Mozarts ist. Man kann nur hoffen, daß dieses gespenstische Vorhaben in jeder Beziehung scheitert.

Nannerl bestand übrigens nach einer Auseinandersetzung mit ihrer Schwägerin Constanze Nissen ausdrücklich darauf, nicht am Sebastiansfriedhof, sondern am Petersfriedhof begraben zu werden, was dann am 31. Oktober 1829 ja auch geschah. Selbst nach ihrem Tod wollte Nannerl mit den Machenschaften Constanzes und deren Mann Georg Nikolaus Nissen nichts zu tun haben.

Bei dem von Leopold Mozart empfohlenen »Bibergeil« handelt es sich um den Inhalt der zwei Drüsensäcke vor dem After des Bibers, der bis ins 19. Jahrhundert in der Medizin Verwendung fand. Dadurch, daß der Biber seit dem Mittelalter als Fischersatz in der Fastenküche eine große Rolle spielte, war es nicht allzu schwer, an »Bibergeil« heranzukommen.

Im Kapitel »Von Biber / Otter / Schildkrotten / Krebs / Froͤsch und Schnecken. Bestehend in 54. Veraͤnderungen der Speisen« heißt es einleitend in Conrad Haggers »Saltzburgischem Koch=Buch«: »Der Biber ist ein vierfuͤßiges Thier / hat kurtze Fuͤß / er fangt die Fisch / und halt sich bey den Baͤchen und Fluͤssen auf / sein Fleisch wird an den Fast=Taͤgen / anstatt der Fisch gekocht / und verspeißt.« In diesem Kochbuch gibt es neben den obligaten Rezepten für »Biber=Bratwuͤrst« und »Biber= und Otter=Schlegel« auch eines für »Lungen und Leber von dem Biber und Otter / wie auch die gebutzte Daͤrm«. Mit dem Hinweis auf »des Bibers edlen und koͤstlichen Schweif / der allzeit besonders gekocht und aufgetragen wird« widmet Hagger diesem Teil des Bibers sogar ein eigenes Rezept.

Wie der weiteren Korrespondenz Leopolds zu entnehmen ist, dürfte aber »der Bibergeil« nicht allzuviel genützt haben, da er danach seiner Tochter mehrmals empfahl, es mit Gerstenschleim zu versuchen. »Da dir beym eifrigen Clavierspiele der Hals trocken wird«, schreibt er am 19. November 1785, »solltest du einen Gerstenschleim im Sack haben, um ein wenig in Mund zu nehmen.« Des weiteren gab Leopold seiner Tochter den Rat, gleich nach dem Aufstehen durch Gurgeln »den speichlsaft in Bewegung zu bringen, damit der Hals und Mund feucht werden«. Leopold empfahl Nannerl auch, den Kaffee mit Gerstenschleimzucker zu süßen, jedoch keinen Kakao zu trinken.

Nachdem bei Nannerl keine Besserung eingetreten war, zog Leopold den Arzt Dr. Joseph Barisani zu Rate, der offenbar dieselbe Meinung vertrat wie er. Auch Barisani ließ Nannerl ausrichten, sie solle gegen die Trockenheit im Hals »zu Zeiten einen recht *zusammengesottenen Gerstenschleim* trinken«.

Joseph Barisani war der älteste Sohn von Leopolds langjährigem ärztlichen Beistand und Freund Dr. Silvester Barisani und studierte, ebenso wie sein Bruder Sigmund, in Wien Medizin, kehrte aber nach der Promotion wieder nach Salzburg zurück.

Wenige Jahre später, als er schon sehr krank war, behandelte sich Leopold selbst mit Gerstenschleimsuppe, wobei er als Suppeneinlage »etwas Rindfleisch, Lämmeres und feines kalbfleisch« verwendete, da ihn sonst »die Winde ums Leben« gebracht hätten, wie er zweieinhalb Monate vor seinem Tode an Nannerl schrieb.

Wer Gerstensuppe nicht als Krankenkost, sondern als normale Speise ausprobieren möchte, dem sei das folgende Rezept für »Gerstensuppe mit Pilsling oder Schampian« – also Pilzen oder Champignons – aus dem »Wienerischen bewåhrten Kochbuch« empfohlen:

»Setze eine gerollte Gersten, welche doch nicht ausgewaschen wurde, zu, und laß sie weich sieden. Schneide dann Pilsling oder Schampian fein, und laß sie in Butter mit grůnen Petersil anlaufen, die gesottene Gersten gewůrzt, gesalzet und ein Stůckchen Butter dazu.«

Der lächerliche und auf daß Simpleste sich verstellende
Hanß-Würst
Bidiculus, stupidâq; simplicitate prœditus rusticus,
vulgò Hans-Wurst.

»Und bleibe der nehmliche hanswurst«

Gnagflow Trazom liebte Verkleidungen und Masken. Für diese Behauptung sprechen nicht nur die zahlreichen Pseudonyme, die er sich in seinen Briefen gab, sondern auch seine Vorliebe für Masken. Günther G. Bauer hat in seinem Buch »Mozart. Glück Spiel und Leidenschaft« ausgerechnet, daß Mozart im Laufe seines Lebens an die 200 Maskenbälle besuchte. Eine Figur, die dabei eine besonders wichtige Rolle spielte, war die »lustige Person«, die als Hanswurst, Harlekin oder Kasperl Mozart die Möglichkeit bot, sich die Maske des Narren aufzusetzen.

Als begeisterter Theatergeher war Mozart mit der Tradition, in der diese Charaktere standen, seit frühester Kindheit vertraut. Als sich die Mozarts beispielsweise Ende 1767 in Olmütz aufhielten, besuchten sie dort auch Aufführungen von »Comoedianten, die hier so sind, wie sie in Salzburg im Oxenstall gespielt haben«. Leopold Mozart wollte damit sagen, daß es sich bei dem von ihnen besuchten Stück nicht um höfisches Theater, sondern um Volkstheater gehandelt hat. Aus Leopolds Brief erfahren wir weiters, daß in diesem Stück auch der »hannswurst« auftrat, der »einen rechten unumschnittenen deutlichen rauppischen brocken heraus sagte, und die philosophischen Gesichter zu einem angenehmen lächeln bewegete«.

Kann man aus diesem Brief noch eine gewisse Sympathie für den Hanswurst herauslesen, äußerte sich Mozarts Vater nur zwei Monate später über die Vorlieben der Wiener für eben dieses Theater eher abfällig. Unter der geheimnisvollen Überschrift »Etwas für Sie allein!« schreibt er am 30. Januar 1768 an Lorenz Hagenauer: »Daß die Wiener, in genere zu reden, nicht begierig sind ernsthafte und vernünftige sachen zu sehen, auch wenig oder gar keinen Begriff davon haben, und nichts als närrisches zeug, tanzen, teufel, gespenster, Zaubereyen, Hanswurst, Lipperl, Bernardon, Hexen, und Erscheinungen sehen wollen, ist eine bekannte Sache und Ihre theater beweisen es täglich.«

Der Ärger Leopold Mozarts hing damit zusammen, daß er die Anhänger eben dieser Theatertradition dafür mitverantwortlich machte, daß man seinem 13-jährigen Sohn den Zugang zu den Wiener Bühnen verwehrt hatte. Leopolds Rundumschlag gegen die »neidischen und ehrenrauberischen Verleumder« ging freilich ins Leere, da die Oper, um die es ging, nämlich »La Finta Semplice«, ausgerechnet auf einem Text des Commedia-dell'arte-Dichters Carlo Goldoni basierte. Überhaupt wäre Mozarts musikdramatisches Schaffen ohne Figuren wie Hanswurst, Kasperl oder Lipperl schwer vorstellbar, und Leporellos Verwandtschaft mit dem Lipperl ist ebenso unübersehbar wie jene Papagenos mit dem Hanswurst.

Daß aber auch Leopold Mozart in seinem eigenen musikalischen Schaffen phasenweise auf die Tradition des österreichischen Volkstheaters und der Commedia dell'arte zurückgriff, zeigt seine Ende der 1760er Jahre entstandene Sinfonia burlesca in G mit den Sätzen: 1. Sinfonia; 2. Hanswurst (Menuett); 3. Il Signor Pantalone (Andante); 4. Arlecchino (Allegro).

Als sich Mozarts Vater im Oktober 1777 als »Scheibenpoet« betätigte und die Verse für die Bölzlscheibe seines Bekannten Franz Anton Prex, den Oberschreiber in Hüttenstein-St. Gilgen, verfaßte, nahm er ebenfalls Bezug auf diese Figuren:

St: Gilgen ist ein Ort, wo viele Berge sind;
darinn man aber nichts *vom Gold und Silber* find.
Das *beste,* so ich schick, kommt aus der Bauern Beutl,
vom Steffl, Lippel, Hanß; vom Hiesl, Thoma, Veitl.

Mozart lernte all diese Figuren bereits als Kind im Theater in Salzburg kennen, wo regelmäßig wandernde Truppen gastierten, zu deren Repertoire auch Hanswurststücke gehörten. Aus dem Tagebuch seiner Schwester Nannerl wissen wir, daß die Familie kaum eine dieser Aufführungen versäumte und während der Saison fast täglich das Theater besuchte.

Im Herbst 1773 war die Familie von ihrem Quartier in der Getreidegasse in das Tanzmeisterhaus am Hannibalplatz übersiedelt, wo auch das Hoftheater lag. Hieronymus Colloredo hatte auf den Umbau des alten Ballhauses gedrängt und durch einen Zuschuß aus der erzbischöflichen Kameralkassa in Höhe von 12.000 fl. die Renovierung des Theaters ermöglicht. Das Hoftheater, das Platz für 700 Personen bot, wurde am 16. Januar 1775 mit dem Stück »Die Gunst des Fürsten« eröffnet.

In der »Beschreibung der hochfůrstlich=erzbischőflichen Haupt= und Residenzstadt Salzburg und ihrer Gegenden« schreibt Lorenz Hübner im Kapitel »Vermischte Nachrichten, besonders für Fremde«: »Schauspiele sind hier gewőhnlich 3= oder 4mahl in der Woche zur Winterszeit vom October bis zu Anfange der Fasten in dem hochfůrstl. Ballhause jenseits der Brůcke; hierzu werden gewőhnlich reisende Gesellschaften für diese Zeit angenommen.«

Aus einem Brief Leopold Mozarts an seine Tochter vom 10. Dezember 1784 sind wir auch über die Höhe der Eintrittspreise informiert. Demnach zahlte man für einen Platz auf der »fürstlichen Galerie« 36 Kr. und damit genausoviel wie im »Parterre noble«, eine Karte für die drei Bänke der beiden Seitengalerien kostete 24 Kr., im zweiten Parterre zahlte man 12 Kr. und unter der fürstlichen Galerie für den letzten Platz 6 Kr. Zum Vergleich: Für sechs Würste stellte Leopold Mozart seiner Tochter Nannerl im Januar 1785 24 Kr. in Rechnung, das heißt, daß eine Karte für die Seitengalerie dem Gegenwert von sechs Würsten entsprach – womit wir schon in der Nähe des Hanswurst angelangt wären.

Die Familie Mozart mußte also nur quer über den Hannibalplatz gehen, wenn sie sich die neuesten Opern, Singspiele, Ballette, Dramen und Komödien ansehen wollte. Gespielt wurde im

Salzburger Theater alles, vom »Hamlet« über Singspiele Gottlieb Stephanies des Jüngeren bis zu komischen Opern und Volksstükken. Später wurden dort auch Mozarts Werke aufgeführt, so zum Beispiel »Die Entführung aus dem Serail«, die am 17. November 1784 ihre erfolgreiche Salzburg-Premiere hatte. In einem Brief an seine Tochter berichtet Leopold, daß bei dieser Vorstellung nicht weniger als 191 fl. eingenommen wurden.

Wie von Lorenz Hübner erwähnt, verfügte das Theater in Salzburg über kein eigenes Ensemble, sondern wurde ausschließlich von wandernden Truppen bespielt. Dem Tagebuch Nannerls ist zu entnehmen, daß fast alle bedeutenden Ensembles der damaligen Zeit in Salzburg gastierten, ob sie nun von Carl Wehr, Andreas Schopf, Franz Xaver Felder, Heinrich Böhm oder Emanuel Schikaneder geleitet wurden.

Schikaneder beispielsweise hielt sich mit seiner Truppe vom 17. September 1780 bis 27. Februar 1781 in Salzburg auf, wo er bei dieser Gelegenheit die Familie Mozart kennenlernte und ihr während der gesamten Saison freien Eintritt für alle Vorstellungen gewährte. Die Mozarts machten von diesem Angebot reichlich Gebrauch, auch wenn nicht jede Aufführung der Schikaneder-Truppe Gefallen fand. In Nannerls Tagebucheintragung vom 27. November 1780 heißt es zum Beispiel über die Premiere des Lustspiels »Rache für Rache« von Johann Karl Wetzel: »die acteurs haben ihre Rollen gut gespielt: aber das stuck hat ganze 4 stunden gedauert und war so schlecht, das wenn es mit allen fleis wäre gemacht worden, nach und nach die leute aus dem Theater zu reden, und die leute anzutreiben.«

Als Gegenleistung für die Freikarten wurde Emanuel Schikaneder von der Familie Mozart wiederholte Male zum Kegelscheiben und Bölzlschießen ins Tanzmeisterhaus eingeladen. Am 15. Dezember 1780 teilte Leopold Mozart seinem in München weilenden Sohn mit, daß man Schikaneder sogar auf einer der Scheiben verewigt habe, und beschrieb das Motiv folgendermaßen: »die andere scheiben, war eine verliebte Historie, die Maresquelle über

eine Linzer Geschichte des Schikaneder gegeben. H: Schickaneder stand auf der donaubrücke in Lintz mit einem Lintzer Mädchen, und sein Mund sagte: *ich verspreche, was ich keiner halte.* auf der andern seyte war ein Linzer Mädchen in einem garten Bey einem Tische mit weinn; hatte ein weinglaß in der Hand, und sagte: *Er wird schon kommen.* Als H: Schickaneder zum schüssen kam, sahe er die scheibe, betrachtete sie, und ward roth. ich fragte ihn, *ob er wüsste wer das Beste heute giebt.* Er antwortete, – *Die Md*^{me} *Maresquelle; ich kenne es an der scheibe.*«

Madame Maresquelle, die bei dem erwähnten Schießen als Bestgeberin die Scheibe spendete, war als Tänzerin bei Schikaneder engagiert und verkehrte ebenfalls im Hause Mozart. Während der Abwesenheit Wolfgangs durfte sie beim Bölzlschießen sogar dessen Windbüchse verwenden.

Mozart, der sich seit dem 5. November 1780 zur Einstudierung des »Idomeneo« in München aufhielt, konnte also nur während der ersten sechs Wochen der Theatersaison die Auftritte der Schikaneder-Truppe besuchen, wurde aber von seiner Schwester Nannerl brieflich stets auf dem laufenden gehalten.

Der Tod Maria Theresias am 29. November 1780 hatte in Salzburg, im Gegensatz zu den Kronländern, keine Schließung der Theater zur Folge. Schikaneder konnte mit seiner Truppe also bis zum Beginn der Fastzenzeit 1781 weiterspielen. Auch in München wurden, zu Mozarts großer Erleichterung, die Theater nicht geschlossen, allerdings trug man Trauer, weshalb sich Mozart aus Salzburg sein schwarzes Kleid schicken ließ. Daß ihn der Tod der Kaiserin aber nicht besonders berührte, geht aus dem folgenden Brief an den Vater hervor: »der Todfall der kayserin thut meiner Opera im geringsten nichts«, schreibt er am 5. Dezember, » – denn, es ist gar kein theater eingestellt, die Comœdien gehen fort wie sonst. (...) – itzt bitte ich mein *schwarzes kleid* rechtschaffen aus=bürsten, ausklopfen, und auf das möglichste gut her=richten zu lassen, und mir selbes mit dem nächsten Postwagen zu schikken. – denn, künftige Woche zieht schon alles Trauer an – und ich, der bald dort und da hin kömmt, muß auch mit *Weinen.*«

Leopold mußte das Kleid seines Sohnes allerdings noch flikken lassen, weshalb er es erst am 10. Dezember »mit der Dilligence«, also per Eilpost, nach München schicken konnte. In der Zwischenzeit war bekannt geworden, daß die Theater in Wien und den Erbländern Ende Januar 1781 ihren Spielbetrieb wieder aufnehmen konnten. Mozart kommentierte diesen Umstand pragmatisch: »das ist auch ganz vernünftig gedacht – denn, dem toden oder der toden bringt das zu lange trauern nicht so viel Nutzen als es so viellen Menschen – schaden bringt.«

In diesem Brief widmete sich Mozart bereits wieder »lustigen« Geschichten, wie etwa der des 13-jährigen Sohns seines Bekannten Georg Eck, der »heüte Nacht das bett voll gespien, gebrunst, und geschissen hat. – *Non plus ultra.*«

Der Umstand, daß Mozart in München für weitere Reparaturen seines schwarzen Rocks und eines anderen Kleidungsstücks 7 fl. 24 Kr. zu bezahlen hatte, bot für ihn die ideale Gelegenheit, den Vater wieder einmal um etwas Geld zu bitten: »also bittete ich schon wieder um eine anweisung. es ist gut wenn man so was im vorrath hat; – man kann sich doch nicht ganz entblössen.« Die Angst vor der finanziellen »Entblößung« sollte Mozart noch bis ans Ende seines Lebens begleiten.

Wie in München hielt sich auch in Salzburg die Trauer über den Tod Maria Theresias in Grenzen und hier wie dort wurde nicht nur weiterhin das Theater besucht, sondern auch anderen Unterhaltungen wie dem Bölzlschießen, Kegelscheiben oder Kartenspielen nachgegangen. Möglich, daß man sich im Tanzmeisterhaus auch dem »Hexenspiel« widmete, einem Salzburger Kartenspiel, in dem neben Hexen und Soldaten auch die beiden Narren »Hans Wurst und Harlekin« sowie zwei Wurstgestelle, »Würst« genannt, eine Rolle spielen.

Im Salzburger Theater konnte man sich bei Stücken wie »Peter der Grausame oder Die zwei schlaflosen Nächte« nach Carlo Gozzi, »Der Spleen« von Gottlieb Stephanie d. J., »Der angenehme

Traum oder Die Jagdlust des Fürsten« von Emanuel Schikaneder und dutzenden ähnlichen Werken amüsieren, deren Titel bereits verraten, daß es sich dabei um Stücke in der Tradition der Commedia dell'arte bzw. des Wiener Volkstheaters handelte.

Auch ein Blick auf den Spielplan der Truppe Johann Nepomuk Perchtolds, die vom Herbst 1782 bis Februar 1783 in Salzburg gastierte und auch in der »Stadttrinkstube« am »Platz zur Hauptwage«, auftrat, zeigt, wie lebendig diese Tradition hier immer noch war. Die »Stadttrinkstube«, ein »ahnsehnliches Gebaͤude, das mit allen Bequemlichkeiten für Reisende versehen war«, wie es bei Hübner heißt, wurde ebenso wie die gegenüberliegende »Hauptwage« von der Stadt betrieben. Ein kurioses Detail zu dieser »Hauptwage« finden wir ebenfalls bei Hübner, der schreibt: »Noch ist es Sitte, aus einem Balkon dieses Gebaͤudes herab den hinzurichtenden Missethaͤtern das Todesurteil zu verkuͤnden.«

Das heißt also, daß es durchaus vorkommen konnte, daß man auf dem Weg zu einer Vorstellung in die »Stadttrinkstube« vom Balkon der »Hauptwage« erfuhr, daß demnächst in Salzburg wieder jemand hingerichtet werde. Wenn man weiß, daß Hinrichtungen in Salzburg unter reger Anteilnahme der Bevölkerung stattfanden, bleibt bei der folgenden Bemerkung Lorenz Hübners ein schaler Nachgeschmack zurück: »Zur Ehre des sanften Charakters der Salzburger werden Thierhetzen, Taschenspiele, Spring= und Seiltaͤnzer=Kuͤnste nicht sehr zahlreich besuchet.« Sehr wohl aber Hinrichtungen, sollte man hinzufügen.

Neben den üblichen Lustspielen wurden in der Saison 1782/83 auch zahlreiche Stücke aufgeführt, die in direkter Tradition Joseph Anton Stranitzkys standen, der den Hanswurst erstmals auf die Bühne brachte und mit seiner Truppe um 1700 auch in Salzburg gastierte. Stücke wie »Der hochgeehrteste H. Vetter oder Lipperl, der 30 Jährige Parodist« oder »Lipperl, der geplagte Bediente zweyer Herren« gehören ebenso in diese Traditionslinie wie »Hans Wurst, die sich selbst ermordende Prinzessin Eva-Kathel und Bernardon, der tyrannische Prinz Schnudi« von Philipp Hafner.

Das anonyme Lustspiel »Lipperl, der geplagte Bediente zweyer Herren« war vermutlich eine Bearbeitung von Carlo Goldonis »Der Diener zweier Herren« und der Zufall wollte es, daß Mozart zur gleichen Zeit, als dieses Stück in Salzburg aufgeführt wurde, in Wien überlegte, diese Komödie Goldonis zu vertonen. Wie wir wissen, war Goldoni als einer der Hauptvertreter der Commedia dell'arte für Mozart kein Unbekannter, hatte er doch bereits als 12-Jähriger die Opera buffa »La Finta Semplice« nach einem Text Goldonis vertont.

Mozarts Interesse an Figuren wie Hanswurst, Kasperl oder Harlekin beschränkte sich aber nicht auf deren Bedeutung für das Theater, sondern ging so weit, daß er sich zeitweise sogar mit ihnen identifizierte. Bereits als 14-Jähriger unterzeichnete er einen Brief aus Mailand an seine Schwester mit der Grußformel: »und bleibe der nehmliche hanswurst, Wolfgang in Teütschland Amadeo in italien De Mozartini«. Eine weitere Hommage an eine »lustige Figur« findet sich kurze Zeit später in einem Brief aus Neapel, in dem er sich als »der sohn stefel und der bruder hans« bezeichnete.

Der Sau- und Krautschneider Hanswurst, von dem Stranitzky behauptete, er stamme aus dem Salzburgischen, war als Komiker mit Mozart wesensverwandt. Wie Hanswurst hatte auch Mozart einen äußerst derben Humor, liebte die Fäkalkomik und war an fleischlichen Gelüsten mehr interessiert als an metaphysischen Spintisierereien.

Was Karl Riha in seinem Buch »Commedia dell'arte« über die Charaktereigenschaften von Hanswursts italienischem Bruder Arlequino schreibt, gilt uneingeschränkt auch für den »nehmlichen hanswurst« Wolfgang Romatz: »In seiner komischen Hilflosigkeit, die ihn oft wie ein großes Kind erscheinen läßt, schwebt er gleichsam über der Wirklichkeit; geht, ohne eigentlich ungeschickt zu sein, an viele Dinge falsch heran und wird deshalb häufig gestraft, meist durch Prügel; macht oft den zweiten und dritten Schritt vor dem ersten, handelt impulsiv, aus Gefühl und Laune heraus, und muß beständig dafür büßen; läßt sich aber seine Spaßhaftigkeit und freundlich-naive Weltanschauung nicht rauben; entwickelte deshalb die Fähigkeit, sich geschickt und glücklich aus brisanten Situationen herauszuziehen; gewitzt und geistreich; erhält in seiner späteren Laufbahn sogar einen philosophischen Einschlag; in der Liebe leicht entflammbar und leidenschaftlich; mit einer Schwäche für Soubretten und dem Hang zu gemeinsam angezettelten amourösen Affären.«

Wie sehr innerhalb der Familie Mozart der Hanswurst ein stehender Begriff war, zeigt auch ein Brief, den Nannerl Ende September 1777 an Mutter und Bruder nach München schrieb. Darin heißt es: »Daß sich die mama und der Hanswurst lustig und wohl auf sind habe ich mit Vergnügen gehöret. aber wir arme waisen müssen halt trübsal blassen, und langeweil geigen.«

Zur gleichen Zeit besuchte Mozart in München fleißig das Theater und sah sich Komödien wie »Henriette oder Sie ist schon geheyrathet«, Pantomimen wie »Das von der Fée girigaricanarimanarischaribari verfertigte Ey« oder Ballette wie »Der betrunkene Bauer« an. Alles Stücke, die in der besten Tradition des Volkstheaters standen und nichts mit jenen höfischen Dramen zu tun hatten, die der von Mozart verachtete Adel zur Erbauung oder Zerstreuung über sich ergehen ließ.

Auch eine Episode aus dem Fasching 1783 zeigt, daß sich Mozart auf Maskenbällen viel lieber Identitäten komischer Theaterfiguren zulegte, als sich mit Masken »edler« Charaktere zu schmükken. Am 22. Januar 1783 schreibt er aus Wien an seinen Vater: »und nun noch eine bitte, denn meine frau lässt mir keinen fried; – sie wissen ohne zweifel daß izt fasching ist, und daß hier so gut wie in Salzburg und München getanzt wird; – und da möchte ich gerne | : aber daß es kein Mensch weis : | als Harlequin gehen – weil hier so vielle – aber lauter Eseln, auf der Redoute sind; – folglich möchte ich sie biten mir ihr Harlequin kleid zukommen zu lassen. – – aber es müsste halt recht gar bald seyn – wir gehen eher nicht auf die Redoute, obwohl sie schon im grösten schwunge ist. – uns sind die Hausbälle lieber. – vergangene Woche habe ich in meiner Wohnung einen Ball gegeben. – versteht sich aber die chapeaus haben Jeder 2 gulden bezahlt. – wir haben abends um 6 uhr angefangen und um 7 uhr aufgehört; – was nur eine Stunde? – Nein Nein – Morgens um 7 uhr.«

Bedenkt man, daß Mozarts Dienstmädchen ein Jahresgehalt von 12 Gulden hatte, sind zwei Gulden ein stolzer Eintrittspreis für einen Hausball.

Mozarts Vater, der in der Zwischenzeit in Salzburg mit Nannerl ebenfalls mehrere Maskenbälle besucht hatte, scheint das Kostüm nicht sofort geschickt zu haben, da Mozart zwei Wochen nach der erstmals vorgebrachten Bitte sein Anliegen wiederholte. Im Brief vom 5. Februar heißt es: »Ich hoffe, daß sie meinen lezten Brief auch werden erhalten, und meine Bitte wegen dem Harlequin=kleid vernommen haben; – ich widerholle sie noch einmal – und zwar mit dem zusatz, daß sie die güte haben möchten, es mir auf das bäldeste zu schicken.«

Spätestens Mitte Februar muß Wolfgang das Kostüm erhalten haben, denn in einem Brief an seinen Vater kündigt er an, daß er und einige seiner Bekannten »die lezten faschings Täge eine Compagnie Masque machen, und eine kleine Pantomime auf=führen werden«.

Die von Mozart erwähnte Pantomime wurde dann tatsächlich am 3. März 1783 auf einer Redoute in der Hofburg während der halbstündigen Pause des öffentlichen Maskenballs aufgeführt. Bei dieser Pantomime mit Musik (KV 446/416 d) wirkten u. a. Mozarts Schwägerin Aloisia Lange und deren Mann Joseph mit. Eine Woche nach diesem Ereignis berichtet Wolfgang seinem Vater: »wir haben am fasching Monntag unsere Compagnie Masquerade auf der Redoute aufgeführt. – sie bestund aus einer Pantomime, welche eben die halbe stunde, da ausgesezt wird, ausfüllte. – Meine schwägerin war die Colombine, ich der Harlequin, Mein schwager der Piero, ein alter tanzmeister | : *Merk* : | der Pantalon. ein Maler (graßi) der Dottore. – die Erfindung der Pantomime, und die Musick dazu war beydes von mir. – der Tanzmeister Merk hatte die güte uns abzurichten; und ich sag es ihnen wir spielten recht artig.«

Diese Schilderung Mozarts steht in merkwürdigem Widerspruch zu jenen Beobachtungen, die nur drei Jahre zuvor der deutsche Reiseschriftsteller Johann Kaspar Riesbeck im Zusammenhang mit dem Verschwinden des Harlekin von den Bühnen des österreichischen Volkstheaters gemacht haben will. Riesbeck schreibt: »Noch vor ungefähr sechzehn Jahren war hier der Harlekin die Seele von allem, was Schauspiel hieß. Man fand nichts schön, als was Harlekin tat und sprach. Die Kritik von Norddeutschland pfiff ihn von der hiesigen Bühne; aber der große Haufen hier beseufzt noch seinen Abtritt. Er hat auf einen Befehl des Hofes vom Publikum feierlich seinen Abschied genommen.«

»Die Kritik von Norddeutschland« bezieht sich auf die Initiative der deutschen Theaterprinzipalin Karoline Neubert, die auf Betreiben Johann Christoph Gottscheds 1737 den Harlekin von den Bühnen verbannt hatte. In Österreich agitierte vor allem der Jurist Joseph von Sonnenfels in seiner von 1765–1767 erschienenen Wochenschrift »Der Mann ohne Vorurteil« heftig gegen das extemporierende Volkstheater und um 1770 war es ihm und seinen Verbündeten tatsächlich gelungen, Figuren wie den Hanswurst zumindest teilweise von den Bühnen zu vertreiben. Möglich war das unter anderem deshalb geworden, weil Sonnenfels von Maria Theresia weitgehende Zensurvollmachten erhalten hatte. Allerdings zeigte sich bald, daß Hanswurst ein zäherer Charakter war als alle Zensoren zusammengenommen und immer wieder seinen Weg auf die österreichischen Bühnen fand.

Mozart selbst hat im Juni 1781 in einem Brief an seinen Vater auf dieses Phänomen hingewiesen und geschrieben, daß in der Musik »der hanswurst noch nicht ausgerottet ist«. Daß der Hanswurst Jahre später auch im Salzburger Theater noch immer quicklebendig war, zeigt ein Bericht, den Leopold Mozart an seine Tochter Nannerl nach St. Gilgen über eine Aufführung der neuerlich in Salzburg gastierenden Schikaneder-Truppe schickte. Am 13. Mai 1786 schreibt er: »Das Urianische Schloss war eine der *erstaunlichsten Kindereyen,* wo alles lächerliche, Hanswurstische darin war, was es immer giebt. Katzen und *Hund Aria,* Schneider *Aria, Bärn, der Würth* | : Schickaneder : | in *ein Frauenzimmer verkleidet.* Ein *Componist* mit der Violin unterm Arm, ein *kleiner Contradançe, Feuersbrunst* mit gelärmm und Löschenden Leuten. *Bauren* mit dreschschlagln und Mistgabeln etc: etc: Kurz alles erdenkliche!«

Ein Jahr nach Schikaneders Hanswurstiade in Salzburg fand Mozarts Faszination für den Hanswurst ihren Niederschlag in einem Stück, in dem er dieser Figur sogar ein theatralisches Denkmal setzte. Bei dem vermutlich im Frühjahr 1787 entstandenen »LustSpiel in Drey Aufzügen« »Die Liebes=Probe« handelt es sich um den einzigen erhaltenen dramatischen Text Mozarts, wobei das Werk über die ersten drei Auftritte nicht hinausgekommen ist. Für Mozart dürfte es sich bei dieser Arbeit um eine Fingerübung gehandelt haben und es ist nicht anzunehmen, daß er jemals ernsthaft daran dachte, dieses Lustspiel auf die Bühne zu bringen. Dennoch verdient dieses Fragment unsere Aufmerksamkeit, weil es typisch für gewisse Vorlieben Mozarts ist.

Zunächst fällt einmal das Nebeneinander von zwei Figuren auf, die üblicherweise nicht gemeinsam auftreten, nämlich »Wurstl« und »Kasperl«. In Mozarts »Liebes=Probe« ist Kasperl der Hausknecht des »Hr. von Dumkopf« und »Wurstl« der Bediente Leanders. Neben diesem Quartett treten noch auf: Rosaura, Tochter des Hr. von Dumkopf; Trautel, dessen Kammermädchen; Hr. von knödl, ein Liebhaber Rosauras; die Hexe Slinzkicotinzki; eine Zwergin und eine Riesin. Wir befinden uns also mitten in einem Stück, das Zauberposse und Kasperltheater in einem ist.

Kein Wunder also, daß es gleich zu Beginn entsprechend possenhaft hergeht, wenn Wurstl seinen Herrn Leander in einem Schubkarren auf die Bühne kutschiert und dort kurzerhand auf den Boden kippt. Wenn man bedenkt, daß die beiden »drey volle

Jahre« unterwegs waren, kann man nicht gerade von einem bequemen Reisegefährt sprechen. Aber vielleicht hat ja Mozart hier nur seine eigenen Reiseerfahrungen in übersteigerter Form auf den Punkt gebracht, denn wie schrieb er am 8. November 1780 an seinen Vater? »Ich versichere Sie, daß keinem von uns möglich war nur eine Minute die Nacht zu schlaffen – dieser Wagen stößt einem doch die Seele heraus! – und die Sitze! – hart wie stein! – von Wasserburg aus glaubte ich in der that meinen Hintern nicht ganz nach München bringen zu können! – er war ganz schwierig – und vermuthlich feuer Roth – zwey ganze Posten fuhr ich die Hände auf dem Polster gestützt, und den Hintern in lüften haltend.«

Wenn man bedenkt, daß ein »Posten« eine Länge von ca. 25 km hat, Mozart also 50 km in der beschriebenen Position fahren mußte, wird sein Hintern wohl nicht »schwierig«, sondern eher »schwielig« gewesen sein.

Leander liegt also im Staub und hätte große Lust, seinen Bedienten Wurstl ordentlich durchzuprügeln, wäre da nicht die Begierde, seine »geliebteste Rosaura wie eher wie lieber wieder zu sehen«. Er fordert Wurstl also auf, an ein bestimmtes Haus zu klopfen, um Rosaura seine Ankunft zu verkünden, muß aber zu seinem Erstaunen feststellen, daß er die beiden in Frage kommenden Häuser nicht mehr voneinander unterscheiden kann. Drei Jahre sind halt doch eine lange Zeit und nach einigem Hin und Her hat Leander schließlich eine Idee:

Leander:
Weist du was Wurstl – horche ein wenig an beyden Häusern ob du nicht eine Weibliche Stimme vernemmen kannst, welche mit der bezaubernden Stimme meiner schönen Rosaura eine ähnlichkeit hat. –

Wurstl:
Das ist g'scheid. – wenn meine trautel redt, die kenn' ich gewiß

gleich – die hat eine Stimme wie eine kuhklocken. – Nun wollen wir das Werk mit freuden ergreifen. *(Er geht an beyde Häuser und schmeckt).*

Leander ist verwirrt und fragt Wurstl, was er da mache und warum er so herumschmecke.

Wurstl:
Seyens doch still. – wenn Meine trautel in einem von diesen beyden Häusern ist, so schmeck ich sie gewis; – ich kenn ihren geruch noch ganz gut; aber seyens Mäusel Still, das sag ich ihnen, sonst verlier ich den geruch, und dann ...

»Wurstl schmeckt an dem Hause rechts«, wo es fürchterlich stinkt, und dann am Hause links, wo er einen »himmlisch=süßen geruch« aufnimmt, der natürlich von seiner »lieben trautel« stammen muß.

In olfaktorischer Hinsicht interessant ist die Verbindung zwischen Wurstl in der »Liebes=Probe« und dem Titelhelden von Mozarts Oper »Don Giovanni«. Beide Werke haben ja dasselbe Entstehungsjahr (1787) und in beiden Werken spielt das Riechen eine wichtige Rolle. Denn so, wie Wurstl seine Trautl »erschmeckt«, riecht Giovanni die Frauen, noch ehe er sie sieht.

In der 4. Szene des 1. Aktes sind Giovanni und Leporello nächtens auf einer Straße unterwegs, als Giovanni plötzlich innehält, weil er »süßen Frauenduft« wittert. Während sich Leporello noch über die feine Nase seines Herrn wundert, nimmt dieser mit dem Objekt seiner Begierde bereits Fühlung auf. Das Ergebnis: »All'aria mi par bella«, also »dem Duft nach muß sie schön sein«. Allerdings scheint auf Giovannis Geruchssinn nicht mehr wirklich Verlaß zu sein, denn die von ihm »Erduftete« ist keine andere als Donna Elvira, die Leporello bereits in sein Register eingetragen hat und an der sein Herr demnach längst kein Interesse mehr haben kann.

Anders als bei Giovanni hängt bei Hanswurst das Riechen mit dessen Faszination für den Dreck zusammen und selbstverständlich deutet sein – wenn man so will – »Familienname« nicht nur auf das gleichlautende Nahrungsmittel hin, sondern auch auf die entsprechende Fäkalie. Ein »running gag« der Hanswurststücke kreist ja um den ständigen Versuch des Protagonisten, Kot gegen Geld einzutauschen. In seinem Buch »Hanswurst und der Staat« schreibt Gerhard Scheit dazu: »Geld und Kot sind die Äquivalente, mit denen Hanswurst handelt: Der Spaßmacher will für alles Geld, und er gibt für alles seinen Kot. (...) Niemals zuvor ist auf dem Theater dem Kot solche Bedeutung zugekommen.«

Vor diesem Hintergrund sollte man auch jenen Liebesbrief lesen, den der 21-jährige Mozart am 5. November 1777 an seine um zwei Jahre jüngere Cousine Maria Anna Thekla schrieb:

»iezt muß ich ihnen eine trauerige geschichte erzehlen, die sich jezt den augenblick erreignet hat. wie ich an besten an dem brief schreibe, so höre ich etwas auf der gasse. ich höre auf zu schreiben – – stehe auf, gehe zum fenster – – und – höre nichts mehr – – ich seze mich wieder, fange abermahl an zu schreiben – – ich schreibe kaum 10 worte so höre ich wieder etwas – – ich stehe wieder auf – – wie ich aufstehe, so höre ich nur noch etwas ganz schwach – – aber ich schmecke so was angebrandtes – – wo ich hingehe, so stinckt es. wenn ich zum fenster hinaus sehe so verliert sich der geruch, sehe ich wieder herein, so nimmt der geruch wieder zu – – endlich sagt Meine Mama zu mir: was wette ich, du hast einen gehen lassen? – – ich glaube nicht Mama. ja ja, es ist gewis so. ich mache die Probe, thue den ersten finger im arsch, und dann zur Nase, und – – Ecce Provatum est; die mama hatte recht. Nun leben sie recht wohl, ich küsse sie 10000mahl und bin wie allzeit der alte junge Sauschwanz

Wolfgang Amadé Rosenkranz.«

Ein halbes Jahr später variiert Mozart dieses Thema dann noch einmal und widmet in einem weiteren Brief an sein Bäsle eine Passage ausschließlich dem Dreck:

»ja ja, ich bin meiner sache gewis, und sollt ich heut noch machen einen schiss, obwohl ich in 14 Tägen geh nach Paris. wenn sie mir also wolln antworten, aus der stadt Augsburg dorten, so schreiben sie mir baldt, damit ich den brief erhalt, sonst wenn ich etwa schon bin weck, bekomme ich statt einen brief einen dreck. dreck! – – dreck! – o dreck! – o süsses wort! – dreck! – schmeck! – auch schön! – dreck, schmeck! – dreck! – leck – o charmante! – dreck, leck! – das freüet mich! – dreck, schmeck und leck! – schmeck dreck, und leck dreck!«

Daß Mozart mit dieser Wortwahl seine Cousine schockieren wollte, ist unwahrscheinlich, zumal er ja in fast allen Briefen an sie seine fäkalkomischen Späße trieb und damit offenbar die Erwartungshaltung der Adressatin erfüllte. Wahrscheinlicher ist, daß es ihm einfach Freude machte, im Dreck zu wühlen und auf diese Weise Konventionen zu untergraben.

Daß sich der Hanswurst in ihm aber oftmals gerade dann zu Wort meldete, wenn er bewundert wurde, zeigt jene Episode, die die Pianistin Karoline Pichler viele Jahre nach Mozarts Tod niederschrieb. Demnach habe sie einmal gemeinsam mit Mozart Klavier gespielt und er »so wunderschön aus dem Stegreife zu variieren begonnen, daß Alles mit angehaltenem Atem lauschte. Auf einmal aber ward ihm das Ding zuwider, er fuhr auf und begann in seiner närrischen Laune, wie er es öfters machte, über Tisch und Sessel zu springen, wie eine Katze zu miauen, und wie ein ausgelassener Junge Purzelbäume zu schlagen.«

Mozart konnte sich also offenbar blitzschnell in die »komische Figur« verwandeln und seine Zuhörer durch ein Verhalten in Erstaunen setzen, das diese wahrscheinlich nur vom Theater kannten.

Einmal, auf einem Maskenball in München, hat sich Mozart tatsächlich als »Salzburger Hanswurst« verkleidet und die für ihn typischen Attribute getragen, also den kleinen grünen spitzen Hut, die enge Joppe, den roten Brustfleck, die Dreiviertelhose und die »Pritsche«, den Prügel in Form einer Wurst. Auf einigen Darstellungen des Hanswurst aus dem 18. Jahrhundert hängt an seinem

Gürtel noch zusätzlich eine dicke Wurst, die wohl als Phallussymbol gedeutet werden kann.

Wir nehmen also an, daß Mozart auf dem Maskenball in München ebenfalls eine solche Wurst am Gürtel trug und es sich dabei um eine Wurst handelte, die nach dem folgenden Rezept aus Conrad Haggers Kochbuch zubereitet wurde:

»Welsche Wůrst von Ochsen / macht man also: Nimm Rindfleisch / und schneide alles das Feiste hinweg / so werden sie nicht verderbt / schneide es gar klein / auch Schwein=Fleisch / das feist ist / daß eins so viel ist / als das ander; thue Saltz in ein Pfannen / mach es warm / und stoß in einen Moͤrsel / zerklopff gantzen Pfeffer / mit ein wenig pråparirten Saliter=Zeltlein / und růhr ihn unter das Saltz / thue es unter das geschnittene Fleisch / und reibs wohl mit der Hand hinein / eine Stund lang / oder eine halbe / darnach du viel Bråt hast; Alsdann nimm den dickesten Darm vom Ochsen / oder vom Schwein / såubre ihn aus / daß kein Faisten darinn bleibt / trůckne ihn mit einem sauberen Tuch / daß kein Tropfen Wasser daran bleibt / binde ihn an einem Ort wohl fest / daß du sicher bist / daß es halte / am andern thue das Fleisch hinein / und je fester du es hinein druckst / je besser es ist / bestich den Darm mit einer Gluffen / oder Spick=Nadel / daß er nicht blatterricht wird / so kommt das Fleisch fest ůber einander / bind es fest zusammen / und hångs in keinen Schornstein / sondern in Rauch / da kein Hitz zugehet / daß sie trucknen / so werden sie innwendig fein roth / und bleiben lang; Aber siehe / daß du sie im Winter machest / dann je kålter / je besser es ist / solche Materien zuzurichten; wann du sie aber wilst kochen / so siede sie 3. Stund / und nicht långer / wann sie gar dick seynd / laß sie wieder kalt werden / und schneide sie auf / sie lassen sich 4. bis 6. Wochen gekochter noch behalten.«

Ein »Saliter=Zeltlein« ist ein Salpeter-Plättchen; wenn Hagger schreibt, »binde ihn an einem Ort wohl fest«, meint er damit, den Darm an einem der beiden Enden zuzubinden; als »Gluffe« oder »Glufe« bezeichnet man eine Vorstecknadel.

»Hier ist an keinen Fastetag zu gedenken«

In einem seiner zahlreichen Rechtfertigungsbriefe, die Mozart zwischen Mai und Juli 1781 an seinen Vater schrieb, verteidigte er sich einmal gegen die Anschuldigung, er würde die Fasttage ignorieren. »Daß ich mich geprahlt hätte ich Esse alle fast=täge fleisch, ist nicht wahr«, schreibt er am 13. Juni 1781, »aber gesagt habe ich daß ich mir nichts daraus mache, und es für keine sünde halte; denn fasten heisst bey mir sich abrechen; weniger essen als sonst«.

Offenbar wurden als Folge der Auseinandersetzungen, die sich zwischen Mozart und Fürsterzbischof Colloredo in Wien abgespielt hatten, in Salzburg gezielt Gerüchte über Mozart ausgestreut, die ihn desavouieren sollten. Mozart dachte in dieser Situation allerdings nicht daran, klein beizugeben und war fest entschlossen, die »Hundsfüttische affaire« und »Sau=Historie« mit seinem Dienstherren endgültig zu beenden. In Anspielung auf den Fußtritt, den ihm Graf Arco im Haus des Deutschen Ritterordens in Wien verpaßt hatte, schrieb er an seinen Vater: »Nun, das heisst auf teutsch, daß Salzburg nicht mehr für mich ist; ausgenommen mit guter gelegenheit dem H. grafen wieder ingleichen einen tritt im arsch zu geben, und sollte es auf öfentlicher gasse geschehen.«

Um seinen Vater aber im Hinblick auf seinen Glauben zu beruhigen, schrieb er unter Bezugnahme auf die oben erwähnte Fastenthematik: »übrigens seyn sie versichert daß ich gewis Religion habe.« Wenn Mozart im Zusammenhang mit den Fasttagen schreibt, daß er sich »nichts daraus mache«, dann entsprach diese Haltung jener seines Vaters, der von strengen Fastengeboten ebensowenig hielt wie sein Sohn. Daß man aber selbst im katholischen

Salzburg »in mehrern Gasthäusern um Geld und gute Worte auf die Fasttäge Fleisch haben kann«, fiel sogar dem Reiseschriftsteller Johann Kaspar Riesbeck bei seinem Besuch in Salzburg auf.

Als Untergebener des Fürsterzbischofs hielt sich Leopold Mozart zwar pro forma an die Fastengebote der katholischen Kirche, hatte aber keine Gewissensbisse, wenn er diese nicht einhalten konnte – oder wollte. Vor allem während ihrer großen Reise 1763–1766 mußte die Familie Mozart die Erfahrung machen, daß es an den Fasttagen oft gar nicht möglich war, die entsprechenden Speisen zu bekommen. Am 19. Juli 1763 schreibt Leopold Mozart beispielsweise aus Schwetzingen an Lorenz Hagenauer: »Die fastenspeisen bekommt man sehr hart. sie machen solche auch sehr schlecht denn alles frist fleisch; und wer weis was sie uns gegeben haben.«

Auch während ihres ersten Aufenthalts in Paris 1763/64 hatten die Mozarts Schwierigkeiten, adäquate Fastenspeisen zu bekommen. In einem Brief an Lorenz Hagenauer heißt es: »Die Fasttäge sind gar zum erkrancken, denn keine Mehlspeise sieht man nicht; man braucht hier 4mahl mehr Haarbuder als Mehl, die Fische sind theuer, und da man keine eigene Hauswürthschaft hat, und vom Traitteur die Speisen nehmen muß; so hat man wenig andere Hofnung als crepirte fische zu essen. Diess ist auch unser gröster verdruss den wir hier haben. Wir müssen manchen Fasttag eine Fleisch Suppe essen, theils weil der Trateur keine Fasten Suppe schickt, theils weil meine Frau nichts anders mit den Kindern essen kann: denn hier sind sie nicht zum Fasten eingericht. Wenn der 8.te Theil in Paris Freytags Fastenspeis isset, so habe ich schon viel gesagt; und sie können nicht einmahl eine rechte Fasten Suppe machen.« Scherzeshalber ersuchte Leopold seinen Freund Hagenauer um »Dispensation«, also um formelle Freisprechung vom kirchlichen Fastengebot.

Eine solche »Dispensation« gab es innerhalb der katholischen Kirche tatsächlich, und es ist bekannt, daß vor allem unter Papst Benedikt XIII., dessen Pontifikat von 1724–1730 dauerte, mit der Erlaubnis, Fleisch auch an den Fasttagen essen zu dürfen, reger Handel betrieben wurde. Treibende Kraft hinter diesem blühenden Geschäft war Kardinal Niccolò Coscia, der die Finanzen des Vatikans kontrollierte und nach dem Tod Benedikts zu zehn Jahren Haft und Rückerstattung des zu Unrecht erworbenen Besitzes verurteilt wurde.

Einschränkend muß allerdings hinzugefügt werden, daß die Kirche seit dem Mittelalter viele Wege zur Umgehung der strengen Fastengebote gefunden hatte und kein Mensch aus religiösen Gründen hungern mußte. Conrad Haggers »Saltzburgisches Koch=Buch« ist in diesem Zusammenhang ein schönes Beispiel für die blühende Phantasie der Köche der Barockzeit, die auch diese Tage zu kulinarischen Festtagen machen konnten, vorausgesetzt, daß man sich die Zutaten für diese Speisen überhaupt leisten konnte.

Bei Hagger finden sich nicht weniger als 136 Rezepte für »Fasten=Suppen«, die an den etwa 130 kirchlichen Fasttagen gegessen werden durften und die jede für sich eine Hauptspeise darstellten. Neben 19 »Fasten=Suppen von Karpffen« und 25 »Hechten=Suppen« werden auch 10 »Krebs=Suppen« und 7 »Muͤschlein= und Austern=Suppen« erwähnt. »Eine ander schoͤne Suppen von einem grossen Fisch / als Hecht / Lax / Huͤchen / und dergleichen / mit einem Pulpedon, Fisch=Pastetlein / und in Daͤrm gefüllte Wuͤrstlein« war jedenfalls keine Speise, nach deren Verzehr man hungrig vom Tisch gehen mußte. Bei den »Wuͤrstlein« handelt es sich übrigens um mit Fisch gefüllte Bratwürste, die als Fastenspeise sehr beliebt waren, weil sie dem Aussehen und Namen nach an das in der Fastenzeit verbotene Fleisch erinnerten. Auch das Rezept für eine Fastensuppe »von Muͤschelein / mit weissen Schwaͤmmen / Peltzling / oder Daͤubling / Austern und Krebsen« klingt nicht nach kulinarischem Verzicht.

Mit den »weissen Schwaͤmmen« sind Champignons gemeint; »Peltzling« sind Steinpilze und beim »Daͤubling« handelt es sich um den »Täubling«, einen Speisepilz aus der Familie der Sprödblättler.

Neben den 136 Suppen standen für die Fasttage noch »450. allerhand erdenckliche Fisch=Speisen« zur Auswahl sowie 619 Varianten »von allerhand Meel=Speisen / glatten und aufgeloffenen Můssern / Schmaltz= und Ofen=Gebåch etc.«

Von Fastenspeisen dieser Art konnte Mozarts Mutter während ihres Parisaufenthalts 1778 nur träumen. Am 5. April 1778 schrieb sie verdrossen an ihren Mann: »keine supen aber haben wür abends niemals, die fast däge seind gar nicht zu beschreiben und nicht aus zu stehn, es ist hier alles um die helfte theuerer als es vor 12 Jahren wahr wie wür das leste mahl hier gewesen sein.«

»Ich danke Ihnen verbindlichst für die mir geschickten Zungen«

Am 31. August 1782 äußerte Mozart in einem Brief an seinen Vater die Bitte, ihm aus Salzburg gewisse Speisen nach Wien zu schicken: »dann wollte ich sie auch bitten mir Salzburger zungen mit nächster gelegenheit oder Postwagen | : wenn es wegen der Mauth möglich ist : | zu schicken. – ich habe der fr: Baronin vielle verbindlichkeit, und der discours war einmal eben von zungen, und da sagte sie, daß sie sie gerne einmal Probiren möchte, und ich habe mich offrirt ihr damit aufzuwarten. (...) könnte ich nicht schwarzreuter bekommen?«

Bei den »Salzburger zungen« handelte es sich mit größter Wahrscheinlichkeit um Rinderzungen, bei der Baronin mit Sicherheit um Mozarts Freundin Elisabeth von Waldstätten und das Geheimnis um die »schwarzreuter« wird im nächsten Kapitel gelüftet. Was die erwähnte Maut angeht, so bezog sich Mozart hier offensichtlich auf die Hauptmaut bei Straßwalchen, bei der »alle nach dem Innviertel und in das Österreich auszuführende Waaren zur Durchsuchung gebracht werden« mußten, wie wir Lorenz Hübners Buch über »Das Salzburgische flache Land« entnehmen. Zu berücksichtigen ist hier allerdings, daß das Innviertel am 13. Mai 1779 durch den Frieden von Teschen zu Österreich kam, wodurch sich die Grenze zu Bayern, zu dem das Innviertel bis dahin ja gehörte, Richtung Norden verschob.

Bedenkt man, daß der Transport der von Mozart gewünschten Waren von Salzburg nach Wien etwa fünf Tage dauerte und es gar nicht so billig war, diese Nahrungsmittel mit der Postkutsche zu verschicken, fragt man sich natürlich, weshalb Mozart seinen Vater um diesen Gefallen bat. Sicherlich, bei den gewünschten Speisen handelte es sich um Spezialitäten aus der Salzburger Region, aber

Mozart hätte in Wien innerhalb kürzester Zeit Waren von ähnlicher Qualität bekommen – und noch dazu erheblich billiger.

Hier ein paar Zahlen in diesem Zusammenhang: Aus den Satzungskundmachungen für Wien geht hervor, daß zwischen 1759 und 1790 ein Pfund (560 g) Rindfleisch 6–8 Kr. kostete. Das Pfund Kalbfleisch war lediglich um einen halben Kreuzer teurer. Diese Preise verstehen sich ohne Zuwaage, also ohne Beigabe von Knochen und Innereien. In Wien galt ab 1770 eine Regelung, wonach unter sechs Pfund Fleisch keine Zuwaage erlaubt war. Erst ab dieser Menge durften nach einem genau festgesetzten Schlüssel Knochen und Innereien beigegeben werden.

In welchem Verhältnis standen nun diese Preise zu den Löhnen? Ein Zimmermanngeselle verdiente in Wien 1779 – jahreszeitlich bedingt – pro Tag 24–27 Kr., konnte sich also um einen Tageslohn drei bis viereinhalb Pfund Rindfleisch kaufen. 2005 verdiente ein Zimmermanngeselle in Österreich pro Tag € 78,-- brutto, während ein Kilogramm Rinderbraten beim Metzger € 6,99 kostete. Für einen Tageslohn bekam ein Zimmermanngeselle im Jahr 2005 also elf Kilogramm – oder 22 Pfund – Rindfleisch.

Ein anderes Beispiel: 1779 betrug der durchschnittliche Tageslohn der 150 Bediensteten des Bürgerspitals in Wien 22 Kr. In diesen Betrag inkludiert war allerdings die tägliche Verpflegung, die nicht nur aus Brot und Wein, sondern auch aus einem Pfund Rindfleisch bestand. An den beiden Fasttagen Freitag und Samstag bekam das Spitalspersonal anstelle von Rindfleisch Hülsenfrüchte, Mehl und Schmalz, während den Beamten – also Ärzten, Pfarrern und Verwaltern – ein sogenanntes »Fischgeld« in Höhe von 16–40 Kr. für beide Tage ausbezahlt wurde. Holz und Kerzen erhielten alle nach Bedarf.

Und Mozart? Mozart hätte sich alleine für das Honorar, das er 1781 für eine Stunde Klavierunterricht erhielt – nämlich 2 fl. 15 Kr. – etwa zwanzig Pfund Rindfleisch kaufen können. Ohne ins Detail gehen zu wollen, heißt das also, daß sich Mozart 1781 für das Honorar, das er für eine Stunde Klavierunterricht erhielt, genausoviel Rindfleisch hätte kaufen können, wie ein Zimmermanngeselle im Jahr 2005 für einen Tageslohn.

Was nun das Porto betrifft, so waren für einen gewöhnlichen Brief von Wien nach Salzburg 6 Kr. zu bezahlen. Das Porto für einen solchen Brief kostete also genauso viel wie ein Pfund Rindfleisch. Der Transport einer Rinderzunge war natürlich erheblich teurer, da eine Zunge bis zu 2 ½ kg wiegen kann. Im September 1786 berechnete Mozart für das Versenden eines Pakets mir Notenmaterial für »Mauth und Porto« übrigens die ansehnliche Summe von 3 fl., also 180 Kr.

Unter Berücksichtigung all dieser Fakten fragt man sich natürlich, weshalb Mozart im Herbst 1782 diese merkwürdige Bitte äußerte. Um das herauszufinden, empfiehlt es sich, zunächst einmal einen Blick auf Mozarts Lebensumstände im Mai 1781 zu werfen.

Nach seinem großen Erfolg mit »Idomeneo« in München – die Uraufführung fand am 29. Januar 1781 statt – beschloß Mozart, seinen Dienst bei Fürsterzbischof Hieronymus Colloredo in Salzburg zu quittieren und nach Wien zu übersiedeln. Mozart war damals 25 Jahre alt und kaum jemand in seiner Umgebung verstand, was ihn dazu veranlaßt haben mochte, seine sichere Stellung als Hoforganist in Salzburg aufzugeben und als freischaffender Künstler in Wien sein Glück zu suchen.

Am 12. Mai 1781, also kurz vor seinem endgültigen Bruch mit dem Salzburger Hof, gibt Mozart in einem Brief an den Vater erste Einblicke in seine Beweggründe: »und ich soll um 400 fl: in Salzburg schmachten – ohne bezahlung, ohne aufmunterung. (...) liebster vatter; man wird ihnen bald mit gute worte kommen, aber – es sind schlangen, wippern – alle niederträchtige seelen sind so; sie sind bis zum Eckel heh und stolz, und dann – kriechen sie wieder – abscheulich.« Da Mozart nichts so sehr haßte wie das Kriechen, blieb ihm – zum Entsetzen des Vaters – nichts anderes übrig, als das Wagnis eines Machtkampfes mit dem Fürsterzbischof einzugehen.

Für Mozart war klar, daß er sich nicht mehr länger als Kammerdiener herumkommandieren lassen wollte und die Salzburger »Hundsfüttische affaire« um jeden Preis beenden mußte, koste es, was es wolle. Jeder andere hätte in einer ähnlichen Situation – wie von seinem Vater dutzende Male gefordert – nach einem Ausweg gesucht, aber Mozart war zu keinem Zugeständnis mehr bereit. Seine Freiheit war ihm wichtiger als jeder Kompromiß mit übergeordneten Instanzen wie Familie, Kirche oder Gesellschaft, und er hatte nun endgültig den Entschluß gefaßt, sich aus den Klauen des Salzburger Hofs und den Fängen seines Vaters zu befreien.

Mozart befand sich damals in Wien in einem seelischen Ausnahmezustand, war er doch nach dem mißglückten Parisabenteuer zum ersten Mal in seinem Leben wirklich auf sich alleine gestellt. In Wien standen ihm weder seine Mutter – wie auf der halben Parisreise – noch sein alles beherrschender Vater zur Seite. Er sprang sozusagen ins kalte Wasser, ohne sich vorher abgekühlt zu haben. Zu seinem Schrecken mußte er allerdings feststellen, daß die Wasser in Wien nicht nur eiskalt, sondern auch tief waren und man untergehen konnte, wenn man gewisse Strömungen falsch einschätzte.

Zunächst einmal setzte Mozart seine ganze Hoffnung in den Musikmarkt der Großstadt Wien. Im Gegensatz zu Salzburg, wo es »um keinen kreutzer unterhaltung« gab, bot Wien mit seinen 210.000 Einwohnern für einen Künstler natürlich unverhältnismäßig mehr Möglichkeiten als das kleine Salzburg. »In Wienn zu seyn, ist schon unterhaltung genug«, schreibt er am 26. Mai, relativierte aber ein paar Tage darauf seinen Enthusiasmus, indem er ausgerechnet jenen Grafen Arco zitierte, der ihm kurze Zeit später den legendären Fußtritt verpassen sollte. Dieser Karl Graf Arco also, seines Zeichens Oberstküchenmeister bei Colloredo, warnte Mozart unmittelbar nach dessen Ankunft in Wien: »glauben sie mir, sie lassen sich hier zu sehr verblenden; – hier dauert der Ruhm eines Menschen sehr kurz – von anfang hat man alle lobsprüche, und gewinnt auch sehr viel, das ist wahr – aber wie lange? – nach etwelchen Monathen wollen die Wiener wieder was neues.« Die Ironie des Schicksals wollte es, daß Graf Arco im Falle Mozarts Recht behalten sollte.

Der Sohn beruhigte aber den Vater und schwächte Arcos Warnung ab, indem er hinzufügte: »Die Wienner sind wohl leute die gerne abschiessen – *aber nur am Theater.*«

Der Vater ließ sich von solchen Mitteilungen verständlicherweise nicht beruhigen und drängte den Sohn, sofort nach Salzburg zurückzukehren. Leopold hatte eine panische Angst davor, daß Wolfgang in die falschen Hände und somit auf die schiefe Bahn geraten könnte. Schließlich wußte er aus eigener langjähriger Erfahrung, daß sein Sohn unfähig war, seinen Alltag selbst zu organisieren und keinerlei Erfahrung im Umgang mit Geld hatte. Wolfgang wiederum hatte genug von den väterlichen Vorwürfen und stellte seinerseits die berechtigte Frage: »wo hätte ich denn das geld schätzen lernen können? – ich habe noch zu wenig unter den händen gehabt.«

Beim Vater machte sich Panik breit, da ihm nach und nach bewußt wurde, daß sein Sohn offenbar im Begriff war, sich nun endgültig seinem Einflußbereich zu entziehen. Der Ton der Briefe wurde von Mal zu Mal rauher und Vater und Sohn waren wegen der Zensur sogar gezwungen, ihre Briefe teilweise in Geheimschrift zu verfassen. In Salzburg unterstand die Post ja der erzbischöflichen Kontrolle und die Behörden hatten das Recht, Briefe zu öffnen und – wenn nötig – zu zensieren.

Nachdem sich Leopold Mozart vom ersten Schock erholt hatte, erhielt er aus Wien die zweite Hiobsbotschaft, nämlich, daß sich Wolfgang Anfang Mai in der Wohnung von Cäcilia Weber im Haus »Zum Auge Gottes« auf der Tuchlauben einquartiert hatte. Wolfgang kannte die Familie Weber von seiner Zeit in Mannheim, wo er sich bekanntlich in Aloisia, eine der vier Weber-Töchter, verliebt hatte. Die Familie war dann im September 1778 zunächst nach München und im darauffolgenden Jahr nach Wien übersiedelt, nachdem Aloisia hier als Sängerin engagiert worden war. Am 23. Oktober 1779 starb Fridolin Weber und seine Frau Cäcilia brachte sich und ihre Töchter Josepha, Constanze und Sophie durch Zimmervermieten über die Runden; Aloisia wohnte nicht mehr im gemeinsamen Haushalt.

Mozarts Vater, der über die Familie Weber bestens informiert war, malte sich vor diesem Hintergrund die Zukunft seines Sohnes in den schwärzesten Farben aus. In einem seiner Briefe teilte er Wolfgang mit, daß Cäcilia Weber als Kupplerin und Alkoholikerin sogar in Salzburg einen denkbar schlechten Ruf habe, und er sich schon alleine aus diesem Grund von ihr fernhalten solle.

Wolfgang mußte halbherzig zugeben, daß im Hause Weber tatsächlich rauhe Sitten herrschten und antwortete auf einen von Leopolds Einwürfen: »der apendix ihre Mutter betreffend ist nur in so weit gegründet, daß sie gerne trinkt, und zwar mehr – – als eine frau trinken sollte. doch – besoffen habe ich sie noch nicht gesehen, das müsste ich lügen. – die kinder trinken nichts als wasser – und obschon die Mutter sie fast zum Wein zwingen will, so kann sie es doch nicht dazu bringen. da giebt es öfters den grösten Streitt deswegen.«

Nachdem Leopold Mozart eins und eins zusammenzählen

konnte, wußte er natürlich, worauf Cäcilia Weber hinauswollte. Offenbar fühlte sich auch Wolfgang in ihrer Umgebung nicht mehr wohl und er überlegte Mitte Juli 1781 ernsthaft, aus der Weberischen Wohnung wieder auszuziehen.

Mittlerweile war Leopold zu Ohren gekommen, daß sich zwischen seinem Sohn und Constanze Weber eine Liaison angebahnt hatte, woraufhin er Wolfgang beschwor, nicht nur aus dem Weberischen Haushalt auszuziehen, sondern auch die Finger von Constanze zu lassen. Ob sich Mozart in dieser Phase wohl an die drei Jahre zuvor ausgesprochene Warnung seines Vaters erinnerte? »Und um dich desto gewisser zu fangen mischen sich *die Frauenzimmer* darunter – widerstehest du da nicht, so bist du unglükseelig auf deine Lebenszeit.«

Um den Vater zu beschwichtigen, versicherte Wolfgang, daß er ohnehin nicht vorhabe, Constanze zu heiraten. Am 25. Juli 1781, Mozart wohnte immer noch bei der Familie Weber, gab er in dieser Causa folgende Grundsatzerklärung ab: »wenn ich mein lebetag nicht aufs heyrathen gedacht habe, so ist es gewis izt! – denn, | : ich wünsche mir zwar nichts weniger als eine Reiche frau : | wenn ich izt wirklich durch eine heyrath mein glück machen könnte, so könnte ich unmöglich aufwarten, weil ich ganz andere dinge im kopf habe. – gott hat mir mein Talent nicht gegeben, damit ich es an eine frau henke, und damit mein Junges leben in unthätigkeit dahin lebe. (...) ich habe gewis nichts über den Ehestand, aber für mich wäre er dermalen ein übel. (...) wenn ich die alle heyrathen müsste, mit denen ich gespasst habe, so müsste ich leicht 200 frauen haben.«

Leopold wußte – oder ahnte zumindest –, daß sein Sohn die Unwahrheit sagte und setzte weiterhin alle Hebel in Bewegung, um bei Wolfgang einen Sinneswandel herbeizuführen. Daß Leopold in dieser Situation nicht nach Wien fuhr, hing nicht nur mit seinen beruflichen Verpflichtungen in Salzburg zusammen, sondern auch mit der Notwendigkeit der Klärung einer Angelegenheit, die seine Tochter Nannerl betraf. Nannerl hatte sich nämlich in den Direktor des adeligen Collegium Virgilianum in Salzburg, Franz Armand d'Ippold, verliebt, womit Leopold ganz und gar nicht einverstanden war.

Während also Leopold in Salzburg die Verbindung seiner Tochter mit Franz Armand d'Ippold zu hintertreiben versuchte, nahmen die Auseinandersetzungen zwischen Vater und Sohn immer kuriosere Formen an. Als Wolfgang zum Beispiel erfuhr, daß sein Vater unter Schwindelanfällen litt, gab er ihm den folgenden Rat: »nehmen sie wagenschmier in ein Papierlen eingewicklt, und tragen sie es auf der Brust – und nehmen sie auch das kayserbeinl von einem kalbschlegel, und für einen kreutzer schwindlwurzel in einen Papier und tragen sie es bey sich im sack.« Wäre es möglich, daß sich Mozart in der Maske des treusorgenden Sohnes über seinen Vater lustig machte?

Um es kurz zu machen: Ende August 1781 zog Mozart aus dem Weberischen Viermäderlhaushalt aus und nahm sich »ein recht hüpsches eingerichtes zimmer auf dem Graben«. Mitte Dezember desselben Jahres rückte er dann endlich mit der Wahrheit heraus und teilte seinem Vater mit, daß er Constanze heiraten wolle. Da er wußte, wie sein Vater auf diese Nachricht reagieren würde, erklärte er des Langen und Breiten die Hintergründe für diesen Entschluß: »Ich kann ohnmöglich so leben wie die Meisten dermaligen Jungen leute. – Erstens habe ich zu viel Religion, zweytens zu viel liebe des Nächstens und zu Ehrliche gesinnungen als daß ich ein unschuldiges Mädchen anführen könnte, und drittens zu viel Grauen und Eckel, scheu und forcht vor die krankheiten, und zu viel liebe zu meiner gesundheit als daß ich mich mit hurren herum balgen könnte; dahero kann ich auch schwören, daß ich noch mit keiner frauens=Person auf diese art etwas zu thun gehabt habe.«

Der 26-jährige Mozart wollte seinem Vater also allen Ernstes einreden, daß er noch nie mit einer Frau geschlafen habe. Aber diese moralisch verbrämte Einleitung war notwendig, um den Schock des Vaters etwas zu mildern, ehe er mit der ganzen

Wahrheit herausrückte: »Nun aber wer ist der Gegenstand meiner liebe? – erschröcken sie auch da nicht, ich bitte sie; – doch nicht eine Weberische? – Ja eine Weberische (...) – die Mittelste aber, nemlich meine gute, liebe konstanze ist – die Marterin darunter, und eben deswegen vieleicht die gutherzigste, geschickteste und mit einem worte die beste darunter. (...) muß ich ihnen doch noch näher mit dem karackter meiner liebsten konstanze bekannt machen. – sie ist nicht hässlich, aber auch nichts weniger als schön. – ihre ganze schönheit, besteht in zwey kleinen schwarzen augen, und in einen schönen Wachsthum. sie hat keinen Witz, aber gesunden Menschenverstand genug, um ihre Pflichten als eine frau und Mutter erfüllen zu können. (...) ich liebe sie, und sie liebt mich vom herzen? – sagen sie mir ob ich mir eine bessere frau wünschen könnte?«

Sämtliche Fragezeichen stehen so im Original.

Da Mozart davon ausgehen konnte, daß sein Vater trotz dieser poetischen Ausschmückungen die Zustimmung zur Heirat verweigern würde, erklärte er einige Wochen später, daß es bei dieser Angelegenheit gar nicht um ihn gehe, sondern um Constanzes »Errettung«.

Welche Auswirkungen Mozarts damaligen Gefühlszustände auf die Komposition der »Entführung aus dem Serail« hatten, ist schwer zu sagen. Franz Xaver Niemetschek stellt in seiner 1798 erschienenen Biographie »Leben des K. K. Kapellmeisters Wolfgang Gottlieb Mozart« in diesem Zusammenhang allerdings eine Überlegung an, die einigermaßen plausibel klingt: »Ich darf hier nicht verschweigen, daß Mozart zu der Zeit, als er diese Oper schrieb, Konstanza Weber, seine nachmahlige Gemahlin, die Schwester der berühmten Sängerin Lang, liebte und eben Bräutigam war. Den Einfluß, den diese Seelenstimmung auf die Komposition dieser Oper haben mußte, wird jedermann erkennen, der sie gehört hat; denn wer weis nicht, wie voll süßer Gefühle, voll schmachtender Liebe sie ist?«

Betrachtet man die »Entführung« unter diesem Gesichtspunkt, hätte bereits Belmontes Auftrittsarie programmatische Bedeutung:

Belmonte:
Hier soll ich dich denn sehen,
Konstanze, dich mein Glück!
Laß, Himmel, es geschehen,
gib mir die Ruh' zurück!
Ich duldete der Leiden,
o Liebe, allzuviel!
Schenk mir dafür nun Freuden
und bringe mich ans Ziel.

Von diesem »Ziel« wollte Leopold Mozart freilich nichts wissen und drängte seinen Sohn zum wiederholten Male, den Kontakt zur Familie Weber endlich abzubrechen. Mozart antwortete mit einem Appell an das Gefühl und flehte seinen Vater am 27. Juli 1782 an: »ich muß sie bitten, um alles in der Welt bitten; geben sie mir ihre Einwilligung daß ich Meine liebe konstanze heyrathen kann. (...) Mein herz ist unruhig, mein kopf verwirrt – wie kann man da was gescheides denken und arbeiten?«

Wolfgang war von der unnachgiebigen Haltung seines Vaters tief enttäuscht und teilte ihm das am 31. Juli auch mit: »Ich habe heute ihr schreiben vom 26:^{ten} erhalten, aber ein so gleichgültiges, kaltes schreiben, welches ich in der that auf die ihnen überschriebene Nachricht wegen der guten aufnahme meiner oper niemalen vermuthen konnte.«

Mozart hatte seinem Vater natürlich vom großen Erfolg der »Entführung aus dem Serail« berichtet, die am 16. Juli 1782 im Hofburgtheater in Wien uraufgeführt worden war. Berufliche Angelegenheiten schienen den Vater in dieser Situation freilich nicht zu interessieren, dafür setzte er weiterhin alles daran, seinen Sohn aus den Fängen der Familie Weber zu befreien.

Was sich dann allerdings in den folgenden Monaten in Wien abspielte, deckte sich tatsächlich bis ins kleinste Detail mit den schlimmsten Befürchtungen Leopold Mozarts. Cäcilia Weber verlangte von Mozart nämlich die vertragliche Zusicherung, ihre Tochter zu heiraten oder jährlich 300 fl. an sie, Cäcilia Weber, zu bezahlen, falls er das Versprechen nicht einlösen sollte.

Von den vier Weber-Töchtern war zu diesem Zeitpunkt einzig Mozarts große Jugendliebe Aloisia verheiratet. Aloisia, die damals mit einem Jahresgehalt von 1.700 fl. die höchstbezahlte Sängerin der deutschen Singspiel-Gesellschaft in Wien war, hatte am 31. Oktober 1780 den Burgschauspieler Joseph Lange geheiratet. In einem Vertrag mußte sich Lange verpflichten, seiner Schwiegermutter Cäcilia Weber auf Lebenszeit eine jährliche Unterstützung von 700 fl. zu gewähren, was exakt der Hälfte seines Jahresgehalts als Burgschauspieler entsprach. Da Frau Weber 66 Jahre alt wurde – sie starb 1793 –, hatte Lange insgesamt 9.100 fl. an sie zu bezahlen.

Mozart hatte das Glück, daß sein Vertrag mit Frau Weber nicht in Kraft trat, da er Constanze ja tatsächlich heiratete. Neben diesem Vertrag wurde noch ein weiterer Kontrakt aufgesetzt, in dem sich Mozart verpflichtete, 1.000 fl. Heiratsgut einzubringen und sämtliche während der Ehe erzielten Einnahmen mit seiner Frau zu teilen.

Die Hochzeit zwischen dem 26-jährigen Kapellmeister Wolfgang Adam Mozart, wie er sich im Trauungsregister der Dompfarre St. Stephan nannte, und der 20-jährigen »wohledlen J. Konstanzia Weberin« fand schließlich am 4. August 1782 im Wiener Stephansdom statt, ohne daß Leopold Mozart seine Zustimmung gegeben hätte. Diese traf erst ein, als die Heirat längst vollzogen war.

Unmittelbar nach Erhalt der – ohnehin bedeutungslosen – Zustimmung zur Eheschließung schrieb Mozart an seinen Vater: »Ich küsse ihnen die hände und danke ihnen mit aller zärtlichkeit die immer ein Sohn für seinen Vater fühlte, für die mir güttigst zugetheilte Einwilligung und vätterlichen Seegen. (...) bey der

Copulation war kein Mensch als die Mutter und die Jüngste schwester. – H: v: thorwart als vormund und beystand von beyden; – H: v: Zetto I : landrath : I beystand der Braut; und der gilowsky als mein beystand. (...) unser ganzes Hochzeits festin bestund aus einen soupèe welches uns die frau Baronin v: Waldstädten gab.«

Diese Baronin Elisabeth von Waldstätten, die Constanze bei der Heiratsvorbereitung unterstützte, war wenig später Adressatin eines aufschlußreichen Briefes Leopold Mozarts. »Ja, ich würde ganz beruhiget sein«, schreibt er am 23. August 1782, »wenn ich nur nicht bei meinem Sohne einen HauptFehler entdeckte, und dieser ist, daß er garzu *gedultig* oder *schläferig*, zu *bequem*, vielleicht manchmal zu *stoltz*, und wie sie dieses alles zusammen taufen wollen, womit der Mensch *ohnthätig* wird: oder er ist zu *ungedultig*, zu *hitzig* und kann nichts abwarten. Es sind zween einander entgegen stehende Sätze die in ihm herschen – zu viel oder zu wenig und keine Mittelstrasse.«

Die Charakterisierung Mozarts durch seinen Vater zeigt einmal mehr, daß dieser ein exzellenter Menschenkenner war und er mit dem Bild von der nicht vorhandenen »Mittelstrasse« ein entscheidendes Persönlichkeitmerkmal seines Sohnes auf den Punkt gebracht hatte. Betrachtet man Mozarts Biographie unter diesem Aspekt, so fällt tatsächlich auf, daß sein Leben ständig zwischen den beiden Polen »zu viel« oder »zu wenig« hin- und herpendelte und es ihm nur selten gelang, eine »Mitte« zu finden.

Als Postskriptum fügte Leopold seinem Brief noch hinzu: »Mein Sohn schrieb mir vormals, daß er, sobald er sich verheyrathen werde, nicht bey der Mutter wohnen wolle. Ich hoffe er werde dieses Haus auch wirklich verlassen haben. Ist es nicht geschehen, so ist es sein und seiner Frau Unglück.«

Zu diesem Zeitpunkt hatte Mozart das Haus Cäcilia Webers allerdings längst verlassen und wohnte nunmehr im Haus »Zum Roten Säbel« an der Hohen Brücke.

Leopold muß Mitte August seinen Sohn neuerlich auf dessen Wohnsituation angesprochen haben, da Wolfgang in einem Brief ausdrücklich darauf hinweist, daß er mit Cäcilia Weber nichts mehr zu tun haben möchte. »Ich habe in der that die Meinige nicht so bald geheyrathet um im verdruß und Zank zu leben«, schreibt er am 31. August, »sondern um Ruhe und vergnügen zu genüssen! – und das konnte auf keine andere art geschehen als sich von diesem hause loszumachen. wir haben seit unserer heyrath ihr 2 visiten gegeben – bey der zweyten aber hat es schon wieder Zank und Streitt gegeben, so daß meine arme frau zu weinen anfieng.«

Mozart versicherte zu dieser Zeit seinem Vater auch mehrfach, daß er sich bemühe, ihn gemeinsam mit seiner Frau zu besuchen und daß Constanze »aus vergnügen« weinen müsse, »wenn sie auf die Salzburger=reise denkt«.

In diese Zeit fällt also Mozarts Bitte, ihm »Salzburger zungen« und sogenannte »schwarzreuter« nach Wien zu schicken. Die Vermutung liegt nahe, daß Mozart mit diesem ungewöhnlichen Anliegen seinem Vater signalisieren wollte, daß er ihn nach wie vor brauche, und sei es nur, um ihn mit Salzburger Spezialitäten zu versorgen.

Unmittelbar nach Erhalt dieses Briefes muß Leopold der Bitte seines Sohnes nachgekommen sein, denn bereits am 11. September schreibt Wolfgang: »Ich danke Ihnen verbindlichst für die mir geschickten Zungen – Ich habe 2 der fr: Baronnin gegeben, und die andern 2 für mich behalten, und morgen wollen wir sie verkosten; – haben sie die güte mir zu schreiben wie sie es mit der bezahlung dafür gehalten haben wollen. – wenn sie mir auch schwarzreuter zuwege bringen können, so machen sie mir in der that sehr viel vergnügen.«

Ob Mozart die Zungen je bezahlt hat, wissen wir nicht, auch nicht, wieviel sie gekostet haben. Sehr wohl wissen wir aber, daß Leopold Mozart vier Zungen geschickt hat, wobei es sich nicht um vier ganze Zungen gehandelt haben dürfte, sondern wohl eher um vier Zungenscheiben. Bedenkt man, daß eine rohe Rinderzunge bis zu 2 ½ kg wiegen kann, wäre der Transport von vier ganzen

Zungen viel zu teuer gewesen. Außerdem stellt sich die Frage, was Mozart mit so vielen Zungen überhaupt gemacht hätte.

In einem Brief an seine Cousine bekannte Mozart einmal: » – ich bin von natur aus sehr sanft, und einen senf esse ich auch gern, besonders zu dem Rindfleisch.« Es wäre also durchaus möglich, daß die Zungen bei der Verkostung im Hause der Baronin von Waldstätten mit Senf gegessen wurden.

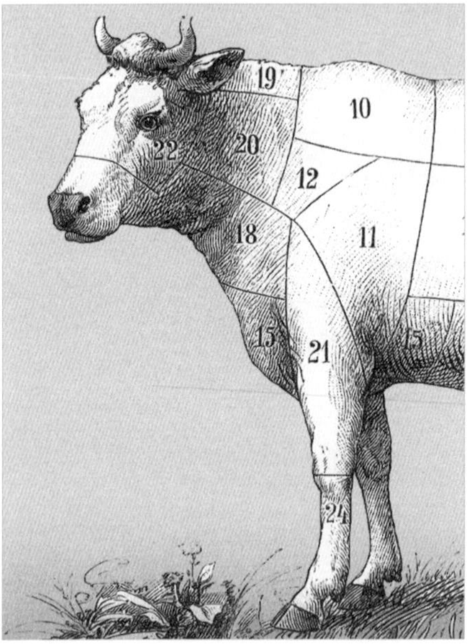

Nach welchem Rezept die von Leopold Mozart geschickten Zungen zubereitet wurden, geht aus den Briefen nicht hervor, allerdings kann es sich nur um geräucherte Zungen gehandelt haben, da sie in jedem andern Fall während des fünftägigen Transports von Salzburg nach Wien verdorben wären.

Auch wenn sich in Conrad Haggers »Saltzburgischem Koch=Buch« unter den 19 Rezepten für Ochsen- und Rinderzunge kein Hinweis auf »Salzburger Zungen« findet, werden die von Leopold nach Wien geschickten Zungen vermutlich auf ähnliche Weise zubereitet worden sein, wie diese »Zungen zu råuchern / daß sie sonderlich gut werden«:

»Nimm Rind= oder Ochsen=Zungen / wasche und butz sie sauber / stupffe sie mit einer Spick=Nadel oder langen Gluffen; dann lege sie in ein Schaff oder Multer; so viel Zungen / so viel Handvoll Saltz / reibe und schwinge die Zungen solang mit dem Saltz herůber / biß sie von dem Saltz gantz naß werden; dann kehre das rauche Theil untersich / und lege das unzerflossene Saltz oben darauf / laß sie also ůber Nacht in einer Stuben stehen / den andern Tag nimm rothe Růben / reibe sie an einem Reibeisen / mische viel Saltz / und so es beliebt / gestossenen Knoblauch und Wachholder=Beer darunter / thue die Růben mit dem Saltz an die Zungen in das Schaff / daß sie darůber gehen; dann gieß ein Theil Wasser / ein Theil Eßig / und ein Theil sauren Wein daran; lege ein Brett / daß in das Schaff gehet / mit einem Stein darauf / setz es an einen kůhlen Ort / wo es nicht gefrieret / drey Wochen; hernach hånget mans bey dem dicken Ort ůber Nacht in eine Stuben / und alsdann in den Rauch / daß sie von dem Rauch / und nicht von der Hitz geselcht werden / so seynd sie in 3. biß 4. Wochen fertig / aber hernach muß man sie vor dem Sieden / wohl wåssern lassen / und alsdann erst sieden.«

»Stupffen« heißt stechen; als »Gluffe« oder »Glufe« bezeichnet man eine Vorstecknadel; eine »Multer« ist ein Trog und mit dem »dicken Ort« ist das dickere Ende der Zunge gemeint.

Weniger zeitaufwendig ist die Zubereitung einer Zunge nach dem folgenden Rezept, das ebenfalls aus Haggers Kochbuch stammt:

»Eine frische Ochsen=Zung soll sauber gewaschen / ůberbrůhet / sodann in Saltzwasser gesotten / die Haut herab gezogen / ůberzwerch zu důnnen Blåttlein geschnitten / mit Eßig und Gewůrtz gesprenget / dann mit Sardellen / klein=gehackten Zwibel und Petersil=Kråutern in Butter / oder guten Speck / herůber geschwungen werden / ein wenig weiß Mel / mit wenig Wein / und Fleisch=Brůhe kurtz aufsieden lassen; und mit Lemoni=Safft und Eyerdotter zur Fricasse gemacht.«

Neben diesen beiden Gerichten erwähnt Hagger in der Abteilung »Von dem Ochsen und Rind / vom Kopff biß auf die Fůß / von aussen und innen / bestehend in 120. speisen« noch so ausgefallene Gerichte wie »Zungen / frischer / weichgesottner / gespickt / in einer braunen jus, oder Austern=Brůhe«, »Zungen in gelber Pomerantzen=Brůhe / gut«, »Zungen / so frisch / in guter Citronen=Brůh« oder »Zungen / gesottner und gespickter / in einer Weichseln= oder Johannes=Beerlein=Brůhe«.

Wienerisches bewährtes
Kochbuch
in
sechs Absätzen.

Enthält
Tausend Fünfhundert Kochregeln
für
Fleisch- und Fasttäge
alle auf das deutlichste und gründlichste beschrieben,
nebst einen
Anhang in fünf Abschnitten,
worinnen
ein allgemeiner Unterricht, was man in der Küche, beym Einkaufen; Anrichten der Speisen und Anordnung der Tafeln zu beobachten habe,
als auch
Speiß- und Suppeezetteln.

Anfangs herausgegeben
von
Ignaz Gartler
nunmehro aber verbessert von der
Barbara Hikmann.

Achtzehnte verbesserte und mit Kupfern versehene Auflage.

Wien,
verlegt bey Joseph Gerold, kais. Reichshofrathsbuchdrucker und Buchhändler am Dominikanerplatz Nro. 724.
1794.

»Wenn sie mir auch schwarzreuter zuwege bringen können«

Im selben Brief, in dem Mozart seinen Vater um die Zusendung von »Salzburger Zungen« ersuchte, bat er ihn auch, ihm »schwarzreuter« zu schicken. Bei diesem Fisch handelt es sich nicht, wie im Kommentar zu den Mozartbriefen angemerkt, um »eine Forellenart (Salmo salvelinus)«, sondern um eine Form des Seesaiblings (Salvelinus alpinus salvelinus).

Beim Seesaibling unterscheiden wir die Wanderform des Seesaiblings und die stationären Seesaiblinge, die ihrerseits in drei Gruppen unterteilt werden, nämlich in den Normalsaibling, den Wildfangsaibling und den Schwarzreiter. Der Schwarzreiter ist ein sehr kleiner Fisch, der sich ausschließlich von Plankton ernährt und maximal 25 cm lang und 100 g schwer wird.

Der Seesaibling gleicht vom Körperbau der Forelle, unterscheidet sich von dieser jedoch durch einen meist leuchtend weißen Saum am Vorderrand seiner Brust-, Bauch- und Afterflossen. Der Seesaibling benötigt kaltes, sehr sauerstoffreiches Wasser und reagiert extrem empfindlich auf Gewässerverschmutzung und Temperaturanstieg.

Wie wir wissen, hat Mozarts Vater zwar die »Salzburger Zungen« nach Wien geschickt, nicht aber die gewünschten Fische, weshalb ihn sein Sohn am 11. September 1782 noch einmal an seine Bitte erinnerte: »wenn sie mir auch schwarzreuter zuwege bringen können, so machen sie mir in der that sehr viel vergnügen.« Ob Mozart diese Saiblinge je erhielt, ist ungewiß, erwähnt hat er sie in seinen Briefen jedenfalls nicht mehr.

Aufgrund der zitierten Briefpassagen können wir davon ausgehen, daß Mozart die Schwarzreiter aus seiner Salzburger Zeit kannte. Mit Sicherheit stammten diese Fische aus dem Königsee, der knapp 30 km – oder sechs Gehstunden – von Salzburg entfernt in der Nähe von Berchtesgaden liegt und für seine Schwarzreiter bekannt ist.

Wie wir aus Lorenz Hübners topographischem Bericht über das Fürsterzbistum Salzburg erfahren, gab es dort in einigen Gewässern zwar Saiblinge, aber offenbar keine Schwarzreiter. Hübner weist lediglich darauf hin, daß »unter den Fischen die Salmlinge und Forellen in den Bergseen und in einigen der größeren Landseen die vorzüglichsten und schmackhaftesten sind«. Auch erwähnt er einen Bergsee am Hundstein bei Saalfelden, von wo »köstliche Salmlinge und mehrere tausend Frösche jährlich nach Salzburg geliefert werden«.

Was den Königsee betrifft, so sollen der Überlieferung nach bereits im Jahr 1160 geräucherte Saiblinge aus diesem Gewässer von Propst Heinrich I. in ein Heerlager Kaiser Friedrich Barbarossas nach Oberitalien verschickt worden sein. Auch Johann Kaspar Riesbeck berichtet in seinem Reisebuch von »einem herrlichen Mahl mit Fischen«, das er und seine Begleiter auf einer Insel des Königsees eingenommen haben und sich dazu »kostbaren Tiroler Wein« schmecken ließen. Bei dieser Insel handelt es sich um die »Bartholomäus-Insel«, über die Lorenz Hübner schreibt: »Auf diesem Eilande kann man auch, gegen mitgebrachte schriftliche Erlaubniß des Hofes, eine kleinere oder größere Parthie der berühmten Schwarzreiter (eine eigene Art kleiner, sehr berühmter Sålmlinge), die man frisch aus dem See haben kann, und welche die Einwohner dieser Insel auf eine besondere Art zu räuchern verstehen, zu sich nehmen. Diese Art Fische ist hier allein zu haben, und wird geräuchert als eine Seltenheit weit und breit versendet.«

Dieser Hinweis Hübners bestätigt die Vermutung, daß es sich bei den von Mozart gewünschten Schwarzreitern nur um Seesaiblinge in geräuchertem Zustand gehandelt haben kann, da jeder nicht geräucherte oder eingesalzene Fisch während des mehrtägigen Transports von Salzburg nach Wien zwangsläufig verdorben wäre. Auch die zeitliche Nähe von Mozarts Brief vom 11. September zum Festtag des Heiligen Bartholomäus am 24. August spricht für diese Annahme, da an diesem Tag traditionell die Schwarzreiter-Saison in St. Bartholomä am Königsee eröffnet wird. Angeboten werden die geräucherten Schwarzreiter üblicherweise bis Weihnachten.

Das Räuchern des Seesaiblings erfolgt heute noch nach dem gleichen Prinzip wie zur Mozartzeit. Dabei wird der Fisch eingesalzen und nach zwölf Stunden abgewaschen, ehe er in den vorgeheizten Ofen kommt. Das Holz von Buche, Esche oder Ahorn gibt dem Fisch seinen gewünschten Geschmack. Der Räuchervorgang ist nach vier Stunden abgeschlossen.

Die geräucherten Schwarzreiter aus dem Königsee wurden von Ludwig Ganghofer in seinem 1893 erschienenen Roman »Der Klosterjäger« sogar literarisch verewigt.

Daß Saiblinge aber nicht nur geräuchert, sondern auch anderweitig verarbeitet werden, versteht sich von selbst. Wenn man bedenkt, daß ein Wildfangsaibling ein Gewicht von bis zu 5 kg haben kann, liegt es nahe, diesen Fisch auch gebraten oder »blau« zuzubereiten. In Conrad Haggers »Saltzburgischem Koch=Buch« finden sich folglich nicht weniger als 32 Rezepte zur Zubereitung von Saiblingen und Forellen. In der Einleitung zu diesem Abschnitt schreibt Hagger:

»Salbling und Forellen / oder Ferchen.

Von disen kostbaren und guten Fischen (welche man in hiesigem

Land in denen Berg=Seen / und andern frischen Wassern / in einer großen Menge fångt) ist zu mercken / daß dise beyde Gattungen / die Sålbling und Ferchen / oder Forellen; obwohlen sie an der Farb / Gestalt und Geschmack etwas ungleich / sie dannoch gantz auf einerley Weiß verkocht und zugericht werden.«

Neben den »klassischen« Rezepten wie »Salbling und Ferchen / schôn blau abzusieden« und »Salbling / oder Ferchen / mit Butter / oder Ôl«, führt Hagger auch ein spezielles Rezept für »Salbling aus Perdolsgaden / oder die sogenannte geselchte Schwartz=Reiter« an:

»Die gerauchte Perdolsgadiner Salbling / aus dem Bartholome=See / (welche man allhier Schwartzreiter nennt) gibt man auch gleich also kalter und trucken / wie sie von disem Ort herkommen / auf einem Serviette mit Petersil=Kråutlein bestreuter / auf der Schůssel zu Tisch; dise werden auch wegen ihrer Gůte auf der Post und sonst; an grosser Herren Hôf / u. viel Meilwegs verschickt; man kan sie auch verkochen / mit / oder ohne Haut / wie die andern Salbling / so geråuchert / ausser / daß dise im Wasser nicht ůbersotten werden / sondern gleich in die Schůssel gericht / und mit der Brůhe ůbergossen / und nach einem kurtzen Sud gleich zur Tafel gegeben. NB. Ausseeer=Salbling / kônnen auch auf vorbeschriebene Weiß verkocht werden / dann auch dise Fische werden allenthalben weit verschickt / seynd kôstlich und berůhmt.«

Mit »Perdolsgaden« ist natürlich Berchtesgaden gemeint.

Zum Schluß noch die Lösung des Rätsels, wie die Schwarzreiter überhaupt zu ihrem merkwürdigen Namen kamen. Die Antwort auf diese Frage gibt ein alter Fischer vom Vorderen Gosausee in Oberösterreich, in dem neben dem Wildfangsaibling auch der Schwarzreiter vorkommt: »Während der Gegenreformation entsandte ein Salzburger Erzbischof ein großes berittenes Soldatenheer, um die Gosauer Bevölkerung mit Gewalt zur Abkehr vom ketzerischen Glauben zu zwingen. Vor dieser drohenden Gefahr wurden die Gosauer Protestanten jedoch gewarnt und flüchteten bei Schnee und Eis über den zugefrorenen Vorderen Gosausee, um im Talschluß Schutz zu suchen. Die schwarzen Reiter folgten ihnen auf die Eisdecke, brachen jedoch ein und wurden samt ihren Rössern vom See verschlungen. Seit diesem Zeitpunkt schwimmen im Gosausee kleine Fische mit schwarzem Rücken, die sogenannten Schwarzreiter.«

Memento Mori.

»Und wohl bekomm dir die Prügelsuppe«

Am 11. November 1780 notierte Nannerl Mozart in ihr Tagebuch: »zwei arme Sünder entköpfet worden.« Bei den Delinquenten, die vom Salzburger Scharfrichter Franz Joseph Wohlmuth unter großer Anteilnahme der Bevölkerung enthauptet wurden, handelte es sich um den 29-jährigen Bäckerjungen Kaspar Bleicher und den 31-jährigen Lederergesellen Florian Albrechts. Der Kopf Bleichers wurde zur Abschreckung auf einen Pfahl gesteckt und der Körper Albrechts »auf das Radt geflochten und der Kopf auf dem Pfrill gestöckt«.

Im »Executions-Einschreibbuch« Wohlmuths tragen die Hingerichteten die Nummern 164 und 165. Während seiner Amtszeit als Scharfrichter beförderte Wohlmuth zwischen 1757 und 1817 insgesamt 226 Verurteilte vom Leben zum Tod. Daß die Hingerichteten zum größten Teil aus den unteren sozialen Schichten stammten, versteht sich angesichts der politischen Verhältnisse und des Rechtsverständnisses im Erzbistum Salzburg fast von selbst. Man sollte an dieser Stelle nicht vergessen, daß die Folter in Salzburg noch bis 1801 angewandt wurde, während sie in Österreich bereits am 2. Januar 1776 abgeschafft worden war. Der Vollständigkeit halber sei auch noch erwähnt, daß in Kempten in Deutschland 1775 die letzte »Hexe« hingerichtet wurde.

In Lorenz Hübners »Beschreibung des Erzstiftes und Reichsfürstenthums Salzburg« lesen wir über das Hochgericht: »Dieses liegt auf einer Anhôhe am Grôdiger, oder Berchtesgadner Wege, eine Viertelstunde außer dem Nonnthale, und besteht aus einer Kôpfstâtte, und einem Galgenviereck von Mauer, auch einem kleinen mit Mauer umgebenen Freythofe, welchen Erzbischof Johann Ernst im Jahre 1701 errichtete.« Ursprünglich befand sich die Hinrichtungsstätte unmittelbar vor dem Linzer Tor, von wo sie am 13. September 1599 auf Anweisung des Erzbischofs Wolf Dietrich an den Rand des Nonntals verlegt wurde.

Ob Mitglieder der Familie Mozart Hinrichtungen in Salzburg mitverfolgt haben, wissen wir nicht, daß sie aber über Hinrichtungen informiert waren, geht nicht nur aus Nannerls Tagebuch hervor, sondern auch aus Leopold Mozarts Korrespondenz. So schreibt er am 4. Oktober 1777 an Wolfgang nach München: »heute frühe hat man einen aufgehenkt. abends ist Comœdie, morgen maskierter Ball, den der Fürst Breiner giebt.« Sechs Wochen später berichtete Leopold über eine weitere Hinrichtung: »Um 9 uhr war dieser Concurs, wo die 7 armen Sinder vor der Probe zitterten, da eben auch ein armer Sinder, der, obwohl er erst 19 Jahre alt ist, bey einer starken Diebsbande war, zur Richtstatt geführt wurde um seinen Kopf herzugeben, damit man ihn aufs Rad stecken kann.« Über eine Hinrichtung in München informierte Leopold seinen Sohn am 22. Februar 1786.

Aus nächster Nähe beobachtet hat Mozart aber die Vollstrekkung von Todesurteilen in Lyon und Mailand. Am 30. November 1771 schreibt er von dort an seine Schwester: »ich habe auf den domplatz hier 4 kerl hencken sehen. sie hencken hier wie zu lion.« Bei seinem Aufenthalt in Lyon war Wolfgang erst zehn Jahre alt.

Daß die Familie Mozart aber möglicherweise auch in Paris bei Hinrichtungen anwesend war, läßt ein Brief vermuten, den Leopold Mozart am 9. März 1764 an Lorenz Hagenauer schrieb: »Der Platz la Greve ist hier der Ort, wo man die Missethätter in die andere Welt schicket. Wer ein Liebhaber von diesen Executionen ist, der hat fast alle Tage etwas zu sehen. Letzlich sind eine Cammerjungfer, die Köchin und der Gutscher neben einander en compagnie gehencket worde.«

Was nun Salzburg betrifft, so war die Vollstreckung der vielen Todesurteile nicht die einzige Besonderheit, durch die sich die Rechtssprechung im Erzstift auszeichnete. Ein weiteres Spezifikum waren hier auch die Unzuchtsstrafen, die besonders hart ausfielen, wenn es sich um Eltern außerehelicher Kinder oder um Mädchen und Frauen handelte, die »sittlicher« Verfehlungen beschuldigt wurden. In diesem Zusammenhang notiert Nannerl am 11. August 1775 in ihr Tagebuch: »den 11ten sind 7 Jungfern in Rathhaus gespeischt worden und 6 in das zucht=Haus geführt worden.«

Leopold Mozart wiederum schreibt am 27. Mai 1785 über die Bestrafung bettelnder Frauen: »Daß täglich auf dem Rathshaus wegen Einrichtung der Bettlordnung Commißion ist, das ist euch bekannt: da nun alle Weibsleute untersucht wurden, so sind einmahl 17 Menscher, dann 5, endlich 3 zugleich ins Zuchthauß geführt worden. Heut sind 2 in der Geige gestanden, einige sind geprügelt, und weggeschafft worden.«

Das Zuchthaus befand sich zur Mozartzeit außerhalb der Stadt »im Dorfe Maxglan«, direkt am Glanfluß und war ein »in ein Viereck ausgeführtes Gebåude von 2 Geschossen«, wie Lorenz Hübner schreibt. Erbaut wurde es 1754 auf Anordnung Siegmund Schrattenbachs, der es als »Zucht= oder Arbeitshaus« führen ließ. Daneben gab es auch noch das Stockhaus, »ein sehr unansehnliches, schmahles, 4 Geschosse hohes, und mit kleinen Fenstern versehenes Haus, wohin die Arrestanten geliefert wurden«.

Die Hinweise Nannerls und Leopolds auf das Rathaus als Ort der Vollziehung von Prügelstrafen dürften mit dem Pranger zusammenhängen, der sich auf der rechten Seite des Eingangstors befand. Bei Hübner heißt es dazu: »Auf einer der marmorsteinernen Bånke ist ein viereckichtes von Bůrgermeister Wilhelmseder im Jahre 1748 errichtetes Postament aus rothem Untersberger Marmor angebracht, worauf Ůbelthåter zur ǒffentlichen Schande ausgestellt werden.«

Von der »Geige« sprach man, wenn zwei Frauen am Pranger standen, deren Kopf und Hände in die entsprechenden Vorrichtungen eingespannt wurden.

Aus Leopold Mozarts Briefen erfahren wir weiters, daß die Bevölkerung nicht nur an Hinrichtungen, sondern auch an der Vollziehung öffentlicher Spießrutenläufe großes Interesse zeigte. Am 12. November 1785 berichtet er Nannerl: »Eben itzt war die Execution mit dem Soldaten, ich hatte also ein erstaunliches Geläuff vor meinem Fenster vorbey von allen Gattungen Menschen.«

Die »Execution« war in diesem Fall keine Hinrichtung, sondern eine Bestrafungsmethode, bei der der verurteilte Soldat »durch 200 Mann 10 mahl auf und ab geführt und mit spitzruthen gekitzelt« wurde.

Wir halten also fest, daß zur Mozartzeit in Salzburg an Frauen und Männern die Prügelstrafe vollzogen wurde, Häftlinge legal gefoltert werden durften und zum Tode Verurteilte nicht nur öffentlich hingerichtet, sondern zur Abschreckung auch gepfählt bzw. auf das Rad geflochten wurden.

Nehmen wir an dieser Stelle einen Ortswechsel in die Türkei vor, wo das Singspiel »Die Entführung aus dem Serail« spielt. Wir befinden uns im 1. Akt auf einem »Platz vor dem Palast des Bassa Selim am Ufer des Meeres«. Der aus Spanien stammende christliche Edelmann Belmonte ist auf der Suche nach seiner entführten Verlobten Constanze und trifft dabei auf den Türken Osmin, der bei Bassa Selim als Aufseher arbeitet. In seinem Auftrittslied »Wer ein Liebchen hat gefunden« macht Osmin kein Hehl daraus, daß sein Frauenbild exakt dem Klischee des Muselmanen entspricht, der sich seine Frauen dadurch gefügig macht, daß er sie einsperrt:

Osmin:
Doch sie treu sich zu erhalten,
schließ er Liebchen sorglich ein;

denn die losen Dinger haschen
jeden Schmetterling und naschen
gar zu gern von fremdem Wein.
Trallalera, trallalera!

Nach diesem Bekenntnis wendet sich Osmin dem unbekannten Belmonte zu, der ihm aufgrund seiner – wohl europäischen – Erscheinung sofort suspekt ist und den er zur Begrüßung gleich einmal als »Galgenschwengel« bezeichnet. Als Belmonte den Namen seines Dieners Pedrillo erwähnt, wünscht Osmin dem einen wie dem anderen den Tod. Die Art und Weise, wie Osmin die beiden ins Jenseits befördern möchte, kommt uns allerdings bekannt vor, denn während er Pedrillo »spießen« oder »verbrennen« möchte, droht er Belmonte die »Bastonade« an, also jene Prügelstrafe, die in Salzburg zur Mozartzeit durchaus üblich war. Nachdem Osmin noch so manche Mordphantasie durch den Kopf geht – »er sollte den Strick längst um den Hals haben«; »erdrosseln möcht' ich dich« – entlädt sich beim Anblick Pedrillos schließlich sein ganzer Haß und am Ende seiner berühmten Arie »Solche hergelaufne Laffen« steigert er sich in einen wahren Vernichtungsrausch hinein:

Osmin:
Erst geköpft, dann gehangen,
dann gespießt auf heiße Stangen,
dann verbrannt, dann gebunden,
und getaucht, zuletzt geschunden!

In einem Brief an seinen Vater schreibt Mozart über diese Arie: »ein Mensch der sich in einem so heftigen Zorn befindet, überschreitet alle ordnung, Maas und Ziel, er kennt sich nicht – so muß sich auch die Musick nicht mehr kennen – weil aber die leidenschaften, heftig oder nicht, niemal bis zum Eckel ausgedrückt seyn müssen, und die Musick, auch in der schaudervollsten lage, das

Ohr niemalen beleidigen, sondern doch dabey vergnügen muß, folglich allzeit Musick bleiben Muß, so habe ich keinen fremden ton zum f | : zum ton der aria : | sondern einen befreundten dazu, aber nicht den Nächsten, D minor, sondern den weitern, A minor, gewählt.«

Vielleicht waren es Stellen wie diese, die Goethe 1787 dazu veranlaßten, über diese Oper zu schreiben: »Alles unser Bemühen, uns im Einfachen und Beschränkten abzuschließen, ging verloren, als Mozart auftrat. ›Die Entführung aus dem Serail‹ schlug alles nieder.«

Im Verlauf seiner Tirade bietet Osmin seinem Widersacher Pedrillo aber noch eine ganz besondere kulinarische Spezialität an, nämlich eine »Prügelsuppe«. Natürlich handelt es sich dabei um eine Phantasiespeise und Pedrillo versteht auch sofort, daß es gesünder für ihn ist, wenn er die Einladung zu diesem »Gericht« nicht annimmt.

Mozarts Librettist Gottlieb Stephanie d. J. ließ sich bei dieser Wortschöpfung vermutlich von jenen »Prügelgerichten«, die in der österreichischen Küche eine lange Tradition haben, inspirieren. In Tirol kennt man beispielsweise seit mehr als 300 Jahren die Prügeltorte, die nach demselben Prinzip wie die Prügelkrapfen hergestellt wird. Diese gibt es nachweislich seit dem 16. Jahrhundert und auch Conrad Hagger erwähnt in seinem »Saltzburgischen Koch=Buch« zwei Rezepte für »Průgel=Krapffen«. Dabei wird auf einen »Prügel« ein etwas festerer Krapfenteig ringförmig aufgegossen, während das Rundholz auf den Feuerböcken über dem offenen Feuer langsam gedreht und der Teig baumkuchenartig übereinandergeschichtet wird.

Osmin interessiert an der »Prügelsuppe« natürlich in erster Linie der Prügel, den man sich als größeren Nudelwalker vorstellen muß, und nicht die Suppe, die ja vom Prügel direkt ins offene Feuer geflossen wäre.

Daß die Zubereitung von Prügelkrapfen einiges Geschick erfordert, wird bei der Beschreibung des Teigauftragens in Conrad

Haggers »Saltzburgischem Koch=Buch« deutlich:

»Nimm den darzu gehörigen Spieß / bestreiche ihn mit Butter / und überwinde das Ort / (wo der Taig daraufkommt /) mit einem gleichen Spagat / von dem dicken / biß voran auf das dünne Ort / gantz eng aneinander / wie eine Tobacks=Rollen / daß / wann der Krapffen darauf gebraten wird / und fertig ist / so zieht man das vorgehende letzte Trumm Spagat gemach auf den fordern Ort langsam heraus / so wird der Krapffen an dem Spieß ledig / und geht gantz gern herab / aber mercke / so bald die Schnur um den Spieß gewunden ist / wird selbige auch mit Butter bestrichen / und also leer bey dem Feuer umgetrieben / biß der Spieß mit dem Spagat gantz heiß wird / dann setze eine saubere Brat=Pfann unter / und fange an den Taig nach und nach darauf zu giessen / im Anfang gantz wenig / und dann so offt er hårt wird wieder gegossen / und also fortan gebraten und begossen / biß der Krapffen fertig; was aber unter dem Braten in die Brat=Pfann herab fallt / muß auch wieder aufgegossen / und darein gebraten werden; etliche machen zuletzt ein Eyß darauf / andere aber nicht / ziehe den Spagat gemach heraus / und den Krapffen herab / wie vorgedacht.«

Nach dieser kulinarisch-literarischen Abschweifung kehren wir zur »Entführung« zurück und werfen einen Blick auf das weitere Schicksal Osmins, der sich im Laufe der Handlung immer mehr zu einem typisch orientalischen Barbaren entwickelt und am Ende folgerichtig als »Tier« bezeichnet wird. Auf Osmin zeigend singt Blondchen, die Bediente Constanzes:

Denn seh er nur das Tier dort an,
ob man sowas ertragen kann.

Osmins Replik: »Verbrennen sollte man die Hunde« verpufft angesichts der Entscheidung Bassa Selims, die Europäer ziehen zu lassen, freilich im Leeren.

Aufschlußreich in diesem Kontext sind die Anmerkungen, die in Georg Nikolaus Nissens Mozart-Biographie zu finden sind: »Osmin ist ganz, was er seyn soll, ein grober, niederträchtiger Türke. Sclavensinn und die ihm so nahe verwandte sinnlose Grausamkeit und läppische Brutalität charakterisieren diese orientalische Nichtswürdigkeit in scharfen Umrissen.« Nissen bezeichnet Osmin weiters als »Ungeheuer« und »kleinen elenden Tyrannen«, dessen »rohe Schlauheit und abgeschmackte Brutalität« verabscheuungswürdig seien.

Diese Charakterisierung Osmins entspricht durchaus dem Zeitgeist, wenngleich es bei Stephanie d. J. und Mozart am Ende der Oper insofern eine unerwartete Wendung gibt, als sich Bassa Selim als großmütig erweist und den beiden europäischen Paaren die Freiheit schenkt. Diese wundersame Fügung des Schicksals ändert allerdings nichts an der zentralen Botschaft dieses Singspiels, die da lautet, daß das christliche Abendland dem moslemischen Orient moralisch überlegen ist; nicht zufällig weist Pedrillo gegen Ende der Oper ausdrücklich darauf hin, daß er »einem guten altchristlichen Geschlecht aus Spanien« entstamme.

Im Zusammenhang mit dem Konflikt Abendland/Morgenland bzw. Christentum/Islam sind zwei weitere Szenen in der »Entführung« aufschlußreich.

Gleich zu Beginn des 2. Aufzugs kommt es zwischen Blondchen und Osmin zu einem heftigen Streit, bei dem es um die Rolle der Frau im Islam geht:

> *Osmin:*
> Hier sind wir in der Türkei, und da geht's aus einem andern Tone. Ich dein Herr, du meine Sklavin; ich befehle, du mußt gehorchen! (...) Du hast doch wohl nicht vergessen, daß dich der Bassa mir zur Sklavin geschenkt hat?
>
> *Blondchen:*
> Bassa hin, Bassa her! Mädchen sind keine Ware zum Ver-

schenken! Ich bin eine Engländerin, zur Freiheit geboren und trotze jedem, der mich zu etwas zwingen will! (...) Uns gehört das Regiment; ihr seid unsere Sklaven und glücklich, wenn ihr Verstand genug habt, euch die Ketten zu erleichtern.

Osmin:
Bei meinem Bart, sie ist toll! Hier, hier in der Türkei?

Blondchen:
Türkei hin, Türkei her! Weib ist Weib, sie sei, wo sie wolle! Sind eure Weiber solche Närrinnen, sich von euch unterjochen zu lassen, desto schlimmer für sie; in Europa verstehen sie das Ding besser. Laß mich nur einmal Fuß hier gefaßt haben, sie sollen bald anders werden.

Osmin:
Beim Allah, die wär' glatt imstande, uns allen die Weiber rebellisch zu machen!

Der Librettist der »Entführung«, Gottlieb Stephanie d. J., scheint Charles de Montesquieus »Persische Briefe« aus dem Jahr 1713 gekannt zu haben, in denen fast idente Überlegungen angestellt werden: »Es ist eine Frage von großer Bedeutung für die Männer, zu wissen, ob es vorteilhafter sei, den Frauen die Freiheit zu rauben oder sie ihnen zu lassen. Beide Ansichten scheinen mir manches für sich zu haben. Wenn die Europäer sagen, daß es nicht edelmütig sei, die Personen, die man liebt, elend zu machen, so antworten ihnen unsere Asiaten, daß sich die Männer erniedrigen würden, wenn sie ihrer von der Natur verliehenen Überlegenheit über die Frauen entsagen wollten. (...)

Ist es nun wahr, daß wir über die Frauen nur eine tyrannische Macht haben, so ist es nicht weniger wahr, daß sie eine natürliche Herrschaft über uns ausüben, die Herrschaft der Schönheit, die unwiderstehlich ist.«

Montesquieu war nur einer von vielen Autoren des 18. Jahrhunderts, die sich mit der »orientalischen« Frage beschäftigten und auch Mozart setzte sich bereits viele Jahre vor der »Entführung« mit dem damals sehr populären »Serail«-Thema auseinander. Der Salzburger Hoftrompeter Johann Andreas Schachtner, Mozarts Freund aus Kindertagen, hatte für ihn 1780 einen Text zu einem deutschen Singspiel mit dem Titel »Zaide« geschrieben. Schachtners Libretto basiert auf dem Stück »Das Serail« von Joseph von Friebert, das 1779 in Buchform unter dem Titel »Ein musikalisches Singspiel genannt ›Das Serail‹ oder ›Die unvermutete Zusammenkunft in der Sclaverey zwischen Vater, Tochter und Sohn‹« in Bozen erschienen war. Mit diesem Stoff beschäftigte sich Mozart bis Mitte Dezember 1780, brach dann allerdings die Arbeit ab, weil er nach dem Tod Maria Theresias keine Aussicht auf eine Aufführung in Wien sah.

Der von Gottlieb Stephanie d. J. verfaßte Text zu Mozarts »Entführung« stützt sich auf eine andere Vorlage, und zwar auf Christoph Friedrich Bretzners Stück »Belmonte und Konstanze«, das im Mai 1781 mit der Musik von Johann André in Berlin aufgeführt worden war. Als Bretzner vom großen Erfolg der »Entführung« in Wien hörte, ließ er in einer Leipziger Zeitung verlauten: »Ein gewisser Mensch, Namens *Mozart,* in Wien hat sich erdreistet, mein Drama ›Belmonte und Constanze‹ zu einem Operntexte zu missbrauchen. Ich protestire hiermit feierlichst gegen diesen Eingriff in meine Rechte und behalte mir Weiteres vor.« Von weiteren Schritten Bretzners ist allerdings nichts bekannt.

In seinem Stück folgt Bretzner demselben dramaturgischen Schema, dem die meisten »türkischen« Stücke seiner Zeit folgen: Edle christliche Europäer geraten in der »Türkei« in Konflikt mit wilden moslemischen Orientalen und verlassen am Ende als moralische Sieger die Bühne.

In einem Brief an seinen Vater bezeichnete Mozart die Textvorlage Gottlieb Stephanies d. J. als »türkisches Sujet«, womit alles gesagt war, denn als fleißiger Theatergeher war Leopold Mozart mit dieser Materie ebenso vertraut wie sein Sohn. Bereits in seiner Salzburger Zeit hat Mozart am dortigen Theater dutzende »orientalische« Stücke gesehen, von denen im Tagebuch seiner Schwester Nannerl u. a. folgende erwähnt werden:

»Zaïre oder Die rasende Eifersucht eines Türken«, Schauspiel von Voltaire
»Die Eifersucht im Serail«, Ballett von Joseph Starzer
»Der Kaufmann von Smyrna oder Der Sklavenhändler«, Singspiel von Georg Joseph Vogler
»Die Pilger von Mekka«, Oper von Christoph Willibald Gluck
»Die befreite Sklavin«, Oper von Niccolò Jommelli

In ihrer weltanschaulichen Orientierung unterscheiden sich die »türkischen« Stücke der Mozartzeit nur im Detail voneinander. Im Mittelpunkt steht nämlich immer der große Konflikt zwischen Orient und Okzident, dessen Ausgang allerdings von vornherein feststeht.

Als Beispiel für dieses Prinzip sei aus der »Entführung« der 8. Auftritt im 2. Akt angeführt, in dessen Verlauf Pedrillo seinen Widersacher Osmin von den Vorzügen des Alkohols zu überzeugen versucht. Obwohl Pedrillos vordergründiges Ziel darin besteht, Osmin betrunken zu machen, geht es hier auch um eine grundsätzliche Kritik an den religiösen Vorschriften des Islam:

Pedrillo:
Fröhlichkeit und Wein versüßt die härteste Sklaverei. Freilich könnt ihr armen Schlucker das nicht begreifen, daß es so ein herrlich Ding um ein Gläschen guten alten Lustigmacher ist. Wahrhaftig, da hat euer Vater Mahomet einen verzweifelten Bock geschossen, daß er euch den Wein verboten hat. (...) Sieh einmal, ein paar Flaschen Cyperwein!

Nachdem Osmin zögert und darauf hinweist, daß ihm seine Religion den Genuß von Alkohol verbiete, bedrängt ihn Pedrillo und singt gemeinsam mit ihm das Duett »Vivat Bacchus, Bacchus lebe«. Erst die Musik führt bei Osmin zu einem langsamen Umdenken:

Osmin:
Ob ich's wage, ob ich trinke,
ob's wohl Allah sehen kann?

Noch zögert er, aber die Musik führt ihm gleichsam die Flasche zum Mund:

Osmin:
(trinkt)
Nun wär's geschehen,
nun wär's hinunter!
Das heiß' ich gewagt.

Am Ende ist Osmin so betrunken, daß er nur noch müde vor sich hinlallt:

Osmin:
Das ist wahr ... Wein ... Wein ... ist ein schönes Getränk; und unser großer ... Prophet mag mir's nicht übelnehmen ... Gift und Dolch, es ist doch eine hübsche Sache um den Wein! ... Nicht ... Bruder Pedrillo?

Auch in dieser Szene wird deutlich, daß es bei der »Entführung« letztendlich um die Reproduktion kolonialer Blickverhältnisse geht. Dabei stehen die »Türken« samt ihrer merkwürdigen Sitten und Gebräuche stellvertretend für die zurückgebliebenen und unaufgeklärten Orientalen.

Ein kleiner Einschub an dieser Stelle: Nach der im Januar 1756 erfolgten Uraufführung von Leopold Mozarts Kompositionen »Die musikalische Schlittenfahrt« und »Die Bauernhochzeit« wurden beide Werke von einem anonymen Briefschreiber als »Chineser, und Türcken Music« abqualifiziert.

Der Hintergrund für die Aversion gegen alles Türkische liegt auf der Hand. Bedenkt man, daß – im Falle dieser »Kritik« – die zweite Türkenbelagerung Wiens gerade einmal 73 Jahre zurücklag, muß die Bedrohung, die damals vom Osmanischen Reich ausgegangen war, im kollektiven Bewußtsein der Mozartzeit noch ziemlich präsent gewesen sein.

Allerdings macht sich in der zweiten Hälfte des 18. Jahrhunderts in Europa ein langsames Umdenken insofern bemerkbar, als man den Orient auch als Projektionsfläche für geheime Sehnsüchte zu entdecken begann. Ein typisches Beispiel dafür sind die Haremsphantasien, die gerade dadurch, daß kein Europäer je einen Harem von innen gesehen hatte, entsprechend angeregt wurden. 1813 wird dann Gioacchino Rossini in seiner Oper »Die Italienerin in Algier« den europäischen Männertraum von Orientalismus, exotischer Ausgelassenheit und Haremsvergnügen zum Albtraum werden lassen.

Im Kontext dieser orientalischen Phantasien ist wohl auch Leporellos Behauptung zu sehen, sein Herr Giovanni habe in der Türkei mit 91 Frauen Sex gehabt: »... in Turchia novantuna«, singt er in seiner Registerarie. Wie der Don das allerdings angestellt haben will, verrät Leporello wohlweislich nicht, da sich in diesem Fall das gesamte Register wahrscheinlich sofort als plumpe Fälschung erwiesen hätte. Denn wenn es Giovanni nicht einmal in der ihm vertrauten Umgebung gelingt, Donna Anna oder Zerlina zu verführen, wie soll er das dann ausgerechnet in der Türkei bei 91 Frauen geschafft haben?

Aber selbst dieser Nebensatz in »Don Giovanni« zeigt, wie präsent der Orient als diffuser Raum damals war.

In unmittelbarem Zusammenhang mit diesem Hang zum Exotismus steht auch jene unselige Tradition des »Völkerschauens«, die sich in unterschiedlichen Varianten bis in unsere Tage erhalten hat, und die im Laufe der Jahrhunderte so manch groteske Blüte trieb. Erwähnenswert an dieser Stelle ist das Schicksal des 1721 in Zentralafrika geborenen »hochfürstlichen Mohren« Angelo Soliman, der als Kind verschleppt und später von einem Sklavenhändler an eine Marquise in Messina auf Sizilien verkauft worden war. Fürst Johann Georg Christian Lobkowitz, der zu dieser Zeit die kaiserlichen Truppen in Sizilien kommandierte, kaufte der Marquise den Knaben ab und brachte ihn nach Wien, wo er eine erstaunliche Karriere machte.

1773 wurde Soliman, der sechs Sprachen beherrschte und ein exzellenter Schachspieler war, von Fürst Franz Joseph von Liechtenstein als Erzieher und »Hausofficier« mit einem Jahresgehalt von 600 fl. angestellt. Im Sommer 1781 trat Soliman der Edelloge »Zur wahren Eintracht« bei, über die er später auch Mozart persönlich kennenlernte.

Nach Solimans Tod am 21. November 1796 wurde dessen Leichnam auf Anweisung Kaiser Franz I. ausgestopft und gemeinsam mit einem Warzenschwein und mehreren Sumpfvögeln im Naturalienkabinett in Wien ausgestellt. Franz I. führte also die Tradition des »Völkerschauens« in konsequenter Weise weiter, wobei es offenbar keine Rolle mehr spielte, ob es sich bei dem betrachteten Objekt um einen lebenden oder toten »Exoten« handelte.

Natürlich konnten Mozart und Schikaneder eine solche Pervertierung nicht voraussehen, aber es stellt sich die Frage, ob die Charakterisierung des Monostatos in der »Zauberflöte« nicht ebenfalls einer solchen Denkweise entspringt, die es zuläßt, daß einem »Mohren« sämtliche menschlichen Eigenschaften abgesprochen werden.

Es entspricht offenbar der inneren Logik einer solchen Haltung, daß Pamina den schwarzen Monostatos gleich bei ihrer ersten Begegnung als »Barbaren« bezeichnet. Und selbstverständlich verbindet auch Sarastro mit Monostatos' Hautfarbe nur negative Assoziationen, wenn er zu dem Schluß kommt, daß dessen Seele »ebenso schwarz« sein muß »wie sein Gesicht«. Kein Wunder also, daß Monostatos am Ende selbst glaubt, daß seine Hautfarbe für sein Unglück verantwortlich ist:

> *Monostatos:*
> Alles fühlt der Liebe Freuden,
> Schnäbelt, tändelt, herzt und küßt;
> Und ich sollt' die Liebe meiden,
> Weil ein Schwarzer häßlich ist!
>
> Ist mir denn kein Herz gegeben?
> Bin ich nicht von Fleisch und Blut?
> Immer ohne Weibchen leben,
> wäre wahrlich Höllenglut.

Daß er als »böser Mohr« am Ende gemeinsam mit der Königin der Nacht und den drei Damen »in ewiger Nacht« versinkt, ist angesichts der Dramaturgie dieses grausamen Märchens nur logisch.

Der einzige, den Monostatos' Hautfarbe nicht weiter stört, ist Papageno, der aufgrund seiner Tätigkeit als Vogelfänger weiß, daß es auch »schwarze Vögel in der Welt gibt, warum denn nicht auch schwarze Menschen?«

Mit Ägypten als Schauplatz haben Schikaneder und Mozart für die »Zauberflöte« ein Land gewählt, das viel Platz für exotische Phantasien bietet. In Ägypten ist noch ein weiteres Stück Mozarts angesiedelt, nämlich das Opernfragment »L'oca del Cairo« – »Die Gans von Kairo« – an dem er ab 1783 arbeitete, das allerdings erst viele Jahre nach seinem Tod aufgeführt wurde.

Generell fällt auf, daß Mozarts Opern nicht in einem ihm vertrauten Umfeld spielen, sondern die Schauplätze ganz bewußt in fremde Länder verlegt werden. »Titus« und »Lucio Silla« spielen in Rom; »Così fan tutte« in Neapel; »Don Giovanni« und »Die Hochzeit des Figaro« in Spanien; »Idomeneo« in Sidon, der Hauptstadt Kretas; »Die Zauberflöte« und »L'oca del Cairo« in Ägypten und »Zaide« sowie »Die Entführung aus dem Serail« in der Türkei. Möglicherweise manifestiert sich darin aber nicht nur eine Sehnsucht nach dem Fremden und Unbekannten, sondern auch eine Form des Eskapismus. Die Kunst als Fluchthelfer sozusagen.

Interessant sind in diesem Zusammenhang auch jene Überlegungen, die Bertolt Brecht am 8. März 1941 in sein »Arbeitsjournal« notierte:

»anläßlich DIDEROTS JACQUES LE FATALISTE: auffällig, daß wir in deutschland keinerlei anzeichen einer verfeinerten sinnlichkeit haben! die liebe ist dort (siehe faust!) etwas himmlisches oder etwas teuflisches, aus welchem dilemma man sich zog, indem man eine gewohnheit daraus machte! nur goethe und mozart wären zu nennen, und der letztere verlegte seine liebesdramen weislich auf ausländische schauplätze.«

»Drum nimm aus meiner Hand den guten, kräft'gen Punsch«

Obwohl Mozart nachweislich gerne Wein und Bier getrunken hat, sprechen einige Hinweise dafür, daß sein Lieblingsgetränk Punsch war. In seiner 1826 erschienenen Autobiographie »Remeniscences« schreibt der irische Tenorist Michael Kelly über seine Besuche bei Mozart im »Camesina«-Haus in Wien: »He was remarkable fond of punch, of which beverage I have seen him take copious of draughts.«

Kelly, der von 1783 bis 1786 an der Italienischen Oper in Wien engagiert war und in der Uraufführung der »Hochzeit des Figaro« sowohl den Don Basilio als auch den Don Curzio sang, verkehrte regelmäßig im Hause Mozart und auch wenn seine Erinnerungen an manchen Stellen mit Vorsicht zu genießen sind – die Mozartverklärung hatte 1826 längst eingesetzt – dürfte diese Aussage der Wahrheit nahekommen. Auch in Georg Nikolaus Nissens Mozart-Biographie findet sich eine Passage, die Kellys Beobachtung glaubwürdig erscheinen läßt: »Man weiss, wie er oft in seine Gesundheit stürmte, wie manchen Morgen er mit Schickaneder verchampagnerte, wie manche Nacht er verpunschte und nach Mitternacht gleich wieder an die Arbeit ging, ohne die mindeste Erholung seinem Körper zu gönnen.«

Zur Mozartzeit war Punsch ein ausgesprochenes Modegetränk, das in Kaffeehäusern ebenso genossen wurde wie auf Bällen. Auch in dem von Mozart häufig frequentierten Casino im Trattnerhof servierte man den Gästen neben Kaffee, Schokolade, Wein und Bier selbstverständlich auch Punsch. Es ist also anzunehmen, daß Mozart während seiner Billardpartien und Kartenspiele im Casino das eine oder andere Glas dieses anregenden Getränks geleert haben wird.

Den Punsch kennengelernt hat Mozart im September 1764 in England, getrunken wird ihn der knapp Neunjährige damals freilich noch nicht haben. Daß Punsch zu dieser Zeit in Salzburg noch unbekannt gewesen sein dürfte, geht aus einem Brief hervor, den Leopold Mozart am 13. September 1764 aus London an Lorenz Hagenauer schrieb: »*Punch.* wird Punsch ausgesprochen, und ist ein geträncк von Wasser, Rhum, Zucker und Limonien gesotten. Wird warm oder kalt getruncken nach belieben. Rhum ist ein Art eines Brandweins, so aus einer Frucht in Westindien gebrannt wird und ein Specificum für den Magen ist. Punch und eine Pfeife Toback ist das englische Element.«

Die erwähnte »Frucht« ist Zuckerrohr und die Familie Mozart lernte während ihres Aufenthalts in London sogar einen gewissen Mr. Otley kennen, »der in Westindien Plantagen hat und öfters auf ein Jahr dahin gehet«, wie Mozarts Vater schreibt.

Zweieinhalb Monate später kam Leopold noch einmal auf den Punsch zu sprechen und zeigte sich überrascht von den großen Mengen an Arrak, die in London jährlich zur Herstellung von Punsch verwendet wurden. Er berichtet, daß man »zum guten Punch« 36.823 Gallonen Arrak, also 167.176 Liter, benötige, während man zur Zubereitung des »gemeinen Punch« 327.703 Gallonen »Reem«, das sind fast 1,5 Millionen Liter, brauche. Mit »Reem« meinte Leopold vermutlich »Rum«.

Über die Herkunft des Punschs schreiben Robert Habs und Leopold Rosner in ihrem »Appetitlexikon«: »Punsch ist ursprünglich ein ostindischer Warmtrank, der, weil aus fünf Ingredienzen (Wasser, Tee, Arak, Zucker und Limone) bereitet, vom Zahlwort panç (im Sanskrit pantschan), *fünf*, den Namen erhielt, auf gut deutsch also etwa ‚Fünferlei' genannt werden müßte.« Leopold scheint also bei der Übermittlung des Rezepts zur Zubereitung des »gemeinen Punschs« den Tee vergessen zu haben.

Während man in England den Punsch seit Ende des 17. Jahrhunderts kannte, wurde er im übrigen Europa erst nach dem Siebenjährigen Krieg »salonfähig«. Hier spielte der Punsch bald auch als »Gesellschaftsgetränk« eine wichtige Rolle, wie etwa Giacomo Casanovas ausführlichen Schilderungen seiner erotischen Gelage zu entnehmen ist.

Als Casanova Ende 1770 in Rom zwei junge Frauen namens Emilia und Armellina kennenlernte, zog er sich einmal während des Karnevals mit den beiden in das Séparée eines Gasthauses zurück, wo sie zur Vorspeise 50 Austern aßen und zwei Flaschen Champagner tranken, ehe sie sich Punsch bestellten. Casanova schreibt: »Ich ließ Zitronen, eine Flasche Rum, Zucker, eine große Schale und heißes Wasser bringen und alles zusammen mit den zweiten fünfzig Austern auf den Tisch stellen. Dann schickte ich den Kellner fort. Ich bereitete einen guten Punsch, den ich durch eine Flasche Champagner spritzig machte. Nachdem wir fünf oder sechs Austern gegessen und Punsch getrunken hatten, über den die beiden Mädchen laut jubelten, so gut schmeckte ihnen dieses Getränk, verfiel ich darauf, Emilia zu bitten, sie solle mir mit ihren Lippen eine Auster in den Mund schieben. (...) Mit diesem schönen Spiel aßen wir die übrigen Austern und leerten dazu weitere Gläser Punsch.«

Weniger erotisch, dafür aber sicher ebenso lustig, dürfte es bei Nannerls Geburtstagsfest am 31. Juli 1783 in Salzburg zugegangen sein, bei dem ebenfalls Punsch getrunken wurde. Mozart und seine Frau Constanze waren einige Tage zuvor in Salzburg eingetroffen und Nannerl notiert in ihr Tagebuch, daß sie an ihrem Geburtstag von Wolfgang mit »Gefrorenem«, also Eis, »und auf die nacht mit bunsch bedient« worden sei. Außerdem schrieb Mozart aus gegebenem Anlaß für seine Schwester das folgende Gedicht:

Glücks=Wunsch
Beim Punsch!

Ich bin heut ausgegangen, Du wußtest nicht warum. –
Ich kann nur so viel sagen, daß es geschah darum,
Um Dich mit etwas kleinem ein wenig zu erfreu'n,

Wobei ich weder Kösten, noch Fleiß noch Müh wollt' scheu'n, –
Ich weiß zwar nicht gewiß, ob Du den Punsch magst trinken,
O! sage doch nicht – Nein, – sonst möcht' das Bindband stinken;
Ich dachte so bei mir, Du liebst die Engeländer,
Denn liebtest Du Paris, so gäbe ich dir Bänder,
Wohlriechende Gewässer, ein künstliches Bouquet,
Du aber, liebste Schwester, Du bist keine Coquette,
Drum nimm aus meiner Hand den guten, kräft'gen Punsch,
Und laß ihn dir recht schmecken, das ist mein einz'ger Wunsch.
Salzburg, den 31. Juli 1783
W. A. Mozart m/p.
gekrönter Scheiben=poet.

In Anspielung auf die von ihm verfaßten Verse auf den Scheiben der Bölzlschützenkompagnie bezeichnete sich Mozart scherzhaft als »gekrönter Scheiben=poet« und unterstrich mit der Formel »m/p« für »manu propria« – »eigenhändig« – den »offiziellen« Charakter seiner Dichtung.

Daß sich später auch Anhänger des dialektischen Materialismus das eine oder andere Glas Punsch gönnten, zeigt ein Brief, den Friedrich Engels am 20. November 1839 an seinen Freund, den Pfarrer Wilhelm Graeber, richtete: »Jetzt will ich Hegel studieren bei einem Glase Punsch.« Auf diese Weise fiel es Engels – und vermutlich auch Karl Marx – leichter, Hegel vom Kopf auf die Füße zu stellen, was ja ein dezidiertes Ziel der beiden Begründer des wissenschaftlichen Sozialismus war.

Daß Engels »Eierpunsch« getrunken hat, ist zwar nicht anzunehmen, dennoch folgt hier das Rezept für »Eierpunsch« aus Katharina Pratos »Süddeutscher Küche« von 1858:

»Man kocht 40 Deka Zucker mit einem halben Liter Wasser und der fein herabgeschnittenen Schale von einer halben Pomeranze, bis er klar ist, seiht ihn, mischt klaren Saft von 3 Pomeranzen und 2 Limonen und ein halbes Liter Aufguß von 4 Teelöffelvoll Teeblättern dazu, läßt die Mischung auskühlen, schlägt sie dann mit 6 Dottern und 2 Eiklar im Becken wie Chaudeau und gießt dabei nach und nach 1 bis 2 Deziliter Rum dazu. Man serviert diesen Punsch warm.«

All jenen, die einen stärkeren Punsch bevorzugen, sei als Alternative das folgende Rezept aus dem »Wienerischen bewåhrten Kochbuch« empfohlen:

»Um einen recht guten Punsch zu verfertigen, nimm auf 1 Maaß Theewasser von Hollånder Thee auf ¼ Pfund fein gestossenen Zucker, welchen du vorhero mit Limonie abreiben kannst, von 8 Limonien drucke den Saft mit einer Limoniepresse durch ein Sieb zu den Zucker in einen Topf. Dann wird Thee und ½ Boutelie Rack dazu gegossen, laß es eine Weile stehen, wenn du es erstlich recht gut durch einander gerůhrt hast. Willst du aber, daß der Spiritus nicht vefliege, so deck den Topf fest zu.«

»1 Maaß« entspricht 1,415 Liter; ¼ Pfund sind 140 g und mit »Rack« ist Arrak gemeint, jener Edelbranntwein, der aus Reis bzw. dem Palmwein der Kokos- oder Dattelpalme hergestellt wird.

»Eure Köchin ist ein Engl«

Am 23. August 1784 heiratete Nannerl in St. Gilgen den dort ansässigen Pfleger Johann Baptist von Berchtold zu Sonnenburg und bezog mit ihm dasselbe Haus, in dem 1720 ihre Mutter geboren worden war. Den Briefen ihres Vaters ist zu entnehmen, daß Nannerl in der Ehe mit ihrem um 15 Jahre älteren Mann nicht besonders glücklich gewesen sein dürfte, was möglicherweise auch damit zusammenhing, daß sie von einem Tag auf den anderen für fünf Kinder zu sorgen hatte, die der zweifache Witwer in die Ehe mitgebracht hatte. Auch wird es für die welterfahrene Nannerl nicht leicht gewesen sein, sich nach den vielen Reisen und der bewegten Zeit in Salzburg auf die engen Verhältnisse in St. Gilgen mit seinen 1.155 Einwohnern einzustellen. Zwei Jahre nach ihrer Übersiedelung brachte Leopold die Lage seiner Tochter auf den Punkt, als er wenig respektvoll resümierte: »Wenn man in St: Gilgen einen Crepitum Ventris fahren lässt; so riecht ihn das ganze Dorf sammt allen deputierten.«

Für Leopold Mozart bedeutete Nannerls Übersiedelung nach St. Gilgen einen tiefen Einschnitt in sein Leben, da er jetzt, im Alter von 65 Jahren, zum ersten Mal kein Mitglied seiner Familie mehr um sich hatte. Obwohl im Tanzmeisterhaus am Hannibalplatz auch die damals 48-jährige Köchin Maria Theresia Päncklin, genannt »Tresel«, und die 52-jährige Dienstmagd Maria Anna Pietscher, »Nanndl« gerufen, wohnten, fühlte sich Leopold in der 300 m^2 großen Wohnung einsam. Monica, die als Zugehmagd bei ihm arbeitete, wohnte nicht im Tanzmeisterhaus.

Bereits eine Woche, nachdem er von der Hochzeitsfeier in St. Gilgen nach Salzburg zurückgekehrt war, klagte er Nannerl sein Leid: »Ich bin zwar itzt, ganz alleine, zwischen 8 Zimmern in einer wahren Todes=stille. Bey Tage thut mirs zwar nichts; aber nachts, da dieses schreibe, ists zimmlich traurig. wenn ich nur wenigst den Hund noch schnarchen und bellen hörte.«

Der Hinweis auf den Hund bezog sich auf »Pimperl«, die kurz zuvor gestorben sein dürfte.

Nachdem Leopold Mozart jetzt alleine lebte, suchte er sich neue Aufgabenbereiche. Zunächst einmal begann er, für seine Tochter deren Dienstboten zu rekrutieren. Diese Tätigkeit scheint Leopold voll ausgefüllt zu haben, da er in dutzenden Briefen nicht nur allgemeine Betrachtungen über das Wesen der Dienstboten anstellte, sondern Nannerl auch genau instruierte, worauf sie im Umgang mit ihrem Personal zu achten habe. Leopold legte großen Wert darauf, daß die Mägde »nicht caressierten«, also keine Liebschaften hatten, keine »Betschwestern« waren und den Anweisungen ihrer Vorgesetzten ohne Widerrede Folge leisteten. Das waren die Gesichtspunkte, unter denen er im September 1784 zahlreiche Kandidatinnen begutachtete, wobei die Zeit drängte, da Dienstboten nur zu Michaeli (29. September) ihre jeweilige Stellung wechseln durften.

Da sich Nannerl nicht selbst frisierte, war es für sie wichtig, daß das neue Stubenmädchen auch Frisuren machen konnte. In diesem Zusammenhang schreibt Leopold über eine der Kandidatinnen: »Des Lieuten: *Hoflers* Frau kam zu mir, und möchte, daß ich euch ihre Tochter als Stubenmädl | : vermuthlich halb Cammerjungfer, und halb Stubenmädl : | reccommandiern sollte. Sie kann alles! Sie hat bey der Herberstein Kammerjungfer *Haubenheften, kleidergarnieren* etc etc: gelernt, und beym Cammerdr der Gräfin Lizow das *frisiern;* – – alles nach der neuesten mode. zur Noth kann sie auch kochen. Sie wäre auch bereit die weise Haube abzulegen, wenn es etwa anstössig wäre, und eine schwarze Stubenmädlhauben aufzusetzen etc: etc:«

Nannerl hatte in der Zwischenzeit allerdings nicht nur ein neues Stubenmädchen, sondern auch eine neue Köchin gefunden, über deren Verhalten sie ihren Vater genauestens informieren mußte.

Als Leopold einmal erfuhr, daß Nannerls 11-jähriger Stiefsohn Wolfgang mit der neuen Köchin im selben Zimmer schlief, sah er sich genötigt, auf die damit verbundenen Gefahren für den Jungen hinzuweisen. »itzt sind die jahre des *Vorwitzes*«, mahnte er am 1. Oktober 1785 seine Tochter, *»man stellt sich als schlief man,* um etwas *neues* und der mensch: Begierde Angemessenes zu sehen. (...) Der Vorwitz junger Leute ist in solchem Falle unbeschreiblich gross. der Wolfg: ist einmahl schon zu alt, um mit einer Magd im Zimmer zu schlaffen.« Die Salzburger Sittenordnung verbot übrigens ausdrücklich, daß Kinder über drei Jahren mit Angehörigen des anderen Geschlechts im selben Bett oder Zimmer schliefen.

Dieser Vorfall bot Leopold den idealen Anlaß, wieder einmal über die moralische Verkommenheit der »Menscher«, also der weiblichen Dienstboten, herzuziehen: »Lasst es euch zur allgemeinen Regl gesagt seyn«, schrieb er an Nannerl, »alle Menscher *lügen,* und setzen was dazue, oder – nehmen was davon, wie es zu ihrer Absicht taugt. Man muß ihnen in der That nichts glauben, was zu ihrer aigenen Lobserhebung, oder einiger Einschmeichlung durch Geschwätz etwas beytragt: denn das sind sicher *Lügen!*«

Wenig später kam Leopold in einem anderen Zusammenhang neuerlich auf die Köchin zu sprechen, die durch ihr Verhalten offenbar Nannerls Unmut erregt hatte: »Die Geschichte wegen der Köchin ist zum Erstaunen. Da sieht man was pure Bettschwesterey für ein abscheulicher Unterscheid vom wahren Christenthum ist. wer hätte in aller Welt von einer Person das vermuthen sollen, die 6 jahre als Schwester in einem Kloster war. hätte wohl dieses einem vernünftigen Menschen nur einfallen können. Es ist und bleibt doch immer gut, wenn man die Weiberklöster aufhebt. Es ist weder wahrer Beruf, – weder übernatürlicher Zug, geist: wahrer Eyfer, noch ächte Schule der wahren Andacht und abthötung der Leydenschaften darinnen; sondern nichts als zwang, Gleisnerey, Verstellung, Scheinheiligkeit und unendlich viele Kinderey, und am Ende versteckte Bossheit. – Eure vorige Köchin ist ein Engl dagegen. Kochte gut; war sparsamm, Lustig, nicht hinterhaltig, und wenn sie meinethalben abends ein spitzl zu Zeiten hatte, was thut das? – ihr werdet keinen Engl vom Himmel bekommen der keinen Fehler hat. – *und dieser Engl wird gewiß nicht nach St: Gilgen gehen.*«

Mit der »vorigen Köchin« ist Leopolds Zugehmagd Monica gemeint, die für kurze Zeit bei Nannerl arbeitete und von ihm einmal abschätzig als »Wisch=wasch macherin« bezeichnet wurde.

Zwei Monate später, am 16. Dezember 1785, holte Leopold neuerlich zu einem Rundumschlag gegen Nannerls Köchin aus: »Daß die grosse faule Bettschwester euer Köchin ein abscheulich träges Mensch ist hat nicht nur der Both und alle die Weiber, die hereinkommen gesagt, sondern auch der Amtmann. (...) ich habe in meinem Leben so viellerley Menschen gekannt, aber allzeit ohntrüglich wahr gefunden, daß *die Bettschwesterey* das unfehlbare Zeichen vieler moralischer fehler ist, die solche abscheuliche, bosshafte Menschen, durch die *Scheinheiligkeit* verdecken wollen. (...) weist du wohl was gemeiniglich solcher Bettschwestern Ende ist? – – am Ende beichten sie so lange, bis sie mit einem verschlagenen witzigen Pfaffen dadurch in genauere Bekanntschaft kommen, und ein PfaffenHuer werden.«

Daß Leopold anstelle von »Betschwester« »Bettschwester« schreibt, wird vor diesem Hintergrund wohl kein Zufall gewesen sein.

Im Falle schwerwiegender Auseinandersetzungen zwischen Dienstboten und deren Vorgesetzten konnten erstere von sich aus ihre Stellung vor Michaeli nicht kündigen. Bei Lorenz Hübner heißt es dazu: »Ůbrigens ist es Herkommen, daß plǒtzliches Davonlaufen des Gesindes unter der Zeit und ohne wichtige Ursache Zuchthausstrafe nach sich zieht.« Kein Wunder, daß unter solchen Umständen noch 1796 in dem von Lorenz Hübner herausgegebenen »Salzburger Intelligenzblatt« zum Thema »Wie kǒnnten Herrschaften gutes Gesinde bekommen und erhalten?« gleich mehrere Artikel erschienen.

Im Zusammenhang mit dem Verhalten der Mitglieder der

Familie Mozart ihren Dienstboten gegenüber ist ein Vorfall bemerkenswert, der sich im Mai 1784 in Wien zugetragen hatte und in dessen Mittelpunkt ebenfalls ein Dienstmädchen aus Salzburg stand. Konkret ging es um Liserl Schwemmer, die bei Constanze und Wolfgang in deren Wohnung im »Trattnerhof« am Graben als Stubenmädchen arbeitete, sich dort aber offenbar nicht sehr wohl fühlte. In einem von Mozart abgefangenen Brief an ihre Mutter beschwerte sich Liserl Schwemmer, daß sie zuviel arbeiten müsse und zu wenig zu essen bekäme. Um in Salzburg keine schlechte Nachrede zu haben, sah sich Mozart gezwungen, seinem Vater den folgenden Rechtfertigungsbrief zu schreiben:

»Wir haben ihr das Jahr 12 gulden versprochen, womit sie ganz zufrieden war, obwohlen sie sich nun in ihren brief darüber beklagt. – und was hat sie zu thun? – den tisch abzuPutzen, das Essen herum und hinaus zu tragen, und meiner frau ein kleid an= und ausziehen zu helfen. – übrigens ist sie außer ihrem Nähen die ungeschickteste und dümmste Personn von der Welt. – sie kan nicht einmal feuer anmachen, geschweige erst einen Koffè machen. – und das soll doch eine Person die ein Stubenmädl abgeben will, können. – Wir haben ihr einen gulden gegeben; den andern tag verlangte sie schon wieder geld. – sie musste mir die Rechnung von ihrer ausgabe machen, und da lief die meiste ausgabe aufs bier trinken hinaus. – es ist ein gewisser h. Johannes mit ihr her gereist, der darf sich aber nicht mehr bei mir blicken lassen. – *zweymal* als wir aus waren, kamm er her, ließ sich *wein* bringen, und das mädl welches nicht gewohnt ist wein zu trinken, suff sich so vull, daß sie nicht gehen konnte, sondern sich anhalten musste, und das lezte mal, ihr bett ganz anspie. – welche leute würden eine solche Person auf diese art behalten? – Ich würde mich mit der Predigt so ich ihr darüber gemacht begnügt, und nichts davon geschrieben haben, allein ihre impertinenz in den brief an ihre Mutter verleitete mich dazu. – Ich bitte sie also lassen sie die Mutter kommen, und sagen sie ihr, daß ich sie noch einige zeit bei uns gedulten will, sie solle aber machen daß sie wo anderst in dienste kommt – wenn ich leute unglücklich machen wollte, so könnte ich sie auf der Stelle weg=thun.«

Bemerkenswert ist Mozarts Verhalten vor allem deshalb, weil das Bild, das er hier von seiner Dienstbotin entwirft, in keinster Weise der Charakterisierung von Angehörigen dieses Berufsstandes in seinen Opern entspricht. Susanna und Figaro in der »Hochzeit des Figaro«, Leporello, Masetto und Zerlina in »Don Giovanni«, Despina in »Così fan tutte« – sie alle sind selbstbewußte Gegenspieler der Herrschenden und legen teilweise sogar revolutionäre Züge an den Tag, sind also weit davon entfernt, dem Klischee der faulen Dienstboten zu entsprechen.

»Ich danke für die Fische, und sonderht: für die Wildänte«

Leopold Mozarts reges Interesse an der Haushaltsführung seiner Tochter zeigt sich nicht nur in seinem Engagement bei der Auswahl ihrer Dienstboten, sondern auch im regen Warenaustausch, der zwischen dem Tanzmeisterhaus in Salzburg und dem Pflegerhaus in St. Gilgen stattfand.

Da eine Fahrt von Salzburg nach St. Gilgen mit der Kutsche – oder dem Schlitten – nur sechs Stunden dauerte, konnten Lebensmittel das ganze Jahr über weitgehend problemlos transportiert werden. Durch die Verwendung von zerstoßenem Eis war in der heißen Jahreszeit sogar der Transport von Fisch und Fleisch möglich, wobei das Eis von den Gletschern stammte und in speziellen Kellern gelagert wurde. So gesehen ist es auch nicht weiter verwunderlich, daß Nannerl ihrem Vater das ganze Jahr über Fische, Geflügel und Fleisch nach Salzburg schickte. Leopold revanchierte sich mit Produkten, die in St. Gilgen nur schwer oder gar nicht zu bekommen waren.

Der Warenaustausch zwischen Salzburg und St. Gilgen wurde entweder von Boten oder von der sogenannten »Glastragerin«, auch »Salztragerin« genannt, durchgeführt. Bei den Boten handelte es sich um Fuhrleute, die regelmäßig zwischen Salzburg und St. Gilgen verkehrten, wobei es neben den normalen Boten auch noch den »Gräzerbothen« gab, der auf seinem Weg von Salzburg nach Graz in St. Gilgen Station machte.

Während der St. Gilgener Bote am Freitag nachmittag nach Salzburg kam und am Samstag vormittag nach St. Gilgen zurückkehrte, traf der »Gräzerboth« bereits am Donnerstag mittag in Salzburg ein, ehe er am Samstag mittag wieder abfuhr. Aus Leopold Mozarts Korrespondenz erfahren wir auch, daß der St. Gilgener

Bote »beym Hechten« in der Linzer Gasse übernachtete, während der »Gräzerboth« im Gasthof »Zur Traube«, der sich ebenfalls in der Linzer Gasse befand, abstieg.

Um die Transportzeiten möglichst kurz zu halten, wurden die jeweiligen Waren von den Lieferanten direkt ins Tanzmeisterhaus gebracht bzw. von dort abgeholt.

Die Bezeichnung »Glasträgerin« stand offenbar in Zusammenhang mit jener Glashütte, die 1701 in Eich bei St. Gilgen auf Anweisung von Erzbischof Johann Ernst Graf Thun errichtet wurde und zur Mozartzeit wirtschaftlich sehr erfolgreich war. Neben Fensterglas wurden in Eich auch Bier- und Weingläser sowie Rosenkranzperlen erzeugt. Gut möglich also, daß die Familie Mozart ihr Bier oder ihren Wein aus Gläsern trank, die in Eich hergestellt wurden. Ob allerdings auch Rosenkranzperlen aus dieser Glashütte bei den Mozarts Verwendung fanden, ist nicht überliefert.

In seinen Briefen gibt Leopold Mozart sehr genau Auskunft darüber, welche Waren zwischen Salzburg und St. Gilgen hin- und hergeschickt wurden. So bedankte sich Leopold bereits drei Wochen nach der Heirat bei seiner Tochter und seinem Schwiegersohn für die Übersendung eines »Hasenhändls«, womit wohl ein Haselhuhn gemeint gewesen sein wird. Dieses Wildgeflügel galt in der Barockküche als Spezialität und wird im »Appetitlexikon« von Habs und Rosner auch als »wahrer Fürsten- und Pfaffenbissen« bezeichnet.

Conrad Hagger empfiehlt im »Saltzburger Koch=Buch«, das Haselhuhn mit Speck einzuwickeln oder in »einer Austern=Brůhe zu geben«. Das Rezept »Reb= oder Haßel=Hůnlein zum Gehåck und Gestoßnen / vor die Krancke und Gesunde« hat Hagger mit dem Nachsatz versehen, daß die Haselhühner im Vergleich zu den Rebhühnern »viel gesůnder und besser im Geschmack« seien.

An Geflügel wurden neben Haselhühnern auch noch Hühner, Kapaune, Enten und Wildenten von St. Gilgen nach Salzburg transportiert, wobei Leopold einmal bedauert, nicht selbst nach St. Gilgen kommen zu können, »*um Wildänten zu schüssen*«. Die

Enten, die vermutlich von Nannerl selbst gehalten wurden, lobte Leopold mehrmals in den höchsten Tönen und nach dem Erhalt eines Huhns schreibt er einmal: »Danke für das Händl, und wenns so gut ist, wie die Ente, so werde die Nannerl, die ich grüsse, als Hochf: Henndl und EntenFütterin ins hochf: Hennenhauß recommandieren.«

Nannerl war die damals 14-jährige Stieftochter von Leopolds Tochter.

Im Mai 1786 schaffte sich Leopold selbst Hühner an, die er im Garten des Tanzmeisterhauses hielt. Seiner Tochter schrieb er kurz darauf: *»die Händel sind gekauft und fressen auf eure gesundheit.«* Allerdings hing diese Entscheidung nicht nur mit Leopolds Vorliebe für Hühner zusammen, sondern auch mit der anhaltenden Teuerung in Salzburg, auf die Leopold in seinen Briefen immer wieder zu sprechen kam. Offenbar war die Teuerung wieder einmal die Folge eines Getreideengpasses, was auch der Grund gewesen sein dürfte, daß der Landschafts-Bauverwalter Franz Staiger »nach Wienn und Hungarn reiste, wegen Getraid und vielleicht auch wegen 4 füssigen Oxen«. Das berichtete Leopold jedenfalls seiner Tochter am 8. Dezember 1786.

Zwei Jahre später hat man dann in Salzburg unter der Federführung Franz Staigers endlich mit dem Bau eines Getreidespeichers begonnen, »damit es der Hauptstadt niemahls am benöthigten Getreide mangeln könne«, wie es in Lorenz Hübners »Beschreibung der hochfürstlich=erzbischöflichen Haupt= und Residenzstadt Salzburg« heißt.

Obwohl Salzburg in guten Jahren Vieh exportierte, kam es immer wieder vor, daß Rinder, vor allem aus Ungarn, importiert werden mußten. In diesem Zusammenhang schreibt Leopold am 28. Juli 1786: »Seit der Zeit, daß ich wieder hier bin, haben wir vortreffliches Fleisch von hungar: Oxen; – gestern sind wieder 54 St: unter die Mezger vertheillt worden, die darüber sehr unzufrieden sind, aber das Herz nicht haben, ein Wort darüber zu sagen.«

Neben Geflügel, Wildbret, Würsten, Schmalz, Salz und Eiern schickte Nannerl ihrem Vater regelmäßig auch Fische und Leopold bestätigt in seinen Briefen nicht weniger als 21 Fischlieferungen. Das Haus, in dem Nannerl mit ihrer neuen Familie lebte, lag ja direkt am Ufer des Wolfgangsees und darüberhinaus wird Johann Baptist von Berchtold zu Sonnenburg in seiner Funktion als Pfleger von St. Gilgen problemlos an Fische herangekommen sein. Als Pfleger bezeichnet man den obersten Verwaltungs- und Justizbeamten eines Pflegegerichts, von denen es im gesamten Fürsterzbistum 28 gab.

Leopold geht zwar nicht näher auf die Art der Fische ein, die ihm der Bote oder »das Weib«, also die »Glasträgerin«, ins Tanzmeisterhaus brachten, aber es wird sich dabei wohl in erster Linie um Forellen, Saiblinge, Hechte und Reinanken gehandelt haben.

Die einzige Fischart, die Leopold namentlich erwähnt, sind merkwürdigerweise Brachsen, also jene karpfenähnlichen Weißfische, die wegen ihrer vielen Gräten als Speisefische wenig geschätzt werden. Allerdings scheint zur Mozartzeit die Brachse einen besseren Ruf gehabt zu haben als heute, da Conrad Hagger in seinem Kochbuch unter der Überschrift »Von Praxen« schreibt:

»Die Praxen seynd flach= und breite Fisch / haben einen kleinen Kopff / ein weissers Bret als die Karpffen / weißlichte Schuppen / etwas kleiner als der Karpff; und wann er groß / so ist es ein ziemlich guter Fisch; als erstlich abgesottner / als wie der Karpffen / auch in dem Sud zugedeckt / daß er die Schuppen nicht verliert / und mit Wein= Eßig / und grůnen Petersil gegeben.«

Neben dieser klassischen Zubereitungsart empfiehlt Hagger noch »Praxen ordinari in Butter / oder Ŏl / zu braten« sowie »Praxen in Ŏl / oder Schmaltz / mit Meel bestreuter zu backen«.

Einmal schickte Nannerl ihrem Vater mit einer Fischlieferung auch »schöne Krepse«, bei denen es sich entweder um Edel- oder Steinkrebse gehandelt haben wird. Im Gegensatz zu heute, waren Krebse zur Mozartzeit ein Volksnahrungsmittel, das in der Barockküche auf vielfältige Weise verarbeitet wurde. So verwendete man Krebse nicht nur zur Herstellung der allseits beliebten »Krebsenbutter«, sondern auch als Fülle für Geflügel, Fisch oder Strudel. Ob die von Leopold Mozart zweieinhalb Monate vor seinem Tod erwähnten »Frösche in der fleischsuppen« ebenfalls von Nannerl geschickt wurden, wissen wir nicht.

Die einzige Fischlieferung, die den umgekehrten Weg von Salzburg nach St. Gilgen ging, bestand aus einem Stockfisch, der mit 9 Kr. pro Pfund relativ billig war. Das Exemplar, das Tresel besorgte, wog 3 Pfund, wobei Leopold ausdrücklich hervorhob, daß die Magd einen »*gewässerten* Stockfisch« gekauft hatte. Das »Wässern« des Stockfischs war eine notwendige Prozedur, um den steinharten Fisch überhaupt verarbeiten zu können. Um sich diese aufwendige Arbeit zu ersparen, kauften viele Köchinnen der Einfachheit halber den Stockfisch gleich »gewässert«. Für Habs und Rosner »stets ein Zeichen von Leichtsinn, da kein Mensch wissen kann, wie der Fisch vor dem Wässern gerochen haben mag«.

Der gesalzene und auf Stöcken luftgetrocknete Kabeljau, daher die Bezeichnung »Stockfisch«, war neben dem gesalzenen Hering der einzige Meeresfisch, der hierzulande in größeren Mengen auf den Markt kam. Ursprünglich ein Arme-Leute-Essen, dauerte es seine Zeit, ehe der Stockfisch auch in der adeligen und bürgerlichen Küche Verwendung fand.

Trotz des großen Aufwands, den die Zubereitung eines Stockfischs erfordert, erfreute sich der gedörrte Kabeljau im 18. Jahrhundert bereits so großer Beliebtheit, daß ihm in den Kochbüchern entsprechend breiter Raum gewidmet wurde. Bei Conrad Hagger finden wir 23 Rezepte für Stockfisch, darunter »Stockfisch / in Sardellen=Butter«, »Stockfisch=Schweif / auf dem Rost / oder in dem Ofen zu braten« und »Stockfisch gebackener / in ausgeloͤßten Austern / oder Muͤschlein«.

Im »Nutzlichen Koch=Buch« werden zehn unterschiedliche Zubereitungsarten für Stockfisch angeführt, wobei das Rezept für »Stockfisch in der Mischerl=Suppen« insofern kurios ist, als die Verfasser dabei schlicht und einfach auf die Muscheln vergessen haben:

»Ubersiede den Stockfisch, loͤse ihn sauber aus, mache ein guten Oͤl=Einbrenn mit Mehl, schoͤn gelb geroͤst, daran klein=geschnittenen Knoblauch, und Sardellen, gieß ein wenig Wein, und gute Erbsen=Bruͤh daran, klein=geschnittene Lemoni=Schaͤler, und gewuͤrtzt, richte den Stockfisch darein, laß ihn ein Sud aufthun, und gib ihn auf dem Tisch.«

Ob Wolfgang Mozart je Stockfisch gegessen hat, wissen wir nicht, allerdings berichtet sein Vater im November 1764 aus London von der »erstaunlichen Menge an Stockfisch«, die sie auf dem Fischmarkt in Billingsgate gesehen haben.

Sehr wohl muß aber die Bezeichnung »Stockfisch« für einen dümmlichen Menschen bereits zur Mozartzeit üblich gewesen sein, da sich Mozart selbst einmal in einem Brief an sein Bäsle als solchen bezeichnet. Am 28. Februar 1778 schreibt er: »Adieu bääsle. ich bin, ich war, ich wär, ich bin gewesen, ich war gewesen, ich wär gewesen, o wenn ich wäre, o daß ich wäre, wollte gott ich wäre, ich wurde seyn, ich werde seyn, wenn ich seyn würde, o das ich seyn würde, ich wurde gewesen, ich werde gewesen seyn, o wenn ich gewesen wäre, o daß ich gewesen wäre, wolltegott ich wär gewesen, was? – ein stockfisch.«

»Das übrige war Fürstlich, am Ende Austern«

Daß Leopold Mozart die Fastengebote der katholischen Kirche nicht ganz so ernst nahm wie seine Frau, belegt unter anderem ein Brief, den er am 21. Februar 1785 aus Wien an seine Tochter schrieb. Wenige Tage zuvor war er mit seinem ehemaligen Schüler und Kostzögling Heinrich Marchand, aus München kommend, in Wien eingetroffen, um seinen Sohn zu besuchen. Vater und Sohn hatten einander das letzte Mal am 27. Oktober 1783 in Salzburg gesehen und Leopolds erklärtes Ziel war es, sich vor Ort ein Bild von Wolfgangs beruflicher und privater Lage zu machen.

In seinem Brief an Nannerl schwärmt Leopold von einem späten Mittagessen bei Mozarts Librettisten Gottlieb Stephanie d. J. in dessen Wohnung auf dem Michaelerplatz, an dem zehn Gäste teilnahmen: »Nun, zum Voraus gesagt, ist hier an keinen Fastetag zu gedenken. Es wurde nichts als Fleischspeisen aufgetragen, und der *Phasan war zur Zuspeise im Kraut,* das übrige war Fürstlich, am Ende *Austern,* das herrlichste Confect, und viele Boutellien Champagner wein nicht zu vergessen. überall Coffeé, – das versteht sich.«

In der Küche des Barock gehörten Austern zu jenen Spezialitäten, die sich nur Haushalte mit einem entsprechend hohen Einkommen leisten konnten. Mozarts Gastgeber scheint angesichts der aufgetischten Leckerbissen zu dieser Gruppe gehört zu haben.

In Wien konnte man Austern am »Füsch Marck«, also am Fischmarkt, beim »Rothen Thurm« kaufen, wo neben Karpfen, Hechten, Forellen, Aalen und Hausen auch Frösche, Schildkröten und Krebse angeboten wurden. Der Transport von Austern und Krebsen erfolgte in speziellen Fässern, die mit feuchten Algen oder Strohmatten ausgelegt waren und dafür sorgten, daß die Tiere ihren jeweiligen Zielort lebend erreichten. Auf diese Weise konnten Austern und Krebse etwa zehn Tage lang transportiert werden, ohne zu verderben. Sinnigerweise kamen Meerestiere dieser Art ausschließlich in der kalten Jahreszeit von Oktober bis März in den Handel.

Anzunehmen ist, daß der Großteil der in Wien verzehrten Austern von der Adria kam, da der Import aus England oder Frankreich zu zeitaufwendig gewesen wäre. So gesehen hatten die Wiener Glück, denn nach dem »Appetitlexikon« zählten die Austern aus Triest und die Arsenalaustern aus Venedig im 18. und 19. Jahrhundert zu den besten Sorten.

Außerdem ist es fraglich, ob angesichts des hohen Austernverbrauchs in England diese Tiere überhaupt exportiert wurden. Im »Appetitlexikon« heißt es nämlich, daß Ende des 19. Jahrhunderts alleine in London jährlich 110 bis 120 Millionen Stück Austern auf den Markt kamen. Daß Austern in London auch schon im 18. Jahrhundert heiß begehrt waren, wissen wir aus den Briefen der Familie Mozart. Am 19. März 1765 schreibt Leopold Mozart an Lorenz Hagenauer: »Ich erspare mir auch ihnen mündlich zu sagen. Was für Unterschied der Esswaaren iede Jahreszeit so wohl in Fischen, Fleisch etc und sonderlich in Obstspeissen mit sich bringt, die Gütte derselben, und die unglaubliche grösse des Viehes etc: der Fische etc. der Krepse. – – Schildkrotten und Austern: dinge, die vielen unglaublich scheinen werden.« Besonders beeindruckt war Leopold aber von der Größe dieser Austern: »Aus einer solchen können sie 4. venetianische machen. indem man eine Auster nicht essen kann, ohne sie wenigst in der Mitte einmahl von einander zu schneiden.« Allerdings fügte Leopold Mozart in einem anderen Brief ausdrücklich hinzu, daß trotz der Tatsache, daß England eine Insel ist, Meerestiere »abscheulich theuer sind«.

Zwanzig Jahre später standen diese »unglaublichen Dinge« dann auf den Tischen jener vornehmen Gastgeber in Wien, bei denen Leopold und Wolfgang Mozart jetzt fast täglich ein und aus gingen.

Im Falle des Mittagessens bei Gottlieb Stephanie d. J. am 18. Februar 1785 wurden die Austern allerdings nicht als Hauptspeise serviert, sondern zum Abschluß vor dem Konfekt, also vermutlich lediglich mit Zitrone als Beigabe.

Wenn Austern in der Barockküche als Hauptgericht zubereitet wurden, kombinierte man diese vorzugsweise mit anderen Muscheln oder Fischen. So findet man beispielsweise im »Wienerischen bewaͤhrten Kochbuch« im Abschnitt »Gerichte von Fischwerk, als auch Austern, Duckanteln, Froͤschen, Krebsen, Rohrhuͤhnern, Schildkrotten und Schnecken« das folgende Rezept für »Austern mit Ruttenleber in der Limonisoß«:

»Schneide die Leber blaͤttlicht, und laß sie mit die Austern in Butter ein wenig anlaufen, gieb es in eine Schuͤssel, gieb Butter darauf, Limoniesaft dazu, streue Semmelbroͤsel und klein geschnittene Limonieschaͤller darauf, laß es verdeckter duͤnsten, gieb Muskatbluͤhe dazu, und besaͤe den Ranft mit braunen Semmelbroͤseln.«

Die Rutte oder Aalquappe ist ein heutzutage kaum mehr verwendeter Speisefisch, dessen gebratene Leber als Leckerbissen galt. Mit »Ranft« ist der Rand einer Schüssel gemeint.

Bemerkenswert an Leopold Mozarts Bericht über das üppige Mittagsmahl bei Gottlieb Stephanie d. J. ist nicht nur, daß dieses an einem Freitag, also an einem kirchlichen Fasttag stattfand, sondern daß an dieser Tafel auch »ein geistlicher« teilnahm, wie Leopold hervorhob. Seine Beschreibung dieser Tafel deckt sich somit fast bis ins Detail mit den Beobachtungen, die Johann Kaspar Riesbeck 1780 in Wien machte und die er in seinen Reisebriefen wie folgt zusammenfaßte: »Es ist wahr, man ißt und trinkt hier ungleich besser und mehr als zu Paris. Die tägliche Tafel der Leute vom Mittelstand, der gringern Hofbedienten, der Kaufleute, Künstler und bessern Handwerker besteht aus sechs, acht bis zehn Gerichten, wobei zwei, drei bis vier Gattungen Wein aufgesetzt werden. (...) Die, welche den ersten Rang unter dem Mittelstand behaupten, haben gemeiniglich einen Mönchen und öfters einen Komödianten an der Tafel, deren sehr verschiedener Witz die ganze Gesellschaft belustigt.«

Der Komödiant beim Mittagessen am 18. Februar 1785 wird wohl Wolfgang Mozart gewesen sein.

Was an Leopold Mozarts Brief allerdings noch mehr verwundert als die Tatsache, daß das Essen an einem Fasttag stattfand, ist der Umstand, daß die gesamte Gesellschaft unmittelbar nach diesem Gelage »auf die Mehlgrube« fuhr. Dort fand nämlich um sieben Uhr ein Konzert Mozarts statt, das »abermahl herrlich war«, wie Leopold seiner Tochter berichtete. Man kann also mit an Sicherheit grenzender Wahrscheinlichkeit davon ausgehen, daß Mozart bei diesem Konzert, wenn schon nicht betrunken, so zumindest angeheitert gewesen sein dürfte. Eine schöne Vorstellung!

In der »Mehlgrube« gab Mozart im Februar und März 1785 insgesamt sechs Subskriptionskonzerte, von deren Erfolg sich Leopold persönlich überzeugte.

Das Etablissement »Zur Mehlgrube« lag am damaligen Mehlmarkt, dem heutigen Neuen Markt, und verdankte seinen Namen dem ehemaligen Mehldepot, das sich von 1453 bis 1697 an dieser

Stelle befand. 1698 erfolgte nach Plänen Fischer von Erlachs ein Neubau mit einem Ballsaal im ersten Stock. 1781 hatte der Konzertunternehmer Philipp Jakob Martin von Kaiser Joseph II. die Genehmigung erhalten, in der »Mehlgrube« im Winter jeden Freitag Liebhaberkonzerte zu veranstalten.

Daß Mozart die Aktivitäten Martins bereits damals aufmerksam verfolgte, geht aus einem Brief an seinen Vater vom 8. Mai 1782 hervor, in dem es heißt: »ein gewisser Martin hat diesen Winter ein Dilettanten Concert errichtet, welches alle freytäge in der Mehlgrube ist aufgeführt worden. – sie wissen wohl daß es hier eine menge Dilettanten giebt, und zwar sehr gute, so wohl frauenzimmer als Manspersonen.« Drei Wochen später äußerte er sich in einem Brief an den Vater neuerlich über Martin: »Er ist ein recht guter, Junger Mensch, der sich durch seine Musique, durch seine schöne schrift, und überhaubt durch seine geschicklichkeit, guten kopf, und starken geist, sich fortzubringen bemühet.«

Martin trat damals auch als Veranstalter der sogenannten »Morgenkonzerte« im Augarten in Erscheinung, die an zwölf aufeinanderfolgenden Sonntagen im Tanzsaal des von Ignaz Jahn geführten Restaurants stattfanden und um 8 Uhr begannen. Wahrscheinlich handelte es sich dabei um dasselbe Etablissement, über das Johann Kaspar Riesbeck in seinen »Briefen eines reisenden Franzosen über Deutschland« schreibt: »In einem prächtigen Pavillon hat man alle Erfrischungen und Billard. Wenn man diesen Ort in seinem Glanz sehen will, muß man ihn in den höchsten Sommermonaten morgens besuchen.«

Mozart selbst ist im Augarten nachweislich am 26. Mai 1782 aufgetreten und hat nicht nur seine Sinfonie (KV 338) dirigiert, sondern gemeinsam mit Josepha Auernhammer auch sein Konzert für zwei Klaviere (KV 365/316 a) gespielt. Wie aus seinem Brief vom 26. Mai 1784 an den Vater hervorgeht, besuchte er auch später noch regelmäßig den Augarten: »wir gehen erst um 12 uhr ins bett, und stehen um halb 6 auch 5 uhr auf, weil wir fast alle tage in der frühe in Augarten gehen.«

Später schrieb Mozart auf den Impresario Martin den Kanon »O du eselhafter Martin« (KV 560 b). Im »Verzeichnüss aller meiner Werke« wird als Entstehungsdatum dieses Kanons der 2. September 1788 angegeben. Der von Mozart verfaßte Text lautet:

O du eselhafter Martin,
o du martinischer Esel,
du bist so faul,
als wie ein Gaul,
der weder Kopf noch Haxen hat.

Mit dir ist gar nichts anzufangen,
ich seh dich noch am Galgen hangen,
du dummer Paul,
halt du das Maul,
ich scheiß dir auf's Maul,
so hoff ich, wirst du erwachen.

O lieber Martin, ich bitte dich recht sehr,
o leck mich doch geschwind, geschwind im Arsch,
o leck, o leck, o leck mich doch geschwind, geschwind im Arsch.

O, lieber Freund, verzeihe mir,
den Arsch, den Arsch petschier ich dir,
Martin, Martin, Martin, verzeihe mir!

»O du eselhafter Martin« gehört zur Gruppe jener zehn derbkomischen Kanons, die Mozart am 2. September 1788 in sein Werkverzeichnis eintrug und deren Originaltexte nach seinem Tod »bereinigt« wurden. Dieses Schicksal widerfuhr auch jenen Kanons, die Mozart bereits früher komponiert hatte und die ebenfalls nicht mit dem idealisierten Bild des über den Wolken schwebenden Genies in Einklang zu bringen waren. Dazu paßte ein Kanon wie »Leck mir den Arsch fein recht schön sauber« ebensowenig wie »Difficile lectu mihi mars« oder »Bona nox, bist a rechta Ox« mit den Zeilen:

Gute Nacht, gute Nacht,
scheiß ins Bett, daß' kracht;
gute Nacht, schlaff fei g'sund
und reck' den Arsch zum Mund.

So wurde aus »Bona nox, bist a rechta Ox« unmittelbar nach Mozarts Tod »Gute Nacht, bis der Tag erwacht!« und das »Difficile lectu mihi mars«, das als »... leck du mi im Arsch« zu lesen ist, wurde noch zu Beginn des 20. Jahrhunderts durch »Heut ist uns ein Kindelein geborn von einer Jungfrau auserkorn« ersetzt, wobei in der von einem gewissen Fritz Jöde 1930 herausgegebenen Kanonsammlung explizit darauf hingewiesen wird, daß sich »der Originaltext Mozarts der Wiedergabe entziehe«.

Wie sehr aber Mozart bei den Kanons gerade diese fäkalkomischen Ausdrücklichkeiten liebte, zeigt eine kleine Episode vom Oktober 1777, als er sich gerade in Augsburg aufhielt, von wo er seinem Vater über eine gesellige Zusammenkunft mit dem Bäsle und Pater Aemilian Angermayr folgendes berichtete: »endlich als er rauschig war | : welches bald erfolgte : | fieng er von der Musick an. er sang einem Canon, und sagte ich habe in meinem leben nichts schöners gehört. ich sagte, mir ist leid, ich kann nicht mitsingen, dann ich kann vonn Natur aus nicht intoniren. daß thut nichts sagte er. er fieng an. ich war der dritte. ich machte aber einen ganz andern text drauf. P: E: o du schwanz du, leck du mich im arsch. *sotto voce:* zu meiner base. dann lachten wir wieder eine halbe stunde.«

»P: E:« ist die Abkürzung für »per exemplum«, also »zum Beispiel«.

Nach diesem kurzen Exkurs in die Welt des Kanons kehren wir wieder zurück ins Frühjahr 1785, als sich Leopold Mozart bei seinem Sohn und seiner Schwiegertochter in Wien aufhielt. Bei der Lektüre der Briefe, die Leopold damals an seine Tochter schrieb, wird man das Gefühl nicht los, daß Mozarts Erfolg seinen Vater zwar mit einem gewissen Stolz erfüllte, er diesem Erfolg aber nicht traute. Dem Pragmatiker und kühlen Rechner muß die ausschweifende Lebensführung seines Sohnes ein gewisses Unbehagen bereitet haben, zumal er bei Wolfgang eine Eigenschaft vermißte, die in seinem Leben zu den wichtigsten Eckpfeilern gehörte, nämlich Sparsamkeit.

Vielleicht erinnerte sich Leopold gerade in diesen Momenten an das wenig schmeichelhafte Urteil, das er im August 1782 in einem Brief an die Baronin Elisabeth von Waldstätten über seinen Sohn gefällt hatte und das lautete: »Es sind zween einander entgegen stehende Sätze die in ihm herschen – zu viel oder zu wenig und keine Mittelstrasse.« Jetzt, 1785, war offenbar die Zeit des »zu viel« angebrochen, aber Leopold Mozart kannte seinen Sohn nur zu gut, um sich nicht von der momentanen Stimmung täuschen zu lassen. Auch wenn er in seinen Briefen ständig auf die hohen Einnahmen seines Sohnes verweist, hat es den Anschein, als würde bei den damit zusammenhängenden Überlegungen eine gehörige Portion Wunschdenken mitspielen. So schreibt er zum Beispiel am 19. März 1785 fast beschwörend an Nannerl: »Ich glaube, daß mein Sohn, wenn er keine Schulden zu bezahlen hat, itzt 2000 f. in die bank legen kann: das Geld ist sicher da, die Hauswirtschaft ist, was Essen und Trinken betrifft, im höchsten Grad ökonomisch.« Die Realität sah freilich anders aus und bereits acht Monate nach dieser Vision des Vaters sah sich sein Sohn gezwungen, folgenden Brief an seinen Verleger Franz Anton Hoffmeister zu richten: »Ich nehme meine Zuflucht zu ihnen, und bitte sie, mir unterdessen nur mit etwas gelde beyzustehen, da ich es in diesem augenblick sehr nothwendig brauche.«

Aber noch herrschte ausgelassene Stimmung im Hause Mozart und Leopold teilte seiner Tochter mit, daß er mit Sohn und Schwiegertochter jeden Tag wo anders zum Essen eingeladen sei.

Am 21. Februar schreibt er: »Noch hat man hier keine fastenspeiß gegeben. den *20ten gestern,* waren wir bey einer Tafl von 21 Personen bey *H: Schauspieler Miller.* das war auch herrlich, aber nicht so übertrieben. Er muss ein grosses quartier haben, weil er 8 Kinder hat, dafür er 700 f jährlich bezahlen muß.«

Der damals 47-jährige Burgschauspieler Johann Heinrich Friedrich Müller muß tatsächlich eine weithin bekannte Persönlichkeit gewesen sein, da ihm auch Johann Kaspar Riesbeck in seinem Reisebuch eine längere Passage widmet, in der es heißt: »Unter allen Schauspielern hat keiner unter den Großen des Hofes so viele Gönner und Freunde als Herr Müller. Der Mann versteht sich auf alles. Er errichtet Lotterien für die Bälle, bei deren Fonds sich sogar die Kaiserin selbst interessiert, hält eine Bude von Galanterien, hat eine artige Frau und schöne Tochter, welche bei den Großen öfters das Klavier spielt, und weiß von allem Nutzen zu ziehen. Er soll so viel Kredit haben, daß in seinem Handel und Wandel gegen 50.000 Gulden fremdes Geld zirkulieren sollen; ich glaube aber, die Summe ist ein wenig übertrieben. Er lebt von den großen Herren als ein großer Herr. Seine Wohnung ist auf dem besten und teuersten Platz der Stadt und besteht aus einer Suite von Zimmern, die kostbar und mit vielem Geschmack tapeziert sind. Er hat in einer Vorstadt einen artigen Garten gemietet, worin er im Sommer für alle Welt freie Tafel gibt. Alle schönen Geister aus Deutschland adressieren sich an ihn, und er bietet jedem seine Wohnung an. Die Bekanntschaften, die er sich dadurch unter dem hiesigen Adel und den hiesigen Gelehrten macht, vergüten ihm wieder diese Gastfreiheit.«

Daß Mozart bei Müller zu Gast war, ist eines von vielen Beispielen für seine damalige Popularität in Wien, und daß er von Riesbeck in dessen Reisebriefen nicht erwähnt wird, hängt wohl damit zusammen, daß dieser die österreichische Hauptstadt Ende 1780 besucht hatte, also kurz, bevor Mozart hierhin übersiedelt war. Wie Mozart gehörte auch Müller der Freimaurerloge »Zur wahren Eintracht« an und es ist anzunehmen, daß die beiden einander auch bei den Zusammenkünften dieser Loge trafen.

Der Besuch der Mozarts im Hause Müllers war aber nur einer von vielen, und je länger Leopolds Aufenthalt in Wien dauerte, desto mehr Gefallen schien er an diesem Leben zu finden. So schreibt er am 12. März 1785 an Nannerl: »Wir kommen vor 1 uhr in der Nacht niemals zum schlafen, stehn niemals vor 9 uhr auf, um 2 halbe 3 zum Essen.« Gegessen wurde meistens auswärts, und die – unvollständige – Liste von Mozarts Gastgebern zeigt, daß er damals in Künstlerkreisen als Gast ebenso begehrt war wie in Kreisen des Adels und der Finanzwelt.

Leopold Mozarts Brief vom 2. April 1785 an seine Tochter gibt einen kleinen Einblick in die damaligen Lebensumstände seines Sohnes: »Wir haben beym H: Lang, wo auch H: Lang v München wohnt alle gespeist und morgen speisen sie bey uns. *Am Ostersontag* speisten wir bey einem Banquier. *Am Montag* bey H: Dr: Rhab. am *dienstag* beym H: Adamberger, am *Mittwoch* bey H: Lang. am *donnerstag* beym H: von Ployer unserm Agenten.«

Der erstgenannte »H: Lang« ist der Burgschauspieler Joseph Lange, der mit Constanzes Schwester Aloisia verheiratet war und mit dieser in der Himmelpfortgasse wohnte. Über Langes Schauspielkunst äußerte sich Riesbeck in seinen Reisebriefen allerdings wenig begeistert: »Gerade wie man in den Zeichenschulen die Leute, welche den Studierenden zum Muster dienen, in gewisse steife Attitüden setzt, worin sie nichts empfinden, ebenso kalt und steif fallen auch alle Bewegungen des Herrn Lange aus. Er will alles gar zu musterhaft gut machen, und es ist ihm oft nicht natürlich. Er hat eine Unart an sich, die wenig Kopf verrät. Wenn er eine Stelle deklamieren soll, die ihm Beifall verspricht, so sucht er so nah als möglich an das Parterre zu kommen und tritt oft bis an den Rand der Vorderbühne.«

Mit dem von Leopold Mozart erwähnten »Banquier« ist vermutlich Raimund Wetzlar von Plankenstern gemeint, mit dem Mozart befreundet war und der auch als Taufpate von Mozarts und Constanzes erstem Kind fungierte.

»Dr: Rhab« wiederum ist der angesehene Rechtsgelehrte Dr. Ignaz Raab, der sich auch als »Prominentenanwalt« einen Namen machte.

Das Ehepaar Johann Valentin und Maria Anna Adamberger gehörte in Wien zu den bekanntesten Künstlerpersönlichkeiten. Er war mit einem Jahresgehalt von 2.130 fl. 1781 der höchstbezahlte Sänger bei der Deutschen Singspiel-Gesellschaft in Wien und sie bezog als Burgschauspielerin im selben Jahr ein Gehalt von 1.600 fl. Johann Valentin Adamberger sang in der Uraufführung der »Entführung aus dem Serail« den Belmonte und für ihn komponierte Mozart auch mehrere Tenorarien.

»H: von Ployer« ist der Reichshofratsagent Gottfried Ignaz von Ployer, dessen Tochter Barbara zu Mozarts begabtesten Klavierschülerinnen zählte und für die er mehrere Konzerte schrieb, so zum Beispiel das Konzert für Klavier (KV 449) mit der Widmung: »Di Wolfgango Amadeo Mozart per la Sig^{ra} Barbara de Ployer Viena li 9 di Feb^{ro} 1784.«

Wenn man bedenkt, daß diese Einladungen innerhalb einer einzigen Woche erfolgten, kann man sich in etwa vorstellen, welch hohes Ansehen Mozart damals genossen haben muß.

Mozarts hedonistische Lebensführung zur Zeit seiner großen Triumphe in Wien ist ein weiteres Indiz dafür, daß er stets in der Gegenwart lebte und der Nachruhm ihm nichts bedeutete. Anders wäre es nicht zu erklären, daß er sich auch in dieser erfolgreichen Phase seines Lebens kaum um das weitere Schicksal seiner Kompositionen kümmerte. Das schlampig geführte »Verzeichnüss aller meiner Werke« ist ja ein eindrucksvoller Beweis für Mozarts Desinteresse an der Bewahrung seines Werks für die Nachwelt. Begonnen am 9. Februar 1784, trug er bis zu seinem Tod in unregelmäßiger Folge 144 Kompositionen ein, obwohl er in diesem Zeitraum wesentlich mehr Werke schuf. Buchhaltung gehörte nicht zu den Dingen, für die sich Mozart besonders interessierte.

In einem seiner Briefe an Nannerl erwähnt Leopold Mozart auch ein Essen bei Mozarts Schwiegermutter Cäcilia Weber. Leopold, der zur Familie Weber bekanntlich ein äußerst distanziertes Verhältnis hatte, äußerte sich im Falle dieser Einladung überraschend positiv über »die Frau Weber« und berichtet seiner Tochter: »ich muß dir sagen, daß das Essen nicht zu viel und nicht zu wenig, anbey unvergleichlich gekocht war: das gebrattene war ein schöner grosser Phasan – alles überhaupts vortreflich zugericht.«

Nach zweieinhalb Monaten war für Leopold Mozart die Zeit gekommen, Wien zu verlassen. Am 25. April 1785 um halb elf am Vormittag wurde er von seinem Sohn und dessen Frau bis Purkersdorf begleitet, wo sie noch gemeinsam zu Mittag aßen und wo anschließend die Verabschiedung erfolgte. Vater und Sohn Mozart haben einander an diesem Tag zum letzten Mal gesehen.

»Dr. Barisani isst den Andifi auch täglich«

Obwohl Leopold Mozart in seinen letzten Lebensjahren von seiner Tochter Nannerl und seiner Köchin Tresel mit allen erdenklichen Nahrungsmitteln reichlich versorgt wurde, bezeichnete er in dieser Phase seines Lebens eine ganz bestimmte Suppe als seine Lieblingsspeise. »Es würde für dich auch nichts vorträglicheres seyn«, schreibt er am 8. Dezember 1786 an Nannerl, »als der *ganze Andifi,* nicht klein geschnitten, sondern das ganze grüne kraut in fleischbrühe gesotten, wie eine andere grüne speis. ich finde es sehr gut und gesund; *es ist meine Leibspeise.*«

Man sollte allerdings nicht vergessen, daß Leopold Mozart dieses kulinarische Bekenntnis zu einem Zeitpunkt abgab, als er bereits schwer krank war und deshalb größten Wert auf gesunde Ernährung legte. Aus diesem Grund fügte er auch hinzu, daß ihm wegen seiner Gicht »alle saure sachen verbotten« seien und daß »der alte Dr. Barisani den Andifi auch täglich isst als eine vortreffliche Blutreinigung, um sich vom Anstoß des Podagra zu verwahren«.

Aus dieser Passage geht nicht eindeutig hervor, ob Dr. Barisani an Podagra litt oder ob er »den Andifi« prophylaktisch gegen diese schmerzhafte Gichterkrankung im Fußbereich auf seinen täglichen Speiseplan setzte. Dr. Barisani dürfte in seinem Fall allerdings generell auf die richtigen Behandlungsmethoden gesetzt haben, denn immerhin wurde er 91 Jahre alt.

Der hochfürstliche Primarleibarzt Dr. Silvester Barisani war nicht nur Leopold Mozarts langjähriger ärztlicher Berater, sondern zählte auch zu dessen engen Freunden. Barisanis Sohn Sigmund, von Beruf ebenfalls Arzt, war wiederum eng mit Wolfgang befreundet, und als Sigmund im Alter von nur 29 Jahren starb, bezeichnete ihn Mozart als »liebsten besten Freund und Erretter meines Lebens«.

Inwiefern die Endivie bei Podagra tatsächlich hilft, ist schwer zu sagen, aber für den Patienten ist sie sicher bekömmlicher als jenes Hausmittel, das in einer alten Rezeptsammlung bei Podagra empfohlen wird, nämlich »gestoßene Eicheln in Ochsengalle«. In derselben Handschrift aus dem 16. Jahrhundert wird der Kranke außerdem vor dem Weinkonsum gewarnt, denn »welcher daz Podagra hot, Dem ist der wein verbotten«.

Als Krankenkost – und Fastenspeise – fand die Endivie auch Eingang in Conrad Haggers Kochbuch, in dem über »Antifi / Lactuc« – also Endiviengemüse – zu lesen ist: »Diese seynd gut vor die Krancke / wann sie gebrůht / dann mit Butter und Muscatnuß gleich dem Spinat zugericht werden.«

Daß Endivie bei der Zubereitung von Fastensuppen eine wichtige Rolle spielte, zeigt auch ein Blick in das »Wienerische bewåhrte Kochbuch«, in dem im Abschnitt »Verschiedene Fastensuppen« das folgende Rezept für eine »Antiphiesuppe« zu finden ist:

»Erstlich mach eine gelblichte Einbrenn, schůtt ein Wasser daran, oder eine Schleinsuppe, růhr es recht klar ab. Hernach butze einen Antiphiesallat, sied ihn im Wasser ab, ehe du ihn in die Suppe legest, gieb in die Suppe Safran, und 2 Lőffelvoll Milchram daran. Dann den Sallat hinein, und gut sieden lassen.«

Die Basis der »Schleinsuppe« bildet die zur Familie der Karpfen zählende Schleie, die in der Küche des 18. Jahrhunderts eine eher untergeordnete Rolle spielte. Obwohl ihr Fleisch im Geschmack wesentlich subtiler ist als das des Karpfens, stand sie immer schon im Schatten dieses traditionellen Speisefischs. So enthält beispielsweise das »Wienerische bewåhrte Kochbuch« zwar zwanzig verschiedene Karpfenrezepte, aber nur drei zur Zubereitung der Schleie.

Der schlechte Ruf der Schleie als Speisefisch hing möglicherweise auch damit zusammen, daß man ihn als »Sumpffisch« betrachtete, der die »schlechten« Eigenschaften seines Lebensraums gleichsam absorbierte. In seinem 1573 erschienenen Werk »Vollståndiges Kråuter–Buch oder Das Buch ůber alle drey Reiche der Natur«, schreibt dessen Verfasser Adam Lonicers in diesem Zusammenhang: »Fische, welche aber in unreinen, faulen und sumpfigen Wasser wohnen, sind allesamt bős, als die Schleyen.«

Der Name dieses Fisches leitet sich von seinen schleimigen Schuppen ab, weshalb in alten Kochbüchern darauf hingewiesen wird, daß »der Schlein« vor der Weiterverarbeitung »abgeschleimt« werden müsse. Bei der zuvor erwähnten »Schleinsuppe« wird der ausgenommene Fisch in einer Erbsensuppe mit etwas Wein, Petersilienwurzel, Salz, Pfeffer und Muskat gesotten und am Ende mit einem Stück Butter verfeinert.

Bei einem anderen im »Wienerischen bewåhrten Kochbuch« abgedruckten Rezept wird als Basis für die Endiviensuppe anstelle der »Schleinsuppe« eine Rindsuppe verwendet, wobei in diesem Fall der Salat mit einer »Fasch aus Kalbfleisch, oder Hůhnerleberl, in Wasser geweichter Semmel, Semmelbrősel und ein paar Eyerdőtter« gefüllt wird.

Eine weitere Variante der Endiviensuppe findet sich in einem anonymen Wiener Kochbuch aus dem Jahr 1769, das Maria Breunlich und Helga Haas unter dem Titel »Karpfen, Krebs und Kälbernes« herausgegeben haben:

»Niemb Saurampffen, und Kerbel Krauth, aber Kerbel Krauth mehr, alß Saurampffen, und schneid es klein durch einander, Niemb einen Spärgel, und ein wenig Antify Solath, und schneid es einen halben finger Lang, Lege Eß zusammen, in ein höfferl gieß eine gutte hiener, Kapauner, oder Rind Suppen, und Laß Sieden, und wanß gesoden ist, danach Nimb 2 oder 3 Ayer todter, und ein Stückel Putter, und Treib es durcheinander ab, darnach gieß von der Siedenten Kraitl Suppen daran, aber richte es, daß nicht zusammen Laufft, und Laß einen Suth auf thuen, und richts auf der gepätten Semmel Schnitten an.«

Nach welchem Rezept Leopold Mozarts Köchin Tresel die Endiviensuppe zubereitete, ist nicht bekannt, allerdings wissen wir, daß Mozarts Vater die »Andifi brühe« häufig auch zum Kalbfleisch aß, da ihm »die Doctores« den Verzehr von Fastenspeisen ausdrücklich verboten hatten. Leopold konnte also sogar an einem Fasttag »ein halbs Händl, oder etwas Lämmeres« zu sich nehmen, ohne dabei ein schlechtes Gewissen haben zu müssen.

Die Endivie, was soviel heißt wie »Im Januar wachsende Pflanze«, wurde in Österreich bereits um 1650 in verschiedenen Spielarten gezogen und diente in erster Linie als Salat. Die Verwendung von Endivie als Suppeneinlage scheint eine Spezialität des 18. Jahrhunderts gewesen zu sein, da Habs und Rosner in ihrem »Appetitlexikon« von 1894 explizit darauf hinweisen, daß Endivie »ausschließlich zum Salat dient« und gekochter Salat »höherer Blödsinn sei, absurd wie gekochter Champagner«.

Katharina Prato empfiehlt in der »Süddeutschen Küche« gekochte Endivie auch als Beilage und schreibt: »Winter=Endiviensalat kocht man mit Salzwasser, welches einmal abgegossen und durch neues ersetzt wird, damit der Salat etwas von seinem bitteren Geschmack verliert. Dann schneidet man ihn fein, dünstet ihn mit Butter ab, staubt ihn mit ein wenig Mehl, vergießt ihn mit Suppe und etwas Obers, gibt ein wenig Zucker (und Muskatnuß) dazu und läßt ihn gut verkochen.«

Sofern Endivie bei der Familie Mozart überhaupt als Salat Verwendung fand, dürfte dieser auf ihrem Speisezettel nur eine untergeordnete Rolle gespielt haben. Mozart erwähnt in seinen Briefen Salat überhaupt nur einmal, und zwar in einem Brief an seine Cousine als Reimwort auf »Prälat«.

Dabei legte man in der Küche des 18. Jahrhundert durchaus Wert auf dieses »Mischgericht aus rohen oder gesottenen Pflanzenteilen, Essig, Öl und Salz«, wie Habs und Rosner den Salat definieren. Im »Nutzlichen Koch=Buch« werden unter dem Kapitel »Von unterschidlichen Bachereyen / wie auch aufgelauffenen Kŏch / und eingemachten Sachen« neben so ausgefallenen Kreationen wie »Pomerantzen= oder Lemoni=Salat« und »Artischocken=Salat« auch heimische Salate wie »Håppel=Salat«, »Zeller«, »krauser Entiffen« oder »Feld=Salat« genannt.

Wesentlich umfangreicher ist die Salatabteilung im »Wienerischen bewåhrten Kochbuch«, in dem 27 verschiedene Zubereitungsarten angeführt werden. Neben dem vertrauten »Feldsalat« oder »Brunngreßsalat« findet man darin auch eher ungewöhnliche Varianten wie »Hopfensalat«, »Schneckensalat« oder »Italiånischersalat«, für dessen Zubereitung man Zervelatwurst, Austern, Muscheln, Zitronenscheiben, Sardellen, Bricken, Kapern, Oliven und Granatäpfelkerne benötigt.

»Bricken« sind Neunaugen, eine Fischart, die in der Küche des 18. Jahrhunderts vielfache Verwendung fand.

Was das Würzen des Salats betrifft, so sind hier die Kombinationsmöglichkeiten genauso vielfältig wie die Meinungen dazu unterschiedlich sind. Baron Eugen von Vaerst, ein exzellenter Kenner der Küchenkultur, vertritt in seiner 1851 erschienenen »Lehre von den Freuden der Tafel« zum Beispiel die Meinung, »daß die Fähigkeit, einen guten Salat zu komponieren, auch ausreichen würde, ein gutes Buch zu schreiben«. Eine ähnliche Position nehmen in dieser Frage Habs und Rosner ein, die im »Appetitlexikon« schreiben: »Die Salatbereitung hat bei aller Einfachheit des Gerichts ihre eigenen Schwierigkeiten, und wer alle ihre Klippen zu vermeiden weiß, darf daher nicht nur für ein äußerst brauchbares Mitglied der menschlichen Gesellschaft gelten, sondern wird auch einer Dosis Ruhms nicht ermangeln.«

»Die Limonyen sind sehr theuer«

Während Nannerl ausschließlich regionale Produkte nach Salzburg schickte, erhielt sie von ihrem Vater solche Waren, die es in St. Gilgen entweder nicht gab oder die in Salzburg erheblich billiger waren. Wenn Leopold Mozart im März 1786 die Lieferung von 20 Pfund Reis, 10 Pfund Gerste und 12 Massl Erbsen ankündigt, ist anzunehmen, daß diese Nahrungsmittel in St. Gilgen teurer waren als in Salzburg. Der Preisunterschied muß allerdings beträchtlich gewesen sein, zumal ja auch noch entsprechende Transportkosten anfielen. Nach Leopold Mozarts Angaben betrug der Botenlohn zwei Kreuzer pro Pfund, das heißt, daß im konkreten Fall für den Transport 76 Kr., also 1 fl. 16 Kr., zu bezahlen waren.

Eine wichtige Rolle bei der Belieferung von Nannerls Haushalt spielten naturgemäß auch exotische Gewürze wie etwa Safran oder Kümmel, wobei Leopold seiner Tochter nach St. Gilgen merkwürdigerweise auch frische Kräuter schickte. Am 12. August 1786 teilte er ihr mit, daß »die Glasträgerin« nicht nur Seife und Zucker bringen werde, sondern auch Kräuter: »Die kräuter sind heut Frühe erst auf dem Mönchberg gebrockt worden, weil die Tresel erst um 6 uhr in der Frühe das kräuterweib auf dem Markt antreffen konnte, und ihre tochter solche zu brocken gieng und um 8 uhr brachte. (...) die Kräuter müsst ihr auseinander Klauben, sie sind leicht zu kennen.« Nachdem zwischen Vater und Tochter sämtliche Warenlieferungen penibel abgerechnet wurden, hatte Nannerl selbstverständlich auch die Kräuter zu bezahlen, für die ihr Leopold 12 Kr. in Rechnung stellte. Auch die 4 Kr. für eine »Zigoriwurzen« aus Salzburg hatte er bei der Abrechnung nicht vergessen.

Besonders hoch muß Nannerls Bedarf an Zitronen gewesen

sein, da neben Schokolade diese Südfrüchte zu jenen Waren gehörten, die in den Briefen am häufigsten erwähnt werden. Dabei darf man aber nicht vergessen, daß »Lemony«, »Lemony Schöller« und »Lemony Safft« aus der Küche des 18. Jahrhunderts nicht wegzudenken waren und als Modezutat bei kaum einem Gericht fehlen durften. Egal, ob es sich um Suppen, Mehlspeisen, Fleisch- oder Fischgerichte handelte – Zitronen mußten, in welcher Form immer, dabei sein.

Aufschlußreich in diesem Zusammenhang ist ein Blick in das bereits erwähnte anonyme Kochbuch aus dem Jahr 1769, in dem bei 82 von 193 Rezepten »Lemony« als Zutat angegeben wird.

Obwohl Zitronen zur Mozartzeit relativ teuer waren, leisteten sich damals auch bürgerliche Haushalte diese exotische Frucht. Verkauft wurden Zitronen in »Frůchten= oder Limonihandlungen«, wobei die Preise in Salzburg, je nach Qualität und Angebotslage, im Zeitraum Oktober 1784 bis Januar 1787 zwischen 2 ½ und 5 Kr. pro Stück schwankten. Zum Vergleich: Ein Laib Brot kostete im August 1786 in Salzburg 8 ½ Kr.

Den Wirtschaftsrechnungen des Stifts Klosterneuburg ist zu entnehmen, daß bei Zitronen folgende Sorten unterschieden wurden:

a) Genueser-Limonen
b) Frische Limonen
c) Kuchel-Limonen
d) Ordinari-Limonen (billige Sorte)
   Tafel-Limonen (teurere Sorte)
e) Limonen aus der Apotheke

Ob diese Einteilung allerdings auch in Salzburg Gültigkeit hatte, entzieht sich meiner Kenntnis.

Einen breiten Raum widmete Leopold Mozart in seinen Briefen an Nannerl auch der Gefahr der Ausbreitung »der *Viehe Krankheit,* die um die Statt regiert«. Am 20. November 1786 schreibt er: »Es ist hier ein erstaunlicher Lermen, die Doctores und andere mussten aller Orten Visitieren, und ohne Beschau der Verständigen darf kein Viehe, das ist Oxen und kühe geschlagen und verkauft werden.«

Wie Lorenz Hübners »Beschreibung der hochfürstlich=erzbischöflichen Haupt= und Residenzstadt Salzburg« zu entnehmen ist, entsprach dieser Vorgang aber ohnehin den gesetzlichen Vorschriften. Bei Hübner heißt es in diesem Zusammenhang: »Ehe das Vieh geschlachtet wird, welches hier gewöhnlich an den Donnerstagen geschieht, wird es von den beeideten Fleischbeschauern in Gegenwart eines Commissärs aus dem Stadtmagistrate, und eines stadtgerichtlichen beschauet, und für bank= oder unbankmäßig erkläret. Um bankmäßig zu seyn, muß der Ochs nicht unter 5 Centnern am Gewichte, und 50 Pfund Unschlitt, die Kuh welche nur 4 Kälber getragen haben soll, 4 Centner, und 50 Pfund Unschlitt haben. Diese Beschau soll von den Fleischbeschauern auch nach der Schlachtung wieder vorgenommen werden.«

Als Rohstoff für Kerzen war Unschlitt, also der Talg der Rinder, ein ungemein wichtiges Produkt und mit 22 fl. je Zentner auch entsprechend teuer. Hergestellt wurden die Kerzen von den Seifensiedern, von denen es in der Stadt Salzburg vier gab und deren Gewerbe strengen Vorschriften unterworfen war. So durften Kerzen nur zweimal wöchentlich in einer »eigenen Einsetze oder Niederlage« verkauft werden, wobei es den Seifensiedern verboten war, in ihren Läden Kerzen pfundweise abzugeben. Leopold Mozarts Briefe sind voll von Berichten, in denen er über die Schwierigkeiten klagt, genügend Kerzen auf Vorrat kaufen zu können.

Vier Tage nach seinem ersten Bericht über eine mögliche Ausbreitung der Viehseuche informierte Leopold seine Tochter über die weitere Entwicklung in dieser Sache und schreibt: »Daß die Mezger hier krankes Viehe kauffen, ist eine offenbare Lüge. alles Viehe, was geschlachtet wird, und was zum Verkauf ausgesetzt wird, muß vor der niedergesetzten Commißion, untersucht und geschlagen werden. wird man denn nicht die nötige Vorsorge brauchen, wo die Gefahr ist eine Epidemie unter die Menschen zu bringen?«

Die Strafen für das Schlachten von krankem Vieh waren empfindlich und betrugen »50 bis 100 Reichsthaler«, ein Betrag, der einen Bauern durchaus ruinieren konnte.

Wie aus Leopold Mozarts weiteren Briefen hervorgeht, hatten die Behörden eine Ausbreitung der Viehkrankheit zwar verhindern können, aber als Folge der damit verbundenen Maßnahmen, wie etwa Notschlachtungen, sollten offenbar die Preise für Rindfleisch wieder einmal hinaufgesetzt werden. Leopold Mozart befürchtete jedenfalls am 19. Januar 1787, daß ein Pfund Rindfleisch am nächsten Tag sieben Kreuzer kosten könnte, was dann auch tatsächlich der Fall war.

Aufgrund der engen Beziehung, die Leopold Mozart zeit seines Lebens zu seiner Tochter hatte, kamen in den Briefen, die zwischen Salzburg und St. Gilgen ausgetauscht wurden, auch intime Sachverhalte zur Sprache. Einen breiten Raum nahmen dabei Nannerls Menstruationsbeschwerden ein, die regelmäßig erörtert wurden. In Absprache mit Dr. Barisani gab Leopold detaillierte Anweisungen, welche Speisen und Arzneien Nannerl nehmen solle und worauf sie bei ihrer Lebensführung zu achten habe. Am 11. November 1785 schreibt er beispielsweise: »die Aderlass wäre aber zu der Zeit vorzunehmen, wo die ordinari vorbey ist: und vermög meiner Berechnung, da du den *2ten Nov:* schriebst daß *es heut, welches der 9te Tag ist,* wieder kam, sollte es den 20ten dieses herum wieder kommen etc: folglich wäre itzt noch zur Aderlass Zeit.« Bei Leopold Mozarts Buchhalternatur wäre es durchaus denkbar, daß er genaue Aufzeichnungen über Nannerls »ordinaripost«, also ihren Monatszyklus, führte.

Ein anderes Thema, das in Leopolds Briefwechsel mit seiner Tochter verständlicherweise einen breiten Raum einnahm, war die Entwicklung des kleinen Leopoldl. Wie die folgenden Briefausschnitte zeigen, entsprach es wohl der Familientradition, daß Leopold auch ausführlichst über das Urinieren, Defäkieren und Flatulieren des Kindes berichtete:

»das beste ist, daß er viel trinkt und viel pruntzt, – braf scheist, und wenig isst.« (14. September 1785)

»der Leopoldl hat der Nandl ins gesicht gepisst.« (14. September 1785)

»das Kind hat heut Nacht gut geschlaffen. die Schärffe beym Beutterl ist nun zimmlich geheilt, nun Curieren wir das Arschloch= oder löcher.« (17. September 1785)

»der Leopold ist, Gott Lob, im besten wohlseyn, nichts als braf pruntzen, scheissen und speiben. wenn das sprichwort wahr ist, *speibende Kinder, bleibende Kinder;* so hats keine Gefahr, denn er speibt alles schlimme, was der Magen nicht leidet, heraus, da er des tags 5, 6, 7, mahl mit lachendem Munde speibt und dabey wohl ist.« (19. November 1785)

»Der Leopoldl ist bey seinem *Arsch* lustig und wohl auf, – er scheisst und Bruntzt meistens sitzend auf einem hüpschen Kacherl, und kann ganz entsetzlich oft *lachen* und *plaudern.*« (29. Dezember 1785)

»Itzt war beym Leopoldl, – er ist lustig und wohl auf, *isst, scheist,* und *pruntzt* fürs Vatterland.« (5. Januar 1786)

»die *Mitzerl* hat ihm ein *Pferd* und einen *Reitter* darauf gekauft, auch ein schönes rothes seiden bandl daran gebunden. das Pferd hat ein Pfeifferl im Arsch.« (13. Januar 1786)

Je älter sein Enkel wurde, desto deutlicher kam bei Leopold eine Tendenz zum Vorschein, die Nannerl eigentlich hätte stutzig machen müssen, nämlich dessen Bemühungen, aus dem kleinen Leopoldl ein zweites »Wunderkind« zu machen. Dabei stellte Leopold Mozart unmißverständlich klar, daß er Leopoldl, »*so lang ich lebe, bey mir behalten werde;* dieser ist, und war von Anfang schon mein Entschluss«.

Offenbar verfolgte Leopold Mozart diesen Plan zielstrebig und einem Brief vom 28. Januar 1786 ist zu entnehmen, daß er damit begonnen hatte, bei seinem sechs Monate alten Enkelkind musikalische Tests durchzuführen. An seine Tochter schreibt er: »Noch habe ihm keine *Geige* hören lassen. ich machte eine Probe ohngefähr mit dem *messingenen Leichter,* wo ich mit einem kleinen Schlüssl unten an die *Schale* Pianissimo und dan Forte abwechselnd spielte, und dazu sang. In dem augenblick wurde er so ohnbeweglich aufmerksam, daß er nicht nur kein Aug mehr von mir abwand, sondern keinen Fuß und keinen Hand nicht mehr bewegte.«

Daß Leopolds Bemühungen keinen Erfolg hatten, hängt wohl auch damit zusammen, daß er starb, als sein Enkel gerade einmal zweieinhalb Jahre alt war. Leopolds Hoffnung, daß sein Enkel in musikalischer Hinsicht in die Fußstapfen seines Sohnes treten würde, erfüllte sich allerdings auch später nicht. Leopold Alois Pantaleon Reichsfreiherr von Berchtold zu Sonnenburg schlug nämlich eine Beamtenlaufbahn ein und starb am 15. Juni 1840 als Königlich-Bayerischer Cameral-Gefälls-Verwaltungs-Oeconomats-Controllor beim Verzehrungssteueramt in Innsbruck.

So aufopferungsvoll sich Leopold Mozart um Nannerls Sohn kümmerte, so wenig interessierten ihn die Kinder Wolfgangs. Als dieser Anfang November 1786 seinen Vater ersuchte, seine beiden Söhne Carl Thomas und Johann Thomas Leopold für einige Zeit in seine Obhut zu nehmen, reagierte Leopold geradezu empört. Am 17. November 1786 schrieb er an Nannerl, nicht wissend, daß Johann Thomas Leopold zwei Tage zuvor gestorben war: »das wäre freilich nicht übl, – Sie könnten ruhig reisen, – könnten sterben, – – könnten in Engelland bleiben, – – da könnte ich ihnen mit den Kindern nachlauffen etc: oder der Bezahlung für die Kinder die er mir für die Menscher und Kinder anträgt etc: – Basta! meine Entscheidung ist kräftig und Lehrreich, wenn ers benüzen will.«

Angesichts dieser schroffen Reaktion ist es verständlich, daß Wolfgang seinen Vater nicht einmal über den Tod seines Kindes informierte. Ob Leopold überhaupt je erfuhr, daß sein Enkel Johann Thomas Leopold im Alter von nur einem Monat gestorben war, ist fraglich. Wolfgang scheint die »kräftige und Lehrreiche« Lektion jedenfalls verstanden zu haben und reagierte mit Schweigen. Am 29. November 1786 schreibt Leopold an Nannerl: »Von deinem Bruder hab seit der Zeit keinen Brief mehr, werde auch vermutlich so geschwind keinen erhalten: ob ich ihm gleich ganz liebreich alles vorgestellt habe.«

Vermutlich war dieses Verhalten mit ein Grund, weshalb Wolfgang auf die Nachricht vom Tod seines Vaters mit demonstrativer Gleichgültigkeit reagierte. Das einzige, was ihn in diesem Zusammenhang wirklich zu interessieren schien, war die rasche Abwicklung der Verlassenschaft, damit ihm sein Anteil in Höhe von 1.000 fl. »in Wiener geld« unverzüglich ausbezahlt werden konnte. Auf das »Wiener geld« legte Mozart deshalb so großen Wert, weil dieser Summe 1.200 fl. der damals in Salzburg geltenden Reichswährung entsprachen.

Mit der Auszahlung hatte es Mozart besonders eilig, da er das Geld dringend zur Tilgung seiner Schulden bei Michael Puchberg benötigte. Am 29. September 1787 schreibt er an seinen Schwager: »wehnn Sie mir den Wechsel übermachen, so bitte ich ihn, an *Hr: Michael Puchberg. im gräfl: Walseggischen Hause, auf dem Hohen Markt zu adreßiren.*«

Kaum anzunehmen ist, daß sich Mozart in dieser Situation an das Rezitativ der Giunia in der 5. Szene seiner Oper »Lucio Silla« erinnerte, in der es heißt:

Giunia:
Des toten Vaters Willen ist mir heilig,
ich erfülle sein Vermächtnis.

Eher dürfte er sich mit Herrn Stachelschwein identifiziert haben, der in dem von ihm verfaßten Entwurf zum Theaterstück »Der Salzburger Lump in Wien« zu Beginn einen Brief in Händen hält, »den er von Salzburg von seiner Mutter erhalten hat, welche ihm den Tod seines Vaters berichtet. – er bezeuget Schmerz über seinen Verlust, freuet sich aber zugleich über seine Erbschaft.«

Die Entstehungszeit dieses Entwurfs ist umstritten, vermutlich hat ihn Mozart aber vor dem Tod seines Vaters niedergeschrieben – und sich dabei als Prophet erwiesen.

»Ein kostbares Stück Hausen«

Der Umstand, daß Mozart den Wechsel über 1.000 fl. aus dem Erbe seines Vaters auf Michael Puchberg ausstellen ließ, ist ein Indiz dafür, daß er bei seinem Freimaurerbruder bereits Ende September 1787 erhebliche Schulden gehabt haben muß.

Die Hintergründe für Mozarts katastrophale finanzielle Situation in den letzten Jahren seines Lebens werden wohl nie restlos geklärt werden können, aber daß er mit Geld nicht umgehen konnte, gab Mozart ja selbst mehrmals zu.

Ein halbes Jahr nach dem Tod ihres Bruders kam Nannerl in einem Brief an Friedrich Schlichtegroll, der einen Nekrolog auf Mozart verfaßte, ebenfalls auf dieses Thema zu sprechen: »Was seine Fehler anbelangt, so kann ich ihm nur einen einzigen beymessen, welcher darinnen bestand, das er ein zu gutes Herz hatte, er das Geld nicht zu dirigieren wusste. wer ihm schmeichelte, der konnte alles von ihm erhalten.«

Glaubt man der Mozart-Biographie Georg Nikolaus Nissens, scheint Mozarts sorgloser Umgang mit Geld bereits zu dessen Lebzeiten weithin bekannt gewesen zu sein. Bei Nissen heißt es dazu: »Mozart sprang von einem Extreme zum andern. Er hatte keine fixe Besoldung und war, was bey Dichtern und Virtuosen gewöhnlich der Fall ist, kein guter Wirth, verstand sich nicht auf den Verdienst, wusste das Geld nicht auf Wochen und Monathe einzutheilen, er kannte seinen Werth gar nicht. Oft musste er bey anhaltender Arbeit mit Frau und Kindern darben, war der Impertinenz mahnender Gläubiger ausgesetzt. Kamen nun einmal einige Rollen Louisd'or, schnell änderte sich die Scene. Jetzt ging's in Freuden. Mozart betrank sich in Champagner und Tokayer, lebte locker und war in wenig Tagen mit seinem Gelde so weit wie vorher.«

Mit der »Impertinenz mahnender Gläubiger« spielte Nissen vermutlich auf den Prozeß an, den Fürst Carl von Lichnowsky im November 1791 gegen Mozart wegen einer uneinbringlichen Schuld in Höhe von 1.435 fl. angestrengt hatte.

Neben Mozarts generell laxem Verhältnis zum Geld scheinen noch zwei weitere Faktoren für seine finanzielle Misere in den letzten Lebensjahren ausschlaggebend gewesen zu sein. Da waren zum einen die kostspieligen Kuraufenthalte seiner Frau in Baden bei Wien, die Mozart finanzieren mußte, und zum anderen seine Spielleidenschaft. Bekannt ist, daß Mozart nicht nur leidenschaftlich Billard spielte, sondern auch häufig auf der Kegelbahn anzutreffen war, wo ebenso um Geld gespielt wurde, wie bei den zahlreichen Kartenspielen, von denen Mozart mindestens 14 verschiedene beherrschte.

Daß diese Spiele nicht alleine der Entspannung dienten, sondern nach Möglichkeit in den kompositorischen Arbeitsprozeß integriert wurden, ist angesichts von Mozarts Persönlichkeit naheliegend. So notierte er auf das Autograph der »Zwölf Duos für 2 Hörner« (KV 487), den sogenannten »Kegelduetten«: »Di Wolfgang Amadé Mozart mp. Wien den 27[t] Jullius 1786 untern Kegelscheibn.«

Mit dem Amtskürzel »mp« für »manu propria«, also »eigenhändig«, unterstrich Mozart auf ironische Weise die Echtheit dieser Notiz.

Über Mozarts Fähigkeit, Spiel und Arbeit auf produktive Weise zu verbinden, schreibt Georg Nikolaus Nissen: »Im Jahre 1787 componirte Mozart während des Kegelspiels in dem vor der Stadt gelegenen Garten seines Freundes Duschek mehrere Stücke zu der Oper *Don Juan.* Wenn die Reihe des Spiels ihn traf, stand er auf; allein kaum war diess vorüber, so arbeitete er sogleich wieder fort, ohne durch Sprechen und Lachen derer, die ihn umgaben, gestört zu werden.«

Aus den zahlreichen Dokumenten zu diesem Themenkomplex sei noch folgende Passage aus dem Tagebuch eines gewissen

Sulpice Boisserée zitiert, die in Otto Erich Deutschs Dokumentensammlung über Mozart abgedruckt ist: »Er war ein leidenschaftlicher Billardspieler und spielte schlecht. Wann ein berühmter Billardspieler in Wien ankam, hat's ihn mehr interessiert, als ein berühmter Musiker. Dieser, meinte er, würde schon zu ihm kommen, aber jenen suchte er auf; er spielte hoch, ganze Nächte durch. Er war sehr leichtsinnig, seine Frau hat's ihm nachgesehen.«

Auch wenn bei Augenzeugenberichten oder Erinnerungen dieser Art Vorsicht angebracht ist, liegt die Vermutung nahe, daß Mozart nicht nur zum Spaß, sondern auch um Geld gespielt haben dürfte und er oft als Verlierer den Spieltisch, das Casino oder die Kegelbahn verlassen haben wird.

Mit seiner Spielleidenschaft lag Mozart freilich ganz im Trend seiner Zeit, in der jene, die es sich leisten konnten, ihr Geld beim Spiel zu vermehren trachteten und sich dabei nicht selten ruinierten. In seinem Reisebuch schreibt Johann Kaspar Riesbeck über seine diesbezüglichen Beobachtungen in Wien: »Wenn auch gleich die Hasardspiele verboten sind, so hat man doch häufige Beispiele, daß einzelne Personen in einem Sitz 15- bis 20.000 Gulden verloren haben.« An anderer Stelle ergänzt er: »Gehst du den Tag über in ein Kaffeehaus, deren es hier gegen siebzig gibt, oder in ein Bierhaus, welche unter den öffentlichen Häusern die reinlichsten und prächtigsten sind – ich sah eines mit rotem Damast tapeziert und mit vergoldeten Rahmen, Uhren und Spiegeln à la grecque und mit Marmortischen –, so siehst du halt das ewige Essen, Trinken und Spielen.«

Dieser Bericht stammt aus dem Jahr 1780, als es in Wien in der Stadt 30 und in den Vorstädten 39 Kaffeehäuser gab.

Daß Mozart mit an Sicherheit grenzender Wahrscheinlichkeit Spielschulden hatte, läßt sich auch daraus schließen, daß er in seinen Bettelbriefen an Michael Puchberg immer wieder von mysteriösen »Geschäften«, »Affairen« und »Sachen« schreibt, die er schnellstens in Ordnung bringen müsse.

Obwohl Mozart mehrere Personen um die Gewährung von Krediten bat, gehörte der Großhändler Michael Puchberg zu seinen zuverlässigsten Geldgebern. Hier ein Überblick über Mozarts Bittbriefe an Puchberg mit Angabe der gewünschten Beträge und der tatsächlich erhaltenen Summen:

Datum	Von Mozart erbeten	Von Puchberg erhalten
Juni 1788	100 fl.	100 fl.
17. Juni 1788	»1 oder 2 tausend gulden«	200 fl.
27. Juni 1788	»eine etwas *ansehnliche Summe*«	–
Juli 1788	»etwas geld«	–
12. Juli 1789	500 fl.	–
17. Juli 1789	»eine ansehnliche Summe«	150 fl.
Dezember 1789	400 fl.	300 fl.
20. Jänner 1790	100 fl.	100 fl.
20. Februar 1790	»etliche Ducaten«	25 fl.
März/April 1790	»thun Sie was Sie können«	150 fl.
8. April 1790	»was Sie immer leicht entbehren können«	25 fl.
23. April 1790	»*das* wie das letztemal«	25 fl.
Anfang Mai 1790	»wenigstens 600 fl.«	100 fl.
17. Mai 1790	»stehen sie mir bey«	150 fl.
12. Juni 1790	»was Sie am leichtesten entbehren können«	25 fl.
14. August 1790	»mit einer kleinigkeit«	10 fl.
13. April 1791	»etliche und zwanzig Gulden«	30 fl.
25. Juni 1791	»... mich mit etwas unterstützen«	25 fl.

Mozart erhielt von Puchberg zwischen Juni 1788 und Juni 1791 also nachweislich 1.415 fl., darüberhinaus lieh er sich von Franz Hofdemel 100 fl., von Heinrich Lackenbacher 1.000 fl. und von Fürst Carl von Lichnowsky weitere 1.435 fl., was eine Gesamtsumme von 3.950 fl. ergibt. Zum Vergleich: Die Jahresmiete für Mozarts letzte Wohnung in der Rauhensteingasse betrug 275 fl.

Mozart hätte also mit den erhaltenen Krediten 14 Jahre lang die Miete für sein Quartier bezahlen können.

Bei seinem Tod hinterließ Mozart Schulden in Höhe von 3.000 fl., denen ein Barbestand von 60 fl. gegenüberstand.

Mozarts Briefe aus seinen letzten vier Lebensjahren sind nicht nur erschütternde Dokumente eines Menschen, der offenbar mit den gesellschaftlichen Veränderungen nicht mehr Schritt halten konnte, sondern auch Zeugnisse einer sich langsam vollziehenden Vereinsamung.

Bereits am 15. Oktober 1787 stellte Mozart in einem Brief aus Prag als Grund für seine immer häufiger auftauchenden »schwarzen Gedanken« die Vermutung an, daß er »zu viel andern leuten – und zu wenig – mir selbst angehöre«. Weiters schreibt er an seinen Freund Gottfried von Jacquin: »daß dies nicht mein lieblings=leben ist, brauche ich ihnen wohl nicht erst zu sagen.«

Spätestens nach der Rückkehr von seiner mäßig erfolgreichen Reise nach Berlin im Sommer 1789 mußte Mozart zur Kenntnis nehmen, daß sein Stern endgültig im Sinken begriffen war und die Wiener Gesellschaft nichts mehr von ihm wissen wollte. An Michael Puchberg schreibt er am 12. Juli 1789: »mein Schicksal ist leider, *aber nur in Wien,* mir so widrig, daß ich auch nichts verdienen kann, wenn ich auch will.« Der Grund für Mozarts Lamento über seine »unglückseelige, höchst traurige Laage«: Auf der Subskriptionsliste für ein geplantes Konzert fand sich nur noch ein einziger Name, nämlich der seines Freundes Gottfried van Swieten. Selbstverständlich kam das Konzert unter diesen widrigen Umständen nicht zustande und es ist kein Wunder, daß sich Mozarts depressive Zustände häuften. Im März 1790 heißt es in einem Brief an Puchberg: »Sie werden an mir die Zeither immer etwa trauriges bemerket haben.«

Im Herbst 1790 hatte sich Mozarts finanzielle Lage dann in einem solchen Ausmaß verschlechtert, daß er sogar sein Mobiliar verpfänden mußte, um sich die Reise zur Krönung Leopolds II. in Frankfurt überhaupt leisten zu können. In der fast ausweglosen

Situation, in der er sich befand, blieb ihm freilich gar nichts anderes übrig, als die Strapazen dieser Reise auf sich zu nehmen, um wenigstens im Ausland noch einmal auf sich aufmerksam zu machen. An seine Frau Constanze schrieb er empört: »Eine schöne Ehre für den Wiener Hof, daß mich der König in fremden Landen hören muß.«

Allerdings hatte Mozart die Lage – wieder einmal – falsch eingeschätzt, und symptomatisch mag in diesem Zusammenhang sein, daß im Zuge der Krönungsfeierlichkeiten anstelle der geplanten Aufführung von »Don Giovanni« kurzerhand Karl Ditters von Dittersdorfs Oper »Die Liebe im Narrenhause« gespielt wurde.

Angesichts der zahlreichen Rückschläge, die Mozart hinnehmen mußte, überrascht es nicht, daß er sich innerlich »leer« fühlte, wie er in einem Brief an Constanze schrieb. Auf seiner Rückreise von Frankfurt nach Wien faßte er seinen Seelenzustand schließlich mit den Worten zusammen: »wenn die leute in mein herz sehen könnten, so müsste ich mich fast schämen. – es ist alles kalt für mich – eiskalt.«

Wie aussichtslos Mozart seine Lage eingeschätzt haben muß, belegt auch der Umstand, daß er sich Ende April 1791 beim Wiener Magistrat um die unbesoldete Stelle eines »Adjunkten« des Domkapellmeisters von St. Stephan, Johann Leopold Hofmann, bewarb. Mozarts Hoffnung, Nachfolger des schwerkranken Hofmann zu werden, erfüllte sich allerdings nicht, da Hofmann Mozart um zwei Jahre überlebte.

Mozarts zunehmende Vereinsamung in seinem letzten Lebensjahr zeigt sich auch in seiner panischen Angst vor dem Alleinsein. Die Briefe, die er in dieser Zeit an seine Frau nach Baden schrieb, sind ein beredtes Zeugnis für seinen damaligen Seelenzustand. »Für mich ist es gar nicht gut alleine zu seyn«, schreibt er am 12. Juni, und am 7. Juli faßte er seine traurige Lage mit den Worten zusammen: »ich kann Dir meine Empfindung nicht erklären, es ist eine gewisse Leere – die mir halt wehe thut, – ein gewisses Sehnen, welches nie befriediget wird, folglich nie aufhört

– immer fortdauert, ja von Tag zu Tag wächst.« Wie Leporello in »Don Giovanni« gingen also auch Mozart in dieser Phase seines Lebens »mille torbidi pensiere«, also »tausend trübe Gedanken«, durch den Kopf.

Mozart versuchte zwar ab und zu, seine depressive Stimmung zu überspielen, was aber nichts an seiner »fatalesten und verwirrtesten laage« änderte. Nur selten finden sich in den melancholischen Briefen der letzten Lebensmonate heitere, witzige oder derb-komische Gedanken, und wenn sie doch einmal geäußert werden, hat man das Gefühl, daß sich Mozart dazu regelrecht zwingen mußte. Zwar verwendete er auch in seinen letzten Briefen an Constanze Worte wie »Arsch lecken«, »Scheisdreck« oder »Scheishäusel«, allerdings nicht mehr im Kontext wortspielerischer Assoziationen, sondern als Ausdruck seines Ärgers über Franz Xaver Süßmayr, der seiner Meinung nach zu häufig bei Constanze in Baden anzutreffen war.

Einen halbherzigen fäkalkomischen Scherz brachte Mozart am 6. Juni 1791 an, als er an Constanze schrieb: »mich freuet es daß du guten Apetit hast – wer aber viel frisst, muß auch viel sch ...)? – Nein, viel gehen wollt' ich sagen.« Constanzes zweiter Mann, der Mozart-Biograph Georg Nikolaus Nissen, vermerkte auf dem Original dieses Briefes: »Man weiß, daß er in den Gebrauch seiner Hände ausser dem Clavier sehr ungeschickt war, daß er nicht Fleisch schneiden konnte etc. und daß seine Frau ihm das Fleisch wie einem Kinde schnitt.«

Wenn man weiß, daß Mozart im Laufe seines Lebens nachweislich mehr als 5.000 mal auswärts gegessen hat, und zwar auch bereits vor seiner Eheschließung mit Constanze Weber am 4. August 1782, entbehrt diese Bemerkung nicht einer gewissen unfreiwilligen Komik. Wer Mozart in dieser Zeit das Fleisch geschnitten haben soll, verschweigt Nissen ebenso wie die Tatsache, daß er auch in den letzten Jahren seines Lebens nur selten zu Hause speiste.

Solche und ähnliche Behauptungen in Nissens Mozart-Biographie laufen letztendlich nur darauf hinaus, Constanzes Rolle als treusorgende Ehegattin entsprechend hervorzuheben. Nissen schreckt in seinem unter kräftiger Mithilfe Constanzes entstandenen Buch auch nicht davor zurück, diesen Aspekt auf besonders penetrante Weise hervorzuheben, wenn er – oder sie? – schreibt: »In seiner Ehe mit Constanze Weber lebte Mozart vergnügt. Er fand an ihr ein gutes, liebevolles Weib, die sich an seine Gemüthsart vortrefflich anzuschmiegen wusste, und dadurch sein ganzes Zutrauen und eine Gewalt über ihn gewann, welche sie nur dazu anwendete, um ihn oft von Uebereilungen abzuhalten. Er liebte sie wahrhaft, vertraute ihr Alles, selbst seine kleinen Sünden an – und sie vergalt es ihm mit Zärtlichkeit und treuer Sorgfalt.«

Nissen und Constanze haben übrigens im Juni 1809 geheiratet, nachdem sie dem dänischen Legationssekretär 1797 in Wien einige Zimmer ihrer Wohnung vermietet hatte. Offenbar gehörte es zu Constanzes besonderen Fähigkeiten, jene Männer zu heiraten, die sich gerade bei ihr eingemietet hatten. Bei Mozart war es ja nicht anders.

Im Sommer und Herbst 1791, als sich Constanze in Baden bei Wien zur Kur aufhielt, hatte Mozart jedenfalls keine Lust mehr, alleine zu Hause zu essen. Er sehnte sich geradezu danach, seine Mahlzeiten in Gesellschaft einzunehmen, egal, um wessen Gesellschaft es sich handelte. »Gestern speißte ich mit Süßmaiern bey der ungarischen Krone zu Mittag«, schreibt er zum Beispiel am 7. Juni, und fügt hinzu: »heute weißt Du ohnehin, daß ich bey Schicaneder esse.«

Der Gasthof »Zur ungarischen Krone« befand sich in der Himmelpfortgasse/Ecke Seilerstätte und gehörte zu Mozarts bevorzugten Speiselokalen.

Vier Tage später teilte er seiner Frau mit, daß er bei Puchberg zum Essen eingeladen sei und am 12. Juni heißt es in einem Brief an sie: »ich gieng unterdessen zur ungarischen Krone, weil es überall zu spät war – sogar da mußte ich *alleine* essen, weil die Gäste alle schon fort waren. (...) Zu Nacht esse ich (um nur nicht alleine zu seyn) wieder bey der Krone. (...) Nun gehe ich hinaus zu den Rehbergischen, zur großen *Freundschaftstafel.*«

Mozart versuchte also geradezu krampfhaft, beim Essen Leute um sich zu haben, »um nur nicht alleine zu seyn«. »Ich schreibe Dir ietzt nur wenig und in Eile, weil ich dem Leitgeb eine Ueberraschung mache und zum Frühstück hinausgehe«, schreibt er Ende Juni und am 3. Juli teilt er seiner Frau mit: »gestern habe ich mit dem Obristlieutenant gespeist | : bey Schickaneder : | (...) heute Speise ich bei Puchberg.«

Obwohl Mozart also ständig über das Essen schreibt, klagt er einmal, daß er »zu matt vor Hunger« sei und deshalb nicht mehr schreiben könne. Ein andermal ist er wieder so in Eile, daß die Zeit nur noch reiche, um »etwas Essen hineinzuwerfen«.

Nach der »mit ausserordentlichen beifall« aufgenommenen Krönungsoper »La Clemenza di Tito« in Prag und dem sich nach und nach einstellenden Erfolg der »Zauberflöte«, deren Uraufführung am 30. September über die Bühne des Freihaustheaters ging, scheint sich Mozarts Stimmung – zumindest vorübergehend – gebessert zu haben. So schreibt er am 7. Oktober an Constanze: »gleich nach Deiner Abseeglung Spielte ich mit Hr: von Mozart | : der die Oper beim Schickaneder geschrieben hat : | 2 Parthien Billard. – dann verkauffte ich um 14 duckaten meinen kleper. – dann liess ich mir durch Joseph den *Primus* rufen und schwarzen koffé holen, wobey ich eine herrliche Pfeiffe toback schmauchte. (...) um halb 6 uhr gieng ich beim Stubenthor hinaus – und machte meinen favorit Spaziergang über die Glacis ins Theater – was sehe ich? – was rieche ich? – – Don Primus ist es mit den Carbonadeln! – che gusto!«

Wenn Mozart schreibt, daß er »mit Hr: von Mozart«, also gegen sich selbst, zwei Partien Billard gespielt habe, dann klingt in dieser Formulierung der selbstironische Ton aus früheren Zeiten wieder an und auch der Bericht über seinen weiteren Tagesablauf läßt darauf schließen, daß seine Lebensfreude langsam wiederkehrte. Daß er allerdings seinen »kleper« um 14 Dukaten, also 63 fl., verkaufte – oder verkaufen mußte –, kann als Hinweis darauf gewertet werden, daß seine angespannte finanzielle Lage die Haltung eines Pferdes nicht mehr gestattete.

Mit »Joseph« war möglicherweise Joseph Preisinger, der Wirt des Gasthofs »Zur goldenen Schlange«, gemeint, und mit »Primus« wahrscheinlich dessen Kellner Joseph Deiner, der mit diesem Spitznamen gerufen wurde. Allerdings steht diese Vermutung in Widerspruch zu einem am 28. Januar 1856 in der Wiener »Morgen-Post« erschienenen Augenzeugenbericht »Josef Deiners«, in dem dieser als »Hausmeister« – und nicht als Kellner – des Bierhauses »Zur goldenen Schlange« bezeichnet wird.

Unbeantwortet bleibt auch die Frage, ob es sich bei den von Mozart erwähnten »Carbonadeln« tatsächlich um Schweinskoteletts gehandelt hat, wie in den Kommentaren zu den Mozartbriefen angemerkt wird, oder um Koteletts anderer Art. Im 18. Jahrhundert verstand man unter »Carbonadel« ja ganz allgemein ein gebratenes Rippenstück, egal, ob es vom Kalb, Lamm, Hirsch oder Schwein stammte. Im »Nutzlichen Koch=Buch« werden zum Beispiel »Carmenådl« ausschließlich in Zusammenhang mit Kalbfleisch erwähnt, während Conrad Hagger bei seinem Rezept für »Carbonådlein von Deendeln / mit Coriander und Dardoffel=Ôl / frischer auf dem Rost gebraten« auch Damwild berücksichtigt. »Karbonadel schweinerne gebacken« finden sich neben »kålbernen«, »låmmernen« und »schôpsernen« lediglich im »Wienerischen bewåhrten Kochbuch«.

Wie diesem Kochbuch weiters zu entnehmen ist, beschränkte sich die Bezeichnung »Carbonadeln« aber nicht alleine auf die Zubereitung von Fleischspeisen. Das folgende Rezept für »Frôschkarbonadel« zeigt, daß diese nämlich nach demselben Prinzip wie »låmmerne« oder »schôpserne« zubereitet wurden:

»Nimm schône grosse Frôsche, schneide die Pratzel ab, lôse von den Schlôgerln das Beinl heraus, klopfe es wie ein Karbonadel, salze es ein, laß sie eine Viertelstunde liegen, trockne es mit einem Tuche ab, dunke es im Schmalz, bestreue es mit Semmelbrôseln, laß in einer Rein ein Schmalz heiß werden, lege die Karbonadeln darein, laß es auf beyden Seiten recht braun werden, richte es an mit Butter, Limoniesaft, und grůnen Petersil.«

Genau 24 Stunden, nachdem Mozart über die »Carbonadeln« geschrieben hatte, setzte er in einem weiteren Brief seine detaillierten Berichte über die von ihm konsumierten Speisen fort. Am Samstag, den 8. Oktober, »Nachts um ½11 uhr«, schreibt er an Constanze: »izt habe ich eben ein kostbares Stück Hausen zu leib genommen, welches mir D: Primus | : welcher mein getreuer kammerdiener ist : | gebracht hat – und da mein Apetit heute etwas Stark ist, so schickte ich ihn wieder fort mir noch etwas, wenn es möglich ist, zu bringen.« Dieses »etwas« war »ein halbes kapaunel«, das sich Mozart »herrlich schmecken« ließ, wie er am nächsten Tag seiner Frau mitteilte.

Der von Mozart erwähnte Hausen ist eine von 25 Störarten und gehörte in der Barockküche wegen seines wohlschmeckenden Fleisches zu den besonders geschätzten Fischen. Zur Mozartzeit kam der Hausen noch in großen Mengen in der Donau vor, wo er mit Netzen und sogenannten »Hausensperren« gefangen wurde. Im Zuge der Regulierung verschwand der Hausen dann gänzlich aus der Donau und ist heute nur noch vereinzelt im Donaudelta anzutreffen.

Begehrt war der Hausen aber nicht nur wegen seines delikaten Fleisches und weil aus seinem Rogen der Kaviar gewonnen wurde, sondern auch wegen seiner stattlichen Größe; Hausen konnten immerhin eine Länge von fünf Meter und ein Gewicht von 500 kg erreichen. Während heute der Hausen aufgrund seines seltenen Vorkommens als ausgesprochene Delikatesse gilt, ließen sich im 18. Jahrhundert Dienstboten nicht selten von ihren Dienstgebern vertraglich zusichern, daß ihnen nicht öfter als dreimal pro Woche Stör serviert wurde.

Einschränkend muß hier allerdings angemerkt werden, daß ein Pfund Hausen mit 27 Kr. fünfmal so teuer war, wie ein Pfund Rindfleisch. Das geht jedenfalls aus den Kammeramtsrechnungen des Stifts Klosterneuburg für das Jahr 1769 hervor.

Die große Wertschätzung, die dem Hausen in der Küche des 18. Jahrhunderts entgegengebracht wurde, zeigt ein Blick in Conrad Haggers Kochbuch, in dem nicht weniger als 50 Hausenrezepte angeführt werden, von denen die folgenden erwähnt seien:

»Haussen frisch abgesotten«

»Haussen in gelber Lemonie=Brůhe«

»Haussen in Capry=Brůhe / sůß / oder sauer«

»Haussen gebratner / mit Sardellen«

»Haussen=Speck=Knődlein / so gut«

»Haussen / geselchter / kalt zu geben«

Nach welchem Rezept der Hausen zubereitet wurde, den Mozart am Samstag, den 8. Oktober 1791, spät nachts verspeiste, wissen wir nicht, aber vielleicht handelte es sich ja um einen »Haussen in Ől gebacken / in guter Knoblauch=Brůhe«, wie ihn Conrad Hagger empfiehlt:

»Der Haussen wird zu kleinen Stucken geschnitten / eingesalzen / in Meel umgekehrt und in Ől gebachen / in ein Rein / oder Casserol gelegt / mit klein=geschnittnen Zwiebeln / Lorbeer=Blåttern / geschnittnen Rosmarin / Knoblauch / Lemoni=Schelffen / Pfeffer / Imber / und wohl Muscatnuß / mit wenig frischen Ől und Butter / in Erbsen=Brůhe eingericht / und laß damit etwas dicklecht kochen / schau / daß er nicht anbrennt / und wenn er recht im Saltz ist / so wird er gut. N B. Wer nicht gern von Knoblauch ißt / der nimmt allhier davor Sardellen / und im Anrichten kȯnnen die Lorbeer=Blåttlein heraus genommen werden.«

Weitere Rezepte wie »Schlickkrapfen von Hausen« oder »Hausen in sůsser Suppen« finden sich im »Nutzlichen Koch=Buch« und auch im »Wienerischen bewåhrten Kochbuch« werden fast zwei Dutzend Hausenrezepte angeführt, darunter »Hausen in der Můscherloß« oder »Hausenmagen in der Soß«.

Im »Wienerischen bewåhrten Kochbuch« wird auch die Verarbeitung der »Hausenblatter«, also der Schwimmblase des Störs, beschrieben, aus der jenes Geliermittel gewonnen wurde, das in der Küche des 18. Jahrhunderts eine wichtige Rolle spielte. Noch im 19. Jahrhundert war die »Hausenblatter« sechsmal so teuer wie die Knochengelatine. Wie der Korrespondenz Leopold Mozarts zu entnehmen ist, fand »Hausenblatter« auch in seiner Küche Verwendung und am 9. Oktober 1784 schickte er seiner Tochter sogar eine solche nach St. Gilgen, für die er ihr 8 Kr. in Rechnung stellte.

Die große Bedeutung, die dem Essen in Mozarts letzten Lebensmonaten zukam, zeigt sich auch in seinem allerletzten Brief, den er an Constanze schrieb. Am 14. Oktober 1791 teilte er seiner Frau mit, daß er mit seinem Schwager Franz Hofer in Perchtoldsdorf gespeist habe, bevor er Antonio Salieri und dessen Freundin, die Sängerin Caterina Cavalieri, ins Freihaustheater zur Vorstellung der »Zauberflöte« begleitete. Am Ende seines Briefes schreibt er: »eben ist Leitgeb und Hofer bei mir; – ersterer bleibt bey mir beym Essen, ich habe meinen treuen Kameraden Primus eben um ein Essen ins Bürgerspital geschickt; – mit dem Kerl bin ich recht zufrieden.«

Zur Mozartzeit lag das Bürgerspital am Spitalplatz, dem heutigen Lobkowitzplatz, keine zehn Gehminuten von Mozarts Wohnung in der Rauhensteingasse entfernt. Da das Bürgerspital eigentlich für die Versorgung armer und erwerbsunfähiger Wiener Bürger zuständig war, ist nicht ganz klar, weshalb Mozart seinen »treuen Kameraden Primus« ausgerechnet dorthin schickte, »um ein Essen« zu holen.

Mit diesem Brief vom 14. Oktober 1791 enden jedenfalls Mozarts autobiographische Aufzeichnungen und sieben Wochen später war er tot. Im Abrechnungsbuch der Dompfarre St. Stephan, dem sogenannten »Bahrleihbuch«, wird als Todesursache »hitziges Friesel Fieber« angegeben. Vielleicht starb Mozart aber auch an gebrochenem Herzen.

Die letzten Worte in diesem Buch gehören Wolfgang Amadé Mozart, der am 4. April 1787 an seinen Vater schrieb:

»Da der Tod | : genau zu nemmen : | der wahre Endzweck unsers lebens ist, so habe ich mich seit ein Paar Jahren mit diesem wahren, besten freunde des Menschen so bekannt gemacht, daß sein Bild nicht allein nichts schreckendes mehr für mich hat, sondern recht viel beruhigendes und tröstendes! und ich danke meinem gott, daß er mir das glück gegönnt hat mir die gelegenheit | : sie verstehen mich : | zu verschaffen, ihn als den *schlüssel* zu unserer wahren Glückseeligkeit kennen zu lernen. – ich lege mich nie zu bette ohne zu bedenken, daß ich vielleicht | : so Jung als ich bin : | den andern Tag nicht mehr seyn werde – und es wird doch kein Mensch von allen die mich kennen sagn können daß ich im Umgange mürrisch oder traurig wäre – und für diese glückseeligkeit danke ich alle Tage meinem Schöpfer und wünsche sie vom Herzen Jedem meiner Mitmenschen.«

ENDE.

Literaturverzeichnis

Mozartiana:

Mozart. Briefe und Aufzeichnungen. Gesamtausgabe, hrsg. von der Internationalen Stiftung Mozarteum Salzburg, gesammelt und erläutert von Wilhelm A. Bauer und Otto Erich Deutsch, Band I–IV, Bärenreiter-Verlag, Kassel etc. 1962/63; auf Grund deren Vorarbeiten erläutert von Joseph Heinz Eibl, Band V–VI Kommentar, Kassel etc. 1971; Band VII, Register, zusammengestellt von Joseph Heinz Eibl, Kassel etc. 1975

Wolfgang Amadeus Mozart: Lucio Silla. Dramma per musica in tre atti, Text von Giovanni di Gammerra, deutsch von Bernhard Paumgartner, Bärenreiter-Verlag, Kassel 1964

Wolfgang Amadeus Mozart: Die Entführung aus dem Serail. Komisches Singspiel in drei Aufzügen, Text von Gottlieb Stephanie d. J., Edition Peters, Leipzig 1983

Wolfgang Amadeus Mozart: Don Giovanni. Dramma giocoso in due atti, Text von Lorenzo da Ponte, deutsch von Maria Grazia Kölling-Bambini, Beiheft zur Schallplattenaufnahme der Deutschen Grammophon 1967

Wolfgang Amadeus Mozart: Così fan tutte. Dramma giocoso in due atti, Text von Lorenzo da Ponte, deutsch von Dietrich Klose, Philipp Reclam jun., Stuttgart 1992

Wolfgang Amadeus Mozart: La clemenza di Tito. Opera seria in due atti, Text nach Pietro Metastasio von Caterino Mazzolà, deutsch von Kurt Honolka, Verlag Philipp Reclam jun., Stuttgart 1979

Wolfgang Amadeus Mozart: Die Zauberflöte. Oper in zwei Akten, Text von Emanuel Schikaneder, Serie Musik, B. Schott's Söhne, Mainz 1978

Wolfgang Amadeus Mozart: Kanons im Urtext, hrsg. von Gottfried Wolters, Möseler Verlag, Wolfenbüttel 1956

Chronologisch-thematisches Verzeichnis sämtlicher Tonwerke Wolfgang Amade Mozarts. Von Dr. Ludwig Ritter von Köchel, 3. Auflage bearbeitet von Alfred Einstein, Verlag von Breitkopf & Härtel, Leipzig 1937

Mozart. Die Dokumente seines Lebens, gesammelt und erläutert von Otto Erich Deutsch, Bärenreiter-Verlag, Kassel etc. 1961

Mozart und seine Welt in zeitgenössischen Bildern, begründet von Maximilian Zenger, vorgelegt von Otto Erich Deutsch, Bärenreiter-Verlag, Kassel etc. 1961

Wolfgang Amadeus Mozart. Chronik eines Lebens, zusammengestellt von Joseph Heinz Eibl, Deutscher Taschenbuch Verlag, München 1977

Marie Anne Mozart: »meine tag ordnungen«. Nannerl Mozarts Tagebuchblätter 1775–1783 mit Eintragungen ihres Bruders Wolfgang und ihres Vaters Leopold, hrsg. und kommentiert von Geneviève Geffray unter Mitarbeit von Rudolph Angermüller, Verlag K. H. Bock, Bad Honnef 1998

Mozart in Italien, Verlag Jugend und Volk, Wien und München 1971 (Ausstellungskatalog)

Salzburg zur Zeit der Mozart, Jahresschrift des Salzburger Museums Carolino Augusteum, Band 37/38, Salzburg 1991/92 (Ausstellungskatalog)

Mozart in Linz, hrsg. vom Oberösterreichischen Landesmuseum, Linz 1991/92 (Ausstellungskatalog)

Rudolph Angermüller: Mozarts Reisen in Europa 1762–1791, Verlag K. H. Bock, Bad Honnef 2004

Günther G. Bauer: Mozart. Glück Spiel und Leidenschaft, Verlag K. H. Bock, Bad Honnef 2003

Norbert Elias: Mozart. Zur Soziologie eines Genies, Suhrkamp Verlag, Frankfurt am Main 1993

Wolfgang Hildesheimer: Mozart, Suhrkamp Verlag, Frankfurt am Main 1977

Wilhelm Keitel und Dominik Neuner: Mozart auf Reisen, C. Bertelsmann Verlag, München 1991

H. C. Robbins Landon: 1791 – Mozarts letztes Jahr, Deutscher Taschenbuch Verlag, München 1991

Franz Xaver Niemetschek: Lebensbeschreibung des K. K. Kapellmeisters Wolfgang Amadeus Mozart, VEB Deutscher Verlag für Musik, Leipzig

1978 (Reprint der Ausgabe von 1808)

Georg Nikolaus Nissen: Biographie W. A. Mozarts, Georg Olms Verlag, Hildesheim, New York 1972 (Reprint der Originalausgabe von 1828)

Kulinaria:

Maria Breunlich und Helga Haas: Karpfen, Krebs und Kälbernes. Ein bürgerliches Kochbuch aus der Barockzeit, Mandelbaum Verlag, Wien 2004

Das Giacomo-Casanova-Kochbuch. Ein literarisches Kochbuch, Verlag Schnell, Warendorf 1998

Trude Ehlert: Kochbuch des Mittelalters, Albatros Verlag, Düsseldorf 2000

Werner Fuchs-Hartmann: Gastmahl der Völker, Hohenstauffen-Verlag, Stuttgart 1941

Robert Habs und Leopold Rosner: Appetitlexikon, Insel Verlag, Frankfurt am Main 1982

Conrad Hagger: Neues Saltzburgisches Koch=Buch / Fuͤr Hochfuͤrstliche und andere vornehme Hoͤfe / Kloͤster / Herren=Haͤuser / Hof= und Hauß=Meister / Koͤch und Einkaͤuffer. Druckts und verlegts Johann Jacob Lotter, Augspurg 1718

Anton Knoll: »... denn es ist ein bisserl grauslich!« In: biblos. Beiträge zu Buch, Bibliothek und Schrift, Band 54, Phoibos Verlag, Wien 2005

Sophia Loren: Komm, iß mit mir, Blanvalet Verlag, Berlin 1972

Franz Maier-Bruck: Das Große Sacher Kochbuch. Die österreichische Küche, Seehamer Verlag, Weyarn o. J.

Nutzliches Koch=Buch / oder: Kurzer Unterricht / In welchem Unterschiedene Speisen Gut zu zubereiten beschrieben seynd. Verlegt durch Johann Adam Holtzmayr seel. Wittib und Erben, Steyr 1740

Katharina Prato: Die Süddeutsche Küche, Verlagsbuchhandlung Styria, Graz 1919 (62. und 63. Auflage)

Gerhard Tötschinger und Christoph Wagner: Köchelverzeichnis. Rezepte aus der Mozartzeit, Verlag Anton Pustet, Salzburg 1990

Wienerisches bewährtes Kochbuch in sechs Absätzen. Anfangs herausgegeben von Ignaz Gartler, nunmehro aber verbessert von der Barbara Hikmann, 18. verbesserte und mit Kupfern versehene Auflage. Verlegt bey Joseph Gerold, Wien 1794

Sonstige Literatur:

Beiträge zur Bevölkerungs- und Sozialgeschichte Österreichs, hrsg. von Heimold Helczmanovszki, Verlag für Geschichte und Politik, Wien 1973

Bertolt Brecht: Arbeitsjournal 1938–1955, Aufbau-Verlag, Berlin und Weimar 1977

Rudolf Fischer-Wollpert: Lexikon der Päpste, Fourier Verlag, Wiesbaden 2003

Hans Frauendienst: Unsere Donau. Landschaft, Geschichte, Schiffahrt und Technik, Steyrermühl-Verlag, Wien 1935

Franz Herre: Maria Theresia. Die große Habsburgerin, Piper Verlag, München 2004

Lorenz Hübner: Beschreibung der hochfürstlich=erzbischöflichen Haupt= und Residenzstadt Salzburg und ihrer Gegenden. Erster Band: Topographie. Im Verlage des Verfassers, Salzburg 1792

Lorenz Hübner: Beschreibung der hochfürstlich=erzbischöflichen Haupt= und Residenzstadt Salzburg und ihrer Gegenden. Zweyter Band: Statistik. Im Verlage des Verfassers, Salzburg 1793

Lorenz Hübner: Beschreibung des Erzstiftes und Reichsfürstenthums Salzburg in Hinsicht auf Topographie und Statistik. Erster Band: Das Salzburgische flache Land. Im Verlage des Verfassers, Salzburg 1796

L. H. (= Lorenz Hübner): Reise durch das Erzstift Salzburg zum Unterricht und Vergnügen. Im Verlage des Verfassers der Beschreibungen der Hauptstadt und des Erzstiftes, Salzburg 1796

Karl Marx und Friedrich Engels: Über Kunst und Literatur, Band II, Dietz Verlag, Berlin/DDR 1968

Materialien zur Geschichte der Preise und Löhne in Österreich, Band I, unter Mitarbeit von Rudolf Geyer und Franz Koran hrsg. von Alfred Francis Pribram, Carl Ueberreuters Verlag, Wien 1938

Otto Meißinger: Die historische Donauschiffahrt, o. V., o. O. 1990

Charles de Montesquieu: Persische Briefe, Reclams Universal-Bibliothek, Leipzig 1960

Ober=Oesterreich. Land und Volk, Verlag Carl Konegen, Wien 1926

Gisela Prossnitz: Vom Salzburger Hanswurst zum Welterfolg der ‚Zauberflöte'. In: 100 Jahre Internationale Stiftung Mozarteum Salzburg, Salzburg 1980, S. 155–162

Die Reisetagebücher des Paolo Santonino, 1485–1487, aus dem Lateinischen übertragen von Rudolf Egger, Verlag Ferdinand Kleinmayr, Klagenfurt 1947

Dietmar Riedel: Fisch und Fischerei, Verlag Ulmer, Stuttgart 1974

Johann Kaspar Riesbeck: Briefe eines reisenden Franzosen über Deutschland, hrsg. von Jochen Golz, Rütten & Loening, Berlin/DDR 1976

Karl Riha: Commedia dell'arte. Mit den Figurinen Maurice Sands, Insel Verlag, Frankfurt am Main 1980

Salzburg. Die schöne Stadt, Texte von Walter Del-Negro, Herbert Klein, Franz Fuhrmann und Bernhard Paumgartner, Fotos von Josef Dapra, Residenz Verlag, Salzburg 1968

Salzburger Intelligenzblatt, hrsg. von Lorenz Hübner, 12. Jahrgang, Verlag der Oberdeutschen Staatszeitung, Salzburg 1796

Gerhard Scheit: Hanswurst und der Staat. Eine kleine Geschichte der Komik: Von Mozart bis Thomas Bernhard, Deuticke, Wien 1995

Wolfgang Trapp: Kleines Handbuch der Maße, Zahlen, Gewichte und der Zeitrechnung, Verlag Philipp Reclam jun., Stuttgart 1998

Rüdiger Wolf: Angelo Soliman – ein Schicksal in Wien zur Zeit Mozarts. In: Mitteilungen der Internationalen Stiftung Mozarteum Salzburg, 50. Jahrgang, Heft 3–4, Salzburg, Dezember 2002

Bildnachweis

Umschlagseite Vignette
Aus: Der geschickte Wein= und Bier=Kůnstler, mit einem nůtzlichen Unterricht Thee, Coffe, Chocolate und Mandelate zu machen. Bey Johann Georg Cotta, Frankfurt und Leipzig 1755 (Im Besitz des Autors)

Vorsatzblatt »Die Stadt Salzburg«
Kupferstich von Ch. Wirsing
Aus: Lorenz Hübner: Beschreibung der hochfůrstlich=erzbischöflichen Haupt= und Residenzstadt Salzburg und ihrer Gegenden. Zweyter Band: Statistik. Im Verlage des Verfassers, Salzburg 1793 (Österreichische Nationalbibliothek, Sign. 62.L.22)

S. 9 Bölzlscheibe »Bestgeber H: W. A. Mozart anno 1777«
Rekonstruiert von Ingrid Ramsauer nach dem Brief Mozarts an seinen Vater in Salzburg, Mannheim, 4. November 1777 (© Internationale Stiftung Mozarteum, Salzburg [ISM])

S. 24 »Schiffländ zu Lintz«
Kupferstich von Martin Engelbrecht, zwischen 1732 und 1737
Aus: Alt-Linz. Geschichte der Stadt in Ansichten 1594–1860, Verlag Rudolf M. Rohrer, Brünn, Wien, München 1942 (Im Besitz des Autors)

S. 31 »Schiffahrt im Strudengau«
Stahlstich von W. H. Barlett und R. Wallis (Schiffahrtsmuseum Spitz an der Donau)

S. 32 Vogelschau der Stadt Wien samt ihren Vorstädten in den Jahren 1769 bis 1774 (1776) von Joseph Daniel von Huber (8. Teilblatt), Detail (Antiquariat Christian M. Nebehay, Wien. Mit freundlicher Genehmigung)

S. 42 »Nutzliches Koch=Buch« (Titelblatt)
Aus: Nutzliches Koch=Buch / oder: Kurzer Unterricht / In welchem Unterschiedene Speisen Gut zu zubereiten beschrieben seynd. Verlegt durch Johann Adam Holtzmayr seel. Wittib und Erben, Steyr 1740 (Im Besitz des Autors)

S. 54 Vignette
Aus: Wienerisches bewåhrtes Kochbuch in sechs Absåtzen. Anfangs herausgegeben von Ignaz Gartler, nunmehro aber verbessert von der Barbara Hikmann, 18. verbesserte und mit Kupfern versehene Auflage. Verlegt bey Joseph Gerold, Wien 1794 (Im Besitz des Autors)

S. 61 Kalb
Aus: Katharina Prato: Die Süddeutsche Küche, Verlagsbuchhandlung Styria, Graz 1919 (62. und 63. Auflage) (Im Besitz des Autors)

S. 73 »Corbeille de fruits« (Früchtekorb)
Aus: La Cuisine Classique. Études pratiques, raisonnées et démonstratives de l'école française appliquée au service à la russe par Urbain Dubois et Émile Bernard, tome second, E. Dentu, Paris 1868 (Im Besitz des Autors)

S. 80 Geflügel
Aus: Katharina Prato ... (a. a. O.)

S. 86 »W. A. Mozart mit Notenrolle«
Kupferstich von Henry Adlard nach einem Bild von Pompeo Batoni, 1770 (Antiquariat Löcker, Wien. Mit freundlicher Genehmigung)

S. 93 »Galantine de faison à la Vallière« (Sülzgericht vom Fasan à la Vallière)
Aus: La Cuisine Classique. Études pratiques, raisonnées et démonstratives de l'école française appliquée au service à la russe par Urbain Dubois et Émile Bernard, tome premier, E. Dentu, Paris 1868 (Im Besitz des Autors)

S. 114 Maria Theresia an ihren Sohn Erzherzog Ferdinand
Brief vom 12. Dezember 1771 (Haus-, Hof- und Staatsarchiv, Wien)

S. 121 »Der Canarien Vogel«
Aus: Herrn von Bůffons Naturgeschichte der Vo̊gel. Aus dem Franzo̊sischen ůbersetzt, mit Anmerkungen, Zusåtzen und vielen Kupfern vermehrt, durch Bernhard Christian Otto, zehnter Band. Bey Joachim Pauli, Berlin 1784 (Bibliothek der Vogelsammlung, Naturhistorisches Museum Wien)

S. 124 »Der Staar«
Aus: Herrn von Bůffons Naturgeschichte ... (a. a. O.)

S. 140 »Kaffeesieder Anton Staiger«
(Salzburger Museum Carolino Augusteum, IN 4980/49)

S. 150 Küchenszene
Aus: Conrad Hagger: Neues Saltzburgisches Koch=Buch / Fůr Hochfůrstliche und andere vornehme Ho̊fe / Klo̊ster / Herren=Håuser / Hof= und Hauß=Meister / Ko̊ch und Einkåuffer, Johann Jacob Lotter, Augsburg 1718 (Österreichische Nationalbibliothek, Sign. * 38. B. 31)

S. 153 »Chapons au cresson« (Kapaune auf Kresse)
Aus: La Cuisine Classique ... tome second ... (a. a. O.)

S. 160 »Von den Cappaunen«
Aus: Marx Marcus Rumpolt: Ein new Kochbuch, Peter Fischers Erben Johann Sauer, Frankfurt 1581 (Antiquariat Löcker, Wien. Mit freundlicher Genehmigung)

S. 167 »Der Chocolat«
Kupferstich von Martin Engelbrecht, um 1730 (Antiquariat Löcker, Wien. Mit freundlicher Genehmigung)

S. 170 Schokoladekocher
Aus: Katharina Prato ... (a. a. O.)

S. 174 Vignette
Aus: Conrad Hagger ... (a. a. O.)

S. 186 »Hanß Wurst«
Kupferstich von Martin Engelbrecht, um 1720 (Antiquariat Löcker, Wien. Mit freundlicher Genehmigung)

S. 204 Zyklus zum bäuerlichen Jahr: »Der Monat Februar«
(Salzburger Museum Carolino Augusteum, IN 1516 a - I/24)

S. 211 »Gradin aux taureaux« (Aufsatz mit Stieren) (Detail)
Aus: La Cuisine Classique ... tome second ... (a. a. O.)

S. 222 Ochse
Aus: Katharina Prato ... (a. a. O.)

S. 224 Titelblatt
Aus: Wienerisches bewåhrtes Kochbuch ... (a. a. O.)

S. 227 Saibling
Aus: D. Marcus Elieser Bloch's Oeconomische Naturgeschichte der Fische Deutschlands, erster Theil. Auf Kosten des Verfassers und in Commission bei dem Buchhåndler Hr. Hesse, Berlin 1782 (Bibliothek der Fischsammlung, Naturhistorisches Museum Wien)

S. 230 »Executions-Einschreibebuch des Scharfrichters F. J. Wohlmuth« (Salzburger Museum Carolino Augusteum, Hs 2228)

S. 233 »Das Hochgericht« (Detail)
Kupferstich von Ch. Wirsing
Aus: Lorenz Hübner ... (a. a. O.)

S. 243 »Gateau sultan historié« (Verzierter Sultanskuchen)
Aus: La Cuisine Classique ... tome second ... (a. a. O.)

S. 252 Küchenszene
Aus: Wienerisches bewåhrtes Kochbuch ... (a. a. O.)

S. 262 Brachse
Aus: D. Marcus Elieser Bloch's ... (a. a. O.)

S. 268 »Die Mehlgrube«
Kupferstich von Johann Adam Delsenbach (1687–1765) (Antiquariat Löcker, Wien. Mit freundlicher Genehmigung)

S. 279 Schleie
Aus: D. Marcus Elieser Bloch's ... (a. a. O.)

S. 285 »Aushängezeichen der Metzger«
(Salzburger Museum Carolino Augusteum, IN K 5824/49)

S. 301 »Hausen-Fang«
Aus: Danubius Pannonico-Mysicus, Ab Aloysio Ferd. Com. Marsili, Tomus

Quartus, Apud Herm. Uytwerf & Franç. Changuion, Amstelodami (Amsterdam) 1726 (Bibliothek der Fischsammlung, Naturhistorisches Museum Wien)

S. 305 Vignette
Aus: Nutzliches Koch=Buch ... (a. a. O.)

Nachsatzblatt
Vogelschau der Stadt Wien samt ihren Vorstädten in den Jahren 1769 bis 1774 (1776) von Joseph Daniel von Huber (8. Teilblatt), Detail (Antiquariat Christian M. Nebehay, Wien. Mit freundlicher Genehmigung)

Dank an

Dr. Ernst Bauernfeind
(Naturhistorisches Museum Wien, Vogelsammlung)
Dr. Josef Buček
(Statistik Austria, Bibliothek)
Dr. Karl Ehrenfellner
(Salzburger Museum Carolino Augusteum)
Mag. Anton Knoll
(Österreichische Nationalbibliothek)
Michaela Mandel
(Linz)
Dr. Peter Marboe
(Intendant des Wiener Mozartjahres 2006)
Dr. Erich Marx
(Salzburger Museum Carolino Augusteum)
Dr. Ernst Mikschi und Helmut Wellendorf
(Naturhistorisches Museum Wien, Fischsammlung)
Oberranna 3
(3622 Mühldorf)

Bücher von Kurt Palm im Löcker Verlag

VOM BOYKOTT ZUR ANERKENNUNG
Brecht und Österreich
1983, 1984 (2. Auflage), 320 S., 40 Abb.

»Diese aufschlußreiche Untersuchung des jungen Germanisten und Journalisten, hervorgegangen aus seiner Dissertation, will vor allem die tragikomischen Extreme – zwischen Einbürgerung und neuerlichem Bannfluch – dokumentieren, die in der zweiten österreichischen Republik im Verhältnis zu Brecht auffallen.«
Hilde Spiel, Frankfurter Allgemeine Zeitung, 4. Februar 1984

SUPPE TAUBE SPARGEL SEHR SEHR GUT
Essen und trinken mit Adalbert Stifter
1999, 2005 (2. Auflage), 136 S., 15 Abb.

»Kurt Palm, Germanist, Regisseur und divers aktiver Impresario, nähert sich dem Leitstern oberösterreichischer Schulpädagogik nicht mit dem Hammer des Ikonoklasten, sondern als einfühlsamer Zeuge einer verzweifelt im Idyll sublimierten ›Lebenstragödie‹. Mit sachlicher Feder, sachkundigem Kochlöffel und mit sachdienlicher Beratung seiner als ›Wirts-Annerl von der Spöck‹ verdienten Mutter unternimmt Palm seine gastrobiographische Exkursion. Mit reicher Beute kehrt er aus den Jagdgründen der Stifter'schen Lebenszeugnisse zurück.«
Christiane Zintzen, Neue Zürcher Zeitung, 15./16. Juli 2000

DER BRECHREIZ EINES HOTTENTOTTEN
Ein James-Joyce-Alphabet von Aal bis Zahl
2004, 280 S., 26 Abb.

»Der besondere Wert dieses gehaltvollen Buches liegt meines Erachtens in der leichten Manier, das Schwierige und Komplexe dieser einzigartigen Prosa nicht zu versimpeln, sondern so genau zu dosieren, eben buchstabenweise, daß es schwerfällt, dem drastischen Humor und dem abgefeimten Charme des Iren nicht zu erliegen. Ein unbeschwerterer Zugang zu einer schwierigen Lektüre lässt sich kaum vorstellen.«
Hanns Zischler, Südwestdeutscher Rundfunk, SWR 2, 16. Juni 2004

Neue
Markt
St: Stephan

Reader's Digest

DRAWING & PAINTING TECHNIQUES

A READER'S DIGEST BOOK

Published by The Reader's Digest Association Limited
11 Westferry Circus
Canary Wharf
London
E14 4HE

www.readersdigest.co.uk

We are committed to both the quality of our products and the services we provide to our customers. We value your comments, so please feel free to contact us on 08705 113366, or via our website at www.readersdigest.co.uk
If you have any comments about the content of our books, you can contact us at gbeditorial@readersdigest.co.uk

ISBN 0-276-42935-4

A CIP data record for this book is available from the British Library

This book is based on the partwork *The Step-by-Step Art Course*, designed and edited by De Agostini UK Ltd.

Produced by Amber Books Ltd
Bradley's Close
74–77 White Lion Street
London N1 9PF
www.amberbooks.co.uk

Printed in Singapore

Contributing Artists:
Alistair Adams: 142, 143, Chris Bramley: 113, 144, 145, 146, 147, Xiaopeng Huang: 172, 173, 174, 175, 176, 177, 178, 179, Dave Jordan: 76, 87, 88, 89, 98, 99, 144, 145, 146, 147, 148, 149, 150, 154, 155, 156, 157, Claire Martin: 66, 67, 68, 69, 70, Ian McCaughrean, 196, 197, 198, 199, 200, 201, Melvyn Petterson: 60-63, Matthew Rake: 188, 189, Tom Robb: 81, 82, 83, 94, 95, 96, 97, 196, 197, 198, 200, 201, Jenny Rodwell: 192, 193, Michael Sanders: 180, 181, Ian Sidaway: 8-9, 31, 32, 33, 34, 84b, 85, 86, 102, 103, 104, 105, 118, 119, 120, 121, 122, 123, 235, Adrian Smith: 188, 189, 240, 241, Adrian Taylor: 16-17, 255, 256, George Taylor: 13, 14, 15, 18, 19, 20, 21, 23, 28, 29, 30, 32, 33, 34, 35, 36, 37, 44, 45, 60-63, 46-47, 56, 64, 65, 66, 67, 68, 69, 70, 78, 79, 80, 81, 82, 83, 84-86, 90, 91, 93, 94, 95, 96, 97, 100, 101, 102, 103, 104, 118, 119, 120, 121, 122, 123, 125, 142, 143, 151, 152, 153, 158, 159, 160, 161, 168, 169, 170, 171, 172, 173, 174, 175, 176, 177, 178, 179, 180, 181, 182, 183, 184, 185, 186, 190, 191, 192, 193, 194, 195, 196, 197, 198, 199, 200, 201, 203, 204, 205, 206, 225, 249, 251, 252, 253, 254, Michael Warr: 154, 155, 156, 157, Albany Wiseman: 23-27, 48, 49, 50, 51, 52, 53, 54, 55, 56, 57, 58, 59, 127, 128, 129, 130, 131, 158, 159, 160, 161, 161, 168, 169, 170, 171, 182, 183, 184, 185, 186, 203, 204, 205, 206, Shona Wood : 7, 8, 10, 11, 12, 105, 106, 107

Picture Credits:
Elda Abramson: 84(t), **AKG/Solomon R. Guggenheim Museum, New York**: 112, **Archivio IGDA**: (G.Dagli Orti) 134, 214-5, **Brenda Holton**: (© Brenda Holton) 190, **Bridgeman Art Library**: (Gemaldegalerie, Dresden) 38, (Louvre, Paris) 39, (Ca'Rezzonico, Museo del Settecento, Venice) 40, (© ARS, NY and DACS, London 2004) 43, (Musée D'Orsay, Paris) 92, (Caves of Lascaux, Dordogne, France) 109(tl), (Villeneuve-les-Avignon Hospice, Anjou, France) 110(b), (National Gallery, London) 111(t), (Musee d'Unterlinden, Colmar, France) 111(br), (Private Collection, Peter Willi) 113, (Galleria Nazionale delle Marche, Urbino) 114(br), (Pinacotecca, Sansepolcro: 114(tr), (Galerie Daniel Malingue, Paris © ADAGP, Paris and DACS, London 2004) 115(tr), (Museum of Fine Arts, Budapest © ADAGP, Paris and DACS, London 2004) 115(tl), (Courtauld Gallery, London) 116, (National Gallery, London) 117 (tl), (Christie's Images) 121(br), (National Gallery of Scotland) 132, (Fitzwilliam Museum, (Courtauld Gallery, London) 135, (University of Cambridge) 136, (Victoria & Albert Museum, London) 137, (The Fleming-Wyfold Art Foundation, every attempt has been made to identify the copyright holder of this image)138(t), (National Gallery, London) 138-9, (Pushkin Museum, Moscow) 139(t), (Sheffield Galleries and Museums Trust © Courtesy of Artist's family) 141, 151, (Musée D'Orsay, Paris)180-181, (Musée Marmottan, Paris) 187(cr), (Pushkin Museum, Moscow) 187(cl), (Hermitage, St Petersburg, Russia) 200(b), (Chatsworth House, Derbyshire) 207, (Roy Miles Fine Paintings) 208, (Galleria Nazionale d'Arte Moderna, Rome) 209, (Galleria Degli Uffizi, Florence) 210(t), (Kunsthistorisches Museum, Vienna) 210(b), (Private Collection © ARS, NY and DACS, London 2004) 211, © 1998 Kate Rothko Prizel and Christopher Rothko/DACS 2004) 212, (Courtauld Gallery, London) 213, (Musée D'Orsay, Paris) 216, (Christie's Images, London © ADAGP, Paris and DACS, London 2004) 217, (Private Collection, France/Peter Willi © ADAGP, Paris and DACS, London 2004) 218, (National Gallery, London) 221, (Burrell Collection, Glasgow) 222(tr), (National Gallery of Scotland) 222(b), (Musée D'Orsay, Paris) 223(b), (Lauros, Giraudon) 224, (Musée D'Art, et d'Industrie, St. Etienne © ARS, NY and DACS, London 2004) 227(b), (Metropolitan Museum of Art, New York) 229, (Civica Galleria d'Arte Moderna, Milan © DACS 2004) 230, (Victoria & Albert Museum, London) 231, (Louvre, Paris) 234, (Musée Fabre, Montpellier, France) 236, (Harold Samuel Collection, Corporation of London) 237, (Christie's Images, London) 238, (Louvre, Paris) 243, (Musée des Beaux-Arts, Rouen) 244, (Musée D'Orsay, Paris) 245, 246, 247, **Collection of the Modern Art Museum of Fort Worth**, (Museum purchase made possible by a grant from The Burnett Foundation): 41, **Corbis**: (Francis G. Mayer) 124, (Bettmann) 125t, (© DACS 2004) 126, (Bettmann © ADAGP, Paris and DACS, London 2004) 228, **David Hockney**: (© David Hockney) 42, **Ken Howard**: 239, Hayward Gallery, London: 226(tl), **Mary Evans Picture Library**: 77, **National Gallery, London**: 75, 104, 215, 219, 242, Private Collection: 132-3, **Rijksmuseum, Amsterdam**: 232, **Jenny Rodwell**: 71, 72, 73, **The Roland P. Murdoch Collection, Wichita Art Museum, Wichita, Kansas**: 233, **Tony Stone Images/Deborah Davies**: 148-9

Reader's Digest

DRAWING & PAINTING TECHNIQUES

82 practical, problem-solving lessons, expert hints and tips

Published by the Reader's Digest Association Limited
London New York Sydney Montreal

CONTENTS

BEFORE YOU BEGIN

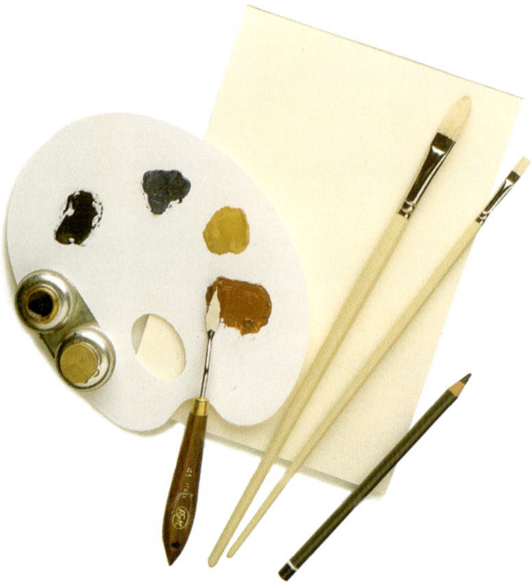

While nothing should stop you simply picking up a paintbrush if the inspiration takes you, a little bit of preparation can help you get much more out of your art. This chapter explains how to set up and organise your work space, what sort of art materials you may need and how to choose the best easel and palette for your work.

Setting up a work space

You are more likely to pick up a pencil or brush if you have somewhere specific to work – even if it is only the corner of a living room.

Few amateur artists have the luxury of a large, dedicated studio space. The lucky ones can convert a spare room, garden shed, conservatory or garage. Most have to make do with a corner of a dining room or part of the living area.

Space and light

Whatever your situation, the basic requirements are enough space and light to work comfortably. You also need somewhere accessible to store your kit and a place to keep finished works safe, clean and dry.

A dedicated studio space would be ideal. You can close the door on work in progress and return to it whenever you like, without tidying up at the end of a session or spending time setting up at the start of the next one. You can also guarantee privacy. Consider your home carefully – is there any unused space, in an attic perhaps, or a garden shed?

An alternative is to exploit a little-used space such as a guest bedroom, dining or breakfast room. You can leave your work out most of the time, but will need storage spaces where things can be packed away neatly when the room reverts to its primary function. (The set-ups below will give you an idea of the space you need for oil, acrylic and watercolour painting.)

Screening it off

Screens are useful if you have to work in a living or study area – they can be pulled around to mask the clutter.

SET-UP FOR OILS AND ACRYLICS

Oils and acrylics are usually painted on a vertical surface, so you will need an easel. The size will depend on the scale you work at – and your budget. A good studio easel is a costly item, but reasonably-priced models are available, especially if you buy mail order. A sketching easel is suitable for small-scale works, and the metal versions are remarkably sturdy. Your paints and mediums should be within easy reach, on either a table or a trolley – some artists have a palette fixed to the top surface, while others work from a hand-held one. You may need a stool or chair to sit on, though many artists prefer to work standing up.

▶ A studio easel and a trolley provide a compact and flexible work area. Make sure that there is enough room to step back and assess your progress.

SET-UP FOR WATERCOLOURS

Watercolours are usually painted on a nearly horizontal surface so the washes do not run. Things happen fast so you must have everything to hand. You need a sturdy work surface, large enough to hold the work and all your equipment easily. A cramped surface impedes the painting process and results in accidents. If you don't want to buy a table easel, you can prop up your drawing board on a book or piece of wood. Paint, palettes and jars of water should be close to hand on your favoured side. Spare brushes can be placed bristle-end up in a jar on the far side of the work surface. Always have plenty of clean rags or kitchen paper for mopping up spills and runs.

◀ For watercolours you can work on one surface – but make sure it is large enough for your painting, paints, palettes and water.

Avoid working in a sleeping area if you intend to use oil paint or pastels – sleeping in a room with solvents and dust in the air is not good for your health.

The mobile studio

If you are really pushed for space you can make do with a combination of portable equipment and good storage. Table, portable and box easels fold away and can be quickly and easily set up. A box easel has integral storage compartments and is compact when folded. Table easels can be adjusted to various angles and are excellent for watercolour painting, drawing and small-scale work in other media (see Choosing the best easel, pages 20-21).

You will need one or more boxes for your drawing and painting tools. A plastic toolbox with inset or cantilevered storage compartments is a versatile and inexpensive choice. They come in a range of sizes to suit your requirements. In art-supply shops and catalogues, they are sometimes called 'art bins'. A portfolio to protect supports and finished works completes your 'mobile studio'. Your easel, toolbox and portfolio can be stashed away in a cupboard, attic or under the bed when not required.

A studio in a shed

Quiet and private, a garden shed can provide the ideal studio space. One drawback is the lack of running water – a nearby garden tap is useful, especially if you work mainly in water-based mediums.

Also, think about heating and lighting. You can run electricity from your house, but this is a major job involving laying armoured cabling underground. Instead, for heating, try using calor gas or paraffin heaters. For lighting, it might pay to replace an existing wooden door with a glass one or, if possible, add windows.

The garden studio above is made from a prefabricated horse loose box. Large French windows were added so that the entire front of the studio opens out into the garden. This greatly increases not only the light but also the space available.

In the right light

You also need good lighting, so that you can judge colours and save your eyes from strain. Ever since Leonardo da Vinci (1452-1519) recommended them in *Treatise on Painting*, artists have preferred north-facing windows. This is because north light comes reflected from the sky (not directly from the sun) and is, therefore, fairly consistent throughout the day. It doesn't have the yellow cast of direct sunlight, so it is easier to assess colours and their relationships accurately.

Remember, though, that your painting might be viewed in artificial light which will modify the colours. However, artists rarely have any control over the conditions in which a work will be seen, so they still try to 'key' their colours to look right in natural light.

Controlling the light

Leonardo recommended that the artist's north-facing windows should look out on to an external courtyard that could then be covered by a linen tent to control the amount of light. Today it is more convenient to control natural light with blinds and curtains. Translucent roller blinds can be used to soften bright light – or you can tape tracing paper or tissue paper over the glass.

Restricting yourself to natural light limits the hours you can paint, especially in winter. If you can work only in the evenings – or are a night owl by nature – you will need to rely on artificial light. Try using daylight bulbs, available from good electrical stores and art-supply shops. The bulbs are coloured blue to compensate for the warmish cast of artificial light. This produces a fairly neutral, consistent light, which is easy on the eyes and excellent for assessing colours and tones. Fluorescent tube lighting gives a similar effect.

THE IDEAL STUDIO

Few artists have an ideal work space, but most of the ideas in this studio can be adapted for less perfect spaces. You could have different aspects of the studio in different parts of your house – a work space in a well-lit room, storage in a darker one. Remember if you use solvents, keep the room well ventilated by opening the window.

WALLS
These should be plain white or a neutral colour. Use them to display finished works, works in progress, sketches and inspirational photos and images from magazines.

STACKING CANVASES
Stack stretched canvases against a wall.

PLAN CHEST
This allows you to store works on paper flat and to keep them away from the light.

HARD FLOORING
Tiles, laminates, vinyl and lino are non-absorbent and easy to clean.

Setting up portraits and still lifes

If you work directly from life, you will also need to light your subject. Effective lighting can be supplied by

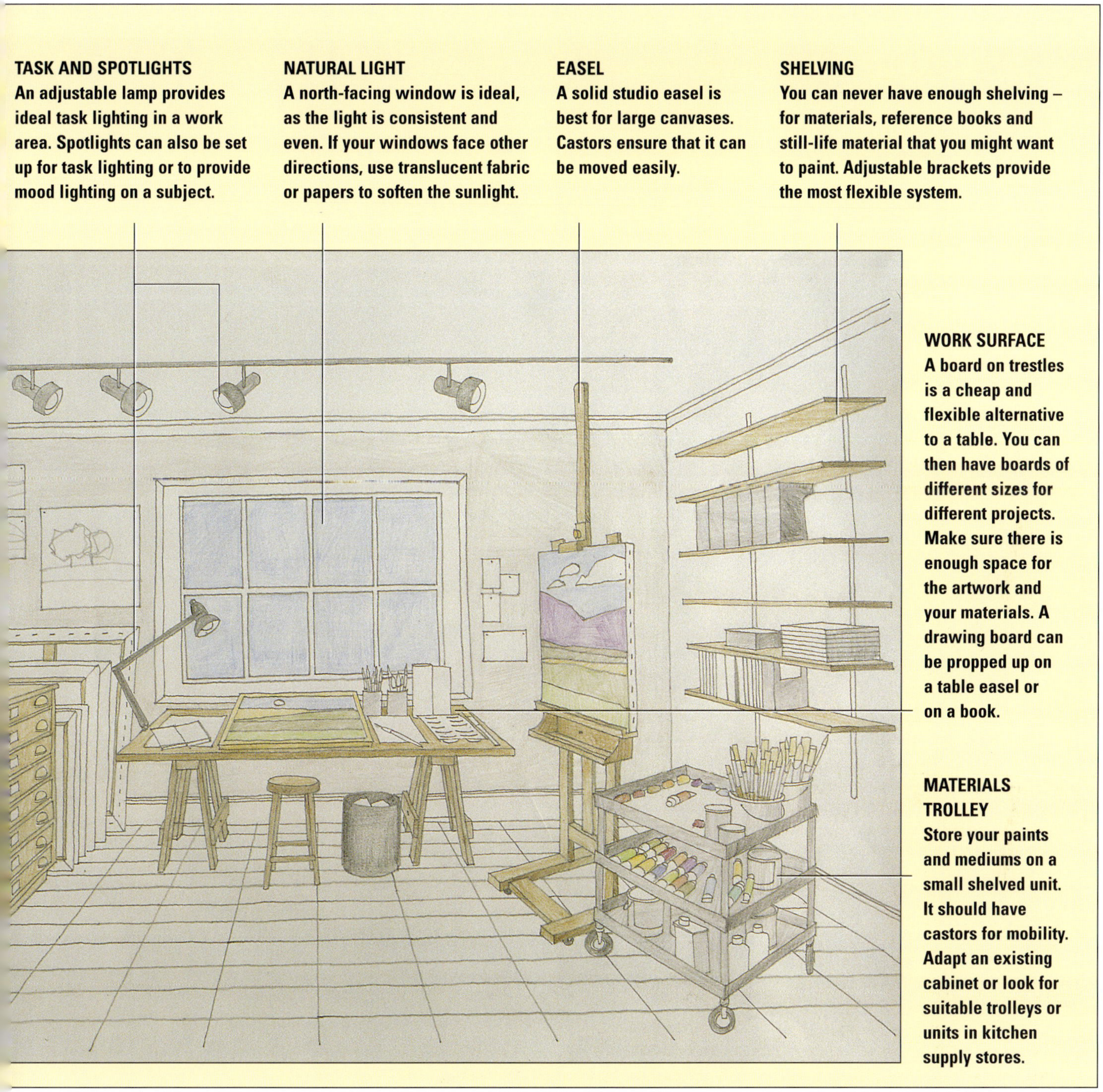

spotlights, table lamps and long-necked work lights. Experiment, too, with sheets of white card or polyboard to bounce light back on to the subject.

Light or white walls are probably best for your work space as they reflect and enhance the light and are not distracting. However, when very pale colours are used as the background for a still life, they can be a bit stark. Watercolours might work well with a light background; oils, however, often call for a darker one. If you paint many still lifes, it pays to build up a good selection of paper and fabric in different colours and tones to use as backgrounds.

Castors and cups

When space is restricted, mobile units come into their own, allowing you to shift the contents of your studio around to accommodate the requirements of different projects and media. A drinks trolley or a kitchen one makes a handy mobile work station.

Most large easels and some small plan chests are supplied with castors, but otherwise it is relatively easy to attach them. Alternatively, stand the legs of studio furniture in plastic 'cups' that will slide over hard floors – they are available in furniture and DIY stores.

Spills are inevitable in a studio space. A carpet is less forgiving to water, inks, oil paints, acrylics, turpentine and pastel dust than are vinyl, timber, tiles or laminated flooring. If you have to work in a carpeted area, protect the floor with a dust sheet, an old rug or plastic matting.

Organising your work space

You'll save yourself both time and money if you keep your art materials readily to hand and in good condition. So get organised!

A place for everything and everything in its place is the golden rule for the artist, especially when space is limited. Spend some time finding a home for your equipment and you'll be able to work more comfortably and effectively. You will also save money. Remember, art materials are costly, so it is worth making them last. On the following pages, various storage methods are described to help you keep your materials and artworks in perfect condition.

Looking after your brushes

Store brushes bristle-end up in a jar or tin, but make sure they are dry first. Dry brushes flat – if they are dried upright, water runs down under the ferrule, loosening the hairs.

If you have a large collection of brushes, group those of a similar size together so that you can find what you want when you want it. You should always separate brushes used for oil painting from those used for water-based media, as traces of oil on a brush can ruin a water-based mix or wash. For long-term storage, put brushes away in a box or tin, but make sure they are thoroughly dry first. Lay them flat and add a few mothballs to ward off insect attacks.

A temporary home

You also need somewhere to put your brushes while you are working on a painting. Acrylic brushes should be rinsed out as soon as you stop using them, because the paint is almost impossible to remove once it has dried. If you have to leave the painting for a short time, plunge the bristles into the water jar – resting a brush on its bristle end won't do it any harm for a few moments.

Other media are more forgiving, so you can leave brushes loaded with paint during a short break. Simply put the brushes on a ridged brush rest or in a piece of florist's oasis, as shown right.

SORTING OUT YOUR ART TOOLS

Keep frequently used pencils, brushes and pens upright in a jar or pot, where they are easily accessible. Alternatively, store coloured and pastel pencils in shallow tins, organising them by colour – warm to cool, for example. A piece of foam cut to size and laid on top will keep them in place. If you work with a range of media, store them in separate boxes or a set of labelled, small plastic drawers. A plastic toolbox or fishing-tackle box with cantilevered trays is ideal for items such as pencils, erasers, brushes, palettes and nibs. These are sold in art-supply shops as 'art bins', but often at a higher price. When you are actually painting, use a ridged rest or piece of oasis to hold your brushes.

▲ Put brushes, pens and pencils upright in pots, tins or jam jars.

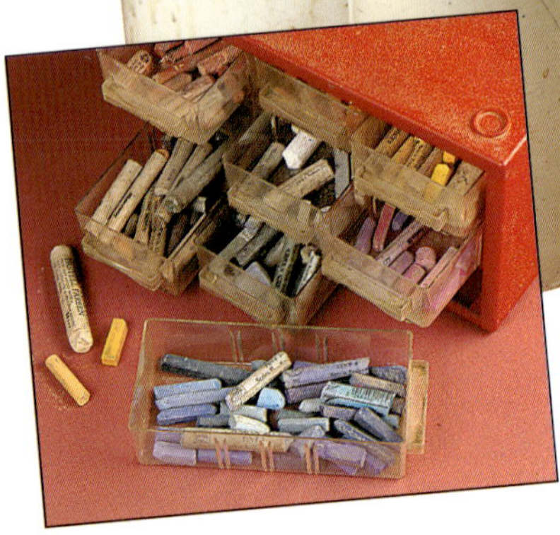

▲ Store pastels by colour in a transparent plastic drawer unit – you can then put your hand on the right stick straight away.

► A slab of florist's oasis is a useful temporary resting place for oil paint brushes. Simply stab the brushes, bristle-end up, into the oasis.

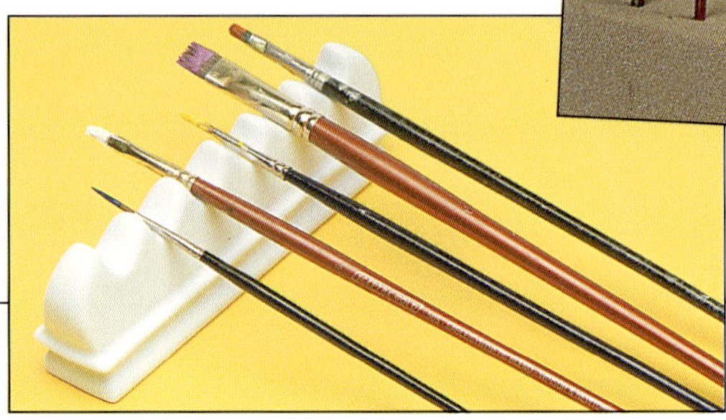

► A brush rest is a cheap and useful piece of equipment when painting. The ridges prevent the brushes from rolling off.

STORING PAPER AND ARTWORKS

The best form of storage for plain paper, or drawings and paintings on paper, is a plan chest. These substantial items of furniture have shallow drawers designed for storing artwork. They are available in a range of sizes and materials. Wooden plan chests are cumbersome and heavy, but lighter and cheaper styles in tubular metal and plastic are available from specialist suppliers, often by mail order. The size you choose will be dictated by the scale you work at.

Interleave your drawings and paintings with sheets of acid-free tissue paper or tracing paper. Pastel and charcoal drawings need to be handled with special care. Fix them using an aerosol fixative, or fixative and a diffuser.

Always spray your work in a well-ventilated place away from other surfaces, ideally out of doors. Prop the drawing so that it is vertical and spray lightly, keeping the spray moving over the surface to get an even coverage.

If you don't have the funds or the space for a plan chest, a portfolio is a good alternative. Consider investing in two, one for finished works and one for pristine paper. They should be stored somewhere dry – in a cupboard, in the loft or under a bed, for example.

Paper should be handled as little as possible, as the edges become grubby and tattered with constant handling and fingers leave greasy marks that can disrupt a watercolour wash. For easy identification of each weight and type of paper, place sheets of coloured paper or sticky notes between different batches, then write a description on each one.

▲ Use sticky notes to label different types and weights of paper. This avoids having to rifle through the plan chest or portfolio and possibly damaging or marking the papers. And keep sample packs of papers, as they are useful for practising on.

▼ Charcoal and pastel drawings are easily smudged, so fix them (see right) before storing them. Interleave drawings with tissue or tracing paper to protect them.

▲ The most convenient way of fixing a powdery medium is with an aerosol fixative, but a diffuser is the traditional method. Bend the diffuser to create a right-angle, immerse one end in the fixative, then blow briskly through the mouthpiece to create a fine spray. Practise on scrap paper first until you can achieve an even coverage.

STORING CANVASES

Spare canvases can simply be leant against a convenient wall. Place the largest canvas facing the wall with smaller ones stacked against it. For long-term storage, cover the stack with a dust cloth or plastic, or wrap individual paintings in plastic. Protect the corners with corrugated card or buy special corner protectors from art suppliers.

If space isn't a problem, you can construct a simple rack from 50 x 50mm (2 x 2in) timber. Fix some lengths of timber to the floor, so that the canvases rest on them to provide ventilation around the paintings. Canvas boards can be stored against a wall, in a rack or in a plan chest or portfolio.

▲ Remove paintings on canvas from the stretchers to transport or store them. Roll the canvas with the paint on the outside to prevent the paint film from cracking.

▲ Stack canvases with the largest one next to the wall. Lean stretchers against other stretchers or cross pieces, so that the canvas does not get dented.

If you are intending to work away from home, on location or on holiday, you need to think about how you will transport your brushes. The most important thing is to protect the bristles. A brush roll is a cheap, light and compact way of transporting your brushes. It consists of a rectangle of fabric with pockets into which brushes can be slotted – it is then rolled up and tied with ribbons. You can make one by stitching elastic on to a piece of sturdy fabric, or threading loops of elastic through a split-cane or raffia mat. Brushes can also be carried in plastic brush tubes.

Pin up images

A useful addition to your work space is a pinboard, on which you can keep track of all art-related matters: important exhibitions, and the phone numbers of art suppliers, models or the local adult education centre. You can also display inspirational photographs and images torn from magazines and newspapers – the more you look at them, the more likely they are to trigger an idea for one of your next paintings.

A few shelves for holding reference and sketch books are also useful additions to your working area. Items that are awkward to store, such as a hairdryer, kidney-shaped palettes and viewfinders, can be hung on hooks underneath the shelves.

Rags and bins

A painter can never have too many rags. They have all kinds of uses: applying paint and blotting it off, wiping up spills and cleaning brushes and palettes. Never throw away waste cotton fabric, such as old sheets or tea towels. Instead, cut or tear it into useable pieces and stash them in an accessible box or bin.

Old paint tubes and rags are messy if left lying around, especially if you work in oils. A pedal bin with a plastic binliner is an ideal solution. Paint rags are flammable – empty the bin regularly so that they are out of your house as soon as possible.

Mobile storage

If you have to move your painting materials around – to put them away at the end of every working session, perhaps – a small shelved unit with castors is invaluable. Look for trolleys or similar units in kitchen supply stores.

Keeping a sketch book

Whether you use it to make preparatory drawings, to try out different mediums or to create a visual diary, the sketch book is an invaluable tool for the artist.

Artists have been known to make sketches on old envelopes, shopping lists – and even on the back of the hand! But it is much simpler if you carry a sketch book at all times. In this way you can make on-the-spot drawings and jot down visual ideas whenever and wherever you like – and you always know where to find them when you need them.

The sketch book habit

For most artists, carrying a sketch book is more effective than carrying a camera. True, you can take a photograph in a fraction of a second and it will give you a detailed rendition of a particular scene. However, unless you are a skilled photographer, you cannot use the camera as creatively, as it tends to render everything in the same way.

A sketch book, on the other hand, provides a personal record. In it, you can record not only what you see, but also what you feel. You can emphasise certain elements, and leave out others. If you are struck by a particular facial expression, for example, you can make a quick sketch, capturing the essence of that expression without worrying about detail, colour, texture and so on.

It is a good idea to buy a small sketch book – one which fits into your pocket or a bag that you always carry – and to use it whenever the opportunity arises. Record people and places, and sketch details of what is happening around you. Above all, jot down any ideas you might have for future paintings. Your sketch book – unlike your memory – won't let you down. Once you have made a drawing, it is there forever to provide inspiration.

The quality of the paper in sketch books varies enormously. You can, for example, buy books of handmade paper, often bound with elaborately marbled or fabric covers. These sketch books are beautiful objects in their own right.

The right paper

However, a very expensive sketch book can be quite daunting for the amateur artist who might be afraid to ruin it with poor sketches. Remember also that a sketch book with a delicate, ornate cover will get damaged easily if you intend to carry it around with you.

It is probably better to begin by using an inexpensive book – but avoid very cheap pads that contain thin, shiny paper. These are generally bought from stationers rather than art shops. Usually, the paper is too hard to use with anything except a ball-point or fountain pen.

Most art shops stock sketch books in a range of cartridge and drawing papers, from 95gsm (45lb) sketching paper to the heavier 290gsm (140lb). Also available are pads of assorted coloured and tinted

▲ **Large or small, spiral-bound or case-bound, landscape or portrait, there is a sketch book to meet the needs of every artist.**

papers, ideal for pastel and coloured pencil work. However, these are not usually made in pocket sizes, A5 generally being the smallest.

Choosing a sketch book

To a large extent your choice of sketch book will depend on what drawing materials you use. Cartridge paper is a good all-rounder, suitable for most drawing tools. However, pen and ink and technical pens are best used on very smooth papers; coarse surfaces are good for chunky mediums such as soft pencil, pastel and charcoal.

▶ In upright sketchbooks, you can attain landscape-format drawings simply by working over the spine.

▼ A sketch book can also be used to keep dried flowers, commercial packaging or anything that stimulates you visually.

Watercolour pads

Like sketch books, watercolour pads come in a range of sizes starting from around 180 x 130mm (7 x 5in). They are made with proper watercolour paper and have a strong backing board for rigidity and stability. The papers range from very rough to smooth hot-pressed. They are available either spiral-bound or as a block which is gummed on all four edges to reduce the need for stretching.

Sketch books come in various shapes and sizes. Some are rectangular and upright ('portrait' format), others are rectangular and horizontal ('landscape' format). The portrait format is perhaps the most versatile, because you can always work across two pages, taking your drawing over the spine for a landscape subject.

Spiral- or case-bound?

The spine of a sketch book can be either case-bound (that is, stitched or gummed) or spiral-bound. The spiral-bound ones don't allow you to sketch across two pages, but they do let you remove pages without ruining the book. This means you can discard sub-standard sketches and mount and frame exceptional ones.

What's more, the spiral-bound books can easily accommodate mounted materials. To make your book really attractive, feel free to include visually interesting items such as pressed flowers and leaves, postcards, tickets, invitations and scraps of fabric – anything, in fact, that may prove useful as a reference, inspiration or as a memory-jogger. Your sketch book is, in effect, a visual diary.

You can also use your sketch book for painting outdoors. Most heavier sketch book papers of around 290gsm (140lb) are fine for light watercolour washes. However, for very wet colour, you should always use a watercolour pad (see above right).

▲ Carefully worked watercolours that run right up to the edge of the page can look stunning in your sketchbook.

For sketching with acrylic paints, you can buy pads of canvas-textured paper. Oil paints are not really a suitable sketching medium, since they take so long to dry.

Colour notes

Painting out-of-doors can be a delight, but you often find yourself running out of time or stopped in your tracks by a change in the weather. It is difficult to finish the painting at home, because you cannot remember the colours.

The answer is to make colour notes in your sketch book before you start work on the painting. Make a very rough line drawing of the subject in your sketch book. Then you can write the names of the colours on the sketch or, even better, paint an actual blob of colour in the relevant area. These approximate colour guides will provide the reference you need to complete the painting at home.

ONE SKETCH BOOK, MANY STYLES

Use your sketch book to experiment with different drawing styles and mediums. The sketches below – all by the same artist – give some indication of the styles you might like to include in your book. The top picture is a line drawing in pencil, but has blocks of tone dotted across the composition to add variety. The middle picture is also in pencil – but colour has been added with washes of coffee!

The bottom sketch was done in watercolours. Paints might not seem the ideal sketching medium – but you can easily carry around a small watercolour set that contains all you need (see Portable art materials, pages 16-17).

Portable art materials

At some stage, every artist will want the challenge of painting outdoors, but you need to make sure you take the right equipment.

◄ **Handy equipment for the travelling artist includes a backpack (A), a foldaway stool (B) and a light folding sketching easel (C). (The backpack shown here converts into a stool.)**

Practical considerations play an important part when it comes to deciding what to take when painting away from your home or studio. You must plan in advance – taking enough materials to meet your needs, while avoiding unnecessary weight or bulk.

First and foremost, comfort is crucial. There is nothing more miserable than trying to work in extreme weather conditions without the right sort of clothing. Depending on your chosen destination, pack a wide-brimmed hat to protect against the sun, or fingerless gloves to help keep you warm.

Are you sitting comfortably?

When using oils or acrylics, working with your painting on your lap or propped up against a handy tree trunk might be okay in emergencies, but the frustration and discomfort involved will eventually make a proper easel essential.

For the travelling artist, a box easel is the ideal choice. This combines a materials container and an easel in a compact, portable case with a handle for carrying. The legs are adjustable, so you can choose to stand or sit as you paint.

Sketching easels

Alternatively, a folding sketching easel is lightweight and usually suitable for all but very large or heavy paintings. On soft ground, you can make the easel more stable by tethering the legs with string and metal skewers (just as you would stabilise a tent). If you prefer to work sitting down, a good-quality, modern folding stool or chair is a worthwhile investment.

Whatever medium you're working in, limit yourself to a few colours. This is not simply convenient, it is also a good discipline – colour mixing becomes easier and more automatic, leaving you free to observe and appreciate the subject.

Carry only as much paint as you will need. Even oils and acrylics are available in small (20ml) sizes. It is a

To paint in watercolours outdoors, you need a sketch pad (D), a pencil (E) for preliminary drawings, brushes (F) and a watercolour set containing pans of paint and a palette area (G). You also need water – why not keep it in a couple of mineral water bottles? For oils and acrylics, you need a palette and paints, clip-on dippers (H) to hold thinners and mediums, perhaps a palette knife (I), and a selection of brushes (J). Canvas paper (K) is a portable, lightweight surface to paint on, and a charcoal pencil (L) can be used for an underdrawing.

good idea to keep the large economy tubes for the studio, and to invest in a few less bulky tubes for painting trips.

Paints of all types can be bought in handy sets – some come in lightweight, attaché-style carrying cases, complete with accessories such as palette, brushes and mediums. The initial choice of colours is that of the manufacturer, but, as you use the set, you can gradually substitute your favourite colours for the ones supplied.

Customised painting sets

Better still, why not make your own customised, portable painting set? This can be a wooden box, designed to carry your usual colours and mediums as well as your favourite palette and brushes.

Watercolourists will find that pads of paper are easier to carry than individual sheets. As the pads have a stiff card backing, there is no need for a board or other rigid surface to work on. Special blocks of paper, which are glued on three sides and do not need to be stretched, are particularly useful if you intend to work with watery washes.

For oils and acrylics, the cardboard-backed pads of canvas-textured paper are ideal for on-the-spot painting. These come with sheets of primed paper in a choice of sizes and grades – fine, medium and coarse. Alternatively, use prepared and ready-primed stretched canvases or canvas boards.

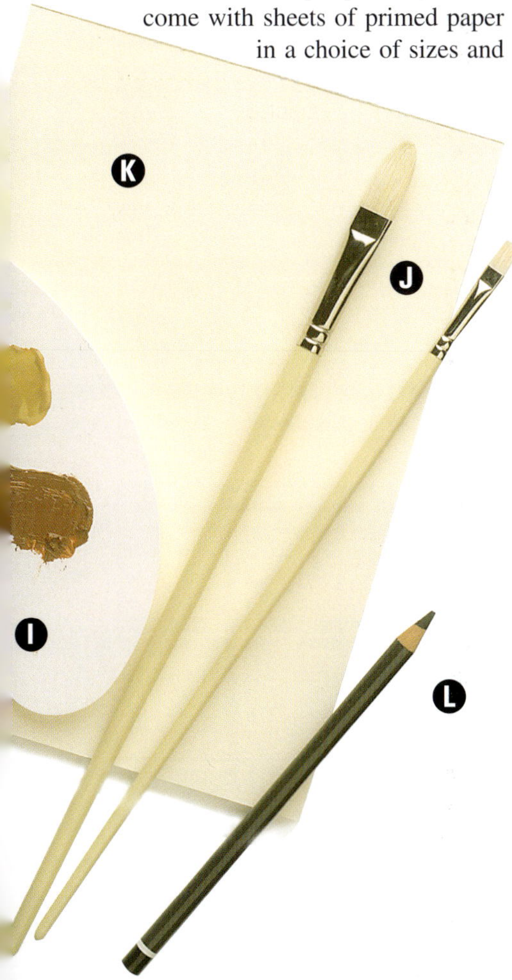

Avoid travelling with a traditional wooden drawing board, which is heavy and cumbersome to carry. If you really need a board, try a sheet of lightweight plywood or hardboard instead.

Bottles, boxes and containers

Pliable plastic food containers – the type used for freezer storage – come in a wide range of shapes and sizes and are invaluable to the artist. Use the lightweight lidded boxes for carrying paints, crayons, pastels and other materials.

Pourers and bottles with plastic lids are excellent for holding water, turpentine and liquid mediums. You need one source of clean water or turps for diluting the colours and another for cleaning brushes. If you are travelling by air, remember that it is illegal to take flammable substances, which include turpentine and white spirit, on the plane. In some countries, real turpentine is difficult to come by, so it is worth making a few enquiries before you go.

On any painting trip, you need plenty of clean rags or kitchen paper for cleaning palettes and brushes. Also take clingfilm or plastic bags, so you can carry a dirty palette home without getting paint everywhere. Alternatively, use disposable paper palettes.

For transporting canvases with wet oils and acrylics, carry paintings face-in, as shown below. To transport drawings and watercolours, cover the surface with a sheet of clean paper, or roll them into a cardboard tube. Remember, soft pencil, pastel, chalk and charcoal smudge easily so drawings should be sprayed with fixative as soon as you have finished.

▼ The trouble with oil paints is that they take time to dry, so it is easy to smudge the colours. A convenient solution is to push panel pins through corks so that both ends of the pins protude. Then cut the blunt ends off the pins with pliers, and use these to attach two paintings, facing inwards, together. You can then carry the canvases around without touching the paint.

THE COMPLETE WATERCOLOUR SET

As you need only a few lightweight materials, watercolours are particularly well suited to painting outside. You can buy compact, all-in-one sets that fit into virtually any bag and contain everything you need.

As well as a water container, palette, sketching pad and brushes, these sets have pans of colour, which are more practical than tubes because you can see and mix the colours instantly, without having to squeeze out paint and replace caps. Always carry a second bottle of water so that you have one for mixing colours and one for cleaning brushes.

For very small paintings, you can buy tiny watercolour sets – some of which will slip into your pocket.

Choosing the best palette

Essential to creating good paintings is colour mixing – and to do this successfully, you first need to have the right palette.

Artists' palettes are made from a variety of materials and come in an enormous range of shapes and sizes. Your choice depends largely on the paints you are intending to use. For example, you will need a flat palette for oils and acrylics, and deeper mixing dishes for watercolours.

It is important to work with a palette that is big enough to accommodate all the colours you are likely to need. There is nothing more frustrating than trying to mix on a cramped surface – either you tend not to use enough of each colour or the mixes overlap, creating muddy colours.

Oil paints

The kidney-shaped wooden palette with a hole for the thumb is traditionally used for oil paints. This design has been in use since the advent of the medium in the early fifteenth century. The best wooden palettes are made from mahogany or mahogany veneer, but there are now cheaper options, including plywood and other wood composites.

When choosing a wooden palette, try it out for size, weight and comfort. The ideal palette can easily be held in a horizontal position – usually by using the forearm as support. A badly designed one will be difficult to hold up and will soon make your thumb and wrist ache.

Before using your palette for the first time, seal the wood by rubbing it with linseed oil. This helps prevent the palette from absorbing oil from the paint, causing the colours to dry out. After one or two painting sessions, the palette ceases to be as absorbent and provides an excellent paint-mixing surface. Cared for properly, a good wooden palette will last a lifetime.

Acrylic paints

For acrylics, use a plastic or plastic-laminate palette – one is given away free with this issue. Acrylic paint dries quickly and, if left for several hours or overnight, the paint turns first rubbery, then hard. On a wooden palette the colours will stick fast to the slightly irregular, pitted surface and will be difficult to remove. However, the smooth surface of a plastic palette provides no key for the paint, which can be removed easily by soaking, then peeling it off.

A special 'wet' palette is also available for use with acrylics and is designed to keep the colours moist for as long as possible. The palette works on the principle of osmosis. It consists of a shallow plastic tray with a sheet of absorbent wet tissue placed in the bottom under a thin membrane paper. When the acrylic paint colours are laid out on the membrane, the moisture from the wet tissue is drawn through, so preventing the paints from drying out.

Alternatively, you can make your own wet palette from a plastic or foil dish and some sheets of wetted kitchen paper, with a sheet of greaseproof paper for the membrane.

Watercolour and gouache

Palettes for mixing watercolour or gouache must be deep enough to hold watery mixtures without the colours running together. They are available in a range of shapes and sizes from small round dishes, known as tinting saucers, to much larger, more complex palette trays which have 24 or more recesses for mixing colour.

Watercolour palettes are usually made of ceramic, plastic or enamelled metal. Plastic palettes are light, tough and inexpensive – excellent for painting expeditions and for working outdoors. However, the plastic surface has a slightly repellent effect on water and the paint tends to break

INTEGRAL PALETTES

Most enamelled watercolour boxes have lids that open out to form a small palette. They are often divided into two or more recesses and sometimes unfold to provide a larger mixing area. These boxes are particularly handy for outdoor work and sketching.

up into globules rather than forming even pools. Although this makes no difference to the colours, it can be irritating and makes it difficult to judge how much colour you have mixed. In addition, some plastics stain easily and soon lose their whiteness. For these reasons, many artists prefer to use ceramic palettes.

Improvised palettes

Lack of a proper palette need not prevent you from painting. For oils and acrylics, you could always improvise with a sheet of plastic, perspex, laminate or glass. The latter can be made safe by binding the sharp edges with tape. One great advantage of a homemade palette is that you can choose a size and shape to suit your needs. It can be as large as you like, perhaps even cut to fit a particular table top.

Other alternative palettes for oils and acrylics are greaseproof paper, old plates and other discarded kitchenware. You can also buy disposable paper palettes in tear-off pads. For watercolour, use old dishes and saucers.

Consider the colour

Be aware that the colour or tone of your palette affects the appearance of the colours you mix. For example, on a white palette all your colours will look comparatively dark, whereas on a dark palette, they will appear paler.

Cleaning an oil palette

To clean your oil palette, you need a knife and some diluent – for example, white spirit or turpentine left over in a dipper after a painting.

1 ▲ **Remove excess paint** Scrape off left-over colours with a knife while the paint is still wet.

2 ▲ **Wipe the palette** Dip a rag in diluent and wipe the remaining paint off the palette.

Watercolour palettes are always white, so that they will give an accurate idea of how the colours will appear on white paper. Most oil paintings, on the other hand, are executed in a darker tonal range, and the artist often blocks out the bright white canvas in the early stages of a painting. For the oil painter, therefore, a wooden palette provides a better idea of how the mixed colours will look in the finished painting.

Some artists like to use a sheet of clear plastic or glass as a palette. They can then put a sheet of coloured paper underneath, matching the paper they are using as a support.

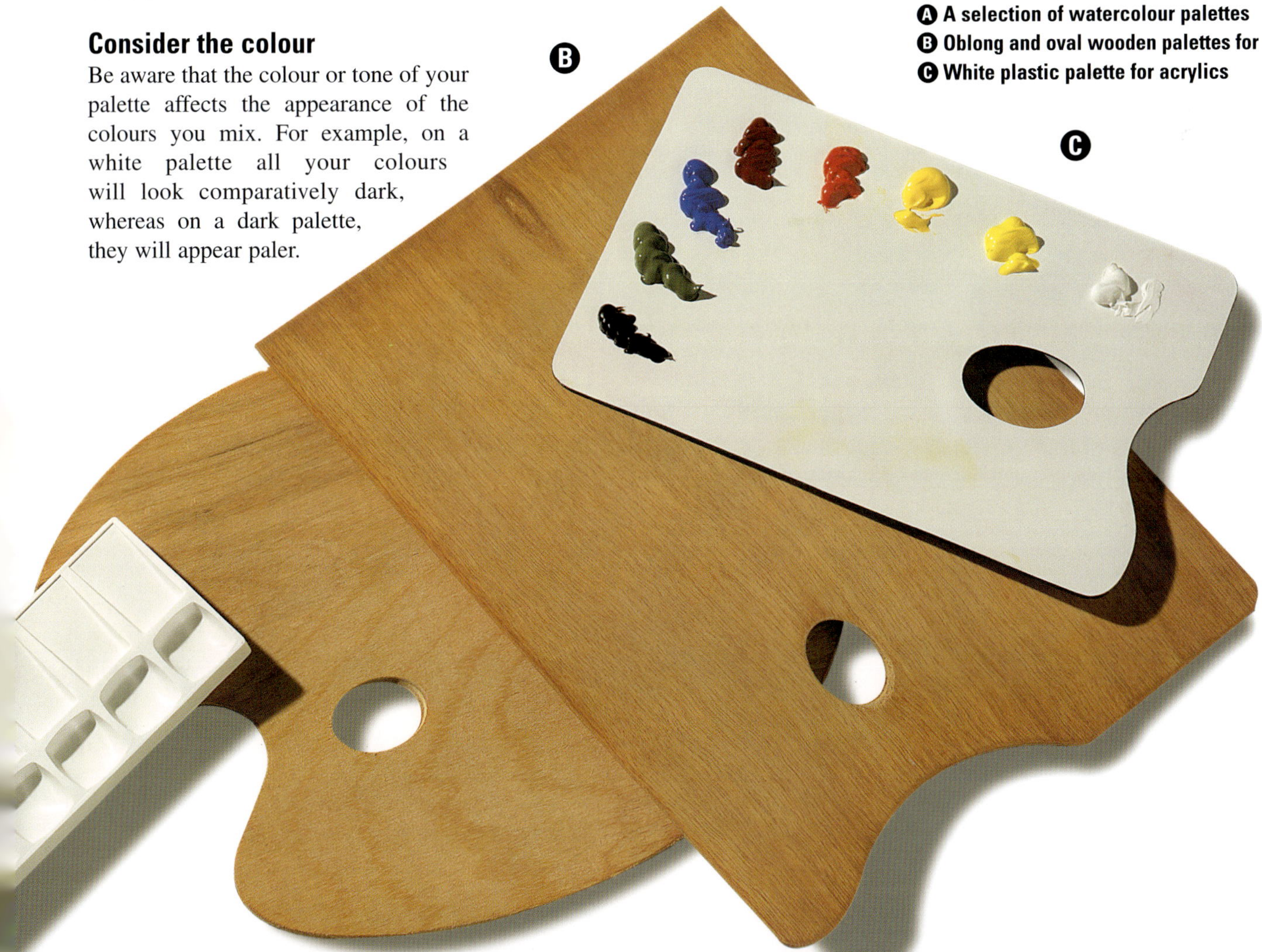

A **A selection of watercolour palettes**
B **Oblong and oval wooden palettes for oils**
C **White plastic palette for acrylics**

Choosing the best easel

A stable easel, which holds your work rigidly in one position, will avoid the frustration of trying to work with your picture precariously propped up on a table or on your lap. You'll soon find it's a necessity rather than a luxury.

A good easel is an artist's best friend. It will last a lifetime and is one of the most important and permanent pieces of studio equipment, so take time to look around and buy a model that meets all your requirements. Your choice of easel depends on various factors – the available space in your working area, whether you like to work standing up or sitting down, and whether you tend to work mostly indoors or outdoors. It also depends on the medium you generally use and on the scale of your work. For example, watercolours are much easier to use with an easel that can be tilted to the horizontal, so your washes won't run down the paper.

Outdoor easels

Lugging a heavy easel on painting expeditions is no fun at all, so choose a compact, portable model for outdoor work. A sketching easel (see easels E-H opposite) could be the answer, being both lightweight and foldable. These are made in wood or aluminium, are fully adjustable and can usually be positioned for both watercolour and vertical painting.

Sketching easels can accommodate surprisingly large boards and canvases, but this depends on the make and type. Check the distance between the top and bottom easel grips to make sure that the easel will take the size of support you prefer.

A box easel (see right, below and easel N) is more stable, though slightly heavier than an ordinary sketching easel. However, it is easy to fold up and carry, and also incorporates a box or drawer for holding paints, brushes and other materials.

Easels for indoor work

For large or heavy canvases, a traditional upright studio easel (easels I-L opposite) is probably your best bet. These can be bulky – some even have castors, so that they can be moved around more easily – but they are reassuringly solid.

If your work space is limited, a radial easel (J) is a versatile alternative. This consists of an upright spine with tripod-type legs. The whole easel can be adjusted, so you can angle your work to suit the light, though not to the horizontal position necessary for watercolour painting. When it is not in use, the radial easel can be folded for easy storage.

A tilting radial easel is also known as a 'combination' easel (K), because it brings together features of both the radial and the sketching easel. It has a central joint, so

◄ The versatile box easel is ideal for the artist who likes to work both in the studio and out-of-doors. For storage and carrying, the easel folds down to a box shape with a handle for easy carrying (right).

that it can be adjusted to any position from upright to completely horizontal, and it is therefore an ideal choice for the artist who works in a variety of media.

If your studio space or work area is limited, a sketching easel or a box easel will be just as versatile indoors as outdoors. Alternatively, if you work on a fairly small scale, a table-top easel in wood or aluminium (see easels A-D) might be all you need.

Looking after your easel

Apart from the lightweight sketching easels made from aluminium, most artists' easels are robustly constructed from hardwood, traditionally beechwood. They require little regular maintenance, although the wood benefits from an occasional coat of wax polish, especially when an easel is used outside or in damp conditions. Also, the metal adjusting nuts can get stiff and should be kept lubricated with oil.

THE RIGHT EASEL FOR THE JOB

TABLE EASELS

A Sturdy wooden easel with an 'H' frame, which can be tilted to provide the ideal working angle.

B Light, portable tripod-type wooden easel with rubber-tipped non-slip feet.

C Extremely light aluminium easel with adjustable telescopic back leg and rubber-tipped feet.

D Wooden easel, which can be set at four different angles and folds flat when not in use.

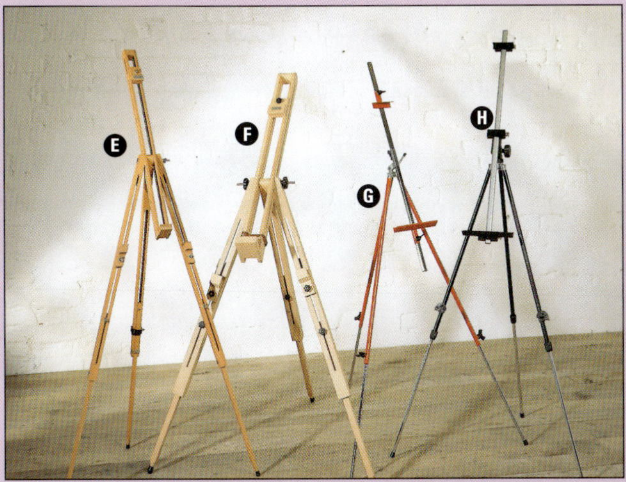

SKETCHING EASELS

E Lightweight easel with an adjustable tilting facility, making it suitable for all media, including watercolour.

F Substantial tilting, sketching easel appropriate for all media.

G Folding, tilting metal easel with telescopic legs and adjustable canvas grip.

H Fully adjustable metal easel with a camera mount fixing, so that it can be used as a photographic tripod.

STUDIO EASELS

I Sturdy studio easel with an adjustable lower shelf for the canvas or board, allowing simple adjustment of the working height.

J Rigid, adjustable radial easel, which can be tilted backwards and forwards, but not horizontally for watercolour work.

K Combination easel, which can be secured in any position and is suitable for use with all media.

L Artist's 'donkey' or platform easel – a comfortable sitting easel which takes up very little space when folded.

M Simple, popular 'A' frame easel with a metal ratchet on the lower support for adjusting the working height.

N Box easel with a container for paints, brushes and other art materials. Ideal for studio or outdoor work.

FROM BAMBOO TO BALLPOINT

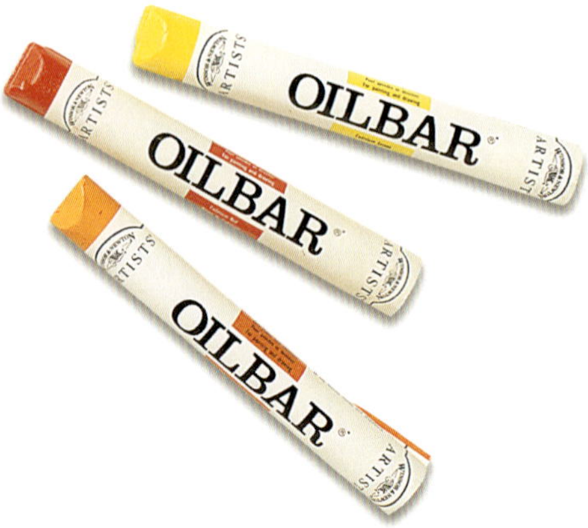

This chapter explores the myriad of different media available to the artist, from conté crayons and pastels to the humble ballpoint pen. It looks at the some of the effects you can achieve using different types of paint and drawing implements and contains practical advice to help you use them most effectively.

Using a bamboo pen

Cut your own bamboo pen and make a lively ink drawing. The spontaneous marks capture the rustic feel of fresh vegetables in a trug.

In spite of the extensive array of art equipment available these days, some of the liveliest pictures are those drawn with the simplest tools. This still life of vegetables was drawn in pen and ink, using both a bamboo pen that you can make for yourself (see overleaf for instructions) and an ordinary dip pen.

Fluid lines

With a bamboo pen, you can create wonderfully fluid and expressive lines. The nib has a softer feel than a metal nib and moves smoothly over the paper. You can make both heavy and fine lines, depending on the pressure you use. If a few blots and irregular marks appear here and there, these simply add to the excitement of the drawing. After using the pen for a while, you can resharpen the nib with a craft knife to keep it firm.

For a spontaneous effect in your drawing, try working in ink right away, without an initial pencil sketch. Alternatively, you can plot the outlines in pencil first, then work over the top in pen.

▼ To convey the variety of wonderful textures in this still life, the artist used both a metal-nibbed pen as well as a bamboo one.

CUT A BAMBOO PEN

Making your own bamboo pen is simple, inexpensive and fun. All you need is a length of bamboo, readily available from garden centres, and a few basic tools. For safety when using a craft knife, make sure you direct the blade away from your body.

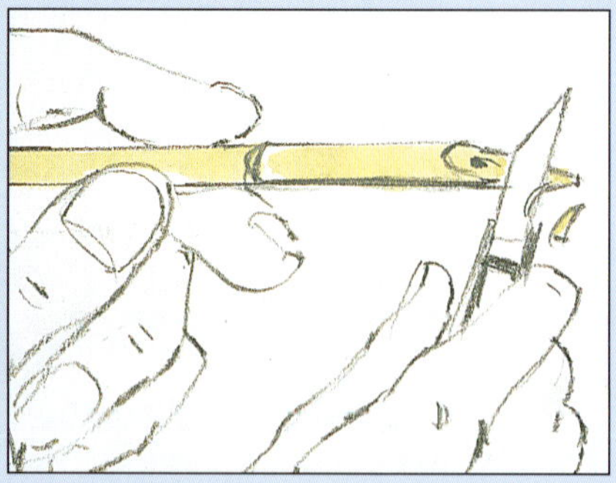

1 ▲ **Shape a nib** Cut a 20cm (8in) length of bamboo with a junior hack-saw. Trim one end at a 45° angle. With a craft knife, flatten the angle of the tip and carve away the sides until the nib is the thickness and width you want.

2 ▲ **Cut a slit** Rest the nib on a cutting board and, using the craft knife, cut a slit along the centre. The ink is held in this slit and will be slowly released as you draw with the pen.

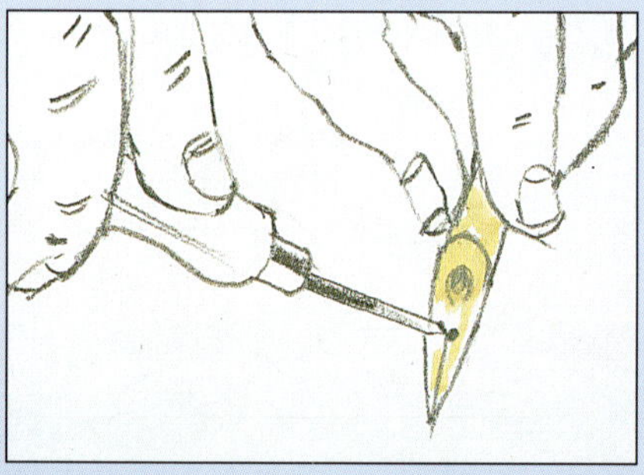

3 ▲ **Make a reservoir** Using a bradawl, bore a small hole at the base of the slit. This creates a reservoir so that the pen can hold a little more ink. To make the pen more versatile, cut a second nib of a different width at the other end of the bamboo.

FIRST STEPS

1 ▲ **Make an ink sketch** Dip a bamboo pen into black Indian ink and draw the outline of the trug and the vegetables. Don't worry if you make errors – you can rectify these by painting them out with bleedproof white gouache.

YOU WILL NEED

- Piece of white Bristol board
- Handmade bamboo pen
- Black Indian ink
- Bleedproof white gouache
- Dip pen with fine nib
- No.4 soft round brush

2 ▶ **Put in the cast shadows** Develop the shape of the broccoli by drawing its florets in more detail, then begin putting in the gills of the mushroom. Look at the shapes of the shadows cast on to the white surface and hatch these in lightly with fine lines.

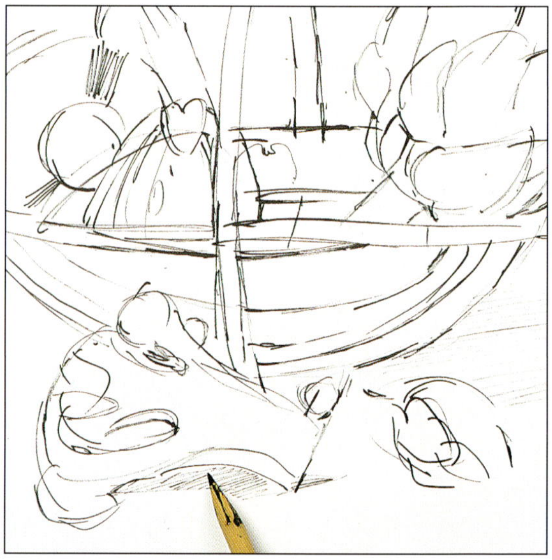

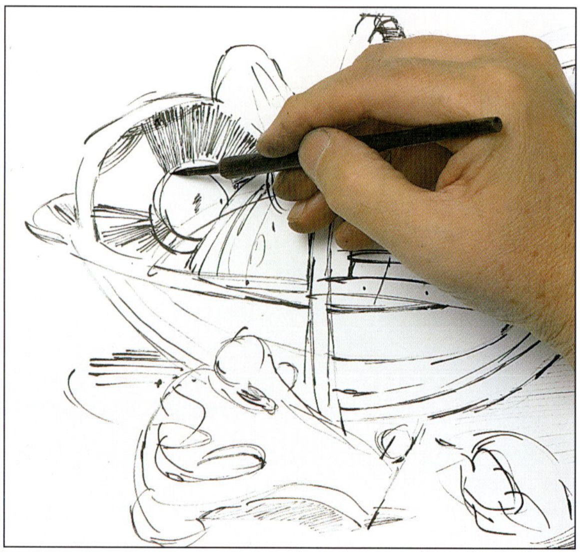

3 ◀ **Change to a metal nib** With the bamboo pen, draw the cast shadow of the trug on the left with a few lines. Now change to a dip pen with a fine metal nib and draw more mushroom gills, making the lines slightly irregular for a natural look. Use cross-hatching to darken the shadow at the top of the mushroom.

MAKING MARKS IN PEN AND INK

The type of mark you make in pen and ink depends on the nib you are using and how much pressure you apply to it as you move it over the paper. Some metal nibs are more flexible than others and give a greater range of strokes. Bamboo pens give characterful, slightly irregular marks.

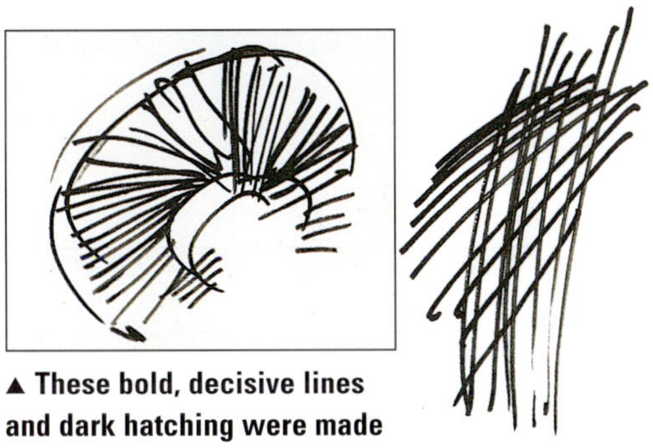

▲ These bold, decisive lines and dark hatching were made with the tip of a bamboo pen.

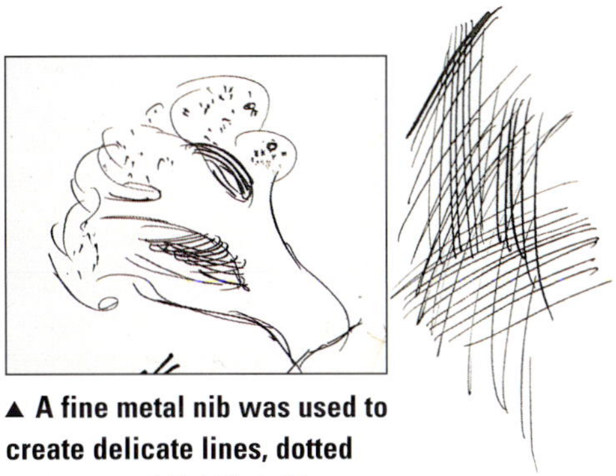

▲ A fine metal nib was used to create delicate lines, dotted textures and light hatching.

CONTINUE WITH THE DETAILS

Carry on working with the dip pen with the fine metal nib to develop fine detail on the vegetables. Darker outlines and tones can be filled in later with the bamboo pen.

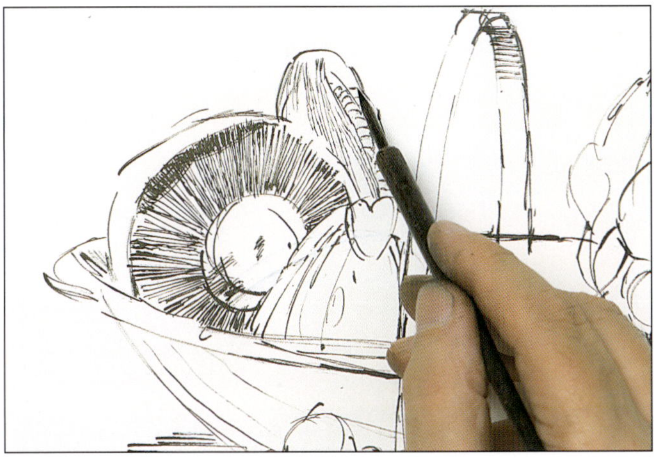

4 **▲ Put in the corn kernels** Hatch tone under the trug handle. Complete the mushroom gills and make the shadow at the top even darker with closely worked lines. Draw the papery texture of the corn-on-the-cob leaves with loose hatched lines and the neat rows of kernels with small semicircular lines.

5 **▲ Show more textures** Begin work on the red cabbage in the trug, alternating the straight spines of the leaves with the crinkly texture in between. Turning to the artichoke, show the fibrous texture of the leaves with thin ink lines. Make the lines irregular so that the effect is not too rigid, using the same technique as for the mushroom. Render some dark tone to show the shadows between the leaves.

6 **◄ Develop the drawing overall** Continue working texture into the artichoke leaves, then move to the small artichoke in front of the trug and roughly hatch in texture on this too. Use hatched lines to indicate shadows on the top rim of the mushroom. Then strengthen the outline of the broccoli florets. Make long, irregular horizontal strokes to show the wooden texture inside the trug.

7 ▼ Work on the trug Darken the shaded area under the front rim of the trug. Using loose, sweeping lines, shade the front of the trug – these lines also help to build up the trug's curved form. Complete the shadow cast by the trug with a series of bold, well-spaced straight lines.

8 ► Add texture to the broccoli Create texture on the broccoli head with tiny circles, blotting some of them with your finger to achieve a variety of tones. Shade the hollows between the stalks, using close marks for the dark tone and lighter hatching for the mid tone.

9 ▼ Return to the bamboo pen Using the thicker nib of the bamboo pen, mark a dark outline around the mushroom gills. With the same pen, put in some darker lines and dotted texture on the red cabbage.

TROUBLE SHOOTER

CORRECTING MISTAKES

The joy of working with pen and ink is the spontaneity of the technique. Occasionally, however, you might misjudge a proportion or overdo a flourish. Small errors are simple to rectify by painting over them with opaque, bleedproof white gouache. Alternatively, on hard, smooth papers, you can first scrape away most of the ink marks with the blade of a craft knife without damaging the paper surface.

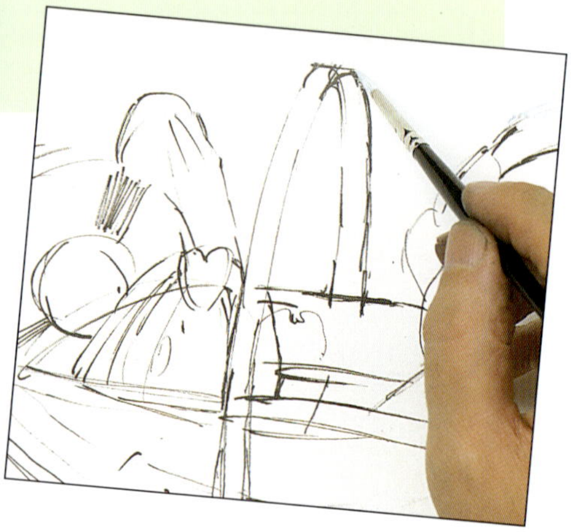

10 ▲ Improve the textures Change back to the metal nib to complete the lines inside the trug. Then return to the bamboo pen to darken the tone on the small artichoke and cross-hatch its shadow. Suggest the texture of its leaf tips with small circles. Clean up any errors with bleedproof white gouache and a No.4 round brush (see Trouble Shooter above).

A FEW STEPS FURTHER

If you want to work on the drawing a little more, you could heighten the tonal contrast by darkening the shadow areas. Extra details will sharpen up the picture.

11 ◄ Increase the contrast Use the bamboo pen to hatch more horizontal lines along the trug handle. Render darker tone on the side of the large artichoke. Darken the hollows in the broccoli and dot more texture on to the florets.

12 ▲ Put in the final details With the metal nib, add detail to the mushroom stalk. Draw fine fibres and more corn kernels on the cob. Use the bamboo pen to mark nails on the rim of the trug and dark lines between the segments of the trug's base.

THE FINISHED PICTURE

A Textural effects
The texture of the broccoli florets was created by working tiny circles and dots close together. Both bamboo and metal nibs were used for a range of effects.

B Contrasting line widths
The fine lines on the artichoke leaves were made with a metal nib, while the thicker marks were made with the broader nib of a bamboo pen.

C Tonal shadows
The cast shadows are varied in tone – mid tones were rendered with well-spaced hatching lines, while a dark effect was created by much closer hatching.

Using Conté crayons

Less messy to handle than charcoal or chalk, Conté crayons are versatile drawing tools that make attractive marks. They are ideal for sketching as well as for more finished work.

▶ **Earth colours: Traditional earth colours are made from clay and other mineral deposits. Chalk is added for paler tones.**

Nicholas-Jacques Conté (1755-1805), the French artist who invented the modern graphite pencil, also gave the world another popular drawing material – Conté crayons. These distinctive, square-sectioned drawing sticks were patented in Paris by Conté more than 200 years ago.

The square ends of the crayons enable you to use them to produce both broad and fine lines. You can even draw with the side of the stick to fill in large areas of colour quickly and easily. This versatility has been appreciated and exploited by many – not only by famous artists such as Hilaire Germain Degas (1834-1917) and Henri de Toulouse-Lautrec (1864-1901), but also by generations of art students who have been encouraged to use Conté as a clean and manageable alternative to charcoal and chalk.

Conté crayons look rather like pastels but, unlike most pastels, they do not crumble or create powdery deposits. Although some very hard pastels are similar, Conté crayons are generally waxier and harder than most other products on the market. They are also available in pencil form.

An array of colours

The original Conté crayons were made from a few earth pigments, clay, graphite, wax and a little grease. These ingredients produced a limited range of colours: black, white, sanguine, sepia and bistre.

Today, the Conté palette includes not only the original earth pigments, but also a huge array of other colours, giving a selection that compares favourably with the ranges available in paints, pastels and other artists' materials. In addition, there is a tonal set of crayons.

The tonal range

Conté's selection of shades matches the tonal scale, which runs from black to white with a range of greys in between.

▶ **Tonal selection: For monochrome drawings and tonal sketches, Conté crayons are available in a range of greys as well as in black and white.**

▼ **Conté is available in pencil form. The pencils can be sharpened using a craft knife or scalpel.**

▲ **Reddish-brown sanguine pigment comes from red clay, the colouring being caused by ferric oxide. This and other earth pigments are used to make Conté crayons.**

▶ **Coloured selection: Conté crayons also come in a wide range of colours, which can be bought either individually or in sets.**

▶ **Hard pastels: Some hard pastels have a high wax content and are used in a similar way to Conté crayons.**

▲ **For an even, graded effect, overlap two or more colours. A third colour is created where the two colours overlap.**

With this selection of crayons, you can depict any subject by building up gradations of tones instead of blocks of colour.

The best way of judging tones is to try to see your subject as it would look in a black-and-white photograph. Obviously, you can use white and black Contés for the whites and blacks in the subject. Between these two extremes, choose pale greys for light colours, such as yellow, and dark greys for the deeper colours. If you can visualise what kind of grey each colour would be in a black-and-white photograph, you have also understood its tonal value.

Use a mid-toned paper rather than pure white for this exercise. In this way, you can relate the light and dark tones to the medium background tone and both will show up clearly.

Earth colours

The original earth colours, including warm sanguine red and cool brown bistre, are still the most popular in the Conté range. These same earthy pigments have been used for thousands of years. Stone Age cave painters worked with them, as have many artists since then, including Leonardo da Vinci (1452-1519) and Michelangelo (1475-1564). No wonder that works executed with this handful of colours have such an evocative, antique appearance.

Whatever your subject, provided that you restrict yourself to the earth selection and choose a suitable paper, the colour scheme of your Conté drawing will appear harmonious and considered. Earth colours work especially well on tinted papers, particularly those in neutral browns and muted greens and blues.

Making marks with Conté

Unlike traditional crayons, Conté crayons have a sharply squared-off end, which means that you can make a variety of marks simply by turning the crayon round and using a different part of the stick. In this respect, they are very similar to charcoal. And like charcoal, you can achieve different depths of colour and texture effects by using more or less pressure on the crayon as you work.

Fine lines Although they appear quite chunky, Conté crayons can be used for delicate work, too. To make a fine line, draw with the sharp edge of the squared end.

Undulating lines Hold the crayon firmly and use the broad end and sharp edge alternately to get an undulating line of varying widths and textures.

Blocks of colour To block in an area of colour, work with the entire length of the stick. You may find this easier if you break the crayon into shorter, more manageable lengths.

Wide lines Use the broad end of the crayon to draw a wide, regular line with parallel sides. Thick lines like this are well suited to large-scale work.

Introducing marker pens

Whether you're sketching outdoors or working on a finished drawing indoors, marker pens provide a colourful and convenient medium.

If you thought marker pens belonged in the office or the children's playroom – think again! Vigorous, brilliantly coloured drawings can be made with this modern medium, which is especially convenient for outdoor sketching. A set of marker pens is light, compact and clean, allowing you to make full-colour sketches without the need for cumbersome paints, palettes and jars of water.

The only drawback with markers is that they contain dyes rather than pigments, so the colours tend to fade in time when exposed to strong sunlight. You can, however, minimise the risk of fading by keeping your drawings in a portfolio or hanging them well away from direct sunlight.

Types of marker

There is an enormous range of markers to choose from, in literally hundreds of colours and with various sizes and shapes of tip. Art and graphic suppliers sell the best-quality pens, but the ones sold in stationers and supermarkets are cheaper and perfectly adequate for sketching and practice work.

- **Fibre tips** have tips made from nylon or fibre-glass. They are hard-wearing and smooth-flowing.
- **Felt tips** have thicker, slightly more flexible tips made from wool or a synthetic substitute. They flow smoothly and make soft, dense marks.
- **Fine-liners** have tips made from plastic or a similar synthetic material. They are hard and durable and produce thin, spidery lines.

Tip shapes

As well as being made from a variety of materials, felt and fibre tips have a range of tip shapes, varying from fine points to broad, chisel-shaped wedges.

- **Wedge-shaped tips** are the most versatile. By turning the marker as you draw, you can use the edge and the different sides of the tip to make broad, medium and thin lines. You can also fill in areas of flat colour by working quickly in broad, horizontal lines, taking each line over the previous one before it has time to dry.
- **Bullet-shaped tips** produce medium and bold marks, and the rounded tip can be used for stippling effects.

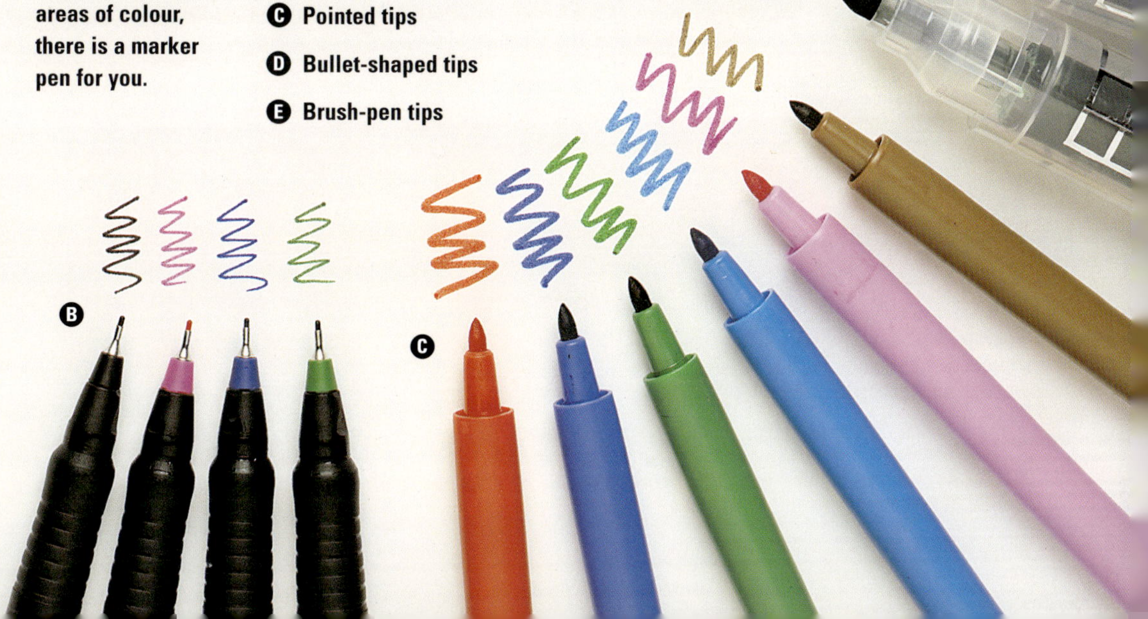

▼ **Whether you want to work with fine lines or broad areas of colour, there is a marker pen for you.**

A Wedge-shaped tips
B Fine-liners
C Pointed tips
D Bullet-shaped tips
E Brush-pen tips

- **Pointed tips** produce thin lines of uniform thickness. They are good for defining outlines and for rendering fine details.
- **Brush-pen tips** are made of elongated, flexible fibres that come to a point, and create a variety of marks that look similar to those made with a watercolour brush.

Two types of ink

Another important consideration with marker pens is whether they contain water-based or spirit-based inks. The water-based inks tend to lie on the paper surface for longer, making it easier to blend colours. Interesting soft, feather-like effects can be achieved by drawing on dampened paper.

The spirit-based colours, by contrast, are readily absorbed into the paper, permanent and waterproof. They tend to 'bleed' beyond the shape drawn by the nib, though for fine-art purposes this doesn't usually matter. They also tend to bleed right through the paper, so when working on a sketch pad, place a sheet of scrap paper beneath the drawing surface.

Spirit-based pens that are drying out can be rejuvenated by tipping a few drops of lighter fuel into the cap before putting it back on the pen. After a few hours, the nib should have absorbed the fuel and, although the colour will be lighter, the pen will last longer.

Papers

It is fun to experiment with different drawing surfaces as each influences the character of the drawn lines, depending on how readily they absorb the marker dyes. You can buy special marker paper which resists colour bleeding. This paper has a hard, non-absorbent surface and is ideal when you want to produce crisp, clear marks and fine details. Alternatively, try drawing on smooth white card or even white scraperboard.

Delicate effects

If you want a more delicate effect, try drawing on ordinary cartridge paper or watercolour paper. The marks produced will be softer and fatter as the colour sinks into the surface and spreads slightly. On the highly absorbent Japanese rice papers, the marker dye spreads rapidly, like ink on blotting paper, producing effects similar to watercolour painting.

Practice is the key to successful marker work. Bear in mind that markers are not a subtle medium, and they do have certain limitations. The colours are bright and brash – they cannot be lightened with water or white paint and mistakes cannot be rectified. Also, the marks cannot be blended on the paper as easily as, say, watercolour or pastel.

On the plus side, a single marker can produce a whole range of lines, tones and textural effects according to how you hold it and the pressure you apply. So buy a selection of pens with different nib shapes and experiment by making marks on sheets of scrap paper.

Different strokes

Marker pens lend themselves to a surprisingly wide range of drawing techniques. Fine-liners are ideal for stippling or cross-hatching (see top row of apples below). By cross-hatching in colour, you can create great optical mixing effects by overlaying different hues. On the bottom-left apple, look at the way red has been hatched over green to create a brown suitable for the shadowed side. With chisel- and bullet-shaped pens, try making use of the transparency of the inks by laying flat areas of colour over each other (see bottom-right apple). To avoid getting muddy tones, limit the colours you overlay to three or four.

Stippling in monochrome

Cross-hatching in monochrome

Cross-hatching in colour

Building up layers of colour

Soft pastels

Working with pastels is highly rewarding – they are extremely versatile and produce a rich depth of colour not found in other media.

◄ **Pastels can be divided into two main groups – hard and soft. But within each group there are degrees of hardness and softness. Pastels also come in pencil form.**

Soft pastels produce matt, velvety colours that range from the intensely brilliant to the palest of pale pastel shades. The most vibrantly coloured sticks are made from pure pigment; lighter tones are made by adding chalk or white pigment to the main colour. But whether you choose pale lemon or deep, resonant gold, the powdery pastel pigments will give you a richly dense colour that cannot be matched by any other medium.

Because they come in stick form, soft pastels are generally thought of as drawing materials. But they are far more than simply coloured drawing sticks. Pastels are also a versatile and effective 'colouring' medium – excellent for laying down areas of colour, tone and texture as well as for drawing lines. Used in this way, soft pastels are more like paints than pencils, and this is why pastel pictures are often referred to as paintings rather than drawings.

Soft pastels also have one very important advantage over paints: when working with pastels, you do not have to wait for one colour to dry before applying the next. The powdery colours cannot run, so you can apply each pastel colour when and where you want it, even overlapping or directly adjacent to another colour.

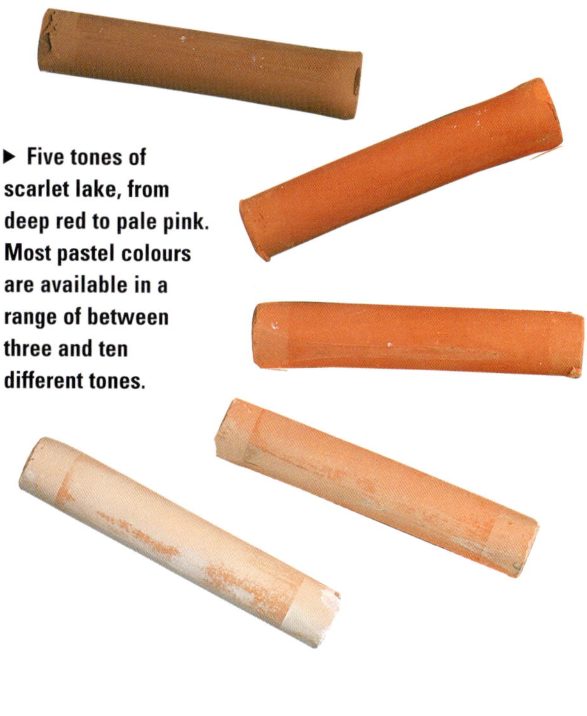

► **Five tones of scarlet lake, from deep red to pale pink. Most pastel colours are available in a range of between three and ten different tones.**

▲ **The more chalk that is added to the pure pigment, the lighter the tone of the soft pastel. A huge variety of shades of the same colour can be achieved in this way.**

Making pastels

Soft pastels have been in use since the early eighteenth century. Until that time their nearest equivalents were hard crayons, usually bound with wax and available in only a few muted colours such as earthy reds, browns and blacks.

Although soft pastels contain exactly the same pigments as paints and other artists' materials, they are a dry medium, requiring no water or any other liquid. Soft pastels are made by mixing the powdered ingredients with enough binder to hold them together. The mixture is then rolled or moulded into sticks and left to dry.

The most usual binders are gum, resin or starch. However, some pigments need a more powerful binding agent than others. For instance, chalky pale shades may be held together with nothing stronger than skimmed milk, whereas others such as cadmium red require a stronger binder. It is the strength and quality of the binding agent that determines how soft or hard a pastel will be.

Hard, soft and very soft

For the sake of simplicity, all artists' pastels can be divided into two main groups – hard and soft. Soft pastels are characteristically chunky and crumbly and are the most popular of the various types of pastel. However, it is worth

BLENDING SOFT PASTELS

You can use a paint brush to blend two pastel colours together. Brush gently, as a harsh movement will remove the pigment altogether.

Brush blending

For large areas of colour, a soft tissue or paper kitchen towel blends different shades of pastel quickly and effectively.

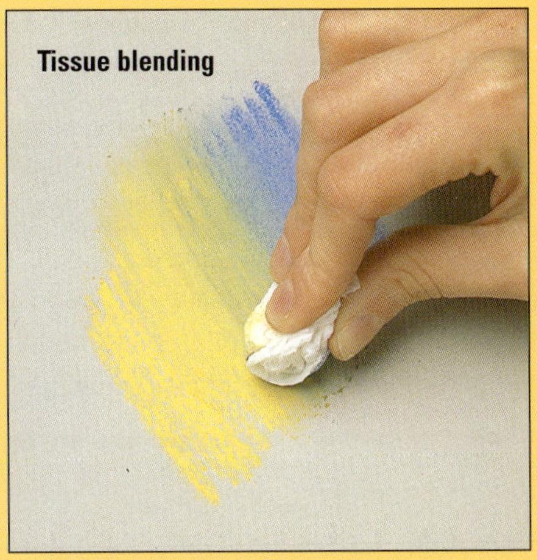

Tissue blending

The quickest and easiest way to blend two areas of pastel colour is simply to rub them together with a clean fingertip.

Finger blending

The pointed end of a torchon, a stump of tightly rolled white paper available from art shops, is ideal for blending small, precise areas of pastel colour.

Torchon blending

▲ **Keep your pastels clean by storing them in a box of dry rice. The dirt and loose pigment particles on the pastels will rub off on the grains of rice instead of on each other.**

remembering that even within the category of 'soft' pastels, there are varying degrees of softness. Very soft pastels include those made by Unison, Sennelier and Schminke, the latter being the softest of all. Winsor & Newton's soft pastels and the Talens' Rembrandt range are slightly harder.

Hard pastels come in the form of compressed sticks, often rectangular in shape. The best known of these is the Conté range, although most manufacturers now have their own product. Hard pastels contain more gum than soft pastels and the colours are usually less intense. Hard pastels will be covered in more detail in a later issue.

Colour mixing

Unlike paints, soft pastel colours cannot be easily mixed. You will need a different pastel not only for every colour you wish to use in a painting, but for every shade of that particular colour. This is why most pastel ranges are so extensive. Some manufacturers offer as many as 500 different pastels, including several versions of each colour.

Depending on the make, a range of soft pastels can include up to ten versions of any one colour, from very light to very dark. The tonal range is often indicated by a number, although the system varies from one manufacturer to another. For example, in the Winsor & Newton range, Scarlet Lake 1 is very pale pink and Scarlet Lake 5 is a much deeper, richer colour.

Although soft pastels are used by many professional artists, their enormous colour range makes them an excellent medium for the beginner. Freed from the worry of mixing colours, the artist is at liberty to concentrate on other aspects of the work. In other words, when you use soft pastels, the manufacturer does most of the colour mixing, not you!

Surfaces

The right surface is important. Papers and boards made specifically for soft pastel work have a definite texture, sometimes referred to as the 'tooth', which may be either coarse or velvety.

On a smooth paper, which has no tooth, soft pastels will simply slide around and produce unsatisfactory, weak patches of colour. However, on the correct surface with the right amount of tooth, the pastel dust will fill the holes gradually, enabling you to build up several layers of matt, impastoed colour. You will know when your paper has reached its limit, because it becomes difficult to make the colours adhere and the loose pigment stays on the surface of the paper.

Fixing

Soft pastels smudge very easily and your finished picture will be vulnerable until it has been sprayed with fixative. Fixative may slightly darken the colours, so use the spray sparingly. Hold the can about a foot away from the vertical painting and spray slowly and evenly from side to side until the whole surface has been treated.

Care of pastels

Soft pastels are extremely fragile and will easily become damaged if they are not properly cared for. If you drop pastel sticks on the floor or press too hard with them on the paper, they may break, and you can end up with short stubs that are difficult to hold and fiddly to use.

Piles of much-used pastels get very grubby because they pick up pigments from your hands and from each other. Before long, it can become difficult to see which colour is which. An excellent way of avoiding this is to put the pastels into a tray of dry rice when not in immediate use. In this way, the grains of rice get dirty and the pastels stay clean.

When you have finished a session, put the pastels back in their box. If this is not possible, store the sticks between sheets of corrugated cardboard.

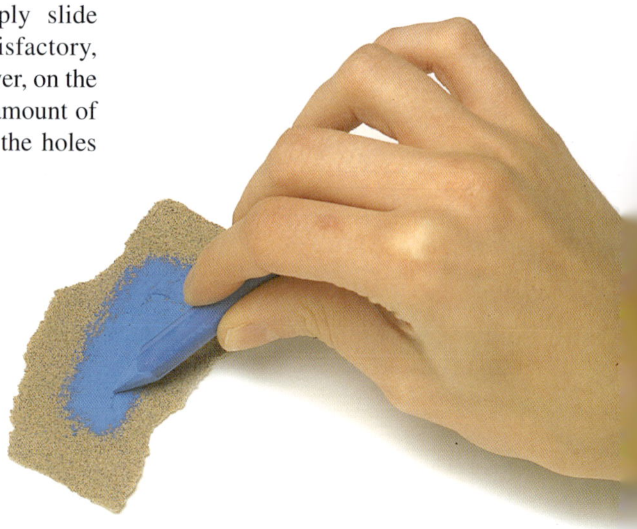

▶ **Keep a sheet of sandpaper to hand for maintaining a point on soft pastels. To achieve an even point, apply a little pressure as you turn the pastel slowly.**

Oil pastels

If you like drawing with bold, vigorous strokes, you will enjoy the effects you can achieve with the lively medium of oil pastels, which are available in a range of bright rainbow colours.

Oil pastels are tough, bright and bold – altogether different from the crumbling sticks of chalky pigment that we know as traditional pastels. Pure pastels are chosen for their soft, velvety colours, whereas oil pastels are much harder and produce thick, waxy lines. In fact, their very name is misleading because oil pastels are not actually pastels at all, having far more in common with oil paints and wax crayons than with pure pastels.

A perfect sketching medium

Oil pastels call for a bold, confident approach. They are excellent for quick colour sketches and drawings in which movement and expressive strokes are more important than a very realistic finish. In fact, because of their chunky nature, oil pastels are not particularly well suited to fine, detailed work. Artists who work on a small scale or with subtle colours are likely to find oil pastels too bright and broad for their purpose, although the pastels can be sharpened with a knife to achieve a finer line.

However, for an immediate effect and for lively, on-the-spot colour sketching, oil pastels are second to none. Unlike most drawing materials, they enable you to work quickly on a large scale in colours that are both bright and strong. In this respect, oil pastels have all the

▶ Oil pastels produce dense, waxy marks and come in a range of intense colours. Unlike soft pastels, they contain wax and oil and do not break easily or crumble.

▶ Oil pastel proved to be the perfect medium for this bold, colourful still-life sketch. These pastels are at their best when applied in strong, loose strokes.

▲ **Oil sticks can be used for painting as well as for drawing. This is done by dissolving the colour with turpentine and applying it to the support with a brush.**

advantages of oil paint, but with the added bonus that they are more portable and more convenient.

For working outdoors, simply slip a sketch book and a few oil pastels into your pocket and you are equipped and ready to go. The pastels can be used without any liquid medium and may be applied directly to sturdy paper, oil paper or primed canvas.

Colour blending

Because of their hard, waxy nature, oil pastel colours are not easy to blend unless dissolved with a thinner such as white spirit or turpentine. This is normally done on the drawing, so you must first apply the oil pastels to the support. You can then blend the colours with a brush, tissue or finger dipped in the thinner.

An alternative method is to dampen the support with thinner before applying the pastel to it, as shown below left. Note that when blending with thinner, you should work on oil paper or primed canvas; other papers are too absorbent.

As a general rule, blending is more effective when used on a few selected areas of a drawing, or when combined with vigorous, textural strokes. Too

BLENDING OIL PASTELS

Instead of blending oil pastels once they are on the paper, you can wet the support with turpentine or white spirit first and then apply the pastel to the dampened area.

Roughly apply two colours so that they overlap, then blend these together with a rolled-up piece of tissue or kitchen towel dipped in turpentine or white spirit.

Use a brush dipped in solvent for blending two or more colours together. An oil-painting brush is stiffer and blends more effectively than a soft brush.

Many artists instinctively use a finger to blend dissolved colours quickly. If you like working in this way, make sure you wash your hands immediately afterwards, as some pigments are toxic.

▲ **Depending on the brand, pastels contain varying amounts of wax and oil. The higher the wax content, the harder the pastel.**

much blending can destroy the direct, spontaneous quality of the medium and your picture might start to look smooth and rubbery. An alternative approach is to wait until the blended colours have dried, then to apply bold textural strokes on top of the blended areas.

Overlaid colour

As with all pastels, oil pastel colours can be mixed on the paper by overlaying two or more colours. For example, if you apply yellow over blue, you will get the impression of green. Even though the colours are not actually mixed, they appear to be. Remember, the top colour is the dominant one, so blue on top of yellow produces a bluer green than the other way round.

Oil pastel with oil paint

Oil pastels are compatible with oil paints. Not only can they be used for the initial drawing prior to starting an oil painting, but they are also effective for adding texture and linear detail to the finished painting.

For a softer effect than that given by oil pastels, try oil sticks. The consistency of the fat sticks of colour comes between oil pastels and oil paint – harder than paint but more malleable than pastels. Oil sticks (sometimes called oil bars) are quite a new invention and, like oil pastels, are excellent for making broad, chunky drawings. Alternatively, you can use oil sticks as a painting medium by dipping a brush in turpentine or white spirit and taking the dissolved colour from the top of the stick.

Oil and water do not mix

An opposite approach to that of using oil pastels with oil paint is to actively exploit the incompatibility of oil and water. First the oil pastel is laid down, then a water-soluble colour such as watercolour, gouache, coloured ink or even thin acrylic is painted over it. The oily marks repel the water-soluble colour, leaving the coloured pastel marks showing through.

This technique, known as resist, can be used to create a variety of marks and textures. It is an exciting way of using oil pastels because the results are sometimes unexpected.

Building up texture

Oil pastels are essentially a drawing material, good for making lively line drawings, with the bold strokes providing texture and colour. However, if you build them up thickly, oil pastels create a dense layer of solid colour and the result is rather like an oil painting.

Once this solid colour has been established, you can then scratch into the waxy surface. Use a scalpel blade or any other sharp instrument to make textures and patterns by revealing the white paper underneath. Another variation of the same technique, known as sgraffito, is to apply one colour over another. By scratching the top layer, you will reveal the colour underneath.

Although they can be used alongside so many other materials, oil pastels are very much a medium in their own right. They provide a powerful means of expression and encourage a bold, overall approach, which is excellent for the less experienced artist who wishes to branch out and experiment. With oil pastels, there can be little subtlety, but you will be pleasantly surprised at the results you will be able to achieve.

MORE TECHNIQUES

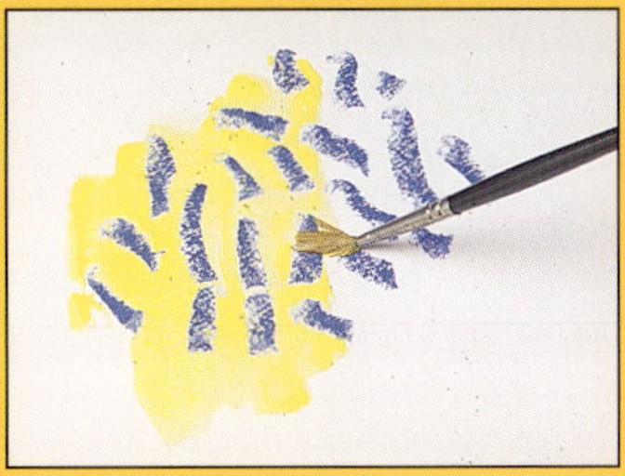

Resist Try painting watercolour or other water-soluble colour over an area of oil pastel. The waxy marks repel the paint and show through the painted colour.

Added texture Small strokes of oil pastel applied on top of a blended area of colour can lend contrasting texture to a smooth, flat surface.

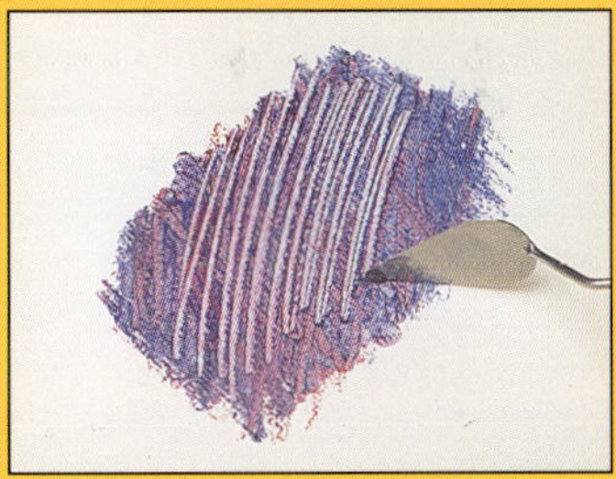

Sgraffito Use a painting knife, scalpel or other sharp implement to scratch pattern and texture into layers of thick colour.

Masking Apply colour roughly over the torn or cut edge of a piece of sturdy paper or thin card to give a crisply defined edge to an area of oil pastel strokes.

Pastels for portraits

Pastel sticks were first used in the sixteenth century – but they really came of age as a medium for portraiture two hundred years later.

Pastel is sometimes unfairly dismissed as a lightweight medium, inferior to oils and associated with over-sentimental portraits of children. Yet pastel has a long and distinguished history, particularly in the field of portraiture.

As a portrait medium, pastel has the advantage over paints of greater speed and directness. Applied with only crayons and fingers, there is nothing to get in the way of the artist's direct response to his subject, enabling him to capture the sort of fleeting gesture or expression that reveals more about the sitter than merely outward appearance.

A 'dry colouring method'

Pastel sticks – simply pure pigment bound with gum – first came into use in the sixteenth century. They were invented by Jean Perréal (*c.*1455-*c.*1530), a minor French artist, who used them to enhance his chalk drawings. Leonardo da Vinci said that he learned the 'dry colouring method' from Perréal, who travelled to Italy several times at the turn of the sixteenth century.

Initially, pastel was used merely to heighten charcoal and chalk drawings with touches of colour. But eventually artists began to paint portraits entirely in pastel, recognising the realism that was possible using pastel on tinted papers.

Carriera's society portraits

Pastels were taken up in eighteenth-century France by the Venetian artist Rosalba Carriera (1675-1757). A popular painter of snuff-boxes and miniatures,

◂ Pastels are often associated with a loose, impressionist style, but in *The Chocolate Girl* (*c.*1744-45) Jean-Etienne Liotard shows the remarkable precision and detail that can be attained with the medium. Look, in particular, at the glass.

CHARDIN'S REVOLUTIONARY TECHNIQUE

Jean-Baptiste-Siméon Chardin is primarily known for his oil painting of everyday middle-class life – but he was equally adept at portraits in pastels. He introduced methods of building form and suggesting light with parallel hatchings of pure colour. This is particularly evident in his *Self Portrait with Spectacles* (1771) below. In using broken colour and visible strokes that emphasise the texture of the medium itself, Chardin anticipated the style of the French Impressionist master of pastels Edgar Degas (1834-1917). Chardin was an artist who was truly ahead of his time.

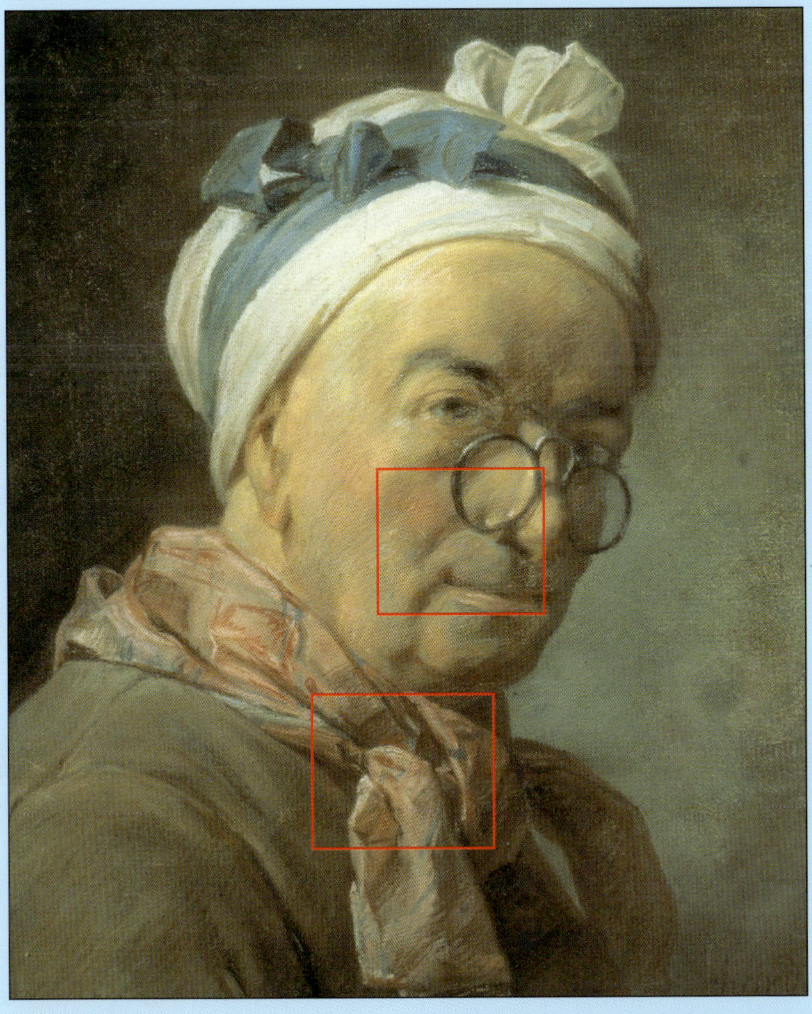

▲ In close-up, you can see the individual strokes of pure pigment which, from farther away, merge together and create new colours.

she took up pastels in her middle age and her portraits of society figures were in great demand throughout Italy.

In 1720 she travelled to Paris, where she enjoyed huge acclaim. Female portraits were very popular in the eighteenth century (often their purpose was to make young ladies known to prospective husbands), and during her one-year stay in France she painted countless portraits of nobility.

Harmonious palette

Carriera was gifted with a glowing sense of colour and a superb mastery of pastel technique. She used a softly harmonious palette of pinks, blues and whites and applied her colours in broad, flat strokes, often blending them with a stump to create velvety, vaporous textures. She also knew how to flatter her sitters, portraying them in low-necked dresses and with flowers in their hair.

Carriera's influence resulted in a lighter, more playful style of portrait than had gone before. Sitters were shown in bust-length (head and shoulders), often with one hand visible, with the shoulders in front view and the head turned. Portraits by François Boucher (1703-70) and Jean-Baptiste Perroneau (1715-83), who worked both in oils and pastels, depicted the frivolous life of the court of Louis XV, a world of sumptuous silks and satins, powdered wigs, scented fans and powder-puffs.

Latour's speed and vivacity

The success of Carriera prompted Maurice Quentin de Latour (1704-88) to take up pastels and he became the most celebrated pastellist of the eighteenth century. Latour handled his 'coloured dust' with great speed and vivacity, aiming to convey the personalities of his sitters by recording their fleeting expressions and emotions. 'Unknown to them,' he said, 'I descend into the depths of my sitters and bring back the whole man.'

'Miraculous work'

Latour painted two huge, ambitious portraits in order to prove that pastel could hold its own with oil painting. His consummate technical skill is evident in his portrait of Gabriel-Bernard de Rieux, in which he contrasts the weight of the sitter's linen robe, the delicacy of his lace ruffles and the lightness of his hair. One admirer declared, 'It is a miraculous work, it is like a piece of Dresden china, it cannot possibly be a mere pastel.'

Latour's other masterpiece is a full-length portrait of Madame de Pompadour, the king's adviser and mistress. She is depicted surrounded by objects symbolising literature, music, astronomy and engraving. As with all royal portraits, only the head was painted from life, using a round piece of paper which was later pasted in position on a larger sheet; the portrait was completed using a stand-in wearing the royal robes.

Chardin's close-up studies

During the latter half of the century, some artists began to move towards greater realism and naturalness in painting. The greatest of these was Jean-Baptiste-Siméon Chardin (1699-1779). He did not take up pastel until the age of 72, when failing eyesight forced him to abandon painting in oils.

At the same time he began to tackle a subject he had hitherto avoided – studies of the human face. His portraits and self-portraits focus on the face in close-up. The extreme simplicity of their composition and the lack of any background trappings allows the inner, private self of the sitter to become the focus.

While most of his contemporaries produced dazzling but somewhat superficial portraits, Chardin's portraits are intensely alive – he was able to get 'beneath the skin' of his sitter and reveal the inner person. Furthermore, he developed a new and distinctive way of applying the pastels – see Chardin's revolutionary technique, page 39.

The flamboyance of Liotard

One of the most accomplished pastellists was the Swiss painter Jean-Etienne Liotard (1702-89). He was capable of creating highly finished works and rendering detail with an astonishing accuracy. Having spent four years in Constantinople, he completed many portraits of people in Turkish dress. These included self-portraits – he himself adopted Turkish dress and a beard. His exotic work and flamboyant personality brought him success in Paris, the Netherlands and Britain.

With the outbreak of the French Revolution in 1789, pastel fell out of favour for a time because it was associated with the frivolity and excesses of the *ancien régime*. It would be another 30 years before pastel enjoyed a revival, in the hands of the great Romanticist, Eugène Delacroix (1798-1863).

▶ For the most part, Rosalba Carriera uses blended pastel strokes in her portrait, *Sister Maria Caterina* (1732). But notice how she captures the texture of the fabric around the neck, using individual strokes of a blunt white pastel.

The art of acrylics

Within a few years of their invention, acrylic paints had attracted some of the most renowned artists in Europe and, in particular, the United States.

Modern Art Museum of Fort Worth, purchase made possible by grant from The Burnett Foundation © 1969 Morris Louis

▲ **The excitement in Morris Louis' *Dalet Kaf* (1969) arises from his beautiful handling of thin acrylic paint – the colours drift into each other, creating new, unexpected hues. The triangles of dark paint at the sides help to guide the eye into the centre of the painting.**

For more than 500 years, artists had been working with the same basic painting media – egg tempera, oils and watercolours. Then, in the 1950s, a new type of paint arrived in the United States that was to revolutionise art. And, by a happy coincidence, acrylic paints emerged just at the moment when young abstract artists were seeking new ways to express themselves.

One advantage of acrylics over oils is that they can be used directly on raw canvas without the risk of harming the fabric. This was a technique employed by the American painters Helen Frankenthaler (b.1928) and Morris Louis (1912-62), who were leading figures in the Colour Stain movement of the 1950s. They poured and squeegeed dilute colour directly on to the absorbent surface of unprimed canvas to achieve translucent, overlapping 'stains' of colour that allowed the canvas weave to show through.

Meditative mood

The Colour Stain painters were contemporaries of the Abstract Expressionists and Action Painters and, as they were also creating non-figurative art, their work is often grouped with these schools. However, most Abstract Expressionists, such as Jackson Pollock (1912-56), Franz Kline (1910-62) and Robert Motherwell (1915-91), generally worked in oils, building up thick impasto layers of paint. This gave a rather agitated and even tortured feel to their paintings. However, Frankenthaler and, in particular, Louis, created a much more meditative mood in their art. In a Louis painting, you can relax and enjoy the waves of colour that seem to drift across the support.

Acrylics remained popular even when the loose, expressive approach to art in the 1950s gave way to a more considered, restrained one in the 1960s. Frank Stella (b.1936), a leading Hard Edge painter, used acrylics to create rigid compositions of straight bands of intense colour separated by fine lines of unprimed canvas (see right). He used masking tape to achieve his razor-sharp edges, brushing the paint on to the masked areas. Acrylics were ideal for this approach, as the paint dried quickly to form a flat, opaque surface without visible brushmarks.

Acrylics finally reached Britain in the 1960s. Bridget Riley (b.1931), a leading Op artist, had begun her career using ordinary household emulsion paints, but picked up on acrylics as soon as they became available. She combined the medium with masking tape to create optical illusions, with rigidly formed stripes and geometric patterns. On both sides of the Atlantic, Pop artists – including Andy Warhol (1928-87), Roy Lichtenstein (b.1923) and Peter Blake (b.1932) – used the flat, bright, instant acrylic colours to make an ironic comment on the popular culture and consumerism of the time.

It was David Hockney (b.1937), however, who – perhaps more than any other artist – popularised acrylics. The British-born Hockney was converted to acrylics when he moved to California in 1964, finding their intense colours and smooth opacity ideal for the vivid light

▼ **In *Portrait of Nick Wilder*, Hockney's characteristic use of flat areas of colour are in evidence in the sky, the building and even in the swimming pool.**

David Hockney "Portrait of Nick Wilder" 1966 Acrylic on canvas 72x72" © David Hockney

© ARS, NY and DACS, London 2004

▲ ***River of Ponds* (1968), with its brilliantly coloured, flat shapes and precise edges, is an example of Frank Stella's Hard Edge style of painting.**

of the West Coast. His famous 1960s paintings – such as *Portrait of Nick Wilder* (1966, left) or *A Bigger Splash* (1967) – were characterised by flat, unmodelled areas of paint. These images, with their almost abstract arrangement of colour and shape, had echoes of the Hard Edge paintings.

In the early 1970s, Hockney's style began to loosen and he began also to exploit the versatility of acrylics. In *Beach Umbrella* (1971), for instance, the umbrella is rendered by just staining the canvas with paint. This allows the weave of the canvas to show through, giving an uncanny resemblance to the texture of the umbrella fabric. Hockney also mixed acrylics with detergents to capture the elusive quality of sunlight playing on the water of his beloved swimming pools.

Eventually, his experiments led him back to oil paints again. In the mid-1970s, he wrote, 'When you use simple and bold colours, acrylic is a fine medium: the colours are very intense and they stay intense… But because I'm using oil paint again, I'm getting interested in texture. You can manipulate oil paint on the canvas, but you can't do that much with acrylics.'

California dreaming

Hockney has since used a variety of media, but he will perhaps be best remembered for his early acrylic work. In it, he seemed to create the definitive picture of West Coast America – this, ironically, from an Englishman. The images have a carefree optimism that seems peculiarly Californian and the use of bright acrylic paint is totally suited to the brash world of Los Angeles.

Working with acrylics

Acrylic paint is much more versatile than any other medium. Used straight from the tube, it handles like oil paint; when diluted, it handles more like watercolour. Here is just a sample of the techniques and effects you can achieve. You can take these further by adding mediums to the paints (see Using acrylic mediums, pages 44-45).

Glazing
Acrylic paints are ideal for applying successive layers of transparent colour. Because they dry so rapidly, and are waterproof once dry, you can paint one transparent colour over another in quick succession. The addition of gloss medium increases the transparency of the paint and enriches the colours.

Impasto
Paint applied straight from the tube or thickened with gel medium can be applied with a brush or painting knife to build up a thick, textured surface. Note acrylic paints dry fast, so you might want to add retarder in order to have more time to manipulate the paint.

Flat colour
Fluid acrylics have a high degree of opacity and can be easily brushed out to give flat, even areas of colour. This property is ideal for abstract techniques such as Hard Edge painting and Op art, which feature flat areas of pure colour with crisp, precise edges.

Staining
Here, fluid acrylic colour is poured and manipulated on unprimed canvas. The colours sink into this porous surface to give an even, matt stain of colour. The paint is controlled by tilting the canvas or using sponges, squeegees and brushes.

Collage
Acrylic paint is an excellent adhesive and can be used to bind papers, fabrics, sand and other materials to the support. Acrylic gel medium or texture paste can be used to stick larger objects.

Using acrylic mediums

Adding mediums to your acrylic colours can completely change the look of your pictures. You can make your paints glossy or transparent – or even create textured and sculptural effects.

▼ Thoroughly mix the medium and paint using a clean, stiff brush. If you are working with a palette, the mixing can be done on the flat surface, using either a brush or knife.

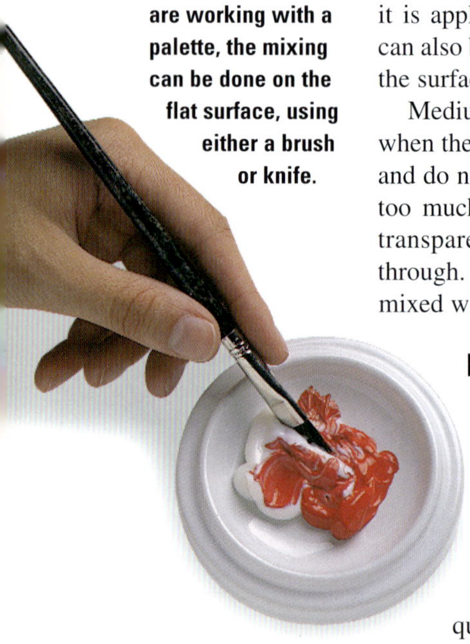

Used on their own, acrylics are opaque and can dry with a rather dull finish. However, there are a number of mediums that will alter the appearance and character of the paint, making it glossy, matt, transparent, textural or flat. These mediums are usually added to the wet colour before it is applied to the painting, although one or two can also be used to prime the support and to protect the surface of the finished picture.

Mediums appear cloudy in the pot or tube, but when they dry they become completely transparent and do not therefore affect your colours. However, too much of any medium will make a colour so transparent that the colour underneath shows through. On white paper, for example, a colour mixed with a lot of medium will appear paler.

Retarder and flow improver

If you find the quick-drying nature of acrylics difficult to handle, the answer could well be a retarder, which slows down the drying time of the colours by several hours. Remember, this medium is only effective if you paint fairly thickly – very diluted colours will dry quickly however much retarder you add to them. Use flow improver to help the paint spread more evenly and smoothly. This is particularly good for hard-edge painting when you are using masking tape, as the flowing colour remains thick enough not to run under the edge of the tape.

Gloss and matt

Gloss medium gives colours a shiny finish; matt medium produces a flat, unreflective surface. You can buy both in either fluid or gel form – the fluids improve the flow and make the paint easier to apply, the gels create slightly thicker colour. Both fluid and gel mediums increase the paint's transparency without making it thin and watery.

Fluid-type mediums are excellent for mixing glazes – for applying a layer of transparent colour over another colour so that the undercolour shows through. Depending on the effect you want, mix the gloss or matt medium with the glazing colour in a ratio of up to 10:1. Gloss medium is the general favourite for glazing because it produces particularly luminous, brilliant colours.

An alternative to varnishing

Fluid mediums can also be used to seal the canvas or paper prior to painting and used instead of a varnish to protect the surface of a completed painting. In both cases, apply the medium carefully with a

Making paint

Mixing your own acrylic paint is straightforward and should be done just before you start work. If you end up with more paint than you need, you can keep the mixture for a short time in a plastic airtight container.

1 ▸ Mix with powder Using a palette knife, mix dry powder pigment well with either gloss or matt medium to create your own painting colours.

2 ▸ Use it or lose it The mixed colours are ready to use immediately. Like manufactured paints, these colours dry fairly quickly – so mix only as much as you need for one painting session.

ADDING TEXTURES

Here are some of the textures you can make by adding various grains and particles to acrylic medium. The adhesive medium binds the texture-making substances, which can either be left in their natural state or painted.

Dry sand Scatter this on modelling paste for a medium-textured effect.

Sawdust and wood shavings Mix with gel medium for a soft, complex texture.

Fired clay Mix this with gel medium for a fine-textured result.

Grit and gravel Gel medium mixed with these will create a really rough effect.

large brush, using smooth parallel strokes. Take care not to do too much brushing, as you'll produce tiny air bubbles that affect the dried surface.

Impasto effects

Although paint thickened with gel medium will to some extent retain the shape of the brush marks, this will produce only a moderately textured surface. For a more dramatic textured effect you will need to mix the colour with acrylic impasto medium – especially good for knife painting and for covering areas with thick colour quickly.

For a really pronounced impasto, try using modelling, or texture, paste. This can be applied to build almost sculptural swathes of colour, which can be sanded or even carved when dry. Mix the paste with colour prior to painting or, alternatively, apply the paste on its own and then paint it when dry. Unlike other mediums, modelling paste is white and opaque and might slightly lighten the colour, so you should make allowances for this.

A word of warning: thickly applied modelling paste is not wholly flexible and can crack if used on a non-rigid surface such as canvas. Counteract this risk by mixing the paste with equal parts of gel medium. Also, the risk of cracking is reduced if you build up the paste in layers, allowing each layer to dry before applying the next, instead of working in thick wedges.

Making textures

Some mediums contain tiny particles of various inert substances to create specific instant textures. These include sand, flint, pumice and even tiny glass beads. The glass beads are often used for creating the effect of frothy air bubbles in water or adding decorative touches to the image.

Special effects

You can easily make your own special-effect mediums by adding gritty or granular materials to any one of the standard mediums (see Adding textures, left). All acrylic mediums are adhesive, so choose one to give the effect you want – gloss medium for a shiny texture, impasto medium or modelling paste for a thickly applied effect.

For example, to capture the effect of a sandy beach in a seascape, you might mix real sand with a little matt medium. You could then go on to experiment with sawdust, particles of clay and dust, or any other materials you can think of. You will be amazed at the difference a few creative textures will make to your pictures.

Make your own paints

Some acrylic artists never use manufactured paint, preferring instead the more direct approach of mixing powdered pigment with gloss or matt medium. As the mediums have no colour of their own, the pigment retains its full strength and intensity in the painting. The mediums are also flexible when dry, so your home-made paints can be used on canvas or paper.

▲ GLOSS AND MATT
For a shiny paint surface, add a little gloss medium to your acrylic colour (top). Matt medium mixed with the paint (bottom) will produce a more non-reflective surface.

Using oil mediums

For centuries, artists have used traditional natural materials to dilute their oil paints, and these are just as popular today. In addition, there are now other mediums that make painting in oils easier and more versatile.

Oil paint is wonderfully stiff and buttery when you squeeze it from the tube – perfect for textured effects but too thick for most other purposes. Fortunately, oils are easily diluted. The traditional method is to use a combination of oil and turpentine. You can also try oil mediums, which can be added to the paints to alter their consistency and give exciting effects.

Oil and turpentine

Real turpentine comes from pine trees and is one of the oldest solvents for diluting oil paints. Because the solvent thins the oil in the paint, the colours dry with a matt finish and, if a lot of solvent is used, it tends to dull the colours. For this reason, turpentine is usually used in conjunction with an oil to replace the lost sheen. Linseed oil is the most popular, although there are alternatives to both linseed oil and traditional turpentine.

Ideally, use a double dipper like the one below for the oil and turpentine. This small container clips on to the edge of the palette and is designed to minimise the risk of spills. Mix the colour on the palette, adding turpentine and oil with a brush until you have the consistency you want. If you need a large amount of diluted colour, mix it separately in a jar rather than on the palette. Note: avoid using a turpentine substitute or white spirit as an inexpensive alternative to real turpentine for thinning paint. Both these solvents tend to deaden the colours and produce a cloudy patina on the paint surface.

Painting 'fat over lean'

Oils should be applied 'fat over lean'. In other words, start by blocking in the subject with very thin colour diluted with turpentine. Gradually add more oil colour and less turpentine to the paint as the picture progresses.

► **A palette laid out with oil colours, oil mediums, turpentine and linseed oil.**

A Turpentine
B Linseed oil
C Oil colours
D Gel medium
E Liquid medium

MIXING OIL MEDIUMS WITH PAINT

TURPENTINE AND LINSEED OIL

Use a double clip-on dipper for the oil and turpentine. Dilute the colour by loading the brush from the dipper and adding to the paint.

GEL MEDIUM

Squeeze gel mediums directly on to the palette. Mix in the colour using a knife or a stiff brush. The mixture generally becomes stiffer if left to stand.

LIQUID MEDIUM

Pour the liquid medium on to the palette or into a container. Many mediums dry quickly, so don't use too much. Add to the colour, mixing with a knife or brush.

Using this method, the underpainting dries quickly without holding up the rest of the work, and the finished surface has a rich, glossy colour.

Other mediums

There are various specialist mediums designed to alter the paint for specific purposes. Depending on the product, a medium can make oil colours thicker or thinner, improve the flow, create a matt finish, or speed up the drying time of the paint. Some mediums are simply ready-mixed versions of traditional ingredients; others contain synthetic materials.

Colour thickeners

Thick mediums come in tubes, in gel or paste form. They can be squeezed on to the palette alongside the colours and added to the paint as required. For a very thick consistency, use a paste, but gels are best used where expressive brushwork is required. Mix the paint with the gel or paste and leave to stiffen before use. These mediums can also be mixed with a solvent to make the paint flow more easily.

Liquid mediums

Oil paint diluted with turpentine alone dries with a dull, matt finish, but if you add a little liquid medium, the paint will dry with a smooth, shiny surface. Most liquid mediums are also suitable for glazing – they dilute the colour to make it more transparent without affecting the glossy nature of the paint. Alternatively, buy a glazing medium made specifically for the purpose.

Despite their name, 'liquid' mediums are not necessarily completely liquid in consistency. Although some are quite runny, others are more like jelly. Small amounts of the latter can be poured directly on to the painting palette, but very liquid mediums are best kept in a separate container.

Trying out the mediums

If too much of any medium is added to an oil colour, it will inevitably alter the opacity and strength of the colour. Only by trial and error with a particular product will you find out exactly how much of the medium you can introduce without spoiling the particular result you are aiming to achieve.

Also, it is important to bear in mind that mediums are essentially additives which change the nature and chemistry of the paint. If you overdo them, you might reduce the durability of the completed painting.

▶ GLAZING
Mix the paint and glazing medium to the consistency of single cream and apply this to a dry undercolour. Some colours, such as lemon yellow, are naturally transparent and work particularly well in glaze mixtures.

'Painting' with graphite

With water-soluble graphite, you can combine the fluid finish of watercolour with controlled line work, as well as developing a range of tones.

◂ **Just a small amount of water will transform a graphite drawing into a monochrome painting with a watercolour look.**

Water-soluble graphite pencils, are very versatile drawing tools. When used dry for sketching and drawing, they behave exactly like ordinary graphite pencils. However, water-soluble pencils are capable of more than just straightforward mark-making on paper. If you brush a little water over an area shaded with soluble graphite, it dissolves to create a grey wash. Depending on the wash strength of the pencil (they are available in various grades), or on how much graphite was laid down in the first place, the wash can be very pale or velvety black. You'll find that your brush picks up a lot of graphite as you work, so keep rinsing it in water and wiping it clean.

Dark and light

Another way in which you can use a water-soluble pencil is to dip the lead into water and then draw with it. This makes very dark marks, ideal for emphasising details or filling in deep shadows. Hold the pencil almost upright so that the water can flow down more easily.

As with all watercolour painting, you should work from the light areas of the picture to the dark ones. If the brush picks up too much graphite and gives too dark a tone on the paper, you can rescue this by going over the same area with clear water to lift off excess graphite.

It is best to use watercolour paper with water-soluble pencils. Stretch the paper first to prevent it from cockling (blistering or puckering), or, if you don't intend to use lots of water, simply fix the paper to the drawing board with masking tape to keep it flat and smooth.

FIRST STEPS

1 ▸ Make an initial sketch Using a medium water-soluble pencil, draw in the line where the worksurface meets the tongue-and-groove background. You can then use the vertical boards as a measuring guide when you draw the folds of the soft tool bag and the angles and smooth curves of the tools.

YOU WILL NEED

Piece of 190gsm (90lb) NOT watercolour paper

3 water-soluble graphite pencils: medium; soft; very soft

Medium-sized soft round brush

Jar of water

2 ▾ Fill in tone on the bag Begin adding medium tone with hatched lines to define the folds of the bag. In the recesses of the folds, where the shadow is deepest, press harder with the pencil to give a darker tone.

4 ▴ Concentrate on details Complete the surface of the file with lines of cross-hatching. Shade in some very dark tone where the bag handle folds over. Define the zip and tag on the bag with hard, fine lines.

3 ▾ Develop the tools Darken the shaded surfaces of the tools, such as the inside of the plane handle. Indicate the pattern on the hammer handle and begin to show the rough surface of the file with diagonal hatched lines.

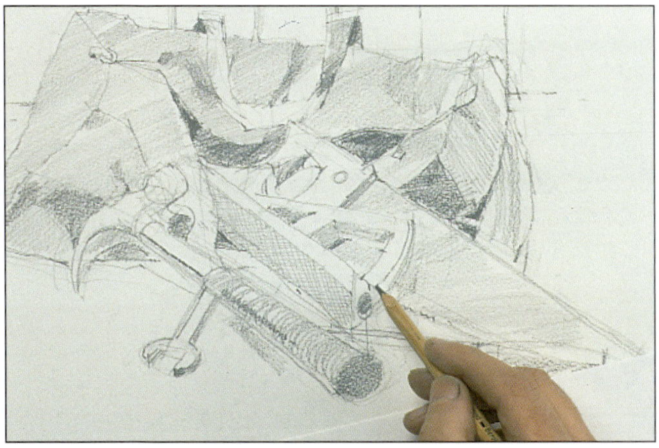

5 ▴ Tidy up the drawing Shade light tone over the saw and indicate some of the teeth. Follow the form of the hammer handle with curved lines and show its cast shadow. To complete the shading on the bag, hatch in medium tone and then change to a soft pencil to strengthen the darkest shadows. Firm up the hard lines of the tools.

ADDING WATER TO THE DRAWING

Once you feel that the overall tone of the drawing is correct, you have reached the exciting stage where you can begin to 'paint' with the graphite.

6 ▲ Begin using water Load a little water on to a soft round brush and use the side of the brush to wash over the bag, working from light areas to darker ones. The water smooths out the graphite shading to create a more uniform tone.

7 ▲ Shade the background boards Using the paper palette method described in Expert Advice below, brush a very pale wash of graphite over the tongue-and-groove boards behind the tool bag.

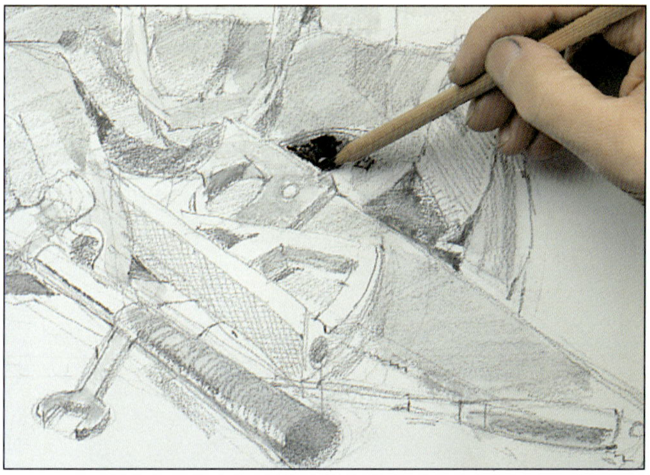

8 ◄ Develop the tone further Brush water over the saw and the hammer handle. Using the tip of the brush, paint water over the folds of the bag to give a dark watercolour effect. For the black interior of the bag, dip the lead of a very soft water-soluble pencil into water and shade with this.

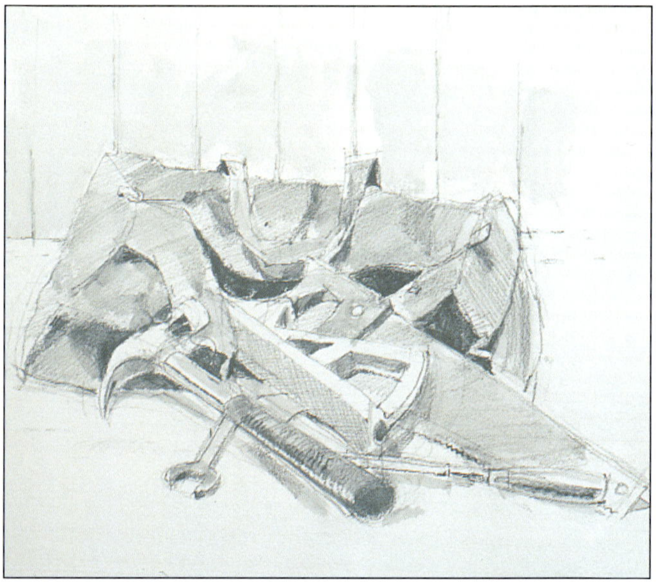

9 ▲ Continue with the wet pencil lead Emphasise all the darkest folds of the bag with the wetted tip of the very soft pencil. Returning to the brush, stroke water lightly over the rough surface of the file. Picking up graphite from a paper palette, develop the medium-toned shadows on the bag, and paint cast shadows under the chisel and hammer.

EXPERT ADVICE
Using paper as a palette

Instead of brushing water directly over your drawing, you can pick up pigment from a patch of graphite shaded on to a spare piece of paper. In this way, you can control the depth of colour more easily, especially if you want a very pale wash.

A FEW STEPS FURTHER

The drawing now shows various levels of tone, some achieved with a pencil used dry, some with a wash of water and the darkest with a wet pencil lead. You can add interest to the picture with some extra detail drawn with a wet pencil and brush.

10 ▶ Draw the fine lines Using the medium pencil dipped in water, draw fine, dark lines to strengthen the stitching on the bag, the edges of the zip and the edges of the handles. Accentuate the rivet on the saw handle and the pattern on the hammer handle.

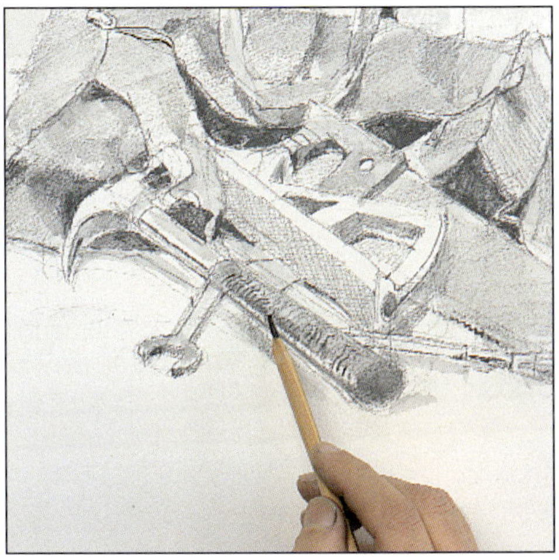

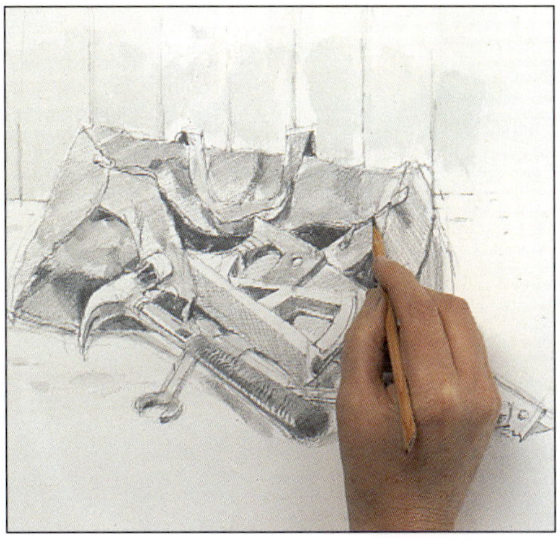

11 ▲ Add finishing touches Using a wet brush and a little graphite, very lightly show the knots in the wooden worksurface. Firm any edges, if necessary, with a wet pencil – for example, the top of the saw blade, the plane handle or the zip.

THE FINISHED PICTURE

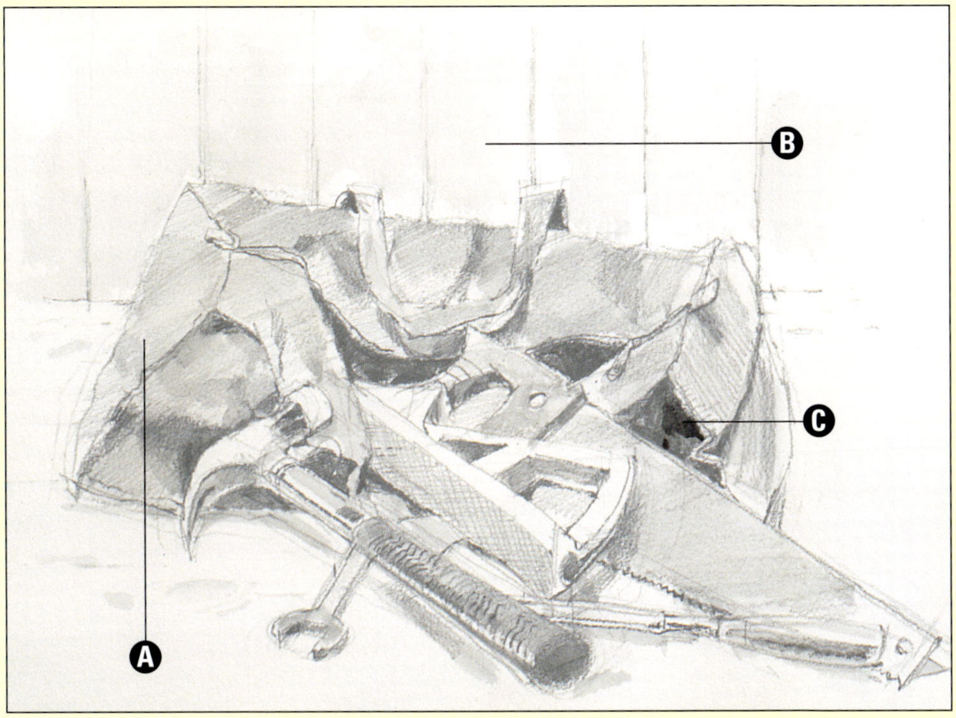

A Mid tones
The areas of medium tone, such as on the tool bag, were created by brushing water over dry graphite shading.

B Palest tone
The light wash on the tongue-and-groove background was achieved by using a wet brush tip to pick up graphite rubbed on to a piece of paper.

C Dark tone
Very black shadows in the creases of the bag were drawn in with the tip of a very soft water-soluble pencil dipped in water.

Drawing with fibre-tipped pens

Interpret the fascinating geometric pattern and sharp, spiky leaves of a pineapple with the crisp, decisive lines produced by a fibre-tipped pen.

Drawing with a pen requires a different technique from drawing with a pencil, charcoal, pastel or other softer medium. A pen gives a well-defined line that cannot easily be erased or altered, so you need to be decisive in your approach from the beginning.

There are many different types of pen available to the artist, ranging from drawing pens with fine tips for graphic designers to dip pens hand-made from goose quills and bamboo. Each has its own character and its own advantages and disadvantages to the artist, some pens being more suitable for precision work and others for freer interpretations of a subject.

The pineapple in this project was drawn with a fibre-tipped pen rather than a dip pen and ink. You'll find a wide range of fibre-tipped pens to choose from at any art shop. Ideal for line illustrations, cartoons and quick sketches, as well as finished drawings, these pens come in a variety of tip sizes, graded in numbers from the very fine 005 and 01 to the thicker 08 and 10. Versatile brush pens are also available if you want more flexibility. When working with a fibre-tipped pen, remember to replace the cap each time you finish using it, or it will dry out.

Use cartridge paper when drawing with a pen – you'll find the nib moves easily over its smooth surface.

Showing tone in pen

While you can show tone with a soft pencil or a stick of charcoal simply by shading with the edge or pressing hard, you'll need a different approach with a fibre-tipped pen as it creates lines which are all of a uniform thickness. One way to convey gradations of tone is to draw hatched lines either close together (for dark areas) or further apart (for paler areas). To create an even darker tone, add lines of cross-hatching as well. Alternatively, change to a pen with a thicker tip for areas of deep shadow.

◄ This pen drawing of a pineapple combines well-defined outlines with subtly drawn areas of tone to give a highly realistic finished image.

YOU WILL NEED

Large sheet of cartridge paper

3 fibre-tipped pens: 01, 07, 05

Bleedproof Designer's White

No.5 round brush

FIRST STEPS

1 ▸ Make a sketch Holding one of the pens vertically, compare the height of the pineapple to the height of its leaves – the proportion is about half and half. Using an 01 pen, begin to sketch the pineapple, some of its leaves and the paper bag underneath it. Draw the body of the pineapple as a smooth oval, marking diagonal lines across it to help you interpret the regular growth pattern on the skin.

2 ◂ Map out the pattern Notice how the pattern on the pineapple forms a diagonal grid. Sketch in the crossing diagonals, curving the lines slightly to show the pineapple's rounded shape.

3 ▴ Develop the leaves and pattern Draw more leaves, checking that they emerge symmetrically from the top of the pineapple by lightly marking a centre line through the fruit. Hatch in a little dark tone where the leaves are in shadow. Begin to draw some of the distinctive segments inside each diamond shape on the pineapple.

EXPERT ADVICE
Trying out the pattern

Practise sketching a small section of the pineapple's pattern before you begin the drawing. Each segment is based on a simple diamond shape. Build it up with a short, flat base, a point at the top and curves at the sides. Draw a horizontal line across the shape – the small spike sticks up from this with two lines below it.

HOW TO DEVELOP TONE

As the pineapple is in shadow on the right, you will need to develop darker tones on this side of the fruit. With fibre-tipped pens, the most effective way to achieve gradations of tone is with hatching and cross-hatching.

4 ▸ Shade with a thicker pen Change to an 07 pen and fill in the darkest areas of shade on the leaves and where they cast shadows on the pineapple. Return to the 01 pen to hatch in light tone across the shaded right-hand side of the fruit. Create texture with cross-hatching and add the spikes visible along the right-hand edge.

5 ◂ Define the segments further Use an 05 pen to work on each segment individually, emphasising its features. Then change back to the 01 pen to hatch in a little light shading on the left side of the pineapple.

6 ▸ Work on the shadows Show the creases on the paper bag with directional lines and, changing to the 07 pen, fill in the dark tone with firm hatching lines. To depict the dark shadow under the bag, make long, feathered strokes with the 05 pen. Use the finest pen to build up the shadow of the pineapple with light, well-spaced hatching.

7 ▴ Return to the leaves Render areas of tone on the leaves with parallel marks made with the 05 pen, keeping the look crisp and well-defined. Work the lines close together for dark tones and further apart for medium tones. Add the softest tones to the leaves with the 01 pen. These hatched lines also suggest the fibrous nature of the leaves.

A FEW STEPS FURTHER

Apart from a few minor tonal adjustments, the illustration of the pineapple is finished. In spite of being built up entirely with line work and cross-hatching without any really solid shading, it is a very realistic image.

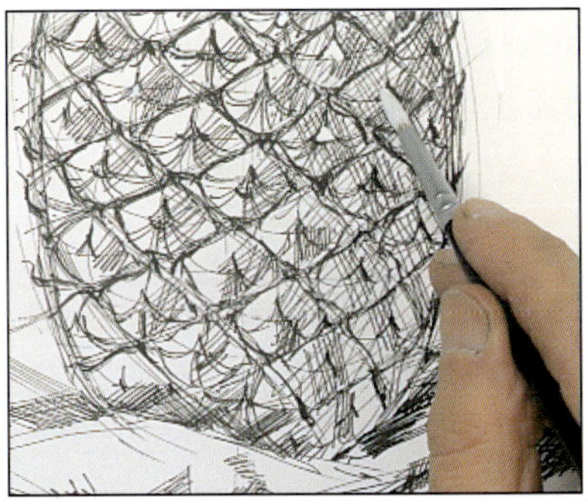

8 ▲ **Add highlights** If you want to add a few highlights to the drawing, you can blank out some of the pen lines with an opaque white liquid called Bleedproof Designer's White. Pick up a small amount on a No.5 round brush and dab it on to the tips of the spikes to make them catch the eye. You can also remove the early construction lines around the pineapple by painting over them with this liquid.

9 ▲ **Darken the overall tone** Outline the segments on the pineapple's skin with the 07 pen. Changing back to the 01 pen, darken the pineapple's right side, especially at the upper and lower edges, with more cross-hatching.

THE FINISHED PICTURE

A Regular pattern
The distinctive pattern on the skin of the pineapple was built up gradually, using a diamond-shaped grid as a guide.

B Graded tone
Variations in tone on the surface of the pineapple were achieved with hatched and cross-hatched lines drawn either very close together or further apart.

C Light shadow
Long, fine lines made with a sweep of the wrist created a patch of light tone to represent the shadow cast by the pineapple on to the horizontal surface.

Using graphite sticks

The bold, expressive marks of chunky graphite sticks are perfect for capturing the hustle and bustle of this quayside fish market.

Markets are always full of life, with interesting characters manning the stalls and a variety of produce on display, making them an inspiring subject for a drawing. As there is constant movement in a market, make a few sketches on the spot first or take some photographs to capture the scene, then work from these later at home.

A broad medium

Graphite sticks are useful drawing tools for this type of subject, in which an overall impression of the hustle and bustle is more important than fine detail. These chunky sticks are made of compressed and bonded graphite and produce broad lines and bold shading, ideal for sketching the shapes of figures in a crowd or suggesting the features of distant buildings. If they are well-sharpened, they can also be used to add the odd detail.

▶ Lively marks and loose blocks of tone made with graphite sticks give this drawing a spontaneous, sketchy quality.

USING THE PUSH-DOWN LEAD PENCIL

Graphite sticks can be rather messy to take with you when you are sketching outdoors. For preliminary sketches, try using the push-down lead pencil (right) given away with this issue. The lead can be retracted when not in use and the clip allows you to simply pop it into your pocket. Try to get into the habit of carrying it around so you can practise your drawing in free moments.

YOU WILL NEED

- Piece of cartridge paper
- 2 graphite sticks: 9B and 4B
- Pencil sharpener
- Glasspaper
- Putty rubber

▶ **Graphite sticks come in various grades and shapes. Some have a casing to protect your hands. They can be sharpened with a pencil sharpener or by rubbing the tip on glasspaper.**

FIRST STEPS

1 ▶ Set the scene Using a 9B graphite stick, draw the verticals of the buildings in the background and the tall lamp-post in front of them. Then put in the roof-line. Sketch in the main activity in the mid and foreground – the woman and her stall, some of the passers-by and the parasols. Outline the boxes of fish on the road.

2 ▲ Fill in some tone Change to a 4B graphite stick and block in some medium tone on the stallholder's jacket. Very loosely, scribble in a little tone to indicate the dark clothing of the passers-by. Use long, light strokes to shade the walls of the buildings.

3 ▲ Continue shading Block in the shadows cast on the road by the stall and by the figures on the left. With the 9B graphite stick, work across all the figures, shading in dark tones on their clothing and hair. Use heavy strokes to draw the legs of the stall, then rough in the lettering on the side.

4 ◀ Work across the picture Using the tip of the 4B graphite stick side-on, block in the dark area of road on the right (see Expert Advice). Begin shading some of the roofs and windows of the buildings, and suggest the windows on the left with a grid of lines. Fill in light tone on either side of the lettering on the stall, then shade in the dark stripes on the parasol.

GIVING THE SCENE CHARACTER

Once the main outlines and tonal areas have been established, start adding character to the scene. Develop the people and the buildings with loose strokes, keeping any slightly more detailed work for the fish stall and traders in the foreground.

5 ▶ Put in some detail Build up tone on the hair and clothing of the figures in the middle ground. Darken the stallholder's boots and jacket with heavy black tone. Suggest the fish on the stall and in the box with dashes of the 4B graphite stick – this is a shorthand way of describing the pattern they form.

6 ▲ Develop the buildings Pick out the architectural features of the buildings in slightly more detail, but keep the overall effect simple so that you don't detract from the action in the foreground. Outline more windows with simple crossing lines and shade in the dark areas on the roofs. Draw the canopies over the windows of the hotel in the centre.

7 ◀ Work on the lettering Change to the narrow 9B graphite stick for this detailed work. Fill in around the outlines of the letters, so that they show up as white against a dark background – press hard with the stick to make a good, dense black.

EXPERT ADVICE
Blocking in large areas

The chunky tip of a graphite stick used side-on is ideal for filling in large areas of tone quickly. Each sweep of the stick will make a broad rectangular mark, and you can layer these to build up texture and tone in the drawing.

8 ▲ Add overall definition Sharpen the profile of the stallholder by darkening the clothing of the woman behind her, then add some linear details to her jacket. Dash in short vertical lines for the windows on the distant buildings, then indicate some of the balconies. Check the tones of the buildings, darkening them where necessary. Add more fish to the left-hand box and draw the plastic sheet in the box on the right.

A FEW STEPS FURTHER

There is always room for a little more detail in a busy scene such as this – the thinner graphite stick will produce quite fine lines.

9 ▶ Refine the details Give more character to the two figures in the foreground by outlining their profiles with a well-sharpened 9B graphite stick. Darken a few of the windows with heavy strokes.

10 ▲ Lift out tone Check the tones over the whole drawing. If you want to lighten any previously shaded areas – for example, the white coat – you can lift off the graphite by using a putty rubber.

THE FINISHED PICTURE

A Groups of people
The clusters of figures in the middle ground were suggested with simple, sketchy marks that indicated just the rough shapes of the bodies.

B Facial detail
Although basically a broad medium, a graphite stick was sharpened finely enough here to give a precise outline to the woman's profile.

C Quick shading
Large areas of tone, such as the dark road in the foreground, were quickly and easily rendered with a graphite stick by using the tip on its side.

Drawing with ballpoints

The everyday ballpoint pen, or Biro, is not usually considered an artist's medium, but this humble writing tool has much to recommend it.

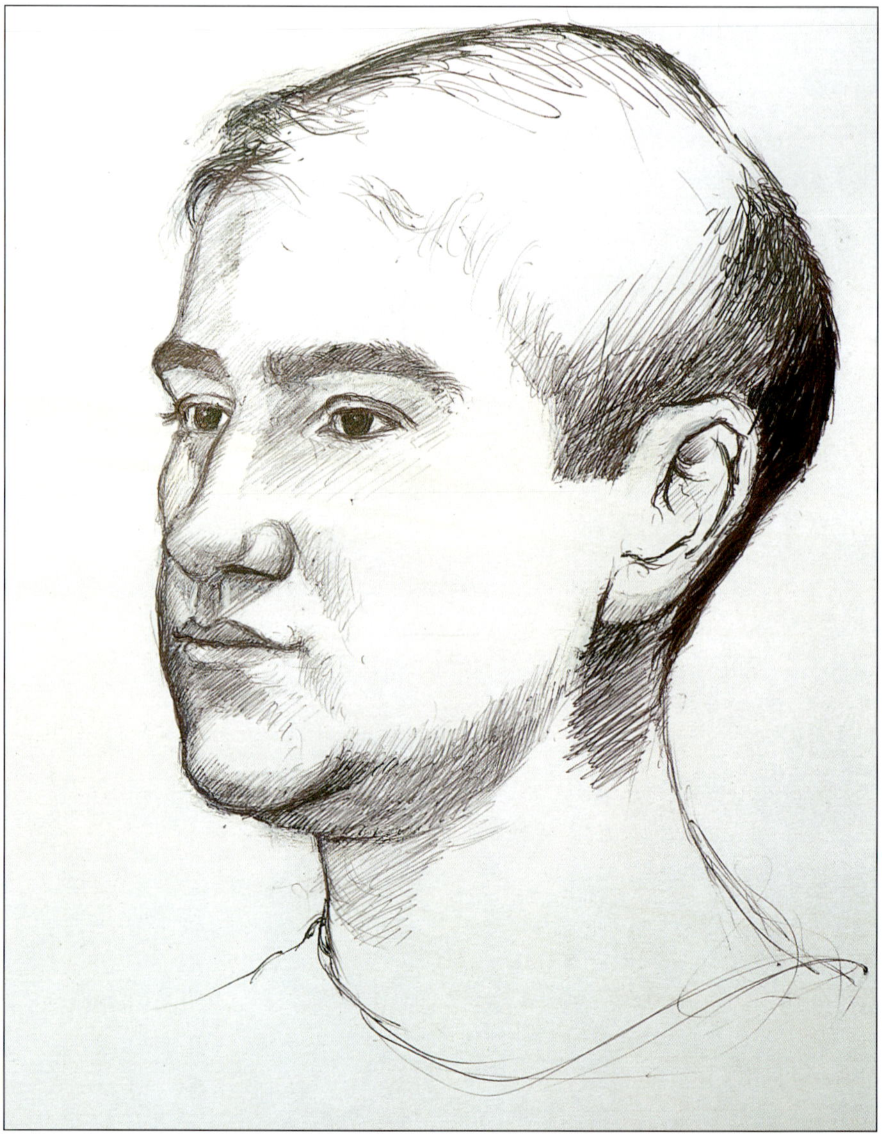

▲ **A combination of ballpoint, rollerball and fibre-tip pens was used for this portrait.**

Ballpoint pens, invented in the 1930s by Hungarian journalist Lazlo Biro (1899-1985), make interesting, if slightly unconventional, drawing tools. They have many advantages, as they are cheap, easily portable, and can be used on most types of paper.

Black and blue

For the artist, black is probably the most useful ballpoint shade. It gives a strong, positive image, as you can see from this portrait. And it is also the least likely to fade.

Blue, although not quite as lightfast, makes a useful alternative colour for the artist, creating a brighter and perhaps more unusual effect. Experiment by trying a little sketching and drawing with both colours to see which you prefer.

Fine lines

Ballpoints produce fine lines of consistent width – you can't vary the character much by applying more or less pressure to the pen. The line has a wiry, mechanical quality and is ideal for hatching, cross-hatching, scribbled hatching and stippling. Even the broken line of a pen that is about to run out can be exploited.

In the portrait, the darker areas of shadow were applied with black rollerball and fibre-tip pens. These produce marks that are significantly bolder than the ballpoint lines, and so create a strong contrast of tone.

YOU WILL NEED

Piece of cartridge paper 35.5 x 25.5cm (14 x 10in)

3 black pens: Ballpoint; Fibre-tip; Rollerball

Bleedproof white gouache paint

No.4 round brush

FIRST STEPS

1 ▸ Establish the left eye Using the fine black ballpoint pen, locate the sitter's nearer (left) eye – this is the pivot for the entire portrait. Draw the edges of the lids and the line of the eye socket. Outline the iris and hatch shadows under the eye and beside the bridge of the nose. Sketch in the curve of the eyebrow.

TROUBLE SHOOTER

WHITE IT OUT

Ink from a ballpoint pen can't usually be erased, so check proportions and angles before you put pen to paper. If you do need to hide a mistake, you can cover lines with some bleedproof white gouache. Here, it is applied with a No.4 round brush.

2 ▾ Develop the eye Darken the iris, leaving a highlight to give sparkle to the eye. Develop the eyebrow and indicate the lower lashes. Start to build up the tone, using loose hatching.

3 ▾ Position the second eye Measure with your pen to locate the position of the right eye, which is partially hidden behind the bridge of the nose. Establish the upper and lower lids, the pupil, the iris and the curve of the eyebrow.

4 ▾ Draw the nose Use your pen to measure the length and width of the nose. In this view, the base of the nose looks broader than the eye. Add dark tone under the nose to make the tip advance and the underside recede.

DEVELOPING THE FEATURES

Continue working up the features to complete the face, then start to work outwards to establish the shape of the whole head.

5 ▸ Add the mouth Lightly sketch the edge of the right cheek, using short pen strokes – these are easier to correct and look more natural than a single hard line. Draw the outline of the lips and the indentation between the nose and top lip.

6 ▸ Work on the face Finish drawing the mouth and plot the line of the chin. Add shadows on and around the lips and on the tip of the chin. Work across the drawing, developing the graduations of tone. The sitter has dark, well-defined eyebrows, so use small strokes of the ballpoint pen to add more texture and tone to these.

7 ▾ Plot the skull Add shadow under the right eye. Now outline the skull and ear. Notice how the skull is an egg shape, broader at the top. Note, too, how the top of the ear lines up with the eyebrow while the bottom aligns with the area under the nose.

8 ▴ Develop the skull Continue working on the head, adding the dark shadow at the back of the skull that helps to convey the volume and roundness of the form. Use regular hatched strokes for this.

9 ▸ Define the left eyebrow Use bleedproof white gouache applied with a No.4 round brush to tidy up the outline of the left eyebrow. Apply the white paint above and below the brow. Leave to dry.

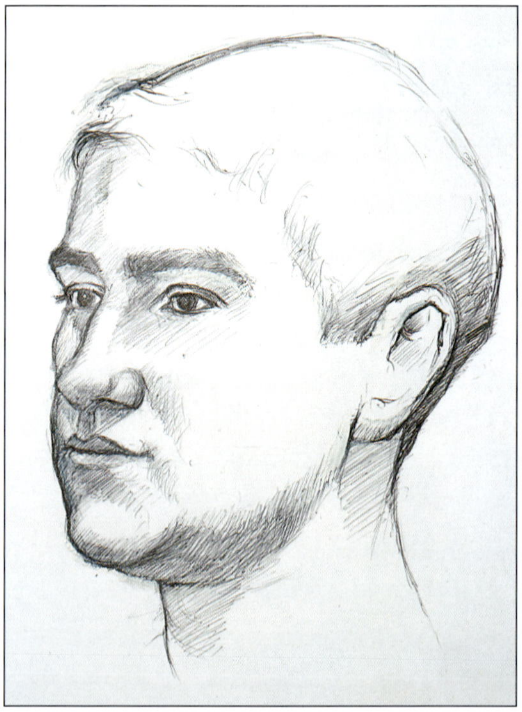

10 ▴ Add more tone Using regular hatched strokes, apply the shadow cast by the ear on to the neck, and the shadow within the whorl of the ear. Use a curving stroke for the shadow under the jaw to suggest the softness of the flesh. Add light shading across the forehead.

A FEW STEPS FURTHER

Stand back and review your progress. The likeness is excellent, and the head has a sense of solidity and volume. Study the way the light falls across the sitter's head and consider developing the tonal contrasts in the finishing stages.

11 ▸ Add more tone and texture A black fibre-tip pen gives a darker, more emphatic mark. Use it to add definition to the shadow at the back of the head.

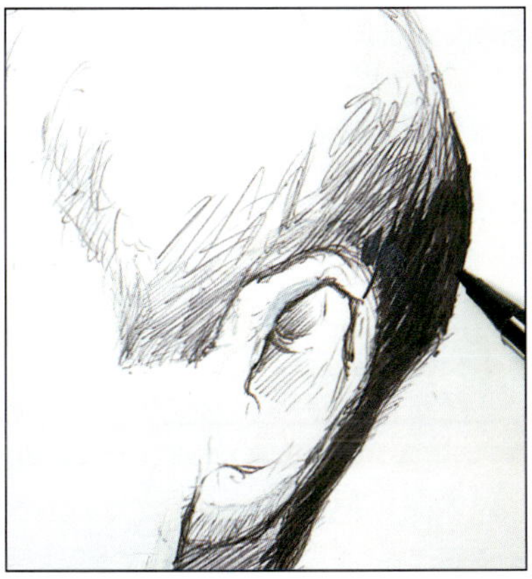

12 ▲ Suggest the hair Using a black rollerball pen, make loose, scribbled marks to indicate the hair on the top of the head. It isn't necessary to work up the hair over the entire head – simply indicate its texture at key points, such as the crown and around the ears, and the viewer's eye will fill in the areas between.

THE FINISHED PICTURE

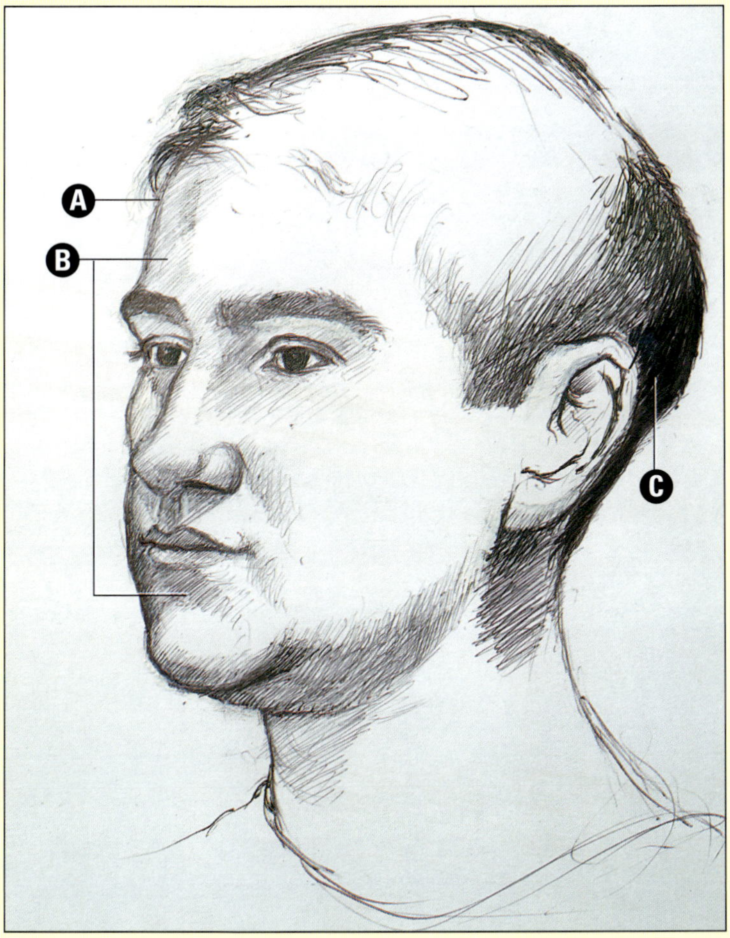

A Broken line
The outline was built up from an overlapping series of short lines applied with the fine tip of a ballpoint pen.

B Hatched tones
Mid and dark tones were created with closely laid hatched strokes – straight and regular on flat planes such as the forehead, and curving around more rounded surfaces such as the jaw.

C Fibre-tip for emphasis
The darkest darks – at the back of the head – were applied with a fibre-tip pen. This has a blacker line that is more fluid and less wiry than the marks of the ballpoint.

Watercolour mediums

If you would like to experiment with watercolour, try mixing it with some of the special additives that change the character of the paint.

The fluid nature of watercolour means that it is ideal for creating washes of translucent colour and delicate tones. However, this is by no means the end of the story. You can actually change the consistency of watercolour by adding one of several mediums to the paint. In this way, your colours become more versatile and you will be able to invent many different textures and surfaces. For example, watercolour mixed with the appropriate medium can be used with masking tape, painted in stiff peaks and even applied with a knife.

Gum water and gum arabic

Gum water and gum arabic are useful additives that enhance both the colour and texture of watercolour. A little of either medium mixed with the paint will give a rich gloss to the picture

WATERCOLOUR MEDIUMS
Choose a watercolour medium to make the colour thicker or thinner; to improve the flow; to slow down or speed up the drying time; to get a glossy finish; or to paint impasto textures.

- **A Thickening paste**
- **B Gum water**
- **C Gum arabic**
- **D Glycerine**
- **E Ox gall liquid**
- **F Drying medium**

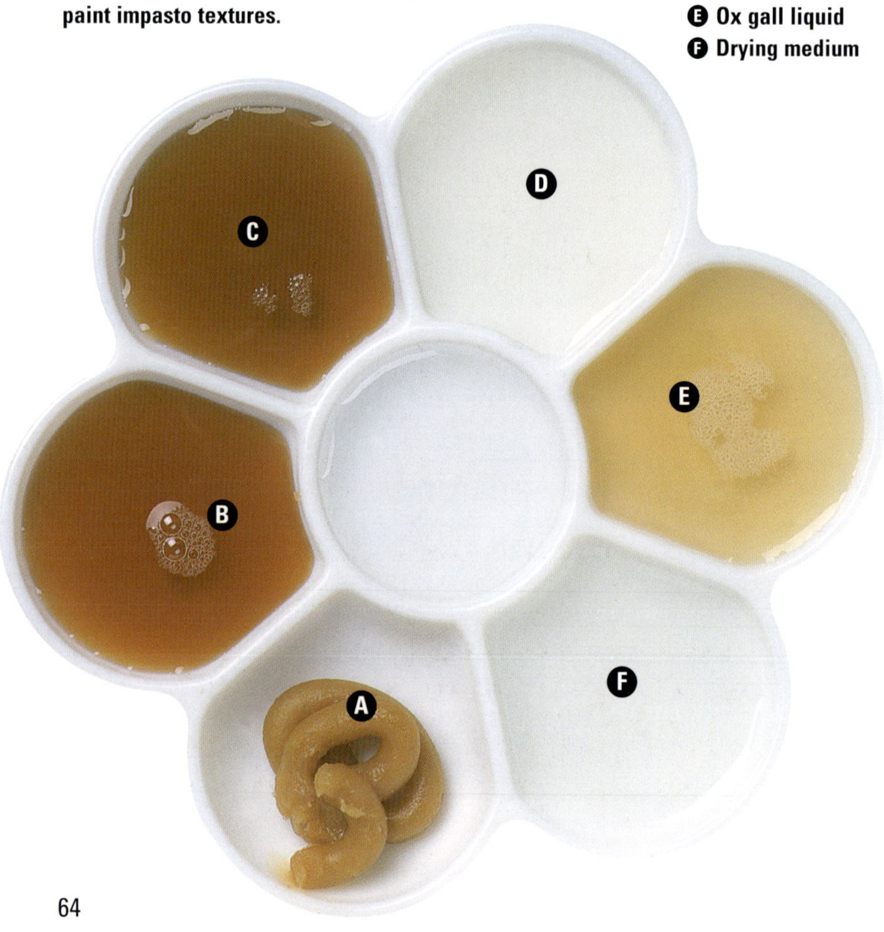

USING GUM ARABIC

To achieve a glossy sheen, add a little gum arabic to the diluted watercolour with a brush, then try the following experiments.

MOTTLED PATTERN
Drops of water applied with a small brush will dissolve dry, thickened colour and disperse the pigment particles to create this attractive mottled texture.

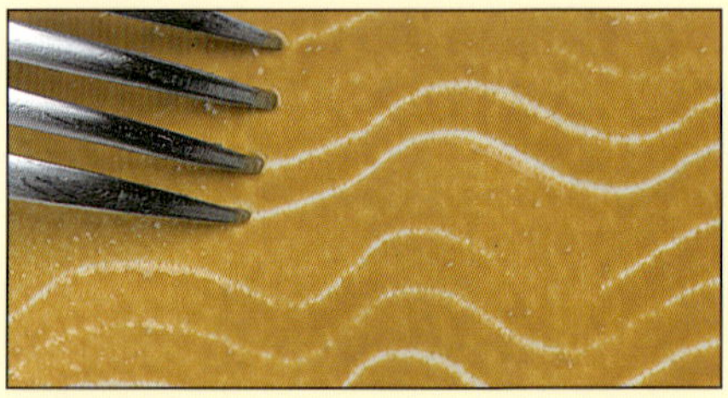

SGRAFFITO
Use a fork or other sharp tool to scratch patterns into wet, thickened colour. The white paper or underlying colour will show through the paint.

SPATTERING
Using a toothbrush, flick clean water on to dry, thickened colour. Wait for a few seconds until the water has had time to dissolve the colour, then blot the excess.

MASKING TAPE
Press strips of tape firmly down on the paper and apply the thickened colour. When the colour is dry, carefully peel back the tape to reveal the crisply painted stripes.

THICKENING PASTE

Stiffer than gum arabic, thickening paste is particularly suitable for impasto watercolour and other highly textured effects. As it is often translucent rather than transparent, too much of the paste can affect the colour of the paint and produce a cloudy effect. Once watercolour paint has been thickened with this medium, it can then be applied with a painting knife as well as with a brush.

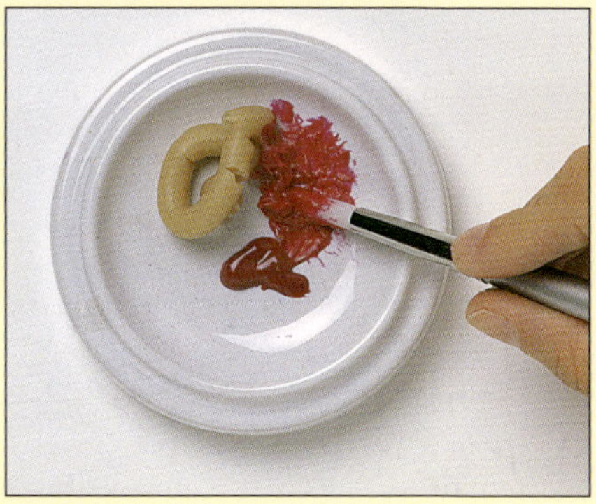

MIXING
Blend the paste and colour together well using a stiff brush. If the mixture is too firm for your purpose, add a little water.

IMPASTO
Use the flat blade of a painting knife to apply thick layers of colour and to create wedges of overlapping paint.

SGRAFITTO
Pronounced ridges and other scratched patterns can be made using a fork, comb or other implement on the wet colour.

BRUSH MARKS
Thick colour retains the marks of a stiff brush so experiment with different types of brush stroke – dabs, swirls, and so on.

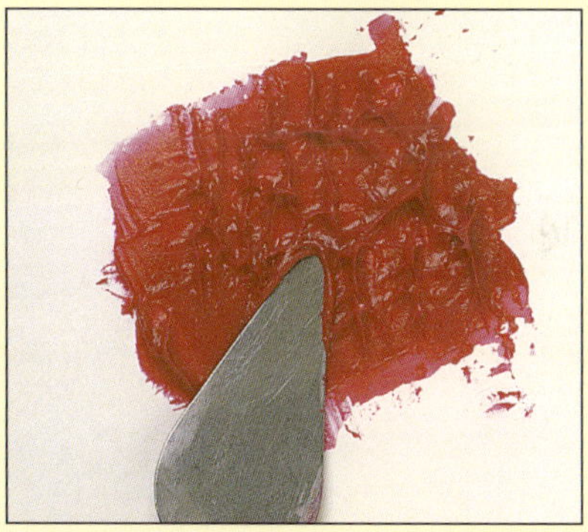

STIPPLING
Pat the wet colour with the flat blade of a painting knife to create raised peaks of colour in a coarse, stippled effect.

surface. Both mediums can be spattered or sprayed on to an area of dry colour to create a speckled or mottled texture.

Gum arabic is less fluid and more viscous (sticky) than gum water. When watercolour paint is mixed with gum arabic, it can become stiff enough to hold the shape of brush marks. The thickened colour allows you to create other surface textures such as combing or stippling. However, too much gum arabic will make the paint jelly-like and too slippery to be workable.

Thickening paste

For a heavy impasto effect, try adding thickening paste to your watercolours. The resulting mixture can be so stiff that it looks quite unlike traditional watercolour paint – in fact, many purists disapprove of the additive for this reason. However, it is always fun to experiment, and watercolour applied with a painting knife is certainly an intriguing idea. Also, if used discerningly on selected areas of a painting, thickening paste can add textural interest and enhance the surface of the paint without detracting from its more classical qualities.

Thickening paste comes in tubes and looks similar to equivalent mediums made for oil and acrylics. Take care, when purchasing the medium, to buy a product that is made specifically for watercolour.

Flow improvers

Ox gall medium is the best known of the 'flow improvers', which are used to disperse colour evenly, particularly in washes and wet-in-wet techniques. It is a brownish-yellow liquid originally made from the gall bladders of cows and is normally added to the water rather than to the paint. Although still available, real ox gall has generally been replaced by synthetic alternatives.

In addition to ox gall, a number of other proprietary mediums are available to improve the flow of watercolour and to disperse the pigment evenly.

Drying mediums and retarders

If you have ever tried painting wet-in-wet on a very hot day, when the colour dries as soon as it touches the paper, you will appreciate the value of glycerine. A few drops of this heavy, honey-like liquid added to the watercolour will keep your painting moist and workable for considerably longer by delaying the natural drying time of the paint.

Conversely, watercolour paint dries surprisingly slowly in damp and humid conditions. This can be frustrating, especially if you are waiting to apply colour to a dry surface. Happily, you can speed up the drying time by using a proprietary drying medium. Alternatively, a few drops of alcohol added to the paint will also have the same effect.

Using mixed media

Once you feel confident using a range of drawing and painting materials, try combining two or more of them in a single image.

YOU WILL NEED

- Short lengths of tree branch with interesting patterns
- Sheet of rough-textured paper
- 6B pencil
- 5 oil pastels: Cadmium yellow; White; Flesh tint; Light brown; Black
- 2 watercolour paints: Sepia; Ivory black
- Brush: No.3 round

Certain media, such as pastels and watercolour, or charcoal and chalk, work well together because their different qualities enhance or complement one another. By using a combination of different media and techniques, it is possible to create optical and textural effects that will broaden the range of your work. It is exciting to experiment to see the results that can be achieved and to decide which suit your style. In the three projects that follow, the aim is not to create finished pictures but to make a series of quick studies from nature by experimenting with mixed media. You can combine different drawing media, a mixture of painting media, or even a combination of both. The idea is to use your creative imagination to interpret patterns and textures with a range of materials that you feel are compatible with the subject.

PROJECT 1

Making studies of found objects is an absorbing exercise that will develop your powers of observation and your ability to draw well.

These tree branches have interesting surface patterns that lend themselves well to a mixed media approach. Try homing in on a small area of the subject and enlarging it on the page.

1 ► Draw the outlines Decide which parts of the branches you are going to concentrate on and lightly sketch their outlines using a 6B pencil. Map in the 'snake-skin' pattern on the right-hand branch.

▼ Isolated areas of bark pattern can have a fascinating abstract quality.

2 ◄ Work on the right-hand branch The base colour of the right-hand branch is a bleached yellowish-white. Recreate this using pastels, applying strokes of cadmium yellow, white and flesh tint on top of each other, and then blending them together with your finger to create a thick, even layer of colour. Leave the dark patterns untouched for the moment.

3 ▲ Work on the left-hand branch Add colour to the left-hand branch, using overlaid strokes of flesh tint, cadmium yellow and light brown. Mix light brown with black for the dark areas, and with white for the light areas. Blend white pastel into the pencil outlines to soften them.

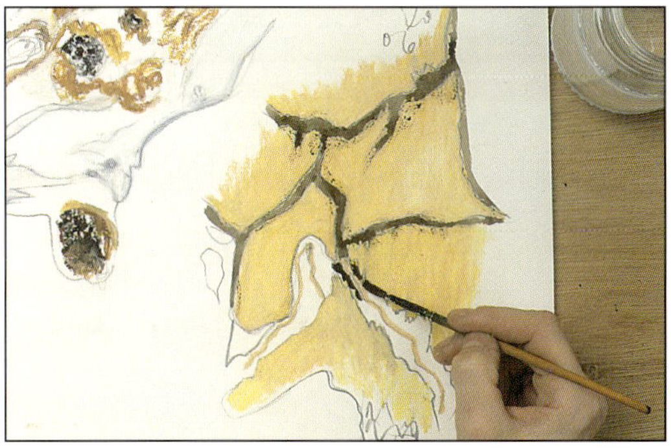

4 ▲ Add lines with watercolour Returning to the right-hand branch, fill in the dark lines with sepia watercolour, using a No.3 round brush. Go over the edges of the drawn lines slightly – the surrounding pastel resists the paint, which dries in feathery streaks. Use the same method to add small, random marks to the pastel areas between the dark lines. Leave to dry.

5 ▲ Complete the left-hand branch Return to working on the left-hand branch. Mix a dilute wash of sepia and ivory black and brush this over parts of the branch, leaving some areas of bare paper to indicate bleached wood. While the paint is still wet, draw lines and whorls with the 6B pencil, pressing quite hard so that the paper is slightly indented.

6 ◄ Complete the right-hand branch Close observation of the branch on the right shows long, vertical, slightly wavering lines over the pale areas of bark. Finish off the sketch by drawing these lines over the blended pastel areas with the 6B pencil. This extra definition gives a subtle indication of texture and detail to the bark, and makes the study more realistic.

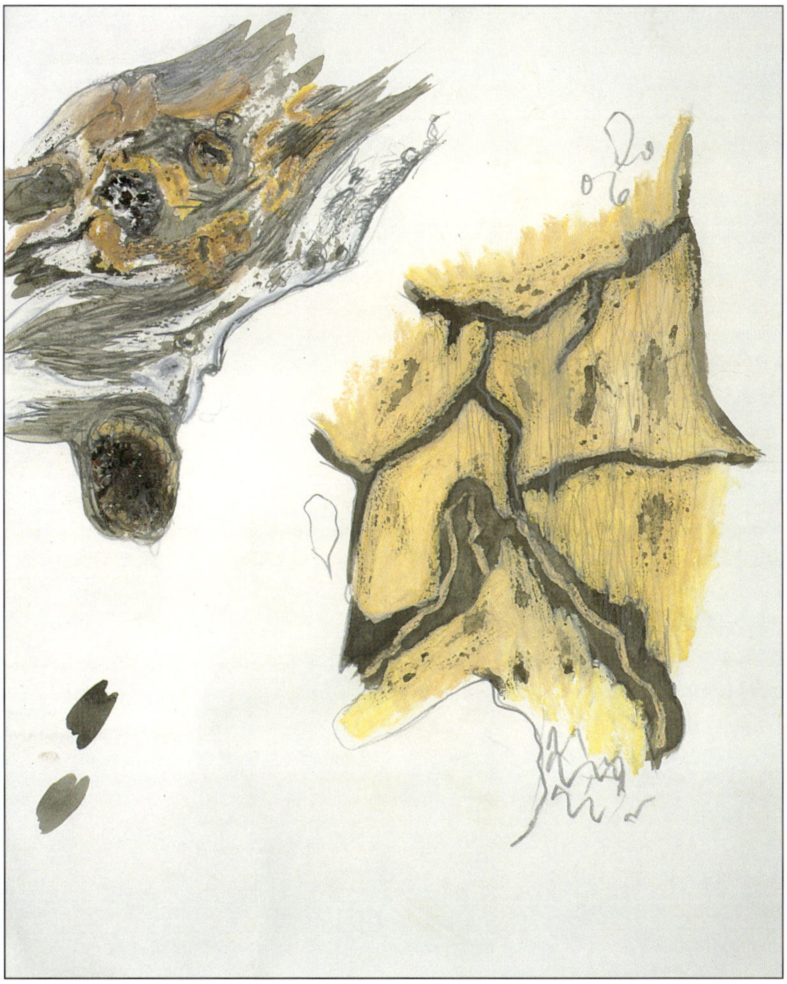

7 ▲ The finished study Although this mixed media exercise is a study rather than a finished image, it conveys a strong sense of form and pattern, based on direct observation from nature. The use of watercolour with pastels conveys the natural, organic appearance of the bark.

PROJECT 2

An irregular fragment of tree bark with a rough, peeling surface is the inspiration for this study. To create a realistic image, a sheet of paper is first placed over the bark and rubbed gently with a soft graphite stick so that the texture comes through – a technique known as 'frottage'. The image is then built up in colour, using watercolour, soft pastels and coloured and graphite pencils.

▲ **The intricate texture of this bark is recreated using four different media.**

YOU WILL NEED

- Piece of bark
- Sheet of cartridge paper
- 6B graphite stick
- Putty rubber
- 3 watercolour paints: Sepia; Ivory black; Chinese white
- Brush: No.12 round
- 2 soft pastels: Burnt umber; Sap green
- 5 coloured pencils: Vandyke brown; Golden brown; Copper beech; Scarlet lake; Cedar green
- 6B pencil

1 ► **Use the frottage technique** Lay a sheet of paper over the tree bark and gently shade with a 6B graphite stick until the texture of the bark is revealed. Use small, localised movements with the stick rather than long sweeping ones, and don't press too hard.

2 ► **Soften the marks** Use the corner of a putty rubber to soften the textural marks made in step 1 and lift off some of the graphite so that it doesn't mix with the watercolour wash that is to be applied at the next stage. Do this very gently, with short dabbing motions, so that the texture of the bark is still visible – if you pull the eraser right across the paper, the marks will disappear.

3 ▲ **Add a watercolour wash** Apply a thinly diluted wash of sepia and ivory black watercolour paints over the bark, using a No.12 round watercolour brush. The bark has a silvery sheen in places – suggest this by applying thin washes of Chinese white to these areas while the previous wash is still slightly damp.

4 ▲ **Start to suggest texture** Define the rough surface of the bark and the warmer brown tones using a pastel stick in burnt umber. Use the tip of the pastel to make short vertical lines and the side of the pastel to make broader, horizontal blocks. Then do the same with a sap green pastel.

5 ▼ Continue building up the texture Work on top of the pastel marks, using coloured pencils to add small lines and marks that suggest the cracked and peeling texture of the bark. Here, coloured pencils in Vandyke brown, golden brown and copper beech (which provide dark, light and medium shades) are being used, along with touches of scarlet lake and cedar green.

6 ▲ The finished study The study is completed by using graphite once again, this time in the form of a 6B pencil. Press hard with the pencil to suggest the edges of the flaking pieces of bark.

PROJECT 3

Using a piece of tree bark once more, this three-dimensional interpretation involves working over a thick layer of PVA glue with pastels and acrylic paint. These bond with the dried surface of the glue to create random, mottled patterns that magically suggest the rough texture of the bark. The final details are added using graphite and coloured pencils.

▶ This chunky piece of bark has a tactile, sculptural quality that offers a special challenge.

1 ▲ Draw the bark and apply the glue Use a 6B pencil to draw the bark, varying the pressure to create light and heavy lines. Observe which areas have the heaviest texture and pour PVA glue over these parts of your drawing, using the bottle as though it were a drawing tool. Let the glue form ridges that stand proud of the surface.

2 ▲ Create a 3-D surface Recreate the bark's gnarled texture by using a flat hog's hair brush to move the glue around on the paper. Make stabbing marks in the surface of the glue or dab the brush with a stippling motion, leaving some areas raised. Allow to dry overnight.

YOU WILL NEED

Piece of bark with interesting texture

Sheet of thick cartridge paper

6B pencil

6B graphite stick

PVA glue

Large flat hog's hair brush

2 soft pastels: Burnt umber; Raw umber

2 coloured pencils: Vandyke brown; Golden brown

1 acrylic paint: Burnt umber

3 ▸ Apply pastel colours Check that the glue is completely dry. Using burnt umber for the dark areas and raw umber for the light areas, apply pastel to the patches of bare paper between the glued areas. Then rub with your fingers to spread the colour over the surface of the glue. The pastel blends into the glue to create mottled patterns.

4 ◂ Add acrylic colour Squeeze a small amount of burnt umber acrylic paint from the tube, pick it up on the tip of your finger and then rub it gently over the areas where the bark is dark in tone. Apply the paint thickly for the darkest parts and skim lightly over the surface where the colour is lighter. The paint settles into the indentations on the glued surface, once again creating interesting mottled patterns.

5 ▸ Add linear details Finish off by working over the surface with a 6B pencil and a 6B graphite stick, making random lines and hatchings that suggest the cracks and fissures in the bark. Add coloured lines too, using coloured pencils in Vandyke brown (dark) and golden brown (light). Apply the dark brown to light areas of the bark and vice versa.

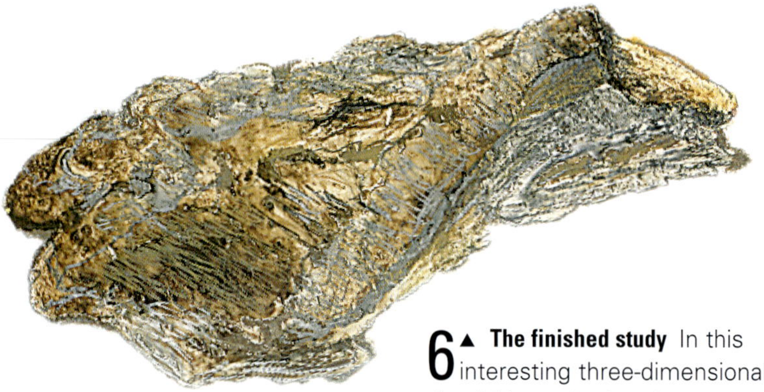

6 ▴ The finished study In this interesting three-dimensional study, the richly worked surface not only describes the form of the subject but also gives it life and character.

Master Strokes

John Constable (1776-1837)
Tree Trunk

Constable's love of nature shows in this masterly painting of a tree trunk, which is so realistic that it has a photographic quality. His rendition of the bark is done in the single medium of oils, with which he skilfully interprets every fissure on the surface.

The interpretation of the tree trunk shows beautifully observed detail on the bark.

The less detailed background helps the viewer to focus on the subject of the painting.

Pens for drawing

The range of pens available to the artist is vast and inspiring, ranging from traditional dip pens made from quill, bamboo or reed to fibre-tipped pens in many shapes, sizes and colours. Here we review the choices available.

Your choice of pen is very personal and most artists have a favourite. However, it is worth knowing what is on the market because you might have special requirements from time to time.

Dip pens are the most basic type. As their name suggests, they are loaded by being dipped into ink and have to be recharged at intervals. At the other end of the scale is an ever-expanding range of innovative markers and brush pens which come in a vast array of colours.

Traditional dip pens

These are made from quills, bamboo and reed. Quill pens are cut from the flight feathers of birds such as swans, ravens, ducks or geese, and usually produce a slightly scratchy line. They are particularly popular with calligraphers. Bamboo pens are very tough and vary in size depending on the piece of bamboo used. Reed pens are more flexible than bamboo pens, but tend to chip easily. Both reed and bamboo pens are still used in Japanese and Chinese art today.

Metal dip pens

The metal pen has been traced back as far as Roman times, but it wasn't widely used until the nineteenth century, when technical innovations made it possible to mass-produce steel nibs. From this time, steel nibs became more popular than quill, bamboo and reed. Most metal dip pens consist of a shaft or handle into which a separate metal nib is slotted. It is worth experimenting with some of the many different nibs available to discover the marks they are capable of producing and to find out which suits your needs and your style of drawing.

Script pens Old-fashioned script nibs consist of a shaped piece of metal with a slit cut in it down which the ink can flow. Some have fine or rounded points, while others are chiselled for italic lettering. They are ideal for sketching.

Mapping pens These have slender, straight nibs with very fine drawing points. They are specially designed for detailed work such as technical drawing and map-making.

Lettering pens The nibs used for lettering pens are available in various shapes, which are designed to produce the special serifs, flourishes and ribbon shapes used

VARYING THE LINE WIDTH

Technical pen
The fine lines produced by a technical pen are ideal for delicate drawings with a lot of detail. Use hatching for darker areas.

Brush pen
With the flexible tip of a brush pen, you can adopt a more fluid approach, using both thick and thin lines in a sketch.

Marker
A marker with a chisel tip makes thick, bold lines that can fill shapes such as the flowers' stalks with a single stroke.

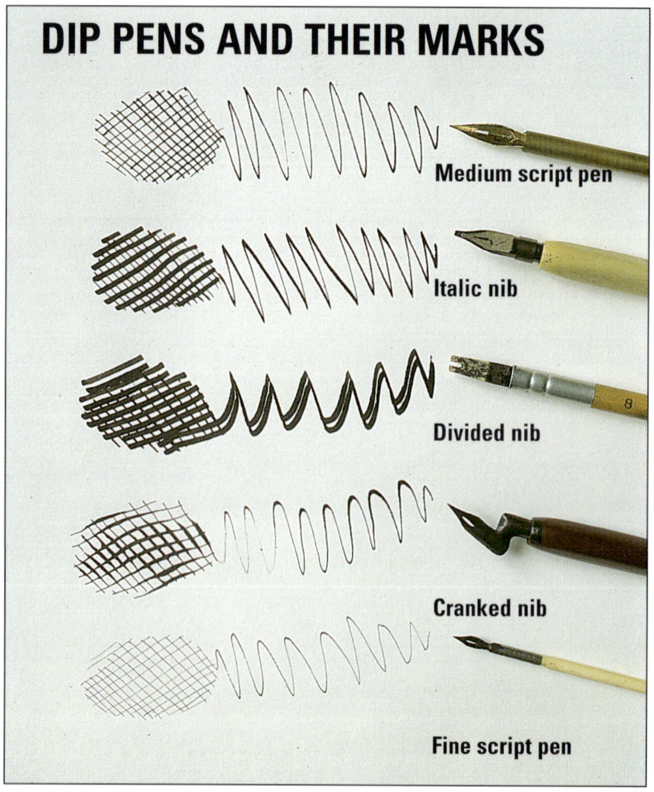

in calligraphy. Nibs consisting of two pieces of metal are designed to hold more ink. Some lettering pens have broad nibs with two or three splits in them, making it possible to produce a wide line. Others are divided, giving parallel lines for calligraphy. Pens for musical notation are cranked (bent at an angle so that the tip of the nib is not in line with the pen shaft), which makes them more springy.

Reservoir pens

These pens contain their own store of ink and are ideal for use on location, as you don't have to carry a bottle of ink with you.

Fountain pens The ink for these pens is carried either in a replaceable cartridge or a refillable, pump-action reservoir. Most are designed for writing, but others are for sketching.

Technical pens Originally designed for illustrators and draughtsmen, these pens produce consistent lines in specific widths. The nib units fit into a holder and can be changed when you require a different line width. Use technical pens with the correct ink, never leave the nib exposed and wash out the units from time to time.

Ruling pens These are also specialist drawing tools. The reservoir is filled using a brush or dropper, and the size of the tip can be adjusted by turning a screw. They give a consistent line and don't have to be recharged as often as dip pens.

Markers and fibre-tipped pens

This category includes a wide and colourful range of pens, some of which are designed for professional applications, while others are intended for everyday use.

Markers Chisel-tipped felt pens, or markers, leave a broad, transparent line and can be used to build up layers of vibrant washes. Most manufacturers also produce markers with bullet (rounded) tips in the same colours. Some ranges include double-ended markers, with a chisel tip at one end and a bullet tip at the other. They dry quickly and can be blended if you work fast, or you can use a special blender to slow down drying. There is also a huge range of general-purpose markers with medium to fine tips, ideal for adding colour to sketches.

Most markers are fugitive – they fade over time if exposed to the light – so they are best kept for sketches rather than for

TYPES OF DRAWING PEN

- **A** Ballpoint
- **B** Fineline ballpoint
- **C** Chisel-tipped marker
- **D** Brush pen
- **E** Fibre-tipped pen
- **F** Three chisel-tipped markers
- **G** BiC ballpoint pen
- **H** Technical pen with nib units

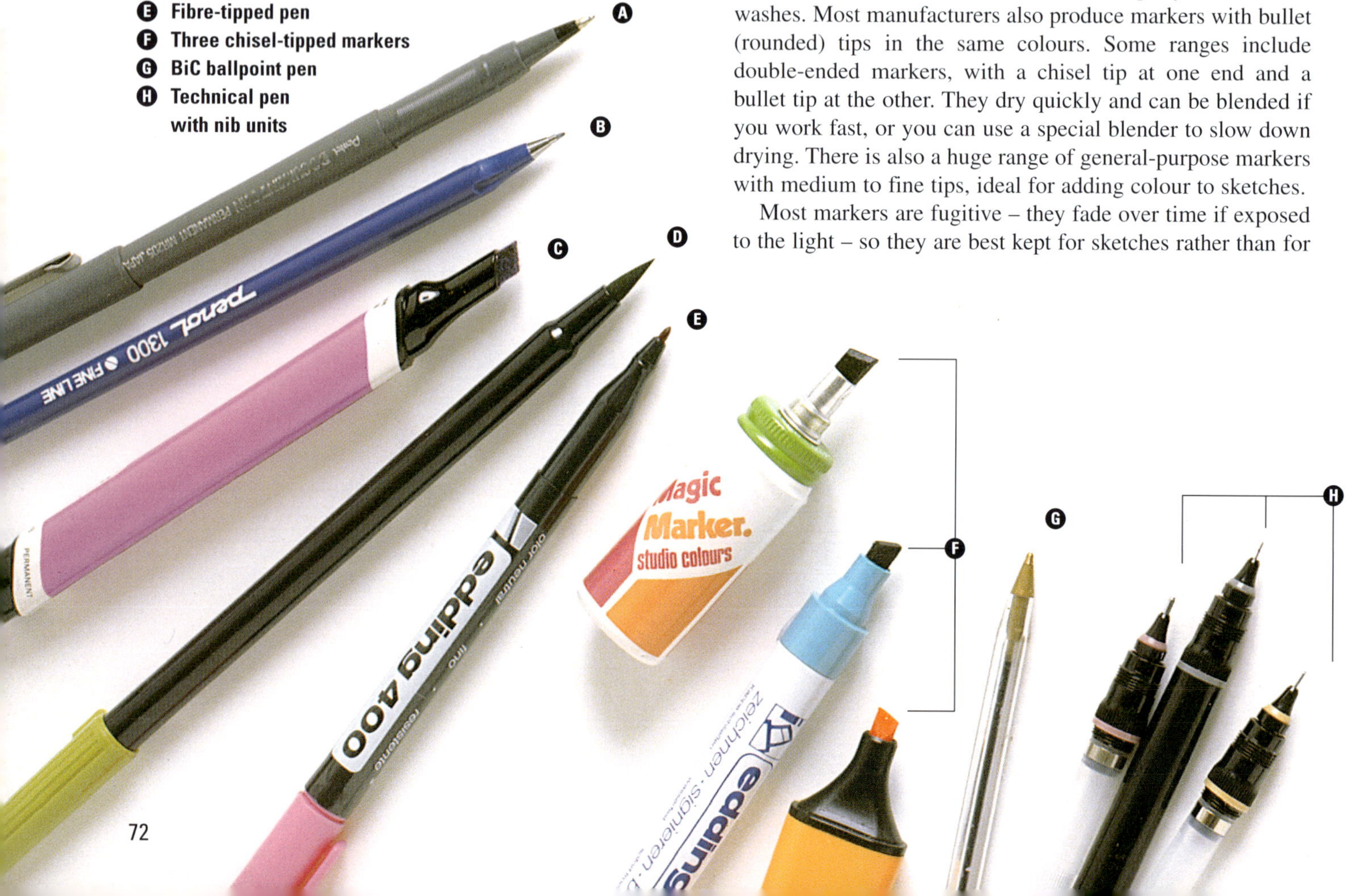

images that will be displayed. Solvent-based markers should always be used in a well-ventilated space.
Fineliners These allow you to work with more precision, although the tip will eventually become blunt. Some fineliners are available in specific line widths.
Brush pens The tip on a brush pen is longer and more pliable than on other markers, and some ranges have a huge choice of colours. By varying the pressure, you can produce fine, medium or bold strokes. Some double-ended pens have a brush pen on one end and a fine fibre tip on the other.

Ballpoint pens

The first ballpoint pen was invented in 1938 by a Hungarian journalist called Laszlo Biro, who was inspired by the quick-drying, smudge-proof ink used for commercial printing presses. The thicker ink would not flow from an ordinary nib, so he devised a pen with a tiny ball-bearing in its tip. Biro is often used as a generic term to describe ballpoint pens. One of the most popular ballpoint pens today is the BiC, launched by the French Baron Bich in 1950. Ballpoint pens are cheap and convenient, and can be a useful addition to your sketching kit.
Rollerballs These pens work on the same principle as ballpoints, but the ink in them is more like that used in cartridge pens or fibre-tipped pens. It dries quickly by evaporation and does not create blotches as ballpoints sometimes do.

Inks

The main distinction between inks is whether they are waterproof or water-soluble. Waterproof ink allows you to lay a wash over a line without dissolving it, whereas a water-soluble ink will spread and run. Indian ink is the best-known drawing ink – it is black, permanent and waterproof. Coloured waterproof drawing inks are dye-based and not lightfast, so are best used in sketchbooks where they won't be exposed to light for long periods. Waterproof inks should not be used in fountain pens, as they will clog the mechanism.
Liquid watercolours and acrylics Like coloured inks, these can be used with dip pens and are available in a wide array of shades. Liquid watercolours are soluble once dry, while liquid acrylics are not.

- **I** Selection of nibs for a dip pen
- **J** Divided nib for parallel lines
- **K** Mapping pen
- **L** Cranked nib for music notation
- **M** Script pen
- **N** Ruling pen
- **O** Sketching fountain pen
- **P** Selection of coloured fibre-tipped pens
- **Q** Bullet-tipped pen
- **R** 3mm (1/8in) chisel-tipped pen
- **S** Fineliner

PAPERS, PANELS AND BRUSHES

This chapters takes you though the different surfaces available to draw on, from handmade papers to more conventional panels and canvasses, and explains how to prepare your surface for painting and choose the best brush or other tool for the job.

The versatile paint brush

Using a brush is the simplest and most conventional method of applying paint. It is also the most versatile, as you'll see from the effects shown in this chapter.

A single brush has many uses. With this one tool you can fill in large areas of colour, or you can paint delicate lines. You can create a whole range of exciting marks, textures and patterns on any surface you choose.

Artists' brushes come in a variety of shapes, each designed for a specific purpose. For example, brushes with square-cut bristles are often used for painting areas of flat colour, while brushes with fine points are good for detail and for painting tapering lines. A brush with a full head of bristles generally holds more paint than a flattened or fine brush, which means that you don't need to dip it in the paint quite so often.

◀ The flat, square cut broad brush (top) is ideal for backgrounds and areas of flat colour; the finer, tapered brushes are better for detail work and highlighting.

▲ Strong, swirling brush strokes are used to astonishing effect in Van Gogh's immortal *Sunflowers*.

A variety of effects

Any paint brush can be used in a variety of ways to create many different marks. The marks you make depend upon whether you use the side of the brush or the tip, how much pressure you apply and the sort of movement you make as you paint. Many artists use one type of brush for everything and even create beautiful paintings using the same brush – sometimes until it wears out!

Experiment with whatever brushes you have to see what effects you can create. Discover, too, how many different marks you can make with a single brush. Your confidence will soon increase and you'll begin to develop your own painting style, which is as unique to you as your handwriting.

▶ This detail from *Sunflowers* reveals the thick, juicy texture of the oil paint, a technique known as *impasto*.

PLAYING WITH TEXTURES

Invent your own textures, using the brush and paint in as many different ways as you can. Try painting with a dry brush, dipping only the tips of the bristles into the paint, so that patches of the paper show through the colour. Instead of laying conventional horizontal brushstrokes, why not try stippling the colour using a vertical stabbing motion to create a stubbly paint surface? The possibilities for making textures with paint and a brush are almost endless.

Paper and canvas have textures of their own and it is worth experimenting with both thick and thin colour on a variety of painting surfaces. Many artists like to see the weave of canvas or the texture of rough paper through the brushstrokes and deliberately use thin or sparse colour to create this effect.

Dry brush

Stippling

Paint dabs

Horizontal dashes

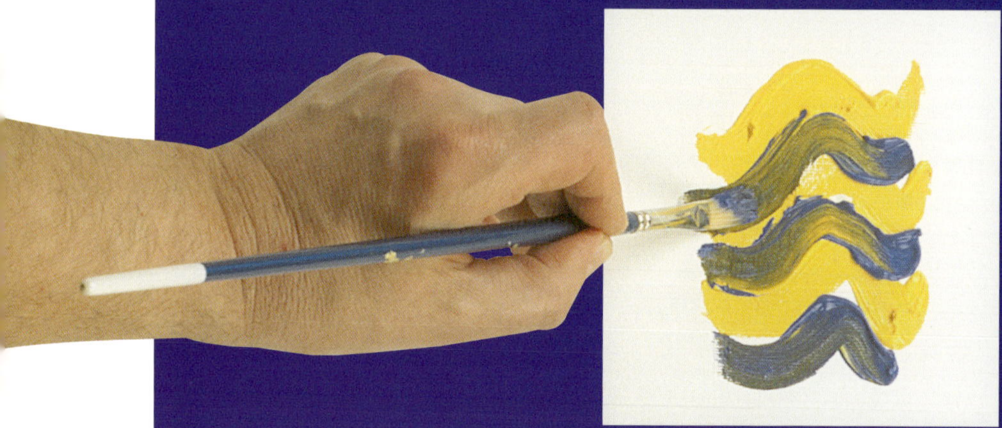

Swirling lines

Magic brushmarks

If you lack confidence in your brushwork, why not start by making the brush do the painting for you? You can simply use the shape of the brush bristles to create a shape on the paper. For example, take a round brush, dip all the bristles in the paint, lay the side of the bristle head on the paper and you have a perfect petal shape. Paint these in a circle and you have a daisy.

The same shape can also be used to paint buds and leaves. Add a few stems and stalks using the point or thin side of the bristles and you have a complete plant. Carry on painting flowers and leaves in this way and before long you will have created an effective and colourful garden landscape, without either drawing the shapes or filling them in. It's easy!

Swirling brushwork

Oil and acrylic paints can be used undiluted, straight from the tube. The buttery, succulent colour holds the shape of the brush strokes and you can build up beautiful textures and patterns in your pictures.

For inspiration, look at the famous paintings of sunflowers by Vincent van Gogh, or the lovely waterlilies and flowers in the giant garden paintings of French Impressionist Claude Monet. Van Gogh often used thick, unmixed colours, following the shapes of the flowers with his expressive brushstrokes. Monet frequently painted flowers and leaves with single brush strokes of pure colour, building these up to create an impression of a garden more real and convincing than any amount of detail could have produced.

▶ This Japanese print, entitled *Winter Landscape with Countryfolk*, shows how both lines and washes can be made with a well-pointed brush to create images of great charm.

▲ **Letting the brush do the painting: striking effects with the simplest of strokes.**

Dots and dabs

A spontaneous and fun way of painting is to apply colour in tiny dabs or dots, especially if you use two or more colours. For example, paint an area of yellow and red dots, then stand back to look at the effect. You will discover that the reds and yellows appear to merge together to give the impression of orange. Try 'mixing' other colours in this way: blue and yellow to create an impression of green; blue and green to make turquoise and so on.

Painting lines

The type of line you produce depends very much on how you hold the brush and how hard you press down as you paint. A lot of pressure causes the bristles to splay out to give you a fat line. To paint a fine line, hold the brush lightly, so that just the tips of the bristles touch the paper. If your brush has square-cut bristles, turn it so that you are working with the narrow side of the bristles.

For a tapering effect, start lightly, then gradually thicken the line by applying more pressure. For undulating lines, vary the pressure, or try twisting and turning the brush as you paint. A single stroke can convey a surprising sense of movement and rhythm.

Going oriental

In China and Japan, the same brushes and brushstrokes are used for lettering as for painting. This is why the term 'calligraphic' is often used to describe the decisive, flowing lines found in much oriental art. This deft brushwork, often painted over delicate washes, enables artists to capture an entire landscape with just a few strokes of paint or ink. Blossoms and bamboo leaves look so lifelike that they appear to sway in the breeze.

▲ **Small, separate dots and dabs of colour appear to merge in the viewer's eye and create exciting and vibrant effects.**

Traditionally, Chinese and Japanese artists used oriental brushes with bamboo handles, designed originally as writing tools. However, any pointed soft-bristled brush - the type normally used with watercolour - works well with this technique.

Brushes

It's worth building up a collection of different brushes as they will help you achieve a wide range of exciting paint effects.

Artists' brushes come in an enormous range of shapes and sizes, corresponding to the various purposes they are intended for. They may be made from several different kinds of natural bristles or from synthetic fibre, and the difference in price between the different types of bristle can be considerable. The choice is wide, but in the end the decision as to which to buy and use is a personal one, often depending on trial and error. Initially, it is a good idea to experiment with one or two brushes at a time to see how you get on.

WHAT TO LOOK FOR

BRISTLES A good brush has a firm, compact and well-shaped bristle head.

FERRULE The ferrule holds the handle and the bristles of the brush securely together. The best ferrules are moulded in a single piece from a stainless, non-corrosive metal.

HANDLE This should be lacquered or varnished to resist water and for ease of cleaning.

Small and large

Most artists' brushes are available in a range of sizes, usually numbered. For example, a standard watercolour brush range can start with a tiny No.0000, used only for the very finest work, going up to No.20 and even larger. However, it is worth remembering that each brush manufacturer has a slightly different system. Hence a No.2 brush made by one manufacturer is not necessarily exactly the same size as a No.2 brush produced by another. The size of some flat brushes may be expressed in terms of total bristle width instead of numbers – 25mm (1in), 51mm (2in) and so on.

Types of brush

Each type of brush is designed to make a specific kind of mark. Choosing a brush depends very much on the effect you want to achieve, but if you have one or two of the following basic brush types they will be all you need to begin with.

Round This is a brush with a rounded ferrule. It is a popular, general-purpose brush with a full bristle head that holds a lot of paint. Large rounds are useful for laying washes and wide expanses of colour. The point can be used for painting lines and detail.

▲ **Brushes are available in many sizes. These sable rounds range in size from the finest No.0000 to the much larger No.20.**

Flat or chisel headed This brush has a flattened ferrule with a square-cut bristle head. The wide bristles are good for applying paint in short dabs and for laying flat areas of colour, while the narrow edge of the bristles is useful for making thinner lines. A flat with very short bristles is sometimes referred to as a 'bright'.

Filbert Somewhere between a flat and a round, a filbert has a flattened ferrule but with tapered bristles. It is a popular and versatile brush, combining the functions of other brush types.

Fan The attractively shaped fan brush, or blender, as it is also sometimes known, has widely splayed-out bristles and is used primarily for blending colours together smoothly.

Watercolour brushes

Watercolour brushes are usually softer than those used with oil and acrylics. The very best-quality watercolour brushes available are sable brushes. These are made only from the tail-end hairs of the sable, a small, fur-bearing animal that is found in certain regions in Siberia. This is why pure sable brushes are so expensive. To reduce the cost, manufacturers sometimes mix sable with other natural hair. This is usually ox or squirrel hair, but occasionally goat, camel or even mongoose hair is used.

Why are sable brushes so good to work with? For a start, they combine strength with suppleness, and this allows you to paint in a lively yet controlled way. They also wear well, and will keep their shape. If properly cared for, a sable brush can last a lifetime.

However, manufactured bristles have improved enormously in quality in recent years. They fall into two main categories. Soft brushes are made especially for watercolour paints and have a texture and pliancy which aims to match the qualities of natural hair. Stiffer, general-purpose nylon brushes are made mainly for use with oil and acrylics, but are occasionally used by watercolourists to give a textured surface.

Caring for watercolour brushes

Each time you use a brush, rinse it in water. Either hold your brushes in your free hand while you work, or lay them down on a flat surface. Never leave them standing head down in water, because this will bend the bristles. Once this has happened, it can be difficult to restore a brush to its proper state.

At the end of a painting session, wash each brush thoroughly in warm soapy water, then rinse well under running water. Gently shake the bristle head back into its natural shape. If necessary, reshape the bristles with your thumb and index finger. Store brushes upright with the handle end downwards.

Special brushes

You may come across various eye-catching and exotic-looking brushes in the art shop. Though they may appear unusual and have intriguing names – rigger, oriental, mop and spotter – these brushes are very practical and invaluable for creating specific effects.

Rigger So-called because it was originally used to paint fine ship's rigging in marine paintings, the rigger has long, tapering bristles. Today it is used more generally for all linear work, but especially for lettering, poster writing and also calligraphy.

Oriental brushes Recognisable by their cane or bamboo handles, these brushes produce the characteristic, flowing lines which give Japanese and Chinese paintings their distinctive quality. The bristles taper to a fine point and the brushes can be used for painting fine lines as well as for creating broad strokes and laying washes.

Spotter Miniature paintings and all fine detail can be executed with a retouching brush, or spotter. This is a small round brush with short bristles, good for all precise work.

Wash brushes There are several large brushes that are designed specifically for laying flat washes. Most artists use a soft, flat brush; others prefer a large round, or a mop. The mop brush has a large, rounded head and is especially good for laying textured washes such as sea and sky.

Brushes for oil and acrylic

Brushes made for oil and acrylic paints are stiffer than those used for watercolour painting. However, watercolour

WATERCOLOUR BRUSH MARKS

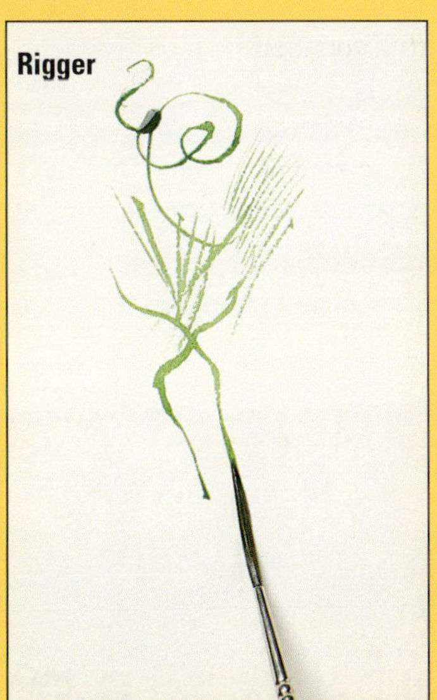

The long bristles of a rigger are designed for linear work.

A flat brush can give broad or narrow lines of paint.

Use the whole brush for painting large areas, and the tip for details.

ACRYLIC BRUSHMARKS

Round

The oval marks made by a round brush echo the shape of the bristle head.

Flat or chisel headed

The rectangular profile of a flat brush produces regular dabs of acrylic colour.

Filbert

Filbert bristles curve gently to a point and give strong, tapering strokes.

Fan

Use a fan-shaped brush for delicate blending effects with acrylics.

brushes can also be used with oils and acrylics, especially if you are painting areas of thin colour or painting detail.

Oil painting brushes are traditionally made from a natural bristle, usually hog's hair. There are also excellent synthetic brushes now available and some artists actually prefer these, finding them easier to clean and harder-wearing.

Certain synthetic brushes have been specially developed for use with acrylic paints, but as a general rule, both natural bristle and synthetic brushes can be used with either oil or acrylic paints. One word of warning, however: oil and water do not mix. Brushes which you have already used with oil paints should be carefully cleaned before you go on to use them with acrylics, which are water soluble.

Care and cleaning

Whether you are using oils or acrylics, paint should never be allowed to dry on the brush. At the end of every painting session, clean your brushes carefully by first wiping off excess paint with paper or kitchen roll. Brushes used with oil paint should then be rinsed in turpentine or white spirit, wiped clean and washed in warm water and household soap. Rub the soapy brush in the palm of your hand to loosen the paint that has accumulated round the ferrule. Rinse the brush well, then shake it to remove the water. If necessary, carefully reshape the bristles then leave the brush to dry in a jar, with the bristle end up.

Acrylic brushes should only be cleaned in warm water and soap. Because acrylic paint dries so quickly, it is a good idea to keep brushes moist during the painting session when you are not using them. Do this by laying brushes in a dish of water with the handles resting on the side of the dish.

If you let acrylic paint dry on the brush accidentally, you can rescue it by soaking the bristles overnight in methylated spirits. This will soften the paint, which can then usually be washed off with soap and warm water.

Other handy brushes

Once you have experimented with the range of recognised artists' brushes, you might like to try other kinds. Small house decorating brushes are excellent for painting flat areas of colour and can save time if you like working on a large scale. Avoid very cheap ones – they tend to moult and you may waste any time you would have saved picking loose bristles off your painting. The very best decorating brush is still much cheaper than the equivalent artists' brush. Other useful brushes include a stencilling brush with a flat end to create stippled colour; a sash brush for painting large areas; and an old toothbrush for spattered effects. A fitch is a cheaper alternative to a sash brush.

Using coloured paper

Applying watercolour to toned paper breaks with tradition but, as these quick sketches show, the results can be both striking and instructive.

A watercolour painted on coloured paper is quite different from a classical watercolour picture on white or pale cream paper. White paper intensifies the transparent colours without changing them. On coloured paper, the underlying support shows through the paint and can alter the colours.

Underlying colour

The colour of the support will modify the painted colours in precisely the same way as if that colour had been added to the paint on the palette. Yellow paper, for instance, will push red towards orange and blue towards green.

One useful characteristic of tinted paper is the unifying effect it can have on the finished painting. While some artists create harmony in a painting by including a little of one particular colour in every mixture on the palette, others find that they can achieve a similar effect simply by painting on coloured paper. This is because the underlying paper colour effectively mixes with each of the painted colours to create a general, unified colour theme.

Testing colours

It is helpful to make a colour test to find out how the painted colours will appear when applied to a particular paper. You can do this by cutting a small strip from the paper you intend to use for your painting. On this test strip, try out the colours from your usual palette, as well as any of your favourite mixtures, before introducing them into the paintings.

Colour and tone

It is easier and quicker to establish light and shade on toned paper than it is when working on white paper. For example, the seated figure in the watercolour painting below is lit by an overhead window, which creates strong highlights and dark shadows. To bring out these contrasting tones, the artist chose medium-grey paper – a tone that is approximately halfway between the dark shadows and white highlights.

Having established this paper as the mid-toned colour, it was then a

WORKING ON MID-TONED PAPER

To discover the benefits of using tinted paper in a tonal study, try making a quick monochrome watercolour sketch of a figure on a sheet of medium-grey paper. Treat the paper tone as the mid tone in the picture – this stands for the limbs, the face and the clothing. Then add the background and shadows with washes of darker grey, and put in highlights with simple strokes of opaque Chinese white. Use broad brush strokes to avoid detail, relying on the tonal contrasts to build up the form.

1 ▲ **Block in the background** Using a No.4 sable brush, wash Payne's grey over the background. Paint around the figure, and dot in one or two of the darkest shadows.

2 ▲ **Add dark tones** Change to a 25mm (1in) flat brush. Establish shadows on the chair and figure in a dilute Payne's grey that is slightly darker than the background wash.

▼ **Highlights have been picked out in Chinese white watercolour, which shines out against the grey paper.**

relatively simple matter to add the shadows and a few highlights that show up clearly against the medium grey of the paper. To accentuate the tonal contrast, the artist simplified the tones, using Payne's grey for the shadows and Chinese white for the highlights.

Tinting your own paper

What happens if you cannot find paper in the colour of your choice? You can make your own tinted paper quite easily by applying a watercolour wash to a sheet of white paper or even over another colour. This will allow you to choose exactly the right tone and colour for the purpose.

The paintings opposite are both made on paper that has been tinted by the artist. An evening landscape (top) is painted over a multicoloured wash. In the second watercolour (below), a washy blue makes an attractive background for the darker blue of the painting.

▼ These strips of coloured paper, each painted with the same colours, show the considerable effect that background colour can have on the appearance of watercolour paint. Grey paper, for example, tends to mute the colours. On red paper, the yellow and orange almost disappear.

LOCAL COLOUR

Brightly coloured paper can give dramatic results, but it is important to choose the right colour for the subject. The main colours in this still-life arrangement of a basket of fruit are yellow, orange and brown. By selecting a bright yellow support, the artist was able to leave patches of unpainted paper to represent the local colour of the yellow fruit as well as to show the highlights. So, by choosing an appropriate colour, you will find the paper does most of the work!

Keep the painted colour to a minimum, using thin mixes that allow the yellow paper to glow through the transparent paints. Add just a few deeper patches for the shadow areas. This way of working creates an overall warmth and harmony in the finished painting.

1 ▲ **Paint outlines** Using a No.4 round sable brush, outline the fruit and basket in dilute orange mixed from cadmium red and cadmium yellow.

2 ▲ **Deepen the tone** Paint the shadow on the basket and the dark areas on the fruit, using a 25mm (1in) flat brush. Add burnt sienna to the mixture and block in the background.

3 ▲ **Put in the dark tone** Paint the pattern on the cloth in dilute burnt sienna. Mix a wash of raw umber and burnt sienna to complete the shadows on the fruit and basket. Suggest the basket texture with the brush's narrow edge.

▼ The bright yellow support complements the paint colours and gives an overall golden glow to the finished picture.

TINTING PAPER WITH A MULTICOLOURED WASH

An interesting way of tinting paper is to use more than one colour. Choose colours that will become an integral part of the painting. Here, four bands of colour are washed across the paper to represent a sky tinged with pink, and a line of foliage reflected in water. A simple landscape is added, but this method would work equally well for a more complex scene.

1 ▲ **Lay the background** Working on a slightly tilted board and using a large, flat brush, paint the background in broad overlapping stripes of dilute cadmium yellow, ultramarine, cadmium red and sap green.

2 ▲ **Add grey** Allow the background to dry. Using dilute Payne's grey and a 25mm (1in) flat brush, paint ripples on the water and dab in clouds. Suggest trees and reflections with short vertical strokes.

▲ **All that is needed to finish off this simple impression of a landscape are minimal horizontal and vertical brush strokes, using Payne's grey over the sap green band.**

TINTING PAPER WITH A SINGLE WASH

If you think pure white paper will look too stark, a solution is to tint it with a toning pale colour before beginning to paint. In this watercolour sketch, the artist decided to tint the paper with a dilute blue wash, which provides a harmonious background for the buildings and figures all of which are overpainted in a darker tone of the same colour.

1 ► **Tint the paper** Using a large, flat brush and starting at the top of the paper, apply a dilute wash of ultramarine in broad, overlapping strokes. Work on a slightly tilted board.

2 ► **Paint the buildings** Allow the wash to dry. Using a No.4 round brush, paint the buildings in a stronger wash of ultramarine. Use the tip of the brush for the fine lines.

3 ◄ **Fill in the foreground** Finally, use the same colour to paint the fountain in the foreground and to add the figures as solid strokes of colour.

▼ **The pale blue tint harmonises with the painted linework and, at the same time, adds substance to the background.**

Specialist papers

Bored with the same old cartridge and watercolour papers? Take your pick from a variety of surfaces from around the world.

Papers made from banana skins, rice and even tea leaves might sound unlikely supports for the artist. But these and many other exotic papers from countries all over the world can be used with almost any medium to give unusual and beautiful results.

There is a fascinating range of textures and surface patterns – from gossamer-like tissue made in Japan to the thick, chunky papers of India and Nepal. Many papers are still made by hand using traditional techniques.

▲ **Coloured inks work particularly well on khadi paper, as Elda Abramson's *Tulips* shows. The rough texture of the paper is visible through the transparent washes and seems to add vigour to the painting.**

Choosing a paper

Unlike conventional artists' supports, these papers are not necessarily made specifically for painting or drawing. They are also used by bookbinders and other craft workers. It is therefore important to make sure that a particular paper is suitable for your needs.

For example, some papers are very porous and need sealing with size so that the paint does not soak in. Size is available at good art stores and is simply brushed on to the paper and left to dry. Other papers, such as many Japanese ones and the Thai tissue paper overleaf, are quite fragile and will not withstand robust drawing, wet washes or thick colour. It is often obvious by simply looking at and feeling the paper whether it will be up to the job. If you are not sure, do a test on a small sample of the paper.

There are also important aesthetic considerations. Some of the most striking papers are those in which real flowers, leaves and other recognisable objects are clearly visible. While these are often very beautiful in themselves,

▼ **There is a huge range of papers on the market, including khadi papers from India, Lotka papers from Nepal and Thailand, and Kozo papers from Japan.**

KHADI AND TISSUE PAPERS

Among the best-known imported papers are the khadi papers from India. They are made from khadi, the handspun cotton yarn that has been produced in rural India for thousands of years. They are generally robust and take most media. Some of the best tissue papers come from Japan and Thailand (see bottom). These are often too fragile for drawing media and need to be handled with care.

PASTEL ON KHADI PAPER
This cold-pressed paper from Northern India is ideal for soft pastel. The paper is thick and card-like and the rough surface holds the pastel pigments well.

WATERCOLOUR ON THAILAND TISSUE
This flimsy, off-white paper is made from the lokta plant and is photographed here on a dark surface in order to show the fibres and mottled pattern. The surface is very absorbent and the watercolour washes bleed slightly, giving a soft edge and a blurred image.

they are not necessarily suitable for artists because the decoration may be too dominant and can interfere with the drawn or painted image.

Hand-made papers

The character of a paper is determined by the manufacturing process and by the kind of fibrous plant material used to make the pulp. Additional materials are often introduced to add colour, texture and surface pattern.

The first manufactured paper was papyrus, made from the fibres of the papyrus reed that grew abundantly in Ancient Egypt. Papyrus is still produced and it is one paper that is guaranteed to last for centuries – papyrus scrolls have been found in Egyptian tombs dating from 2700BC! Today, however, it is expensive and difficult to source.

Other handmade papers are made from cotton or linen rag (literally off-cuts and seconds from the clothing industry) as well as various wood barks, mulberry wood, hemp and any other suitable fibres that can be pulped and pressed or moulded into sheets.

Delicate papers

The indigenous crops and trees determine the sort of papers made in each region. So papers from a particular country tend to be made from the same basic materials. For example, the delicate lokta papers from Nepal and Thailand are made from the bark of the lokta shrub which grows abundantly in the Himalayas and other regions, and Japanese kozo papers come from the inner fibres of the native kozo, a type of mulberry tree.

Added materials

In papers made from traditional cotton rag and natural fibre, the colour and texture comes from various materials added during the manufacturing process. These include banana leaf, recycled jute sacking, sugar cane and algae. The black specks found in some paper may well be recycled tea leaves, added after the workers' tea break! Brighter coloured papers are made by adding dyes to the paper pulp during manufacture.

Japanese papers

The range of Japanese papers is enormous. Many are made especially for painting, drawing and printmaking. Others are too fragile to be used in this way, but are wonderful for collage.

Decorative papers include the translucent ginwashi, which has delicate strands of short fibres embedded in each sheet; crumpled momi papers, which may be pearlised or flecked with real gold and silver; and the see-through lace papers, made by the falling-water process, which involves vigorously spraying each freshly made sheet of paper to create a distinctive lacy pattern.

Handmade paper from overseas is a comparatively recent arrival on the art scene. This is partly because a lot of imported paper comes from remote areas, and this used to make quality control and regular delivery difficult. Availability and uniformity could not be relied on and, with some exceptions, artists generally preferred machine-made products that were consistent, affordable and easy to obtain. During the last few decades, however, the picture has changed dramatically. Handmade paper from all over the world is now readily available and appreciated by artists for exactly those qualities that once made it unpopular – its distinctiveness and irregularity.

Swatches and sizes

Some imported papers can be found in general art shops; the more unusual ones are only available from specialist suppliers. The latter sometimes provide specimen swatches and offer a mail delivery service.

As they are often made especially for the international market, many papers are available in standard sizes from A2 to A5 as well as in several traditional paper sizes. Indian atlas, a khadi paper measuring approximately a metre by a metre and a half, is probably the largest available handmade paper in the world.

COTTON PAPERS

There are many papers made with cotton yarn and rag – what you see here is the tip of the iceberg! Seek out your own exotic papers and experiment to discover the exciting effects that can be achieved using your favourite colours and drawing tools. These papers can be used with most media – although many are not strong enough to support thickly applied oils or acrylics.

PEN AND WASH ON PAPER WITH HUSKS
Surprisingly, the pen nib rides smoothly over this irregular, textured paper – probably because the paper is very compact and the surface has a slight sheen.

GOUACHE ON BANANA FIBRE PAPER
Apply the gouache thickly to cover the slightly porous, rough surface of the paper. The paper takes the paint well and the natural beige colour enhances the bright pinks and reds of the painting.

ACRYLIC ON COTTON RAG PAPER
This off-white paper has an attractive, woven look and a rough surface. Acrylic can be applied directly on to the paper – however, for a large painting, it's best to seal the surface with size first.

COLOURED PENCILS ON ALGAE PAPER
It is hard to believe that the green, hair-like lines in this paper are actually algae. However, they complement the coloured pencil lines beautifully and the paper is easy to work on.

Experimenting with textured papers

The paper you use will have a huge effect on your finished work. Try drawing on a whole range of textured surfaces to see which ones you like best.

Paper surfaces come in a wide range of interesting textures from coarse and craggy to slippery and smooth. Paper can be hard and gritty or, at the other extreme, it can feel velvety soft to the touch. When you are planning a piece of work, you might choose a handmade paper with an irregular texture, or you may prefer the even, mechanical surface of one of the many machine-made papers – it depends on the medium you are using and the final effect you wish to achieve.

Get to know your surfaces

Whether you are using pencil, pastel, ink, or any other drawing medium, the texture of the paper makes an enormous difference to the work. You can have great fun experimenting to discover which effects you like best.

Textured papers have tiny indents on the surface known as the 'tooth' and the bigger the indents, the rougher and more pitted the paper will feel. The colour of a textured paper is important since drawn or painted marks tend to sit on the paper surface, leaving the little indents visible as paper-coloured flecks.

This flecked appearance is especially pronounced on very coarse papers and the colour of these tiny flecks directly affects the colours you work with. For instance, when drawing or painting in blue on a textured yellow paper, the yellow flecks will make the blue appear green. Similarly, red over yellow will produce orange, and so on.

The 'wet and dry' rule

As an initial guide, drawing materials can be divided into two very broad categories – 'wet' and 'dry'. The 'dry' drawing materials, including pastel, charcoal and coloured pencils, are not very effective on an extremely smooth surface because they simply slide around and leave a rather feeble mark.

◄ Pastels require a textured surface so that the crumbly grains of colour have something to cling and adhere to.

Conversely, most 'wet' drawing materials, such as pen and ink and felt-tips, are excellent on smooth surfaces. In fact, 'wet' drawing materials can be quite difficult to use on a very toothy surface because the texture of the paper interferes with the

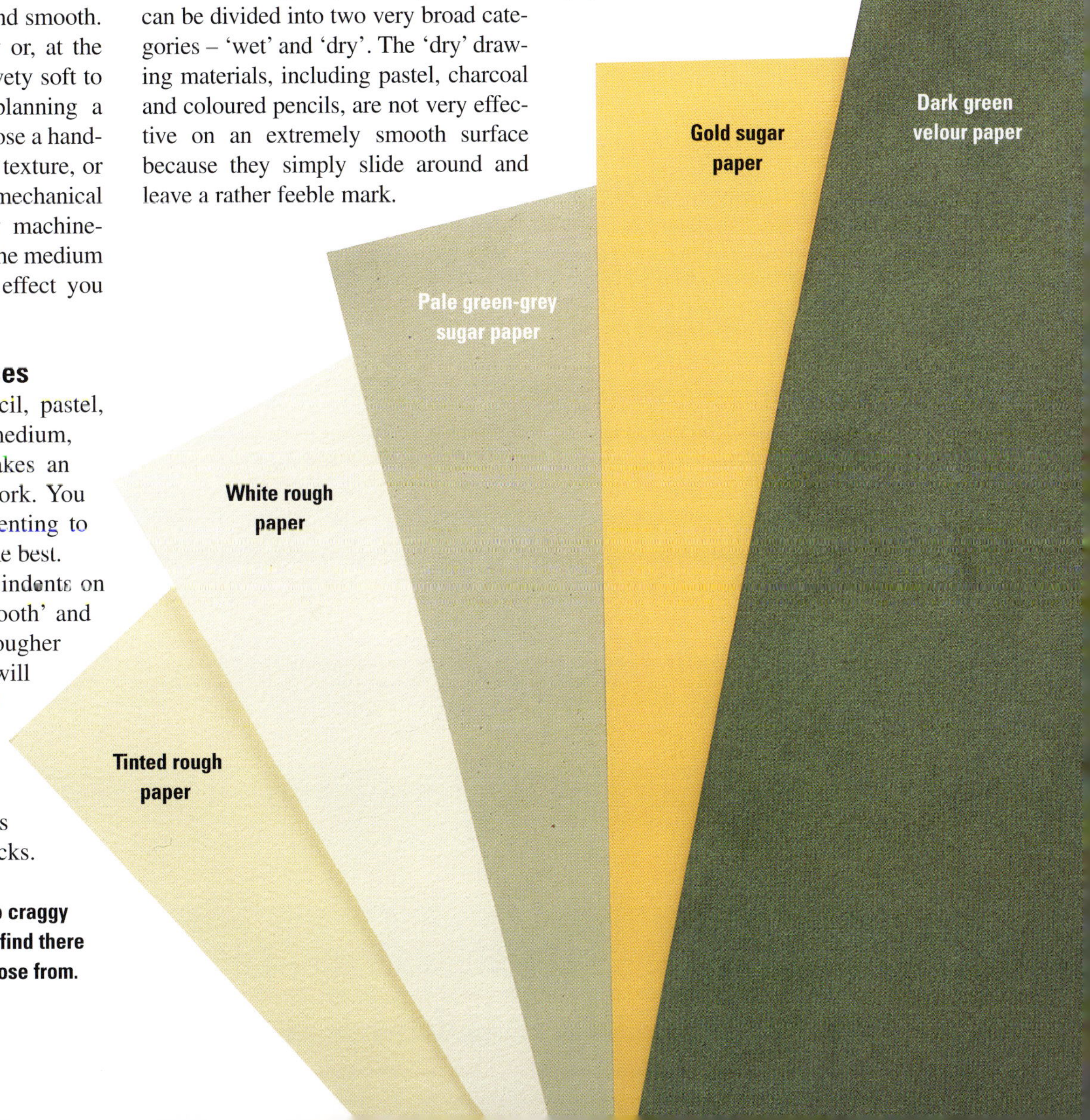

► From smooth velour paper, to craggy and toothed rough paper, you'll find there are a wealth of surfaces to choose from.

flowing lines. This is especially true of fine-nibbed pens, which tend to catch on the toothy surface.

Most papers are targeted at a single market – watercolour papers for use with watercolour paints, pastel papers for pastel work, and so on. But you should never feel restricted by this. For example, watercolour papers are excellent for pastel, pencil and coloured pencil work, while pastel papers are good with drawing pencils and coloured pencils.

Improvised surfaces

Although watercolour paints require a heavy or stretched paper to prevent cockling most drawing materials are far less exacting. It is useful to practise drawing on any number of inexpensive papers to see what results you can get. A roll of lining paper is good value for large sketches in chunky charcoal or pastel, and dressmakers' stiffening paper can be used effectively with pastels and paints.

Watercolour papers

Choose watercolour papers for drawing according to the type of effect you want to create. Hot-pressed (HP) papers are smooth and work well with pen and ink and hard pencils. Not ('not' hot-pressed) paper is good used with most drawing materials and lends a slightly granular feel to the work. Rough paper is excellent for bold drawings and sketches, but the effect is definitely rugged, and you will not be able to draw detail.

▶ This thick application of green and blue soft pastels shows how they break down into tiny crumbs. Only textured papers provide a sufficiently rugged surface to allow the colour to be built up in layers.

Pastel papers

Pastels are soft and crumbly to use and the right sort of paper is crucial. There are lots to choose from, but initially it is a good idea to buy papers specially made for pastel work. These have a definite tooth which holds the crumbs of pastel dust and allows you to build up colours.

When the pastel is drawn lightly over the surface, the coloured paper underneath shows through to give characteristic flecks of broken colour. If, however, you work on a smooth paper, the pastel will slide around and you will get skid marks instead of the beautiful matt colours which can be achieved on the right paper. See the box, right, for more information on pastel papers.

Exotic papers

There are literally hundreds of different kinds of handmade oriental papers, made from bamboo, rice, straw and many other plants and fibres. Some of these will not stand up to vigorous handling, but others make beautiful and unusual drawing papers, so experiment to find out which you like.

Japanese papers are too delicate for robust drawing and rubbing out. However, the intricate surface textures look stunning under soft pastel or deli-

◀ Expensive papers are not a prerequisite for good drawing. Look around your home – you will probably be able to find brown parcel paper and rough-surfaced card, or other similar recycled materials, to experiment with.

▶ Handmade papers from India have a very irregular surface texture and are best used with 'bolder' drawing materials like charcoal and chalk.

CHOOSING THE RIGHT BACKGROUND

White chalk on black
Chalk isn't only used by teachers on a blackboard – artists also use it to create bold drawings. White chalk glides easily onto black velour paper and makes an obvious impact.

Charcoal stick on gold
Fragile charcoal sticks crumble easily and make a rich dark mark. They look particularly good against the lighter range of backgrounds, such as this gold-coloured sugar paper.

Charcoal pencil on grey
Charcoal pencil also works well on sugar paper. Since the charcoal is compressed, marks made with pencils appear harder, cleaner and less crumbly. This is good for more detailed drawing work.

cate watercolour washes. Why not try painting on them with a soft brush, or even a bamboo brush? Don't forget to leave plenty of empty spaces in the painting so you can see the paper in between the painted colours.

Indian papers

Indian papers are generally tougher than Japanese ones – more like rough watercolour paper or papier maché. Most have a coarse, irregular texture and you can buy them in a range of tones. They are great for pastel, charcoal and chalk, and also for bold watercolour painting. So go ahead and experiment!

▶ There are all sorts of plain or tinted papers available for pastel work. Pastels used lightly will allow the paper surface to show through, giving a broken-colour effect. Pastel pressed firmly into the tooth of the paper will give solid patches of colour.

PASTEL PAPERS

Ingres and Canson Mi-Teintes	These are traditional pastel papers, made in a wide range of colours with just the right surfaces for pastel work. The surfaces are similar, allowing flecks of the paper to show through when colour is applied, but try them both to see which you like best. Both also work well with chalk and charcoal.
Velour papers	A velvety surface is the main attraction of these papers. Pastel colours adhere beautifully, allowing you to create such rich, dense areas of colour that little of the velour paper shows through. Try them also with other drawing materials for a soft, broad effect.
Sansfix papers	These have a fine, slightly gritty finish which holds a lot of colour and allows you to build up quite thick layers of pastel. Experiment using them with other drawing materials too.
Sandpapers	Cabinet paper, flour paper and artists' sand-grain paper are all included in this category. They have a definite gritty tooth which gives a bold, rugged effect to the work. However, these coarse surfaces wear away pastels, chalks, charcoal and pencils surprisingly quickly.

Tinted papers

If you have used only white paper in your work up to now, why not try some of the temptingly coloured papers available in art shops and see how they can change the character of a drawing or painting?

If you use yellow paint or coloured pencil on a red paper, you are likely to end up with orange or with a yellow that has a distinctly orange tinge. Similarly, if you use blue on yellow paper, the result will be green.

In other words, the colour of the paper you are using will show through and directly affect the marks you make. This is why watercolours and other transparent materials are traditionally painted on white paper; the bright whiteness shows through, making the transparent colours clear and vivid.

Only with very opaque materials, such as undiluted gouache or acrylic, will the colour be thick enough to obliterate the effect of the underlying paper.

Mix and match

A huge selection of coloured papers is available, ranging from the lurid and luminous to the sombre and muted. The only way to discover the effect of each type of paper on the various media and different colours is by trial and error.

Have a look at some of the pastel papers, including the popular Canson Ingres, Mi-Teintes and Fabriano Ingres. These papers are just as good for coloured pencil and mixed media work as they are for pastels. Also consider sugar paper, which, although fairly flimsy, is good for charcoal or chalk drawings. Coloured tissue paper, while not suitable for drawing and painting on, is excellent for collages and mixed media.

Bear in mind that watercolour and other wet media require sturdy papers, and that pencils and pastels tend not to work as well on very smooth papers as

▼ Different coloured papers can subtly alter the colours of the marks you make on them. The illustration below shows how a yellow shade in various media changes character depending on the paper used.

CHOOSING A PAPER COLOUR

Landscape

▶ A warm, pinkish paper contrasts effectively with the blue sky and green grass of this landscape.

▶ The same landscape on a cool, blue paper is less dramatic. Instead, the mood is more tranquil.

Still life

▶ Flecks of a mid brown paper show through the pastel marks in this drawing of an orange. The effect is to enhance the overall warm tones of the picture.

▶ Blue paper gives the subject a different, though equally effective character. It cools the warm orange shades, at the same time toning with the dark shadow and foreground.

they do on those with some texture. But apart from these practical considerations, the best idea is to buy a few samples of different types of coloured paper and have fun experimenting!

Choosing a coloured paper

Whichever medium you are using, the colour of the paper you choose should play a positive role in the picture, complementing the subject. If you have only white paper, you can easily tint it before beginning your painting with a wash of watercolour or gouache, or by lightly applying a layer of pastel colour with the broad edge of the stick. However, a pastel tint is not ideal for detailed work.

A landscape worked mainly in cool shades of green can look good on a cool paper such as blue or grey. However, exactly the same subject will often work equally successfully on a warm orange or brown paper, though the resulting picture will be very different in mood. As you can see from the group of illustrations on this page, the character of a subject is fundamentally affected by your choice of background colour.

Lights and darks

Light colours show up well on dark paper, whereas darker colours are accentuated by a lighter paper. If your subject is mainly dark, with just a few pale areas or highlights, then it makes sense to start off with a dark-toned paper. A moonlit landscape, for example, looks wonderfully dramatic on black or dark blue.

Most of us are familiar with grey sugar paper, which is still standard issue for art classes in many schools and colleges because it is inexpensive. It may have seemed dull at the time, but this shade of paper provides an excellent medium-toned background colour for many drawing and painting materials.

Grey sugar paper is particularly effective for drawings made in chalk and charcoal used together. By starting with a mid-toned background, you can immediately begin work on the tonal aspects of the drawing by establishing the extreme lights and darks, relating each of these to the tone of the grey paper. Use black charcoal for the shadow areas and white chalk for the highlights and other paler areas.

▶ This selection of papers shows a range of light and dark colours, some warm and others cool. A, B and D are examples of Fabriano Ingres paper; C is a white watercolour paper that has been tinted with a layer of pastel, while E is the same paper colour-washed to give an interesting tone.

Thinning oil paints

If used straight from the tube, oil paint is generally too thick. By simply adding solvents – or thinners – to the colours, you can manipulate them more easily.

◄ **Henri Toulouse-Lautrec's works in oil are characterised by the use of very thin paint. In *Woman at her Toilet* (1896), this has allowed him to create subtle glazes, where one thin, transparent mix is laid over another to create wonderful new colours.**

When oil paint is squeezed from the tube, its consistency is thick and buttery. It is too slippery to use unless you are deliberately seeking a chunky, impasto effect or want to apply the colour with a knife.

For most painting purposes, you need to dilute your oil colours, especially if you want to paint details or areas of flat colour. Unlike most other paints, however, oil colours cannot be diluted with water. They must be thinned with a solvent – often called a thinner or a diluent. By far the most popular of all artists' solvents is spirit of turpentine.

Turpentine

Turpentine is obtained from the sap of pine trees, then distilled to form a pure, long-lasting solvent. It has been used for diluting oil paints since they were first developed some 500 years ago.

Always buy double-distilled, or rectified, turpentine, available in small quantities from art shops. The type used by decorators can be slow-drying and may turn yellow with age. Like all spirits, turpentine evaporates when exposed to the air, so pour out only a little at a time and make sure you screw the top back on the bottle properly.

Alternative solvents

If you dislike the smell of turpentine, try the fragrant oil of spike lavender, which is slightly slower-drying. Artists' white spirit, which has a far less pronounced smell than turpentine, is another alternative.

General-purpose white spirit – the sort that is available in hardware shops – is also occasionally used as an inexpensive solvent. However, it can leave a white residue on the dried colours, especially if the paint has been diluted a lot. So it is generally best to keep it only for cleaning brushes and palettes.

Adding oil

If you add solvent to an oil paint, the colours dry more quickly. Unfortunately, they also lose some of their oiliness and as a result the paint surface can look matt and a little dead. This effect is countered quite simply by adding a little extra oil to the paints when you dilute them with a solvent. This restores the gloss and gives the paints a succulent, shiny finish.

There are a number of artists' oils for you to choose from. Depending on the manufacturer, these vary slightly in thickness, colour and speed of drying. The classic purified linseed oil is a good starting point. You might also try bleached linseed oil, which is pale and fairly fast-drying, or poppy oil, which is pale and dries comparatively slowly. Alternatively, try standard linseed oil, which is altogether more viscous.

One of the most traditional oil-painting techniques is to apply the colours 'fat over lean'. In other words, the initial layers of paint should be thin, or lean, with little or no added oil; the final layers should be comparatively oily, or fatty (see below).

Reduce the risk of cracking

The layers can be built up over a number of hours, days or even weeks. When the painting is dry, the top layers of paint will be more flexible than the lower ones and the risk of cracking is reduced. However, if the colour becomes too thick as you build up the layers, the picture surface can become unworkable. In this case, blot off excess paint with newspaper at the end of your painting session. By the next day, the canvas should be dry enough to continue working.

Fat over lean

Try working 'fat over lean' by painting a simple cup and saucer. You will need only turpentine, linseed oil and a few oil colours. Remember, the term 'fat' describes paint that has been mixed with oil to create a shiny, lustrous surface. 'Lean' paint has been diluted with turpentine or another solvent to speed up the drying time. A primed white canvas is not usually the most suitable starting point for an oil painting, so a logical first step is to give the whole canvas a coat of very thin colour. As this is the first layer of colour – a 'lean' layer – dilute the paint with turpentine and add no linseed oil. Linseed oil is added gradually as you build up subsequent layers.

1 ▲ **Start with a wash** Mix up burnt umber with a lot of turpentine to create a very thin colour. Apply it across the whole canvas with a large brush, sponge or soft cloth.

2 ▲ **Introduce a darker wash** Add more burnt umber to your mix and use it to block in the initial dark tones, using a soft brush. No oil is used at this stage.

3 ▲ **Add a touch of oil** Continue to dilute the colour with turpentine, but now add a touch of linseed oil to the mix. The colours should start becoming slightly thicker.

4 ▲ **Gradually add more oil** For the highlights on the cup, increase the thickness and shininess of the paint by mixing the colour with approximately equal quantities of oil and turpentine.

5 ▲ **Use thick, textural paint** Complete the painting by using strokes of thick textural colour mixed with turpentine and oil in a ratio of approximately 3:2.

▲ **Built up layer upon layer, the finished painting has a rich, thick and glossy surface.**

Wash-off techniques

Watercolour or ink applied over white paint can be washed off to reveal striking areas of white in the finished picture.

Two wash-off techniques are shown here – the first suitable for misty and textural effects and the second that creates bold, graphic images similar to those produced by woodcuts.

For the seascape, the artist started by applying white gouache all over the support to prevent subsequent colour washes staining it. This allowed the colour to be lifted off with a brush dipped in water, producing soft areas of white suitable for clouds and mist.

In the boats picture shown here, certain areas are painted in white gouache, then the whole image is covered with black waterproof ink. When soaked with water, the gouache dissolves, taking with it the covering layer of ink. This leaves white areas with an attractive texture created by remaining ink marks.

Water-soluble white

Any thick, water-soluble white paint can be used for these wash-off techniques. Our artist chose gouache simply because that was the material closest to hand. Poster colour or Chinese white watercolour work equally well, although the latter may prove expensive for painting large areas. Acrylic white is not suitable because the paint dries with an impermeable surface that cannot be washed off.

White paint applied to an off-white support will probably show up sufficiently well for you to see what you are doing. However, when working on a pure white support, it is a good idea to tint the paint with a touch of yellow ochre or another colour with a similarly weak tinting strength. This makes the paint visible, but doesn't stain the support.

▼ You don't need specialist equipment to make wash-off paintings. A watercolour set (A), Chinese white or white gouache paint (B) and waterproof Indian ink (C) are all that is required for the initial painting. Water (D) and a sponge (E) or brush will enable you to wash the paint off. For the support, a piece of mountboard (F) will be strong enough to survive the most vigorous of wash-offs.

CLOUDS IN THE SKY, TEXTURE ON THE BEACH

Hazy, atmospheric effects can be created by covering the support with white gouache before applying watercolour. The colour can then be dabbed off in the final stages, as it has not had the chance to stain the support. This technique works best with a rapid, loose application of watercolour. On a highly worked painting, the watercolour might disturb the underlying white gouache, causing the colours to go cloudy. For this picture, you need: a piece of white mountboard, a 25mm (1in) decorator's brush, a 25mm (1in) soft flat brush, white gouache, paper tissue and four watercolours – Payne's grey, ultramarine, alizarin crimson and yellow ochre.

1 ▶ **Apply white gouache** Dilute white gouache to the consistency of single cream and apply all over the board, using a 25mm (1in) decorator's brush. Work in even, horizontal strokes, keeping the paint as flat as possible – ready for the watercolour to be applied in step 2. Allow to dry.

2 ▲ **Paint the sky** Change to a 25mm (1in) soft flat brush and wash over the sky with very dilute Payne's grey watercolour mixed with ultramarine. Strengthen the colour towards the horizon.

3 ▲ **Brush colour over the beach** Add a streak of dilute alizarin crimson to the horizon. Suggest the beach in dilute yellow ochre mixed with a little of the sky colour.

4 ▲ **Wipe off paint** Add the rocks as short strokes of Payne's grey watercolour. Use a paper tissue to wipe off some of the newly painted beach – this lighter tone gives an impression of wet sand.

5 ▼ **Add clean water** Wash the brush and apply dabs of clean water to the beach and sky. This dissolves the colour to create patchy white cloud and a pebbly texture.

▼ **The wash-off technique used for this seascape has created a delicate effect with plenty of white to lighten the overall tone.**

CREATING A WOODCUT EFFECT

For this painting, start with a broad outline drawing in waterproof Indian ink. Then block in cast shadows and other dark areas as solid shapes. When the ink is dry, apply thick white gouache to the exposed areas, deliberately leaving untidy edges along the black lines. These ragged lines help to create the woodcut effect in the finished picture.

Next paint the entire support with waterproof Indian ink. When it is dry, flood the picture with water. This washing off dissolves the white gouache, leaving areas of the support exposed. Elsewhere, the waterproof ink remains intact. Some flecks of black are left behind, even in the gouache areas, giving the image an attractive printed quality. You might feel that the work is complete at this stage. Otherwise, tint the white areas with watercolour as shown here. The result is rather like a stained-glass window.

For this painting, you need a piece of mountboard (or very heavy watercolour paper), two brushes – a No.4 round and a 25mm (1in) decorator's, black waterproof Indian ink, white gouache, a sponge, and ultramarine and yellow ochre watercolours. Note the washing-off process soaks the paper – if the support is too flimsy, it will simply disintegrate.

1 ▼ **Outline the main features** Start by painting a simple, bold outline of the subject, using black waterproof ink and a No.4 round brush. Paint in the shadows and buoys in solid black.

2 ▲ **Fill in with white gouache** Block in the spaces between the outlines with thick white gouache. Work with loose, bold strokes, taking the white sketchily up to the black lines to create untidy edges. Leave streaks of unpainted board (or paper) when blocking in the sky. This deliberate imprecision will produce an attractive textured effect in the finished picture.

3 ▲ **Paint on black ink** When the work is completely dry, start to paint over the entire picture area in waterproof Indian ink, using a 25mm (1in) decorator's brush.

4 ▲ **Cover the paper with the ink** Continue applying the Indian ink until the whole picture is covered in solid black. Allow to dry – this may take a few hours.

5 ▸ Wet and rub the paper Flood the whole picture with clean water, while at the same time gently rubbing with a brush or sponge to dissolve and remove the areas of white gouache and the black ink covering them.

6 ▾ Complete the rinsing process Rinse the painting once more to remove excess white gouache and black ink. Allow it to dry.

7 ▾ Colour the sky Mix a very dilute wash of ultramarine watercolour. Apply this to the sky with the decorator's brush, using broad horizontal strokes.

8 ▾ Fill in the beach With the same brush, loosely block in the sand with dilute yellow ochre watercolour, taking the colour around the boats.

9 ▾ Paint the sea Mix a wash of ultramarine darker than the one used for the sky. Brush in the strip of sea.

▾ The finished painting has an attractive grainy appearance where ink marks are left on the sky and beach.

Washing onto watercolour paper

Laying a flat wash onto paper is the first step that most artists take when working with watercolours. Here's how to do it.

Laying a wash onto paper is the starting point for most watercolour paintings. The wash can be flat or graduated (fading in colour towards the top or bottom of the picture) and then serves as the base colour onto which other colours can be applied.

Test the wash first

The wash technique is often used in landscape painting or for large areas of plain sky. Two good tips are to make sure that you mix enough paint to complete the wash, and to test its strength on a piece of scrap paper before you start painting. This is because watercolour dries lighter than it appears when initially applied.

The type of watercolour paper used is important as most lightweight papers require stretching to avoid cockling (see the 'Expert Advice' box, right). The stronger and heavier papers, however, will withstand the wettest of washes and still remain fairly flat. The texture of the paper will also affect the quality of the wash. So the best option for practising laying washes is to use a sheet of cold pressed (or Not) paper heavier than 140lb. See the box on 'Types of paper' below right, for more information on the three main types you can use.

Equipment

Any painting project will only benefit from good organisation, so the starting point will always be to lay out your equipment. For this exercise, make sure that you have a flat (or chisel ended) brush, a jar of clean water with a wide

Laying a flat wash

YOU WILL NEED

- Sheet of NOT 140lb+ paper
- Jar of water
- Mixing palette or dish
- Flat brush
- Watercolour: Cobalt blue

1 ▲ Lightly wet the paper Dip the brush into a jar of clean water and, holding it at arm's length, wet the paper using a series of horizontal and vertical brush strokes. Ensure that all the paper is covered. This allows the paint to flow freely when applied.

2 ▶ Drag the brush across the paper Leave a minute or two for the water to be absorbed. In the meantime, pour some water into a palette or white saucer and, using a wet brush, mix in some of the cobalt blue paint provided with this issue. Make sure you mix enough paint to complete the wash. Then drag the loaded brush over the top of the paper in a single, smooth, even stroke, applying even pressure all the way along.

3 ▶ Continue moving downwards At the end of the stroke, lift the brush and repeat the procedure directly underneath – reloading your brush with paint if required and making sure that you leave no gaps between the new brushstroke and the one above. Continue moving down the paper in the same way, maintaining even pressure throughout.

4 ▶ Leave to dry Despite its initial appearance, the paint will dry to a smooth, even finish. Resist the temptation to work on the wash further.

EXPERT ADVICE
Preventing cockling

Paper lighter than 140lb should generally be 'stretched' before a wash is laid onto it. Otherwise, the wetness on the paper will cause it to contract as it dries, leaving a buckled surface. When this happens, the paper is said to be 'cockled', like the painting shown right.

Full step-by-step instructions for stretching paper will appear in a later issue. Until then, use board or paper heavier than 140lb for your watercolour projects, since these are heavy enough not to need stretching, and will not cockle.

enough neck to accommodate the brush, and your paint all laid out together on one side of the paper. If they are on opposite sides, you will inevitably end up reaching across the paper with a water- or paint-laden brush, which may then drip onto your work. So being prepared pays dividends.

Washing

This wash technique is best practised at arm's length to achieve fluid movement and an even result. You can also use a block to ease the flow of the paint down the paper and to allow the wash to flow smoothly downward without dripping.

The resulting wash will initially look rather patchy and untidy, but resist the temptation to fiddle with it, or attempt to re-work it. Just allow the paper to dry naturally and the result will be an even wash.

What next?

Having mastered the basic skills of laying a flat wash, you can try your hand at a graduated wash. This involves increasing or decreasing the intensity of colour towards the top or bottom of the wash, to give a fading effect.

This can be achieved either by adding more water to the paint mixture each time you drag the brush across the paper – or by starting off with a very watery mixture and then adding more paint with each successive application.

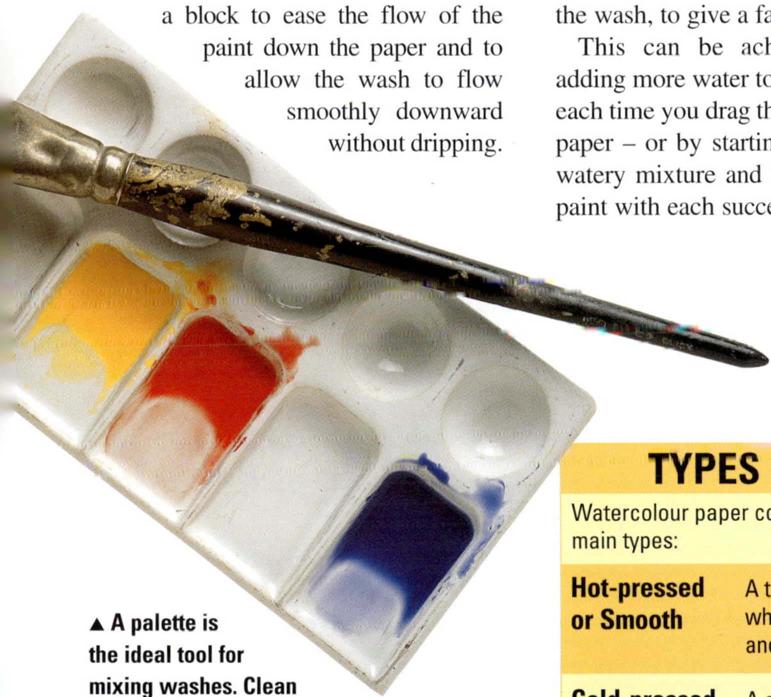

▲ **A palette is the ideal tool for mixing washes. Clean water is placed in the round wells and colours are then mixed in the flat, slightly sloping sections below.**

TYPES OF PAPER

Watercolour paper comes in three main types:

Hot-pressed or Smooth	A textureless paper which is good for pen and ink and for line work
Cold-pressed or Not	A slightly textured general purpose paper, ideal for beginners
Rough	A highly textured paper best suited to vigorous painting techniques

▼ **A single streak of watercolour paint running through ten different weights and textures of paper shows clearly how the various paper types react with the paint, and how this affects its appearance.**

Working on canvas

Canvas is one of the most satisfying surfaces for oil or acrylic painting because of the way in which it responds to the brush, and it is quite straightforward to prime and stretch it yourself.

Ever since artists first started using oil paints in the fifteenth century, canvas has been the most popular surface to paint on. There is something very special about the way stretched canvas responds to the brush; no other surface matches its springy spontaneity. Unlike rigid supports, the taut fabric 'gives' a little with each dab of colour, and the weave provides a key or 'tooth' to hold the paint. The result is a rich, resonant paint surface.

An added advantage is that canvas is light and easily portable. A finished painting can be removed from its stretcher (see overleaf), rolled up and stored without taking up much space.

Canvas types

Canvas is usually bought in lengths cut off a roll. There is a choice of fabrics, weights, widths and textures to suit your pocket. If you do a lot of painting, it might be worth investing in a whole roll and cutting it up yourself – this works out cheaper in the long run.

Flax canvas is made from raw flax, and is extremely strong and hard wearing. Artist's linen is similarly tough, but is finer and has a more even texture. Both flax canvas and linen canvas are made from the stalks of the flax plant and retain the brownish-grey colour of unbleached linen.

Alternatives to linen

Cotton canvas is a popular cheaper alternative to linen. It is densely woven and creamy-white in colour. Compared with linen, cotton is soft and floppy. It may stretch or shrink depending on the moisture in the atmosphere, so it does not remain taut on the stretcher. Wedges driven into the back of the stretcher will normally solve the problem.

Hessian makes a chunky, unusual painting surface. It is inexpensive, but its loose, open weave absorbs a lot of paint unless it is well sealed and primed.

Traditional priming

Like most fabrics, canvas is very absorbent and must normally be sealed and primed before you can paint on it. The prepared surface is sometimes referred to as a ground.

Preparation is particularly important if you are using oils because, over a period of time, the oil paint will rot the fabric. Acrylics can be used on unprimed canvas, but the absorbent surface will soak up a lot of paint. Traditionally, canvas that is to be used for oil painting is sealed with a coat of rabbit-skin size followed by two or more coats of oil-based white lead primer. More recently, household undercoat is sometimes used instead of lead primer. Rabbit-skin glue has a low adhesive power but it remains flexible when dry, so it will not crack when the canvas is rolled.

Although many artists still like to prepare their canvases in this way, the finished ground is suitable only for oils, not acrylics. Also, mixing the glue and waiting for the glue and primer to dry between coats is time-consuming.

Acrylic primer

This provides a speedy alternative to traditional oil priming. It is the ideal ground for acrylic paints and can also be used with oils. The primer is bright white and can be applied directly to the canvas – there's no need to seal it with rabbit-skin glue first.

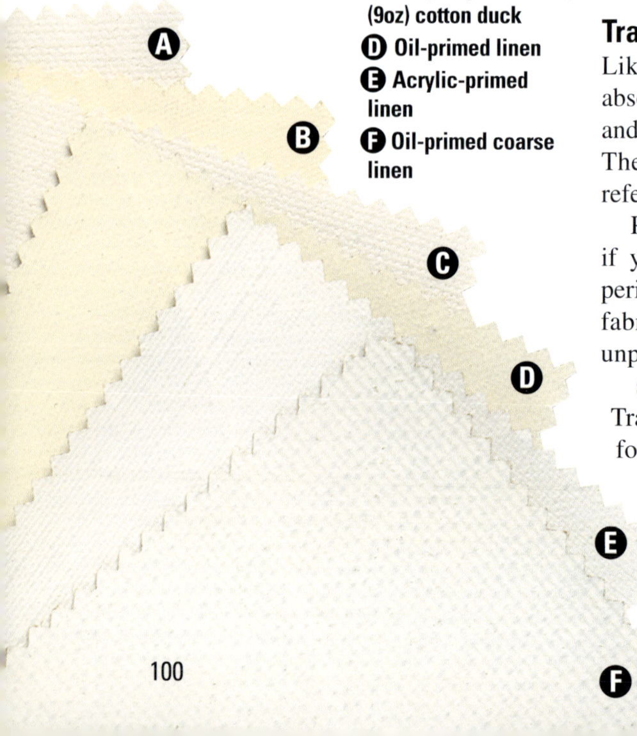

▼ Pre-primed canvases are ready to stretch and use without further preparation.

A Acrylic-primed 350g (12oz) cotton duck
B Oil-primed cotton 250g (9oz) cotton duck
C Acrylic-primed 250g (9oz) cotton duck
D Oil-primed linen
E Acrylic-primed linen
F Oil-primed coarse linen

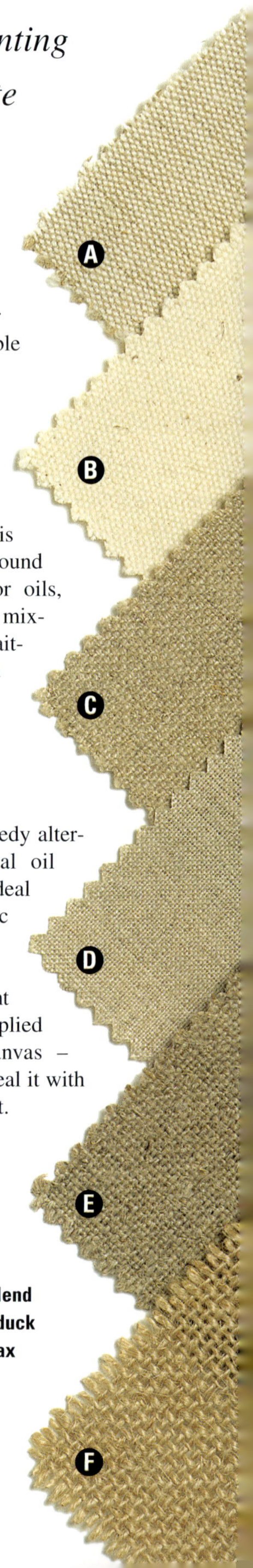

► This selection of unprimed canvases shows some of the fabrics and weights available.

A Linen and cotton blend
B 500g (18oz) cotton duck
C 370g (13oz) superflax
D Superfine linen
E 350g (12oz) flax
F Fine hessian

Stretching a canvas

If you cannot find a ready-stretched canvas of the size you want, you can stretch and prime your own. You will need wooden stretcher pieces, available in pairs from art shops. Assemble the stretcher by slotting the four wooden stretcher pieces together. Then cut a piece of canvas about 5cm (2in) larger all round than the stretcher.

1 Staple the sides Starting at the centre of a long side, staple the canvas to the stretcher. Pull the canvas across the frame and staple the centre of the opposite side. Repeat on the other two sides. Now staple the canvas on each side of the central staple, working first on one side and then on the other. Repeat all the way round.

2 Staple the back Lay the stretcher face down and staple the canvas to the reverse side of the stretcher. Again, start at the centre of each side and work outwards towards the corners. This gives a neat finish and gives the stretched canvas extra strength.

YOU WILL NEED

- Assembled stretcher
- Piece of canvas to fit over it
- Scissors
- Stapler and staples
- Wooden wedges
- Hammer
- Acrylic gesso
- Small decorating brush

3 Staple the corners Fold the flap of canvas at the corner, making the fold as neat and flat as possible. Staple the canvas in position.

4 Tap in the wedges If there is any slack in the canvas, gently tap the wedges into the slots at the corners of the stretcher. However, do not make the canvas too tight at this stage – the tension can always be adjusted later.

5 Apply acrylic gesso Finally, use a small decorating brush to paint the canvas with two coats of acrylic gesso to prime it. Allow the gesso to dry in between coats.

For a particularly flexible, easy-to-apply ground, try mixing acrylic primer with an equal quantity of acrylic emulsion. Both materials are available from art stores. Acrylic primer is sometimes called acrylic gesso, but take care not to confuse this with real gesso, which is made from chalk and is very inflexible.

Prepared canvases

If you do not want to prepare your own canvas, you can buy a ready-primed length. This can be fixed to a wooden stretcher or taped to a drawing board to make an instant painting surface.

Alternatively, pre-primed canvases stretched over light wooden frames are available in a range of standard sizes. They can be made of linen or cotton duck, and may also contain a proportion of synthetic fibres. Make sure you choose the right texture. Some have a fine grain and are good for detailed work, while others are coarser so that the weave of the canvas may be visible through the paint to produce a more rugged effect on the final painting.

An inexpensive alternative to stretched canvases are canvas-covered boards. These have a good 'tooth' and are available with very fine or slightly coarser surfaces.

A word of warning. Most ready-made canvases and canvas-covered boards are primed with an acrylic ground, and therefore suitable for use with either acrylic or oil paints. Others are primed with an oil-based primer, and should be used only with oil paints. It is important not to use acrylics on an oil-primed canvas because the oily surface will eventually cause the paints to peel and flake. Always read the manufacturer's label to make sure you are getting the right surface.

Preparing panels

Rigid supports for oil and acrylic painting can be made from a range of readily available materials including wood, plywood and MDF (medium density fibreboard). The secret of success lies in the preparation.

Until the time of Giotto (*c.* 1267-1337), only wood was considered to be a suitable support for easel painting (that is, work intended to be framed and hung on a wall). However, as easel paintings increased in size, the limitations and technical complications of wood became increasingly obvious. Wood is heavy, and to make a large panel several planks have to be joined together and battened to prevent warping. The surface then has to be sized and given a finish that will accept the paint.

Painters began to use fabric stretched on to a framework, as this was lighter than wood. Although fabric widths were narrow, they could be joined together to make large supports. Today, artists can choose between a flexible, yielding canvas which is alive to the touch of the brush, or a rigid panel which is firm and can be given a smooth surface. Both types of support have their appeal and advantages; what you choose is entirely a matter of personal preference. Frans Hals (1582/3-1666), for example, sometimes chose canvas and sometimes wood, irrespective of the size of the painting.

Panels must be prepared before they can be painted on, and the nature of the preparation will depend on the medium. Paint bonds to a surface through a combination of its own adhesive qualities and the surface's absorbency and texture. A good oil support must have sufficient roughness or 'tooth' to hold the paint, but

▲ **PREPARED SURFACES:**
A Hardboard with muslin applied with acrylic primer
B Plywood with acrylic primer
C Plywood with scrim applied with acrylic medium
D Hardboard, rough side, sealed with acrylic primer

◄ **UNTREATED SURFACES:**
A Hardboard, rough side
B Cardboard
C Medium density fibreboard
D Plywood
E Hardboard, smooth side

must not absorb the oil. If the oil is leached out, the pigment loses its bond and eventually the paint flakes off.

Acrylic differs from oil in that it is not necessary to treat the support before you paint on it. Acrylic can be used on a wider range of supports than any other medium. Nevertheless, it is advisable to have a painting surface that provides a key for the paint. Surfaces must be oil-free, as oil and water are incompatible.

Types of support

If you like painting on panels, you can easily prepare them yourself. Wood, especially poplar, is traditional, but the cheapest and most readily available materials are cardboard, plywood, hardboard and MDF.

Wood If you use wood, make sure it is well seasoned to minimise warping. Battening the back and sizing both sides will also help to stabilise it.

Card Available in different weights and colours, this is ideal for small to medium-sized paintings. It can be used untreated for acrylic paintings, but because it is very absorbent the image will have a chalky appearance that can be quite appealing. If you are using card for oils, it must be sealed with size, an acrylic medium or an acrylic primer. As some cards are an attractive warm mid-tone in colour, you might want to incorporate the colour of the card in your work. In that case, you should seal it with acrylic medium or with PVA.

Hardboard This is a popular support. It is relatively cheap and available in large sheets which can be cut down to the size you need – most timber merchants can be persuaded to supply it cut to your requirements. It has two different surfaces: one side is rough, resembling woven cloth, and the other is smooth. Hardboard is a tough material, but the edges are brittle and larger sizes may need protective battens at the back.

Applying fabric to a panel

YOU WILL NEED

- Wooden panel
- Scrim
- Scissors
- Acrylic medium
- Decorator's brush

Any panel can be given a woven textile finish by gluing a fabric such as muslin or scrim to the painting surface. This is a cheap and quick way of creating a very acceptable support, similar in texture to canvas.

1 ▲ **Cut the scrim** Lay the panel on the scrim and cut the fabric to size, allowing a 5cm (2in) overlap all round.

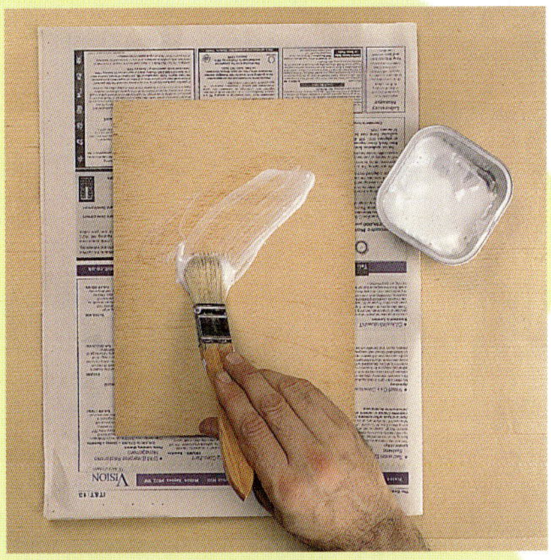

2 ▲ **Apply acrylic medium to the board** Cover the work surface with newspaper, lay the board on the paper and apply a coat of acrylic medium.

3 ▲ **Apply the scrim** While the acrylic medium is still damp, lay the fabric over the board. Smooth it out gently and then apply another coat of acrylic medium, brushing it into the fabric.

4 ▲ **Turn the board** Turn the board over and balance it on a container so that the wet surface is lifted clear of the work surface.

5 ▲ **Fold the fabric** Fold back the edges of the fabric and paste down with acrylic medium. Make neat folds at the corners. Seal the back of the panel with medium to prevent warping.

Using gesso

Gesso is a ground made of gypsum or chalk mixed with water or size to provide a dense, brilliantly white surface traditionally used for egg tempera or some types of oil painting. Now, acrylic gesso primer is widely available. It combines the matt white quality of a true gesso, but is less absorbent, and it comes ready-mixed so preparing a board is much simpler. It can also be used on canvas and paper.

YOU WILL NEED

- Panel
- Acrylic gesso primer
- Decorator's brush
- Sandpaper and block
- Acrylic medium

1 ▲ **Applying the first coat** Cover the work surface with newspaper, lay the board on top and apply a coat of acrylic gesso with the brush. Work across the board. Leave to dry.

2 ▲ **Sand the board** When the board is completely dry, lightly sand the gessoed surface with medium grade sandpaper wrapped around a block.

3 ▲ **Apply a second coat of gesso** Apply more gesso but work at right angles to the direction of the first application. Leave to dry and sand lightly. Two coats should be sufficient for most purposes. If you wish to build up a smooth, brilliant surface, apply more coats, sanding between each one and changing the direction of application each time.

▲ **Hans Holbein the Younger painted *Lady with a Squirrel and a Starling* in oil on an oak panel nearly 500 years ago.**

Like canvas, hardboard needs to be sealed. Start by roughening the surface of the smooth side to give it a key, then size both sides of the board – this prevents warping. When it is dry, apply primer (an oil primer for oils, or an acrylic primer for oil or acrylic) to the side you intend to use.

The rough side of hardboard is absorbent and difficult to work, and will wear out your brushes. Several coats of primer will create a good seal and will smooth the surface so that it is easier to work on and kinder to your brushes.

MDF In the lighter weights, MDF makes a good painting surface. It is very rigid and smooth and should be roughened with sandpaper to give it a key before a primer is applied.

Plywood Readily available in different thicknesses, its surface resembles wood, and it feels more natural than MDF or hardboard. Like the other panel materials, it should be sized so that the surface is sealed. It can then be used with or without a ground. Treat both sides to prevent warping and batten large sizes.

Sealing and preparing a ground

You can seal the support without obscuring the colour by covering the surface with glue size or one of the acrylic mediums, or alternatively PVA, which is sold in DIY shops as an adhesive and sealer. As these treatments are transparent, they will not obliterate the colour and will retain most of the texture of the surface.

If you prefer to start working on a crisp, white ground, you can apply a white primer over the top of the size. You can also apply several coats of acrylic primer directly to the support, or even use emulsion paint. A half-and-half mixture of emulsion paint and acrylic medium or PVA will also make a excellent primer.

Acrylic gesso produces a softer and chalkier surface, which is generally more absorbent than ordinary primers.

◄ **Scrim (left) is a coarse, loosely woven fabric, dark in colour and made from linen or a cotton-linen mix. Muslin (near left) is a fine, loosely woven cotton fabric, creamy white in colour.**

Tricks of the trade

Art materials are expensive – but with a little care you can extend the life of your equipment and even rescue materials that have seen better days.

To keep your costs as low as possible but maintain the quality of your painting, it really pays to look after and restore equipment – and, indeed, improvise tools if necessary. The handy tips that follow will help you extend the life of your materials.

IMPROVISED EASEL

If you enjoy working on big canvases but don't have the space or cash for a large easel, metal shelving with adjustable brackets provides a neat and flexible alternative.

Fix the metal uprights to the wall a suitable width apart, then insert the brackets at the required height. Alternatively, a pair of angled brackets screwed to the wall are fine if you tend to work on the same size of canvas and don't need to adjust the height.

New life for old brushes

Brushes last longer if you clean and dry them properly. However, you can often rescue neglected brushes with a little special treatment. A brush that has lost its condition can be washed in warm, soapy water and then treated with hair or fabric conditioner. Rinse off the product, reshape the brush with your fingers and leave it to dry.

If stray hairs are sticking out, or the fibres are misshapen, you can sometimes restore the shape by suspending the brush in a jar of water for a few days. Push the brush handle through thin card and rest this on the rim of the jar so that the brush hangs in the water without resting on its bristles.

If this process fails to restore the brush to its intended shape, take a little gum arabic between your fingertips and smooth the bristles into shape. Leave to dry. Hair gel can also be used to reshape an unruly brush. Whatever you use, rinse the brush carefully before you next use it.

Another good way to reshape a brush is to wrap toilet paper around the wet bristles. The paper contracts as it dries, pulling the bristles into shape.

Flattening dented canvases

Remove bulges from a canvas by dampening the back. As it dries, the cotton or linen fibres shrink to give a smooth surface. If this does not work, you might need to apply heat. Dampen the canvas, then steam off the water by holding a hot iron just above the surface (test first on a scrap snipped from the edge). Try not to put the iron directly on the canvas, as this will stretch it.

▲ **Dampen the canvas** Lay the canvas face down on a surface protected by a blanket. Dampen with a brush, cloth or sponge and leave to dry.

▲ **Heat the canvas** To eradicate serious dents, dampen the back then hold a hot iron over the area. The rapid drying will flatten the canvas.

Dried-on acrylics

Acrylic paint dries quickly and is then almost impossible to remove from a brush. It is a good idea to use two jars of water for acrylic painting – one for cleaning brushes, the other for diluting the paint. Add a drop of washing-up liquid to the cleaning water to prevent paint accumulating on the brush.

If you leave your brushes too long and the acrylic paint has dried on the bristles, soak them in methylated spirit for up to 12 hours, then wash them under running water.

Dealing with masking fluid

Masking fluid is particularly tough on brushes. Apply it with old brushes (kept in a separate jar) or use a dip pen or a stick. If you rub a brush on household soap before you dip it into masking fluid, it will be easier to clean.

Making your paints last

To prevent your paints from drying out, always replace the cap on the tube when you have finished with a colour. Wipe the threads at the top of the tube clean before replacing the cap – a little lubricating jelly or glycerine applied to the threads will prevent the cap from sticking. If a cap does stick, a brisk tap with a heavy object is sometimes all that is needed to loosen it. A strip of sandpaper wrapped around the cap will improve your grip.

To loosen caps on watercolour or gouache paint tubes, run hot water over the neck. If that fails to loosen them, soak the tube upside down in hot water overnight. For oil paint tubes, substitute turpentine or white spirit for hot water.

You can also use a pair of pliers or a jar opener to shift unyielding caps. Alternatively, wedge the cap between the edge of the door and the jamb – pull the door towards you so that it acts as a vice, then twist the paint tube.

Reviving dried-out paint

Always squeeze tubes of paint from the bottom upwards, as this keeps the paint together and prevents it drying out too quickly. Get the last drop of paint out of a tube by laying it on a flat surface and scraping a palette knife along its length from bottom to top. However, if a tube of paint has dried out, you can sometimes access usable paint at the base of the tube by piercing it with a pin. Stick masking tape over the hole to seal it.

For dried-out watercolour or gouache, cut the end off the tube and add a few drops of water through the newly made opening. Leave the water to work its way into the paint, then mix it into a paste. Alternatively, cut the tube open and use the paint as pan colour.

CLEANING AND CARING FOR BRUSHES

Get into the habit of cleaning your brushes after every session. Wipe excess paint on tissue, a rag or an old telephone directory – tear off the top page after you have wiped your brush on it, leaving a clean sheet ready for next time. Rinse the brush in the correct solvent – turpentine or white spirit for oils, water for watercolour, gouache and acrylic. Next, hold it under cold running water, rub it over a bar of plain household soap or solid brush cleaner, then work up a lather. Rinse under the tap until the water runs clear.

Flick your wrist to remove excess water. If necessary, shape the brush with your fingers, then leave to dry flat.

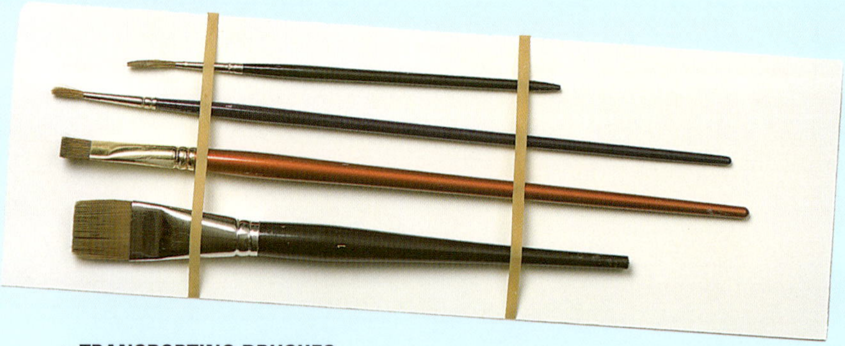

▲ TRANSPORTING BRUSHES
Make sure you protect your brushes when you're on the move. Cut a piece of stiff card wide enough to accommodate your collection of brushes side by side and longer than your biggest brush. Stretch two elastic bands around the card, one at the top and one at the bottom. Insert your brushes under the elastic bands.

◄ USING A BRUSH WASHER
A brush washer is a useful piece of equipment that allows brushes to be left in solvent without damaging their bristles. Slot the brushes into the coiled handle so that their bristles are suspended above the base. Fill the bottom of the container with enough solvent to cover the bristles. The dissolved pigment from the bristles settles at the bottom of the pot – some designs have a filter so that the pigment can be removed and the solvent re-used.

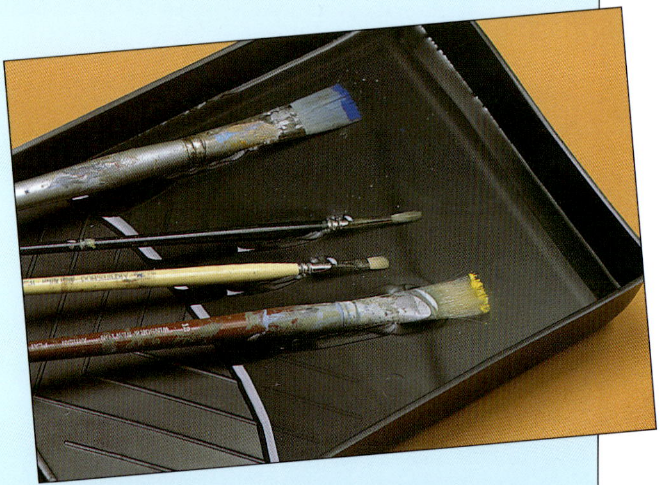

▲ KEEPING ACRYLIC BRUSHES WORKABLE
Acrylic paint dries quickly and, once dry, is almost impossible to remove. During a painting session, keep brushes workable by laying them in a shallow dish of water, such as a decorator's roller tray – rest the handles on the rim to avoid pressure on the bristles.

HOME-MADE PALETTES

Palettes can be improvised very easily. Use old white plates and saucers for watercolour and gouache. Mix larger washes in yoghurt pots.

You can make palettes for acrylics and oil paints from offcuts of wood, ply or laminates. Seal timber or ply with several layers of varnish or paint first. Glass makes an excellent mixing surface, too, as it is smooth and easy to clean.

Acrylic paint dries quickly on the palette and, once dry, cannot be re-wetted. You can make a moisture-retaining palette (see below) that works in the same way as those available from art suppliers.

If you are planning a long break from your painting, cover watercolours, acrylics or oils with cling film and put the palette in the freezer. Allow it to thaw for about an hour before you plan to use it.

▲ USING A GLASS PALETTE
A sheet of glass makes a good palette. Make sure the glass has a bevelled edge so that you don't cut yourself. Put a sheet of paper underneath, in a shade that matches your ground so you can judge how the mixes will appear when applied. Lay out the colours in an orderly way – here they are organised warm to cool, with white at the end.

▲ MOIST PALETTE FOR ACRYLICS
To keep acrylic paint workable for longer, make a moisture-retaining palette. Line the base of a shallow plastic tray with wet blotting paper. Lay a sheet of greaseproof paper on top to form the mixing surface.

▼ COVERING WITH CLING FILM
If you have unused acrylics left at the end of a session, cover the tray with cling film to keep the paints moist.

▲ SPRAYING YOUR PALETTE
Use a plant sprayer to mist the palette if watercolour or acrylic paints are drying out. You can also spray the support to keep the paint surface wet and workable, but don't overdo it or the paint will run.

PASTELS

When working in pastel, lay out your sticks on a sheet of corrugated card, arranged in colour groups. The hollows will prevent them rolling off the work surface.

If different coloured pastels are stored together, the colours rub off on each other and the sticks begin to look grubby. To remove surface dirt, put the pastels in a jar of rice and shake.

▲ ORGANISING PASTELS ON CARD
Corrugated card prevents the pastels you are using from getting mixed up – and they won't roll off the work surface.

▼ CLEANING PASTEL STICKS
Rice in a small jar will brighten dirty pastel sticks. Put the pastels in the jar and shake for about a minute or so.

CREATING COLOUR

Nothing brings a painting alive like a splash of bold colour and even the most subdued tones can lend depth and dimension to your work. This chapter begins with a description of the role of colour and the importance of balance, before going on to describe techniqes for mixing paints and using colour for painting complex subjects such as skies and skin.

Pigments and paints

We take our paints very much for granted these days. But not so long ago paint was a highly precious and sometimes significant material.

◄ **The cave paintings at Lascaux, dating back to *c.* 14,000 BC, were created with just three basic colours – manganese (soot) plus red ochre and yellow ochre. The red and yellow ochre vary in hue and tone, as the earth was collected from different sources.**

Today's artists have a fabulous selection of colours at their disposal in an ever-growing range of mediums. We are spoilt for choice and can select a colour for its exact hue, for its transparency or opacity and for its reliability or brilliance.

However, not so long ago, an artist's life was much more challenging. It was 1842 before the first paint was produced in a tube and indeed commercial manufacture of paints began only in the 1700s. Before then, the raw ingredients for making them were not only expensive but also often difficult to obtain.

Some of these ingredients might have graced any witch's book of spells: the root of the madder plant; the leaves of the plant *Indigofera tinctoria* from India; the crushed bodies of tiny beetles; ink sacs from cuttlefish or squid; arsenic; mercury; and even pieces of Egyptian mummies. Other ingredients are less surprising, including coloured earths and rocks, although in some cases the latter could be expensive.

The earliest paints we know of (which are still some of the most reliable around) are based on pigments found in the earth. At Lascaux in France, cave paintings made using earth colours have been found, which are thought to be over 15,000 years old. Some of these paintings are deep underground and difficult to reach, so it is clear that they were not simply 'domestic' decorations. It is likely that they had spiritual or magical importance, and it is possible that the colours chosen had special significance.

Certainly as civilisation evolved, the colours that became most prized were those not readily available as earth colours. For instance, the first true violet (that is, not made by mixing red and blue pigments together) was Tyrian purple, made from the murex – a Mediterranean whelk. It was so expensive and so prestigious that only the fabulously rich, such as Roman Emperors, could afford it or were permitted to wear clothes dyed in it.

Costly colours

Perhaps because of its immense value, purple was seen as an emblem of heaven in Classical times and this idea continued up to the early Middle Ages. Later, two other colours took over. These were the ones that came on either side of purple in colour-mixing terms – violet-blue ultramarine on the one hand,

► **The first paintings were created with earth colours, pigments that occur naturally in soil and clay. They include (left to right) yellow ochre, raw umber and red ochre.**

and scarlet on the other. These, too, were extremely costly.

Ultramarine was made from lapis lazuli, a mineral that could be obtained only from the East. To create pigment from this rock was both difficult and time-consuming. This meant that it carried a huge price tag. A lot of ultramarine in a painting indicated an extremely wealthy patron. (Until the 1800s, the patron usually provided the most expensive and brightest pigments.) Money was certainly no object, then, when it came to commissioning the *Wilton Diptych* (far right) by an unknown artist. In this painting, ultramarine was used lavishly on the Virgin and the angels – this would have cost more even than the textured gold that was used as the background colour. This panel would have been worth a fortune in terms of materials alone, not to mention the value of its superb workmanship.

If you look at Classical mosaics and medieval paintings, you will see that ultramarine and other blues weren't the only major colours. Blue's chief rival was red, associated with life-giving blood and vigour, and the sacrifice made by martyrs. To add to its importance, a

▶ Today, scarlet, ultramarine and purple are produced cheaply by artificial means – but in the past, they were prized pigments. Scarlet was made from the cochineal insect, purple from the murex (a Mediterranean whelk), and ultramarine from the mineral lapis lazuli.

▼ In Enguerrand Quarton's *The Coronation of the Virgin* (1453), the eye is drawn to the figures of Christ and God in brilliant scarlet and the Virgin with her ultramarine robes.

▲ **The *Wilton Diptych* (1395-9) was an altarpiece commissioned by King Richard II (shown kneeling on the left panel). The lavish use of ultramarine was an indication of not only Richard's spiritual devotion but also his enormous wealth.**

▶ **On a wing panel of the *Isenheimer Altarpiece* (*c.* 1515), German painter Mathis Grünewald shows the Resurrection of Christ. He emerges from his tomb, robed in red and with a reddish halo, the colour suggesting martyrdom and the energy of life.**

particular red, made from the shells of the cochineal insect, was fabulously expensive. Indeed, the Aztecs used the dried bodies of female cochineal insects as tribute money. In Europe, during the Middle Ages, cochineal was used to make an expensive woollen cloth called 'scarlet'. And in 1467 Pope Paul II decreed that cardinals' robes should be dyed cochineal red rather than purple.

Colour of Christ's robes

It wasn't just cardinals who appeared in red – artists began depicting the clothing of Christ (especially in Resurrection scenes) and the martyred saints in this colour. It represents not only the blood of their martyrdom but also, again, the wealth of the patron who commissioned the work. Once you start to look for these bright colours in medieval paintings, they seem to leap out at you everywhere, drawing your eyes to the important figures – just as they would have done to contemporary viewers.

So what of the other colours? Bright yellows (rather than yellow ochres) were prized by the artist, especially to show the effects of sunlight. Until the 1300s, the best yellow was made from orpiment, a rare and extremely volatile mineral. This was superseded by yellow made from tin. In the 1700s, Indian yellow was made from the urine of cows fed only on mango leaves. However, it was replaced by chrome yellow in the 1800s, as cows didn't take to the diet!

Green could be obtained from the earth colour terre verte, but in the Middle Ages artists began using a vivid green made from copper, turpentine and bitumen. Occasionally, green was mixed (at great expense) from lapis lazuli ultramarine and a tin-based yellow.

The power of colour

Colour is the painter's most versatile tool. It has the power to excite, control space, create atmosphere, express emotion and represent the illusion of reality.

▲ **Franz Marc's (1880-1916) *The Yellow Cow*, complete with blue patches and red foreground, makes the point that colour can be used to great effect expressively, as well as realistically.**

It was not until after the invention of the camera in the mid 19th century that artists recognised light as the prime factor in the way we see colour in the world around us. Before then, the 'local' colour was most often taken as the first consideration: sky is blue, grass is green – but is it that simple? If you look at the sky on a sunny day, it's much bluer overhead than it is on the horizon, where not only is it paler, it also has some yellow in it. Colour is dependent upon light, and we need to understand how it works.

The theory of colour

White light (sunlight), passing through a raindrop, splits into the colours of the rainbow spectrum. When these are fanned into a circle to make the colour wheel (see above, right), the principles of colour mixing can be seen. Red, yellow and blue are known as the primary colours: they are pure colours and cannot be mixed from any others. The other three (orange, green and violet), are called secondary colours because they are formed by an even mixture of their two immediate primary neighbours in the circle.

This can be extended to make tertiary colours by mixing any of the primaries with either of its secondary neighbours. For example, blue and green will produce a colour generally called turquoise. In fact mixed colours are often named

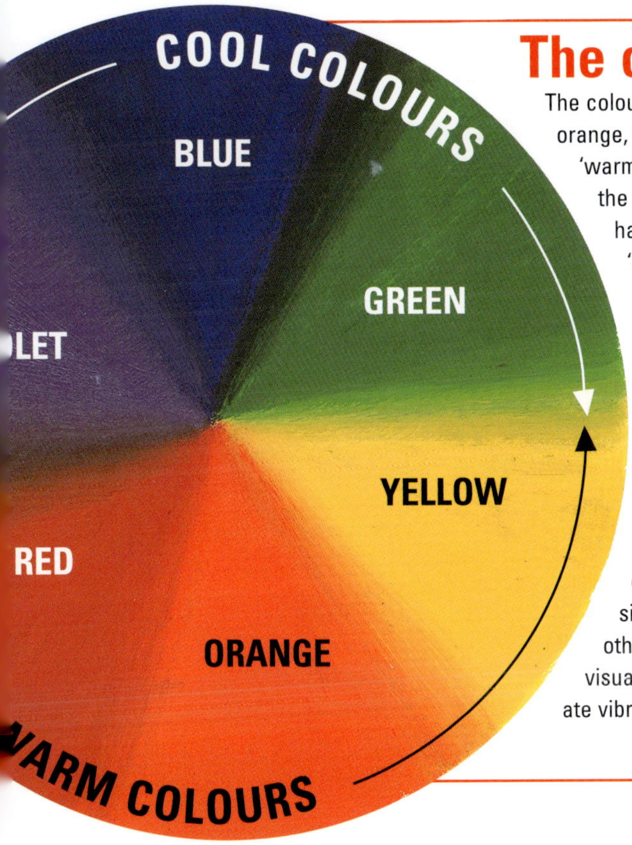

The colour wheel

The colours in one half of the wheel (red, orange, yellow) are specified as 'warm' and appear to advance from the page, while those in the other half (blue, violet and green) are 'cool' and seem to recede. This factor can be used in landscape painting for example, where trees in the distance can be made to recede by making them more blue-green than those in the foreground.

Colours opposite each other in the circle are described as complementary. Placed side by side they react against each other and fight to dominate the visual space. Artists use this to create vibrancy and contrast in pictures.

A BASIC PALETTE

There are certain colours which, when mixed together, can form the backbone of your art. The colours listed below are all good 'mixers' in any medium. If you have viridian, two blues and two yellows, you can mix most greens you are likely to need. Practise mixing pairs of all the colours without white.

Be careful when using black on its own, since it can 'deaden' a painting if overdone (remember, it is not really a colour!). Raw umber mixed with ultramarine is a good substitute.

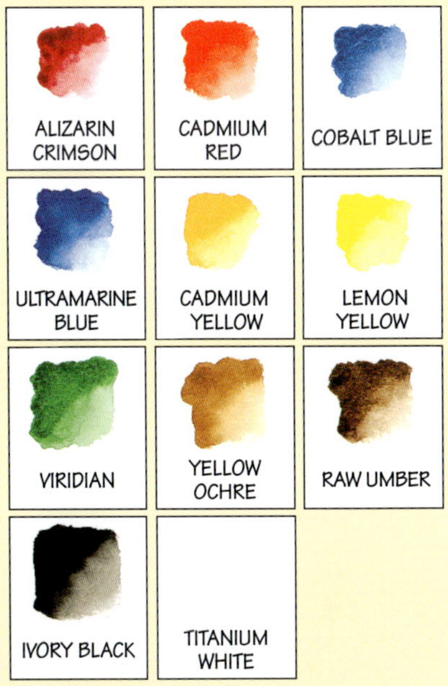

after the gemstones or flowers which they resemble and these are the sort of labels you will see on tubes of paint in an art shop.

Black and white

You will notice that the circle does not contain either black or white. When light falls on an object, the object will absorb some of its wavelengths and bounce back others which make up the colour we see. Black soaks them all up and white bounces them all back, so black is the absence of any colour and white is all the colours rolled into one.

Brown

And what of brown? An object seen as brown is absorbing very few of the spectrum of light wavelengths (just those at each end of the rainbow) and bouncing all the others back. By mixing the three primaries together or the three secondaries in different proportions, a whole range of browns can be made.

Warm versus cool

Colour temperature is also part of the equation (see the colour wheel), while colour can also be said to be opaque or transparent, dark or light, translucent or impasto, flat or textured, matt or gloss, vibrant or dull.

▶ Claude Monet (1840-1926) used colour to convey passing impressions of light and atmosphere – in this case a group of waterlilies which seem to dissolve into the water around them.

Keeping your balance

Composition is a vitally important factor in picture making. Take a closer look here at both the traditional and a revolutionary approach.

One of the major difficulties with painting has always been how to make the flat surface look three-dimensional. After Albrecht Dürer had clarified the laws of perspective by constructing a simple machine to demonstrate them in about 1525, possibilities for artists to push deeper into the picture space opened up considerably.

▲ Renaissance artist, Piero della Francesca, used various geometric devices to construct his painting *The Flagellation of Christ*.

Rectangular construction

Before then, it was generally accepted that a picture would be set in quite a shallow space, with the main characters in the story occupying the foreground as actors do on a stage. Paintings were constructed within a rectangle and were planned rather like an architectural design to give stability and a sense of order. Like architecture, painting was a 'high art' and in Renaissance times was also closely linked with science.

Leonardo da Vinci was probably the last great practitioner of both art and science, but all artists of that period applied some mathematical principles to their compositions. The one who best illustrates the artists' serious concern with geometric composition, was Piero della Francesca, who died in 1492.

Long and short division

When we come to explore the geometry of composition further, on page 209, we will see how symmetry can be avoided and a rectangle 'balanced' in a different way by applying the rules of the Golden Section. Piero's tempera painting of *The Flagellation of Christ* (right) has a very

GEOMETRY

Piero della Francesca relied heavily on the triangle to keep the viewer's attention within the rectangle of the painting, pulling the eye in from the corners. If you look closely at *The Resurrection* (below right), you will see that he uses an equilateral triangle standing rigidly on its base at the bottom of the picture with its tip at Christ's chin, between his forked beard. He repeats the triangle shape several times to reinforce the structure. You can see a second triangle resting on the top of the tomb and slanting up through the outside of the arms, with its tip at the top of the head. A third triangle has the same base, but the right-hand diagonal starts at the back of the neck and through the ear of the soldier with the lance and follows the line of Christ's knee, inner arm and a point directly between the eyes, to peak at the tip of the flagpole.

In addition, if you imagine where Christ's standing foot would be behind the tomb, this spot is the tip of a number of upside-down triangles formed by the legs and arms of the soldiers. Can you see, too, another, 'suggested' triangle, the three points of which are all outside the painting itself? Starting from somewhere above the top of the flagpole, the right-hand side of the triangle can be followed down through the sky and the line of the trees; on the left, the edge of the little hill points the way down.

Stability is added to the whole piece by the strong verticals, like the tree trunks, and the horizontals. These give symmetry to the composition.

▲ Marc Chagall's (1887–1985) ***The Violet Cockerel*** **is a circular composition. People and animals float illogically around the focal point formed by the clown's bunch of flowers.**

◄ **Chagall's *Village in Blue* also has a basically circular structure, but the composition is balanced by two strong right-angled triangles, at top left and bottom right.**

unusual composition. By placing a strong vertical shape (the column) in the centre, Piero divides the painting into two separate pictures – the one on the right in close up and the one on the left in the middle distance. But notice how he positions the figure of Christ just over a third of the way in, following the rules of the Golden Section (page 209).

Slanting lines

In addition, Piero deploys his usual triangular construction (as shown on the previous page), using the slanting lines of the ceiling and roof to lead you into the action. The two halves of the picture are pulled together by the long horizontal divisions linking certain features, sometimes in a rather contrived way (look at the hems on the cloaks of the men on the right).

Contrast

This painting is also an excellent example of the use of 'contrast' as an important tool in composition, in this case using light and dark tones. These are not evenly distributed, but they balance each other overall.

Partly because of the influence of photography on art, the last hundred years have seen artists deliberately breaking the 'rules' of geometric composition. Marc Chagall, for example, painted fantasy pictures with no logical proportions or scale. Everything is topsy-turvy and people, animals and objects often swirl around a central focal point, as though the picture isn't big enough to contain them. In *Village In Blue* (above), they randomly collide with the edge of the canvas or extend beyond it.

Many of Chagall's paintings rely on the geometric structure of a circle. Notice, too, in *Village in Blue* the strong, balancing right-angled triangles at top left (along the line of the mule's neck) and bottom right (slanting down through the roof tops to the baby's groin).

Holding attention

Whereas Piero's compositions produced static images, Chagall was concerned with vitality. Although outrageous, his zany compositions hold your attention and that, remember, is the basic aim.

ADDING AND SUBTRACTING

Try your hand at 'live' composition. Collect together lots of different objects. Try to vary their shapes as much as possible – tall and short, thin and fat, regular (geometric) and irregular – to achieve good contrast.

YOU WILL NEED

- Large sheet of white cartridge paper
- Charcoal or a very soft pencil
- Putty rubber

1 **Arrange the still life** On a table top, arrange a still life of four or five of the objects. Start by trying to organise them into a triangular composition, using a tall object for the apex. Begin drawing, working quickly with long strokes of the arm to emphasise angles and directions, particularly following the lines of perspective.

2 **Change your composition** After about ten minutes, take one object away and add two more. By drawing over the top and rubbing out afterwards, you can watch and control your changing composition.

3 **Repeat the process** Repeat the changeover of objects every ten minutes or so to keep widening the possible options.

The process in this exercise is more important than the end product. Think about verticals, horizontals, diagonals and other geometric connections in the still life arrangements you put together. Try, also, to incorporate the rules of the Golden Section (page 209), and above all, keep your balance!

Pick and mix

▼ **Seurat's (1859-91) pointillist technique can be seen in his painting *Young Woman Powdering Herself.* Tiny dots of paint mingle to create myriad subtle colours.**

Developing skills in colour mixing takes practice and familiarity with your preferred medium, but it is vital if you want to interpret a subject effectively.

One of the most important concepts to grasp when learning to paint is that the tonal range of the paint palette is nowhere near as broad as that of natural light. The brightest and lightest colour you can put down on paper is pure white, but this can never match the intensity and brightness of white light. There is a similar challenge when trying to match the depth of dark tones and colours.

Working order

In practical terms, if you are painting in oils, it is best to start with the darker colours and gradually work up to the lighter ones. Keep in mind that the brightest object in the picture cannot be brighter than pure white.

If you are using watercolours, remember that the lightest areas are created by leaving the paper unpainted. In contrast to oils, you should put in the darkest tones and colours last.

Mix and match

Mixing colour to try and match what you see is a subtle process. You will need to observe your subject carefully and make small adjustments to represent the 'local' colour accurately. As you build up your picture, you might want to mix colours that are tonally lighter or darker, warmer or cooler, more intense or softer and 'muted'. You might also choose to make the colours more transparent or opaque.

Grass greens

Try mixing some colours to represent a stretch of grass. Mix a green using ultramarine and cadmium yellow as a base. For the shadowed areas, you could add more blue to lower the tone and make a cooler green. Or, for a warmer shade, you could add one of the umbers.

Where the grass is lighter, you might mix in some lemon yellow and perhaps a little white to raise the tone; but you may find that the colour has now lost its 'greenness'. In this case, it may be better to start again, using viridian mixed with cadmium yellow or lemon yellow as an alternative base.

With two yellows and two blues plus viridian, there are countless combinations that make a basic green. Even so, if you are working with a limited palette, it is not always possible to mix a perfect match. Even if you added another twenty colours, some shades might still not be achievable. The best you can aim for is what is called a 'visual equivalent' – a range of tones and shades of a given colour (sometimes described as colour 'values') that is broadly parallel to what you see in reality.

Optical mixing

There are further ways of creating different colours, other than adding extra shades to a basic colour. The most

▲ **Degas (1834-1917) relied on optical mixing in many of his pastels, particularly in his nude studies. In this painting, *After the Bath,* the pastel marks in different colours merge visually to produce the convincing flesh tones.**

notable of these is to place small spots of different colours close together, so that when viewed from a distance they are seen by the eye as a single colour – an effect called 'optical mixing'.

This technique, generally known as 'pointillism', was developed by Georges Seurat, a nineteenth-century French painter. He and his followers used only the colours of the spectrum plus white. By carefully intermingling painted dots of these colours, they found that they could create innumerable colours and tones, provided that the viewer stood an appropriate distance away so that the optical mixing process could take place.

Limited technique

The pointillist technique has its limitations. If it is used for a small painting, the dots have to be very tiny so the desired effect is achieved when the painting is viewed close-up. Also, being a rather 'scientific' approach, it is not particularly expressive or personal.

Glazing and scumbling

Paint used thinly can be transparent, allowing the colours underneath to show through. This enables another type of optical mixing, called 'glazing', to take place. Dark colours are usually laid over lighter ones once they are dry (for example, blue can be laid over yellow to make green). The results are less easy to control than with direct mixing, but it is worth practising the technique to see the effects that can be achieved.

The opposite of glazing is 'scumbling'. Here, an opaque colour (usually containing some white) is put over a darker one in broken patches by rolling the brush. This allows the darker colour to show through and optically mix with the lighter one.

FINDING THE PERFECT MATCH

YOU WILL NEED

- Piece of A3 cartridge paper
- Scraps of plain coloured papers including two white
- Glue
- 11 acrylic paints colours as suggested for basic palette (page 113)

This exercise suggests how you can practise mixing paints to match specific colours as exactly as possible. Use the range of eleven paints shown in the basic palette illustrated on page 113.

Collect together some scraps of different coloured papers, preferably plain rather than patterned. Make sure you include two or three scraps torn from printed paper such as wrapping paper, postcards or magazines. Other papers you could use include sugar paper, copying paper or letter paper. A couple of your pieces of paper should be in different shades of white. Acrylic paint is the best medium to use for this exercise. You can use oil paints, but the drying time will slow down your progress.

1 **Make a collage** Tear or cut some random shapes from your selection of papers and stick them down on the left-hand side of an A3 sheet to make a small, abstract collage. Overlap the shapes, but don't make the collage too complicated.

2 **Match the colours** Now paint a version of the collage on the right-hand side of the paper, trying to match the colours (and shapes) you see as exactly as you can. Notice that pastel shades are much easier to match than raw, pure colours, especially those produced by printing inks. Remember, too, that the appearance of colours can be changed by those placed next to them.

▼ **Camille Pissarro (1831-1903), like some of the other Impressionists, began using small brush strokes of various colours placed next to each other in an attempt to make them more vibrant. This is shown to great effect in his oil painting, *The Flood at Eragny*.**

Mixing orange

In the first of three sections covering the secondary colours, we look at the secrets behind rendering a variety of oranges.

The basic rules of colour mixing are taught in primary school. There, painstakingly scribbling one coloured pencil over another, we discovered that red and yellow make orange. Easy!

As orange is a secondary colour, it can be mixed very simply by combining the two primary colours next to it on the colour wheel – red and yellow. In terms of paint, the equivalents of these primaries are cadmium red and cadmium yellow.

The range of oranges

However, cadmium red and cadmium yellow alone will probably not provide you with all the oranges needed for painting a wide range of subjects. Instead, you should experiment with the many other reds and yellows available to the artist.

We tend to associate orange with the bright, acidic colour of the fruit – but think also of the variety of mellow tints in autumn leaves or the earthy colours of sand and brickwork. As this still life arrangement shows, 'orange' is a very general label used to describe a wide range of colours.

Experimental mixing

Depending on the brand and type of paint, there are up to 20 yellows on a manufacturer's colour chart. Counting the earth colours, the yellows include lemon, cadmium yellow, chrome yellow, aurora, aureolin, Naples yellow and Indian yellow, as well as yellow ochre and raw sienna. The range of reds is equally wide and includes cadmium red, vermilion, scarlet, rose madder, permanent rose, alizarin, Venetian red, Mars red and Indian red.

In theory, by combining every available yellow with every available red, you could have a palette of hundreds of

▶ The oranges in this watercolour came from cadmium yellow, yellow ochre, Naples yellow, cadmium red, cadmium scarlet and alizarin crimson plus two bought colours – chrome orange and cadmium orange. Sepia and burnt sienna helped darken the cast shadows and top.

Cadmium yellow + alizarin crimson

Cadmium orange + Naples yellow

Yellow ochre + burnt sienna

Cadmium orange + cadmium red

different oranges at your fingertips. In reality, many of these mixes are so similar that you can't differentiate between them. And as no artist is likely to need such a range of oranges, confine your mixing experiments to the yellows and reds normally on your palette.

Practical mixtures

On the working palette of almost any painter you will find at least two or three reds and two or three yellows. Typically, these will be: a bright yellow, usually cadmium; an earthy yellow such as yellow ochre or raw sienna; and a cooler colour, for instance lemon. In the painting on the left, the artist chose Naples as the cooler yellow because it is very effective at neutralising, or 'knocking back', a strong red or orange.

The same palette will probably also contain cadmium red and a cool red such as alizarin crimson. You might also add a third red that falls somewhere between them in colour temperature – for example, cadmium scarlet. A warm earth colour, such as Venetian red, Indian red or burnt sienna, is also useful.

Note that by varying the proportions of any mixture you will get a different result. For example, cadmium red and cadmium yellow will produce a range of results from yellowish-orange to deep reddish-orange.

Bought colours

In addition to those colours you can mix yourself, there are also a few manufactured oranges. The most common are cadmium and chrome orange, both of which are strong and bright. The former is slightly lighter but considered to be more permanent.

A bought orange is by no means essential. However, it can also provide a consistent starting point for certain standard mixtures. For example, portrait and figure painters commonly use orange mixed with white as a pale flesh tone.

Note that mixing bright yellow with bright red sometimes produces a slightly duller orange than you would expect. To avoid this, try to choose pigments with a degree of natural transparency. For example, yellow mixed with alizarin crimson will give you a brighter orange than when mixed with cadmium red, which is a more opaque pigment.

Mixing green

By mixing and modifying the manufacturers' greens it is possible to expand your palette well beyond the range available otherwise.

For many artists – especially those interested in the natural world – green is probably the most important colour on the palette. Rural landscapes, flowers and plants, as well as many still-life subjects, call for a variety of greens.

A common misconception

However, the great versatility of the colour green is often underestimated. Beginners sometimes believe that, because green is mixed from blue and yellow, all things green must therefore be painted from equal mixtures of these two colours.

Many first attempts at landscape painting are disappointing for this reason – simply because the artist has failed to distinguish between the different greens in the subject.

Experiment first

One way to overcome this difficulty is to experiment with green mixtures before starting to paint. Look at the subject and pick out as many different greens as you can. Where there are highlights and shadows on a green area, take note of the light and dark tones these create.

Try your hand at mixing the greens you have detected on a separate sheet of paper. The process will initially be one of trial and error, but you will be surprised at the extraordinary range that can be achieved by mixing and modifying the colours on a very limited palette.

Mixing greens

Start by exploring the possibilities of a pair of colours, and see how many different shades of green you can get. For instance, by varying the proportions of ultramarine and cadmium lemon, you can obtain colours ranging from lime green to deep blue-green. Repeat the experiment, substituting yellow ochre for lemon yellow, and you will create an equally varied range extending from golden green to deep olive.

Modifying a green

Bought greens are also useful – in this fruit-and-vegetable still life, the artist made full use of them. However, they can be very strident – so more often than not you'll need to modify them with other colours. Again, it is useful to experiment and to extend your repertoire before

▶ Although it's possible to obtain greens by mixing blues and yellows, it's often best to use bought greens and, where necessary, modify these with other colours.

Payne's grey + sap green

Payne's grey + terre verte

Emerald green

painting. Choose a strong shade, such as emerald, viridian or sap green, and make some test samples. Modify the tone by adding varying amounts of a neutral colour such as raw umber or Payne's grey. This will give you a choice of rich and interesting dark greens. Avoid using black as this can deaden the colour.

Alternatively, any green can be modified or toned down by adding a little of its complementary – red. Try using different reds in varying quantities to produce a range of muted greens and neutrals.

Bought greens

Five manufactured greens were used in this painting. If you have not used these pigments before, now is the opportunity to try out the new colours.

- **Emerald green** is more brilliant than any green you could mix yourself. It is useful for capturing man-made colours, such as the bright green band around the plate here. The clear emerald stands out beautifully from the natural greens of the fruits and vegetables.
- **Terre verte** is the oldest known green. Made from natural earth pigments, it works well when painting vegetation and other organic forms. Here, it is used with a little ultramarine for the blue-green broccoli. The table top and shadows are painted in a mixture of terre verte and Payne's grey to create a cool, neutral and unobtrusive background.
- **Olive green** varies depending on the manufacturer, but it is generally a muted natural green, good for foliage and vegetation. Here, it is used with plenty of water to put a glaze on the shadowed side of the rosy apple.
- **Viridian** is very powerful and needs careful handling. It can easily take over and dominate your picture. Used in small quantities and modified by other colours, it is a useful ingredient in mixtures. Otherwise, viridian is best restricted to specific areas. Here, it is mixed with varying amounts of water for the light, medium and dark tones of green on the leaves of the leek.
- **Sap green** is a warm, leafy green and is often used for painting grass and foliage, especially in spring. Here, it is mixed with cadmium lemon for the green apple and with Payne's grey for the dark green pepper.

Mixing purple

Discover how to create rich variations on a theme by mixing bought purples with blues, reds and neutrals.

Purple is rare in nature. The earliest purple pigment came from the shells of the 'purpura', a large whelk found on the shores of the Mediterranean. The Phoenicians are reputed to have ground several million purpura shells to make enough purple to dye their emperor's clothes. The colour they used was known as 'royal purple' and it is still produced today.

Nowadays, purple is a far more accessible colour, but even today real purple pigments are comparatively few in number. The majority of manufactured purples and violets are actually combinations of existing blues and reds.

Purple mixtures

Many artists find it unnecessary to buy ready-mixed purple. Instead, they prefer to make their own by mixing various blues and reds to get the colour they need. Fortunately, it is possible to mix a range of good purples yourself. The brightest of these are achieved by using a cool red, such as alizarin crimson, rose madder or magenta. The addition of white to these mixtures will give various shades of mauve and violet.

If you have ever tried to mix purple using cadmium red, you will know that the result is not a bright colour at all, but a muted brownish-purple. This is because cadmium red contains yellow, which gives the mixture a brown bias.

Mix your own

To discover the potential of the colours on your basic palette, try making some simple two-colour mixtures. Start with alizarin crimson and ultramarine, combining these colours in equal proportions. The result will be a strong, bright purple.

By varying the proportions of the ultramarine and alizarin crimson in the mixture, you can then go on to produce a range of purples with either a red or a blue bias.

Do some more tests, this time substituting cerulean blue for ultramarine. Because cerulean is a cool, pale blue, the resulting purple will be less bright and slightly more opaque.

It is worth repeating similar experiments, using a number of different blues and reds. The resulting mixtures will

▶ The purples in this still life include bought colours used alone and mixed with reds, blues and neutrals (such as Payne's grey or raw umber). Don't forget to try mixing red and blue as well – such as the alizarin crimson and Prussian blue used here.

Winsor violet + Payne's grey

Winsor violet + phthalo blue

Mauve

vary enormously and not all of them will be purple. Some will be brown or muddy grey. Only by trial and error is it possible to have control over your palette and the colours it can produce.

Shadow colours

Purple is frequently used for painting shadows. If you look carefully at those that initially appear to be grey or brown, you will notice that they often contain traces of purple and violet. In this water-colour still life, the thrown shadows are mixed from the purples and violets used on the fruit and vegetables, toned down with neutral colours, such as Payne's grey or raw umber.

You can try mixing your own shadow colours by adding raw umber, Payne's grey or another neutral to any of the purples and violets below. Adding a little of their complementary colour, yellow, can also tone down purple and violet.

Bought purples

Our artist chose four manufactured purples for this still life, modifying these to acquire all the colours needed for painting the fruit and vegetables:

- **Mauve** may have a red or blue bias, depending on the manufacturer. The mauve used for the plate in this painting has a definite red tinge and stands out distinctly from the other colours. It is used here as a dilute wash.
- **Winsor violet** is a transparent colour with a powerful staining capacity. A little goes a long way, so use it sparingly. It is shown here unmixed; modified with Payne's grey and phthalo blue to obtain cool purples; and mixed with raw umber to create the neutral tone of the table top.
- **Purple madder alizarin** is a rich natural colour somewhere between brown and purple. It is popular with landscape artists for painting the warm tones of foliage and trees. Purple madder alizarin is mixed with a little Winsor violet for the dark shadow on the persimmon fruit.
- **Violet carmine** is a clear, transparent purple, used here with cadmium scarlet to depict the cool orange-violet of the persimmon fruit.

Cobalt violet is another bought purple you could try. It is not used here but it provides an attractive warmish purple that cannot be mixed from other colours.

▲ **This 1871 painting by James Abbott McNeill Whistler (1834-1903) is often called *Portrait of the Artist's Mother*, but Whistler actually gave it the title *Arrangement in Grey and Black No.1*. He explores the many subtle shades within his chosen limited range, and at the same time produces an unusual but moving portrait.**

Mixing greys

You might think that grey is simply a mixture of black and white, but you'll find that greys are actually much more subtle than that.

Making grey is not just a matter of mixing black and white. A painting with this type of grey in it would become lifeless because the grey would really be a tone, not a colour. This is valid in a monochrome work where only black and white are used, but for colour painting you will be dealing with a more exciting range of greys.

So what exactly is grey? It is important to remember that black is not a colour, but the absence of colour – in other words, the absence of light. So a grey object should be described as 'dark white' rather than 'light black', because you can't actually see black.

This concept is easier to understand if you look at some white objects placed in strong natural light or against a white window frame. Away from the light, the shadowed areas could be described as grey, and on a curved form it is immediately noticeable that there is more than one shade of grey. In addition, because the white colours are likely to be

▶ In *Eleven a.m.* by Edward Hopper (1882-1967), dark and mid-toned greys on the walls and furnishings of this interior contrast with the pale grey shadows on the white skin of the naked woman. The overall greyness of the room contributes to the atmosphere of solitude in the painting.

slightly different, you will see that there is also more than one *colour* of grey. This variety of grey colours might be exaggerated by colours reflected from the surroundings and the colour of the light source. Grey shadows are similarly affected (see page 132-133). So, if you were trying to paint all these possible greys, you would struggle to be accurate using only black and white.

Mixing greys

Distinguishing subtle colour changes (hues) in greys takes practice, and a little colour theory might help here. Each of the primary colours (red, blue and yellow) is neutralised by its complementary colour (green, orange and violet). If you mix a primary colour with its complementary in varying quantities, shades of brown and grey will emerge.

Try the exercise on the right to experiment with mixing a range of greys using various combinations of warm and cool blues and reds. Once you have tried this, do the same exercise using blue and yellow pairs instead of blue and red pairs – this will provide a range of greens, the cool and warm primary mixes giving 'greyer' greens. Adding a

MIXING GREYS

Try the following experiment on a white painting surface, using oils or acrylic paint. Mix two small dabs of each pair of primary colours listed below, then mix in small touches of each of the grey-making yellows in the last column to make warm and cool greys.

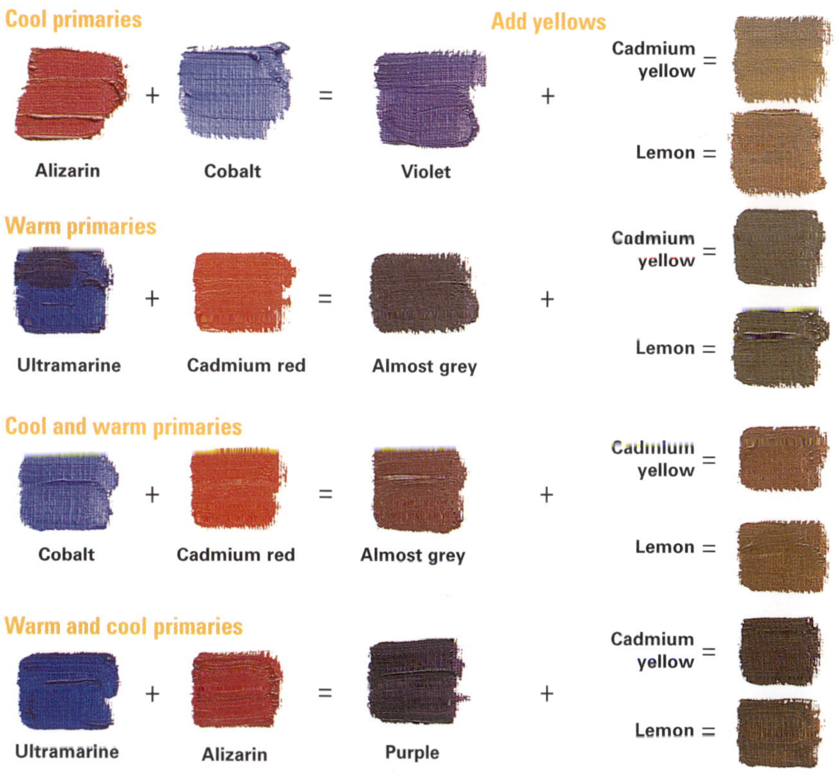

little extra of either of the two blues (warm or cold) to any of the above colour combinations will add to their 'greyness'. You should be able to make at least eight discernably different greys, from warm brownish greys through the more neutral green-greys to cool blue-violet greys.

Tones

The addition of white will, of course, give lighter shades of each of these greys. To darken them, you don't need to use black – try adding a mix of raw umber (and/or burnt umber) and ultra-marine or viridian. This will affect the colour of the grey as well as the tone, but more greys will be discovered! Greys are very useful in painting landscapes, which often have more green-greys in them than actual greens. Notice, too, how often greys occur in interiors.

Exploring a range of greys

Gather together a range of white and perhaps a few grey objects. Choose some different whites – enamel, for example, is usually bluer than china, which tends to be more creamy in colour.

YOU WILL NEED

- Canvas board at least 40 x 50cm (16 x 20in)
- Medium-sized round brush
- Oil or acrylic paints

1 **Set up a still life** Place the items on white, grey or even black paper against a white painted wall in a strong light by a window.

2 **Make a painting** Look hard at the objects to work out the colour bias of the different greys – are they greenish, blueish or pinkish? Start painting, using the pure colour greys you discovered in the mixing exercise opposite. Then add white or darker colours (no black) to adjust the tones.

3 **Discover the greys** When the painting is dry, take a strip of white paper and make half a dozen holes in it about 1cm (⅜in) across and 5cm (2in) apart. Move this around over the surface of the painting and you'll discover how many different colours of grey you have made.

▼ The Italian painter Georgio Morandi (1890-1964) exploits the variations of the colour grey in his series of mystical still life paintings – below is *Still Life* (1946). The soft neutral hues give a feeling of tranquillity.

White on white

Drawing white objects against a white background will help you to develop your skill in using shading to render shape and volume.

This all-white still life may seem a daunting prospect at first, but you will find it a worthwhile exercise in both observation and the use of tone. It is important that the objects you are painting are strongly lit from one side so that they cast dark shadows in a single direction only; this simplifies the composition and allows the white flowers and china objects to stand out against the background.

Softer, subtler shadows on the rounded objects themselves convey their shape and also differentiate them from the white fabric backdrop.

Grading shadows

You will discover how to give a sense of depth to your picture by grading the shadows from dark – in the folds of the cloth behind the vase and on the leaves of the tulips – to light in the foreground. Accurately judging the density of the shading will help your composition by making the china objects 'sit' realistically on the horizontal surface.

You will find darker shadows can be drawn most successfully with a soft 4B graphite pencil. You should switch to a B pencil for finer details, such as the tulip petals.

Negative shapes

By shading the background you create dark positive shapes, which form light negative ones in front of them. You will find the final effect is much more convincingly three-dimensional than if you give each object a hard black outline.

▲ **In this white-on-white still life the artist has used graduated shading to render the curved surfaces of the china objects and the soft folds of the draped fabric. The dramatic side lighting casts strong shadows against which the white objects stand out well.**

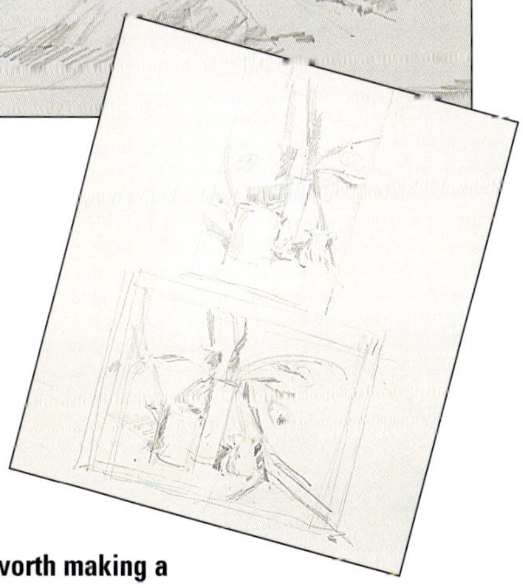

▶ **It's worth making a couple of preliminary thumbnail sketches to decide on the best format for your picture. Here, the artist has chosen a landscape image to show more of the fabric folds, which help to balance the composition.**

YOU WILL NEED

- Sheet of cartridge paper
- Graphite pencils: 4B and B
- Putty rubber

FIRST STEPS

1 ▲ **Sketch in the shapes** Lightly sketch in outlines of the teapot, vase and jug to establish their positions in relation to each other. Use light lines to indicate the edges of the shadow areas and the shapes of the tulips. Use the 4B pencil, which is easy to rub out, as these lines will be removed later.

2 ▲ **Start the shadows** Next look carefully at the objects to see where the strongest shadows fall. Start blocking these in, using the side of the 4B pencil lead to give a dark, soft effect. Begin with the area behind the teapot, then render the shadows cast by the flowers and the fabric folds.

3 ▶ **Fill in the shadows** Continue filling in the background shadows. Using the tip of the pencil, draw the shadow made by the teapot with soft, even hatching strokes, then fill in the dark area between the vase and jug. Hold your pencil well away from the lead tip so that you can move your hand freely.

EXPERT ADVICE
Sharpening your pencils

It is best to use a craft knife rather than a pencil sharpener to sharpen your drawing pencils. In this way not only will you make a sharp tip but you can bare a long expanse of lead and use the side of it for shading.

HOW TO DEVELOP THE DRAWING

Pause to look at your drawing so far: all the elements are in place and the relative areas of light and dark have been indicated. Notice how the background shadows have created the outlines of the china objects as negative shapes. Now you can go on to work on the details.

4 ▲ **Shade the objects** Start shading the objects themselves to render their rounded surfaces. Change to the B pencil, as you want this shading to be lighter and finer than the background shadows. To achieve a straight edge for the shadow on the vase, mask off the left edge with a piece of paper while shading. This will leave a narrow white strip of unmarked paper, representing the band of light (reflected from the white fabric) on the edge of the vase.

5 ▼ **Strengthen the shadows** Add shading to the teapot and jug, making this stronger on the left, furthest from the light source, to give the objects a realistically rounded appearance. Change back to the 4B pencil and continue defining the jug by strengthening the shadow around it.

6 ▶ **Draw the leaves** Now start working on the tulips. Begin with the leaves: parts of them are tonally darker than the background shadows, so shade these more heavily.

7 ▼ **Adjust the balance of tones** Strengthen the background shadow behind the teapot lid. Whenever you change one element in your picture, always stop to look at the whole composition, to make sure the relationship of tones and shapes is still harmonious.

8 ▲ **Draw the flowers** Draw the flower heads with the B pencil to achieve more delicate shading. Remember to keep your pencil well sharpened so that you have a fine point to work with.

9 ▲ **Shade in the folds** Finally, add a little more shading to the shadows in the folds of the fabric to diffuse the edges and give them a gently rounded shape, remembering to use the edge of your pencil. This completes the picture, but if you feel you would like to develop it further, you could draw some more of the softly folded fabric.

A FEW STEPS FURTHER

You can extend your drawing by adding more folds to the foreground and to the right of the picture. This will help frame the objects and make a pleasing composition. It will also help to define the horizontal surface on which the china objects stand, locating them in space and giving them extra solidity.

10▲ Add more folds Add shading to represent the folds in the fabric in the foreground. Use the 4B pencil, but remember to keep the shading very light as the shadows are much paler in this area than in the background.

11▲ Enlarge the picture area Extend the picture to the right by adding shading to show where the folds of fabric 'break' from the vertical to the horizontal plane. This will help to develop the perspective of your picture.

TROUBLE SHOOTER

CORRECTING HIGHLIGHTS WITH A PUTTY RUBBER

The lightest tones in this drawing are created by letting the white paper show through. If you shade over an area and then decide it should have a highlight, use a putty rubber to erase the pencil marks. One of the advantages of this type of eraser is that it can be moulded to a fine point, enabling you to make adjustments very accurately.

12▲ Indicate the table edge Continue to develop the folds to the right of the picture. Next add a line of shading along the bottom of the picture to indicate where the fabric falls over the edge of the table. This will help define the edge of the picture and enhance its three-dimensional effect.

13 ◄ 'Frame' the picture Use the putty rubber to remove any of the early construction lines that are still visible and clean up the paper. Now the picture is finished, you can 'frame' it by drawing a pencil line to confirm the composition and define the area you are including. This line would be the guide for a mount if you wanted to mount and frame your picture. Note that the artist has deliberately cut off the shadow of the flower-head on the left and some of the folds on the far right. You do not have to include every element of the picture; often you can improve the composition by cropping off details at the edges.

THE FINISHED PICTURE

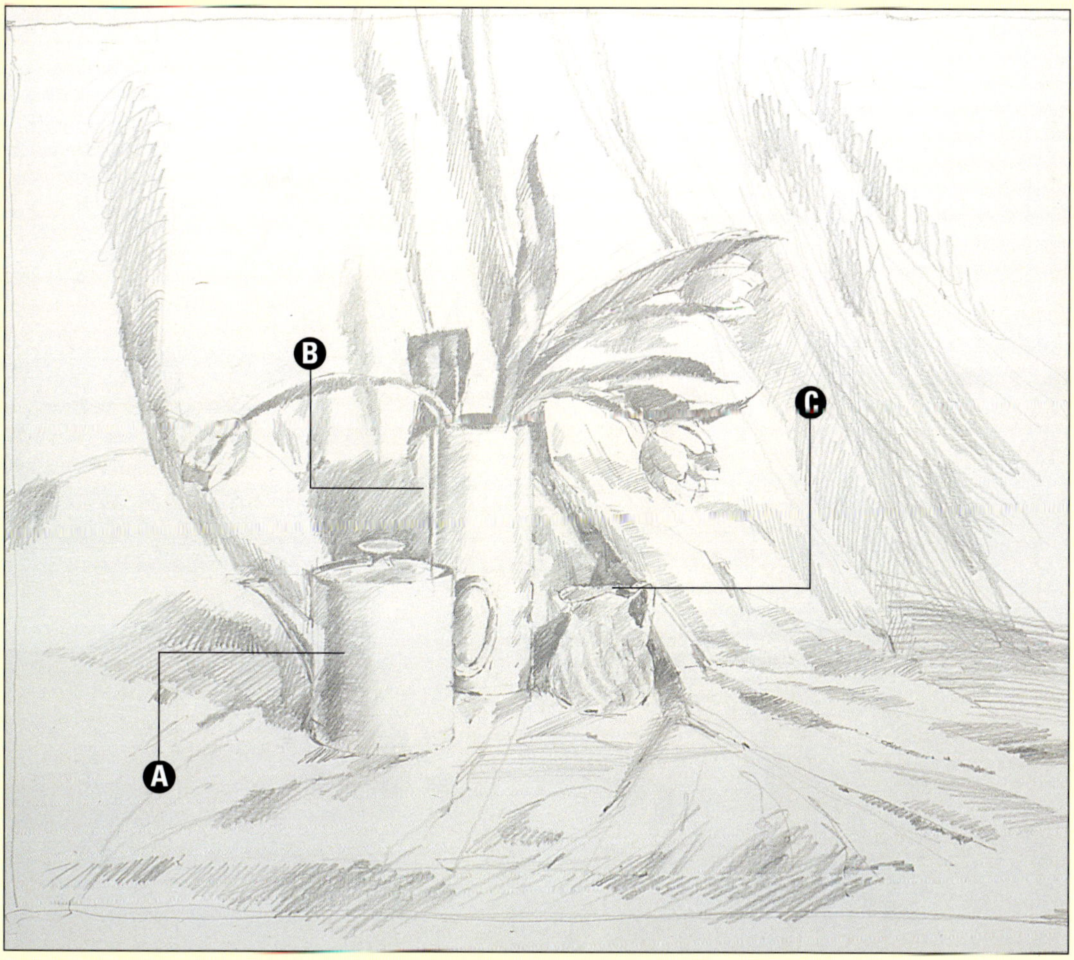

A Curved surface
Graduated shading was used on the side of the teapot furthest from the light source to convey the curved surface.

B Sharp shadows
Shading over a piece of paper has given a sharp, straight edge to the shadow on the left of the vase.

C Dense shading
The 4B pencil was used for the densest shading to indicate the darkest areas of shadow.

Colour in shadows

Shadows are rarely black or solid. They are full of complex colour and light reflected from surrounding surfaces.

When you look carefully at shadows, you will generally find that they are neither black nor opaque. Their tone and colour, and the quality of their edges, vary depending on the direction and intensity of the light source. The more you study shadows, the more varied, nebulous and complex they appear. While some are crisply defined and velvety dark, others are vibrant and suffused with luminous colour, or barely discernable at all.

In painting you will come across two types of shadow: cast shadow and shading. A cast shadow is the area of darkness projected by an object, either on to the surface it is sitting on, or on to the other objects and surfaces nearby. Shading is the area of darkness on an opaque object that you can see on the side facing away from the light source.

Graded shading

The gradations of shading around an object help us to understand and model its form, while cast shadows are useful in painting because they define the surface on which an object is placed. In landscape painting, shadows provide clues to the position of the sun, the time of day and even the season of the year.

In the nineteenth century, there was an awakening of interest in the theory of colour. The Director of Dyeing at the Gobelins tapestry workshop near Paris, Michel-Eugène Chevreul (1786-1889), discovered two phenomena involving complementary colours – simultaneous contrast and successive contrast. These effects are concerned with the ways in which different colours affect each other when placed side by side.

Impressionist shadows

The Impressionists painted outdoors, working directly from the subject. They sought to create a spontaneous and authentic rendering of the world by carefully observing and replicating the effect of natural light on objects.

They noticed how colours appeared to 'dance' from one area to another as they were reflected from adjacent surfaces. With an understanding of Chevreul's theories, they were able to see that the

◄ Twelve of Monet's haystack studies show a winter setting. In *Haystacks: Snow Effect* (1891) he has painted cool blue shadows, creating a chilly scene in spite of the warmer tones of the sun-tinged snow.

▲ **In *Haystacks at Sunset, Frosty Weather* (1891) Monet has created a scene that is suffused with a rosy glow from the setting sun; the dappled shadows in the foreground are a soft grey.**

complementary colour of an object was present in its shadow, together with reflected colours. By including the complementary, the Impressionists were able to enliven their shadows so that they became as vibrant as other parts of the painting. Shadows in Impressionist paintings are complex areas of broken and layered colour. Their luminosity mirrors the complexity of natural light.

Snow scenes

Coloured shadows are a particularly important feature of Impressionist paintings of sunlit snow scenes. The colour in these shadows can be very complex indeed, including several different tones, reflections from nearby objects and the reflected blue of the sky. The German romantic poet, Johann Wolfgang Goethe (1749-1832) published a book entitled *The Theory of Colour*, in which he describes the ever-changing colours of shadows on snow: 'During the day, owing to the yellowish hue of snow, shadows tending to violet had already been observable; these might now be pronounced decidedly blue, as the illuminated parts exhibited a yellow deepening to orange. But as the sun was about to set, and the rays began to diffuse a most beautiful red colour over the scene around me, the shadow colour changed to a green, in lightness to be compared to a sea-green, in beauty to the green of the emerald.'

In summer landscapes, Impressionists used purplish-reds for the shadows of trees, and muted violets for the shadows of rocks or shadows falling across dusty roads. The artist Claude Monet (1840-1926) explored the colour of light and shadows in his series paintings. The first of these was the *Haystacks* or *Grain Stacks* series, which he began in 1890.

Monet would go out to paint in the early morning or just before sunset, taking paints, easels and several partially completed canvases, often carrying his equipment in a wheelbarrow. He would work first on one canvas, then on another as the light changed, finding the canvas that most resembled the scene in front of him. In this way, he was able to record precise shifts of light and tone, and subtle nuances of colour throughout the day and through the seasons. He was trying 'to convey the weather, the atmosphere and the general mood'.

You can use the discoveries of Monet and his fellow Impressionists in your own work. When painting a subject, study the shadows with care, looking for reflected colour and for the complementaries in them. Try exaggerating these phenomena to add vigour to your work.

Shadows in art

- There are no shadows or gradations of tone in ancient Egyptian wall paintings or on Greek vase painting.
- Leonardo da Vinci (1452-1519) disapproved of harsh shadows, exploiting a technique known as *sfumato* to achieve subtle transitions between one tone or colour and another. He made analytical drawings of light falling on objects to aid his understanding of shadows.
- In the seventeenth century, Caravaggio (1573-1610) and his followers favoured stark realism and the heightened drama of sharply defined shadows
- Cast shadows were often used by the Old Masters to create optical illusions. By carefully rendering the shadows on columns and niches, they were able to deceive the viewer into thinking that they were seeing a three-dimensional surface.
- In Japanese art, shadows were usually ignored because they interfered with the clarity of the image and the narrative.
- In the nineteenth century, the Fauves dispensed with shadow and shading in order to to focus on pure colour and decorative surface.
- The Cubists deliberately distorted and exaggerated shadows to create an ambiguous image.

Colours for skies

When you've perfected the sky, your whole landscape will come together – so it's well worth practising to get it right.

▲ **This atmospheric sketch in oils, *Sky Study, Clouds,* is the result of one of Constable's numerous 'skying' expeditions. He believed that skies were supremely important, painting them again and again.**

Trying to capture the ever-changing moods of the sky seems rather daunting at first – where do you start? The sky changes constantly, as the sun rises and sets and as atmospheric effects such as clouds, rain and mist move across it. But if you watch the sky regularly and make notes, practise using different media and familiarise yourself with colours and techniques, you'll soon have the confidence you need to render skies skilfully and convincingly.

Sky sketches

The great landscape painter John Constable (1776-1837) sketched the sky constantly, working in oils directly from the subject – a process he called 'skying'. On 23 October 1821, Constable wrote to his friend Archdeacon Fisher, emphasising the importance of the sky in landscape painting: 'That landscape painter who does not make his skies a very material part of his composition, neglects to avail himself of one of his greatest aids.... The sky is the source of light in nature, and governs everything.'

Follow Constable's example and study the sky as often as you can. Make notes about the location, time of day, season and weather conditions. This process will help you to understand what you are seeing when on location, and will enable you to reproduce sky effects in your work.

Sky relationships

The sky is the backcloth to the landscape and should relate logically to the rest of the painting. If the sky is bright blue, the landscape should be sunny. Think about where the sun is and create shadows that are appropriate: small or non-existent if the sun is overhead, long and clearly defined if the sun is lower in the sky. If the sky is overcast and leaden, the tones in the landscape will be muted and shadows absent or indistinct.

Linking sky to landscape

A toned ground laid over the entire support will subtly modify the sky and the landscape and pull the two areas together. If you add tiny dabs of sky

colour to the landscape, as delicate touches or highlights, this will help to mirror the way in which light is constantly reflected from one area to another in nature.

The colour of the sky

The colour and brightness of the sky depends on factors such as the amount of cloud cover, the quantities of dust and water droplets in the air, and the position and strength of the sun. The sky is at its deepest blue between showers of rain, while on a beautiful summer's day it is often bright but not very blue because of the dust particles in the air.

To check the precise colour and tone of the sky, hold something blue or white up to it. You will find that generally the sky is brightest and whitest close to the sun, and that it often becomes paler again as it approaches the horizon.

The way you reproduce the sky will depend very much on the medium you are using and the style of your painting. In a cloudless sky, you need subtle gradations of colour and tone. You can achieve this in watercolour by laying a graduated wash, or in oil by working

▲ A range of greys mingle with browns in this Constable study; the paint was applied loosely and the ground shows through.

wet into wet to create subtle blendings. You can create skies of great depth and luminosity by applying layers of glazed and scumbled colour. You can even use a rich impasto, applying and smearing the paint with a knife – a painting such as *Starry Night* by Vincent Van Gogh (page 180) demonstrates the truly dramatic potential of impasto.

Special effects

Sunrise, sunset and special effects, such as rainbows, provide colourful spectacles – and each occasion is different. At sunrise and sunset, the sky is suffused with reds, oranges and yellows, which flow gradually into one another.

To describe these subtle transitions, use blending and wet-on-wet techniques. Clouds at sunset create emphatic shapes which are best painted wet-on-dry, or wet-on-damp in watercolour.

In the picture opposite, the artist Eugène Boudin (1824-98) has painted a sunny day on the beach at the seaside

KNOW YOUR SKY COLOURS

Cerulean blue
This warm blue has a slightly greenish tinge, useful near the horizon.

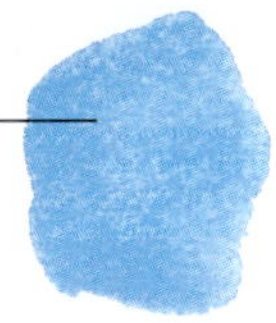

Prussian blue
A cold shade for rainy weather, Prussian blue also contains a hint of green.

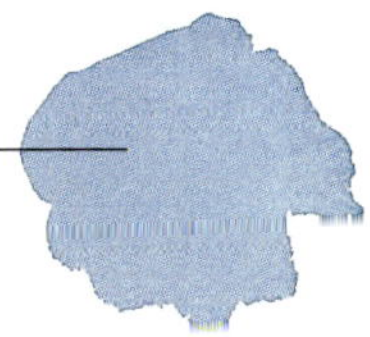

French ultramarine
This deep shade is a warm violet-blue, perfect for sunny days.

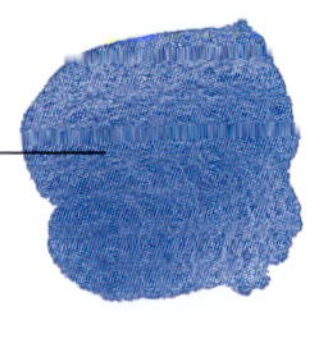

Cobalt blue
Cobalt blue provides a good balance between warm and cold.

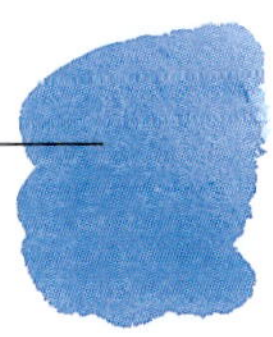

Payne's grey
A blue-grey, ideal for moody skies and storm clouds.

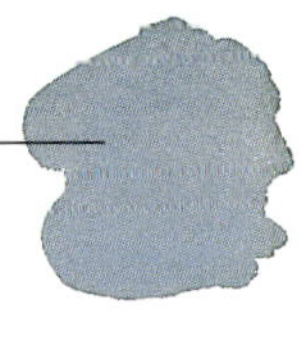

resort of Deauville in northern France. The clouds scudding across the sky give us a sense of the sea breeze.

The sky dominates the composition, occupying almost three-quarters of the canvas. The paint layer consists of thin veils of colour, which have been skimmed over the canvas so that the light itself seems trapped in a delicate web of atmospheric colours. The brushwork is soft, loose and informal, the most solid paint applications being reserved for the deep, intense blue of the sky at its highest point.

Sky moods

Despite the apparent simplicity of the subject, Boudin's painting is pervaded by a marvellous sense of space, light and airiness. If you visualise this sunny scene under a brooding, stormy sky, or gilded by the setting sun, you will see that by simply changing the sky you can create an entirely different picture.

▼ One of Eugène Boudin's many beach paintings, *Deauville, 1893*. You can almost feel the blue sky and bracing air of a breezy day by the seaside.

MIXTURES AND DILUTIONS

The colours you choose depend on the key of your painting, the effect you are trying to create and the appearance of the sky itself. So, for an intensely blue sky, you could use French ultramarine at the highest point, graduating through pure cobalt blue to cobalt blue muted with vermilion at the horizon.

Mix...

A range of warm greys can be very useful when painting cloudscapes.

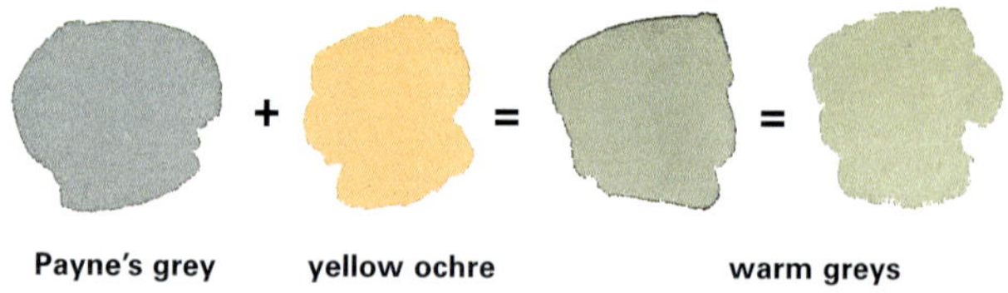

Add a little vermilion to cobalt blue to create atmospheric muted violets.

...and dilute

Cobalt blue is a very useful sky colour. In watercolour, it can be diluted to create a range of tints. With other media, you can achieve a similar effect by adding white.

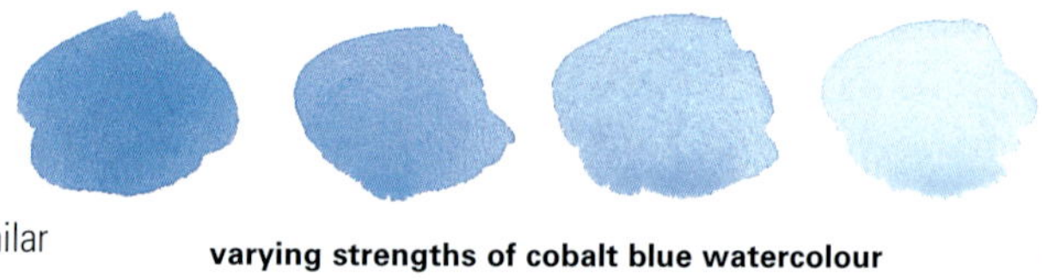

A colour for all seasons

Nature's annual cycle has always provided inspiration for artists, challenging them to respond to its changing colours and moods.

In 1530, a German painter called Albrecht Altdorfer painted a picture of pine trees and rocky hillsides. It had no figures in it and told no story, thus beginning a long obsession that artists have had ever since with landscape and nature as subject matter for pictures.

Some of the early landscape painters, such as Claude Lorrain (1600-1682), idealised nature in a romantic way. J.M.W. Turner (1775-1851) created dramatic scenes of extreme weather conditions. Gradually, as painters tried to be more truthful, working directly from nature became more popular. John Constable (1776-1837) and later the Impressionists recognised that the way the light changes, both during the day and with the seasons, has a marked effect on the colours in a landscape.

Watching the changes

In order to observe and record the changing colours and tones of each season for yourself, it is useful to paint four different versions of the same scene at about three-monthly intervals. A garden is an obvious choice, because it shows distinct colour changes as flowers bloom, berries ripen and leaves fall.

A more subtle approach would be to select a view where the changes occur within the colours themselves as the light varies with each season. You might decide to observe some brightly painted buildings by the sea, for example, or in a wooded landscape.

To achieve the strongest contrast between the four versions of the scene, try to paint on days when the weather and atmosphere are most typical of the seasons. Work in the early morning in spring, when the light is crisply bright, or when it is hot and sunny in summer. Evening light is dramatic in autumn, while a frosty atmosphere sets the scene for a winter painting. Remember to

▲ In this watercolour painting, *In a Shoreham Garden* (*c.* 1829) by Samuel Palmer (1805-81), the white blossom tinged with pink typifies a spring scene. The deeper yellows and greens around the central tree act as a foil to the white, throwing it forwards in the picture.

◄ **The strong blues and warm greens and yellows in the foreground of this Scottish landscape, *The River Goil, Argyllshire, 1913,* by George Houston (1869-1947), conjure up a bright summer's day. The hills and sky behind fade to a soft, hazy colour in the distance.**

place yourself in exactly the same spot each time, whether you are painting directly from observation or taking photographs to use as reference.

Colours of the seasons

There are certain paint shades that will help you to portray the essence of each season when used with your basic palette (see page 113). A word of warning, however – too many colours in your palette can be a hindrance rather than a help. Be selective and try working with just one extra colour from those mentioned below for each season.

Spring This season brings crisp, clean yellows, greens and blues into a landscape. These shades suggest the use of pure colours directly, without too much mixing, and are particularly appealing to the watercolourist. Look out for long mauve and violet shadows cast when the sun is very yellow and low in the sky. Notice the fresh, light appearance of colours in sunlight at this time of the year, and try to paint them without using too much white.

Summer The heat-haze of summer will soften the colours in a distant landscape creating atmospheric blues, whilst reds, purples and violets really come into their own as rich, dominant hues in the foreground. The greens of the foliage and meadows become warmer – mix these shades using the deeper yellows, such as chrome yellow and transparent gold ochre, with either of the blues from your basic palette. Cerulean blue is a useful addition to widen the options for painting water and skies, and to mix the chalkier greens on the horizon.

Autumn We often think of autumn as being a 'golden' season and you should certainly explore the range of warm colours from the deep yellows (ochre, raw sienna and burnt sienna) and the coppery reds (Venetian red and Indian red), through to the rich browns (burnt umber). The 'season of mists and mellow fruitfulness' also provides soft shadows and a damp atmosphere, offering the artist a selection of subtle mauves and generally warmer blues and greens.

Winter In winter, sharp tonal colour contrasts are revealed, especially when snow has fallen. Greys, dark blues, greens and browns predominate, but these are often complemented by small patches of very bright colour such as red or orange berries. Winter encourages you

◄ **Steely grey and teal blue in the leaden wintry sky and the shadows on the icy ground cool down the warmer ochre shades in this Impressionist painting, *Frosty Morning in Louveciennes* (1873), by Alfred Sisley (1839-99).**

to practise mixing warm and cool greys without using black. Useful additions to a basic palette might be Payne's grey in watercolour or phthalo blue in oils.

The seasons indoors

Seasonal colour can also be explored in still life by bringing together natural forms and objects at different times of the year for example, fruits of the harvest in late summer, or pine cones and the pale green Christmas rose in winter.

The seasonal theme has inspired some contemporary artists to make abstract compositions, reflecting moods and rhythms through shape and structure as well as through colour. Alan Davie's *Music of the Autumn Landscape* (1948) and Ivon Hitchens' *Autumn Composition* (1932) are paintings which use warm greens and browns in a still-life format.

◄ **The browns, russets and ochres of autumn are just starting to take over from summer's greens in *An Autumn Landscape with a View of Het Steen in the Early Morning* (*c.* 1636) by Peter Paul Rubens (1577-1640).**

TRIED AND TESTED TECHNIQUES

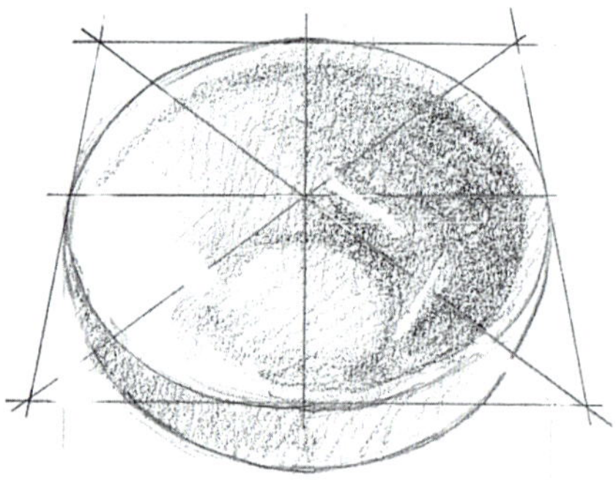

This chapter describes how to take a simple brush stroke or pencil line one step further. Among other techniques, the section explains how to use patterned backgrounds, draw ellipses, paint with a knife, use spattering effects and letter on curved surfaces. Once perfected, these skills will allow you much more freedom and expression when painting.

Drawing ellipses

Discover how to render circular shapes as accurate ellipses and you'll tackle any still life with a new-found confidence.

▲ **In *Still Life on a Table,* Anne Redpath accurately renders both the shallow ellipses of the jug and pot at the back, and the rounder ellipses of the bowls at the front.**

When viewed at an angle, any circular shape flattens out and becomes an ellipse. Elliptical shapes are used frequently in both drawing and painting: still-life groups, for example, often include plates, jugs, vases and bowls, as well as flowers with circular blooms.

Drawing circles and cylinders in perspective, though, is trickier than rendering squares and cubes in perspective. Indeed, many first attempts at drawing curves and rounded forms resemble the lop-sided rejects from a beginners' pottery class! However, once you understand that the rules governing the perspective of curved objects are the same as those for straight-sided objects, you will be able to tackle ellipses with confidence.

Just as you see less and less of the top of a box the lower your eye level is, so you will see less and less of the surface of a round object such as a plate. Try it for yourself: hold a dinner plate upright in front of you at eye level – it is perfectly circular. If you tilt the plate away from you the circle becomes an ellipse which gradually flattens as the angle of the plate is further inclined. This is because you are now seeing the plate from a foreshortened viewpoint.

SQUARING THE CIRCLE

First, try drawing three circles in perspective (marked A), which you can then use to create fully finished drawings of a bowl (marked B). Since circles fit into squares, it follows that drawing a square in perspective and fitting a circle into it will result in an accurate ellipse. Of course, this is a rather mechanical way of drawing but it will help you to begin with. Eventually you will be able to tackle ellipses freehand. Once you've mastered rendering a bowl from different angles move on to a cylinder.

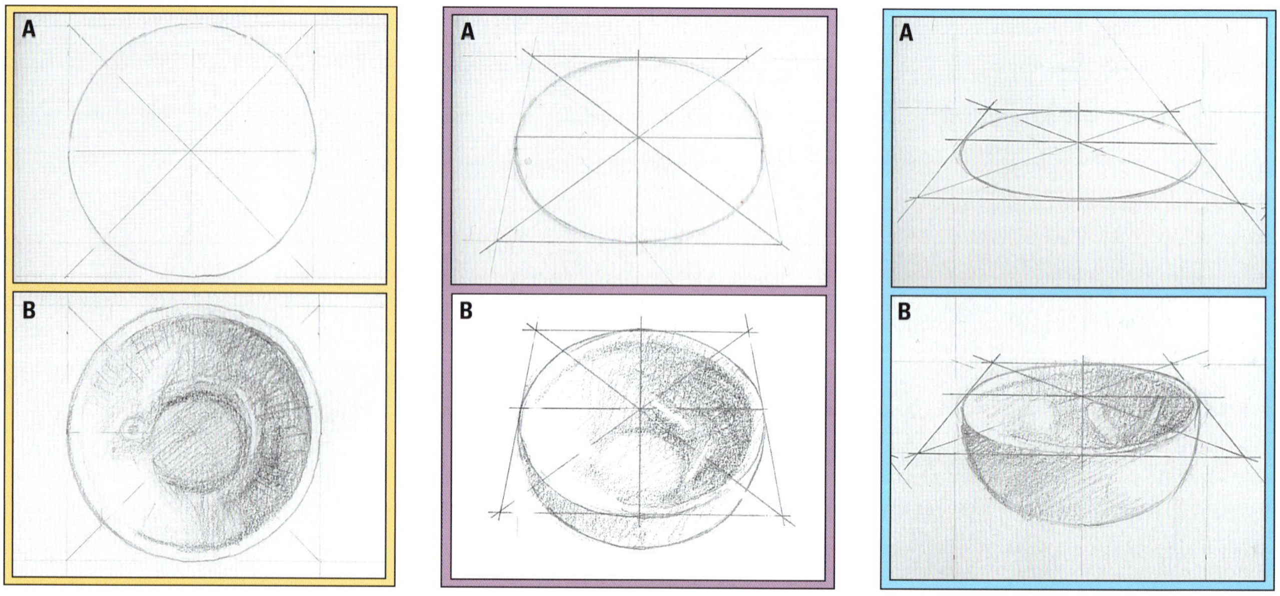

Start by drawing a bowl viewed from above (left). First draw a square and find its centre by drawing diagonals between the corners. Next, divide the square again, by drawing a horizontal and a vertical through the centre point. Use these guide lines to draw the curves of the circle. If you want to render a circle seen from an angle (middle), first you must draw a square in one-point perspective (see pages 219-221). The four near sections will be larger than the upper ones, helping you to create an ellipse. You can increase the foreshortening by drawing a square at an even more oblique angle (right).

DRAWING CYLINDERS

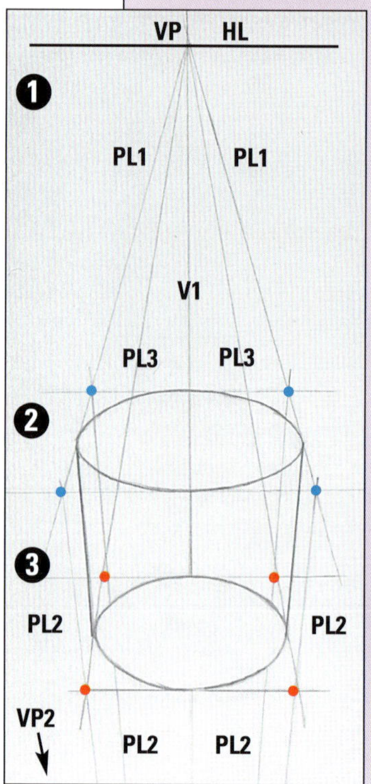

When drawing a cylindrical object, such as a vase, think of it as being transparent. You will now see two ellipses – the top and the base. The ellipses have different shapes because one lies closer to the horizon line. To draw a cylinder in perspective follow these steps:

❶ Draw in the horizon line (HL) at the top of the page and select a vanishing point (VP) in the middle of it. Then draw a vertical (V1) from the VP down to the bottom of the page.

❷ Draw the top square in one-point perspective by extending two perspective lines (PL1) from the VP down either side of V1. Put in two horizontal lines to complete the square. Draw an ellipse within it.

❸ Draw a perspective line (PL2) down from each corner of the square (blue) to another vanishing point (VP2) on V1 well below the page. Extend two more perspective lines (PL3) down either side of V1 but inside the two PL1s. Where this third set of perspective lines crosses the second gives you the four corners of the bottom square (red). Complete the square and draw the second ellipse. Join the edges of the ellipses with straight lines to form the cylinder.

COMMON ERRORS

▶ Try not to draw the ends of the ellipses with a definite point (left). Instead, make sure they curve all the way round (right).

▲ Do not draw a cylinder's base too flat (left) – instead make sure it is slightly more curved than the top (right). The further an ellipse is from the horizon or eye-level line, the more open the curve becomes.

WORKING UP WHEELS

Ellipses are also involved when drawing the wheels of cars, lorries, bicycles and so on, except that now they are placed on the vertical. (The same might apply in a still life if, for instance, you have a jar lying on its side and turned at an angle.) Once again, placing the circles inside squares will help to make sure you get the wheels accurately in perspective.

DRAWING A BICYCLE

❶ Determine the angle of the bicycle by sketching in the perspective lines (PL1 and PL2). These should meet at a vanishing point (which is off the page in this drawing).
❷ Establish where the wheels should be and draw verticals (V1, V2, V3, V4) to attain two squares in perspective. Draw in diagonals.
❸ With these segments as guides, draw circles inside the squares. The wheels will appear to lie in the same plane as the rectangle of the bicycle.

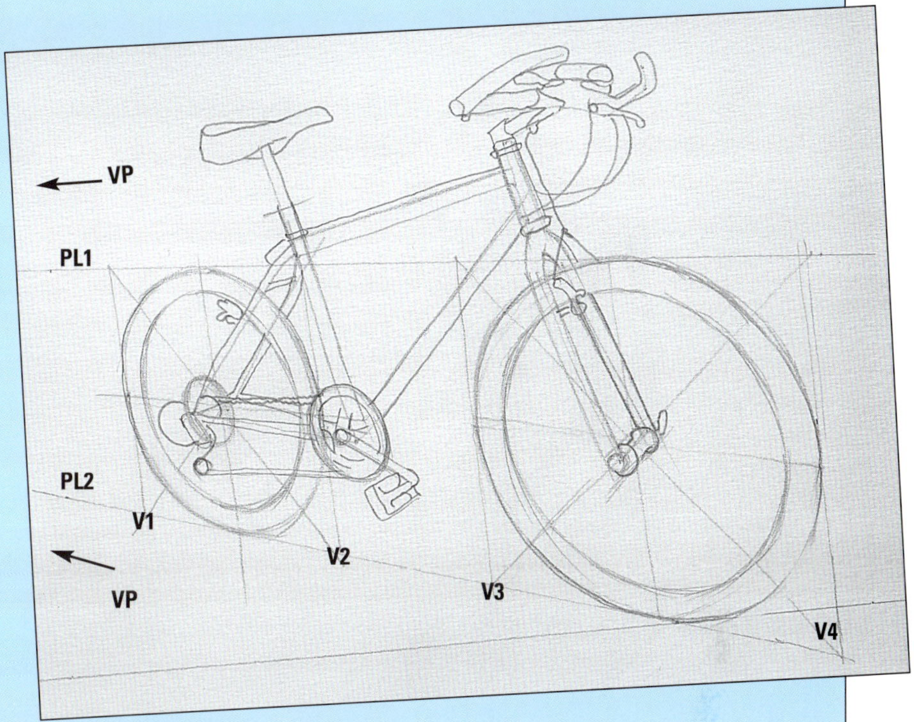

Putting it into practice

To practise drawing ellipses, make a sketch of a group of cylindrical objects of varying heights, such as the bowl, bottle and glasses here). Start by lightly establishing your eye-level line on the paper – which is just above the top of the wine bottle here. Remember that the depth of an ellipse changes according to your eye level, so take care to keep a consistent viewpoint as you work. And to help you achieve an accurate drawing follow these tips:

- Don't press too hard with your pencil or try to draw the ellipse in one single line, but hold the pencil lightly and 'feel out' the form as you draw.
- Even if the objects are not actually transparent, draw them as if they were. By drawing both what is seen and unseen, you go beyond just drawing the outer shape to capturing the underlying structure.
- Use light strokes and if necessary go over your lines again until you are satisfied that the shape is correct. Use construction lines as support if you wish.

Drawing with a grid

Make a grid to help you position objects on paper and create a balanced outline. Then shade in the composition using your free charcoal pencil for a bold effect.

There's no need to go anywhere special to find interesting subjects to draw. It is quite possible simply to stay at home and pick out some of the objects around you to create a worthwhile composition.

Mapping size and position

Even experienced artists can have difficulty in accurately mapping the size and proportion of objects. One solution is to stand a sheet of white card with squares drawn on it behind your still life, then to rule a corresponding grid onto your drawing paper. This makes it easier to plot the height and volume of different objects.

Another plus point is that the white backdrop encloses the objects, aiding concentration while making a clear surface for any shadows to fall on. In this project however, it is the outline of the objects, their place within the grid and their 3-D form that is important.

Using a charcoal pencil

The outline is drawn using a 2B pencil, which is easy to rub out in case of mistakes; but the shading is done with the charcoal pencil supplied free with this issue to create strong, dark lines. In fact, because charcoal handles so differently to the graphite pencil you used to shade an apple last time, it's a good idea to get a feel for it first.

On a scrap piece of paper, move the pencil freely from side to side. Press lightly at first, then harder, and note the difference in the strength of the impression. Then go over your initial strokes with further strokes in different directions and check the varied textures you create. You will soon become familiar with the way that charcoal pencils work.

▲ It is much easier to draw a still life if you plot the position of the objects in it against a grid.

YOU WILL NEED

- Piece of white card approx. 43cm (17in) high by 1m (40in) or more
- Masking tape
- Metal ruler
- Rubber
- Pencils: 2B; Charcoal
- Scalpel or pencil sharpener
- Large sheet of lightly textured drawing paper

HOW TO MAKE A GRID SCREEN

1 Mark a vertical line about 20cm (8in) from each end of the pliable white card. Cut along these lines, then tape the severed pieces of card back in place with masking tape. This creates the moveable side flaps that will allow the screen to stand upright. Then use a 2B pencil to mark out the limits of the grid, making sure its base is positioned as close as possible to the bottom of the card.

2 Continue ruling horizontal and vertical lines on the card to complete the grid. The version shown here has 16 squares, each 8 x 8cm (3 x 3in) in size. Then arrange your still life group at eye level and stand the grid screen behind it. You are now ready to start drawing.

HOW TO USE THE GRID METHOD

1 ▲ Draw a corresponding grid onto your paper Using the 2B pencil, draw another grid onto the drawing paper. You will need to divide it up into the same number of squares as appear on the card screen – although they do not have to be the same size as those you drew previously. The squares shown here measure 6 x 6cm (2.5 x 2.5in).

2 ▲ Start drawing the bottle outline Start with the bottle because it is the tallest object in the group. Study where and how its outline crosses the squares on the grid behind it. Then start drawing in the bottle's outline using the 2B pencil. Make sure that you place each individual line in the corresponding grid square on your piece of paper as you draw.

3 ▶ Check as you draw Continue drawing the bottle, including its stopper, referring frequently to the grid lines behind the object. Use a series of small strokes rather than a single line.

ADD IN THE OTHER ITEMS IN THE GROUP

Once you have established the position of the first object in your still life – in this case, the bottle – you can add the other items around it. By continuing to follow the grid lines, you will ensure that the objects relate to each other as in the original.

4 ▲ Sketch the outline of the glass Again using the grid lines for reference, draw in the outline of the glass. The glass is positioned just in front of the bottle, so it appears slightly lower in relation to the bottle's rounded base.

EXPERT ADVICE
Paper for charcoal

Charcoal, being a powdery substance, works best on slightly textured paper, which gives it something to 'grip' on to. If you use smooth or shiny paper, you will see the charcoal slide all over the place. Once you are familiar with how it handles, you can try using charcoal on paper with a highly textured surface. As the grain on this type of paper is prominent, it adds a distinctive character to the drawing.

5 ▲ Draw the coffee pot Next, sketch the outline of the coffee pot, once again following the grid lines. Study the shape carefully and thicken up the lines slightly where the contours seem more intense – for example, on each side of the lid. If you use the rubber to correct any errors, you are likely to rub out the grid lines as well. Make sure to pencil these back in.

6 ▶ Complete the pencil sketch Add the details on the coffee pot. You have now achieved your initial sketch – a well-proportioned group of objects ready for developing with the charcoal pencil.

A FEW STEPS FURTHER

7 ▲ Shade the bottle Study how the light falls on the group of objects that you have just been drawing. Then use the sharp charcoal pencil and a combination of intense and lighter strokes to shade the bottle, building up areas of light and dark tones and leaving the highlights bare.

8 ▶ Give form to the glass Use the sharp point of the pencil to give form to the bottle's stopper. Then turn to the glass. Use heavy strokes to create the shaded areas along its right-hand edge and around the lower half; then medium strokes to give form to the other areas. Leave the highlights on the left and near the top of the glass untouched so that the white paper shows through.

9 ▸ Work on the coffee pot Place a sheet of paper over the finished parts of the drawing to prevent them smudging as you work. Then start to shade the coffee pot, leaving the main highlights as wide, vertical strips.

10 ▸ Build up the tones on the coffee pot Gradually work up and darken the shading on the coffee pot. Reduce the main highlights to a few narrow bands, where the light bounces most intensely off the shiny, curved surface of the object.

THE FINISHED PICTURE

A The grid
The way the objects in the picture relate to their surrounding grid lines should mirror the way in which the original still life is positioned against the grid on the card screen. You can rub out the grid on the paper to complete the picture.

B Use of charcoal
The lines made with the 2B pencil, which was used to create the initial sketch in case of error, are completely hidden by the subsequent shading with the charcoal pencil. The charcoal produces darker tones and gives a softer finish.

C 3-D form
Once the shapes and arrangement of the three objects in the still life had been established on the grid, the artist then created the 3-D quality of their curved surfaces. This was achieved by the use of shading, and by creating highlights.

USING WATER SOLUBLE COLOURED PENCILS

If you would like to introduce colour into your still life, you can achieve a very different effect from a charcoal drawing by using water soluble coloured pencils. These are extremely versatile, as you can first draw your subject with them and then add water with a brush to soften the outlines and blend the colours. The final result is similar to a watercolour painting.

You can then add more pencil strokes over the top of the blended areas once the paper is completely dry. There will be more information about how to use and create pictures with this exciting medium in future issues. Coloured water soluble pencils also form part of your free art set.

Applying paint without a brush

A brush isn't the only way of applying paint. You can use all kinds of other tools and techniques, from stippling with a sponge, to spattering with a toothbrush.

Whereas a regular brush is the most conventional tool for transferring paint onto paper, contemporary artists have developed exciting alternative ways of applying colour. Paint can be sprayed or sponged, dribbled or dabbed. It can be wiped on with a cloth or spread with a knife. In fact, any method of getting colour onto the paper or canvas is valid so long as it produces an effect you like.

Painting with a knife

Specially made painting knives have very pliable blades, which are good for moving paint around on the canvas. But you will need to practise. Initially you may find yourself scraping off the paint as quickly as you are putting it on.

◄ All sorts of things that you wouldn't think of as typical painting tools can be used for applying colour or creating texture. From the left are: a decorator's brush; a painting knife; a fork; a scraper; bamboo skewers; and a natural sponge.

Try painting with different parts of the blade to see what effects you can achieve – use the tip of the knife to dab dots of colour, the edge of the knife to create lines, and so on.

Colour can be laid in thick, flat wedges rather as you would spread butter on a slice of bread. By using the knife in a circular motion you will get swirls and arcs of colour. Pat the paint with the flat side of the blade, and the result will be a stippled effect with the paint standing up in tiny peaks.

Obviously, for knife painting, the paint must be thick enough to hold its

▲ Two different colours of ink dropped onto wet paper will bleed into each other, forming a ragged edge and a new colour mix where the two inks meet.

▼ If paint dropped directly onto paper is sprayed with water using an atomizer, this creates interesting shapes and different consistencies of colour. Similar effects can be achieved by blowing the paint around with a straw.

◀ Spray cans are a good option if you want to cover a large area of paper or canvas quickly. They are also ideal for creating flat areas of even colour. Graffiti artists have been using this technique on walls for years.

shape, so it's best to use acrylics and oils. Acrylics are particularly effective, because they are fast-drying and layers of colour can be built up very quickly.

Adding texture to paint

Any flexible blade other than painting knives will produce exciting results. Try using a kitchen spatula, a paint scraper, or even one of the plastic spreaders that come with adhesives and tile grout. Some of the latter have serrated blades and will give a ridged texture.

The tip of a knife blade can be used to scratch textures and patterns into thick paint. Alternatively, experiment with combs, forks and any other objects. Keep your samples for reference in case you want to incorporate a similar texture into a painting at a later date.

Sponged texture

Natural and synthetic sponges are excellent for applying all types of paint quickly. A natural sponge gives a honeycomb appearance, and is especially effective when one colour is sponged over another that has been allowed to dry. Try using this technique to suggest a pebbled beach, distant trees or the craggy surface of rocks and stones.

A synthetic sponge has a more regular, even texture. Stippling with this can produce a finely granulated effect very similar to the gritty surface of cast concrete. Synthetic sponges are firm and can easily be trimmed into any shape you want. Alternatively, apply colour with the whole sponge scrunched up. This will quickly cover a wide area with bold, irregular texture.

Rivulets of colour

Liquid paint, dribbled randomly onto a sheet of paper, will spread to form rivulets and runs of colour. These can be encouraged and controlled to some extent by blowing gently across the paper. Experiment with inks, diluted watercolour, gouache or acrylic, dropping the colours with a brush, sponge or pipette. Provided you do not overdo the mixing, two or more colours will merge to form vivid, multi-coloured shapes.

Use a similar technique to paint flowers, leaves or any other simple subject. Do this by first painting the shape you want on paper with clean water. Then drop colours into the wet area. They will be contained by the shape of the water but will run together to give a brilliant, marbled effect. This works well with watercolours and coloured inks.

Spraying techniques

For a fine, controlled application of paint, try spraying. This technique is perfect when you want a completely flat area of colour, or a graded effect. If you use an airbrush, colour can be applied with great precision and for this reason, the airbrush is often used to produce works that are more like prints.

▶ You can buy acrylic paints in bottles with a pipette attached to the lid for dropping colour directly onto a surface.

PLAYING WITH TEXTURES

Once paint has been applied to a surface, it can be manipulated in any number of ways to create different textures and add interest to a painting. In the examples shown below, a natural sponge, a knife and a fork were used with different hand motions to produce a variety of effects. Experiment yourself using not only the tools mentioned, but any other potential texture-making implements you may have to hand.

Sponge - twisting

Sponge - stippling

Sponge - stroking

Knife - using the edge

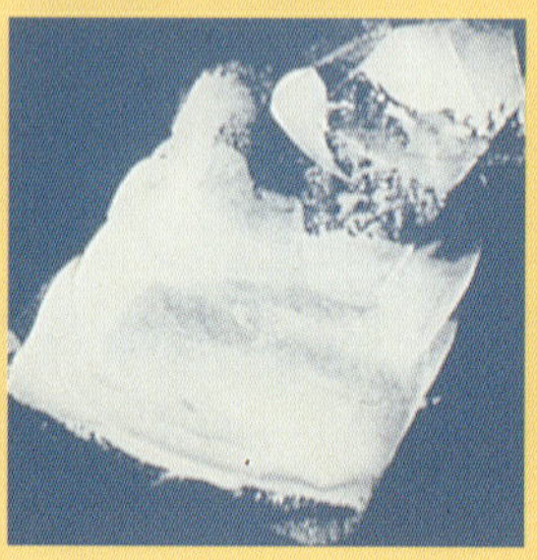

Knife - spreading

Fork - dragging

▲ Create a ghostly tree by washing watercolour onto paper, then scraping out the shapes of the branches using the pointed tip of a painting knife.

or photographs than paintings. Because of this, some artists find airbrushed colour very mechanical and prefer the more expressive quality of other textures.

Although airbrushing is the most common means of spraying colour, mouth atomizers can also be used. Colour from a jar or bottle is simply blown through a diffuser, generally giving a more speckled effect than airbrushed colour.

Rapid results

Sprayed colour can provide a useful starting point for a painting, perhaps for filling in a flat background or for painting a large expanse of sky in a landscape. The work can then be continued with a brush.

For an instant result, you can't beat spray paints. Graffiti artists have been using them for years! They come in a wide range of colours including fluorescent and metallic finishes, and are either enamel, cellulose or acrylic based. These paints are perfect for large-scale work, especially for covering large areas quickly. Read the manufacturer's instructions for safety precautions.

◀ If paper is first wetted and then paint dropped onto it, the colour will flood into the shape that has been created and be contained by it.

Whether you are using an airbrush, atomizer or a spray can, you will need to practise. The trick is to keep the sprayed colour moving slowly and evenly across the surface. Linger too long in one spot and the paint starts to drip and will dry unevenly.

Spattering

To achieve a spattering effect, take a small decorating brush, dip the bristles in paint, then flick the colour briskly on to a sheet of paper. For a finer texture, try the same technique using an old toothbrush. Dip the tips of the bristles in colour, drag the bristles back with your finger, then let them go suddenly to flick the colour forward.

Spatter white and red onto a green background, and you have a meadow of poppies and daisies. Also, white paint spattered over blue, green or grey water gives a realistic impression of froth on breaking waves. Spattering can also be used effectively simply to break up an area of flat colour.

A vigorous spatter can cover a wide area, so if you want to aim at a specific spot, use a piece of newspaper to protect the areas you want to remain spatter-free.

Be selective

It is a good idea to experiment and to become familiar with as many approaches as possible before embarking on more ambitious paintings. Have fun and be as innovative and creative as you like at this stage. As a result you will have a mass of skills at your fingertips.

▲ Spray paints come in a wide variety of colours including fluorescent and metallic finishes.

Painting with a knife

Using painting knives encourages you to work quickly and directly. The result is loose, lively paintings, quite unlike anything achieved with a brush.

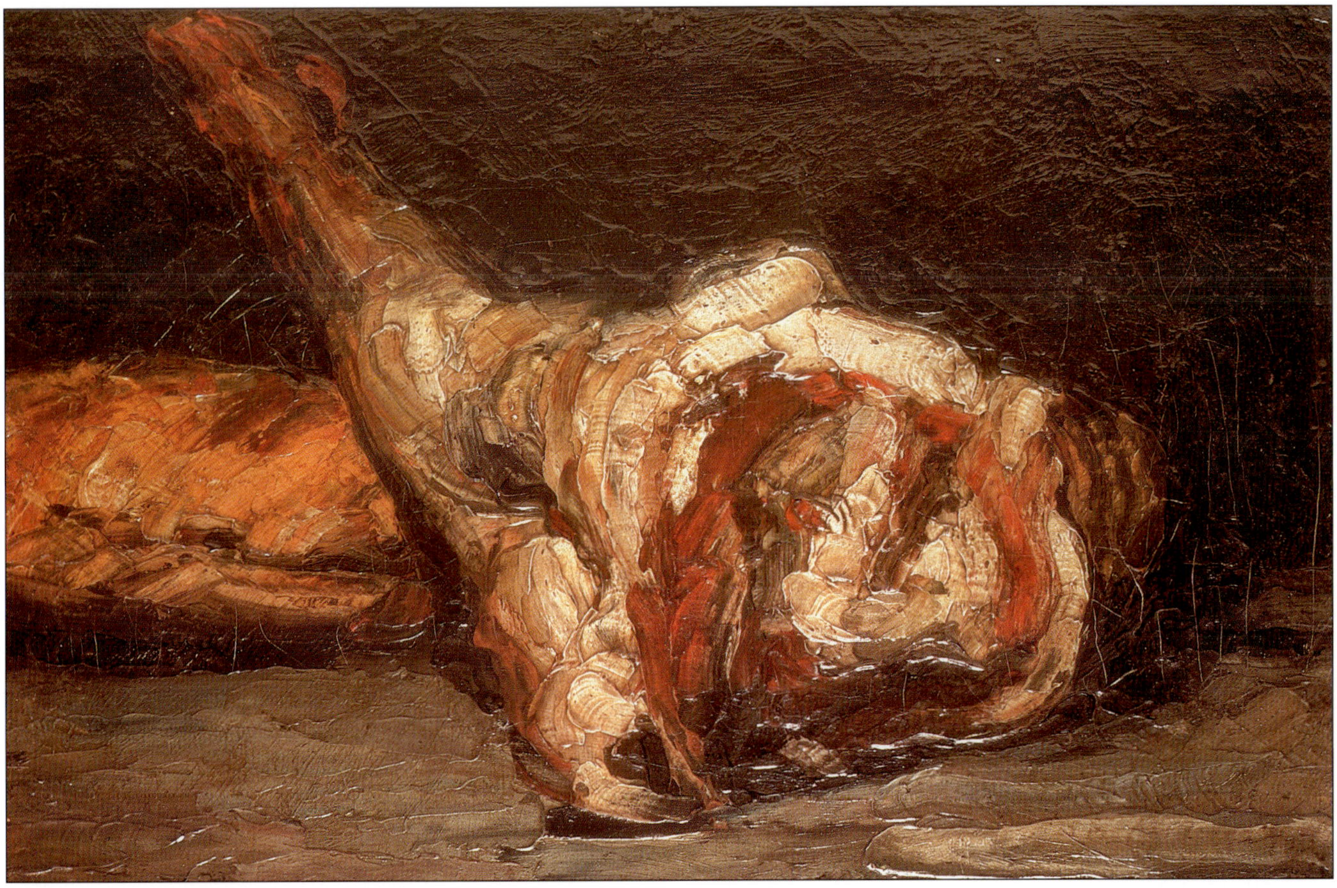

▲ **In much of his early work, such as this still life of a leg of mutton and bread, from 1865, Paul Cezanne (1839-1906) made great use of palette knives to build up colour and scrape the paint into coarse, thickly textured, almost deformed shapes.**

There is an immediacy and directness about painting with a knife. You can build the colours freely, applying them in swirling strokes or chunky wedges. And the knife marks remain visible and play an important part in the finished work.

Although paint thickness varies depending on how you work, it is a good idea to start by blocking in the initial colours in thin layers, using a long-bladed knife. Then it is a simple task to build up subsequent layers of thicker paint. If you feel the initial colour is too thick, scrape it back with the knife.

Knife marks tend to start with a thick ridge of colour which tapers off to a thin scrape, revealing the texture of the canvas or paper underneath. Fragments of colour are often retained in the grain of the support, creating an attractive speckled effect. You can exploit these contrasting textures to introduce different textures and tones into your subject.

Taking the direct route

Colours can be mixed quickly on the palette and applied equally rapidly and boldly to the picture, using broad strokes of the knife to cover large areas at a time. This direct approach will give you fresh colour and a lively picture surface. The bolder you are with your strokes the more emphatic these qualities will be.

Above all, knife painting is a 'one-hit' technique. Apply each stroke in a single movement, then leave it alone. Let the knife marks show. By all means, scrape back colour and add texture to flat areas of paint – but do not be tempted to go back and tidy up the edges of a stroke or smooth the surface because you will inevitably destroy its freshness. If you are over-fussy or try to depict too much detail, the painting will lose its rugged, spontaneous qualities. You might as well work with brushes.

Traditionally, painting with a knife is an oil-painting technique, used for creating small areas of texture or for adding final touches such as highlights and reflections, usually using the tip of the knife. However, because oil colours are slow-drying and tend to crack if the colours are too thick, you should limit knife painting with oils to small areas of fairly shallow colour.

Working with acrylics

For more dramatic knife painting, acrylics are by far the best choice. Unlike oils, which can take weeks and even months to dry, the thickest acrylic paint will be ready to work on after a few hours. For even quicker drying, build up the acrylic paint gradually in several layers, allowing each one to dry before adding the next. (Use a hair-dryer to speed the process.)

For best results, use the paints undiluted. Some brands are thicker than others and these are usually ideal for knife painting. However, for a really built-up or sculpted effect, you can mix acrylic colours with modelling paste or textured medium to stiffen the paint. You can also buy textured mediums containing marble dust, sand and other inert materials to build up an impasto effect and create a variety of surface effects in your painting.

Knife shapes and sizes

Painting knives come in a range of shapes and sizes, making it possible to vary the scale of the marks and strokes according to the size of your painting.

In the landscape demonstration, our artist chose long-bladed knives for the initial expanses of sky and fields, then changed to a smaller diamond-shaped blade for the swirling white in the sky and for the trees. However, there are no hard-and-fast rules about which knife to use.

Marks and textures

The mark you make is determined by the shape and size of the blade and the way in which you hold the knife. Here, the two most common shapes of knife – long-bladed (top row) and diamond- or trowel-shaped (bottom row) – were used to create a variety of effects. A little practice will enable you to develop a large repertoire of marks, textures and patterns.

Laying flat colour Pick up a quantity of paint on the length of the blade and drag this evenly across the support in one motion. Keep the long edge of the blade parallel to the support.

Scraping back Use a clean, long-bladed knife to scrape back a wedge of colour to let the texture of the support show through. Work in smooth, unbroken movements to avoid creating ridges.

Texturing Manipulate thick paint by swirling, dabbing (shown above) or scratching back. You can create different textures by using diamond- or oval-shaped knives.

Stippling Using a broad-bladed knife, gently pat wet colour with the underside of the blade to create tiny peaks on the painted surface. Add modelling paste to your paint to really emphasise the texture.

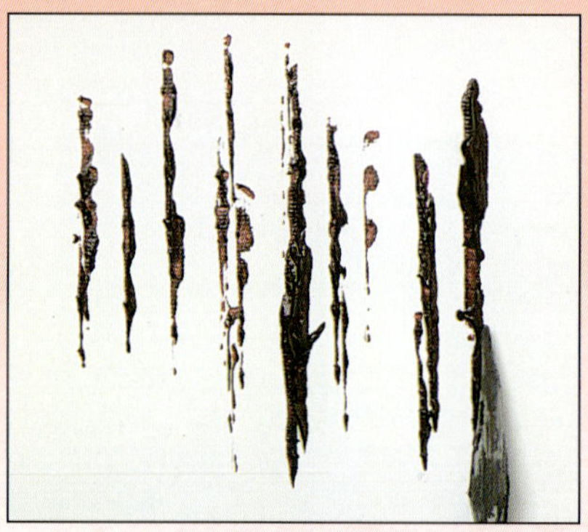

Fine lines Squeeze a length of colour on to the palette, dip the edge of the blade into the paint, then press the paint-loaded edge firmly down on the support. (The tree trunks opposite were done in this way.)

Broken colour Pick up a small amount of colour on the end of the pointed knife blade and spread this in thin, irregular strokes on to the support. The result is a subtly textured area of paint.

KNIFE EXERCISE

Try painting this simple landscape, using only knives – no brushes! The artist here used seven acrylic colours: cerulean, white, lemon yellow, oxide of chromium, cobalt blue, burnt umber and Payne's grey. However, as the palette is less important than the technique, you might prefer to work with colours that you already have. To apply the paint, he used two lengths of long-bladed knife as well as large and small diamond-shaped ones.

Any primed support can be used for knife painting, although a textured surface – such as the acrylic paper used here – produces the most interesting results.

1 ▲ Establish the sky Mix undiluted cerulean and white and spread this across the sky area, using a long diamond-shaped painting knife. Work quickly, leaving patches of white paper for the clouds.

2 ▶ Begin on the fields For the distant fields, mix oxide of chromium with a little white and lemon yellow and apply this with a long-bladed knife, using short downward strokes. The knife marks lend a grassy texture.

3 ▲ Paint the foreground Mix a darker green for the foreground from oxide of chromium with a little cobalt blue. Apply this in broad horizontal strokes, using a long-bladed knife.

4 ▲ Paint the grass Add white to the oxide of chromium and cobalt blue mix and apply this in thick diagonal strokes to create long, windswept grass in the foreground.

5 ▲ Add fluffy clouds Load a smaller knife with undiluted white and paint the clouds, using short, decisive strokes. Soften the edges by dragging some paint into the blue sky.

6 ◀ Block in the trees Mix dark green from oxide of chromium, cobalt blue and a little lemon yellow and paint a row of trees on the horizon. Do this with a small knife, painting each tree as a simple block of colour.

▶ As a finishing touch, put the tree trunks in with a mix of burnt umber and Payne's grey, using the side of a small knife. You now have a wonderful textural landscape – with thick impasto marks for the clouds and trees as well as thinner, scraped areas in the grass and sky.

Using patterned backgrounds

When you are faced with a blank sheet of paper, it is reassuring to have a reference point for your drawing.

In this exercise, you will find out how you can 'loosen up' your drawing. For the exercise on pages 144-147, you used a screen with a squared 'grid' to help you plot the positions of objects in a still life group very precisely. Here, we are going to look at an alternative way of using a visual reference when drawing a group of objects.

Instead of a specially drawn grid, some striped wallpaper provides a helpful background to set behind a few simple objects. The regular vertical and horizontal stripes act as an excellent, informal grid reference. Choose objects with plain colours for your still life, so that they stand out clearly against the patterned background.

Positioning the light source

As in some of the previous exercises shown in this book, a light source in the form of a lamp is used here. This time, however, because of the nature of the composition, the light comes from the left as the objects would be in the shade if lit from the right. When you are setting up a group of objects for yourself, do bear in mind where the shadows fall, so you ensure that each object is clearly illuminated.

Adding water

Water soluble pencils can add a new dimension to your drawing skills. But if the thought of using water scares you, don't worry. The pencils may be used dry – although in such a case it will not be possible to obtain the effects seen in the final stages of this drawing. Adding water is fun, so pluck up your courage and have a go!

YOU WILL NEED

- Piece of cartridge paper
- Water soluble graphite pencils: B and 2B
- Rubber
- Scalpel or pencil sharpener
- Round brush with a point

FIRST STEPS

1 ▸Draw the wallpaper 'grid'

With a water soluble B pencil, sketch in the vertical lines of the wallpaper. Add a few horizontals too. These lines will give you a reference point for drawing the top of the flower pot. Once this shape is established, it will help you determine the positions of some of the other lines and shapes. Remember to keep looking at the wallpaper 'grid' while creating your initial sketch.

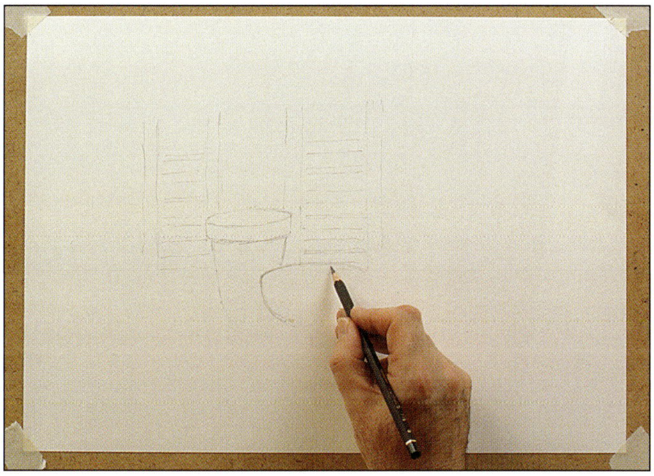

2 ▲ Begin sketching the mortar Start drawing the mortar (bowl), using the flower pot and background grid pattern as a reference. Remember that at this stage you can still work in a light, sketchy manner. You will be defining the outlines with a softer pencil later on...so take your time!

3 ► Draw the garlic
Complete the mortar and then add the large garlic bulb and and the two garlic cloves. The mortar and the flower pot act as a reference for the position of the garlic.

4 ► Add the pestle Now it's time to include the pestle (stick), erasing the lines of the mortar that cut through it. Determine the angle of the pestle by looking at the striped background and the flower pot. The pestle starts just to the right of a vertical line on the wallpaper and ends at a horizontal line just above the flower pot. Assessing the position in this way illustrates how the stripes on the wallpaper provide a constant useful background reference for your drawing.

5 ▲ Draw the outlines of the shadows There are some shadows on the flower pot and the mortar. Lightly draw in their outlines at this stage.

TROUBLE SHOOTER

REMOVING WATER SOLUBLE PENCIL

You can erase dry water soluble graphite pencil easily with a normal rubber, but be warned! When water is added to the drawing, this acts as a 'fixer' and it is no longer possible to rub out the pencil marks. If you need to remove part of the drawing at this later stage, add a little more water to the area and lift it off immediately using a tissue or absorbent kitchen towel.

HOW TO STRENGTHEN THE LINES AND TONES

Once your initial sketch is complete, change to a 2B water soluble pencil. This softer grade will strengthen the outlines and shaded areas, while its soluble nature will set you up for adding water, if you want to tackle the 'Few Steps Further'.

6 ► Shade in the wallpaper The background wallpaper needs some shading in order to explain its pattern more clearly. Still using the B pencil for this and holding it quite loosely, work hatching to show the darker areas of the background.

7 ▲ **Begin to define the drawing** Now change to the 2B pencil and draw over the existing lines if you are happy with their positions. Also at this stage, fill in the shadows that you outlined in step 5.

8 ▲ **Give form to the objects** Work shading on the objects, for example, along the pestle and on the right of the mortar, in order to give them some form. Light hatching will suffice for this, so that there will be a sufficient difference between shading and any shadows cast. The drawing could now be considered complete, but if you want to, you can add water to the drawing for a different effect.

EXPERT ADVICE
Adding water

When adding water to a drawing produced with water soluble graphite pencils, there is no need to flood the paper – a small amount of water will be sufficient. You need just enough to activate the pigment in the pencil. If you use too much, the drawn areas will become grey and will merge together, causing the finished work to look washed out and undefined.

A FEW STEPS FURTHER

Now that the still life group is complete, you can add some water and move the drawing on a stage. Rest your hand on a piece of kitchen towel as you work to prevent smudging; this can also be used for 'lifting off' if you apply too much water.

9 ▲ **Hatch in more shadows** Before you begin adding water to your drawing, you can give the composition greater depth by defining the shadows cast on the horizontal surface on which the still life is standing. Work these dark areas by hatching with a 2B pencil.

10 ▶ Brush water over the wallpaper pattern Now load a round, pointed brush with clear water and begin to brush the water on to the patterned wallpaper. Now it should become apparent why the shading was added here in step 6. It has provided pigment, which intensifies when water is applied, creating a stronger version of the background pattern.

11 ▲ Add water to the whole drawing Continue adding water to all parts of the drawing. A pointed brush will cope with fine lines as well as the broader areas such as the shadows and shading. Notice how the lines and shapes appear stronger as the water is added. After all the hard work of drawing, this is the fun part!

THE FINISHED PICTURE

A Wallpaper 'grid'
The distinctive pattern of horizontal and vertical lines on the wallpaper was used to determine the positions of the objects in front of it. Unlike a specially drawn grid, the pattern of lines forms an integral part of the finished still life picture.

B Strong outlines
The light pencil marks used for the initial sketch of the objects were later strengthened with a softer pencil to define them. The still life stands out crisply from the more muted lines of the wallpaper in the background.

C Dark tones
When water was brushed over the dark areas of shadow, the tones here were deepened even further to form a stark contrast with the white paper and the more lightly shaded areas of the still life.

Lettering on curved surfaces

A still life of bottles with interesting labels is ideal for improving your skills at drawing lettering and small graphic details.

Bottles make versatile subjects for a still life. Not only do they come in pleasing shapes and colours and have a surface that produces fascinating reflections, their labels also offer a wealth of detail that is fun to explore in a drawing.

Drawing lettering

It requires a fair degree of precision to draw printed letters that look convincing. Once you start observing drinks labels, you will be surprised at how many different styles of lettering, or typeface, they feature. Modern letters are bold and plain, such as in the words 'Pimm's' and 'Chardonnay' on the labels shown here, whereas the classical typefaces are more complex and have an elegant appearance. Other letters, such as those in signatures, have flowing curves. If you ignore these differences in style, your drawing will not look sharp and accurate.

Unlike the lettering on a flat object, such as a book, the letters on a bottle label will follow the curve of the bottle shape and therefore need to be drawn to show this. You will find it helpful to mark some faint, curved guide lines on your drawing first, into which you can then fit the letters.

If some of the letters on a label are very small, it might be impossible to render them accurately. In this case, replace them with little symbolic marks, which will represent them convincingly.

▶ **Reproduce the lettering and graphics on the bottle labels with great clarity using a set of sharpened coloured pencils.**

YOU WILL NEED

Piece of Hot Pressed watercolour paper

17 coloured pencils: Mid-grey; Black; Pale grey; Magenta; Scarlet; Yellow; Ochre; Dark brown; Dark green; Purple; Orange; Bright green; Olive green; Violet; Mid brown; Light green; Dark blue

Craft knife (for sharpening pencils)

FIRST STROKES

1 ▶ Sketch the bottles Using a mid-grey coloured pencil, outline the bottles, making sure that the sides are balanced. Indicate the labels – some show through from the back of the bottles. Put in a little shading on the right-hand side of the bottles and labels. Begin to sketch in some of the letters lightly.

2 ▼ Draw the reversed-out letters Change to the black pencil and work around the shapes of the white, 'reversed-out' letters at the top of the label on the olive green bottle. If you feel unsure about doing this just by eye, sketch in the outlines before filling in the background.

3 ▶ Continue the Chardonnay label Indicate the small circle, the crest and the tiny lettering on the label with the black pencil. Then put in curved guidelines and plot the outlines of the black capital letters. As the letters come towards you, the spacing between them appears to become slightly wider.

4 ▲ Work on the Pimm's label Deepen the shading on all the labels and bottle tops with pale grey and mid-grey pencils. Change to magenta and scarlet to fill in the letters on the Pimm's label. For the gold lettering and border, use a mixture of yellow and ochre, with a little dark brown and black.

EXPERT ADVICE
Creating classical letters

In a classical typeface, the letters are finished off with little triangular devices known as 'serifs'. Put these in with a sharp pencil once you have drawn each letter. Notice, too, how some of the letters are made up of a combination of narrow and wider strokes.

5 ◀ Develop the labels Draw mid grey and dark green letters on the Lambrusco label. Darken the Pimm's letters in the shadow area with purple, then put in the letters on the small label. On the Chardonnay label, sketch the illustration in orange, bright green and olive green.

6 ▶ Add more label details Draw the two small illustrations on the Lambrusco labels with violet, black, dark green, yellow and scarlet pencils. Going back to the Pimm's bottle, work the lettering on the cap in orange and black, and draw the red stripes.

HOW TO ADD COLOUR TO THE BOTTLES

When the labels are developed to your satisfaction, you can begin to fill the bottles with colour. Use several shades for each one to reproduce their rich, glowing tones, leaving the white paper for highlights.

7 ▶ Colour the dark green bottle With the dark green pencil, fill in the colour with long hatched lines. Make the tone darker on the left of the label. Use olive green at the base and go over some areas with bright green.

8 ▲ Fill in the Pimm's bottle To show the tawny colour of the Pimm's bottle, blend dark brown, orange, mid brown, scarlet and magenta. Add a little black for the tone around the label and down the left side, where the dark green bottle is reflected.

9 ▶ Complete the third bottle Hatch strokes of light green and ochre over the bottle, using olive green and dark brown to indicate the label and the edge of the Pimm's bottle showing through from the back. Suggest the tiny lettering on the lower Pimm's label with short lines in ochre.

A FEW STEPS FURTHER

The drawing is now almost complete, the glowing colours of the bottles setting off the intricate labels beautifully. Just a few shadows and reflections need to be added now.

10 ▲ **Put in the cast shadows** Use long, loose hatched strokes of mid grey to indicate the shadows thrown by the bottles on to the white surface. Darken the Lambrusco label on the shaded side in the same way. Use a little dark blue on the shaded letters here.

11 ▲ **Show the bright reflections** Look closely for the brightest greens – you'll see these at the bottom of the bottle where the light shines through the glass and on the white surface adjacent to this area. Indicate these reflections with the bright green pencil.

THE FINISHED PICTURE

A Glowing colours
The jewel-like colours of the glass bottles were rendered by combining several different coloured pencils.

B Curved labels
The lettering follows the curve of the labels around the bottles. Guidelines were drawn to help position the letters correctly.

C Simplified detailing
Rather than try to depict the illustration on the label in detail, the artist simplified it into basic blocks of colour.

Painting glass

Pick up some useful tips for creating realistic-looking glass objects in this acrylic still-life project.

Many still lifes lend themselves to a dry-brush approach, but the shimmer and reflections of glass objects call out for loose paint handling. In this study of two wine bottles and a glass fishing float, the artist mixed the acrylic paints to the consistency of single cream – encouraging him to paint in a free and lively manner. Look, in particular, at the fluid rendering of the bottles and the 'dancing' brush strokes used for the cast shadows. Only later, when details were required, were drier mixes of paint applied.

Decide on the lighting

One of the advantages of painting a still life is the degree of control you have over what you want to include and how to light your subject. In this exercise, where the subject matter is glass and reflected light, the light source is all-important. Set up your bottles so that there are two sources of light – one directly overhead, illuminating the tops of the bottles and glass sphere, and another coming from the right-hand side, reflecting off the sides of the bottles and casting gentle shadows behind them. Positioning the reflections accurately will help to define the form of the shiny objects and make them appear more realistic when you paint them.

▶ **In this acrylic still life, loose paint handling and strong, sparkling highlights capture the qualities of glass.**

YOU WILL NEED

Piece of primed canvas panel 40 x 30cm (16 x 12in)

10 acrylic paints: Raw umber; Titanium white; Dioxazine purple; Cerulean blue; Mars black; Sap green; Cadmium yellow; Yellow ochre; Raw Sienna; Cadmium red

Brushes: No.0 soft round; Nos.3 and 1 rounds; 25mm (1in) flat

Mixing palette or dish

FIRST STEPS

1 ▼ Outline the main shapes Make a dilute pale grey mix of raw umber, titanium white and a touch of dioxazine purple. Using the tip of a No.0 soft round brush, establish the main shapes in the still life.

2 ▲ Start adding colour Complete the underdrawing by adding the net around the float and the folds in the background cloth. Change to a No.3 round brush and mix a watery blue from cerulean blue and white. Apply this carefully around the bottles and glass float.

3 ▼ Build up the background Notice how the cloth is not a uniform blue. It has areas of light and dark, depending on how the light strikes the folds in the fabric. Use a 25mm (1in) flat brush to block it in, varying the proportions of blue and white in the mix and working with broad, loose strokes in different directions.

DEVELOPING THE PICTURE

With the underdrawing and background completed, turn your attention to the bottles and float, building up their tone to bring out their curved forms and reflective surfaces.

4 ▲ Model the edges Use the No.3 round brush and a blue-grey mix of cerulean blue, white and purple to paint the float, leaving the central area clear. Change to the No.0 soft round. Add a touch of Mars black to the blue-grey mix and outline the clear bottle. Make a mix of sap green and cerulean blue and outline the green bottle.

5 ▲ Mould the contours of the float With the No.3 round brush and the dark blue-grey mix used to outline the clear bottle, strengthen the edges of the float. Suggest the roundness of the float by painting certain areas darker and leaving other areas light – for the darker areas, add more cerulean blue and a little purple to the original blue-grey mix from step 4.

6 ▲ Work on the bottles Apply vertical slashes of colour on the bodies of the bottles. For the clear bottle, use mixes of cerulean blue, white and purple, leaving strips of canvas unpainted. For the green bottle, use varying amounts of sap green, cerulean blue and white, but this time cover virtually all of the glass. Paint the neck with the dark blue-grey from step 5.

Express yourself

Glass in watercolour

Watercolour, being a naturally transparent medium, works well for painting glass. Here, the same items have been painted with dilute washes of colour, leaving plenty of white paper showing through. The green bottle, however, provides a strong dark tone at the centre of the composition.

7 ◄ Paint a cast shadow Add a little black to the green mix from step 6. With the resulting dark green, define the base of the green bottle seen through the glass. Add more cerulean blue, then paint a dark shadow along its right-hand side. Now mix a dark blue-grey from cerulean blue, black and white, and describe the web-like shadow cast by the netting on the float.

8▼ Define the netting Add more white to the dark blue-grey and paint the shadows cast by the bottles. Model the green bottle with bands and circles of shadow, using the dark green from step 7. Now paint the netting, using a No.1 round brush and combinations of cadmium yellow, yellow ochre, raw sienna and white. Add the gathers at the top with a thicker mix of yellow ochre and raw sienna.

9▲ Paint reflections With the No.0 soft round, paint a dark blue-grey circle inside the netting to show the plug of glass. Place dots of the string colour where the netting is knotted to make it appear more three-dimensional. With a similar colour, add detail to the gathers and start painting the reflections of the netting in the clear glass bottle.

10▼ Continue modelling the bottles Complete the reflections of the netting in the clear and green bottles, making your lines irregular to suggest distortions in the glass. Referring back to the photo, add mid and dark greens from the palette to the glass accordingly to where the shadows fall. The right-hand side of the green bottle is the darkest, so go over this with a dark mix of sap green, cerulean blue and black.

11▲ Paint the clear bottle Add highlights to the float and the green bottle with dabs of white. Now look at the clear glass bottle – it both reflects light and allows it through, so you need to convey a sense of transparency and reflection simultaneously. First, suggest its transparency by showing the blue cloth seen through two layers of clear glass. The cloth appears darker than it actually is, so mix shades of blue-grey from cerulean blue, white and a little black and apply them to the bottle with loose, vertical strokes

12 ◄ Add reflections Because there are two light sources, dozens of reflections dance off the surfaces of the bottles. Add more dots of white to them. Now, encircle the dots on the clear bottle with halos of pale blue (see Expert Advice), and those on the green bottle with yellow-green halos mixed from sap green and cadmium yellow. Emphasise the dark neck with stripes of blue-black mixes, then add white highlights to the rim, following its contours.

EXPERT ADVICE
Tips for reflections

When painting reflections on rounded surfaces, make sure you position the highlights correctly as they help to define an object's form. Ensure that they are bright – titanium white is the brightest white, so apply it thickly. Surround each highlight with a second colour, in this case a pale blue.

Master Strokes

Willem Claesz. Heda (1594-1680)
Breakfast with a Crab

The Dutch artist Heda painted many still-life studies known as 'breakfast pieces' – arrangements of decorative tableware and delectable foodstuffs that might have been eaten for a morning meal by wealthier people of the time. In this still life, light is reflected off all kinds of shiny surfaces. Highlights glisten not only from the glassware and metal objects, but also from the items of food such as the olives and the crab shell. Note how the white cloth provides a broad expanse of light tone that balances the darker tone of the still-life objects.

The still life contains a series of ellipses viewed from a variety of angles. Our eye is encouraged to jump from ellipse to ellipse.

The draped tablecloth is an exercise in skilful handling of tone; it has a tactile, three-dimensional feel. Note how the colour as well as the tone varies – the paler areas have a warm yellow tinge while the shadow tones have a cooler green bias.

A FEW STEPS FURTHER

The still life works well – the composition is pleasing and the bottles and float, with their different degrees of transparency, seem totally believable. You could stop here, but there's still room for improvement.

13 ▲ Add weight to the netting Beef up the netting with touches of browny reds mixed from raw sienna and cadmium red. Apply the paint with the No.0 soft round, placing the colour alongside the lines of ochre to suggest shadows.

14 ▲ Add interest to the background The cloth seems a little flat, so accentuate the folds and shadows with slashes of greenish-blue mixed from cerulean blue and sap green. Accentuate the cast shadows with greenish-blue too.

THE FINISHED PICTURE

A Reflecting contours The highlights help define the bottle's form. There are pale vertical bands that run almost the length of the cylindrical bodies and bright points where spots of light bounce off the shoulders.

B Dark edges The edges of the glass objects were painted slightly darker than their main body. This is a good technique to use for rounded forms, suggesting the surface moving away from you into the shadow.

C Translucent paint A translucent wash of acrylic was applied over the background, leaving the white of the canvas showing through in places. The loose brush strokes, worked in varying directions, are clearly visible.

Fabric textures in charcoal

The soft feel of fabric can be convincingly rendered by drawing in charcoal and blending tones with a stump.

▲ **The softly blended look in the picture is achieved by rubbing a stump, or tortillon, over charcoal pencil shading.**

When drawing fabric, you need to adopt a technique that will suggest its tactile surface and gentle folds convincingly. Charcoal or charcoal pencils are excellent to work with, as they create appropriate textures on the paper, yet can be sharpened to a fine point for drawing details.

An Ingres pastel paper, which has a textured surface, was used for this still life to provide a tooth for the charcoal. As you progress with the picture, it is a good idea to rest your hand on some spare paper to avoid smudging the lines you have already drawn.

Using a stump

If you use charcoal in conjunction with a stump, you can achieve an even more realistic fabric effect. Stumps, or tortillons, are small tubes of tightly rolled paper. They come in various thicknesses and can have either a pointed or flat end. By rubbing a stump over an area of charcoal, you can blend it to a smooth tone. With a pointed stump, you can work into small corners easily.

You can also use a stump to pick up charcoal pigment and transfer it to your drawing. Vary the tone by changing the pressure you apply.

FIRST STEPS

1 ▶ Make a charcoal sketch Using a hard charcoal pencil, sketch in the main lines of the still life, showing the curves and folds of the soft objects. Indicate the tartan pattern on the cushion.

YOU WILL NEED

- Piece of buff Ingres paper
- 3 charcoal pencils: Hard; Medium; Soft
- 2 stumps: Medium with pointed end; Fine with flat end
- Craft knife to sharpen charcoal pencils
- Putty rubber
- Fixative

2 ▼ Establish dark and medium tones Change to a medium charcoal pencil to put in the darkest tones in the folds of the cap. Block in the dark squares on the tartan cushion and shade in the medium tone on the glove.

3 ▲ Develop the tartan cushion Shade in the mid and light toned green bands on the tartan pattern, working carefully around the edge of the cap as you do so. Leave the lightest squares of the tartan unshaded for the moment.

HOW TO SHADE WITH A STUMP

Now that you have developed some of the dark and medium tones, you can begin using the stumps to blend and smudge the charcoal. This technique will give the shaded areas a soft appearance reminiscent of the surface of the fabrics you are portraying.

4 ▶ Blend the darkest tones With a soft charcoal pencil, suggest the very dark tone where the tartan cushion is in shadow. Then blend the charcoal by rubbing over it with the pointed medium-sized stump.

5 ▲ Smooth the tartan pattern Rub the medium stump over the dark squares and medium-toned bands of the tartan cushion, smudging the charcoal into an even tone. Build up the folds and shadows in the glove, using the charcoal and stump alternately to develop the form.

EXPERT ADVICE
Applying charcoal with a stump

For subtle shading, apply charcoal to your drawing with a stump. To do this, scribble the soft charcoal pencil aggressively over a spare piece of paper so you create some charcoal powder. Then rub the tip of a stump in the powder and use this to render the light and mid tones in your picture.

6 ► Develop the cap Using the method described in Expert Advice above, suggest the drapes of fabric in the foreground with the medium stump. Draw the shadows on the cap with the medium and soft charcoals, then rub over them with a fine stump. Change to the hard charcoal to put in the stitching, strap and eyelets.

7 ▲ Work on the scarf With the medium charcoal pencil, begin to indicate the striped pattern on the scarf. The curves of these lines will help to show how the scarf is folded and draped. Rub over the shadow areas on the scarf with the fine stump.

8 ▲ Adjust the tones Fill in the pale stripes on the scarf with charcoal applied with the medium stump. Use this method to also add light tone to the green tartan squares, then draw the fine lines with the medium charcoal pencil. Deepen and blend the tones of the glove, as well as the tip of the yellow cushion.

A FEW STEPS FURTHER

The surfaces in the still life now have a pleasing soft feel to them that suggests the texture of fabric. All that remains is to add a little contrast in the form of some sharp detail.

9 ▶ Create a highlight Put in a suggestion of the background by rubbing on charcoal with the medium stump. To emphasise the light falling on the glove, lift out a light patch along one side, using the tip of a putty rubber. Define the pattern on the scarf in more detail.

10 ▲ Check the last details Darken the shaded folds of the foreground fabric, leaving the buff paper to represent the ridges of fabric that are catching the light. Add any details that you might have missed, such as the pattern on the wrist of the glove and the tassels on the scarf. Spray the picture with fixative.

THE FINISHED PICTURE

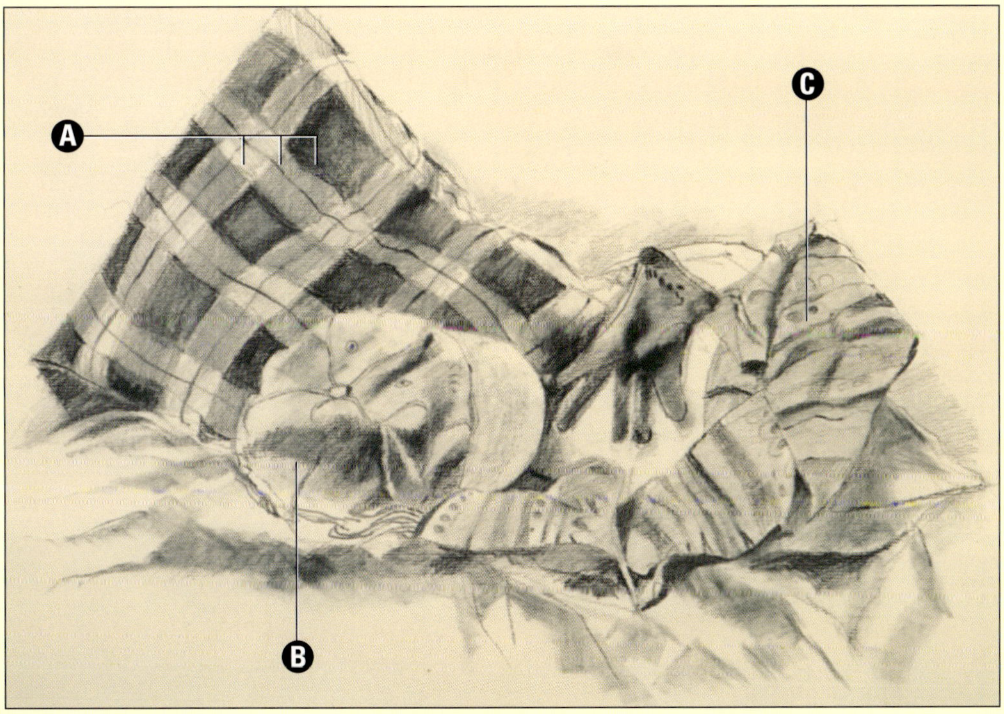

A Tonal contrast
By using a variety of hard, medium and soft charcoal pencils, a range of light, mid and dark tones is established in the drawing.

B Smudged effect
Blending shaded areas of charcoal with a stump gives a soft, hazy look that suggests the texture of woven or knitted fabric.

C Fine lines
To contrast with the softly blended tones in the drawing, the fine, distinct lines show pattern and details such as stitching.

Details and textures in watercolour

Although watercolours can be used in a free and loose manner, they can also be used to create intricate, highly finished paintings.

Using a simple pocket set of watercolour paints, the artist for this step-by-step created a sweeping rendition of a Scottish landscape – full of subtle variations of colour and texture.

In the foreground, features, such as the tree branches and intricate shadows, are brought into sharp focus using carefully controlled lines made with a fine brush. In contrast to these lines, lively elements have been created by applying the paint in unconventional ways.

Flicking paint

Sprays of seeded grasses, for example, were added in the foreground by gently flicking paint on to the paper. And outstretched, leafy branches have been implied by blowing small pools of wet paint across the paper. These details give the impression of wind blowing across the scene, playing on the grass and foliage as it passes.

In the background, however, little detail has been added. Instead, broad strokes have been used to create the smooth surface of the mountain in a harmonious range of greens, browns and blues. To create these colours, you need constantly to mix small amounts of different colours into your main washes.

It is, therefore, vital to wash your brush often to avoid muddy colours. Dry off the brush on a wad of tissues, or flick the spare water out on to a newspaper positioned on the floor.

▶ The artist has used aerial perspective to create a sense of depth. The distant mountain is rendered in cool blues and greens, while the grassy areas are painted in warm browns. Note also that the figure in the reference photo (top right) has been omitted to create an unsullied scene.

YOU WILL NEED

Piece of 300gsm (140lb) Not watercolour paper 40 x 60cm (16 x 24in)

HB pencil

Brushes: Nos.8, 6 and 2 flats; Nos.4 and 00 rounds

Large jar of water

10 watercolours: Ultramarine; Cobalt blue; Crimson; Burnt umber; Emerald green; Ochre; Orange; Forest green; Cadmium yellow; Black

Large flat mixing dish

Paper tissues

FIRST STROKES

1 ▼ Sketch out the scene With an HB pencil, sketch out the main features of your scene. In the palest areas, press only lightly with the pencil, capturing the faintest impression of the ragged outlines of the foliage. In darker areas, you can block in the shadows with a firmer scribbling action. These pencil marks are an important foundation on which to build your detailed composition.

2 ▲ Prepare the sky Use a No.8 flat brush and clean water to wet the sky area, making a neat edge along the line of the mountain. Do not let the area get too wet, or the paper might become wrinkled – but put on enough water to make the paper surface glisten.

3 ▶ Wash in the sky colours Put touches of ultramarine and cobalt blue into a pool of clean water on your mixing dish. Working quickly on the wet paper, boldly mark in the blue sky above the mountain. The water on the paper will make the edges of the colour blend into the white areas. Clean the brush. With tiny spots of crimson and burnt umber, colour a second pool of water and wash in the undersides of the clouds.

DEVELOPING THE PICTURE

Now that you have established the basic outlines and washed in the sky, you can begin work on the landscape itself. To achieve a range of lively textural effects, use various methods of applying the paint, from dabbing and hatching to spattering.

4 ▶ Block in the foliage With clean water, wet the paper in the main areas of foliage. Mix a wash of emerald green with touches of burnt umber and ultramarine. With a No.4 round brush, block in the foliage, using a dabbing action. Let the patches of colour overlap and run into one another, leaving patches of plain white paper in between.

5 ◀ Establish the foreground Wash the paper in the foreground with clean water. Mix a wash of ochre and burnt umber with a touch of orange, then use the flattened tip of the No.8 flat brush to sketch in the grass. Create strong, textural strokes to make these foreground features stand out. As you work, pull touches of other colours into your wash – emerald green, forest green, burnt umber, ochre and cadmium yellow.

6 ▲ Work into the shadows With a strong wash of ultramarine, forest green and a tiny touch of black, use a No.8 flat brush to work in the deep shadows under the bushes. Visually, this makes a strong line to draw the eye across the painting. Use tight hatching marks along the edge of the grassy area to give the impression of grasses growing up across the shadows.

Master Strokes

Robert Adam (1728-92)
Landscape with Bridge over a Stream

In this landscape, Scottish artist and architect Robert Adam has used a palette of colours similar to that of the step-by-step project, combining warm browns and ochres with a range of subtle greens and cool blue-greys. As in the step-by-step, the textures are varied – dabs and washes of colour contrast with meticulously painted details, such as the tree branches and the bridge.

The warm-toned bush on the right catches the viewer's attention. It offers a strong contrast to the more muted greens in the other areas of the landscape.

Cutting diagonally across the picture, the bridge leads the eye into the middle distance of the painting.

7 ▼ **Establish the mountain** Wait until the sky area is dry so that the edge of the mountain will remain crisp. The mountain is worked on dry paper with a wash of burnt umber, plus touches of cobalt blue and ultramarine to give it a cold, distant appearance. Use long, flat strokes of the No.8 flat brush following the contours of the mountain. Draw a touch more ultramarine into the mix for the darker (right) side of the mountain.

8 ▲ **Develop the foliage** Using a No.6 flat brush, dab emerald green with a little ochre and burnt umber on to the leafy areas. For a lively effect, identify pools of green paint around the edge of the tree. With your face close to the paper, blow sharply across the surface to throw spurts of paint outwards from the tree. Remove unwanted spots of paint with a tissue.

9 ▶ Mark in the twigs Use a No.00 round brush and burnt umber paint to mark in the trunk and main branches of the tree. Some are visible between the green patchy areas. Others stretch out sideways to support external foliage. Refer back to your subject to ensure that your marks remain characteristic of the tree. To mark out the finest twigs, see Expert Advice on page 177.

10 ▲ Work a foreground tree To create a light area, draw a wet brush along the line of the trunk. Dry the brush on a tissue, then draw it down the same line to leach out the colour. Use a mix of forest green, ultramarine and a little black for the shadows around the tree. Develop the foliage of the large tree and bushes, using the same colours as in step 8. Add ochre to help the foreground tree stand out.

11 ▲ Enliven the foreground grass Add touches of orange and emerald green to ochre and use a No.6 flat brush to paint in coarse, grassy marks in the foreground of the composition. For a lively texture, make some flicking marks upwards from the base of the grass stems. To do this, load the brush with paint, then hold it in one hand close to the paper and pull the bristles back with the fingers of your other hand. Release with a flick upwards to spatter paint across the picture. Remove unwanted spots of paint quickly with a tissue.

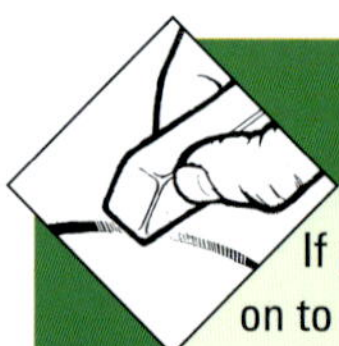

TROUBLE SHOOTER

REMOVING PAINT SPOTS

If paint splashes on to a plain area such as the sky, it can be removed with some quick action. While the paint is still wet, press a clean paper tissue on top of the mark. Add a drop of clean water to the mark, blot with tissue and repeat until the mark disappears.

12▼ Develop the middle distance Using a No.6 flat brush, mix a wash of cadmium yellow with a tiny touch of burnt umber to block in the field in the middle distance, behind the bushes. Put more burnt umber and a touch of orange into the wash, then use a stiff-bristled toothbrush to scrub the colour across the middle range of the grassy area. Mimic the textural lines of the grasses with your strokes.

13▼ Deepen the tree shadows Add a touch of black to burnt umber and, using the tip of a No.4 round brush, work in the deepest shadows on the trunk and branches of the tree. Use the black paint very sparingly, saving it for really striking details such as these.

EXPERT ADVICE
Indenting fine marks

Before you paint the finest twig lines in the tree structure, use the pointed wooden end of a paint brush to press indentations into the surface of the watercolour paper. These will make tiny 'rivulets', which will hold the dark paint neatly in delicate twig shapes.

14▲ Strengthen the features Stand back from the picture and judge the tonal balance between the different areas. Using the No.8 flat brush, strengthen the main features. Use a wash of ultramarine with touches of black and crimson to deepen the shadow areas on the mountain. Draw more ultramarine into the mix to establish the deepest shadows. Add ochre to emerald green in varying proportions to enliven the upper parts of the bushes.

15 ▼ **Add distance detail** Use the technique from step 10 to leach out colour from under one of the bushes. With a No.00 round brush, wash in a mix of cadmium yellow with a touch of burnt umber. Once dry, paint black trunk details.

16 ▲ **Finalise the balance** Using the No.8 flat brush and a mix of cobalt blue, ultramarine and emerald green, wash in the lower area of the mountain behind the distant trees. Add trunks and branches to the small tree on the left using the techniques from step 13. With the No.6 flat brush and a mix of forest green and ultramarine, use a dabbing action to develop the leaf detail of both the small and large trees.

A FEW STEPS FURTHER

The composition is now complete, but you might wish to draw out some of the character of the scene with more work on fine detail, such as the grass and branches.

17 ▲ **Develop the detail** With a strong mix of burnt umber and black, and using a No.2 flat brush, paint in more branches and twigs on the largest tree. Strengthen existing branches to the front of the tree, but leave the ones nearer the back more washed out, to give a sense of three dimensions.

Express yourself

Focus on texture

The chosen scene is characterised by contrasting areas of smooth sky, sculpted mountain surface and detailed foliage areas. To focus on these textures rather than the colours, discard your paints and take up a piece of charcoal or, as here, a burnt umber soft pastel. Working with a loose style on Not watercolour paper, capture the textures with a variety of strokes. Use soft, scribbling motions for the shadows, flowing marks for the contours of the mountain, and a hatching action for the grass. Use the charcoal or pastel on its side to block in larger areas of smooth shadow.

18 ▸ Add sweeps of colour As a finishing touch, you could convey the impression of the sweeping movements of a strong wind. Make up a strong mix of burnt umber and ochre. With a No.4 round brush, make bold, slanting marks across the foreground area to suggest the blown and tumbled grasses.

THE FINISHED PICTURE

A Sense of distance
The cool blues and greens of the distant mountain recede, helping create a sense of depth. They contrast with the warmer ochres, oranges and browns in the foreground.

B Contrasting textures
Hatched brush strokes and spattered paint created a lively texture for the scrubby grassland. This contrasts with the smooth sky and sculpted surface of the mountain.

C Strong diagonal
The line of trees and the slope in the middle distance helps create dynamic diagonals that cut across the picture. They provide a pleasing echo of the sloped profile of the mountain.

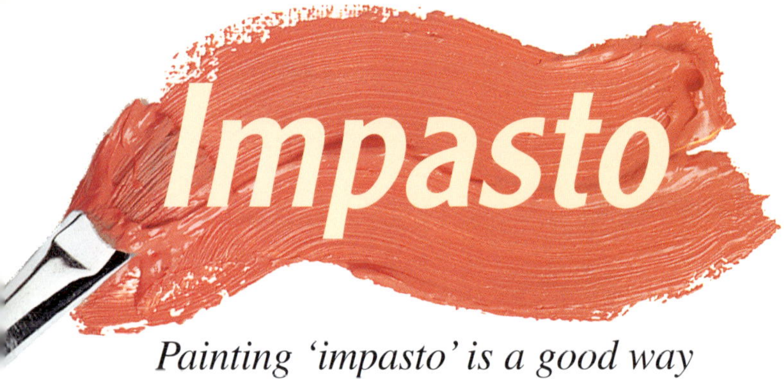

Impasto

Painting 'impasto' is a good way to overcome inhibitions and achieve striking textured results quickly.

Vincent Van Gogh sometimes used his fingers to achieve the thick swirls of colour for which he is famous. He also took great delight in loading his brush or knife with paint and applying it directly to the canvas without diluting the colour at all. Whatever Van Gogh painted – rippling grass or stormy skies – lively paintwork is one of the most memorable aspects of his painting. He used thick colour to bring his subjects to life.

Textured surface

Some paints can be applied thickly enough to build up a beautifully textured surface in which the brush and knife marks are clearly visible. This technique, in which the colour is sometimes so stiff and paste-like that it stands out from the canvas in an almost sculptural way, is often referred to as 'impasto'. Painting in this way is not only great fun, but is also very satisfying. It is a spontaneous and extremely direct approach – a good way to achieve striking results quickly.

To understand impasto properly, take a look at Van Gogh's *Starry Night*. The richness of texture in this and many other of his paintings is the result of bold, gestural brush strokes and thick, impastoed paint. The surface of the painting is as important as the colour, composition or subject.

What sort of paint?

Acrylic is generally considered the best medium for impasto painting because the paints are flexible and can be used undiluted, directly from the tube. However, it is advisable to build up the colour gradually, layer by layer, because even acrylic paint can flake and crack if too much is applied in one go.

The consistency of acrylic colour varies depending on the manufacturer, but most types are thick enough to allow you to achieve satisfying impasto effects. The great advantage of acrylic paints is that they dry very quickly – even a thick layer will dry in a few hours. This means you can build up the colour to get an almost three-dimensional effect in a comparatively short time.

IMPASTO WITH A KNIFE

Try some of the impasto effects shown here using acrylics or oils and keep your samples for future reference.

Scoop up a good amount of undiluted colour on the underside of the blade and apply this in broad parallel strokes. Slightly overlap the stripes to create a solid area of colour.

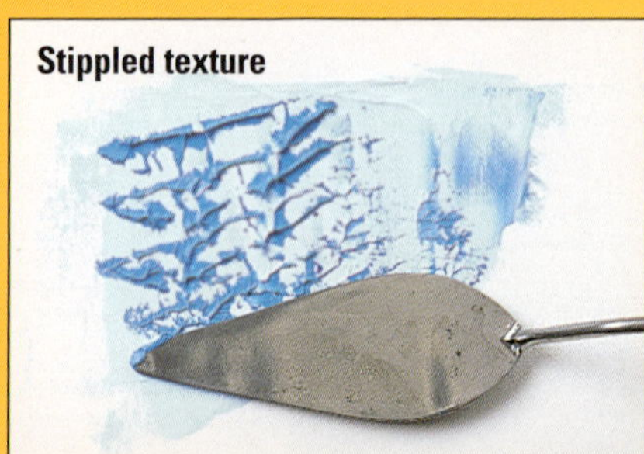

Pick up undiluted paint on the underside of the blade and apply it by gently patting the canvas with the knife. The result is a stippled texture with flat areas of colour alternating with tiny peaks of paint.

Dip the edge of the blade in thick paint and impress the colour onto the canvas. This produces sharp, well-defined lines that are useful for painting grasses, foliage and tree branches.

◄ **In *Starry Night* Vincent Van Gogh (1853-90) uses impasto to dramatic effect, with heavily encrusted paint strokes indicating the play of light.**

Impasto with oils

Oils are also suitable for painting impasto, and Van Gogh was not the only artist to have created lively, textural pictures using oil paints. Since the medium was first developed during the Renaissance period, many different painters have used encrusted colour and bold brush strokes to describe form, create depth and lend texture to their work.

However, in some ways oils are less versatile than acrylics and should be used with caution. As with acrylics, oil paint can be built up to form layers of heavy colour, but the slow-drying nature of the medium can make this a time-consuming process. Also, thick oil paint can take days or even weeks to dry and even then the colour may wrinkle and crack as it dries out. Oil paint should always be applied in layers and built up gradually. That being said, if they are applied carefully, oils can be used to create beautifully impastoed surfaces, which are not only lovely to look at, but will also stand the test of time.

Texture with a brush

Thick paint retains the shape of the brush strokes, especially if you load your brush with plenty of colour before applying it to the canvas. To make the most of this exciting technique, you will need to use bold marks. It is no good being tentative and dabbing away at the surface of the canvas – this will only flatten the paint and kill the effect. For the liveliest brushwork, use the paint undiluted, apply the colour to the picture in confident strokes – and then leave it alone!

The shape and size of the brush will affect the marks you make, as will the way you hold the brush. Use the tip of the bristles and work with short stabbing strokes to get dots and staccato marks; to paint swirling lines, move your whole arm. Try out different kinds of brushes and the marks they make.

Knife painting

The brush is the most usual tool for painting, but some effects cannot be achieved with a brush alone. A knife is particularly useful for building up solid areas of flat colour in a way not possible with a brush. In fact, many artists paint with just a knife and prefer never to use a brush. Ideally, choose a proper painting knife with a raised handle. This will allow you to spread the paint evenly without smudging the colour with your hand. Painting knives come in a range of sizes and shapes and can be used to create a wide variety of marks.

For an area of flat impastoed colour, scoop the thick paint from the palette and drag it across the canvas, keeping the knife parallel to the surface. This is rather like spreading butter, so if you do not have a painting knife try using any other knife with a straight, flexible blade. Alternatively, a piece of stiff card is a good substitute.

Experimental effects

Above all, do not be frightened to experiment. It is possible to build up a whole vocabulary of paint marks, and it is worth while exploring the possibilities of different painting tools to do this. For example, you can create an unusual ridged texture with the plastic spreader sold with floor adhesives and tile grouts.

► **Experiment to discover new ways of applying thick colour. Here an adhesive spreader, available from hardware and decorating shops, is used to spread thick colour.**

IMPASTO WITH A BRUSH

Brushes give different textures with thick paint, depending on the shape of the bristles and how you manipulate them.

For a dense, regular texture use a flat brush and paint with the flattened side of the bristles. Use undiluted paint and apply this in close, neat lines. This is a useful trick for creating the texture of grass.

Use a loaded flat brush to paint parallel, overlapping lines. Resist the temptation to flatten the resulting ridges – these lend freshness and spontaneity to the painting.

Do what Van Gogh did! Load a round brush with plenty of thick colour and paint in loose, swirling strokes. Leave the marks just as they appear without attempting to tidy them up.

Adding colour to scraperboard

Combine strong tonal contrasts and bright hues in a garden scene, using scraperboard with coloured inks.

This view across a beautifully tended garden calls out to be drawn on scraperboard. The photograph has strong tonal contrasts – for example, between the hedges and their sunlit tops, and between the dark, clipped conifers and the light lawn behind them. This dramatic lighting effect is ideal for scraperboard work, which is most effective when used for compositions that have black areas close to pale ones, without too many mid tones in between.

To create the type of scraperboard picture shown here, you can use a pointed tool to make the fine lines and a curved tool for the broad areas. In this project, an asymmetrical pointed tool is added – with this you can make fine lines and, by turning the blade on its side, wider ones, too, without needing to change from one blade to another.

A touch of colour

Scraperboard work does not have to be just black and white. It looks very effective with the addition of a little colour on the white areas. Here, a few touches of coloured ink enliven the view and give the garden a more summery feel.

Don't flood the board with ink – keep your brush fairly dry and work within the white areas you want to colour rather than brushing too much ink over the surrounding black.

▶ Coloured inks enhance this country garden view with the tints of nature.

YOU WILL NEED

- Piece of black scraperboard 30 x 22cm (12 x 8½in)
- White Conté pencil
- Curved cutter
- Pointed cutter
- Asymmetrical pointed cutter
- No.4 soft round brush
- Indian ink
- 6 coloured inks: Cobalt; Canary yellow; Nut brown; Viridian; Apple green; Brick red
- Distilled water

FIRST STEPS

1 ▼ Make a Conté sketch Your initial sketch needs to show clearly on the black surface of the scraperboard, so use a white Conté pencil to outline the main features of the landscape. Indicate the rounded trees and the conifers, the horizontal lines of the hedges and the pale foreground. Position the climbing plants on the left and the ornamental fence in the centre.

2 ▲ Create a light lawn Begin by scraping away the black surface of the board to create the distant sunlit field. Use the wide blade of a curved cutter to remove solid white areas, and a pointed cutter for fine hatched lines. Work around the conifers, varying the direction of the hatching.

3 ▲ Work on the trees Continue scraping the field, leaving the thin tree trunk as a black shape against the white. Change back to the curved cutter to remove broad chunks across the sky, then return to the pointed cutter to draw the left-hand tree foliage with groups of hatched lines. The dark shapes left behind represent the tree's branches. Hatch some well-spaced lines on the right to suggest trees in the distant wood.

EXPERT ADVICE
Mask your composition

While you are building up your scraperboard picture, it is useful to have straight edges to work up to. A paper mask is a good way of isolating the picture area. Mark the picture size on a large sheet of white paper and cut out the centre. Then place the cut paper over the scraperboard and tape down the edges with masking tape.

4 ▶ Continue the top part of the picture Build up the foliage on the remaining trees on the left with more hatched lines. With fine lines, mark the light tone on the sides of the conifers where they catch the sun. Describe the trees in the distant wood with more well-spaced hatching.

5 ▼ Draw the fence and hedges Using the tip of an asymmetrical pointed cutter, carefully draw the criss-cross lines of the fence, keeping them straight and parallel. Tilt the cutter on to its wider edge to draw the thicker line of the seat. Using the tip of the cutter once more, mark the sunlit tops of the hedges with a series of short lines.

BUILD UP THE MID TONES

Now that you have scraped away some of the main light-toned areas, it is time to work on the mid tones. Use widely spaced hatched lines so that the black background shows through – the optical effect of the alternate bands of white and black is to create a mid toned grey.

6 ▶ Make a mid tone Using the pointed cutter, draw long hatched lines diagonally across the trees in the wood, keeping the lines quite far apart. Where the long lines cross the shorter ones that you drew in step 4, lighter areas are built up, giving an effect of sunlight catching the tree-tops.

7 ▶ Add some texture Slightly lighten the tone on the trees in the wood with fine cross-hatching. Using the broad side of the asymmetrical cutter, make wider lines on the left of the field, working around the climbing plants. Then change to the tip of the blade to put textural marks on the plants. With the curved cutter, make a leafy texture in the trees with dots and dashes of white.

8 ▲ Move to the foreground Continuing with the curved cutter, scrape over the lawn in the foreground, working around the cast shadow. Create texture by working in different directions. Change to the pointed cutter and make a mid toned shadow with well-spaced cross-hatched lines, then add some finer texture to the lawn.

9 ▲ **Put in final details** Using a No.4 soft round brush, paint a shadow across the far field with Indian ink (see Trouble Shooter, below). Then, when the ink has dried, scrape fine lines across it to lighten its tone. Using the pointed cutter, break up the black hedges with a speckled texture. Draw the group of flowers behind the hedge on the left. Changing back to the curved cutter, scrape away more broad marks from the sky and the field.

TROUBLE SHOOTER

MAKING ADJUSTMENTS

If you have removed any of the black surface in error, you can restore dark areas using Indian ink and a fine, soft brush. Here, a long shadow is being painted across the white lawn. Wait for the ink to dry before you continue with the scraperboard work, in case you accidentally smudge it.

A FEW STEPS FURTHER

Although scraperboard work looks dramatic in its original black and white tonal form, it can also look very effective if you add a little colour. Here, brightly coloured inks give a sunny glow to the garden scene.

10 ▲ **Begin painting with blue ink** Thin some cobalt coloured ink with distilled water. Using the No.4 round brush, paint this blue shade over the sky. Brush cobalt across parts of the distant trees, too, leaving some areas unpainted so that yellow can be added later.

11 ▲ **Paint the middle ground** Water down some canary yellow ink and paint it over the field. Paint the trees on the left with undiluted yellow. Don't feel that you have to fill in every white mark with colour. The picture will look more lively if you leave patches of white showing here and there.

12 ▸ Introduce some greens Paint a little diluted canary yellow over the remaining white areas of the blue trees, and dab in some cobalt among the yellow trees. Add a touch of cobalt and nut brown ink to viridian ink to create a deep bluish green. Paint this across the dotted texture on the hedges and down the sides of the conifers.

13 ▴ Complete the picture Brush canary yellow over the hedge tops and the foreground lawn, using the ink more diluted in some areas than others. Put a touch of apple green on the climbing plants. Paint cobalt over the fence and the flowers. Finally, add a splash of brick red to the flowers.

THE FINISHED PICTURE

A Vertical lines
Black conifers stand out starkly against the light-coloured lawn, giving a strong vertical element to the composition, in contrast to the horizontal lines of the hedges.

B Hedge texture
Tiny dotted and dashed marks were used to convey the texture of the privet hedges, but were scattered well apart so as not to lighten the deep tone.

C Shades of yellow
The lawn was painted with both diluted and undiluted yellow ink. This varies the tone and colour across this broad band of the picture.

Painting in changing light

One subject painted several times from the same viewpoint can provide you with a series of entirely different images – it all depends on the effect of the light.

▲ Claude Monet's fascination with light led him to make 30 paintings of Rouen Cathedral from 1892 to 1894. In the examples here, you can see the radically different effects he achieved. On the left, the cathedral glitters in the sunlight, creating a rich canvas of golds, yellows and browns; on the right, it looks cool, pale and wintry in a hazy light.

The more you paint and draw, the more sensitive you become to the way light describes your subject matter. In some types of light your subject may come alive with exciting colours and tones; at other times it may appear more muted and moody.

Indeed, if you work outdoors a lot, it really pays to spend some time looking at how your subject changes in various lighting conditions – at different times of the day, in different seasons and in different weather. You might even find yourself drawn into making a series of paintings, such as the Houses of Parliament watercolours overleaf.

Depending on the conditions, you may need to adapt your palette to suit the lighting and the time of day. Indeed, a flexible approach really pays as it enables you to introduce different techniques to accommodate the changes in the subject.

Using photographs

Changes of light and colour are sometimes so gradual that the artist, engrossed in a painting, fails to notice the slow onset of an overcast sky or the arrival of dusk. It is therefore a good idea to take a photo before you start work, a reliable reference that can be checked later if the changes are so

MORNING GLORY

The artist made three paintings of the Houses of Parliament in London from three photos taken at various times of the day. Each photo makes a very different painting.

In the morning scene, above, the sun falls squarely on the buildings. This brings out the colour of the warm earthy stonework, which the artist captured with burnt sienna and touches of raw sienna. The sun and the shadows it throws also bring out the detail and texture of the buildings. The shadows were painted in burnt sienna and Payne's grey.

To preserve the crisp edges and straight lines of the buildings, the main shapes were blocked out with masking fluid before painting commenced. Doors, windows and ornamental stonework were picked out in detail using a small brush. For the darkest shadows under the bridge, a mix of Payne's grey and black was used.

Palette: Ultramarine, cerulean blue, burnt sienna, raw sienna, Payne's grey, black.

great that it becomes impossible to finish the painting.

Better still, if your subject is close at hand, take a series of photos over the course of one, or perhaps a few days. Photos are more reliable than the human memory, and you can compare the pictures to see precisely the difference made by the altered lighting and then decide which conditions you prefer.

The one problem with this is that automatic cameras and film processors are likely to compensate for changes in light, making dark colours paler and vice versa. So try to supplement your photos with some quick sketches on site so you have a record of the tones and colours as you actually saw them.

Sunny days

The vivid colours and stark shadows of a sunny day are very prevalent in the morning and evening, and during the winter. At these times the sun is low in the sky, throwing long shadows – and these strong, dark shapes will play a central and positive role in the composition.

As a general rule, you need both warm and cool colours on your palette – warm ones to capture the effect of sunlight, colder ones for the contrasting shadows that this creates. In addition, you need dark colours for the deepest shadows – Payne's grey or combinations of blue and brown are useful. It is also worth noting that faraway objects appear closer on a clear, sunny day. Distant hills and buildings are often surprisingly sharp, with clearly visible details.

In dull weather, light is diffused and evenly dispersed. There are no sharply defined shadows, and distant objects appear hazy and out of focus. Colours are generally cool, and even warm local colours like that of the stonework on the

MIDDAY CLOUD

In early afternoon, with the sun behind the clouds, the buildings have a completely different appearance. The bold yellow stonework has changed to a subtler range of browns; the architectural details are much less clearly defined; and the range of tones is much smaller.

Without sunlight and sharp shadows, the whole scene has a diffuse, misty appearance. To achieve blurred outlines and soft shadows, the artist worked wet-on-wet to capture the buildings, the clouds in the sky and in particular the murky shadows under the bridge. Architectural features were suggested in loose brush strokes rather than depicted in detail.

As the range of tones and colours in this scene is much more limited, the artist used just three colours. The darkest tones – the shadows under the bridge – are painted in Payne's grey and touches of cerulean blue without the addition of black.

Palette: Cerulean blue, raw sienna, Payne's grey.

Houses of Parliament look cool and grey in an afternoon mist.

Although the sky contains little or no blue in dull weather, you will probably need to use a considerable amount of blue in the rest of the painting. For example, our artist added cerulean to burnt sienna and raw sienna to create a cool colour for the stonework in the 'midday' picture.

A misty atmosphere generally obscures some of the distant detail. Make sure you paint only what you can see – not what you know to be there. Usually it is more effective to suggest distant objects with a few brush strokes than to make fine renderings, which work against the illusion of haze.

Against the light

Working against the light – or *contre jour* as it is sometimes called – is traditionally used in evening landscapes when the setting sun provides a dramatic background to darker foreground shapes.

In *contre jour* paintings, the emphasis is on tone – the relationship of lights and darks. However, this does not mean a total absence of colour. As can be seen in the evening view on the right, the sky is streaked with blue and the reflections in the river contain traces of sky colour and raw sienna.

DARKNESS FALLS

This watercolour captures the Houses of Parliament in late afternoon. The sun is now behind the buildings and although it is hidden by clouds it still throws a strong backlight.

In contrast to the morning view, the emphasis is no longer on colour and detail, but on the drama of light and dark and the silhouetted shape of the buildings. The artist has deliberately simplified and exaggerated the contrast of tones to heighten this effect.

Payne's grey is the dominant colour in the painting and – apart from splashes of blue in the sky, and raw sienna in the reflections – local colour is kept to a bare minimum.

Palette: Ultramarine, cerulean blue, raw sienna, Payne's grey.

Scumbling techniques

One of the most interesting and versatile methods of applying broken colour to a surface is called scumbling. Used with oil or acrylic paints, this technique will add a new dimension to your work.

Despite its intriguing name, scumbling is simply an effective way of changing or breaking up an area of colour without completely covering it over. In practice, scumbling changes a colour while allowing the original colour to show through. Although the term traditionally refers to an opaque or semi-opaque pale colour which is applied in loose, uneven brush strokes over a darker one, it is also used in a more general way to describe any form of broken colour, including glazing and drybrush work.

Brush strokes

A scumbled colour is usually irregular; the scumbled brush strokes can be seen and the colour underneath shows through, usually in flecks or long streaks depending on your brush strokes. The strokes can be short and stippled, long and streaky, or entirely random. For streaky strokes, simply dip the brush into the paint and drag this across the dry undercolour using the tips of the bristles. Alternatively, you can roll a loaded brush in a more random manner to create more textural areas of modified colour.

Scumbling is especially useful when you have established the colour scheme in a painting, but then decide that you want to make one particular area lighter or darker without destroying the overall effect. Simply load your brush with a lighter or darker tone of the colour you have already used and scumble this over the relevant area.

▲ In this oil painting, *Still Life* by Brenda Holtam, scumbling is used extensively, especially in the background and the spaces between the objects. Small patches of opaque paint are built up using fine strokes until the tone and colour of each scumbled area is in complete harmony with the rest of the composition. Throughout the picture, undercolours and the warm tone of the support show through the subtly scumbled strokes.

SCUMBLED COLOUR MIXING

When one colour is scumbled across another the result is an optical mix – the illusion of a third colour, created by the merging of the two colours by the eye of the viewer. The examples below show what happens when one primary colour is scumbled over another. Red scumbled over yellow produces a more yellowy orange than yellow over red, for example. Although the brush marks are irregular, the tone of the scumbled area is even across the whole area.

Blue over yellow

Red over blue

Red over yellow

Yellow over red

Changing colours

One colour scumbled over another will create the impression of a third colour. For example, yellow over red will produce an optical orange – that is, the red and yellow marks are still visible as separate colours but they merge in the perception of the viewer to create orange.

Colours created in this way are more vibrant and shimmering than the flat version of the same colour. Try a few variations for yourself. The examples on page 190 are created from the three primary colours – red, yellow and blue. However, combined complementaries are equally effective and you could also experiment by using two similar colours, by overlaying earth colours, or by scumbling with black and white.

Suitable surfaces

Any type of painting surface is suitable for scumbling, including canvas, paper and board, although the rougher the texture the more effective the scumbling colour will be. On a coarse canvas, the scumbled paint catches on the raised fibres, and the weave of the fabric often features in the scumbled colour.

On a smooth surface, work with lively, irregular brush strokes, preferably with a fairly stiff brush. The surface itself will not contribute to the finished effect.

Oils or acrylics

Textural scumbling is normally done with oils or acrylics – this is because these are paints which can be used either completely undiluted or thickly enough to allow the brush marks to retain their shape. Colour can then be applied quite dryly over the surface of the paint, allowing flecks of the colour underneath to show through the strokes. This technique works best of all on a coarse or toothed surface, such as highly textured paper, acrylic board or canvas.

Watercolour and gouache

Another version of scumbling involves applying diluted colour, either with a dry brush or as a thin film (the latter is similar to a glaze but done with semi-opaque rather than transparent colour). These wet scumble effects can be achieved with all types of paint, including gouache and watercolour.

TEXTURE AND IRREGULAR COLOUR

Drybrush scumbling

The tips of the bristles of a stiff brush are dipped in thick colour and dragged lightly across a coarse canvas, or other textured surface. The paint is caught on the raised textures of the support allowing indentations of undercolour to show through. For a lighter effect, the bristles can be splayed apart with your finger, as seen below.

Atmospheric colour

Irregular strokes of pale opaque colour are traditionally used in landscapes to paint dappled light, reflections on water and atmospheric skies. In the picture below, the artist is rolling a round brush heavily loaded with white paint on to a darker blue background in order to suggest fluffy white clouds.

CREATING A RANDOM SCUMBLED EFFECT

For a loose, random effect, the brush is loaded with colour and then rolled lightly across the painting surface in short, irregular strokes. As you can see from the examples here, the texture of the surface affects the finished result. On canvas, the weave of the fabric contributes to the strong textural effect. This effect is particularly obvious on unprimed canvas and hessian. On paper, the uneven application of paint shows clearly, but the surface of the paper does not affect the surface of the paint.

On coarse unprimed canvas

On unprimed hessian

On paper

On primed canvas

Spattering effects

Random speckled patterns are ideal for suggesting textures in painting. Effects like this are quick and easy to achieve with the spattering technique.

Spattering or flicking fluid paint on to a support allows you to create a range of dappled, speckled and mottled effects. The appeal of these effects is their spontaneity, their randomness and the fact that they do not show any brush marks.

▶ **Run your finger briskly across a toothbrush loaded with paint to create a shower of tiny droplets.**

Showing texture

Textural effects can be introduced into your paintings for a variety of reasons. You can use them to imitate rough surfaces or perhaps to represent particular elements in a landscape. Areas of spattering provide an effective shorthand for pebbles on a beach, cobblestones, foliage in the distance, stone walls, turned earth and many other 'broken' surfaces.

Textures can also be used for purely decorative effects. With various spattering techniques, you can create delicate mists of a single colour or build up complex, random patterns using a rich, varied palette of colours. Use these effects to enrich surfaces or add interest to passages of otherwise flat colour.

▼ **A variety of tools can be used for spattering: (clockwise from far left) toothbrush, artist's soft brush, bristle brush, small stencil brush, large stencil brush, pump spray, mouth spray, nailbrush.**

Suitable media

Any liquid medium, including inks, acrylics, watercolour, gouache and thinned oil paint, can be used in spattering techniques. Spattering works best when the support is kept completely flat – if the surface is tilted, the droplets of paint might run, spoiling the effect you have created.

Methods of spattering

There are many different ways to create a spattered effect. One method is to use a stiff-bristled brush, such as a toothbrush or a stencilling brush. Mix a quantity of paint, dip the brush and shake off any surplus. Hold the brush over the support and draw your finger or something rigid, such as a metal ruler or brush handle, through the bristles. A fine spray of droplets will be deposited on the paper, creating a speckled effect. The further away you hold the brush, the larger the droplets will be.

Splashes and sprays

Another method of spattering is to load a paint brush with thinned paint and flick your wrist vigorously to deposit droplets of paint on the support. This introduces larger splashes and variation in size. Or you can load a brush with colour, hold it over the surface and then tap it across the handle of another brush. This technique allows you to cover a large area of paper and to build up dense layers of spattered colour.

A similar effect can be achieved by spraying paint, using a mouth spray or a container with a pump spray nozzle – many cosmetics and household products are supplied in such containers.

Diverse effects

A wide range of effects can be achieved with any of these spattering techniques. You can create a light stipple with a single application of colour, or build up a dense, granular surface by applying several layers of spatter, allowing the paint to dry between each application. For a subtly modulated surface, apply different tones of the same colour, or create a rich multi-coloured effect by overlaying different shades.

With soluble media, such as watercolour, you can spatter pure water on to a dry wash. The droplets of water will cause the paint to dissolve and the pigment will migrate to the outside of each splash, creating pale splodges within the wash. This effect is particularly dramatic if gum arabic is added to the base wash. To create a similar effect with oil paints, you should spatter some turpentine or methylated spirits on to the still-wet paint surface.

If you spatter watercolour paint on to a damp surface, the spatters bleed into the adjoining areas. This creates a softly diffused, mottled pattern.

Spend some time experimenting with the exciting and unpredictable effects created by spattering. You will find that you quickly build up a useful range of patterns and textures to add to your painting repertoire.

▶ **Heavy spattering fading to a lighter texture suggests pebbles on a beach stretching into the distance.**

EXPERIMENTING WITH SPATTERING TECHNIQUES

A wide range of results can be achieved using this simple technique. Explore the different effects you can create by experimenting with watercolours on scrap paper. Remember to protect the area surrounding your paper while you practise.

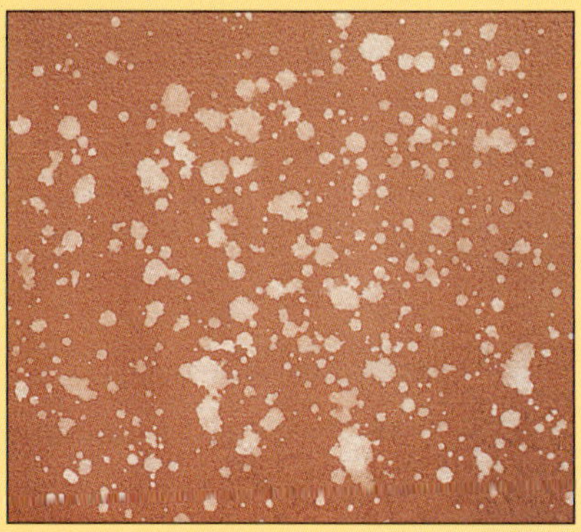

◀ **Blotting spattered water** A wash of alizarin crimson and gum arabic was applied to the support and left to dry. Water was spattered on, then blotted with kitchen paper to create irregularly shaped dapples of light tone.

◀ **Spattering on damp paper** This softly diffused effect was created by spattering Winsor blue watercolour on to damp paper. The droplets of wash have bled across and into the paper.

▶ **Spattering water over a wash** A wash of Winsor blue mixed with gum arabic was applied to the support and allowed to dry. Water was spattered on and left to dry. This process was repeated several times, allowing the surface to dry thoroughly between each application.

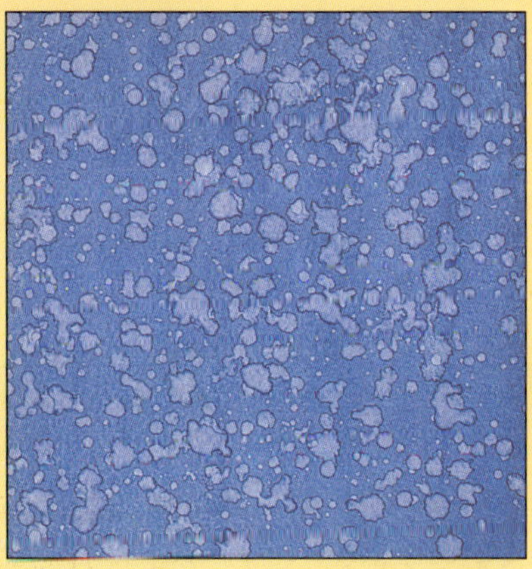

▶ **Spattering in layers** This subtly variegated effect was achieved by spattering green and yellow washes on to rough watercolour paper, leaving the support to dry between applications.

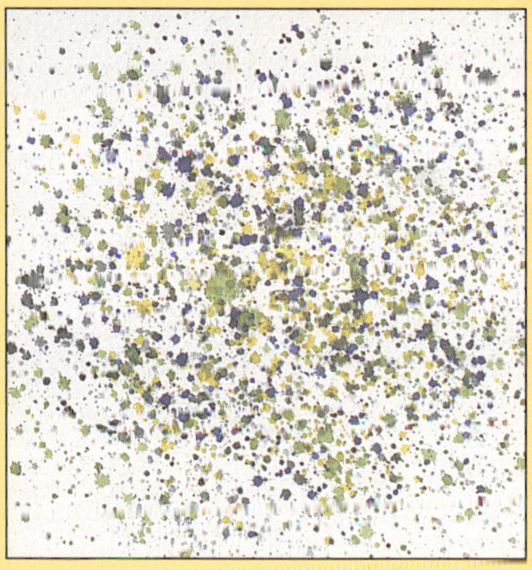

Using adhesives

The range of available glues and gums is now enormous, and you can have great fun using these to invent your own textures and patterns, and to create stunning collages.

The first adhesives were used by our prehistoric ancestors in the deepest recesses of limestone caves. They painted pictures of animals and hunting scenes on the cavern walls, working with only a handful of earth pigments plus soot and chalk. Paints were made by grinding and mixing the powdered ingredients with adhesives which bound the colours together and ensured they stuck firmly to the rocky cavern walls.

These early adhesives – gum from trees and plants, and glues made by boiling animal bones and skin – were so effective that many of the ancient cave paintings are still there, brilliant and intact, some 20,000 years later.

Adhesives today

Like the adhesives used by our painter ancestors, many modern products are still based on natural materials. These include starch, from potato and cereal; casein, from milk; latex, from rubber trees; and water-soluble gums, such as gum arabic, from the acacia plant. Other natural adhesives are obtained by boiling bones, hoofs and skin; resin, extracted from pine trees; and shellac, produced by a parasitic tree insect.

In addition, many more adhesives are made from the wide range of synthetic resins now available. These include all acrylic products; PVA; superglue; most contact glues; synthetic rubberised adhesive; and the 'two-tube' glues which consist of a resin and a hardener to be mixed just before use.

Cow gum

This sticky gum brings out translucent colour mixtures when two or more layers of tissue paper are stuck together so that they overlap.

1 ▸ Magenta tissue paper is stuck down on a sheet of thin white card using a plastic spreader, then more gum is spread on top of the magenta.

2 ◂ A piece of yellow tissue is laid on the gummed area and pressed firmly down to create a bright orange where the papers overlap.

A few of the many adhesives used in the artist's studio:

- **A** **Double-sided tape**
- **B** **Woodworking glue**
- **C** **Rabbit-skin glue crystals**
- **D** **Prepared rabbit-skin glue**
- **E** **Cow gum**
- **F** **Spray adhesive**
- **G** **Plastic spreaders**
- **H** **Latex glue**
- **I** **Transparent adhesive tape**
- **J** **Invisible tape**

◀ **Exploit the adhesive properties of acrylic to combine texture and colour. Silver flakes sprinkled over this wet acrylic surface produce an unusual collage effect.**

Adhesives for the artist

Artists use adhesives all the time. Apart from their role in collage and texture-making techniques, adhesives are an essential ingredient in most art materials. Paints, pastels and crayons are made with a binder which holds dry pigment particles together; papers are sized with a gum or resin to make them suitable for painting and drawing; and canvas is sealed and primed with size or an acrylic medium. Here are some of the adhesives most often used by artists:

Rabbit-skin glue is traditionally used for sizing canvas and boards prior to oil painting. The glue, made by boiling off-cuts of rabbit skin, is sold in granule or powder form. Prepare it by soaking in water overnight, then warming it in a double burner. The recipe for canvas size is about an ounce of glue to a pint of water. Real gesso is a combination of rabbit-skin glue and titanium white.

Rabbit-skin glue can go off, producing a putrid smell, especially in warm weather. Synthetic cellulose size (CMC), which is odourless and dissolvable in cold water, is an alternative.

Acrylic including gloss and matt mediums, and impasto and texture paste, has adhesive properties, making it excellent for combining collage with texture and colour. Acrylic mediums can be diluted and used to seal paper and canvas prior to acrylic painting.

PVA (polyvinyl acetate) is cheaper than acrylic but with the same adhesive properties. PVA medium is thick and viscous, similar to woodworking glue. It can be used as a binder with powder pigments to produce PVA paints; diluted with water to seal and size painting surfaces; and used in textural collages.

Latex adhesive remains flexible and rubbery when dry. It is good for sticking fabric, tissue and paper. Latex is also the basis of masking fluid – this is applied with a brush or pen and dries to form a rubbery film that protects the area underneath from overlaid colour.

Adhesive tapes have one or two sticky sides. For artists, masking tape is one of the most useful. It is strong with a low-tack adhesive on one side, and can be stuck to canvas, paper or a dry painted surface to protect the masked area from subsequent paint. The tape can be removed without damaging the surface. Double-sided tape is used for fixing works on paper to a card mount or backing.

Spray adhesives come in pressurised cans and are used mainly for sticking and mounting paper and thin card. Some have a delayed drying time, which allows you to remove and reposition the paper or card.

Cow gum is flexible, slow-drying and highly viscous – particularly effective in paper collage. To remove unwanted cow gum, roll some dried gum into a small ball and use this as an eraser.

Binders are used to bind dry ingredients in many artist's materials. Gum arabic is a common watercolour binder; egg is used to bind tempera colours; various gums, starches, resins and caseins are all used in manufacturing soft pastels.

WOODWORKING GLUE FOR COLLAGE

Similar to PVA or acrylic medium, woodworking glue offers a convenient and inexpensive alternative for creating texture in collage. Here, a piece of white tissue is used to create a rugged surface ready to be painted.

Spread the glue liberally on a sheet of stiff white card and lay the crumpled tissue on the wet glue.

With a clean stiff brush, apply more glue to the top of the tissue. Use the brush to create peaks and swirls.

When the glue is completely dry, brush acrylic colour on to the rigid textured surface.

The finished effect is a richly textured surface which artists might find useful for representing foliage or grass.

Using resists

Discover the range of textures you can achieve by using watercolours with different masking materials.

▲ **Masking off areas in this picture has created sparkling highlights and interesting textures.**

Watercolour paints are unique because they are transparent. The colours contain no white or chalky pigments to make them opaque or cloudy.

For this reason, the most effective watercolour painting is done without the addition of white paint. This means you must plan ahead, leaving areas of white paper unpainted so that they represent highlights and paler tones in the picture.

Mask out the whites

Although white paper is a crucial element in most watercolour painting, you are not restricted to simply leaving certain areas unpainted. In fact, as you might have discovered, it is quite difficult to retain patches of white paper simply by painting around them. Not only do you have to remember where the white areas are, but you also have to take care not to paint over them by mistake.

The trick is to protect, or mask, the white areas before you start painting. In this way, you can work quickly, applying colour freely over the masked areas which will eventually show through the paint as patches of pure white. Any substance that temporarily blocks out the paper is known as a resist.

Masking fluid

For sharply defined shapes with a hard edge, such as the crisp highlight on this shiny, ceramic plate, nothing is more effective than masking fluid. This can be applied to the paper with either a brush or pen, and dries to form a thin, rubbery film. You can then paint over it and rub it off when the colours are dry to reveal the white paper underneath.

Candles and wax crayons

For a textured or linear resist, try using candles, wax crayons or oil pastels. When watercolour is painted over the oily or waxy marks, it forms droplets, which run off the resist area. However, a few drops will usually dry on top of the resist to create an attractive speckled texture. Wax crayons or oil pastels will provide a touch of colour too.

FIRST STEPS

1 ▸ Draw the still life Start by making a simple line drawing of the bowl of fruit – a chunky carpenter's pencil will help you to keep the shapes broad and unfussy. Draw the plate as an ellipse and then establish each piece of fruit as an approximate circle. Take the spiky leaves over the edge of the plate to interrupt the elliptical shape.

YOU WILL NEED

- Piece of 300gsm (140lb) Not watercolour paper 41 x 46cm (16 x 18in)
- Carpenter's pencil
- Brushes: 38mm (1½in) flat wash brush; Nos.8 and 7 soft rounds
- 9 watercolours: Burnt umber; Cadmium yellow; Ivory black; Lemon yellow; Viridian; Cadmium red; Alizarin crimson; Ultramarine; Yellow ochre
- 2 wax crayons: Lemon yellow; Orange
- Household candle
- Masking fluid and old round brush

2 ◂ Apply a wash over the background Using a 38mm (1½in) flat wash brush, paint the table top in a wash of burnt umber mixed with a little cadmium yellow. Apply the colour in broad, rapid strokes, working around the outlines of the bowl and fruit. A few drips and tidemarks will add interest to the flat table area, so don't worry if the paint looks uneven.

EXPERT ADVICE
Removing masking fluid

When removing areas of masking fluid, start rubbing from the centre of the masked shape and work outwards. In this way, the fluid should come away easily without tearing the surface of the paper.

3 ▸ Mask out the highlights While the wash dries, take the opportunity to mask out some of the highlights on the fruit, using wax crayons. Make loose, sketchy strokes, but indicate the approximate rounded contours of the fruits. Choose a yellow wax crayon for the lime and an orange one for the tangerines and the pomegranate.

4▼ Draw reflections with a candle Continuing with the orange wax crayon, scribble over the highlight area of the pomegranate. Then use a candle to establish the white reflections on the grapes and figs. The colourless wax preserves the whiteness of the paper

5▲ Apply masking fluid Paint the highlight around the rim of the bowl as a curved line, using masking fluid and an old round brush. Paint another line of fluid across the plate – this will be the grapes' stalk (see step 14).

DEVELOPING THE PICTURE

All the masked highlights have now been established, and it is time to start painting. Remember, the beauty of using resists is that it allows you to paint quite freely as the highlight areas are protected.

6▲ Apply a wash to the plate Using the 38mm (1½in) flat brush, paint the plate with a pale grey wash mixed from ivory black with lots of water. Follow the curved shape of the plate and use bold strokes to paint around the grapes and other fruit. Darken the tone of your wash to paint the shadow under the plate.

7▲ Paint the lime Change to a No.8 round brush to paint the lime in a mixture of lemon yellow and viridian, taking the brush strokes around the shape of the fruit and over the waxy crayon marks.

8 ▼ Continue painting the fruit Using the same technique, paint the tangerines in a mixture of cadmium red and cadmium yellow. Leave a tiny patch of white paper showing through at the centre of each fruit.

9 ▲ Complete the fruit Paint the pomegranate in alizarin crimson, and the figs and grapes in a mixture of alizarin crimson and ultramarine. You will find that the candle wax resists the colour and shows up on the fruit as white reflected highlights.

Express yourself

A sketch in wax crayons

The wax crayons used in the painting to mask out highlights on the fruit are an excellent drawing medium in their own right. They are perfect for chunky sketches in which bold line and colour are more important than a detailed rendering. This still life from the artist's sketch book was done using a basic set of 12 wax crayons. The highlights on the fruit are left as plain white paper or filled with lightly applied, smudged colour. The blue shadows on the plate echo the colour of the table.

10 ▲ Paint the leaves and plate Using viridian darkened with a little ivory black, paint each leaf as a single brush stroke of colour. Add a few darker shadows by overpainting in a darker tone of the same colour. Use the same green to paint the leaves on the ceramic plate design.

◄ The table top is burnt umber and cadmium yellow; the foliage viridian with a touch of added black; and the plate a diluted wash of ivory black. Note the rough texture created by the candle resist.

11 ▲ **Complete the bowl** Develop the leaf design on the painted ceramic plate, taking the pattern up to and around the curved shape of the pomegranate.

A FEW STEPS FURTHER

Local colours and the highlights are now in place. Shadows and dark tones need to be added – particularly on the plate, which looks a little flat at this stage.

12 ▲ **Add the bowl shadow** The shadow on the bowl is painted in a wash of ultramarine and burnt umber – the fruit shows up as lighter shapes against this dark colour. Put the paint on in broad strokes with a No.7 brush, redefining the round shapes. Flood extra colour into the darker areas.

Master Strokes

Jan van Os (1744-1808)
Fruit and Flowers

This lavish display by Jan van Os is typical of Dutch still life painting in the eighteenth century. Rather than being arranged in a formal way, the fruit and flowers spill in profusion across the table top. The light falls in a diagonal band across the centre of the picture from top right to bottom left, making this swathe of fruit stand out from the darker areas around it. In oil paintings, the highlights do not require forward planning as they do with watercolours – the bright reflected light can be added as final touches.

The highlights on the black grapes are restricted to single points of white paint; the green grapes, by contrast, are outlined in white.

Fruit of many different shapes and sizes, from tiny berries to a large melon, add variety and interest to the composition.

13 ▲ **Add detail to the patterned plate** Complete the rim of the plate in yellow ochre applied with the tip of a No.7 brush. Still using the tip of the brush, add dark green details to the leaves on the fruit and the plate design.

14 ▼ **Complete the grapes** Remove the masking fluid applied to the line of the grapes' stalk in step 5. Then paint the stalk with yellow ochre.

THE FINISHED PICTURE

A Textured fruit
Coloured wax crayon was used for the highlights on the citrus fruits. The slightly rough surface of the watercolour paper helped create the texture of the peel.

B Bowl highlight
The sharp linear highlight on the ceramic bowl was achieved with masking fluid, applied in a bold, unbroken line.

C White reflections
The wax from an ordinary household candle was applied in loose, sketchy strokes to create patches of reflected light on the purple grapes and the figs

FURTHER TECHNIQUES

This chapter deals with those aspects of composition that require detailed explanation, showing how to perfect perspective, frame your subject and make light work. The section includes advice on judging tone, depth and distance as well as giving a convincing impression of solidity. To finish the chapter there is advice using these techniques in unusual ways, for unexpected results.

Choosing the best format

There are many ways to frame a scene – make sure you choose the best one before you start drawing.

One of the first decisions to make when planning a drawing is whether it should have a horizontal (landscape) format or vertical (portrait) one. In this scene of a tree-lined road in France, the artist saw the possibilities of both formats (right).

The vertical format was ideally suited to capturing the height and grandeur of the trees. These strong verticals help to create a rather dramatic mood. The artist, however, decided to use the horizontal format. This enlarges the scope of the view and the inclusion of the farm building helps to provide a balanced composition. The strong horizontals of this building make for a more serene, peaceful mood.

Whether you choose a horizontal or a vertical format, plan to offset the centre of interest in the composition. A useful rule of thumb is to divide your paper into thirds each way, either by eye or by marking it lightly in pencil, and then place the focal point at the crossing point of two of the dividing lines. The focal point of the drawing below – the distant hut with the cyclist in front of it – is positioned in this way.

▼ In the horizontal format, the farmhouse on the left balances the verticals of the trees, helping to create a tranquil, rural image.

YOU WILL NEED

Piece of Hot-pressed watercolour paper

7B pencil

15 coloured pencils: Light turquoise; Apple green; Lemon yellow; Olive green; Sap green; Pale grey; Venetian red; Yellow ochre; Dark grey; Prussian blue; Aubergine; Burnt sienna; Viridian; Vandyke brown; Burnt orange

FIRST STROKES

1 ▼ Sketch the composition Using a 7B pencil, sketch the main elements of the scene – the trees, buildings, road and cyclist. Notice how the negative sky shapes formed between the trees are roughly triangular. Also, look at how different parts of the scene relate to each other – the roof of the long building lines up with the distant tree-tops, for example.

2 ▶ Establish dark and light tones Add more spiky branches to the tree at the end of the avenue, tapering them off from the trunk towards the top of the paper. Hatch in the shaded parts of the trunks and also the shadows cast on the grass and road.

3 ▶ Begin with the light colours Complete the tonal pencil shading on the trunks and vegetation on the right of the picture. Now, using a light turquoise coloured pencil, fill in the sky, including all the shapes between the trees. Move on to the sunlit areas of foliage, using an apple green pencil. As with watercolour painting, you are working from light to dark, so that you gradually build up depth of colour.

CHANGING THE EMPHASIS

Quick pencil sketches are a great way of working out the best format and composition for your drawing. The vertical format emphasises the height of the avenue of trees, conjuring up a cathedral-like image. The horizontal format provides a 'quieter' image – the eye is still pulled down the road but it also has a place to rest on the farm building on the left.

ADDING COLOUR TO THE SCENE

Once you have roughed in the main shapes and tonal areas, work up the rest of the drawing in coloured pencil. Blend shades if necessary to capture the essence of the colours.

4 ▲ **Introduce darker greens** Put more apple green on the tree-tops and highlight the distant trees with a touch of lemon yellow. Now look for the areas of darker green in the distant trees and colour these with olive green and sap green, working over some of the graphite pencil tone.

5 ▲ **Continue with dark greens** Using vigorous strokes of sap green, hatch in the shadows on the grass and foliage to the left and right of the road. Changing to the olive green, hatch across the tree-tops and trunks. Block in a mid tone across the road with a pale grey pencil.

EXPERT ADVICE
Giving form to the trees

Shade in the tree trunks using mainly horizontal hatching lines. The eye reads them as curving around the trunks, which helps to suggest the cylindrical shapes. By leaving one side of the trunks pale where they catch the light, you can convey their form and solidity.

6 ► **Work on the building and road** Hatch the roof on the building with diagonal strokes of Venetian red and work loosely over the wall below it with yellow ochre and dark grey. Use Prussian blue for the figure on the bicycle, then strengthen the cast shadows on the road with Prussian blue, aubergine and dark grey.

7 ► **Colour doors and windows** Shade the hut doors in burnt sienna, dark grey and viridian, and the doors and windows of the building in Vandyke brown and burnt orange. Hatch over the trees with the 7B and olive green pencils, suggesting leaf texture with dashes of olive green. Use dark grey to put tone down the ochre wall and to strengthen the far left tree

A FEW STEPS FURTHER

The drawing now successfully evokes the atmosphere of a sunny and tranquil rural scene. A touch of detail on the roof and tree-tops will add texture and interest.

8 ▼ **Complete the roof** A suggestion of terracotta roof tiles will give the left-hand building more character. Using the 7B pencil and Vandyke brown, draw the lines of tiles and their rounded ends.

9 ▲ **Hatch in more leaves** To enhance the effect of mottled colour in the tree-tops, use the olive green pencil to hatch dark clumps of leaves amidst the foliage. Press firmly to achieve a deep, rich shade.

THE FINISHED PICTURE

A Blended colours
To find the correct shade for the wall of the building, a darker colour was worked over a lighter one to tone down the brightness.

B Dappled effect
The shadows falling across the road create an interesting pattern on what would otherwise be a broad area of plain colour.

C Focal point
The eye is drawn down the avenue of trees towards the focal point – the brightly coloured doors in the distant building.

Creating emotional impact

Tonal key tells us about the overall lightness and darkness of a picture – and it's an invaluable tool for creating mood and atmosphere.

The tones and colours in a painting are like musical notes – when pitched to a particular key, they produce a result that is not only rich and harmonious but also emotionally expressive. Music that is composed mainly of high-key notes can sound either light and cheerful or poignant and romantic. Low-key notes tend to produce a more melancholy sound. In the same way, light and dark tones in a painting can be 'orchestrated' to express a particular mood or atmosphere.

Tonal key

The term 'tonal key' is used to describe the range of tones within a picture. It tells us about its overall lightness or darkness. Imagine a bright, sunny scene. This subject is well suited to the lighter range of the tonal scale – a high-key painting. A dimly lit interior or a stormy seascape are obvious examples of low-key subjects.

Look at any good painting and you will see how the artist has deliberately orchestrated the tones to express a mood, to convey the character of a sitter, or to capture the atmosphere created by light and weather on a landscape. In short, sensitive control of tonal values can enrich the mood of a scene and make it 'talk'.

The Impressionists, for example, captured the shimmering light and the exuberant feeling of summer days with

▼ In a *Game of Tennis* (*c.*1910), Spencer Gore (1878-1914) uses light tones to capture the carefree, sun-drenched atmosphere of summer in the park. Note how even the shadows are filled with light and colour.

brilliant high-key images. In contrast are the magnificent, low-key portraits by Rembrandt (1606-69) in which softly lit figures or faces emerge from the surrounding shadows.

High-key paintings

In a high-key painting, most of the tones are in the light-to-middle range. Depending on the intensity of the colours and the way you apply them, you can convey a mood that's cheerful and bright or quiet and restrained.

Take a beach scene, for instance. On a summer day, the light is intense and there is a lot of colour. To capture the bracing seaside atmosphere, you would use mostly light, bright colours, accentuated by a sprinkling of crisp, dark accents.

That same beach on a misty morning takes on a completely different mood. This time, let soft colours predominate. By keying most of your tonal values to the higher end of the scale, keeping contrasts to a minimum and blending edges wet-on-wet, you can convey a quiet, more poignant atmosphere.

In a high-key painting, watercolours can be applied in a series of transparent washes to create a delicate, subtle effect. Leaving flecks and patches of light-reflecting white paper breathes air into a watercolour painting – try it next time you paint a sunny beach scene.

Alternatively, try working on toned paper, using watercolours mixed with a little Chinese white; the colours take on a milky, semi-transparent quality that is well suited to romantic themes.

In oils and acrylics, colours can be lightened by adding lots of white to create delicate, high-key tones – as in the painting opposite. To keep the colours fresh and lively, don't overmix them on the palette, and try using broken colour effects. Small strokes and dabs of pure colour will blend in the viewer's eye and give a vibrant, joyful effect.

In a low-key painting, tones from the darker end of the scale predominate – though a few telling accents of light will enhance the drama. By choosing your subject carefully and picking colours in the mid to dark tonal range, you can use the psychological associations of darkness and shadow – mystery, suspense, sadness – to create powerful images.

As with high-key paintings, the effect depends on your choice of subject, composition and how you apply the paint. To convey a bleak winter landscape, you might accentuate the dramatic patterns of dark branches against a pale sky. But a low-key painting doesn't have to be sombre: an interior at evening, lit by a table lamp that casts a soft pool of light in a shadowy room, creates a low-key mood that is warm and intimate.

▲ Rembrandt was the undoubted master of the low-key portrait. In this image, entitled *An Oriental* (1635), the shadowy tones underline the sitter's mood of melancholic contemplation.

A change of mood

Try making a series of paintings of the same scene at different times of the day or under different weather conditions – similar to the Houses of Parliament series on pages 188-189. Choose a location that's convenient to get to – your own garden might be suitable as you can return to it quickly when the light changes. Notice the different moods created as the amount, direction and colour of the light changes, and communicate this observation by 'keying' your tonal values to fit the mood of the subject.

In the Houses of Parliament series, the evening scene is a low-key picture. The result is a rather ominous image that looks as if it could come from wartime. In contrast, the morning scene has a lot of pale tones, especially in the sky and water, creating a lighter, happier mood.

Blueprint for a painting

Like a play or film, a picture must be put together so that its component parts make a balanced, harmonious whole to hold the attention of the viewer. This important skill is called 'composition'.

Traditionally, artists have used the rectangle as the framework for paintings. When used horizontally, it is referred to as having a 'landscape' format, and when used upright as having a 'portrait' format (although, of course, you could paint a landscape in the 'portrait' format or use other shapes instead).

Getting the right fit

The shape and size of the rectangle has to be right for what you want to fit into it. If it is too small, the image looks squashed and this makes the viewer want to see past the edges; too large, and the eye wanders about trying to find something to hold its interest. Good composition is achieved when all the elements of the picture (colours, shapes, tones, textures and, vitally, the spaces between them) relate to each other in a balanced way.

The focal point

Imagine that you have just moved into an empty house and you are arranging the furniture in the living room. You will probably set out the armchairs and sofa so that they face the television, or perhaps a fireplace. These are 'focal points', and the angles and relative distances that you create in positioning the furniture is an important consideration.

Alternatively, the chairs might be arranged to face each other for conversation, in which case the focal point is actually a space.

In a painting, the focal point is the point to which the viewer's eye tends to be drawn most strongly. This is usually the main subject of the work – for example, the face in a portrait, or the

THE GEOMETRY OF COMPOSITION

This information is by no means essential to composing a successful picture, but you may find it interesting. Absorb as much, or as little, of it as you like.

Euclid noted that a sequence of numbers (3, 5, 8, 13, 21, etc) gave a series of ratios which Renaissance artists called the 'divine proportion', otherwise the 'Golden Section' or 'Golden Mean'. If a line is drawn by combining any two successive numbers (say 5 and 8, making 13), and divided into the two component lengths (i.e. one of 5 and one of 8), then the ratio of the smaller part to the larger (5:8) is the same as the ratio of the larger part to the whole (8:13).

▶ The Golden Section
The diagram shows how a focal point within a rectangle is created by using the 'Golden' proportions. Giovacchino Toma (1838-91) used this principle for the main focal point in his painting *Luisa San Felice In Prison*, below.

This principle was used as the basis for many Classical buildings because the balance created by these divisions, either vertically or horizontally (or both), is very satisfying. In paintings, the points where the verticals and horizontals of the 'Golden Mean' intersect within the rectangle are often used as the focal point (or points) of the image. This is about a third of the way in and a third of the way up (or down).

AB is to BC (8:5) as BC is to AC (13:8)

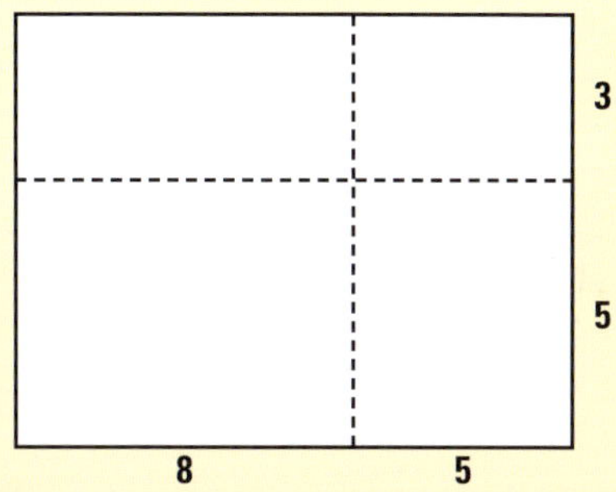

▲ **Renaissance painters used the formal geometry of vertical, horizontal and diagonal lines to form triangular compositions within the rectangle. The portrait shown here, the *Madonna of the Goldfinch* by Raphael Sanzio (1483-1520), shows the principle clearly.**

church tower in a village scene. In more complex images, where no one element is more important than another, the artist has to guide the viewer's eye around the picture by the way the various elements are arranged. As in the living room, the balance of these and the 'dynamic' that is set up within the rectangle are what composition is all about.

Things to avoid

There are no firm rules, but some things are best avoided. Dividing the surface in half by placing a tall object in the centre, or positioning the horizon line exactly half-way up, makes the picture 'boring'.

Similarly, same-size objects equidistant on either side of the centre line, or a continuous row of trees running right across the middle of the picture, make for dull compositions. As a rule of thumb, remember to compose 'through' the picture as well as across the surface.

Composition in practice

To understand the importance of composition, you will need to explore a little, observing how different elements relate to each other. Try these exercises.

1 Take a sheet of white paper and some coloured papers (say red and green). Cut up the colours into rectangular shapes of various sizes and practise arranging them in different ways on the white sheet, overlapping some of them if you like. Try to organise a focal point and to achieve a good balance between shapes, spaces and colours. Look at how your arrangements visually affect the rectangle. Is there a sense of space; are there 'busy' areas and 'quiet' ones; is there any sense of 'movement' or 'tension' between shapes? Try the same exercise with other colours, or with black and grey.

2 Find a reproduction of a well-known painting for this exercise. Using tracing paper, draw lines to connect up the main directions formed by the various objects, light, shadows and forms within the painting. Notice how diagonals are used to hold together different areas and create 'routes' for the eye to follow.

3 From a sheet of white paper measuring 8 x 5cm (3 x 2in), cut out a rectangle from the centre to leave a frame about 1cm (3/8in) wide all round. Hold this at arm's length and move it slowly around the room or the garden. The view you see inside the frame is your composition. Notice how a very small shift of the frame can make for a much more balanced composition.

▼ **The compositions of Pieter Brueghel (the Elder) (c. 1515-69) are full of incident and usually contain lots of different focal points with plenty of space for the eye to wander about in. Notice the position of the flying bird in his painting *Hunters in the Snow*. Is it the first thing that caught your eye?**

Abstract painting

The great abstract artists of this century were innovators who explored radical approaches to materials and methods.

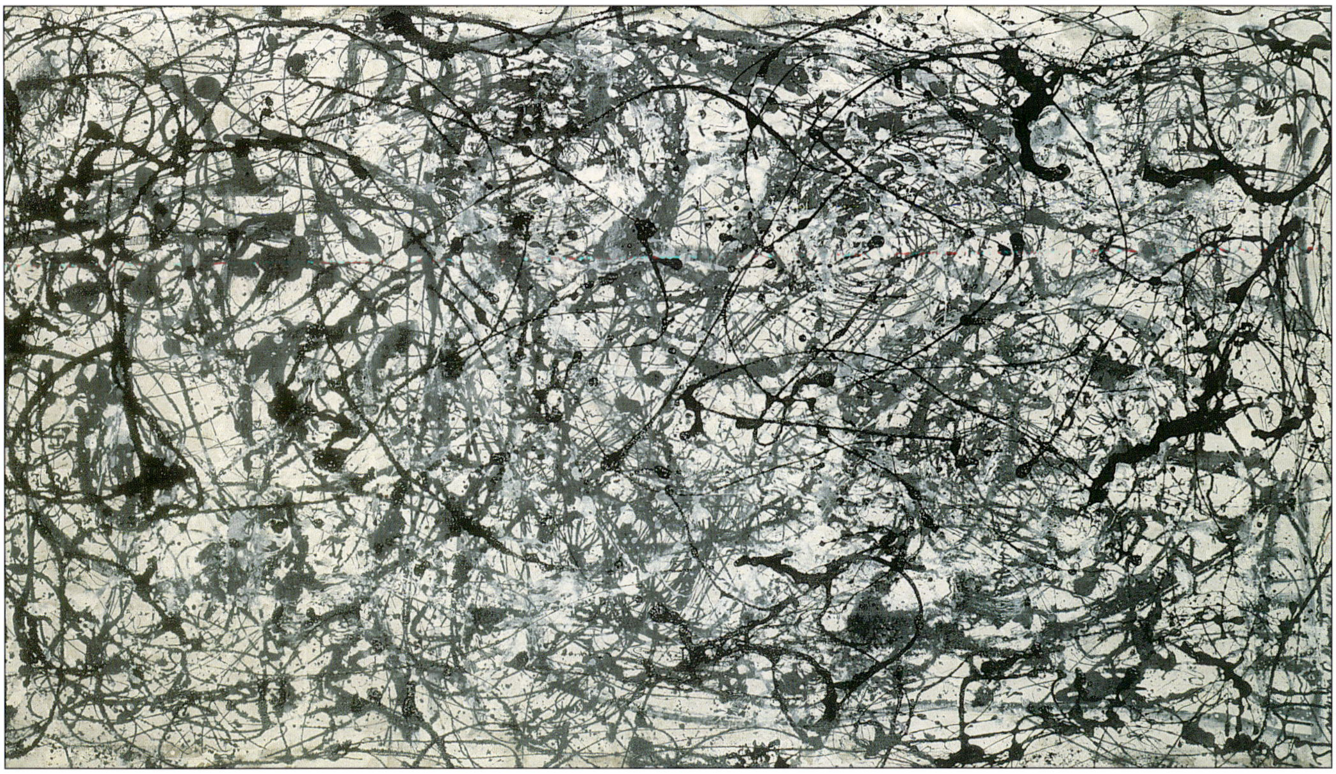

▲ ***Black and White*, painted in 1948 by Jackson Pollock, is an early example of the artist's revolutionary drip painting technique.**

The term 'abstract' describes art that is non-figurative and does not seek to represent the visible world literally. Abstract art began to emerge in Europe, Russia and the USA in the early twentieth century. The resulting explosion of creativity has affected the way we look at the world, and via film and advertising it has also affected the way the world looks to us.

Cubism, pioneered by Pablo Picasso (1881-1973) and Georges Braque (1882-1963) between 1907 and 1914, made the first moves towards abstract art. However, it depicted recognisable images and was a realist movement.

The roots of abstract art

Abstract Expressionism developed in New York, USA in the 1940s and 1950s. Primarily concerned with spontaneity and self-expression, it rejected traditional subjects and avoided figurative images. It was triggered by the presence in the USA of many European avant garde and Surrealist artists, many of whom were refugees escaping persecution.

With its emphasis on individualism, Abstract Expressionism was a diverse movement. Nevertheless, two broad strands can be detected: action painting and colour-field painting.

Action painting

This was a dynamic style of painting, which involved dripping and splashing paint in a spontaneous way. The canvas was described as 'an arena in which to act', and the picture was 'an event'. It took its inspirations from Surrealists like Max Ernst (1891-1976) who used techniques such as frottage (making an impression of a texture by rubbing over it) and automatic drawing – a technique which allows the subconscious to dictate the artist's actions.

The most famous exponent of action painting was Jackson Pollock (1912-56). His early works were naturalistic, but became freer and more expressive under the influence of Picasso and the Surrealist artists.

Pollock invented drip painting in 1946-47. Stretching huge canvases on the floor, he used objects such as twigs, sticks and trowels to splatter, dribble, drip and spill paint on to the canvas. The painting was built up layer upon layer as a series of intentional accidents, each mark determined by the swing of the arm, the energy of the movement and the amount of paint on the painting implement. The combination of the complexity of the all-over pattern and the lack of obvious focal points makes viewing these paintings face-to-face an overwhelming experience.

Colour field painting

Abstract Expressionism's other strand, colour-field painting, was characterised by large expanses of saturated colour. Like all abstract painters, the colour-field artists rejected recognisable forms, but they also rejected the abstract linear form and painterly qualities of the action painters. Like the Minimalist painters who followed in the 1960s, they favoured large-scale works with little or no surface texture, concentrating on the experience of pure colour and the optical effects that could be achieved.

Mark Rothko (1903-70) was one of the most lyrical exponents of colour-field art. His works usually consisted of two or three large, hazily defined rectangles of delicate, glowing colour. The paintings have a compelling, incandescent presence which can only be experienced fully in front of the actual canvas.

Exploiting chance

Use the random techniques of the action painters to introduce an element of chance into your work. The following monoprint exercises are especially useful if you find a blank sheet of paper intimidating. The abstract images they produce will free up your technique and stimulate your imagination.

1 Random image Squeeze blobs of acrylic, oil or gouache on to a sheet of paper, using as many colours as you like. Alternatively, you can drip and spatter the paint on to the paper. Lay another sheet of paper on top and press firmly. Remove the top sheet and see if the random shapes suggest an image. Use a brush and paint, or a drawing medium to develop the patterns on both sheets.

2 Symmetrical image Another method is to lay paint on the paper, then fold the sheet in half. When you open it out, you will find a symmetrical image, as shown below.

◄ *Blue Penumbra* (1957) by Mark Rothko is an example of colour-field Abstract Expressionism. Layers of scumbled paint give it a luminous quality.

Seurat, Signac and the art of Pointillism

With their Pointist brushwork and highly structured compositions, Georges Seurat and Paul Signac changed the course of painting in the 1880s.

One of France's greatest painters, Georges Seurat (1859-91) revolutionised painting in the late nineteenth century. Reacting against the Impressionists' loose, spontaneous treatment of subject matter, he began taking a much more considered approach to painting.

Pioneering approach

In doing so, Seurat forged a new style, often called Neo-Impressionism, and helped invent Pointillism – the technique of using small touches of paint to create vibrant colour effects.

Amazingly, he did all this before his death (reputedly of meningitis) at the age of just 31. He was 24 years old when he exhibited his first masterpiece, *The Bathers, Asnières* (1884), and 27 when *A Sunday Afternoon on the Island of La Grande Jatte* (1884-86) was shown at the Eighth Impressionist Exhibition in May 1886, establishing him as the leader of a new avant-garde. In all, his working life lasted only ten years.

Seurat was born in Paris and trained at the École des Beaux-Arts where he drew from casts and from life, and studied the work of the Old Masters. In April 1879 Seurat visited the Fourth Impressionist Exhibition, where the paintings of Claude Monet (1840-1926)

▶ **In Seurat's *Study for Le Chahut* (*c.* 1889), the vibrant colour effects of Pointillism appear ideally suited to the noisy, joyful cabaret (*chahut* means 'racket'). Note how carefully Seurat has constructed the composition, with the musical instrument parallel to the dancer's legs. He believed that diagonal lines represented emotional extremes, in contrast to horizontal ones, which signified calmness.**

▶ ***The Papal Palazzo, Avignon* (1900) is a classic example of the mosaic-like brushwork of Signac's later paintings. Look at the way the colours optically mix. The water in the bottom left corner, for instance, is made up of yellow, green, turquoise and blue patches which merge to form an overall green when seen from a distance.**

and Camille Pissarro (1830-1903) in particular caused him 'an unexpected and profound shock'. Despite Seurat's academic training, his earliest subjects, perhaps inspired by the Impressionists, were taken from the lower classes – peasants and workers of the Paris suburbs.

The great works

After completing *The Bathers, Asnières* (see Seurat's Masterpiece, right), he began working on a companion piece *A Sunday Afternoon on the Island of La Grande Jatte*. This large canvas depicts about 50 figures strolling on the island opposite Asnières.

Like *The Bathers*, *La Grande Jatte* is similar to Impressionist paintings in subject matter. It shows ordinary people in an outdoor setting. However, the way it was painted was completely different. Rather than paint instinctively, as did the Impressionists, Seurat took pains over his brushwork. He first completed the work in March 1885, but then reworked the painting with Pointillist brush strokes.

Seurat exhibited *La Grande Jatte* at the Eighth Impressionist Exhibition. Other artists showing works in a Neo-Impressionist manner were Camille Pissarro, his son Lucien (1863-1944), and Paul Signac (1863-1935). Their paintings were hung in the same room as Seurat's, which highlighted the similarities in their approach.

In the time remaining to him, Seurat completed four other major paintings: *Les Poseuses* (*The Posers*), *Parade*, *Le Chahut* (*The Racket*), and *Le Cirque* (*The Circus*). In these late works (*c.* 1886-91), Seurat employed the theories of the art critic Charles Henry, concerning the expressive values of line, colour and tone. In *Parade*, for example, he used repeated horizontals and descending verticals to express a mood of calm and melancholy, while the upswept forms of the simplified gas jets and the warm light suggest a contrasting

The telling terms

The art of the late nineteenth century – like that of the twentieth century – is littered with 'isms'. Although these can seem a little intimidating, most of these terms have been coined for good reason. Here is an explanation of the 'isms' associated with Georges Seurat and Paul Signac.

Divisionism The use of pure colours applied in small strokes or patches to the canvas. Seen from a distance, these patches blend to produce an overall colour. Divisionism refers to the general principle of the separation of colour, unlike the term Pointillism, which refers specifically to the application of paint in tiny dots.

Pointillism The art critic Félix Fénéon used the term *Peinture au point* (Painting by dot) to describe Seurat's famous painting *La Grande Jatte*, and from this the term 'Pointillism' was coined. The size of the dots is adjusted to the size of the image and the distance at which it will be viewed.

Neo-Impressionism The school of painters led by Seurat, Signac and Camille Pissarro. Like the Impressionists, these artists were concerned with the representation of light and colour, but they evolved a less spontaneous, more considered approach to painting. Keenly interested in colour theory, they pioneered the technique of Pointillism.

SEURAT'S MASTERPIECE

Perhaps Seurat's most famous work is *The Bathers, Asnières* (1884). This massive painting, measuring 300 x 200cm (118½ x 79in), depicts a group of workers relaxing by the Seine. Unlike Impressionist paintings, which were often completed on location, the painting was carefully constructed in the studio from a series of *plein air* sketches. The result is a more considered approach than the loose, immediate style of the Impressionists. Seurat has paid particular attention to his brushwork, rendering different surfaces with different types of strokes. These include criss-cross, or balaye, marks for the grass (see left detail), a Pointillist technique to render the back of the boy's cap (see right detail), and longer horizontal brush strokes for the slightly ruffled water.

happiness (see also the *Study for Le Chahut* (*c*. 1889) on page 213 to appreciate Seurat's use of line).

Seurat's legacy

While many later artists found Seurat's method of systematically applying dots too restricting, his ideas about colour, composition and subject were absorbed and reinterpreted by succeeding generations. In particular, his influence can be seen in van Gogh's use of colour and Divisionist brushwork, and in the work of the Fauves Henri Matisse (1869-1954) and André Derain (1880-1954).

Seurat also had a big influence on his contemporaries as well as his successors. Paul Signac first encountered Seurat's work at the Salon des Indépendants in 1884, where Seurat was exhibiting *The Bathers, Asnières*. Signac began collaborating with Seurat, persuading him to remove earth pigments from his palette, while Seurat had encouraged Signac to adopt a Divisionist technique. By 1886 they were both using the Pointillist dot.

Signac – the publicist

If Seurat was the founder of Neo-Impressionism, Signac was its publicist. Among Signac's friends were the critic Félix Fénéon (1861-1944), who coined the terms Pointillism and Neo-Impressionism, Camille Pissarro and Charles Henry. His book *The Neo-Impressionism of Eugène Delacroix* (1899) introduced the principles of Neo-Impressionism to a younger generation of artists. It provided a robust defence of the movement, although it did not necessarily give the most objective account of its history.

Around 1900, Signac moved away from strict Pointillism, opting instead for small squares of colour to create a mosaic-like effect as in *The Papal Palazzo, Avignon* (1900, above left) and *View of the Port of Marseilles* (1905).

Colour for colour's sake

When great artists at the end of the nineteenth century turned away from naturalistic painting, a whole new world of colour opened up.

The end of the nineteenth century saw many radical changes in painting. One of the most important was the use of decorative rather than realistic colour. 'Who cared if a landscape actually was green?' thought many avant-garde artists; they would paint it red if it tallied with their sense of beauty or emotional feelings. This philosophy was one of the major steps on the road to abstract art, where the artist's internal world becomes more important than the external one.

Gauguin's legacy

Paul Gauguin (1848-1903), with his use of bright, flat areas of colour, was one of the most important artists in this development. But perhaps the most influential painting was by one of Gauguin's disciples, a young French artist called Paul Sérusier (1863-1927).

While visiting Gauguin in 1888, he made a little painting (right) on the wooden lid of a cigar box that was to have far-reaching consequences. He claimed to have created it 'under the dictation' of Gauguin. With abstract yellow blobs and light blue for wood, the scene shows trees reflected in a river.

The Talisman

Sérusier came back to Paris describing Gauguin as his talisman to his friends, and the painting is commonly referred to as 'The Talisman'. He and his friends, including Maurice Denis (1870-1943), Pierre Bonnard (1867-1947) and Edouard Vuillard (1868-1940), the three of whom shared a studio, started painting in a similar style.

Colour, rather than being truthful to appearance, was the guiding force. In 1892 they formed a group called the 'Nabis', a Hebrew word meaning prophets. As apostles of Gauguin, they were both progressive and traditional, painting like their master but without the black brush-marked outlines. They believed in a work of art as a decorative object, using the expressive power of planes of intense colour. In 1890, Denis formulated a famous theory: 'Remember

▲ Paul Sérusier's *The Talisman* (1888), in which a river scene is rendered in bold blocks of colour, inspired a generation of artists.

that a picture – before being a warhorse or a nude woman or an anecdote – is essentially a flat surface covered with colours assembled in a certain order.'

Reaching under the surface

While the Impressionists wanted to convey the objective appearance of scenes, the Nabis deliberately distorted colour and composition for dramatic effect. Denis was relatively conservative in the style and subject matter of his painting, but Bonnard and Vuillard forged a revolutionary path.

They kept the loose brushwork of the Impressionists to create mosaic-like patchworks of glittering colour. They were also great fans of Japanese art, with its simplicity and clarity of form. Bonnard, in particular, flattened perspective so that tables tilt alarmingly towards the viewer. Figures are closely cropped and seem to become part of the busy background pattern. Look, for instance, at Bonnard's 1932 painting *Breakfast*, page 218.

Bonnard and Vuillard also painted non-naturalistic theatre sets for the many experimental plays of the time. Even their paintings for private patrons took the form of large-scale, vertical, decorative panels. Absorbent canvases helped to give their paintings a matt appearance in which blobs of colour melted into one another.

In the 1890s, Bonnard was rather in the shadow of Vuillard. But as the Nabis were absorbed into the establishment,

▲ In Maurice de Vlaminck's *Landscape with Dead Wood* (1906), the colours have been simplified and exaggerated to create a dance of energy and excitement.

Vuillard became increasingly slick at painting bourgeois French lifestyle. Bonnard, by contrast, developed his use of colour. In the early 1900s, he returned to broken touches of glowing colour. His many pictures of his wife in the bath show how effectively he used colour to portray form.

Possibilities of colour

The Nabis never quite realised their own radical aims. In 1905, they were eclipsed by a group of artists known as the Fauves (literally the 'wild beasts').

The movement's central figure, Henri Matisse (1869-1954), transformed interior scenes into a colourful pattern.

Matisse and Bonnard were good friends and in tune with each other's work. Matisse bought and kept Bonnard's *Soirée in the Salon* in 1911, while Bonnard purchased Matisse's *Open Window, Collioure* in 1912. Like Bonnard, Matisse flattened perspective so that his paintings were as shallow as a pane of glass.

Ideal colours

But Matisse went much further. Whereas Bonnard kept a sense of light and shade, Matisse dispensed with modelling. He created wonderful designs by simplifying his subject matter down to exciting, distorted shapes. The same went for the colours. He would merrily change them to fit his ideal of beauty. If his scheme was red, then wallpaper, table-cloth and surroundings were all red, with touches of cool complementaries serving to accentuate the warm glow.

Restless vitality

While Matisse used colour to create a sense of harmony and balance, his fellow Fauve, Maurice de Vlaminck (1876-1958), used it to instil a feeling of restless vitality. He favoured hot, fiery reds and oranges and would often apply paint straight from the tube. 'I try to paint with my heart and my loins,' he said.

The Nabis, and Bonnard in particular, may have laid down the rules of the game, but it was the Fauves who scored the goal and took decorative colour to its logical conclusion.

Playing with colour

Select a scene: indoors or outdoors, still life, landscape or portrait – it doesn't matter. Whether you are working in oils or watercolour, keep all your colours by you but leave out black and white. Exaggerate the colours in your subject as you paint, letting imagination rather than natural appearance govern your choice. Listen to what Gauguin said to his disciple Sérusier: 'What colour do you see that tree? Is it green? Then use green, the finest green on your palette. And that shadow? It's blue, if anything. Don't be afraid to paint it as blue as you possibly can.

Take a tip from Bonnard as well. Keep a warm and a cool palette and mix the colours for each separately, so you have one predominantly red plate and one based on blues. Bonnard's pictorial ideas often developed out of his responses to the colours on his palette – try letting your paints be your guide rather than your tool. He kept a plate to record the palette used for each painting – a useful memory jogger if you have enough old plates at home!

▼ Bonnard's expressive use of colour is evident in *Breakfast* (1932). Blues and lilacs are emphasised in the shadows and are played off against their complementaries, orange and yellow.

A sense of perspective

With a basic knowledge of perspective, you will find it much easier to recreate the often complex three-dimensional world around you on a flat painting surface.

▲ In ***The Avenue at Middelharnis*** **(1689), Meindert Hobbema (1638-1709) used receding verticals to create the illusion of space in a landscape. The parallel lines of trees converge downwards towards a vanishing point on the horizon, as though the viewer is standing on the road.**

Try this simple experiment: take two paperback books of the same size and hold one in each hand vertically at arm's length in front of you, level with your eyes. Gradually bring one of them towards you, moving it slightly across so that it overlaps the one in the outstretched hand. The book furthest away now appears to be about half the size of the other one. This effect, which is called foreshortening, demonstrates the first principle of perspective: distant objects appear smaller than those close to.

It wasn't until the early fifteenth century that Filippo Brunelleschi, a Florentine architect, devised precise mathematical rules to work out the scale of objects at different points in space. His discovery brought a new sense of reality into art, which had a great effect on its subsequent history – painters could now give objects depth on a flat surface.

How perspective works

The first thing to establish when looking at a scene is your eye-level – if you are sitting down, this will be lower than if you are standing. Assuming the ground is flat, the eye-level is also the horizon line.

Now look at any parallel lines that recede into the distance and you will see that they appear to taper towards a single point on the horizon. Look at a railway track from a bridge to see this effect.

If the parallel lines in the scene are below your eye-level (the base and top of a fence, perhaps), they will run upwards. If, however, the parallel lines are above eye-level (like the treetops in the painting above), they will run downwards.

The following exercise demonstrates how the principles of perspective affect what we see. Take a felt-tip watercolour pen (not an indelible one) and stand or sit in front of a window. Closing one eye, draw a horizontal line on the window, level with your eyes. Then trace on the window the outlines of the main objects you can see. Try to keep your head still, drawing only what is within range. The result will be a drawing in perfect perspective. The window, in this case, has become what is called the 'picture plane'.

One- and two-point perspective

On the left-hand side of the diagram on the right, the viewer is looking at two boxes placed on a flat surface below the eye-level (EL) directly in front of the line of vision so that they are exactly parallel (Row 1). The receding lines 'vanish' to a single point on the horizon (VP1), while the horizontal lines forming the other two sides of the boxes remain parallel to the picture plane.

When the boxes are moved along to the right of the viewer (Row 2), but drawn from the same position, the receding lines on the long sides vanish to the same point as before, but the lines that were horizontal now line up with a new vanishing point far to the right (VP2). This is known as two-point perspective.

Further to the right, the two original boxes are placed upright. Two others are added, one on top of the other (Row 3). Standing upright, the boxes happen to be exactly the same height as the eye-level – the tops of each box therefore lie along a straight line. The box balanced on top is above the eye-level, so its upper edges incline downwards to the two vanishing points. Notice how the boxes in this row rapidly reduce in height as they recede. This effect also means that the vertical centre line of a given plane appears to be closer to the vanishing point than the front edge. In the diagram of the house below, this effect is shown by the dotted line running from the highest point of each roof to the base of the house.

Bear in mind that the vanishing points do not have to be within the picture; in the diagram below, one is and one is not. Also, parallel lines never actually meet, even though they look as if they will, so the vanishing points are at infinity. Perspective implies the location and scale of objects, creating an illusion of space. In the diagram above, you 'read' the boxes as being about the same size. But if you measure them, you will see that they are actually very different in size on the paper. The brain operates an 'adjustment' factor so that the scene appears realistic.

Without any extra information, the actual size of the boxes is undefined. If the viewer is standing, the boxes could be packing cases in a warehouse. But the viewer could equally well be a child looking over a table-top at some matchboxes. More clues are needed to identify the scale: if a bowl and spoon were added in the right scale, you might assume that the boxes contained breakfast cereals.

One- and two-point perspective

This diagram illustrates how perspective alters according to the position of the objects relative to a given viewpoint.

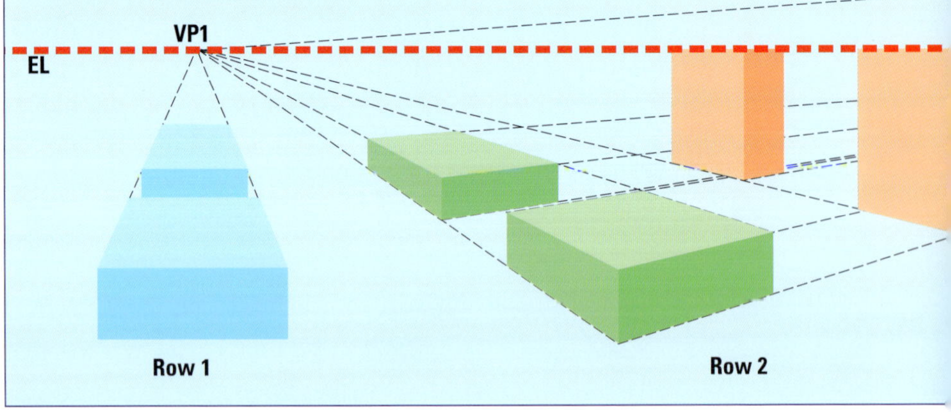

Drawing buildings

To help you draw a roof peak correctly, draw diagonal lines on the house wall from A to A and from B to B. Then draw a vertical line from the base of the house through the point where the lines cross. The peak lies somewhere on this line, depending on the slope of the roof. The ridge of the roof runs down towards the vanishing point on the right. To practise two-point perspective, try drawing doors and windows on to the house.

Key
EL Eye-level
VP Vanishing point
(The left-hand vanishing point is off the page.)

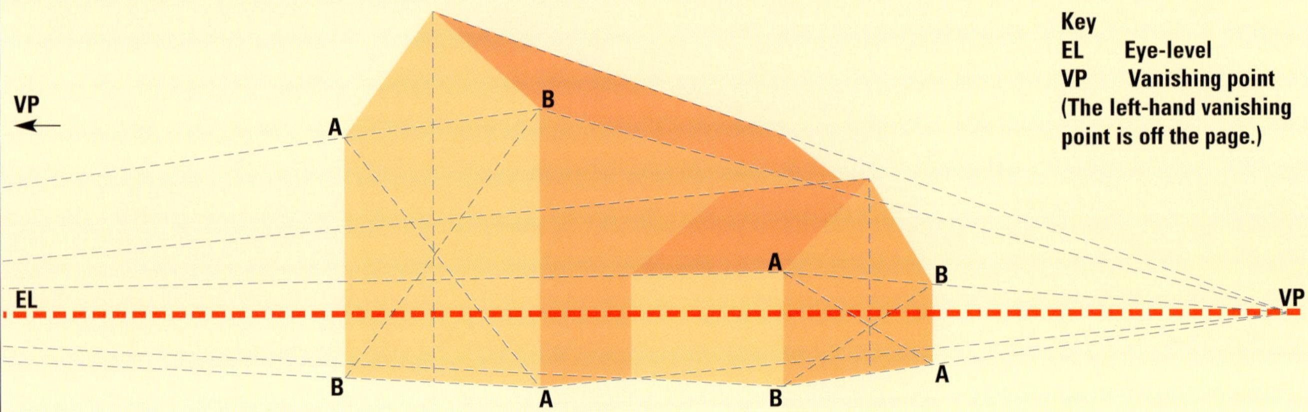

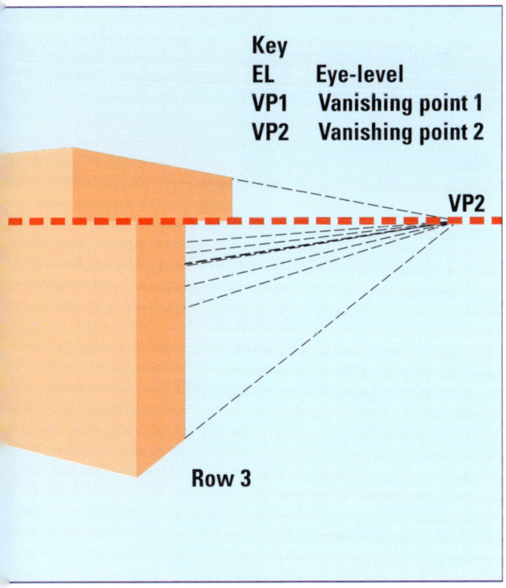

▼ The battle scene in ***The Rout of San Romano*** by Paolo Uccello (*c.* 1396-1475) is one of the earliest examples of linear perspective. The strange foreshortening of the soldier's corpse in the left foreground shows the difficulties in applying what was, at that time, a very new idea.

Getting it in perspective

Try this exercise to practise drawing a selection of rectangular objects, such as books and small boxes, in perspective. It will help if you draw 'sight-size', that is the size at which you actually see the objects. You can work this out by using a pencil as a measuring tool. Hold the pencil up at arm's length, locate the tip at one corner of an object and move your thumb along to the point on the pencil that lines up with the other corner. Draw a line of this length on to your paper.

You could also make a small viewfinder from a piece of perspex in the same proportions as your paper. Draw vertical and horizontal centre lines on it to help you assess the angles of the receding lines.

1 Set up the objects at random Place the objects at random angles on a table, with one or two on top of each other or standing upright. Position the biggest ones furthest away and the smallest ones nearest to you.

2 Draw the objects in perspective First establish your eye-level line on the paper, then make a careful line drawing of the objects. Draw those lying straightest first and remember to check the size of the spaces in between objects. As you draw each item, follow through all the receding lines to their vanishing points with the ruler. You will almost certainly be dealing with more than two of these vanishing points and some may extend beyond the page.

3 Put your skills to the test Show the drawing to a friend and ask if he or she can tell which are the largest and smallest books.

YOU WILL NEED

- Several boxes or books of different sizes
- Piece of cartridge paper
- Graphite pencil: B or 2B
- Ruler

Breaking the rules

A soundly constructed picture has its own logic that will always look convincing, even if the artist appears to have broken the conventional 'rules' of composition.

Composition is a slippery subject. Because the artist's intention and the context are so important, it is difficult to be too rigid, and for every 'rule' there is an example that contradicts it. So, although you are traditionally advised to avoid placing tall objects in the centre of the picture area, you will find plenty of cases where the artist has done just that – for example, in a portrait to make a sitter look imposing.

Taking risks

Painters sometimes deliberately distort spatial relationships, reverse dark and light tones to upset conventional perspective, or exaggerate colours. There are many reasons for this – they may want to create an effect, introduce ambiguity or play with your preconceptions of how things should appear and so force you look at the image afresh.

▼ **Many of the compositional devices in the paintings of Paul Gauguin (1848-1903), such as *Vision after the Sermon: Jacob Wrestling with the Angel*, are derived from Oriental art, in particular Japanese prints.**

The only real 'rule' worth following is that you should do whatever is necessary to create an image that has impact and holds together as a coherent whole. And if you need to take risks to achieve that end, then that is what you should do.

One of the best ways of improving or enlivening your own compositions is to study the work of artists like Edgar Degas (1834-1917), who explored the possibilities of composition. Borrowing ideas from photography and the art of Japan, Degas deliberately flouted the traditional rules.

Degas' 'snapshot' compositions

In the 1850s, Japan was opened up to the West after a period of isolation. Exhibitions in London in 1854 and 1862 fuelled a huge interest in Japanese art and crafts. Edgar Degas was inspired by the Japanese prints which flooded the market. There he found flat colours, emphatic outlines, cropped images, asymmetrical compositions, figures thrust dramatically into the foreground, pushed up to the top of the picture or sliced by the edge of the picture. He saw that floors were steeply tipped and interiors were often observed from a bird's eye view.

Photography was another major influence on Degas, and he borrowed from its apparent spontaneity, the 'accidental' cutting off, or cropping, of figures, unusual viewpoints, and frozen movement.

These novel art forms offered a vivid means of rendering contemporary life – very different from the painstaking realism of academic art. Cropped figures jutting into the front of the picture area created a sense of immediacy and involvement missing from most traditional painting. Yet in spite of the apparent spontaneity of his paintings Degas composed very deliberately in the studio rather than working directly from the subject as many of his contemporaries did. The careful process of composition enabled him to incorporate these non-Western effects into his art. His depictions of fleeting moments were usually carefully contrived. "I know nothing about inspiration, spontaneity, temperament . . . Nothing in art must be accidental, not even movement," he said.

Compositional devices

The pictures that leave a lasting impression and demand further study are those that force you to see the ordinary in a new light. *The Rehearsal* by Edgar Degas is an example of an everyday subject that has been rendered extraordinary by a series of compositional devices. The dancers – the ostensible

Experimenting with compositions

Successful compositions are only rarely found in real life. They are usually contrived – though a clever 'composer' makes them look inevitable and natural. Composition is a process of selecting, shifting and exaggerating the various components to create a convincing artifice.

1 'Borrow' compositions from artists such as Degas, Gauguin and Henri de Toulouse-Lautrec. Visit art galleries and study pictures in books. Decide which paintings you like, then try to discover what it is that makes them successful. And don't think you are cheating – throughout history artists have borrowed themes and compositions from other artists. Start with the images reproduced on these pages – you can copy the composition and change the subject.

2 Take a tip from Degas. In his late work, he acquired the habit of developing his pictures in series. Many of his drawings and pastels are made on tracing paper which allowed him to copy and then modify his own compositions. This constant repetition shows what you can do by pursuing a single theme.

3 Make two L-shaped masks from card. Take an image, sketch or photograph and, holding the L-shapes together so they form a central window, move them over the image to frame different compositions. Adjust the window to trap tall thin slivers and wide formats, crop right in to details and deliberately slice through figures and important subjects. See if these 'strange' compositions inspire you to develop a picture.

subject of the painting – are arbitrarily cropped by the edge of the picture area and by the spiral staircase which is such a dominant element in the composition.

A revolutionary approach

Degas' pictures of dancers are now so familiar to us that it is difficult to recapture their original impact. But even now, the idea of including fragments of figures – the disjointed legs at the top and base of the stairs – seems perverse. Furthermore, a great proportion of the picture consists of 'empty' or 'negative' space: the boarded floor is a large and emphatic shape which draws the eye up and into the studio space. Notice, too, the use of counterchange: figures seen light against a dark background in some places and dark against light in others. All these devices give an impression of incidents glimpsed in passing. But Degas' compositions are actually highly contrived, developed from individual and group studies, and the same figures often appear in several pictures.

▲ The most rewarding pictures are full of surprises. In *The Rehearsal* by Edgar Degas, the unusual devices include the high horizon line, bold cropping of the dancers' figures and the sense of arrested movement.

► Degas' *Women on the Terrace of a Café* shows a group of gossiping prostitutes. The bold verticals of the columns disrupt the horizontal lines of the picture, cutting figures in an apparently random manner and emphasizing the picture surface.

Outdoor composition

If you are confronted with a wide view when painting out of doors, a viewfinder can help you decide exactly what to paint.

▲ In this oil painting of the *Rue de la Machine, Louveciennes,* by Alfred Sisley (1839-99), the artist uses a foreground expanse of road which sharpley recedes into the picture, drawing the viewers eye and creating a sense of depth.

If, when looking at a potential painting site, you keep your head still and move only your eyes, your field of vision is relatively limited. This is why many artists have composed their pictures using more than one viewpoint, moving the head (panning) to see a broader vista. Selecting which areas of what you see to fit your painting surface is the first step in the process of composition.

The French artist Henri Matisse (1869-1954) often worked close to his subjects. He would pan across the scene, combining several viewpoints, and for some people the resulting paintings lack depth. Maurice Utrillo (1883-1955), a contemporary of Matisse, was much more interested in recording town-scapes from a middle or long-distance viewpoint, like a snapshot – indeed, he often worked from postcards. Utrillo's compositions are a good guide for the beginner working from observation out of doors, mainly because they always lead the viewer's eye into the picture and are generally well-balanced.

Making a viewfinder

A viewfinder helps to sort out the best balance for a composition in the same way as it is used on a camera. When taking a photograph, we use the viewfinder to select one particular area of the scene in front of us. But our eyes do not work in the same way as a camera lens, and we usually paint on a larger scale, so we need to make a viewfinder to do the same job.

A small 35mm transparency mount will serve the purpose, but it will isolate only a fraction of what you can see, and the range between foreground and background is limited. It is better to make a similar frame on a larger scale and, most importantly, in the same ratio as the painting surface you intend to work on. The A-size range of papers is in the ratio of either 2:3 (for example, A2 and A4) or 3:4 (A1 and A3, which is a comfortable size for water-colour pads and oil boards used outdoors).

Two home-made viewfinders, each with a central frame that matches these proportions, would therefore meet most of your needs. Use rectangles of stiff card and cut out central frames of about 9 x 12cm (a ratio of 3:4) and 8 x 12cm (2:3). Trim the card to create an even margin of two or three centimetres all round. If your paper is fairly small (say 15 x 20 cm), you could make the viewfinder actual size to avoid having to scale up. You can then draw centre lines (horizontal and vertical, as in the picture below) or 'thirds' lines on to a piece of acetate and tape it across the viewfinder frame. Sheets of acetate with a printed square grid are also commercially available. These provide an even more solid framework for your composition.

BEING PREPARED

Draw in the viewfinder's grid on your painting surface scaled up (or identical if it matches the painting size) before you go on location. This will ensure that the chosen arrangement will fit into your board and, with frequent checks, be accurate in proportion. The image that you see through the viewfinder is sight-size, and will need to be scaled up to fit the grid on the painting surface (if it is larger than the viewfinder).

The viewfinder in use

Before setting up your easel, move around your chosen view with your viewfinder held at arm's length in front of you to find the most balanced composition. Make a few thumbnail sketches of possible arrangements. You are making decisions about:

- potential focal points (not necessarily an object; it could be a space or a vanishing point), perhaps more than one, near and far, high and low.
- a balance of mass both across the surface and 'through' the space (large balancing small in visual terms – not evenly weighted like a pair of scales).
- a similar balance of colour and texture, and the positions of verticals, horizontals and diagonals.

◄ Move closer to and further from your subject when looking for a balanced composition.

► Try using the viewfinder upright to explore the possibilities of a portrait composition.

Optical effects

Some abstract artists deliberately avoid having a realistic subject in order to create an image that is a purely optical experience.

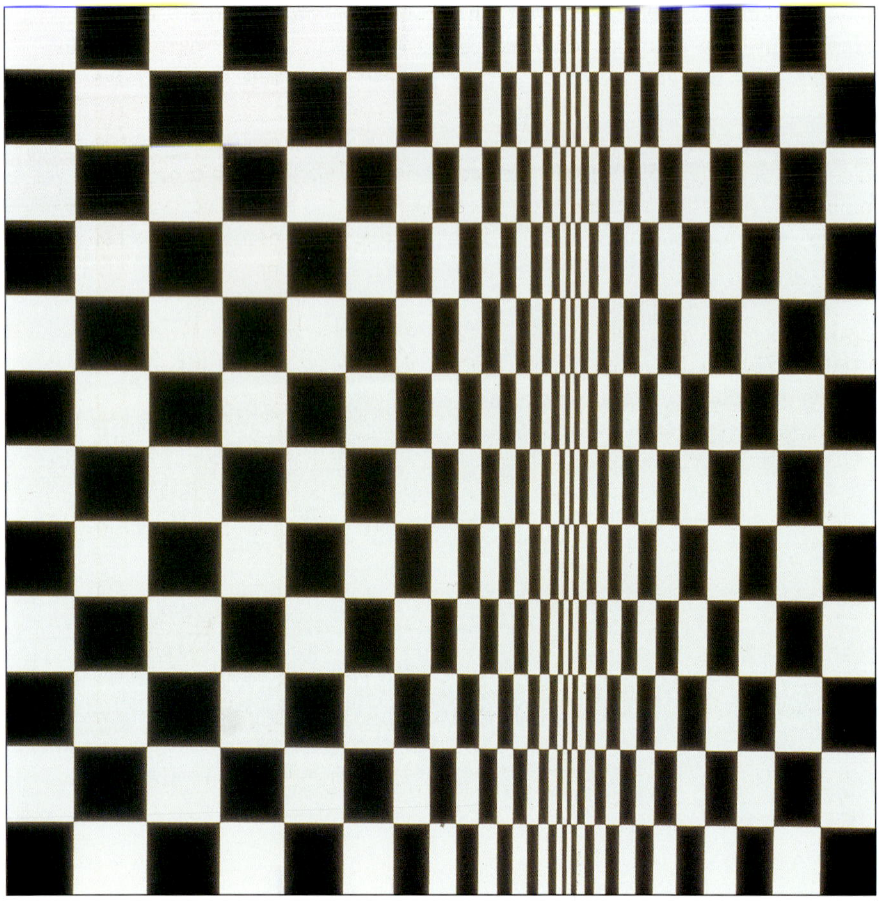

◄ ***Movement in Squares* (1961) by Bridget Riley. As you contemplate this image, it appears to move continually. The pattern of black and white blocks gives the illusion of undulating before your eyes.**

Although abstract art does not represent actual objects, it can nevertheless arouse intense emotions in the viewer. Abstract paintings can affect our sense of space and make us feel exhilarated, disconcerted or soothed. Using their knowledge of colour and optical effects, abstract artists are able to create luminous, shimmering work that can be rhythmic and harmonious, but may also be discordant and disorientating.

Provoking the eye

It is worth studying abstract images carefully, because they allow you to concentrate on colour relationships, shape and pattern. Without the distraction of a realistic subject, the incredible power of colour is revealed, and the lessons learned from this can be applied to any kind of art, whether it is figurative or purely abstract.

Pattern, as well as colour, plays a large part in creating the visual excitement of many abstract works. You may have found that you feel slightly dizzy when looking at wallpapers or floor coverings with particular geometric patterns, for example, rows of parallel lines, chequerboard squares and concentric circles. These simple repetitive forms, if arranged in certain ways, prevent the viewer's eye from resting long enough on any one area to be able to interpret it literally. When this happens, the repeating patterns create an illusion of shimmering movement.

This phenomenon, together with other optical illusions, such as after-image, border contrast and colour dominance, has been exploited in the work of artists such as Frank Stella (b. 1936) and Bridget Riley (b. 1931).

Colour and space

In the 1950s, American artists such as Helen Frankenthaler (b. 1928) and Morris Louis (1912-62) concentrated on exploring colour and space. Moving away from the spontaneity of the Action Painters and Abstract Expressionists, they created large areas of colour in

THE ART OF ILLUSION

If you concentrate on this geometric motif, you will find that it flips between two very different images. It can be read as an overhead view of a pyramid with the smallest square at the top. It can also be seen as a passageway leading to a small square door. As you look at it, it seems to shimmer.

which the mark of the brush was absent. They applied thin paint using a staining technique.

The Minimalists took this paring down of the image even further, often using a single colour and an all-over treatment so that there was no top, bottom or centre. As there is no pictorial image, the colour on the canvas becomes the visual experience.

Frank Stella

The American painter Frank Stella was a pioneer of hard-edged, flat geometric art. In his Minimalist paintings, he eliminated colour completely by using black and silver-coloured paint.

Later he combined brilliantly coloured, interrelating semicircles with rectangular shapes. His *Agbatana II* (1968) is a pattern of concentric and interlocking semicircles within a grid based on a square, and the canvas is shaped to the image. The contrast between the cartwheeling bands and the square grid sets up a tension across the picture surface.

The painting is carefully constructed and executed: precise geometry is achieved by the use of measurement and masking tape, and there is a constant gap of unprimed canvas showing between the lines of colour. The paint has been applied without any modulation of tone within each band of colour.

Op Art

Optical or Op Art was a movement in abstract art in the late 1950s and 1960s, in which colour and pattern were once again used to create optical effects, particularly the illusion of movement. The main exponents of Op Art were the Hungarian-born Victor de Vasarély (b. 1908) and Bridget Riley.

The precursors of the movement were the Post-Impressionists, such as Georges Seurat (1859-91). He created paintings made up of pure dots of colour, which, when viewed at a distance, appeared to blend together.

Another important influence on the development of Op Art was Josef Albers (1888-1976). In his experiments with colour, particularly in the *Homage to the Square* series, he showed how different colours can be made to look identical, or how the same colours can be read differently.

Bridget Riley

In her work, Bridget Riley explores the way that colours can generate light, mood and movement. She compares her work with music, 'another abstract art'. Her early paintings were black and white and 'based on a contrast between stability and instability'.

In the late 1960s, she began to paint long coloured stripes arranged edge to edge. Used like this, colours appeared to change their hue, shimmering, emanating light and flickering. Her use of colour became increasingly complex as she introduced sharp angles and twisted bands into her paintings.

◄ ***Agbatana II* by Frank Stella (1968) combines pure vibrant colours with a more muted palette on a shaped canvas. Although abstract, the painting has a lively, cartwheeling quality.**

Experimenting with colour

You can explore harmonious and discordant colours and optical effects in abstract and figurative images.

1 Optical effects with stripes Use coloured strips of paper to create your own optical images with stripes. See what happens when related colours such as blues and greens are laid beside each other, then explore the effects you can achieve with complementary colour pairs such as red and green.

2 Creating harmony The next exercise is based on colour dominance. Paint six sheets of paper in the three primaries (red, blue and yellow) and the three secondaries (orange, violet and green). Cut out squares of equal size from each sheet and arrange them in complementary pairs on a neutral background. Trim one square of each pair until you achieve a harmonious relationship between the two colours (below left). Notice the sense of discord that is generated if you allow the dominant colour – orange – more space than the other colour – blue (below right).

▲ **In this Futurist painting, *Red Cross Train Passing Through a Village* (1915), Gino Severini (1883-1966) creates the impression of speed by repeating and merging images of the train and the steam and by depicting the countryside in a semi-abstract style.**

Capturing movement

Take a look at the devices used by artists to convey a sense of movement on a static picture surface.

Any painting that sets out to tell a story or record an event will involve images that represent activity in some way. The problem for the artist has always been how best to convey this idea of movement in what is essentially a fixed, still environment, namely the painting surface.

Until the late nineteenth century, artists settled for what they called the frozen moment. They directed models to hold action poses, or made rapid sketches from direct observation of people working, dancing or going about everyday activities and then attempted to capture them in their paintings to convey a sense of motion. There are countless examples, well illustrated in the four story-series of satirical pictures by William Hogarth (1697-1764), such as *A Rake's Progress* (*c.* 1735). He aptly describes his concern with movement and its limitations within painting: '...my picture is my stage, and men and women my players, who by means of certain actions and gestures, are to exhibit a dumb show'.

The influence of photography

It is ironic that early photographers in the nineteenth century required their subjects to remain motionless for long periods because the film had a very slow exposure time. But it soon became obvious that the camera could also record movement, albeit seen as a blurred image and often recorded accidentally. This was to have a considerable influence on painters, together with innovative ideas about composition and the effects of light.

The contribution made by the photographer Eadweard Muybridge (1830-1904) to the depiction of movement is significant. In the 1870s, he produced a set of images of men and women photographed sequentially while they were walking, running, jumping and throwing. These not only paved the way for film-makers, but also showed the body in positions which could not be held as static poses by artists' models.

The pictures by Edgar Degas (1834-1917) of ballet dancers rehearsing in their class and on the stage show complex designs, with each dancer caught in an individual pose. These scenes of bustle and confusion, with movements overlapping and parts of the dancers' bodies cropped off the picture edges, look very much as a camera might have recorded them.

Power and speed

The Italian Futurist movement produced the first group of artists directly concerned with representing machines or figures actually in motion. 'Universal dynamism must be rendered as dynamic sensation where movement and light destroy the substance of objects,' stated the Futurist Manifesto in 1909. This was the age of invention – the motor-car, flight, automatic weapons – described collectively as 'a new beauty' by Filippo Marinetti, the Manifesto's author. Futurists Gino Severini (1883-1966) and Umberto Boccioni (1882-1916), in particular, produced several notable works, which attempted to show sequential movement and thus what could be described as a time scale within a single image. Their basic method was to use an echoing effect – in other words, to repeat a given shape or form across the canvas, a device that was later adopted by cartoonists, who use 'trail' lines behind or under a running or jumping character.

Energy in application

You can decide for yourself from the paintings on these pages whether the Futurists' technique is convincing. In many respects, you might feel that Degas conveys a stronger sense of the fleeting moment, and certainly the Futurist movement was very short-lived (apart from a brief excursion by the English artist Wyndham Lewis into Vorticism in 1912). But it did make us more conscious of the problems that artists face when attempting to record motion in paint. It also showed that the physical energy with which the paint has been applied can play a part in expressing movement – an idea to which the Abstract Expressionists returned later in the twentieth century.

▲ In ***Girl Running on the Balcony*** **(1912) one of the leading Futurist artists, Giacomo Balla (1871-1958), combines a pointillist technique with a repetition of forms to convey a figure in motion before the viewer's eyes.**

◄ **Movements of all kinds are captured in Edgar Degas' painting** ***The Rehearsal of the Ballet on Stage*** **(1873-74), ranging from the formal balletic poses of the dancers performing on the stage itself to the more relaxed gestures of the waiting ballerinas.**

Putting movement on paper

Try this exercise using any medium except watercolour – you will need to overpaint several times, so an opaque medium is best. Work on A3 boards or paper, using large brushes.

- On a windy day, peg a few shirts, tights, jeans and scarves on a washing line. Choose both dark and light-coloured clothes to give tonal contrast. Position yourself at right angles to the wind direction, so that the blowing clothes fly out to your right or left.

- Watch the clothes for five minutes before you begin. Look at the shapes they make, and at the way they move through an arc as the wind varies. Start with the darkest tones, making strong brush strokes to show the main movements. Build up to the lighter tones, painting over earlier marks, using 'echoes' and softening edges.

- After about 20 minutes' work, you should be able to see how easy it is to achieve a strong sense of movement in the clothes.

Frame within a frame

Doorways, window frames and overhanging trees – they can all help you guide the viewer's eye around your pictures.

Of all the compositional devices available to the artist, one of the most effective is that of creating a 'frame within a frame'.

The inclusion of a window or doorway in a painting, for example, creates a square or rectangle within the rectangle of the picture itself and this echoing of geometric shapes creates a satisfying harmony. Not only that, but placing a frame around the centre of interest in a picture can also be an effective means of focusing attention on it by isolating and enclosing it.

Illusion of depth

Frames within pictures are equally effective for breaking up the picture space in an interesting way, for creating an extra illusion of depth in the composition and for preventing the viewer's eye from wandering off the picture. A time-honoured device for directing the eye into the pictorial space has been to introduce a dark shadowy foreground and 'wings' of trees or buildings to the right and left to frame a pastoral scene.

▼ In *View of Salisbury Cathedral* (1823), John Constable (1776-1837) uses the classic framing device of overhanging trees. The change in tone – from dark to light – helps the movement of the eye through the trees.

▲ **In *The Love Letter* (*c.*1669) by Jan Vermeer (1632-75), the eye is led not only through the doorway but also to the maid's face which falls inside the picture frame behind.**

The distant trees and hills are made to look far off by the introduction of these tall foreground elements, which also provide verticals to offset the horizontals of the land.

This type of composition was typical of the great seventeenth-century landscape painter Claude Lorraine (1600-82) and is still used today, though in a less rigid way. You could, for instance, have a whole line of trees in the foreground, with the landscape glimpsed between them. Or there might be a tree just outside the picture, its overhanging branches breaking into the picture from one side; the gaps between the branches provide several small 'frames' for the sky and landscape beyond.

When painting buildings and townscapes, try using features such as doors, windows, arches or gateways to provide a ready-made frame for the focal point, be it a group of figures or a grand building in the distance. Architectural features like these also have strong shapes that can make a positive contribution to the foreground and edges of the picture.

New dimension

An interior scene takes on a whole new dimension when you include the space that can be viewed through a window or an open door. By depicting part of the inside of the room as well as offering a

© The Roland P. Murdoch Collection, Wichita Art Museum, Wichita, Kansas

▲ **In *Conference at Night* (*c.*1949) Edward Hopper uses the light coming through the window to draw the eye to the figures. This is an effective alternative to using the window itself to frame the subject.**

Hidden depths

Frames are not simply a visual device – they can also add an extra level of meaning to your pictures. In the Jan Vermeer image on page 1146, for instance, there is an air of mystery surrounding the content of the letter and the conversation between mistress and maid. The doorway seems to symbolise this fact – emphasising that we are on the outside looking in. Indeed it makes us feel almost as if we are prying on a personal moment.

In the twentieth century, frames and doors were a recurring motif in the work of American artist Edward Hopper (1882-1967). In many of his paintings, either the viewer looks at the subject through a window or a doorway or the subject is gazing at the world through them. This helps to convey the isolation and loneliness of modern city life.

tantalising glimpse of a scene beyond the room, you create an intriguing double image – a 'picture within a picture'. This was a favourite device of the French artist Raoul Dufy (1877-1953), who painted many pictures of his studio in the south of France and invariably included an open door or window revealing a view of the Mediterranean Sea.

The inclusion of a distant view seen through a door or window increases the sensation of depth and recession, drawing the viewer deeper into the picture. It also provides a contrast of tone and colour – the cool, comparatively dark tones of the interior emphasising the warmer, lighter colours of the outdoor scene.

You can bring an extra dimension to your still lifes and portraits by placing them in front of a window. Not only does the geometric shape of the window strengthen the design of the picture, the light falling on the subject from behind creates a subtle *contre-jour* effect.

Mirrors can make unusual frames within frames and create an arresting contrast between the reflection itself and the mirror's surroundings. Try placing a mirror with an interesting frame behind the subject of a portrait, or using a mirror in an interior scene to reflect another part of the room.

Foreground shadows

Don't forget that shadows and passages of dark tone can also act as framing devices. For example, dramatic contrast is achieved by framing a sunlit street scene within a dark archway or between the shadowy walls of foreground buildings. If the foreground of a landscape or street scene lacks any obvious features, pretend that there's a tree or building just outside the picture and paint its cast shadow. This area of dark tone helps to break up an empty foreground, and provides an implied frame.

Broadening your horizons

There are certain 'rules' about the best position for the horizon. However, the most successful paintings are often the result of breaking the conventions.

In any landscape, the standard place to put the horizon is at either a third of the way up or a third of the way down the picture. This division is restful and balanced, and yet keeps the eye on the move. However, there are other, more unusual options to consider – in the middle, very low, very high or indeed eliminated altogether.

Art teachers generally advise against putting the horizon in the middle because the half-and-half split of sky and land can lead to a dull, static composition. This is, after all, the position invariably favoured by young children.

Half-and-half division

However, all rules are made to be broken. One method of creating an effective composition around a half-and-half division of the picture area is to introduce verticals such as trees, figures or buildings that project from the ground plane into the sky area. These create a link between the two parts of the composition, and interrupt the dominant horizon.

The French artist Gustave Courbet (1819-77) uses this device to dramatic

▼ In *On the Beach* (1873), Edouard Manet uses a very high horizon – an innovative composition for its day. This allows him to emphasise the shapes of the foreground figures against a flattened background, creating a semi-abstract image.

JUGGLING THE HORIZON

In these watercolour studies of Battersea Power Station in London, the artist has explored different locations for the horizon. Putting the horizon on a third is probably most restful on the eye. But high and low horizons allow the artist to emphasise the exciting colours and patterns in the river and sky respectively.

HORIZON ON A THIRD

► Here the horizon is placed roughly one-third of the way up. This produces a well-balanced composition, but one which possibly lacks the drama of the other versions.

LOW HORIZON

▲ Here the greater part of the picture area is devoted to the sky. The power station sits four-square at the bottom of the picture, its towers set against a blustery sky. This solution places equal emphasis on the building and the background so that the eye wanders in a leisurely manner between the two.

HIGH HORIZON

◄ In this version, the eye is drawn up through the foreground, across the water to the power station, which is unmistakably the focus of the composition. If the foreground is filled with interesting detail, textures or – as here – reflections, consider using a high horizon.

effect in his famous painting *Bonjour, Monsieur Courbet* (1854), right. In Peter Blake's (b. 1932) homage to Courbet, *The Meeting or 'Have a nice day, Mr Hockney'* (1981-83), the artist protagonists – Howard Hodgkin (b. 1932), Peter Blake and David Hockney (b. 1937) – are seen from a higher viewpoint.

Although the poses and gestures have a mannered quality, the higher horizon means that they are seen against the ground plane rather than the sky. They are a part of their surroundings in a way that Courbet's more theatrical triumvirate are not.

Low horizon

When the horizon line is set low in the picture area, the greater part of the image can be devoted to the sky. This allows plenty of scope for atmospheric sky effects such as sunsets, or for depicting cloud or weather conditions. Indeed, a low horizon is often used to evoke the grandeur and immensity of nature. In a later Courbet painting entitled *The Immensity* (1869), the horizon is placed well into the bottom third so that the focus is on the colours and forms of the stormy clouds.

Light mood

In a short but prolific life, Richard Parks Bonnington (1802-1828) returned time and again to coastal studies in which boats, fisher folk and horses are set against a vast sky. In contrast to the brooding nature of Courbet's *The Immensity*, Bonnington usually conjures up a carefree mood. His low horizons, together with a high-key palette, contribute to the light, open and airy feel of the seaside.

A sense of recession is often sacrificed with a low horizon, especially when combined with a narrow, upright format. Choosing a wide format, or including tall trees, allows more scope for introducing perspective lines or other clues to scale. Meyndert Hobbema (1638-1709) achieved this in his famous painting *Avenue at Middleharnis* by using tall poplars receding in plunging perspective.

High horizon

With a high horizon, only a sliver of sky is visible, which limits the scope for depicting the effects of light and weather, and creates an enclosed feeling. Edvard Munch (1863-1944) often combined a high horizon and cropped figures for his claustrophobic and intensely psychological figure studies.

A high horizon can also be used to emphasise a towering mountain landscape. In the series of paintings of Mont Sainte-Victoire that French painter Paul Cézanne (1839-1906) produced from 1900 until his death, he often placed the mountain right at the top of the picture area. The sky becomes a negative shape around its brooding outline and the eye is swept up to its summit.

▼ In *Bonjour, Monsieur Courbet*, Gustave Courbet puts the horizon line halfway up the picture. This works because the figures link the top and bottom halves of the composition. Also, the symmetry is broken laterally, with two figures on the left balancing Courbet himself on the right.

Eliminating the horizon

Placing the horizon line right at the very top of the picture area, or omitting it altogether, removes an important clue to spatial relationships. This device is often used when the artist wants to flatten the picture and play up the abstract or decorative aspects of the painting.

This can be seen in many of the compositions of the French Post-Impressionist Paul Gauguin (1848-1903) – for example, *The Vision after the Sermon: Jacob Wrestling with the Angels* (see page 222). Here, the foreground figures are severely cropped and the wrestlers are seen against a bright red background. The advancing red emphasises the background so that figure and ground jostle for attention in a very shallow space.

Putting it into practice

One of the best ways of understanding this complex subject is to study the work of other artists, and analyse the choices they have made. Then try to apply these thought processes to your own work. When you next paint a landscape, explore different horizon locations in a series of quick thumbnail sketches. Remember, you can change the horizon position by taking a higher or lower viewpoint or simply by cropping out areas of sky or land.

Understanding tone

Whether you want to convey depth, model form or create mood, you need to pay attention to the arrangement of darks and lights.

The word 'tone' in painting is often misunderstood, but its meaning is actually very simple. The tone of an object describes its lightness or darkness, regardless of its colour. Some colours reflect more light than others, which is why we perceive them as being lighter in tone.

Colours can be graded on an imaginary tonal scale which runs from white to black, with infinite shades of grey in between; every colour has a tonal equivalent somewhere on that scale. Light colours such as lemon yellow would appear close to the white end of the scale, while dark colours such as burnt umber would appear near the black end. However, in judging tone you also have to take note of the lighting. A dark colour can have a high tonal value under strong light, and a light colour overcast by shadow may have a dark value.

An understanding of tonal values, and how to use them, is a key to success in painting and drawing. Although colour is obviously important, it is the arrangement of darks, lights and mid tones that forms the underlying foundation of an image. Outlined here are some of the ways in which you can use tonal values to increase the visual effectiveness of your pictures.

▼ *Castle of Bentheim*, painted in the mid 1650s by Jacob van Ruisdael (1628/9-82), has a beautiful arrangement of tones. The pale diagonal path is echoed by the diagonal break in the clouds. In between, the sun illuminates the turret and the figures below.

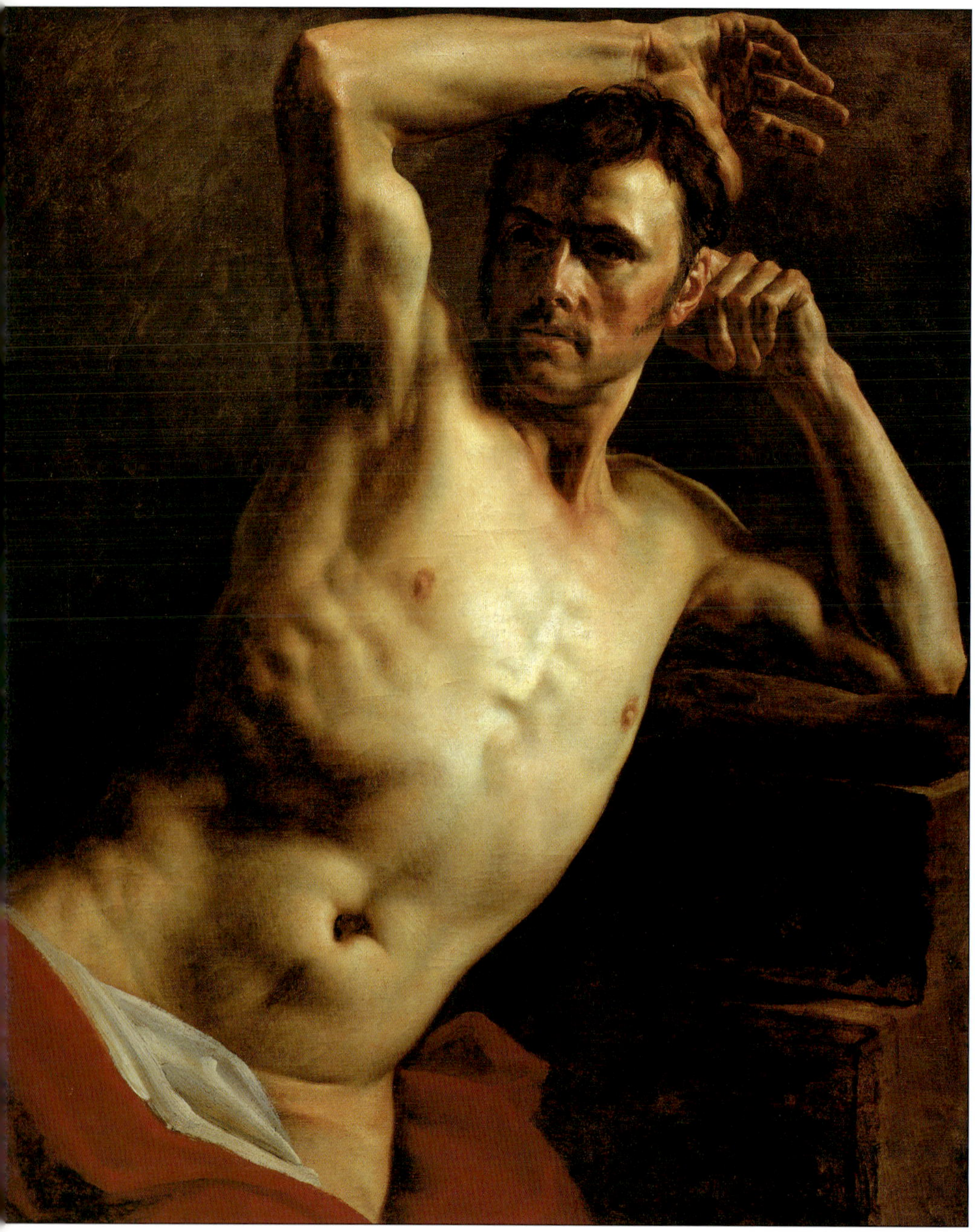

▲ **The contrast of tones in *Male Nude, Half-Length* by Théodore Géricault (1791-1824) helps to give the figure a real sense of solidity.**

When light falls on an object, its three-dimensional form becomes easy to 'read' thanks to the shadows created by the light. By learning to evaluate lights, mid tones and shadows accurately, it is possible to create the illusion of three-dimensional form on a flat surface.

Judging the tone of a colour can be difficult, especially if the subject is highly textured or patterned. The trick is simply to ignore the actual colour as much as possible and break the subject down into large, simple areas of light and shade. Then you can break down these large tonal masses into smaller, more subtle ones, developing and refining the image.

Depth and distance

You can make use of light and dark tones to reproduce the effects of atmospheric perspective and suggest space and depth in your landscapes. Use dark, advancing tones in the foreground, mid tones in the middle ground, and light, receding tones in the background to emphasise the feeling of distance. When working in colour, this effect is enhanced by using warm

CONVEYING FORM

To give a convincing impression of the solidity of your subject matter, it is vital to look closely at the tones. First, try to identify the line where the form turns out of the light and into shadow. In strongly lit subjects (such as the nude on the left) this is usually quite easy to see. However, in soft, diffuse light, you must look more carefully as it will be blurred.

Once you have located this line, pay attention to the tone on either side of it. For instance, don't think that the part of the subject in shadow will be just one uniform block of tone.

▼ **Look at the variation of tone on the dark side of the face. The shadowed side of the head, for example, is broken into three basic areas of tone – a very dark one for the hair and eyebrow (A), a middle shadow tone for most of flesh area (B), and a paler tone where light has bounced back off the upraised arm (C).**

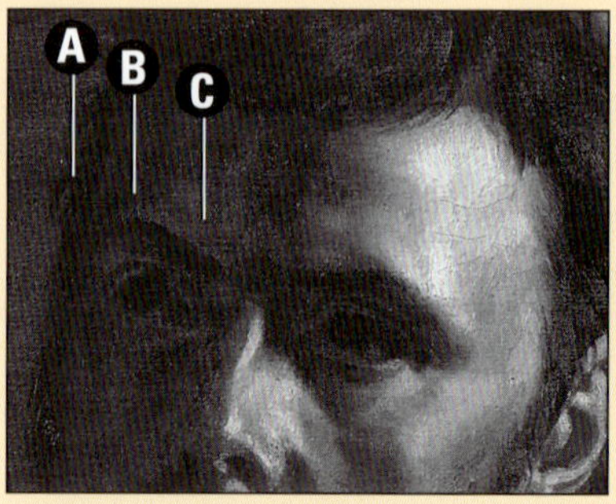

▼ **To give your subject an illusion of three dimensions, try to identify the line or lines where light turns to shadow (shown in red).**

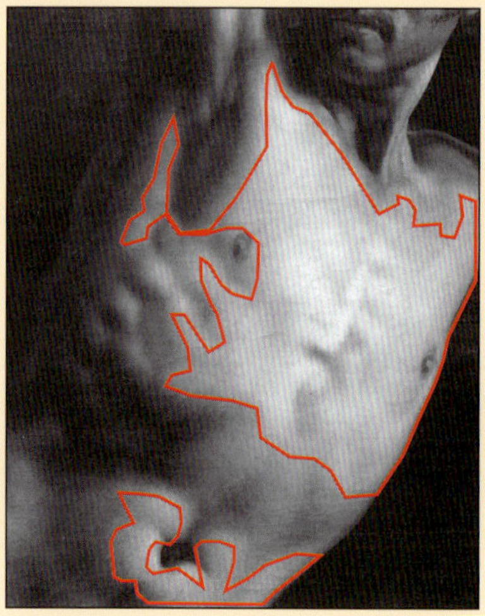

▲ **In *The Yellow Umbrella* (1996) by Ken Howard (b. 1932), note how the dark tones – in particular those used for the figures – become progressively paler in the distance to help give the illusion of depth.**

colours in the foreground and cool colours in the background.

The distribution of tones within the picture is an vital aspect of composition. Think of tonal values like keys on a piano: used together, they have the potential to produce an infinite variety of compositions. Without a pleasing arrangement of light, medium and dark tones, a painting can look flat and lack balance.

It is good advice to study master paintings and make sketches of them in pencil or charcoal. In this way you will discover how the great artists orchestrated their tones so as to produce striking images. For example, simplifying and massing together areas of similar tone helps to strengthen and unify a design, giving it more impact. Passages of light and dark tone help to move a viewer's eye through a painting, and the positioning of the lightest and darkest tones next to each other attracts attention and can be used to emphasise the focal point of the picture.

Creating mood

Tonal values also play a major role in expressing mood and emotion. The tonal 'key' of an image – that is, its overall lightness or darkness – is particularly important. The Impressionists, for example, often used pale, or high-key, tones to create a light-filled, joyous mood. In contrast, the paintings of the Dutch masters, such as Rembrandt (1606-69) and Jan Vermeer (1632-75), were low-key – the dark tones conveying a more quiet, contemplative mood.

Judging tone

It is not always easy to judge the tones of colours, as the eye is much more receptive to hue than to how light or dark a colour is.

The best way to judge the tones in the subject you are painting is to look for a neutral middle tone – say, the grey of a sky or soft green backcloth in a still life – and compare how much darker or lighter the rest of the tones appear in comparison. Keep your eyes on the move, looking at one tone in relation to another.

Try looking at your subject through half-closed eyes. This cuts out most of the colour and detail and reduces the scene to simple shapes of light and dark.

Sketching landscapes

Simplicity is the key to sketching outdoors. This allows you to work quickly, capture fleeting light effects and end up with the essence of the scene.

The landscape artist frequently has to contend with changing light. This means working quickly to record as much information as possible before the scene alters completely. In addition, materials and equipment must be portable – often a handful of watercolours and a small sketchbook.

Working on a small scale does not necessarily mean painting with a small brush or recording minute detail. On the contrary, the changing landscape allows no time to depict every branch on the tree, or every cloud in the sky.

The minimum of brush strokes

The best approach to landscape sketching is to use as large a brush as is practical, and to simplify what is in front of you. A sweeping expanse of grass or water can often be described in one or two strokes of colour; a tree or bush may be painted with a single brush mark.

The watercolour sketches here appear effortless because they contain very little detail. However, this impression is misleading. It is often more difficult to describe a scene in half a dozen strokes than it is to include every detail. You will need a little practice to gain the necessary skill and confidence.

Wet and wild

Working wet-on-wet, for instance, is a vital skill – it lets you work quickly (before the paper dries) and is ideal for capturing mist, clouds and reflections. However, to control the runs of colour, you must be able to judge the dampness of the paper.

If you have problems eliminating details, look at your subject through half-closed eyes. This excludes much of the detail and some of the local colour from your vision. You see only the main shapes and tones which, in turn, helps you to simplify the composition. Try to be selective – include only those elements in the subject that you either like or are essential to the painting. Is it the tones or colours that attract you? Make up your mind firmly and execute your ideas quickly.

Simplification need not be limited to sketches. Once you have mastered economic brushwork and minimal colour, there is no reason why these techniques should not be used in finished paintings. Many artists prefer to take this broad approach in all their work.

Scaling up

As a first step, try working on a large sheet of paper. You will then need to scale up the size of your brushes and strokes in proportion to the support. For example, use 50-75mm (2-3in) brushes on a sheet of A1 paper. These will seem ludicrously large compared with your usual brushes. But, for simple, suggestive marks and a 'no detail' approach, they are perfect.

▼ Working wet-on-wet can create visually stunning sketches. Here the technique was used for the mist over the mountaintops and the beautiful silvery surface of the water.

CAPTURING THE MOMENT

CHASING THE SUN

This sunset was as transient as it was beautiful. The artist had to work quickly to capture it, as the colours and the tonal relationship between the sky and the landscape were rapidly changing. The hills are rendered in Payne's grey and ultramarine; the sky is cerulean with cadmium orange and vermilion bleeding into it to capture the colour of the sun.

Palette: Cerulean, cadmium orange, vermilion, ultramarine, Payne's grey

A 'SNAPSHOT' SKETCH

Again, the light was changing rapidly in this scene. The clouds were scudding across the sky creating ever-changing shadows and patches of pale sunlight. As a result, the artist mixed up the washes of green, yellow and grey before starting to paint. The artist describes the resulting sketch as a watercolour 'snapshot', a moment frozen in time.

Palette: Payne's grey, ultramarine, raw sienna, indigo, burnt sienna

SPONTANEOUS CLOUDS

On this damp day at the seaside, the paint took forever to dry. However, the artist used this to his advantage. Working wet-on-wet, the colours of the sky and horizon immediately ran together to create the hazy effect of low clouds hanging over water. The rest of the sketch is painted wet-on-dry, with flecks of white paper left untouched to represent highlights.

Palette: Cerulean, Payne's grey, ultramarine, raw sienna, indigo

From darkness into light

Some of the greatest artists, including Leonardo da Vinci and Rembrandt, have added a sense of drama to their images by exaggerating the light and dark areas – a style of painting known as chiaroscuro.

Chiaroscuro is often misinterpreted as a particular technique of painting. In fact, it is used to describe any painting in which strong lights and darks have been used for dramatic effect. The term is made up from two Latin words: *chiara* meaning light or brightness and *obscura* meaning shadow or darkness.

An air of mystery

Often a chiaroscuro painting will contain just one, strong light source, leaving the shadow areas of the painting completely devoid of detail. This focuses the viewer's attention on the lit areas and can give the picture an air of mystery or drama.

The origins of this style can be traced back to the Renaissance and the development of oil painting at the turn of the fifteenth century. Previously, artists had worked with quick-drying, egg-based tempera paints which were unsuited to building up richly contrasting tones.

Perfectly balanced

The first great exponent of chiaroscuro was Leonardo da Vinci (1452-1519). The *Mona Lisa* (*c.* 1503), for instance, perfectly balances the areas of light, which reveal the face and hands of his subject, and dark, almost undefined areas of her clothing and the distant landscape.

The realism and remarkable softness of the portrait is enhanced by Leonardo's use of *sfumato*, whereby light and shade blend into one another gradually without any noticeable edge or border. Leonardo wrote in his notes

▸ In this detail from *The Virgin on the Rocks* (*c.* 1508), Leonardo directs the viewer's attention to the angel by using very pale tones to describe her face.

▲ **In Georges de la Tour's *Mary Magdalene with a Night-light*, the darkness surrounding the subject adds an air of awe and melancholy to the painting.**

Experiment with contrast

Extreme contrasts of light and dark tones are less apparent in more modern painting where the use of heightened colour has diminished the more obvious effects of chiaroscuro. Nevertheless, you could explore the possibilities in either a still-life or perhaps a self-portrait, working in oils on canvas.

You will need to bear in mind the following:

- Use a single light source trained only on the subject you are working from – you don't want it to light up the background.
- Restrict your palette to one half of the colour spectrum, so that the painting is almost monochrome. This way you can concentrate on the tonal contrast, rather than looking for colour.
- Start by painting the whole canvas with thin layers of dark tones of the background colour and gradually build up the lighter tones on top, finishing with highlights of almost pure white. Sometimes the tones might blend, and you will probably need to work over two or three sessions allowing the first layers to dry to achieve sharp contrasts.
- Remember to 'balance' the composition. This does not necessarily mean equal amounts of light and dark tones. The aim is to achieve a harmonious arrangement of light areas across the dark surface.

that he wanted to achieve an effect 'like smoke'. The mysterious smile of Mona Lisa is the result of the softening of the corners of the mouth and eyes using *sfumato* to blend them into shadow.

When chiaroscuro is taken to the extremes of intense light and shadow contrast, the result is very theatrical with the same dramatic effects as those of stage lighting. Michelangelo Caravaggio (1573-1610) also used this style to great effect in his paintings.

Larger-than-life character

Caravaggio was a larger-than-life character with a quick temper and some revolutionary ideas about painting. He chose to portray the characters in the Christian stories as peasants and ordinary people, which often upset the devout followers of the Church. And his dramatic illumination – in which backgrounds are obscured in deep shadow, and strongly lit foreground figures dominate the viewer's attention – certainly helped to bring these stories vividly to life.

In *Doubting Thomas* (*c.* 1600), Caravaggio shows St Thomas plunging a finger into one of Christ's crucifixion wounds to test its reality. The harsh lighting and dark shadows heighten the drama of the scene. Another example is the *Crucifixion of St Peter* (1600-01) which shows a boldly lit St Peter struggling on the cross. His face is illuminated while the faces of his persecutors are either turned away or in deep shadow.

By the 1620s, several Dutch painters – including Gerrit van Honthorst (1590-1656) and Dirck van Baburen (1595-1624) – who had been working in Rome, returned to Holland with knowledge of Caravaggio's dramatic style. Indeed van Honthorst became known as 'Gerard of the Night Scenes' as a result of his chiaroscuro style.

Caravaggio's style influenced the French artist Georges de la Tour (1593-1652), whose reputation enjoyed something of a revival in the 1970s. La Tour often used candlelight to create dynamic chiaroscuro effects.

He made four paintings of the penitent Mary Magdalene lit by candles. In the version opposite, note how the light picks out her profile and white blouse but diminishes towards the edge of the frame. Significantly, the light also catches the skull in her lap – a symbol traditionally used to suggest mortality and the vanity of worldly goods.

Rembrandt's real people

Perhaps the greatest exponent of chiaroscuro was Rembrandt (1606-69). Many of his paintings are built up on dark-toned grounds – often warm brown in colour – with a few brightly illuminated and sometimes highly coloured light areas describing forms in dramatic fashion. Like Caravaggio, Rembrandt was interested in real people rather than idealised figures. He brought his subjects to life by using strong, directional illumination, which catches and highlights the most unexpected parts of the face. In *St. Matthew and the Angel* (*c.* 1655-60), for instance, the tip of the angel's nose is illuminated but not the rest of his face. As for St Matthew, his eye sockets are in deep shadow while there are bright highlights on his forehead.

Chiaroscuro is also evident in Rembrandt's self-portraits, where he ruthlessly illuminated his ageing flesh. Rembrandt differs from Caravaggio in that he used chiaroscuro to create a sense of meditation and sombre reflection rather than powerful drama.

▼ Bold use of chiaroscuro – as well as graphic poses and strong diagonals – contributes to the drama of Caravaggio's *The Flagellation of Christ* (*c.* 1605-07).

Painting reflected light

The use of reflected light in painting presents a challenge for the artist, but helps significantly with rendering form. Find out how you can exploit this kind of light to best advantage.

You will notice, when you are drawing or painting a cylindrical or spherical form, that the darkest area on the surface facing away from the light is not at the very edge of the form but a little way into it. Because there are no edges or corners on such forms, they usually pick up some light from those parts of their surroundings that lie behind them. This kind of light is known as 'reflected light'.

Reflected light is usually bounced back from the nearest reflecting surface and is particularly noticeable in still lifes, where the subject matter is enclosed in a relatively small space. In landscapes, the effect is less obvious, but can be seen on tree trunks, posts and cylindrical architecture.

Colour in reflected light

When light is reflected from a coloured surface, it takes on a hint of that colour. If this reflected light then falls on to an object in its path, it will alter the hue of that object.

One of the exciting aspects of using reflected light in your paintings is that sometimes rich, unexpected colours can be found, especially in the range of greens, where bright yellow light often bounces back from dark-coloured surfaces within the green spectrum. However, working out the exact colour that you can see in reflected light is complicated by the relationship between the colour which is reflected and the colour of the surface on to which the

◄ In his oil painting, *Girl Reading* (1874), Auguste Renoir (1841-1919) makes maximum use of reflected colour from the light bouncing back from the open book. The light on the girl's face has a beautifully diffused, flattering quality.

reflection falls. For example, if you place a brightly-coloured object, such as a vase against a white-painted window frame or wall in strong daylight, you can see very clearly that the reflected light from the vase produces a softer, paler and slightly fainter version of its colour on the surface of the wall or frame. But if you place the same vase against another reflective surface that is itself brightly coloured, the result is more complex. You will find there is a blending of the colours of the vase and the surface – an optical mix in a lower tone.

Tone in reflected light

Reflected colour is normally lower in tone than the original source from which it stems. This can be deceptive, because it can look quite bright; however, you have to remember that, because the reflected light appears on a surface shielded from the main source of light, it must by definition have a darker tone.

When you are mixing paints to find a suitable shade, a darkening agent therefore needs to be added to the colour of the reflection to lower its value without being so strong that it changes the identity of the original colour. Adding black is not recommended – your work can look flat and unsubtle if too much black is used in a painting. It is much better to mix in one of the umbers if the reflected colour is warm (red or yellow) or one of the blues if it is cool.

◄ **In *A Portrait of Robin*, the painter Augustus John (1878-1961) has made subtle but effective use of reflected light and colour on the shaded cheek of his son, giving fullness to the form of the face.**

▲ **Paul Cézanne (1839-1906) was skilled in using the various tones he observed to add form and atmosphere to his compositions. The reflected colour from the patterned jug gives a green cast to the dark tones on the shaded sides of the apples in this still life.**

Reflected light in portraiture

You need to consider lighting very carefully when deciding on a pose for a portrait. A full-face portrait can lack visual appeal; on the other hand, if you light a face strongly from one side, the shadowed part of the face can look very flat without any reflected light bounced back on to it to help define it – in the next issue, we will look at practical ways to tackle lighting a portrait. A portrait artist will generally try to light a subject from one side at a 45 degree angle. This is to ensure that some light is reflected up from the sitter's shoulders or is thrown back from a nearby surface in order to give form to the shaded side of the face. You can see this effect in the portrait by Augustus John opposite. Without this additional illumination, the appearance of solidity of the head and features is very difficult to convey.

Experiment with light

Experiment with capturing the colours of reflected light with acrylic paint. Use three snooker balls as props: one white and two in bright colours. Set the balls up on a white ground in a strong natural light – artificial light is not so effective for reflecting colour because it is generally more diffuse. If you don't have access to any snooker balls, you can conduct the same experiment with any brightly coloured, shiny plastic or metal objects. For example, the coloured tops of spray cans will give similar results.

- First place each coloured ball in turn next to the white ball. Then position one coloured ball beside the other one.
- The main reflected light that you will notice bounces from the ground up on to the undersurface of the balls. Echoes of the colours of the balls are evident in the cast shadows.
- Less obvious is the reflection of one coloured ball on to the other. Let's say, for example, that you can see pink reflected on to darkish green. To mix this shade, start with the reflecting colour (pink) and add a little of the receiving colour (darkish green). Go on adding a little more green until you hit the right tone – you might have to add a little crimson to keep the warmth of the colour within the lower tonal range.
- Remember that colours can be changed dramatically by their surroundings. The pink you are mixing might not look quite right when mixed on a white palette, but if it looks like a low tone of pink when you paint it on to the green ball, then you can begin to call yourself a real painter!

AND FINALLY...

This chapter shows you what to do when you've put the pencil down. There are tips on how to record and preserve your pictures so that, in time, you will have an extensive collection. There is also practical advice on photographing artwork and using fixatives and varnishes as well as techniques for carrying and storing your drawings and paintings.

Working with fixatives

When working with powdery media, such as charcoal, soft pastel or chalk, you will find it useful to have fixative to hand. You can apply this synthetic resin at stages as you go along or just spray it on to your final work.

Dusty, easily crumbled media, such as charcoal, pastel, chalk and Conté crayon, work by depositing loose particles of pigment on your sheet of paper. If the support does not have enough tooth, or if you are applying heavy layers of colour, the pigment won't bind to the surface. There is a danger of smudging, or the particles might simply fall off the paper when the picture is displayed, staining the mount and spoiling all your hard work. Treating the image with fixative binds the pigments to the ground and protects the fragile surface.

Fixative should be used sparingly because it can affect the qualities that make these delicate media so attractive. If a pastel painting is heavily treated with fixative, the pigment will become compacted and solid, losing its characteristic powdery bloom. Fixative also darkens the colour and can make some colours appear more transparent.

▼ The pastel picture below has been fixed above the diagonal red line only, to show how fixative can darken pastels. Notice how the clouds have become greyer, especially just above the windmill. The blue sky, the grey-green distant hills and the golden yellow fields in the foreground have also deepened in tone.

SPOT FIXING

Sometimes you need to fix just a small area of a pastel painting. Masking off the rest of the image will allow you to control the application of the fixative accurately.

1 ▶ Place a mask over a specific area In order to create the textures of the stamens in the centre of this anemone flower, you will need to build up layers of broken colour. Cut a hole in the centre of a sheet of paper. Make sure that the hole is the right size to fit around the stamens, and that the sheet of paper is large enough to protect the rest of the image. Lay the mask over the image and apply a light coating of fixative. Remove the mask and allow to dry.

2 ▲ Work over the fixed area Now that the centre is fixed, you can build up extra texture on this area. Repeat the masking and fixing process if necessary. Notice that the unfixed petals have kept their velvety bloom.

Applying fixative

Fixative should always be used in a well-ventilated space; avoid spraying it near delicate surfaces or equipment.

To apply fixative from an aerosol canister, lay your paper horizontally. Start to spray from the top, beginning outside the edge of the paper and working back and forth across the surface, going beyond the picture area each time. To avoid a build-up of fixative in one place, keep your hand moving and don't hold the spray too close. Try to keep the spray mist even, and lay a light film only – several light applications of fixative are better than a single heavy one.

If you are using a bottle of fixative with a spray diffuser, pin the paper to a vertical surface. Pour some fixative into a jar, insert one end of the diffuser into the liquid, then blow through the mouthpiece to produce a fine spray. It takes a while to master the technique, so practise on scrap paper before you start.

Aerosol canisters are better for use on large pieces of work, whereas mouth diffusers are convenient for small-scale work or for spot fixing. If you need to use fixative but don't want to affect the final appearance of the painting, apply it to the first layers of pigment only, then add a final layer and leave it unfixed.

▲ If you find yourself without fixative, you can use ordinary hairspray as an emergency measure to protect your drawing or painting in the same way.

Suitable papers

Pastel is the most friable (crumbly) medium, and often needs some fixing. If you use paper with the correct texture, however, you won't have to use very much fixative. A rough or a Not paper will hold the pigment particles in the recesses of the paper surface. The paper should be well sized so that it will not be damaged by vigorous application of the medium.

For very heavy pastel work, you should use one of the specialised pastel papers. Velour papers have a velvety surface rather like flock wallpaper and will hold a dense application of pigment. Sansfix papers are like fine sandpaper; again, you can build up the pastel surface. Even with these heavily textured surfaces, you might still need to fix small areas that will be heavily worked (see Spot Fixing above).

WHAT NEEDS FIXING?

Two sets of marks were made in different media; the top line was fixed and the lower line was left unfixed and smudged with a fingertip, in order to show how some media need fixing more than others.

A Chalk – loses texture without fixing

B Conté crayon – changes little

C Soft pastel – colour spreads easily

D Charcoal – rapidly loses definition

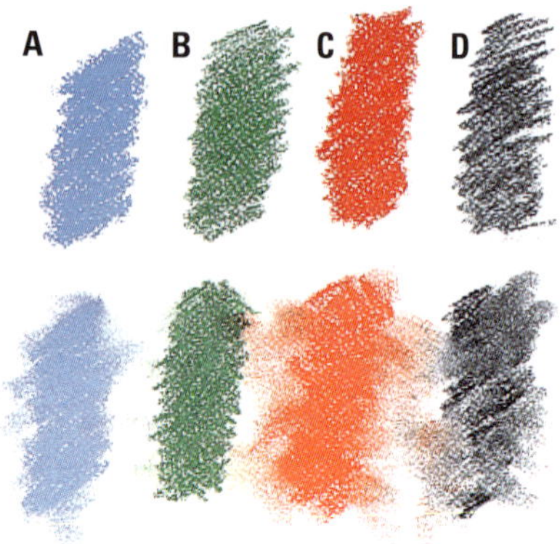

Using varnishes

Varnish your oil and acrylic paintings and you will get an even, uniform finish to your artwork. More importantly, the colours will still look fresh and vibrant for years to come.

There are two schools of thought about varnishes. One believes that the smooth, uniform surface of a varnish is the perfect finishing touch for a good oil painting. The other maintains that varnishing tends to kill the painterly qualities of the image – especially the subtle glazes and brush marks.

Whichever camp you fall in, one fact is for sure: if you want your paintings to last beyond your lifetime, you need to varnish them. Even when completely dry, an oil painting attracts air-borne moisture, dust and dirt. These impurities will inevitably impregnate the surface, causing the colours to dull for ever. A varnish, however, provides a hard, transparent protective coating.

The perfect varnish would never crack, cloud or turn yellow. Unfortunately, no varnish completely meets all these conditions. But even if the varnish itself dulls, a picture restorer can remove and replace it so that the painting is returned to its original splendour. This, of course, is not a possibility with an unvarnished painting.

Types of varnish

There are many types of varnish, both natural and synthetic. One of the most popular is mastic, made from Mediterranean pistachio trees. It gives a very fine, high-gloss finish, but tends to darken and cloud a little.

Damar varnishes, made from the resin of two kinds of conifer from South-east Asia, are not quite as easy to apply as mastic, but they do not cloud or darken quite so quickly. Copal varnish is known as a 'cooked oil' type, as it is prepared by heating a variety of resins with linseed oil. Once popular for its hard, shiny finish, copal varnish has been found to be prone to cracking and darkening.

Retouching varnish

Retouching varnish has a completely different role from conventional picture varnish. It is used during the painting process – not after it.

At the start of each new session of oil painting, artists use retouching varnish to restore dry, sunken-in paint to the colour it was when first applied. This enables them to continue painting from where they left off.

Although retouching varnish can help protect paintings from impurities, it doesn't provide a continuous layer for complete protection.

There are two types of varnish – ordinary varnish (A) (often called picture varnish) and retouching varnish (B) (see above). Picture varnishes can be made from mastic resin (C), damar resin (D), synthetic materials (E), or specially made for acrylic paintings (F). You can make your own varnish with the actual resin (G) or you can simply buy spray-on varnish (H).

MAKE YOUR OWN VARNISH

You can easily and inexpensively make your own varnish. Varnish resins – such as damar, mastic or ketone – are available from good art suppliers. Otherwise, all you need is some double-rectified turpentine, a muslin bag (or an old stocking) and a container.

1 ▲ Put 100g (3½oz) of your varnish resin in the middle of your piece of muslin. Gather the edges so that you create a bag and tie the top with a knot or piece of string.

2 ▲ Pour 300ml (10fl. oz) of double-rectified turpentine into the container and then immerse the bag of resin in it. Cover the container and leave for two or three days.

3 ▲ Once all the resin has dissolved, you have some varnish solution. To use, simply thin with turpentine and brush or spray it on to your picture (see Applying the varnish, below).

Synthetic varnishes are a relatively recent innovation. Ketone, the most common synthetic type, is thought not to yellow or cloud as much as natural resins, but it can become brittle and difficult to remove with age.

Check the paint is dry

To apply any of these varnishes, you must first make sure that the painting is completely dry. If the paint is still wet, the varnish might crack or even sink back into the paint. (To check this, follow the instructions in Applying the varnish, right.) Remember, an oil painting can take anything up to a year to dry, depending on the thickness of the paint and any mediums used.

You can, of course, varnish acrylic paintings as well as oils, but take note: it is highly questionable whether it is worth varnishing acrylic paintings to make them last longer. The actual paint on many acrylic works from the 1960s and 1970s has started to crack and deteriorate, and a varnish will not stop this process.

However, you may still want to varnish your acrylic paintings to attain a high-sheen finish. One of the best ways of doing this is to apply acrylic gel medium (see Using acrylic mediums, pages 44-45).

Applying the varnish

To apply the varnish, you need a varnishing brush or a spray gun. A varnishing brush has very fine bristles which don't leave brush marks. A spray gun should give you a thin, even layer, but don't try to use one with a mouth diffuser as you are bound to introduce some moisture. Whatever you use, make sure you work in a dry, well-ventilated and dust-free room – don't try it on a damp day.

Before you start, leave the varnish and the painting for several hours so both acclimatise to the atmosphere.

Once you've varnished the painting, wait for about 15 minutes for it to set and then prop the picture up to dry with the face inwards. Clean your brush in white spirit. If you are using a spray gun, pump white spirit through the nozzle.

1 ▲ Check that the painting is dry by dipping a soft rag in white spirit and rubbing it over the painting. If more than a trace of colour comes off, the painting is not ready.

2 ▲ With the painting lying flat, apply the varnish in two sets of parallel strokes – the second at right angles to the first. The aim is to achieve a thin, uniform covering.

Photographing your artwork

Every painting and drawing you do is unique and irreplaceable – so it really pays to make photographic copies of your work.

Almost all painters – whether they are keen amateurs or high-flying, full-time artists – need to copy their work at some time. Beginners might want to send photos of their paintings to friends and relatives. More advanced artists might want to keep a record of paintings they have sold and, as a consequence, are likely never to see again. Really committed artists might need to send photos of their work to galleries or art publications.

To achieve top-quality reproduction many artists will go to a professional photographer. However, unless you know a friendly photographer, this is not a cheap option. As long as you have a reasonably good camera, you can obtain perfectly acceptable results yourself with the most basic equipment.

What camera?

It is probably best not to use disposable cameras or a very cheap compact. These models have plastic lenses, which give very blurred photos, and they usually have a very basic control of exposure.

A compact camera (the type with a fixed lens, labelled A below) of reasonable quality will do, although it is worth noting that with this type of camera you do not actually look through the lens. As a result, what you see through the viewfinder might differ slightly from what you get in your final photo. If you are shooting something far away, such as a landscape, this effect is hardly noticeable, but when working up close (as you would if you were photographing most drawings and paintings), you need to make a little adjustment.

Adjusting for a compact camera

This is not a big problem. The viewfinder is always above and to the left of the lens – so when you have composed the photo with all the painting in the frame, compensate by moving the camera diagonally up to the left a little.

As this is not an exact science, you should also move back about 10cm (4in), so that you can see some space around the edge of your painting in the viewfinder. But don't get too far away – the smaller the painting is within the viewfinder, the poorer the quality of the final image.

You won't have this problem with a single-lens reflex (SLR) camera, labelled B below. With this type of camera, what you see is what you get. If you are thinking of buying a new camera, consider an SLR – the basic models are cheaper than the more advanced compacts and they have the advantage of interchangeable lenses.

▼ Whether you have a compact camera (A), a single-lens reflex (B) or a digital camera (C), you can take perfectly acceptable photos of your artwork. A digital camera also allows you to produce photos in a variety of sizes (D) on a PC.

HOW TO SET IT UP

It is best to photograph your artworks outside, on a cloudy day. This will provide an even lighting across the whole painting. If there is some sunlight, try positioning a piece of white card on the opposite side of the painting to the sun to throw some light back on to the darker side (see below).

On a very sunny day you might want to try a few shots in a shaded spot. However, if you do this you may get a bluish colour cast and there might not be quite enough light. If you are using an SLR you can attach a warm-up filter to eliminate cold casts, but make sure it's the right diameter for your lens. Don't use a flash, as you will probably get a bright area in the centre of the painting and a dark silhouette around the edges where the flash light falls off.

For minimum camera shake, it is best to set up the camera on something stable (below centre) and set the timer release. Alternatively, try using a cable release – you can attach this to most cameras.

When handholding the camera, if possible set a shutter speed of 1/125th or over to prevent camera shake. Consult your instruction booklet to see if you can change the shutter speeds.

▶ The easiest way to shoot your artwork is to stand over it and shoot down. This is particularly convenient if you have a zoom lens as you can frame tightly. If you are worried about camera shake, it's best to set your camera on a wall or stepladder (as below). You will have to use the same method when photographing a very large painting – you will not be able to get far enough away by bending over it.

◀ For precise framing and minimum camera shake, it pays to set up your camera on something solid – like a wall or a stepladder. Use the self-timer or, as here, a cable release to make sure the camera is absolutely still when you release the shutter. If your artwork is in portrait format, simply shoot it on its side: you can always turn the photo round!

▶ If you see that the lighting across your painting is uneven, get a friend to throw some light back on to the dark side by holding a piece of white card out of frame. Uneven lighting may occur if the sun begins to peek out from behind the clouds.

The digital route

The increasingly popular digital cameras provide another way of photographing your artwork. They really make sense if you have a computer and printer at home, because you can cut out the photo lab altogether. But take note, this is not a cheap option – if you want good-quality pictures above postcard size, you are going to have to make a big investment in computer equipment.

Film choice

As far as film goes, it's best to choose print film rather than slides. The problem with slides is in getting the exposure right. If you are slightly off, you'll either get a washed-out image or a dark one. Exposure is not as critical with print film since the processors compensate for mistakes when the negative is printed.

The only occasion for which you really need slides of your work is if you are going to have a painting reproduced in a book or a magazine. Most printers prefer to work from slides. However, if you are having your work published, it is probably worth having your paintings photographed professionally.

Prints and processing

For accurate colours, it is best to buy a well-known brand of film rather than cheaper types given away free when you have a film processed. And watch out for colour casts on your prints. If the processors have a machine that is not maintained properly, the reds and yellows in your painting can easily end up as purples and greens in your photos.

Don't be afraid to ask the processors to reprint the photos if there is a strong colour cast. If necessary, show them how the original painting differs from the photos.

Stay clear of black-and-white film – even if you are photographing a monochrome drawing. Most high-street processors do a very poor job of developing and printing black-and-white negatives, because most of their business is for colour films. If you want good quality black-and-white prints, you will have to go to a specialist printer, and that can be costly.

Carrying and storing your artworks

Your best drawings and paintings are irreplaceable, so it is important to find practical ways of transporting and storing them to avoid any damage.

Your pictures are probably at their most vulnerable when in transit after a drawing or painting trip. This is especially true of watercolours, drawings and other work on paper, as these might tear or become creased.

The simplest answer is to leave the artworks on the drawing board or pad and cover them with a sheet of clean paper. Alternatively, paintings can be rolled up and carried in a cardboard tube container. These are available in a range of sizes from many office supply stores and stationers, and are also excellent if you want to send drawings, prints or watercolours through the post. To carry wet oil paintings, you can use corks and pins to separate the canvases (see Portable art materials, pages 16-17).

At some point, you might need to show your work – perhaps at an interview or to a gallery – and this is the time to invest in an artist's portfolio. Rather like a large, flat briefcase, a portfolio enables you to transport a number of drawings and paintings easily. It also looks businesslike, especially if the work is presented attractively and in the order in which you want it to be seen.

Wide range of portfolios

Portfolios come in a range of sizes to fit all standard papers, so choose one that is suitable for your requirements. Simple card portfolios are light and inexpensive. They are normally flat and the work is retained by folding flaps, which are fastened with cord or ribbon.

For carrying a large amount of work, try a box-type portfolio secured with a zip, studs, buckles or Velcro. Those made of fluted plastic sheet are tough yet lightweight. Drawings and paintings can also be stored and displayed in transparent plastic sleeves, which fit inside zipped, ring-bound portfolios. Small work will fit into a shallow brief-case or similar compact case.

Artworks pile up very quickly, so try to plan a storage system at home before they

▼ The range of portfolios includes the box-type (A), the flat card (B) and the ring-bound (C). Soft briefcases (D) are ideal for carrying card portfolios or works on panels. Tube containers (E) are a less bulky alternative to the portfolio.

become damaged or dog-eared. A plan chest has shallow drawers designed to accommodate large-scale artworks. For smaller works, an ordinary desk with drawers might be adequate.

Drawings and watercolours should be stored flat. Before putting away artworks in soft pencil, charcoal or pastel, spray them with fixative. Also, secure a sheet of tracing paper over the top of the work with two masking tape hinges. This protects each drawing from loose particles of pigment and dust.

A practical way of storing boards and canvases is to stack them vertically in simple wooden racks – easily made by anyone with rudimentary carpentry skills. It is important that canvases of a similar size are stored together with the wooden stretchers resting against each other. If the wooden edge of one painting leans against the fabric of another, the edges of the smaller painting will make dents or holes in the larger one.

Small dents are sometimes permanent but they can often be remedied by restretching the painting or by brushing the reverse side of the dented surface with water to shrink the canvas.

Roll with it

Alternatively, you can remove the painted canvas from the stretcher altogether and store the painting rolled up. Always roll with the painted surface facing outwards – dried paint will stretch a little, but will not contract. Wrap the rolled painting in paper or cloth to protect it from dust.

MAKING YOUR OWN PORTFOLIO

This portfolio is made from sheets of A3 card – but you can make yours to whatever size you want.

YOU WILL NEED

- PVA glue
- Glue spreader or scrap of card
- Two A3 sheets of thick card, and one strip of the same card, 42cm x 1.5cm (16½in x ⅝in)
- Sheet of firm wrapping paper
- Scissors
- Gummed paper tape
- Bowl of water
- A2 and A3 sheets of thin coloured card
- 2m (2¼yd) of ribbon

1 ▲ Cover the card Spread PVA glue thinly over one side of each A3 card, and on one side of the card strip. Glue them to the back of the wrapping paper, with a 1cm (⅜in) gap between the strip and the A3 sheets on each side. Leave a 5cm (2in) border of paper around the edge. Fold in each paper corner and glue it in place, then fold in the borders and glue them to the card.

2 ▲ Strengthen the spine Cut a 42cm (16½in) length of gummed paper tape. Wet the glue on the tape, then stick it along the spine, pushing it down into the valleys on each side of the spine strip. Repeat with three more strips to make the spine really strong.

3 ▲ Prepare the envelope Fold the thin card around the largest sketch you wish to store. Unfold the card and remove the sketch. Then cut away the sides of the two end flaps, tapering the flaps slightly away from the central rectangle.

4 ▲ Finish the inside Strengthen the corners with strips of gummed paper tape. Then glue a rectangle of coloured card to the back of one panel of the portfolio. Glue the back of the envelope to the other panel. Tie the portfolio with coloured ribbon.

▲ Stylish and practical, the portfolio is the perfect place to store your art.